道路与机场工程研究生系列教材

Theory and Application of
Pavement Engineering Materials

铺面工程材料理论及应用

肖飞鹏 编著

人民交通出版社

北京

内 容 提 要

本教材为道路与机场工程研究生系列教材，内容围绕高等铺面材料性质、性能和测试展开，针对材料机理对铺面的影响展开说明。全书共由 8 章组成，分别是铺面材料的工程特性、岩石与集料、沥青及其混合料、水泥混凝土材料、固体废弃物在铺面工程中的应用、聚合物材料、铺面材料的发展、材料的测试方法。

本教材可作为高等学校土木工程专业、道路桥梁与渡河工程专业、交通运输工程专业研究生的教学用书和教学参考书，也可作为土木工程专业及相关专业的科研人员、设计人员的参考书。

图书在版编目（CIP）数据

铺面工程材料理论及应用 / 肖飞鹏编著. — 北京：人民交通出版社股份有限公司，2025.3. — ISBN 978-7-114-19745-1

Ⅰ.U416.21

中国国家版本馆 CIP 数据核字第 2025L5L414 号

道路与机场工程研究生系列教材
Pumian Gongcheng Cailiao Lilun ji Yingyong

书　　名：	铺面工程材料理论及应用
著 作 者：	肖飞鹏
策划编辑：	李　瑞
责任编辑：	王景景
责任校对：	卢　弦　魏佳宁
责任印制：	张　凯
出版发行：	人民交通出版社
地　　址：	(100011) 北京市朝阳区安定门外外馆斜街 3 号
网　　址：	http://www.ccpcl.com.cn
销售电话：	(010)85285911
总 经 销：	人民交通出版社发行部
经　　销：	各地新华书店
印　　刷：	北京建宏印刷有限公司
开　　本：	787×1092　1/16
印　　张：	30.5
字　　数：	742 千
版　　次：	2025 年 3 月　第 1 版
印　　次：	2025 年 3 月　第 1 次印刷
书　　号：	ISBN 978-7-114-19745-1
定　　价：	75.00 元

(有印刷、装订质量问题的图书，由本社负责调换)

前言
PREFACE

近年来,我国的交通基础设施建设取得了显著的成就。铺面工程作为现代交通基础设施的核心组成部分,与公路、机场、港口等交通设施的性能与寿命密切相关,并深刻影响着人们出行的安全性和舒适性。面对日益增长的交通流量和不同的环境条件,为确保基础设施的功能性与耐久性,选择合适的铺面材料至关重要。另外,在铺面工程的发展过程中,越来越多的新材料、新技术和新设备相继涌现,促进了铺面技术的快速发展。然而,在当前铺面工程材料领域,尚缺乏解析各种先进理论与工程应用的教材。因此,有必要编写一本教材来系统介绍铺面工程材料的基本理论与应用实践,以应对未来铺面工程发展的新要求。

不同于本科生教材,本教材试图深入、全面地介绍并探讨铺面工程常用材料,涉及铺面工程材料基本原理、工程特性、资源化再生利用方法等。此外,本教材还着眼于当前社会对环保和可持续发展的要求,通过解析铺面工程中固体废弃物的再生利用以及绿色聚合物材料的应用等内容,为铺面工程领域提供了环保、高效的解决方案。

本教材共分8章。第1章为铺面材料的工程特性,介绍了铺面工程材料的温度、湿度、疲劳、损伤、破坏、自主恢复、光作用等方面的工程特性,强调了这些特性对于材料选择和维护的重要性,以及荷载和环境对材料工程特性的影响。第2章为岩石与集料,系统介绍了岩石的分类、化学组成、物理性质和力学性质,阐述了岩石力学研究的最新进展;同时,深入剖析了集料的物理性质对铺面结构强度和耐久性的影响,以及集料的开采与加工工艺需要注意的生态和环境问题。第3章为沥青及其混合料,详细介绍了沥青胶结料及混合料的作用机制;同时,从沥青的化学组成、老化机理到改性剂的应用,全面阐述了沥青混合料设计、性能评价和失效机理,介绍了与可持续发展相关的节能减排技术。第4章为水泥混凝土材料,介绍了水泥混凝土材料的工程特性，包括水泥胶凝材料的基本性能、外加剂的分类和特性，以及水泥混凝土的拌和特性、力学强度、变形性能和耐久性；同时，阐述了水泥基材料与生态环境的交互作用及其环境影响。第 5 章为固体废弃物在铺面工程中的应用，探讨了固体废弃物的资源循环利用理念，介绍了再生集料、废旧沥青混凝土、钢渣、废旧橡胶、废旧塑料等固体废弃物在铺面设计与施工中的应用。第 6 章为聚合物材料，概述了铺面工程中常用的聚合物材料，包括橡胶类改性沥青、热塑性橡胶类改性沥青、热塑性树脂类改性沥青、热固性树脂类改性沥青等，详细介绍了聚合物与沥青的相容性问题，并深入探讨了聚合物水泥混凝土的制备及性能。第 7 章为铺面材料的发展，从铺面回收料、功能添加剂、节能环保材料技术、智能铺面材料等角度阐述了铺面工程材料的最新发展动态。第 8 章为材料的测试方法，系统介绍了材料分析技术，包括形态与形貌测试方法、化学组成测试方法和物理构成测试方法。

本教材汇聚了不同学科的知识，力求深入浅出，为道路工程领域的研究生和工程师提供一份全面的参考资料。希望读者通过学习本教材，能够更好地理解和应用铺面工程材料相关知识。

本教材编写过程中，课题组毕业与在读的博士和硕士(王涛、赵咨沣、徐凌、李进、魏云格)在研究成果整理、文本资料收集和章节图表绘制等方面做了大量工作，铺面工程领域相关机构和同仁提供了研究支持和实验数据，在此一并表示感谢。

为了确保本教材的质量和准确性，欢迎读者提出宝贵的意见和建议。具体联系方式为 fpxiao@tongji.edu.cn。

编　者
2024 年 8 月

目录
CONTENTS

第1章 铺面材料的工程特性 ··· 1
1.1 铺面材料的定义 ··· 1
1.2 铺面材料的温度特性 ··· 3
1.3 铺面材料的湿度特性 ··· 5
1.4 铺面材料的疲劳特性 ··· 8
1.5 铺面材料的损伤特性 ··· 12
1.6 铺面材料的破坏特性 ··· 14
1.7 铺面材料的自主恢复特性 ··· 16
1.8 铺面材料的光作用特性 ··· 18
本章参考文献 ··· 22

第2章 岩石与集料 ·· 24
2.1 岩石的物理、化学与力学性质 ····································· 24
2.2 岩石本构关系 ··· 40
2.3 岩石力学研究新进展 ··· 51
2.4 集料 ··· 61
2.5 砂石的开采与加工 ··· 71
本章参考文献 ··· 80

第3章 沥青及其混合料 ·· 82
3.1 沥青 ··· 82
3.2 沥青混合料 ·· 104
3.3 改性剂与填料 ··· 132
3.4 胶浆 ·· 141

3.5 沥青材料的失效机理与方法 …… 145
3.6 沥青混合料节能减排技术 …… 153
本章参考文献 …… 159

第4章 水泥混凝土材料 …… 169
4.1 水泥的基本性能及生产技术 …… 169
4.2 水泥的水化反应 …… 179
4.3 水泥的硬化 …… 185
4.4 特种水泥 …… 192
4.5 混凝土外加剂 …… 201
4.6 混凝土拌合物的性能 …… 207
4.7 混凝土强度 …… 218
4.8 混凝土的变形性能 …… 222
4.9 混凝土的耐久性 …… 231
4.10 混凝土材料的修复 …… 245
4.11 水泥基材料与生态环境 …… 251
本章参考文献 …… 254

第5章 固体废弃物在铺面工程中的应用 …… 256
5.1 混凝土再生集料的回收利用 …… 256
5.2 废旧沥青混凝土的回收利用 …… 273
5.3 钢渣的回收利用 …… 293
5.4 废旧橡胶的回收利用 …… 299
5.5 废旧塑料的回收利用 …… 308
本章参考文献 …… 315

第6章 聚合物材料 …… 318
6.1 聚合物基本概念与介绍 …… 318
6.2 橡胶类改性沥青 …… 321
6.3 热塑性橡胶类改性沥青 …… 326
6.4 热塑性树脂类改性沥青 …… 334
6.5 热固性树脂类改性沥青 …… 337
6.6 聚合物与沥青的相容性 …… 361
6.7 聚合物水泥混凝土 …… 370

6.8 聚合物水泥混凝土的制备 ·· 384
6.9 聚合物水泥混凝土的性能评价 ······································ 390
本章参考文献 ·· 401

第7章 铺面材料的发展 ·· 403
7.1 铺面回收料的发展 ·· 403
7.2 功能添加剂的发展 ·· 412
7.3 节能环保材料技术的发展 ·· 417
7.4 智能铺面材料的发展 ·· 422
7.5 铺面智能新材料技术 ·· 429
本章参考文献 ·· 430

第8章 材料的测试方法 ·· 434
8.1 引言 ··· 434
8.2 材料的形态与形貌测试方法 ·· 435
8.3 材料的化学组成测试方法 ·· 440
8.4 材料的物理构成测试方法 ·· 465
本章参考文献 ·· 475

第1章
铺面材料的工程特性

本章深入地探讨了铺面材料的各种工程特性,包括温度特性、湿度特性、疲劳特性、损伤特性、破坏特性、自修复特性、光作用特性等。铺面材料的工程特性不仅与材料本身的性质有关,还受到外部荷载和环境的耦合影响。在不同应用场景中,了解不同材料的特点将有助于工程师做出最佳选择,以实现更好的工程效应和经济效益。因此,在选择铺面材料时,需要仔细考虑这些特性,以确保选择最适合的铺面材料,并采取适当的维护和保养措施,以延长铺面的性能和使用寿命。

1.1 铺面材料的定义

铺面材料根据其类型不同可以分为颗粒材料(包括粒料和无黏结材料)和胶凝材料两大类。在实际应用中,铺面材料受到多种因素的综合影响,包括其自身的应力-应变特性、强度特性、变形特性、疲劳特性和耐久性等。

1.1.1 颗粒材料

颗粒材料是一种具有松散结构的颗粒状材料,其流变行为类似于复杂流体。颗粒材料主要承受的是压力和剪力,而不适合承受拉力,如图1-1所示。颗粒材料的整体受力特性主要由内部摩擦决定,具体受颗粒材料的大小、纹理、级配、表面材质等因素影响。因此,颗粒材料被归类为一种无黏结材料。

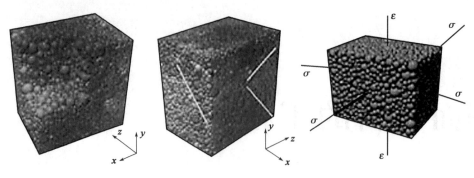

图1-1　颗粒类材料示意图[1]

1.1.2　胶凝材料

胶凝材料是一种能够在物理和化学作用下从浆体转变为坚固石状体,并具备胶结其他材料的能力以及一定机械强度的物质。胶凝材料又称胶结料。胶凝材料主要分为有机胶凝材料和无机胶凝材料两大类。

1) 有机胶凝材料

有机胶凝材料包括沥青和各种树脂类材料,它们是能够以有机化学方式胶结其他材料的胶凝材料。

沥青是一种性能复杂的黏弹性材料。在一定的温度范围内,沥青材料在低温下表现出弹性变形特性,在高温下则具有塑性流动性。沥青的性能非常复杂。了解不同类型的沥青及其用途有助于选择适当的材料以满足具体工程需求。树脂类材料由相对复杂的高分子胶体或溶胶体系组成,通过选择合适的高分子材料以及适当的生产技术和合成方法,可以制备出符合各种性能要求的浅色仿沥青材料。通过不断优化,可以获得与普通沥青在使用性能上相似的浅色沥青胶结料。总之,有机胶凝材料,特别是沥青类材料,在道路建设和维护中发挥着重要作用。

2) 无机胶凝材料

无机胶凝材料根据其硬化条件可以进一步分为水硬性胶凝材料和非水硬性胶凝材料两大类。

(1) 水硬性胶凝材料

水硬性胶凝材料能够将散粒材料(如砂、石等)或块状材料(如砖、瓷砖等)胶结成一个坚固整体[2]。水硬性胶凝材料在空气中和水中均能良好硬化,并且在水中继续发展其强度。水硬性胶凝材料包括水泥稳定类、石灰-粉煤灰类以及钢渣和其他类。当这些材料与水混合后,通过物理和化学反应,它们能够从可塑性的浆体转变为坚硬的石状体,并且能够胶结散粒材料,因此被视为优秀的矿物胶凝材料。

综上所述,水硬性胶凝材料是一类重要的建筑材料,它们在与水发生反应后获得和发展强度,具备在不同条件下硬化的能力,可以将各种材料胶结成坚固的结构,为建筑工程提供了可靠的支撑和耐久性。水硬性胶凝材料与水反应过程如图1-2所示。

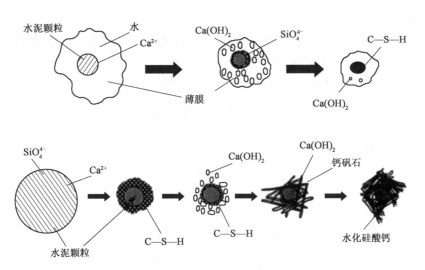

图 1-2　水硬性胶凝材料与水反应过程[3]

(2)非水硬性胶凝材料

非水硬性胶凝材料又称为气硬性胶凝材料,是只能在空气中硬化的材料,如石灰、石膏、耐酸胶结料等。石灰浆能吸收空气中的二氧化碳而碳酸化,其化学反应式如下:$Ca(OH)_2 + CO_2 + nH_2O \Longrightarrow CaCO_3 \downarrow + (n+1)H_2O$。非水硬性胶凝材料硬化过程如图 1-3 所示。

图 1-3　非水硬性胶凝材料硬化过程

1.2　铺面材料的温度特性

1.2.1　热力学三大定律

热力学第一定律,即能量守恒定律,通常表述为一个热力学系统的内能增量等于外界向它传递的热量与外界对它所做的功之和。如果一个系统与环境孤立,那么它的内能将不会发生变化。

热力学第二定律:克劳修斯表述热量可以自发地从温度高的物体传递到温度较低的物体,但反之不能;开尔文-普朗克表述不可能从单一热源吸收热量,并将这些热量完全变为功,而不产生其他影响。

热力学第三定律通常表述为:绝对零度时,所有纯物质完美晶体的熵值为零,或者绝对零度($T = 0\mathrm{K}$,即 $-273.15\,\mathrm{℃}$)不可达到。

熵是热力学能和系统状态的函数,即 $S = S(U, V)$ 则

$$\mathrm{d}S = \left(\frac{\partial S}{\partial U}\right)_V \mathrm{d}U + \left(\frac{\partial S}{\partial V}\right)_U \mathrm{d}V \tag{1-1}$$

热力学基本方程可表示为

$$\mathrm{d}S = \frac{1}{T}\mathrm{d}U + \frac{p}{T}\mathrm{d}V$$

所以有

$$\left(\frac{\partial S}{\partial U}\right)_V = \frac{1}{T} \text{ 或 } T = \left(\frac{\partial U}{\partial S}\right)_V$$

$$\left(\frac{\partial S}{\partial V}\right)_U = \frac{p}{T} \text{ 或 } p = T\left(\frac{\partial S}{\partial V}\right)_U$$

1.2.2 温度与分子的运动

物体由分子、原子和离子组成,而一切物质的分子都在不停地做无规则的运动,即分子热运动。分子热运动跟物体的温度有关:温度越高,分子热运动越剧烈,动能增加,分子间引力减弱,分子间的间隔将会变大,使得分子有更大的空间和位置进行运动,具体如图 1-4 所示。

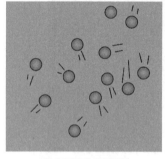
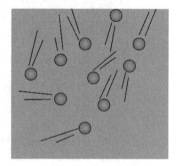

a)低分子运动(低温度)　　　b)高分子运动(高温度)

图 1-4　分子热运动

1.2.3 温度的破坏形式及改善措施

温度的变化会对材料特性产生显著影响,包括但不限于弹性模量、热膨胀系数和泊松比等。这种温度依赖性会直接影响材料的力学性能,而高温和低温环境的变化都可能给材料性能带来不利影响。例如,高温环境会降低材料的强度和刚度,同时引发热应力,可能导致材料的损伤、结构刚度下降、裂纹扩展加速以及老化;而在低温环境下,材料的分子热运动减弱,导致材料变得更加脆、容易断裂,并且弹性模量也随之增加。

长期的温度变化,尤其是反复的温度变化,会在材料内部积累温度应力。这些温度应力可能导致内部孔隙和微小裂缝的扩展与增大,黏结强度的降低可能引发界面剥离,最终导致整体结构破坏。

改善材料性能可以通过多种方法实现,以提高其抗拉强度、减小绝热温升、减小热强比、减小温度线膨胀系数和提高极限拉伸变形能力。例如,对于高分子合金,可以考虑添加相容剂以提高其热稳定性。再如,在材料表面涂刷隔热保温涂料,可以减轻高温和低温环境对材料性能的不利影响。因此,了解温度对材料性能的影响以及采取相应的改进措施是确保材料在不同环境条件下表现出工作稳定性和长期耐久性的重要途径。

1.3 铺面材料的湿度特性

1.3.1 基本概念

湿度,在气象学中指的是空气湿度,它是空气中水蒸气的含量。空气中液态或固态水不算在湿度中。不含水蒸气的空气称为干空气。

1.3.2 基本原理

材料在受到湿度影响时,有水的参与。水(化学式为 H_2O)是由氢、氧两种元素组成的无机物,其内部结构由两个氢原子和一个氧原子组成。常见的水有三种形态:固态、液态和气态,如图1-5所示。在这三种形态下,水分子本身的结构并没有变化,但是水分子有很强的极性,一旦有第二个水分子靠近,原来水分子中的一个氢原子将与第二个水分子中电负性的氧原子发生正负电荷相吸现象,从而在相邻水分子间形成一种相互联结的作用力,也就是氢键。在固态水中,水分子大范围地以氢键互相联结,液态水中氢键数量次之,气态水由于分子间距过大,不存在氢键。

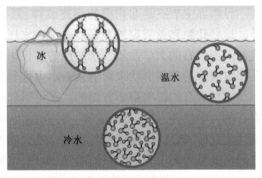

图1-5 水的不同形态

湿度对材料的力学性能会产生显著影响,这一影响因材料类型和环境条件而异。湿度变化可以导致多种复杂的物理和化学反应,从而影响材料性能。

湿度可以使材料的强度降低,同时增加其韧度。相对湿度较高时,空气中的水分渗透到材料内部,形成水膜。水分子在材料内部扩散可能导致材料强度下降,并引起膨胀,导致材料变形加剧,残余应力增大。这种效应在材料的弹性阶段尤为显著,随着变形的加剧,湿度对模量的影响减弱。

对于湿度敏感性材料,吸收水分可能导致内部化学键形成。水分渗透和扩散以及水分含量的不均匀分布可能引发结构应力和界面应力。在特定湿度条件下,材料可能发生水解反应和化学降解,产生渗透压,从而导致性能降低。

在湿度和温度共同变化环境下,湿度场和温度场相互耦合,产生湿热耦合效应。这种效应表现在两个方面:一方面,材料内部的水分迁移不仅会导致内部应力和变形,还会改变材料的热学性质,影响温度传导和热应力;另一方面,温度场的变化反作用于水分的扩散,改变湿度分布和湿度应力。

在湿度和温度共同作用下,材料内部可能出现应力集中现象。尤其是在温湿度变化梯度较大的环境中,这些影响可能导致材料性能下降、内部应力积聚以及结构残余应力,进而影响材料的性能和使用寿命。因此,在设计和使用材料时,必须充分考虑湿度影响,采取合适的措施来减轻不利影响。

复合材料夹层结构受温湿度变化影响时,不同材料的吸湿性能和热膨胀系数的差异可能导致界面处应力积聚,进而导致剥离或界面破裂。图 1-6 所示为湿度作用下岩石及周围环境的破坏形态。

a)岩石表面生长苔藓

b)岩石水损碎裂

图 1-6　湿度作用下岩石及周围环境的破坏形态

自然界中岩石是非均质的不连续体,通常具有大量微观裂隙和缺陷,其内部强度差异显著。这些孔隙和微裂隙的存在使得水在水压力作用下可以渗透到岩石内部,形成自由水孔隙,进而改变岩石的力学性质。水的渗透不仅影响了岩石的应力状态,还通过改变介质颗粒之间孔隙或裂隙的几何形状来影响岩石水力性质,这构成了岩石应力-水力两场的耦合问题。

水对岩石的影响是多方面的。水可以通过孔隙水压力来影响岩石的应力状态,从而改变岩石的力学特性,如抗剪强度等。另外,水和岩石之间还存在着复杂的物理和化学作用。水可以产生润滑、软化、泥化以及与岩土介质之间的结合水强化等物理作用。同时,水和岩土介质之间还发生着离子交换、溶解、溶蚀、水化、水解、氧化还原等化学作用。

在土体中,强度形成的机理涉及颗粒间的相互移动和咬合作用,主要由摩擦阻力引起。土体含水率对其强度产生显著影响。随着含水率的增大,土体的黏聚力和内摩擦角都会受到影响,从而影响土体整体强度。

对于非饱和土来说,随着含水率增大,黏聚力显著减小,且下降幅度较大。水合离子对颗粒表面的影响相对较弱,水分在土粒表面起润滑作用,导致内摩擦角减小。此外,非饱和土的基质吸力也减小,抗剪强度随之下降。随着含水率逐渐增加并趋近于饱和状态,非饱和土的抗剪强度逐渐趋近于饱和土的抗剪强度,如图 1-7 所示。

图 1-7　湿度变化对土产生的影响

水对于岩石和土体的力学性质和强度产生了深远影响。特别是对于非饱和土,含水率变化会引起多种复杂的物理和化学作用,进而影响土体强度特性。因此,在工程实践中,必须考虑水的影响,并采取相应措施来评估和减少这些影响。

由于温度翘曲应力的影响及为满足施工需要,水泥混凝土路面需设置各种接缝。降落在路表面上的水,会通过路面接缝、裂缝下渗到路面结构内部。此外,道路两侧有滞水时,水分也有可能从侧面渗入路面结构内部,如图1-8所示。

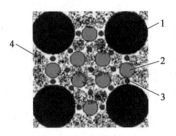 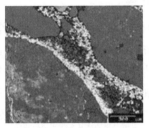

a)路面微观结构　　b)反应产物填充于细集料之间缝(空)隙

图1-8　水对水泥混凝土路面的影响[4]

1-粗集料;2-细集料;3-微孔修复液水化产物;4-水泥浆体

路面结构内水分会使各结构层材料和路基本身浸湿,使其强度下降,变形加剧,路面结构承载力下降,使用寿命缩短。路面结构是一个层状结构,在层间接合处容易出现空隙,而进入空隙的自由水在行车荷载的作用下,会产生层间高空隙水压力和高流速的水流。这种高压形成的高速水流会不断冲刷基层材料并从缝隙喷射出带冲刷材料的泥浆,称为唧泥。唧泥效应使板体在局部脱空状态下工作,导致水泥混凝土面板出现板底脱空、错台等病害,而且更大程度地扩展了裂缝的宽度和长度,从而使路面结构功能迅速恶化,加速了板体网裂进程,如图1-9所示。

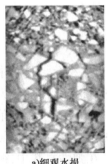 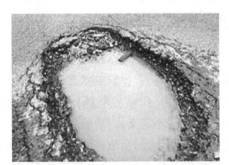

a)细观水损　　b)宏观水损

图1-9　沥青路面在水作用下的破坏

由于交通动荷载和温湿胀缩的反复作用,进入路面孔隙的水不断产生动水压力或真空负压抽吸的循环作用,致使水分逐渐浸入沥青与集料界面,造成沥青膜从集料表面剥落,沥青混合料内部逐渐丧失黏结力,路面使用性能下降,并伴随麻面、松散、掉粒、坑洞或唧浆、网裂、辙槽等病害发生,同时诱发其他路面病害。

材料的表面覆盖一层防水薄膜,能够防止水分的渗透和空气中湿气的侵蚀,材料本身必须具备一定的黏结性,有效地与相邻层形成黏结层,有较高的抗剥离强度。提高材料质量,减少材料的裂缝、孔隙等薄弱部分,能够有效降低材料的水破坏隐患。

1.4 铺面材料的疲劳特性

1.4.1 疲劳原理

材料疲劳是一种材料在交替应力(应变)作用下,逐渐劣化并最终失效的现象。即使在远低于材料静态强度的应力水平下,也可能发生这种类型的结构损坏。在铺面工程中,疲劳设计是一个重要概念,因为路面结构常常会受到反复循环荷载的影响。疲劳性能通常通过疲劳寿命来衡量,即从开始加载到发生损坏所需的循环荷载次数。这通常使用梁式试验件进行测量,采用四点加荷方法。实际施加的应力水平即疲劳强度。当荷载小于一定数值时,材料将永远不会发生疲劳损坏,这称为疲劳极限。疲劳寿命受多种因素影响,包括荷载水平、荷载波形、荷载频率等。荷载水平较高时,疲劳寿命较短;反之,疲劳寿命较长。材料性质、黏结料和集料特性也影响材料的疲劳特性。

疲劳是导致铺面结构失效的常见原因之一。疲劳过程可以分为以下三个阶段:

(1)在多次循环作用下,材料微观层面的损伤不断发展,直到形成宏观裂纹。

(2)在每次循环中,宏观裂纹逐渐增长,直至达到临界长度。

(3)出现裂纹的铺面组件无法继续承受峰值荷载时,就会发生断裂。

有时候,第二阶段的变化很难观察到,因为裂纹在微观尺度上迅速增长,导致组件突然失效。通常,后两个阶段的细节涉及断裂力学研究。然而,这些阶段之间存在一些重叠,测得的疲劳循环次数通常包括了这些阶段。因为材料大部分使用寿命都在这之前耗尽,所以,在设计中,通常会尽量避免出现宏观裂纹。

1.4.2 疲劳变量

在非恒定外部荷载的影响下,材料的状态还会随时间发生变化。材料中某个点的状态可以通过许多不同变量(如应力、应变或能耗)来描述,而疲劳过程通常被认为是由一类特定的变量控制的。人们将荷载循环定义为:所研究变量的一个峰值到下一个峰值的持续过程。通常情况下,不同的循环有着不同的幅值。不过,在粗浅的讨论中,我们可以假设控制疲劳状态的变量在每个荷载循环的开始点和结束点都具有相同值。在弹性材料中,循环荷载会引起周期性的循环应力响应。对于这种情况,荷载循环的定义非常简单。图1-10对此进行了说明,其中,控制疲劳状态的变量是应力[5]。

1.4.3 用于疲劳预测的常用变量

在一个荷载循环中,应力在最大应力 σ_{max} 与最小应力 σ_{min} 之间变化。在研究疲劳时,通常使用应力幅值 σ_a 和平均应力 σ_m 来定义应力的变化。此外,用于定义应力范围 $\Delta\sigma$ 的变量和 R 值常用来描述应力循环。各个疲劳应力变量之间的关系可以表示为

$$\sigma_m = \frac{\sigma_{max} + \sigma_{min}}{2}$$

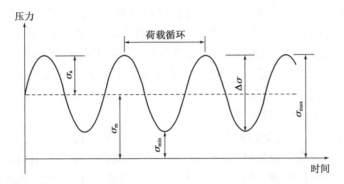

$$\sigma_a = \frac{\sigma_{max} - \sigma_{min}}{2}$$

$$\Delta\sigma = \sigma_{max} - \sigma_{min}$$

$$R = \frac{\sigma_{min}}{\sigma_{max}}$$

图 1-10 疲劳加载试验示意图

在描述疲劳损伤时,最重要的参数是应力幅值。然而,如果要进行详细分析,还必须考虑平均应力。其中,平均拉应力会增加材料对疲劳的敏感性,而平均压应力则会增大材料的应力幅值。

材料对一系列荷载循环的响应与外部荷载的性质高度相关。外加荷载既可以是周期性的,也可以是随机的,甚至可能由可重复的块组成。对于后两种情况,对荷载循环的描述比纯周期性的情况复杂,需要做一些特殊处理,具体如图 1-11 所示。图 1-11 显示了三种广义荷载(两个弯矩和一个扭矩)的时间历史。应力等值线表示单位荷载作用下的材料响应。

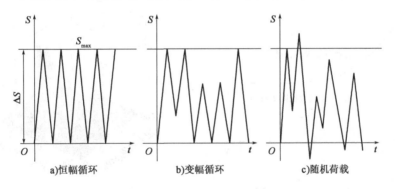

图 1-11 疲劳荷载加载模式[6]

1.4.4 低周疲劳和高周疲劳

疲劳分析并非总是基于应力响应。然而,纵观这一分支学科的发展史,由于大部分研究都是基于应力模型来进行的,因此,这在过去一直备受关注。根据产生裂纹所需的荷载循环次数,人们习惯地将疲劳分为低周疲劳(Low Cycle Fatigue,LCF)和高周疲劳(High Cycle Fatigue,HCF)。两者之间的界限并不明确,但通常将数万次循环作为区分的依据。其基本物理原理是:在高周疲劳情况下,应力足够低,因此,应力-应变关系可以认为是弹性。在分析高周疲劳时,应力范围通常用于描述局部状态。另外,在分析低周疲劳时,应变范围或耗散能量也是常用选择。

1.4.5 疲劳模型

材料疲劳领域研究最早开始于19世纪,这一领域的持续发展产生了许多疲劳预测方法。其中一个经典模型就是 S-N 曲线。这一曲线将材料失效前所经历的循环次数(寿命)N 与单轴加载的应力幅值关联起来,如图1-12所示。总的趋势是:降低应力幅值,可以获得更长的材料使用寿命。通常来说,这种相关性非常强,应力幅值降低10%就能够将使用寿命延长50%。某些材料在疲劳试验中表现出了应力阈值,称为疲劳极限。当应力低于该阈值时,不会出现疲劳损伤,组件的运行寿命可以无限长。不过,并非所有材料都有疲劳极限。因此,有些材料即使在低水平应力作用下,也会因疲劳而失效。

在多轴加载情况下,结构受到来自不同方向的外部荷载,导致不同方向上的变形。这要求在计算中考虑全应力或全应变张量,而不仅仅是一个标量值。通常使用临界面法,通过研究多个平面来确定可能导致初始疲劳的关键界面。对于随机荷载,由于每次循环都不同,无法用单一应力幅值来描述应力循环。为了合理预测疲劳,需要将全应力历史转化为应力谱,以与疲劳相关的方式在下一步分析中使用。雨流计数法可以用来定义一组应力幅值,具有相应的平均应力,如图1-13所示。Palmgren-Miner 线性损伤法是一种常用方法,用于在不同应力水平下预测疲劳。某些材料疲劳寿命受微结构缺陷数量影响较大,缺陷位置对组件寿命有直接影响。例如,位于应力集中区附近的缺陷相比远离应力集中区的缺陷,会显著缩短组件寿命。概率统计方法可用于处理这种情况。

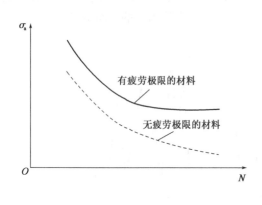

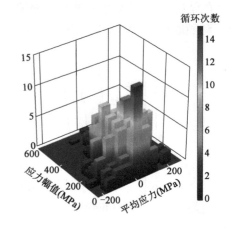

图1-12　S-N 经典模型曲线　　　　图1-13　基于雨流计数法的应力循环分布示意图[7]

在振动疲劳中,因为结构承受动态荷载,随机荷载常见。由于应力与激发频率相关,可以使用功率谱密度等方法在频域中进行疲劳评估。选择适当的疲劳模型并不是一个通用任务,而是依赖于所使用材料和荷载类型。然而,可以通过一些定性问题来缩小模型的选择范围。

1.4.6 疲劳材料数据

疲劳评估不仅需要疲劳模型,还需要疲劳材料数据。每个模型都需要一组不同的材料参数,这些参数可以通过材料测试获取。疲劳试验是一个非常耗时的过程,这是因为在材料表现出疲劳特征之前,每一次试验都需要循环很多次。例如,在高周疲劳中,一个试样可能要经历100万次荷载循环才会失效。疲劳寿命与应力幅度的关系如图1-14所示。此外,微观结构对疲劳灵敏度的影响也会使试验结果不统一。出现这种情况的原因是:材料在微力学层面上不均匀。以合金材料为例,结晶颗粒和颗粒边界会导致应力集中。在金属铸件凝固过程中,甚至可能形成孔隙。因此,局部尺度上的应变值可能远大于宏观层面上的平均值,并可能导致晶体内部发生位错。这种微力学层面上的位置不规则或多

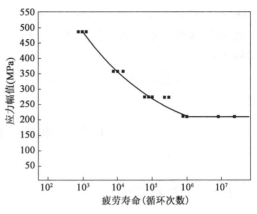

图1-14 疲劳寿命与应力幅度的关系

或少是随机分布的,因此,特定类型的组件所能承受的荷载循环次数存在很大的分散性,即使在均匀的外部荷载作用下也是如此。基于以上原因,需要对大量的试样进行测试,才能得到可靠的疲劳数据。

在评估测试结果时,还需要考虑统计效应。除此之外,表面处理和工作环境等因素也会进一步影响材料的疲劳强度。在将测量数据转换为某种结构的许用值时,必须考虑所有因素的综合效应以及材料失效的潜在风险可能带来的后果。

1.4.7 影响疲劳寿命的因素

疲劳寿命受多种因素的影响,这些因素具体如下:

(1)循环应力。疲劳寿命主要受应力的周期图形、应力分布、应力幅度、平均应力、双轴应力比、同相或反相相位剪力、应力顺序等多个因素影响。

(2)表面处理。在机械切削等加工过程中,可能会在物件表面留下微小的刮痕和凹痕,这些位置往往成为应力集中区,缩短了材料的疲劳寿命。采用珠击处理、高速敲击、低塑性滚轧、激光强化、超音波冲击处理等方法可以在表面产生残留压缩应力,抵消外部拉伸应力,从而延长疲劳寿命。

(3)材料种类。不同材料在承受循环应力时表现出不同的疲劳寿命和特性。聚合物和金属等材料之间存在显著差异。

(4)残留应力。焊接、切削、铸造、抛磨等加工过程可能会在材料中引入足以降低疲劳强度的残留应力。

(5)内部缺陷的分布和大小。铸造缺陷(如气体孔隙、非金属夹杂物、缩孔铸疵等)会降低材料的疲劳强度。

(6)真空条件。某些材料在空气中相比真空环境更容易发生疲劳,这取决于湿度和温度。含氧湿空气也具有一定的腐蚀性,而石油、海水等物质的腐蚀性更强,可能会缩短材料疲劳寿命。

(7)腐蚀环境。环境条件引起的腐蚀、气体脆化等腐蚀疲劳会影响材料的疲劳寿命。

(8)温度。极高温或极低温均会降低材料的疲劳强度。剧烈的温度变化可能引起热应力,而材料在低温下可能更脆,而在高温下容易氧化或腐蚀。

(9)裂缝闭合。在承受应力循环时,即使在卸载过程中,裂缝仍然保持部分闭合状态。这

意味着只有当应力高于一定值时,裂缝才开始扩展。裂缝闭合可能是由塑性变形、裂缝表面生成氧化物、裂缝进水或裂缝表面粗糙等多种原因造成的。它可以减缓裂缝生长速率,从而延长材料疲劳寿命。

这些因素的相互作用与影响程度因材料和具体应用而异。

1.5 铺面材料的损伤特性

1.5.1 材料损伤

在外载或环境作用下,由细观结构缺陷(如微裂纹、微孔隙等)萌生、扩展等不可逆变化引起的材料或结构宏观力学性能劣化称为损伤。材料损伤主要研究材料或构件在各种加载条件下,损伤随变形而演化发展并最终导致破坏过程中的力学规律。材料损伤将导致材料强度、刚度、韧性下降和使用寿命缩短。损伤理论是在连续介质力学和热力学的基础上,用固体力学的方式研究材料或构件宏观力学性能演变直至破坏的全过程,从而形成了固体力学一个新的分支——损伤力学[8]。

损伤力学是固体力学的分支。损伤力学认为,材料内部存在着分布的微缺陷,如位错、微裂纹、微空洞等(图1-15),这些不同尺度的微细结构是损伤的典型表现。损伤在热力学中被视为不可逆的耗散过程。材料或构件中的损伤有多种,如脆性损伤、塑性损伤、蠕变损伤、疲劳损伤等。

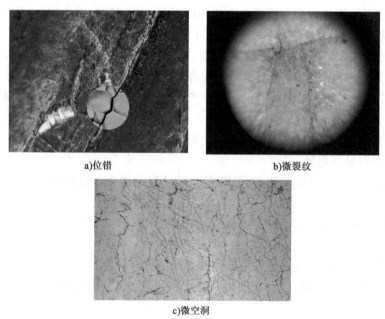

图1-15 材料损伤形态

损伤力学选取合适的损伤变量(如标量、矢量或张量),利用连续介质力学的唯象方法或细观力学、统计力学的方法,导出含损伤材料的损伤演化方程,形成损伤力学的初、边值问题的提法,并求解物体应力场、变形场和损伤场。

损伤力学大致可分为连续介质损伤力学、细观损伤力学和基于细观的唯象损伤力学。近年来,损伤力学得到发展并应用于破坏分析、力学性能预计、寿命估计、材料韧化等方面。从1958年L. M. Kachanov提出完好度(损伤度)的概念至今,损伤力学仍处在发展阶段[9]。

1.5.2 损伤研究方法

根据研究特征维度的不同,损伤研究方法可以分为三种:微观方法、细观方法和宏观方法。

1.5.2.1 微观方法

微观方法是一种以原子或分子微观维度上的物理过程为研究对象的方法。它涉及量子统计力学等高级理论,并需要大规模的计算设备。微观方法为我们提供了深入了解材料损伤物理机制的高层次实验基础,有助于我们更好地理解损伤的发生过程。然而,微观方法通常关注微观结构的物理机制,较少考虑宏观应变和应力分布,因此,它在直接应用于工程结构的宏观力学行为分析方面面临着挑战。

1.5.2.2 细观方法

细观方法是以材料的细观结构为出发点,侧重于区分不同损伤机制,并探索损伤过程的物理机制。这种方法通过研究细观结构的变化过程,以力学平均化方法将细观结构单元的研究结果反映到材料的宏观性质中。细观方法主要研究微裂纹、微孔洞、剪切带等细观结构的损伤演化过程。它既能够避免复杂的微观统计力学计算,又包含了不同材料的细观几何结构,为建立损伤变量和损伤演化方程提供了物理背景。

1.5.2.3 宏观方法

宏观方法也称为唯象学方法,重点关注损伤对材料宏观力学性质的影响以及结构的损伤演化过程,而不涉及详细的微观物理机制。这种方法通过引入内部变量,将细观结构的变化映射到宏观力学行为上,从而对受损材料的宏观力学性质进行分析。宏观方法是从宏观现象出发,模拟宏观力学行为,因此,方程及其参数通常是半经验半理论的,并具有明确的物理意义,可直接应用于结构设计、寿命计算和安全分析。然而,它无法深入了解损伤的微观结构和变化。

根据研究对象的特点和不同方法的优缺点,结合微观方法、细观方法和宏观方法之间的相互关系,选择损伤变量、建立损伤演变方程、制定考虑材料损伤的本构关系,并最终通过解决初始条件和边界条件来计算材料各点的应力、应变和损伤值。

1.5.3 损伤变量

在损伤力学中,材料或结构的内部微裂纹或空隙相互作用、相互影响,不可能准确地描述每个裂纹的几何特征或尖端应力场。因此,力学研究者采用了一种整体方法,将包含众多微裂纹的区域看作局部均匀场,并引入了损伤变量来描述材料或结构的劣化程度。

损伤变量是一种量度损伤程度的指标,可理解为微裂纹或空洞在整个材料中的相对体积百分比。损伤变量在损伤力学中扮演着关键角色,代表了材料结构的不可逆变化。损伤变量可以从微观和宏观两个方面进行选择,如裂纹数目、长度、面积、体积,或者宏观性能参数(如弹性模量、屈服应力、拉伸强度、密度等）。不同的损伤过程可能需要不同的损伤变量。

自 20 世纪 80 年代以来，学者提出了多种损伤变量的定义，但这些定义都以 L. M. Kachanov 提出的损伤变量为基础。L. M. Kachanov 的定义将损伤变量解释为有效承载面积相对减少的度量。损伤变量的形式可以是标量、矢量或张量，具体取决于研究对象的复杂性和所使用的力学描述方式。标量形式适用于微裂纹各向同性分布的情况，矢量形式适用于微裂纹平面分布的情况，而张量形式适用于微裂纹各向异性分布的情况。尽管用张量表示损伤能更准确地反映微观裂纹的排列和力学性质，但数学表达更为复杂，在工程应用中具有一定的挑战性。选择适当的损伤变量对于建立准确的损伤模型和进行损伤分析至关重要。损伤变量的选择应考虑如何与宏观力学相联系，并且易于识别和测量。理想的损伤变量应具有以下几个特点：

（1）对损伤的描述有足够精度，这种描述是基于细观的，如微裂纹或微孔洞的几何尺寸、取向、配置等。

（2）独立的材料参数尽可能少，便于数学运算和实验测定。

（3）有一定的物理意义或几何意义。

1.5.4　损伤本构热力学

损伤是材料内部微观结构组织的改变，是物质内部结构的不可逆变化过程。损伤演变与塑性变形都会造成材料的不可逆能量耗散，因此，损伤变量是一种内变量。材料的损伤本构方程可采用带内变量的不可逆过程热力学定律来研究，即让损伤变量以内变量的形式出现在热力学方程中。

热力学在损伤本构方程建立方面的应用集中体现为热力学第一定律、热力学第二定律。其中，热力学第一定律实质上是能量守恒原理，涉及热与功的相互转换。从热力学观点看，损伤变量是一种内部状态变量，它能反映物质结构的不可逆变化过程。

1.6　铺面材料的破坏特性

1.6.1　破坏原理

破坏表示材料承载力逐渐丧失，此时进入应变软化阶段，先是工程材料中某些点承载力降低（图 1-16），如岩土类材料中会显示出局部宏观裂隙，然后裂隙贯通而整体破坏。钢材采用屈服强度，破坏时处于理想塑性阶段，显示出某些点的应变突然快速增大，导致整体变形超出工程允许值而破坏。

材料失效理论是材料科学和固体力学的跨学科领域，它试图预测固体材料在外荷载作用下的失效条件。大多数材料的破坏为脆性破坏（断裂）或延性破坏（屈服），抑或两者兼而有之。

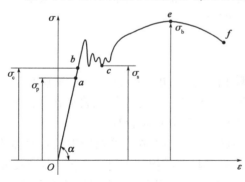

图 1-16　材料破坏发展过程

在数学方面,失效理论以对特定材料有效的各种失效准则的形式表达。失效准则是应力或应变空间中的函数,它将"失败"状态与"未失败"状态分开。"失败"状态的精确物理定义不容易量化,工程界正在使用几个工作定义。经常使用相同形式的现象学破坏准则来预测脆性破坏和延性破坏。

1.6.2 材料失效

在材料科学中,材料失效是指材料单元承载能力的损失。该定义引入了这样一个事实,即可以从微观到宏观的不同维度检查材料失效。图1-17所示为沥青材料破坏。在结构问题中,当外部荷载作用于结构时,其响应(如应力、应变或变形)可能超出材料开始进入非线性阶段的阈值,从而引发塑性变形、损伤或其他复杂的非线性行为。因此,材料失效对于确定结构的完整性非常重要。另外,由于缺乏全球公认的断裂标准,材料失效引起的结构损伤仍在深入研究中。

图1-17 沥青材料破坏

根据检查材料的角度,材料失效可分为微观材料失效和宏观材料失效两大类。

1.6.2.1 微观材料失效

微观材料失效是根据裂纹萌生和扩展的角度来定义的。这种方法有助于深入了解在明确定义的全局荷载分布下试样和简单结构的开裂。微观材料失效考虑裂纹的萌生和扩展。这种情况下的失效标准与微观断裂有关。该领域流行的失效模型是微机械失效模型,它结合了连续介质力学和经典断裂力学的优点。此类模型基于以下概念:在塑性变形过程中,微孔会成核并生长,直到空隙间基体发生局部塑性颈缩或断裂,从而导致相邻空隙聚结。这种由 Gurson 提出并由 Tvergaard 和 Needleman 扩展的模型称为 GTN。Rousselier 提出的另一种方法基于连续介质损伤力学(Continuum Damage Mechanics,CDM)和热力学。两种模型都通过引入标量损伤量来完成对 Von Mises 屈服势的修正。该损伤量代表空腔的空隙体积分数,即孔隙率 f。

1.6.2.2 宏观材料失效

宏观材料失效定义为等效的承载能力或能量存储能力。宏观失效准则可分为四类:应力或应变失效、能量型故障(S-criterion、T-criterion)、损坏故障和经验失败。

在不同尺度对变形和破坏的含义有不同的解释:结构元素尺度,定义宏观应力和应变的宏观尺度,由典型空隙表示的中尺度、微观尺度和原子尺度。一个层次的物质行为被认为是它在子层次上行为的集合。一个有效的变形和失效模型应该在每一层都保持一致。

1.7 铺面材料的自主恢复特性

1.7.1 原理

自修复材料是一种人造或合成材料,具备内在自动修复受损部分的能力,无须外部干预或诊断。通常,材料会随着时间的推移而受到损伤,损伤通常是由疲劳、环境影响或操作中的应力导致的。微观层面上的裂纹和其他损伤不仅改变了材料的性质,还可能导致最终的结构破坏。通常情况下,早期损伤很难被察觉,需要通过定期人工检查和维修来避免进一步损害。然而,自修复材料通过内置的响应机制,可以主动修复微小损伤,抵抗退化过程。这些材料有时被归为智能结构,因为它们能够感知环境条件并做出适应性响应。

虽然自修复材料中常见的类型是聚合物或弹性材料,但实际上,自修复技术适用于各种材料,包括金属、陶瓷和胶结材料。自修复机制多种多样,从材料内部的自我修复到添加微型管道中的修复剂。对于被定义为自修复的材料,其修复过程必须在没有外部干预的情况下发生。但是,有些自修复聚合物可以通过外部刺激(如光、温度变化等)来开启修复过程。

简而言之,自修复材料是一种能够在受损后,通过一定条件或刺激来自我修复的材料。虽然完美的修复在现实中难以实现,但即使能够部分自我修复的材料也可以被归为自修复材料[10]。

图 1-18 所示为能够一次修复和多次修复的材料。其目的就是延长材料的使用寿命。

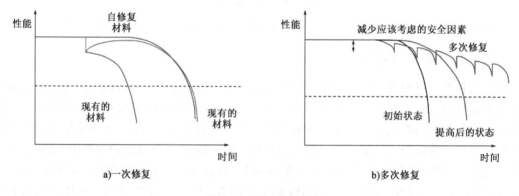

图 1-18 材料自修复类型

人们日常生活中能够接触到的材料自修复过程中,比较典型的就是人体(动物体)的自修复过程。当你的手被小刀划伤时,皮肤受到损伤,不大的伤口能够在一段时间之后自我修复。但是,如果损伤大到手指头已经掉下来了,这样的损伤是人体不能够自我修复的。这说明自修复材料对损伤有一个程度的要求,不是无限修复。

1.7.2 自修复方法

常见的自修复方法有两种:

一种自修复方法是从结构上完成自修复过程,即通过结构上的巧妙设计来实现损伤修复,其典型代表包括空心管方法和微胶囊修复方法。

空心管方法的关键思想是制造一种具有空心管状结构的材料,如橡胶增强材料,其中网状孔道内充满了单体物质。当材料发生损伤并形成裂缝时,空心管也会沿着裂缝线破裂。在这种情况下,填充在管道内的单体物质会流出并填充到裂缝中。有些情况下,这些管道会充满更坚固的单体物质,这将导致裂缝内的单体与之混合,从而实现损伤的修复。

微胶囊修复方法类似于空心管方法,但单体被封装在微小的胶囊内,然后埋入热固性塑料。当裂缝遇到这些胶囊时,胶囊会破裂,释放出单体来修复裂缝。为了确保这个修复过程可以在室温下进行,并且保持在单体级别的反应水平,通常会将催化剂一同封装在热固性材料中。催化剂的存在有助于降低反应的能量壁垒,并且使反应无须额外的热能即可进行。这种胶囊通常由蜡基材料制成,单体和催化剂通常被分开包装。裂缝的存在会触发胶囊破裂和修复反应的进行,具体如图1-19所示。

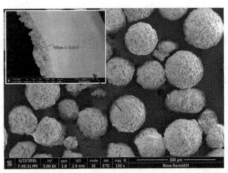

a) 电镜图

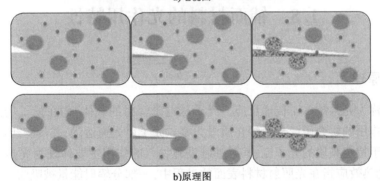

b) 原理图

图1-19 微胶囊修复过程[11]

这些自修复方法利用了精巧的结构设计,使材料能够在受到损伤时自动修复,无须外部干预。这对于增强材料的耐久性和可靠性具有重要意义。

另一种自修复方法是材料类型可逆,也称为内修复。这个过程通常依赖材料本身分子结构的键合性质以及相关反应机制。自修复系统是一种能够将分子恢复到其原始状态的高分子级别系统,不论这些高分子是均聚物、低聚物还是非交联网状结构。

这种类型的自修复材料在常温下通常是稳定的,因此需要外部刺激或推动力来促使修复过程的发生。当一种能够自修复的材料受到热损伤时,它可以在恢复材料的制造条件下将其分子结构恢复到高分子形态。这种自修复材料自修复的原理在于材料受损后会自发产生裂缝,这些裂缝有助于降低表面能,从而引发自修复,具体修复过程如图 1-20 所示。

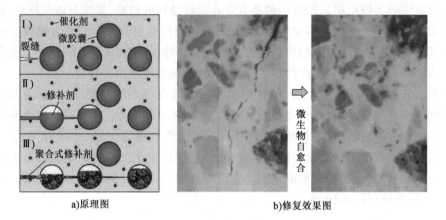

图 1-20　内修复过程

例如,沥青材料因具有较高的扩散流动性,展现出强大的自愈合能力。当沥青材料受到损伤时,如在荷载间歇期,经过一定的加热或受压,它可以自动修复裂缝。在这个过程中,沥青分子会通过浸润、扩散等运动重新连接,使材料中的损伤得以自我修复。随着时间推移,沥青材料的性能逐渐恢复。

可逆自修复材料具备内在的分子级修复机制,这使它们能够在受损时自动进行修复,这种特性对于提高材料的耐久性和可靠性具有重要意义。

1.8　铺面材料的光作用特性

1.8.1　原理

光反应又称为光系统电子传递反应。光子是电磁辐射的载体,而在量子场论中光子被认为是电磁相互作用的媒介子。光子静止质量为零。光子以光速运动,并具有能量、动量、质量。而光是一种处于特定频段的光子流,其对基础设施材料的作用主要体现为光热效应和光化学效应。其中,光热效应指在光照射材料表面的过程中,一部分辐射能量被吸收。下面主要介绍光化学效应。

1.8.2　光化学效应

光化学效应是指物质分子吸收外部光子能量后,引发的化学反应。这种效应可以在一般光与生物组织相互作用时发生,需要满足一定的条件,如视紫红质在光照下发生漂白,皮肤中的麦角胆固醇在阳光下转化为维生素 D_2,以及叶绿体在阳光照射下进行光合作用等。光化学反应的种类多样,其机制各不相同,但它们的一个基本规律是需要特定波长的光子来触发特定的光化学反应。光化学效应主要指波长在 200~400nm 的紫外线照射某些物质时直接引起的化学键变化和伴随的物质化合和分解,具体如图 1-21 所示。一般来说,能引发生物分子光化学反应的光子波长通常在 700nm 以下,包括可见光和紫外光。

光化学反应与一般的热化学反应有许多不同之处。它们的主要区别在于,在加热时,光化学反应中分子的能量分布遵循玻尔兹曼分布,而在受到光激发时,能够实现选择性激发,分子的能量分布是非平衡的。因此,光化学反应的途径和产物通常不同于基态的热化学反应。即使在较低的温度下,只要光的波长适当,可以被物质吸收,光化学反应仍然能够进行。

光化学效应的初级过程涉及分子吸收光子,激发电子,使电子从基态升到激发态。分子内的电子状态、振动状态和转动状态都是量子化的,这意味着分子激发所需的光子能量必须匹配特定能级之间的能量差。因此,初始状态和最终状态不同的光化学反应需要特定能量的光子来触发。

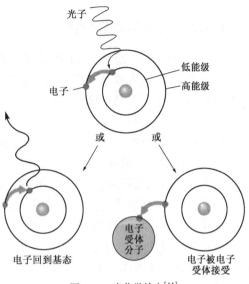

图1-21　光化学效应[14]

光化学效应是一种通过吸收外部光子能量引发的化学反应,它具有与热化学反应不同的特性,包括能量选择性激发和非平衡分子能级分布,如图1-22所示。

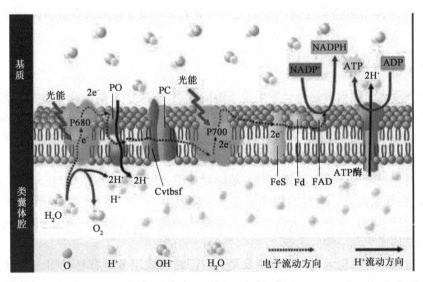

图1-22　光化学效应示意图[15]

分子在一般条件下处于能量较低的稳定状态,称作基态。受到光照射后,分子如果能够吸收电磁辐射,就可以提升到能量较高的状态,这称作激发态。分子如果可以吸收不同波长的电磁辐射,就可以达到不同的激发态。分子的状态按其能量的高低,从基态往上依次称作第一激发态、第二激发态等,而把高于第一激发态的所有激发态统称为高激发态。

激发态分子的寿命一般较短,而且激发态越高,其寿命越短,以至于来不及发生化学反应。所以,光化学反应主要与低激发态有关。激发时分子所吸收的电磁辐射能有两条主要的耗散途径:一条途径是与光化学反应的热效应合并,一条途径是通过光物理过程转变成其他形式的能量。

1.8.3 光化学效应分类

决定一个光化学反应的真正途径往往需要建立若干个对应于不同机理的假想模型,找出各模型体系与浓度、光强及其他有关参量间的动力学方程,然后考查哪一个与试验结果相符合程度最高,哪一个就是最可能的反应途径。

光化学研究反应机理的常用试验方法,除示踪原子标记法,在光化学中最早采用的猝灭法仍是非常有效的一种方法。猝灭法是通过被激发分子所发荧光,被其他分子猝灭的动力学测定来研究光化学反应机理的。它可以用来测定分子处于电子激发态时的酸性、分子双聚化的反应速率和能量的长程传递速率。由于吸收给定波长的光子往往是分子中某个基团的性质,因此,光化学效应提供了使分子中某特定位置发生反应的最佳手段,这对于那些热化学反应缺乏选择性或反应物可能被破坏的体系更为可贵。光化学反应的另一特点是用光子作为试剂。光子一旦被反应物吸收,不会在体系中留下其他新的杂质,因而可以看成"最纯"的试剂。如果将反应物固定在固体格子中,光化学合成可以在预期的构象(或构型)下发生,这往往是热化学反应难以做到的。

大气污染过程包含着极其丰富而复杂的化学过程,用来描述这些过程的综合模型包含许多光化学过程。例如,棕色二氧化氮在日照激发下成为高能态分子,是氧与碳氢化物链反应的引发剂。又如,氟碳化物在高空大气中的光解与臭氧屏蔽层变化的关系等,都以光化学效应为基础。

1.8.4 光老化

聚合物在受到光照射时是否会发生分子链的断裂,取决于光能与化学键的离解能之间的相对大小以及高分子化学结构对光波的敏感性。太阳光中的光子波长范围通常为290～4300nm,能够到达地表的只有紫外光波段的光子,其能量大于化学键离解能,因此会导致高分子化学键的断裂。

高分子材料在使用过程中受到多种环境因素的综合作用,包括热、氧气、水、光、微生物、化学介质等,这会导致高分子材料的化学组成和结构发生一系列变化,从而导致物理性能的恶化,如硬化、变黏、变脆、变色、失去强度等,这些变化和现象称为老化。高分子材料的老化本质上是其物理结构或化学结构的改变[16]。

高分子材料容易发生老化的原因主要是其内部结构或组分具有易受损的弱点,如不饱和双键、过氧化物、支链、羰基、末端的羟基等。同时,外界或环境因素也是引发老化的主要因素,包括阳光、氧气、臭氧、热、水、机械应力、高能辐射、电、工业气体(如二氧化碳、硫化氢等)、海水、盐雾、霉菌、细菌、昆虫等。

对于沥青材料而言,紫外老化是光老化的一种表现形式,主要是指太阳光中的紫外线对沥青材料的老化作用。紫外线波长短、能量大,而沥青中的稠环化合物对近紫外区的能量具有吸收能力,使得紫外线对沥青的老化作用尤为显著。强烈的紫外线辐射会促使沥青分子产生更多的活性基团,提升了沥青组分参与氧化反应的数量和速度。紫外老化与热氧老化有不同的特点:紫外老化主要发生在沥青表层约1mm的深度处,而热氧老化的主要来源是上层到基层的热传递。在紫外老化和热氧老化等多种老化因素的作用下,沥青会发生吸氧老化的自由基链式反应。

聚合物材料在受到光照射时,特别是紫外光,可能发生分子链的断裂,老化是由多种环境因素引发的,包括光、热、氧气等。沥青材料的紫外老化是一种常见的光老化表现形式,显著影响了其性能。在紫外线辐射和热氧作用等老化因素作用下,沥青吸氧老化的自由基链式反应过程如图1-23所示。

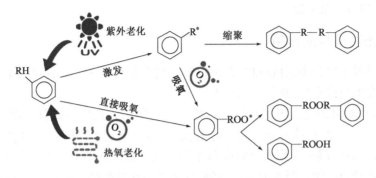

图1-23　沥青吸氧的自由基链式反应过程[17]

1.8.5　光降解作用

光降解是指在光的作用下,有机化合物降解为碳原子较少的同系物反应。有机物可能发生两种类型的光降解,即直接光解和间接光解。其中,直接光解是指有机化合物直接吸收光子,由基态分子转变为激发态分子而引发的键断裂或者结构重排等光反应。

高分子光降解即高分子在光作用下发生的降解。其中,高分子在光的照射下吸收了光能而自行分解,称为光分解;高分子在光和氧或空气存在的情况下发生氧化,称为光氧化。

高分子材料受光照射并有氧存在时,容易发生光氧化,结果在链中引入羰基等光敏官能团,继而发生链的断裂。聚烯烃尤其是聚丙烯(PP)易被光氧化从而容易光降解。为延长高分子材料的使用寿命,工业上广泛将各种光稳定剂,如紫外光吸收剂、光屏蔽剂、激发态淬灭剂等和抗氧剂加到高分子材料中。另外,还可利用高分子材料的光降解来减少塑料对环境的污染。这些都是由具有光化学作用的紫外线或辐射线引起的化学键破坏的结果。在实际使用中,太阳光对高分子材料的破坏作用是主要的,也是比较广泛的。高分子光降解的程序为:首先高分子必须吸收光能,使高分子处于激发态,然后引起化学变化,如链的断裂或性质的变化,但这个过程取决于高分子的化学结构,如图1-24所示。

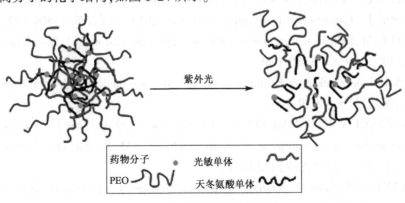

图1-24　高分子光降解示意图[18]

光降解塑料分为共聚型和添加型两类。前者是用一氧化碳或含碳单体与乙烯或其他烯烃单体合成的共聚物组成的塑料。由于聚合物链上含有羰基等发色基团和弱键，这种塑料易于进行光降解。后者是在通用的塑料基材中加入二苯甲酮、对苯醌等光敏剂后制得，制造技术简单。光敏剂能吸收300nm波长的光，与相邻的分子发生脱氢反应，将能量转给聚合物分子，引发光降解反应，使分子量下降。

1.8.6 光对材料的作用

基础设施材料主要分为无机材料、有机材料和复合材料三大类。这些基础设施材料在受到光照射时会发生光致变化，具体表现如下：

(1)天然石材和水泥混凝土主要受到光热效应的影响。光照导致材料温度升高，这可能引发温度变化导致的裂缝，并与氧气和水的化学反应相结合，进一步加速材料的劣化。

(2)沥青和沥青混凝土受到光热效应和光化学效应的双重影响。光会加速沥青分子的运动，导致轻质油的挥发，加速沥青的老化，降低其黏结力和黏附性。同时，紫外光和氧气的氧化作用会改变沥青的化学性质，使其变得不黏结，降低矿料之间的黏结力，导致沥青强度下降和松散病害。

聚合物混凝土主要受到光化学效应的影响，发生老化。紫外线照射会激发自由基的产生，破坏高分子链，导致分子链断裂，从而显著降低材料的力学性能。此外，红外线的吸收也会导致材料老化，因为它将光能转化为热能，加速了材料的老化过程。

这些基础设施材料在光照射下会经历光热效应和光化学效应，从而发生老化和性能下降。

本章参考文献

[1] ODA M, IWASHITA K. Mechanics of granular materials: an introduction [M]. CRC Press, 2020.

[2] ACKER P. Swelling, shrinkage and creep: a mechanical approach to cement hydration [J]. Materials & Structures, 2004, 37(4):237-243.

[3] BOATENG A A, SKEETE D A. Incineration of rice hull for use as a cementitious material: the guyana experience[J]. Cement and Concrete Research, 1990, 20(5):795-802.

[4] CHEN X, WU S. Influence of water-to-cement ratio and curing period on pore structure of cement mortar[J]. Construction & Building Materials, 2013, 38(JAN.):804-812.

[5] SONSINO C M. Fatigue testing under variable amplitude loading[J]. International Journal of Fatigue, 2007, 29(6):1080-1089.

[6] BINER S. Fatigue crack growth studies under mixed-mode loading[J]. International Journal of Fatigue, 2001, 23(S1):259-263.

[7] ZHANG W D, GUO MINGCHAO, SRIDHAR S. Rainflow counting based block cycle development for fatigue analysis using nonlinear stress approach[J]. SAE International Journal of Materials and Manufacturing, 2013, 6(2):330-338.

[8] MURAKAMI, S. Mechanical modeling of material damage[J]. Journal of Applied Mechanics, 1988, 55(2):280-286.

[9] 余寿文,冯西桥. 损伤力学[M]. 北京:清华大学出版社,1997.

[10] BLAISZIK B,KRAMER S,OLUGEBEFOLA S, et al. Self-healing polymers and composites[J]. Annual Review of Materials Research,2010,40(1):179-211.

[11] WHITE S R, SOTTOS N R, GEUBELLE P H, et al. Autonomic healing of polymer composites [J]. Nature,2001,409(6822):794-797.

[12] TERRY D A. Adhesive reattachment of a tooth fragment: the biological restoration[J]. Practical Procedures & Aesthetic Dentistry : PPAD,2003,15(5):403-409.

[13] HAYES S,JONES F,MARSHIYA K, et al. A self-healing thermosetting composite material[J]. Composites Part A,2006,38(4):1116-1120.

[14] BRUNDLE C R, ROBIN M B, KUEBLER N A,et al. Perfluoro effect in photoelectron spectroscopy: I Nonaromatic molecules[J]. Journal of the American Chemical Society, 1972, 94(5): 1451-1465.

[15] SAKUMA R, OHYAMA R-I. An experimental study on photochemical effect of UV light on NO/sub x/decompositions [C]//proceedings of the CEIDP'05 2005 Annual Report Conference on Electrical Insulation and Dielectric Phenomena, 2005, F. IEEE.

[16] WERNER J S, PETERZELL D H, SCHEETZ A J. Light, vision and aging[J]. Optometry and Vision Science, 1990, 67(3):214-229.

[17] 肖飞鹏. 沥青材料再生利用的理论与方法[M]. 上海:同济大学出版社,2021.

[18] SOLEIMANI,ABDOLRASOUL,BORECKI, et al. Photodegradable poly(ester amide)s for indirect light-triggered release of paclitaxel[J]. Polymer Chemistry,2014,5(24):7062-7071.

第 2 章
岩石与集料

本章对岩石与集料的相关内容进行了系统的介绍。第一，本章通过对岩石的分类、化学组成、物理性质、力学性质进行介绍，使读者对岩石有一个基本的认识和理解。岩石的物理、化学和力学性质取决于其成分、结构和形成历史。岩石通常由矿物、有机物和游离液体组成。岩石的密度、硬度、颜色、纹理等特性是岩石物理特性的体现。第二，本章介绍了岩石的本构关系，分析了岩石在外部力作用下产生的应变与应力的关系。研究岩石的本构关系有助于了解岩石的变形、破坏过程，以及工程和建筑结构的稳定性。第三，本章介绍了岩石力学研究的最新进展，包括利用电子计算机模拟岩石力学性质、采用声波检测技术进行岩石缺陷探测、研究岩石裂隙扩展机理等。第四，本章介绍了集料的基本概念和物理性质，同时阐述了集料物理性质对混合料性能的影响。集料质量直接关系到铺面结构的强度和耐久性。集料的性质主要包括粒径和颗粒形状、坚硬程度、相对密度和吸水性等。第五，本章讨论了砂石的开采与加工工艺，介绍了集料开采的过程中需要注意保护生态环境和地质环境。

2.1 岩石的物理、化学与力学性质

2.1.1 岩石的基本构成与地质分类

岩石是固态集合体，由一种或多种矿物和天然玻璃组成。单矿岩由一种矿物构成，如石英

岩。复矿岩则由多种矿物组成,如花岗岩。岩石是地壳和岩石圈的主要构成部分,长石和石英是其重要成分。

2.1.1.1 岩石的主要物质成分

岩石中含有多种造岩矿物,如正长石、斜长石、石英、黑云母、白云母、角闪石、辉石、橄榄石、方解石、白云石、高岭石和赤铁矿等。岩石中这些矿物的含量因岩石的成因而异。矿物成分对岩石的抗风化能力、物理性质和强度特性具有重要影响。不同矿物的相对稳定性与其化学成分、结晶特征和形成条件有关,影响着岩石的抗风化能力。一般来说,基性岩石容易风化,而酸性岩石抗风化能力较强,中性岩石介于两者之间。然而,岩石的抗风化性能还受其结构和构造特征的影响,因此,不能仅凭矿物成分来判断岩石的抗风化性[1]。

岩石的力学性质主要受矿物成分和颗粒联结的影响。岩石的硬度和强度虽然相关,但联结也是一个关键因素。一些岩浆岩的强度通常随着辉石等暗色矿物的增加而提高。在沉积岩中,石英含量的增加通常会提高砂岩的强度,而硅质混合物的增加则会提高石灰岩的强度。变质岩中的一些硅酸岩盐矿物,如云母、绿泥石等,通常会降低岩石的强度,尤其是在它们平行排列时。

一些易溶物和特殊矿物也可以使岩石的物理性质复杂化。易溶物(如石膏、芒硝、岩盐、钾盐等)在水的作用下溶解,导致岩石孔隙度提高,结构变松,强度下降。另外,蒙脱石等黏土矿物在遇水时会膨胀并降低强度。一些玻璃质和次生矿物也可能促使岩石发生化学反应。因此,需要综合考虑矿物成分、结构以及外部环境因素来理解岩石的力学性质。

2.1.1.2 岩石的地质成因分类

自然界中有各种各样的岩石,不同成因的岩石具有不同的力学特性。根据地质学的岩石成因分类,可把岩石分为岩浆岩、沉积岩和变质岩三大类。

1)岩浆岩

岩浆岩,也称火成岩,是由地壳深处的熔融岩浆冷却凝固后形成的岩石。这类岩石约占地壳总体积的65%,总质量的95%,是组成地壳的主要岩石类型。岩浆岩的形成涉及岩浆的发生、运移、聚集、变化及冷凝成岩的全部过程,这一过程称为岩浆作用。

岩浆岩可以根据不同的标准进行分类,主要包括以下几种分类方式。

(1)根据生成条件分类

深成岩:岩浆在地表深处受上部覆盖层的压力作用,缓慢冷却而形成的岩石。其特点是结晶完全、晶粒明显可辨、构造致密、表观密度大、抗压强度高、吸水率小、抗冻及耐久性好。

喷出岩:岩浆喷出地表冷凝而成。由于冷却较快,大部分结晶不完全呈细小结晶状。岩浆中所含气体在压力骤减时会在岩石中形成多孔构造。常见的喷出岩有玄武岩、辉绿岩、安山岩等。

火山岩:火山爆发时,岩浆被喷到空中急速冷却而形成的多孔散粒状岩石,多呈玻璃质结构,有较高的化学活性。火山岩包括火山灰、火山渣、浮石等。

(2)根据二氧化硅含量分类

超基性岩:SiO_2含量小于45%,铁、镁质含量高,以不含石英为特征。超基性岩有橄榄岩、苦橄岩等。

基性岩:SiO_2含量为45%~53%,FeO、MgO含量比超基性岩低。基性岩有玄武岩、辉绿岩、辉长岩等。

中性岩:SiO_2含量为53%~65%,铁、镁、钙比基性岩低。中性岩有安山岩、闪长岩、正长岩等。

酸性岩:SiO_2含量大于66%。酸性岩有花岗岩、花岗斑岩、流纹岩等。

岩浆岩具有结晶结构,大部分岩浆岩都是块状结晶的岩石,只有少数急速冷却形成的玻璃质岩石,如黑耀岩。喷出岩在温度、压力骤然降低的条件下形成,常具有气孔状构造、杏仁状构造、流纹构造、绳状构造和枕状构造等特殊构造。岩浆岩的主要矿物组成是硅酸盐矿物,主要氧化物是SiO_2。此外,岩浆岩中还含有一些特有的矿物,如霞石、白榴石等。岩浆岩和围岩有很密切的接触关系,围岩的碎块常被带到岩浆中,成为岩浆的捕虏体。但是生物化石和生物活动遗迹在岩浆岩中是不存在的。

2)沉积岩

沉积岩可以根据物质来源、成因、物质成分等进行分类。

(1)按物质来源分类

沉积岩主要由母岩风化物质、火山碎屑物质和生物遗体形成,据此可以分为三类:

母岩风化物质形成的沉积岩:这是最主要的沉积岩类型,包括碎屑岩和化学岩两类。碎屑岩根据粒度可以进一步细分为砾岩、砂岩、粉砂岩和黏土岩,化学岩则根据成分主要分为碳酸盐岩、硫酸盐岩、卤化物岩、硅岩等。

火山碎屑物质形成的沉积岩:这类岩石主要由火山碎屑物质组成,是介于火山岩与沉积岩之间的岩石类型,有向熔岩过渡的火山碎屑熔岩类和向沉积岩过渡的火山碎屑沉积岩类。常见的火山碎屑岩类有集块岩、火山角砾岩和凝灰岩。

生物遗体形成的沉积岩:这类岩石由生物遗体组成,可以分为可燃性生物岩(如煤、油页岩)和非可燃性生物岩。

(2)按成因和物质成分分类

沉积岩根据成因和物质成分可以分为以下几类:

碎屑:由碎屑和胶结物组成的沉积岩,按粒度分为砾岩、砂岩、粉砂岩和黏土岩(如泥岩、页岩)。

砾岩:粗碎屑含量大于30%的岩石,砾石或角砾大者可达1米及以上。

砂岩:由粒度在2~0.1mm范围内的碎屑物质组成的岩石,砂含量通常大于50%。

粉砂岩:0.1~0.01mm粒级的碎屑颗粒超过50%的岩石。

黏土岩:粒度在0.0039mm以下的岩石,主要由高岭石族、多水高岭石族、蒙脱石族、水云母族和绿泥石族矿物组成。

碳酸盐岩:由碳酸盐矿物组成的沉积岩,如石灰岩和白云岩。

生物岩:由生物沉积物组成的沉积岩,如煤、油页岩。碳酸盐岩和生物岩统称为化学岩。

(3)其他分类方式

除了上述分类方式,沉积岩还可以根据其他特征进行分类,如根据结构构造及形成的构造环境进行划分,主要分为陆源沉积岩、内源沉积岩和火山-沉积碎屑岩。

通过以上方式对沉积岩进行分类有助于更深入地了解沉积岩的形成过程、特征和分布规律。

3) 变质岩

变质岩是沉积岩、火成岩或是其他较早期的岩石,在不同的温度及压力下所产生的,此过程称为变质作用。变质作用会让岩石的物理性质及化学性质有显著的改变。变质作用前的岩石称为原岩。原岩在变质作用后变质成其他的矿物,或是产生再结晶作用,变质成同一矿物的不同形式。变质岩可以依原岩分为两大类:正变质岩和副变质岩。正变质岩是火成岩经变质作用形成的,副变质岩是沉积岩经变质作用形成的。变质作用的温度需高于150℃,压力需大于1500bars,都是比地表的温度及压力要高的条件,变质岩约占地壳体积的27.4%。许多主要的经济矿物都是在变质岩中生成的,其主要分类见表2-1。

变质岩的分类　　　　　　　　　　　表 2-1

类型	种类		
叶理状变质岩	板岩	片岩	片麻岩
非叶理状变质岩	石英岩	大理岩	蛇纹岩

依结构的不同,变质岩可以分为两类:一类有纤维状平面组织的称为有叶理,另一类则是无叶理的。岩石的名称会依其中矿物而定,片岩是有叶理的变质岩,主要含有云母等薄纹性矿物;片麻岩有不同亮度的可见带,最常见的是花岗片麻岩;其他有叶理的变质岩有板岩、千枚岩及糜棱岩。常见的无叶理变质岩有大理石、滑石及蛇纹石,无叶理变质岩也包括由砂岩变质而成的石英岩以及角页岩。

2.1.2 岩石的化学性质

2.1.2.1 变质岩的化学性质

变质岩与原岩的化学成分有密切关系,同时与变质作用的特点有关。在变质岩的形成过程中,如无交代作用,除 H_2O 和 CO_2 外,变质岩的化学成分基本取决于原岩的化学成分;如有交代作用,变质岩的化学成分则既取决于原岩的化学成分,也取决于交代作用的类型和强度。变质岩的化学成分主要包括 SiO_2、Al_2O_3、Fe_2O_3、FeO、MnO、CaO、MgO、K_2O、Na_2O、H_2O、CO_2、TiO_2 及 P_2O_5 等氧化物。由于形成变质岩的原岩不同、变质作用中各种性状的具化学活动性流体的影响不同,变质岩的化学成分变化范围往往较大。例如,在岩浆岩(超基性岩-酸性岩)形成的变质岩中,SiO_2 含量多为 35% ~78%;在石英砂岩、硅质岩形成的变质岩中,SiO_2 含量可大于 80%;当原岩为纯石灰岩时,SiO_2 含量则可降低至零。

在变质作用中,没有绝对的化学反应;在变质反应过程中,总是有某些组分的带出和带入,原岩组分总会发生某些变化,有时还非常显著。在通常的变质反应过程中,经常发生矿物的脱水和吸水作用、碳酸盐化和脱碳酸盐化作用。这些过程除与温度、压力有关外,还和变质作用过程中 H_2O 和 CO_2 的性状有关;在区域变质作用过程中,当温度升高时,亲石元素(包括主要造岩元素 K、Na、Fe、Mg、Al、Si)保持其稳定;而亲铜元素则根据它们本身的特性,呈现出不同的活动性。这一情况也部分地解释了在区域变质作用过程中,岩石的主要造岩元素可以保持不变或稍有变化的原因[2]。

2.1.2.2 沉积岩的化学性质

沉积岩的化学成分因沉积岩中的主要造岩矿物含量差异而不同。例如,泥质岩以黏土矿物为主要造岩矿物,而黏土矿物是铝-硅酸盐类矿物,因此泥质岩中 SiO_2 及 Al_2O_3 的总含量常达 70% 及以上。砂岩中石英、长石是主要的造岩矿物,一般以石英居多,因此 SiO_2 及 Al_2O_3 含量可高达 80% 及以上,其中 SiO_2 含量为 60% ~95%。石灰岩、白云岩等硫酸盐岩,以方解石和白云石为造岩矿物,CaO 或 CaO + MgO 含量大,SiO_2、Al_2O_3 等含量一般不足 10%。

由于火山喷发而进入沉积岩的物质,包括凝灰质、矿物晶屑、喷发的岩石碎屑和岩浆的浆屑等。陆地的火山喷发和海洋的火山喷发都可带来这些组分。

沉积岩中含少量宇宙物质,如陨石、宇宙尘。对宇宙尘的研究,不仅可以了解沉积岩本身,还可以进一步了解各地质时代沉积岩形成时,天体可能发生的某些事件或变化。

2.1.3 岩石物理性质

2.1.3.1 岩石裂隙度与声波传播速度

岩石中的裂隙、孔隙会影响声波的传播速度。通过测量纵波在岩石中的传播速度,可以对岩石中裂隙、孔隙发育的程度做定量的评价。其测量和计算步骤如下。

(1)确定岩石试件的矿物组成,并测定每一种矿物的纵波传播速度。一些常见矿物的纵波传播速度见表 2-2。

一些常见矿物的纵波传播速度　　　　表 2-2

矿物名称	纵波传播速度(m/s)	矿物名称	纵波传播速度(m/s)
石英	6050	方解石	6600
橄榄石	8400	白云母	7500
辉石	7200	磁铁矿	7400
角闪石	7200	石膏	5200
白云母	5800	绿帘石	7450
正长石	5800	黄铁矿	8000
斜长石	6250		

(2) 根据式(2-1)计算出岩石试件在没有裂隙和孔隙条件下的纵波传播速度 V_i^*,即

$$\frac{1}{V_i^*} = \Sigma \frac{C_i}{V_{l,i}} \tag{2-1}$$

式中：V_i^*——假设没有裂隙、孔隙条件下岩石试件中的纵波传播速度,m/s；

$V_{l,i}$——第 i 种矿物的纵波传播速度,m/s；

C_i——第 i 种矿物在岩石试件中所占的比例。

几种常见岩石在没有裂隙和孔隙条件下的纵波传播速度(V_i^*)见表2-3。

几种常见岩石在没有裂隙和孔隙条件下的纵波传播速度(V_i^*) 表2-3

岩石名称	V_i^* (m/s)	岩石名称	V_i^* (m/s)
辉长岩	7000	砂岩	6000
玄武岩	6500~7000	石英岩	6000
石灰岩	6000~6500	花岗岩	5500~6000
白云岩	6500~7000		

(3) 测量纵波在实际岩石试件中的传播速度。根据纵波在实际岩石条件下的传播速度与纵波在假设没有裂隙、孔隙条件下岩石试件的传播速度之比,将评价与裂隙度相关的岩石质量指标定义为

$$IQ = \frac{V_i}{V_i^*} \times 100 \tag{2-2}$$

式中：IQ——岩石质量指标(quality index)；

V_i——实际岩石试件中的纵波传播速度,m/s。

声波在岩石中的传播速度不仅受裂隙的影响,而且受孔隙的影响。综合考虑裂隙和孔隙的影响,根据 IQ% 和不含裂隙的岩石孔隙度 n_p,可以将岩石中裂隙发育程度划分成5个等级：Ⅰ 无裂隙至轻微裂隙,Ⅱ 轻微裂隙至中等程度裂隙,Ⅲ 中等程度裂隙至严重裂隙,Ⅳ 严重裂隙至非常严重裂隙,Ⅴ 极度裂隙化。

2.1.3.2 岩石的渗透性

岩石中存在的各种裂隙、孔隙为流体和气体的通过提供了通道。度量岩石允许流体和气体通过的特性称为岩石的渗透性。岩石的渗透性对很多岩石工程有非常重要的影响。例如,在水利、水电、采矿、隧道等工程中,岩石的高渗透性可能导致溃坝、溃堤、涌水等重大渗透破坏的发生；在油气田工程中,岩石的低渗透性将会导致油气采出率的低下,甚至无法正常生产。

绝大多数岩石的渗透性可用达西定律(Darcy's law)来描述,其表达式为

$$Q_x = \frac{K}{\mu} \cdot \frac{dP}{dx} A \tag{2-3}$$

式中：Q_x——单位时间从两个方向通过流体的量,L^3/s；

P——流体的压力,N/m^2(Pa 或 MPa)；

μ——流体的黏度,Ns/m^2,对于20℃的水,$\mu = 1.005 Ns/m^2$；

A——垂直于 x 方向的横截面积,m^2；

K——用面积表示的渗透系数,其物理单位为 m^2,其值只取决于岩石的渗透性(率),与流体性质无关。

通常将 Darcy 定义为渗透率的一个基本单位，1Darcy = $9.87 \times 10^{-9} \text{cm}^2$。

如果流体是 20℃ 的水，达西定律可以表示为

$$Q_x = k \frac{dh}{dx} A \tag{2-4}$$

式中：h——水头高度，m；

k——渗透系数，cm/s，代表介质的渗透性能；

A——垂直于水流方向的截面积，m^2。

2.1.3.3 岩石的吸水性

岩石在一定条件下吸收水分的性能称为岩石的吸水性。岩石的吸水性取决于岩石孔隙的数量、大小、开闭程度和分布情况。表征岩石吸水性的指标有吸水率、饱和吸水率和饱水系数。

1）岩石吸水率

岩石吸水率是岩石在常温常压下吸入水的质量与其烘干质量的比值，以百分率表示，即

$$w_a = \frac{m_0 - m_{dr}}{m_{dr}} \times 100\% \tag{2-5}$$

式中：w_a——岩石吸水率，%；

m_{dr}——烘干岩石的质量，g；

m_0——烘干岩样浸水 48h 后的总质量，g。

岩石的吸水率越大，表明岩石中的孔隙越大，数量越多，并且连通性越好，岩石的力学性质越差。

2）岩石的饱和吸水率

岩石的饱和吸水率也称饱水率，是岩石在强制状态（高压或真空、煮沸）下，岩石吸入水的质量与岩样烘干质量的比值，以百分率表示，即

$$w_{sa} = \frac{m_{sa} - m_{dr}}{m_{dr}} \times 100\% \tag{2-6}$$

式中：w_{sa}——岩石的饱和吸水率，%；

m_{sa}——真空抽气饱和或煮沸后试件的质量，g；

m_{dr}——岩样在 105~110℃ 温度下烘干 24h 的质量，g。

在高压条件下，通常认为水能进入岩石中所有张开的孔隙和裂隙。国外采用高压设备测定岩石的饱和吸水率，国内常用真空抽气法或煮沸法测定饱和吸水率。饱水率反映岩石中总的张开型孔隙和裂隙的发育程度，对岩石的抗冻性和抗风化能力具有较大影响。

3）岩石的饱水系数

岩石的饱水系数是指岩石吸水率与饱水率的比值，以百分率表示，即

$$k_w = \frac{w_a}{w_{sa}} \times 100\% \tag{2-7}$$

2.1.3.4 岩石的透水性

岩石能被水透过的性能称为岩石的透水性。岩石的透水性是岩石渗透性的一部分，所以，岩石透水性同样遵守达西定律。水只能沿连通孔隙渗透，因此，岩石的透水性主要取决于岩石

孔隙的大小、方向及其相互连通情况。岩石的透水性可用渗透系数衡量其大小。

2.1.3.5 岩石的软化性

岩石浸水后强度降低的性能称为岩石的软化性。岩石的软化性常用软化系数来衡量。软化系数是岩样饱水状态的抗压强度与自然风干状态的抗压强度的比值,用小数表示,即

$$\eta_c = \frac{\sigma_{cw}}{\sigma_c} \tag{2-8}$$

式中：η_c——岩石的软化系数；

σ_{cw}——饱水岩样的抗压强度,kPa；

σ_c——自然风干岩样的抗压强度,kPa。

2.1.3.6 岩石的抗冻性

岩石抵抗冻融破坏的性能称为岩石的抗冻性。岩石的抗冻性通常用抗冻系数 c_f 表示。

岩石的抗冻系数 c_f 是指岩样在 ±25℃ 的温度区间内,反复降温、冻结、升温、融解,其抗压强度有所下降。岩样抗压强度的下降值与冻融前的抗压强度的比值,即抗冻系数,用百分率表示,即

$$c_f = \frac{\sigma_c - \sigma_{cf}}{\sigma_c} \times 100\% \tag{2-9}$$

式中：c_f——岩石的抗冻系数；

σ_c——岩样冻融前的抗压强度,kPa；

σ_{cf}——岩样冻融后的抗压强度,kPa。

岩石在反复冻融后其强度降低的主要原因：构成岩石的各种矿物的膨胀系数不同,当温度变化时,矿物的胀、缩不均导致岩石结构破坏；当温度降到 0℃ 以下时,岩石孔隙中的水将结冰,其体积增大约 9%,会产生很大的膨胀压力,使岩石的结构发生改变,直至破坏。

2.1.4 岩石力学性质

2.1.4.1 岩石的强度

岩石在各种荷载作用下,达到破坏时所能承受的最大应力称为岩石的强度。例如,在单轴压缩荷载作用下岩石所能承受的最大压应力称为单轴抗压强度,或非限制性抗压强度,在单轴拉伸荷载作用下岩石所能承受的最大拉应力称为单轴抗拉强度,在纯剪力作用下岩石所能承受的最大剪应力称为非限制性剪切强度。

进行岩石强度试验所选用的试件必须是完整岩块,不应包含节理裂隙。要做含有节理、裂隙的试件强度试验,必须做现场大型原位试验,获得的强度值是岩体的强度值。

各种强度都不是岩石的固有性质,而是一种指标值。什么是岩石的固有性质？凡是不受试件的形状、尺寸、采集地、采集人等影响而保持不变的特征,如岩石的颜色、密度等都是岩石的固有性质。而通过试件所确定的各种岩石强度指标值却要受相关因素的影响[3]。

为了保证不同的岩石强度试验所获得的岩石强度指标具有可比性,国际岩石力学学会(International Society for Rock Mechanics,ISRM)对岩石强度试验所使用的试件的形状、尺寸、

加载速率和湿度等先后制定了标准。例如，对于单轴抗压强度试验，推荐的试件形状为直径不小于50mm的圆柱形试件，高径比为2.5~3.0，加载速率为0.5~1.0MPa/s，试件保存期不超过30天，以尽可能在保持其天然含水率的条件下进行试验。对不符合标准试件和标准试验条件所获得的强度指标值，必须根据ISRM推荐的标准作相应的修正。

2.1.4.2 单轴抗压强度

岩石在单轴压缩荷载作用下达到破坏前所能承受的最大压应力称为岩石的单轴抗压强度(Uniaxial Compressive Strength, UCS)，或称为非限制性抗压强度(Unconfined Compressive Strength)。因为试件只受到轴向压力作用，侧向没有压力，所以试件变形没有受到限制，如图2-1a)所示。

国际上通常把单轴抗压强度表示为UCS，我国习惯将单轴抗压强度表示为σ_c，其值等于达到破坏时的最大轴向压力(P)与试件的横截面积(A)的比值，即

$$\sigma_c = \frac{P}{A} \tag{2-10}$$

试件在单轴压缩荷载作用下破坏时，在测件中可产生三种破坏形式：

(1) X状共轭斜面剪切破坏[图2-1b)]，破坏面法线与荷载轴线(试件轴线)的夹角为

$$\beta = \frac{\pi}{4} + \frac{\varphi}{2} \tag{2-11}$$

式中：φ——岩石的内摩擦角，(°)。

这种破坏形式是最常见的破坏形式。

(2) 单斜面剪切破坏，如图2-1c)所示。β角定义与图2-1b)相同。这两种破坏都是由破坏面上的剪应力超过极限引起的，因而被视为剪切破坏。但破坏前的破坏面所需承受的最大剪应力也与破坏面上的正应力有关，该类破坏也可称为压-剪破坏。

(3) 拉伸破坏，如图2-1d)所示。在轴向压应力作用下，在横向将产生拉应力。这是泊松效应的结果。这种类型的破坏就是由横向拉应力超过岩石抗拉极限引起的。

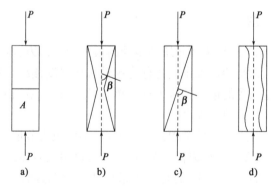

图2-1 单轴压缩试验试件受力和破坏状态示意图

试件形状可以是立方体(50mm×50mm×50mm或70mm×70mm×70mm)，但最好采用ISRM推荐的圆柱体，圆柱体直径一般不小于50mm，圆柱体试件高度与直径之比(L/D)对试验结果有很大影响。以σ_c表示实际的岩石单轴抗压强度，以σ_c'表示试验所测得的岩石单轴抗

压强度,则 σ_c 和 σ_c' 之间的关系可由式(2-12)和图 2-2 予以表示。

$$\sigma_c = \frac{\sigma_c'}{0.778 + 0.222\dfrac{D}{L}} \quad (2\text{-}12)$$

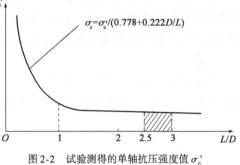

图 2-2 试验测得的单轴抗压强度值 σ_c' 与试件 L/D 比之间的关系示意图

由图 2-2 可见,当 $L/D \geq 2.5$ 时,σ_c 曲线趋于稳定,试验结果(σ_c')值不随 L/D 的变化而明显变化。因此,ISRM 建议进行岩石单轴抗压强度试验使用的试件高度(L)与直径(D)之比为 2.5~3.0。

2.1.4.3 三轴抗压强度

岩石在三向压缩荷载作用下,达到破坏时所能承受的最大压应力称为岩石的三轴抗压强度(Triaxial Compressive Strength)。与单轴压缩试验相比,试件除受轴向压力外,还受侧向压力。侧向压力限制试件的横向变形,因而三轴试验是限制性抗压强度(Confined Compressive Strength)试验[4]。

三轴压缩试验的加载方式有两种:一种是真三轴加载,试件为立方体,其加载方式如图 2-3a)所示,其中,σ_1 为主压应力,σ_2 和 σ_3 为侧向压应力;另一种是伪三轴试验,试件为圆柱体,试件直径为 25~150mm,长度与直径之比为 2∶1 或 3∶1,其加载方式如图 2-3b)所示,轴向压力 σ_1 的加载方式与单轴压缩试验时相同。但由于有了侧向压力,其加载时的端部效应比单轴加载时要轻微得多。侧向压力($\sigma_2 = \sigma_3$)由圆柱形液压油缸施加。由于试件侧表面已被加压油缸的橡皮套包住,液压油不会在试件表面造成摩擦力,因此侧向压力可以均匀施加到试件中。

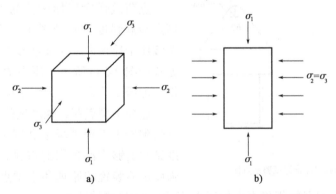

图 2-3 三轴压缩试验加载示意图

1911 年,意大利的冯·卡门进行了一项经典的三轴压缩试验,使用了均质的白色圆柱体大理石试件。在低或零围压条件下,大理石试件表现出脆性破坏,沿着一组倾斜的裂隙破裂。随着围压的增加,试件的延性变形逐渐加剧和强度逐渐提高,直到出现完全的延性或塑性流动变形。通过试验还观察到试件在开始阶段发生体积收缩,然后在达到一定围压时发生体积扩增,伴随着泊松比的增大。

这些试验的重要成果之一是不同试件或试验条件下,相同岩石几乎具有相似的强度指标值。这些值可以用莫尔强度包络线来表示。为了构建某种岩石的莫尔强度包络线,需要进行

5~6个三轴压缩试验,每次试验的围压值逐渐增大。通过绘制每个试验中试件破裂时的应力莫尔圆以及单轴压缩和拉伸试验的结果,可以绘制出莫尔强度包络线,如图 2-4a)所示。岩石中的应力组合如果落在莫尔强度包络线以下,则岩石不会破裂;而如果落在其以上,则岩石将发生破裂。

莫尔强度包络线的形状一般是抛物线等曲线形的,但也有试验得出某些岩石的莫尔强度包络线是直线形的,如图 2-4b)所示。与此相对应的强度准则为库仑强度准则。

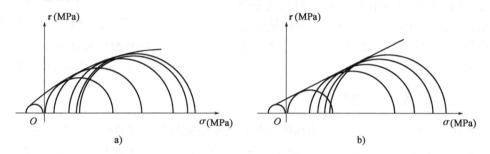

图 2-4 莫尔强度包络线

直线形莫尔强度包络线与 τ 轴的截距称为岩石的黏结力(又称内聚力),记为 c(MPa),与 σ_1 轴的夹角称为岩石的内摩擦角,记为 ζ(°)。

2.1.4.4 点荷载强度指标

点荷载强度指标(Point Load Strength Index)试验是布鲁克(Broch)和弗兰克林(Franklin)于 1972 年做的,这是一种最简单的岩石强度试验,其所获得的强度指标值可用作岩石分级的一个指标,有时可代替单轴抗压强度。

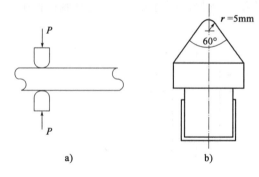

图 2-5 点荷载强度指标试验示意图

点荷载强度指标试验的设备比较简单,小型点荷载强度试验装置由一个手动液压泵、一个液压千斤顶和一对圆锥形加压头组成,其加载方式如图 2-5a)所示。压力 P 由液压千斤顶提供。加压千斤顶和压力头结构如图 2-5b)所示。

这种小型点荷载强度试验装置是便捷式的,可带到岩土工程现场去做试验。这是点荷载强度试验能够广泛采用的重要原因。大型点荷载强度试验装置的原理和小型点荷载强度试验装置的原理是相同的,只是能提供更大的压力,适用于大尺寸的试件。

点荷载强度试验的另一个重要优点是对试件的要求不严格,无须像做抗压强度试验那样精心准备试件。最好的试件就是直径为 25~100mm 的岩芯。没有岩芯时,石块也可以。小型点荷载强度试验对试件尺寸的要求如图 2-6 所示。若岩芯中包含节理、裂隙,在加载时要合理布置加载部位和方向,使强度指标值能均匀地考虑到节理、裂隙的影响。

点荷载强度试验所获得的强度指标(Index of Strength)用 I_s 表示,其值为

$$I_s = \frac{P}{y^2} \tag{2-13}$$

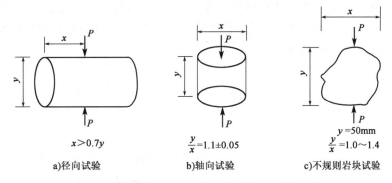

图 2-6　点荷载强度指标试验对试件形状和尺寸的要求

ISRM 将直径为 50mm 的圆柱体试件径向加载点荷载试验的强度指标值 $I_s(50)$ 确定为标准试验值,其他尺寸试件的试验结果需根据式(2-13)进行修正。

$$I_s(50) = kI_s(D) \tag{2-14}$$

$$k = 0.2717 + 0.01457D \quad (当 D \leqslant 55\text{mm} 时) \tag{2-15}$$

$$k = 0.7540 + 0.0058D \quad (当 D > 55\text{mm} 时) \tag{2-16}$$

式中:$I_s(50)$——直径 50mm 的标准试件的点荷载强度指标值,MPa;

　　　$I_s(D)$——直径 D 的非标准试件的点荷载强度指标值,MPa;

　　　k——修正系数;

　　　D——试件直径,mm。

进行现场岩石分级时需用 $I_s(50)$ 作为点荷载强度标准值。$I_s(50)$ 可由下式转换为单轴抗压强度:

$$\sigma_c = 24I_s(50) \tag{2-17}$$

式中:σ_c——$L:D = 2:1$ 的试件单轴抗压强度值,MPa。

2.1.4.5　岩石的变形性质

岩石在荷载作用下,首先发生的物理现象是变形。随着荷载的不断增加,或在恒定荷载作用下,随着时间的延长,岩石变形逐渐增大,最终导致岩石破坏。

1) 岩石变形的种类

岩石变形有弹性变形、塑性变形和黏性变形三种[5],具体如下:

(1) 弹性物体在受外力作用的瞬间即产生全部变形,而去除外力(卸载)后又能立即恢复其原有形状和尺寸的性质称为弹性(elasticity)。此过程产生的变形称为弹性变形。具有弹性性质的物体称为弹性体。弹性体按其应力-应变关系又可分为两种类型:一是线弹性体(理想弹性体),其应力-应变呈直线关系;二是非线性弹性体,其应力-应变呈非直线的关系。

(2) 塑性物体受力后产生变形,在外力去除(卸载)后变形不能完全恢复的性质,称为塑性(plasticity)。不能恢复的那部分变形称为塑性变形,或称永久变形、残余变形。在外力作用下只发生塑性变形的物体,称为理想塑性体。当应力低于屈服极限 σ_0 时,材料没有变形;当应力达到 σ_0 后,变形不断增大而应力不变,应力-应变曲线呈水平直线。

(3)黏性物体受力后变形不能在瞬时完成,且应变速率随应力增大而加快的性质,称为黏性(viscosity)。此过程产生的变形称为黏性变形。应力-应变速率关系为过坐标原点的直线的物质称为理想黏性体(如牛顿流体)。

岩石是矿物的集合体,具有复杂的组成成分和结构,因此其力学属性也很复杂。同时,岩石的力学属性还与受力条件、温度等环境因素有关。在常温常压下,岩石既不是理想的弹性体,也不是简单的塑性体和黏性体,而往往表现出弹-塑性、塑-弹性、弹-黏-塑性或黏-弹性等复合性质。

2)单轴压缩条件下岩石变形特征

岩石试件在单轴压缩荷载作用下产生变形的全过程可由图 2-7 所示的全应力-应变曲线表示。

(1)孔隙裂隙压密阶段(OA 段)。试件中原有张开性结构面或微裂隙逐渐闭合,岩石被压密,形成早期的非线性变形,$\sigma - \varepsilon$ 曲线呈上凹形。在此阶段岩石试件横向膨胀较小,试件体积随荷载增大而减小。本阶段变形对裂隙化岩石来说较明显,而对坚硬少裂隙的岩石则不明显,甚至不显现。

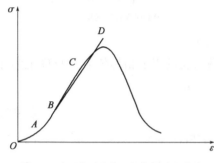

图 2-7 岩石变形的典型全应力-应变曲线

(2)弹性变形至微弹性裂隙稳定发展阶段(AC 段)。该阶段的应力-应变曲线呈近似直线形。其中,AB 段为弹性变形阶段,BC 段为微破裂稳定发展阶段。

(3)非稳定破裂发展阶段,或称累进性破裂阶段(CD 段)。C 点是岩石从弹性变为塑性的转折点,称为屈服点。对应于该点的应力为屈服应力(屈服极限),其值约为峰值强度的 2/3。进入本阶段后,微破裂的发展出现了质的变化,破裂不断发展,直至岩石试件完全破坏。岩石试件由体积压缩转为扩容,轴向应变和体积应变速率迅速增大。本阶段的上界应力称为峰值强度。

(4)破裂后阶段(D 点以后段)。岩块承载力达到峰值强度后,其内部结构遭到破坏,但试件基本保持整体状。到本阶段,裂隙快速发展,交叉且相互联合形成宏观断裂面。此后,岩块变形主要表现为沿宏观断裂面的块体滑移,试件承载力随变形增大迅速下降,但并不降到零,说明破裂的岩石仍有一定的承载力。

岩石的应力-应变曲线因岩石性质不同有各种不同的类型。根据峰值前的应力-应变曲线将岩石分成六种类型,如图 2-8 所示。

类型Ⅰ。应力与应变关系是一直线或者近似直线,直到岩石试件发生突然破坏为止,如图 2-8a)所示。具有这种变形性质的岩石有玄武岩、石英岩、白云岩及极坚固的石灰岩。由于塑性阶段不明显,这些材料称为弹性体。

类型Ⅱ。当岩石试件的应力较低时,应力-应变曲线近似直线;当应力增大到一定数值后,应力-应变曲线向下弯曲,随着应力逐渐增加,曲线斜率也就越变越小,直至破坏,如图 2-8b)所示。具有这种变形性质的岩石有较弱的石灰岩、泥岩及凝灰岩等,这些材料称为弹-塑性体。

类型Ⅲ。当岩石试件的应力较小时,应力-应变曲线略向上弯曲;当应力增大到一定数值后,应力-应变曲线逐渐变为直线,直至发生破坏,如图 2-8c)所示。具有这种变形性质的代表性岩石有砂岩、花岗岩、片理平行于压力方向的片岩及某些辉绿岩等。这些材料称为塑-弹性体。

类型Ⅳ。当岩石试件的应力较小时,应力-应变曲线向上弯曲,当压力增大到一定值后,变形曲线成为直线,最后,曲线向下弯曲,呈 S 形。具有这种变形特性的岩石大多数为变质岩,如大理岩、片麻岩等。这些材料称为塑-弹-塑性体,如图 2-8d)所示。

类型Ⅴ。类型Ⅴ基本上与类型Ⅳ相同,也呈 S 形,不过曲线斜率较平缓,如图 2-8e)所示,一般发生在压缩性较高的岩石中。应力垂直于片理的片岩具有这种性质。

类型Ⅵ。应力-应变曲线开始先有很小一段直线部分,然后有非弹性的曲线部,并继续不断地蠕变,如图 2-8f)所示。这是岩盐的应力-应变特征曲线,某些软弱岩石也具有类似的性质。这类材料称为弹-黏性体。

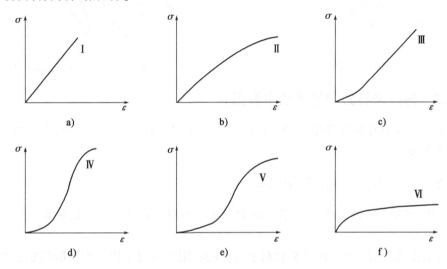

图 2-8　峰值前岩石的典型应力-应变曲线

3)反复加载与卸载(循环荷载)条件下的岩石变形特征

在岩石工程中,经常会遇到循环荷载作用,而岩石在这种情况下的破坏应力通常低于其静态强度。不同类型的岩石在循环加载下表现出不同的行为(图 2-9)。

(1)对于线弹性岩石,加载和卸载路径完全重合,即多次往返沿同一直线进行。即使岩石是完全弹性的,应力-应变关系是曲线而不是直线,循环加载和卸载时应力-应变路径仍然遵循这种曲线变化。这种情况下,应力-应变路径会在曲线上往返。

(2)对于非弹性岩石,如弹塑性岩石,加载和卸载路径不完全重合,可能形成塑性滞回环。随着循环加载和卸载的次数增加,这些滞回环会变得越来越狭窄,直到最终不再有塑性变形发生,岩石趋于弹性变形。

(3)岩石在循环加载下可能会出现疲劳破坏。当循环应力的峰值超过临界应力时,循环加载和卸载的应力-应变曲线最终会与岩石的全应力-应变曲线的峰后段相交,导致岩石破坏。这一应力水平称为疲劳强度。

(4)岩石还可能表现出变形记忆的现象,即每次卸载后再加载,当荷载超过上一次循环的最大荷载时,变形曲线会继续沿着原来的单调加载曲线上升,似乎不受反复加载的影响(图 2-10 中的 OC 段)。

这些行为在岩石工程中具有重要意义,需要综合考虑岩石的类型、加载历史以及应力水平等因素来评估岩石的稳定性和性能。

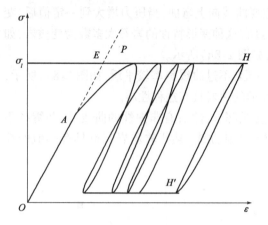
图 2-9 等荷载循环加、卸载时的应力-应变曲线

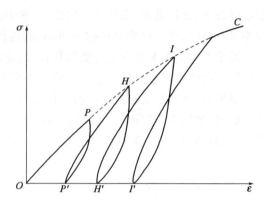
图 2-10 不断增大荷载循环加、卸载时的应力-应变曲线

2.1.5 影响岩石力学性质的主要因素

影响岩石力学性质的因素很多,如水、温度、加载速率、围压大小、风化程度等对岩石的力学性质都有影响。

2.1.5.1 水对岩石力学性质的影响

岩石中的水存在两种方式,即结合水和重力水。水对岩石力学性质的影响主要体现在以下五个方面:

(1)联结作用。结合水是由于矿物对水分子的吸附力超过了重力而被吸附在矿物表面的水。这些水通过吸引力将矿物颗粒拉近并连接在一起,起到一定的联结作用。在松散的土中,水的联结作用明显;在岩石中,由于矿物颗粒间的连接强度高于联结作用,因此水对岩石的影响较小;但水在充填土填充的结构面上影响显著[6]。

(2)润滑作用。可溶盐和胶体矿物联结的岩石在水浸入时,可溶盐溶解,胶体水解,导致原有的联结变成水胶联结,降低了矿物颗粒间的联结力和摩擦力,使水充当润滑剂。

(3)水楔作用。当两个矿物颗粒靠得很近时,水分子会被吸附到矿物表面,然后由于吸附力作用挤入两个颗粒之间的缝隙,形成水楔作用。当岩石受压时,水分子被挤出,释放压力;当压力减小时,水分子又挤入,使颗粒间距增大,可能导致岩石膨胀和水压力产生。

(4)孔隙压力作用。当岩石受到压力时,岩石中的水也会受到压力,产生孔隙压力,这可能导致岩石的体积膨胀和水的排出或进入。

(5)溶蚀及潜蚀作用。水可以溶解岩石中的某些成分,导致溶蚀作用,而在高压力下,水也可以在岩石中产生潜蚀作用,这可能会改变岩石的结构和性质。

亲水性较强的矿物(如黏土矿物等)受水的影响较大。而含有较少或不含亲水矿物的岩石(如花岗岩和石英岩等)在浸水后强度变化较小。黏土岩在浸水后强度可能下降高达90%。岩石中的水可以对其力学性质产生重要影响,特别是在润滑、水楔和溶蚀等方面。岩石浸水后强度的降低见表2-4。

各类型岩石的软化系数　　　　　　　　　　　表2-4

岩浆岩		沉积岩		变质岩	
岩石名称	软化系数	岩石名称	软化系数	岩石名称	软化系数
花岗岩	0.72～0.97	火山集块岩	0.60～0.80	片麻岩	0.75～0.97
闪长岩	0.60～0.80	火山角砾岩	0.57～0.95	石英片麻岩	0.44～0.84
闪长玢岩	0.78～0.81	安山凝灰集块岩	0.61～0.74	角闪片岩	0.44～0.84
辉绿岩	0.33～0.90	凝灰岩	0.52～0.86	云母片岩	0.53～0.69
流纹岩	0.75～0.95	砾岩	0.50～0.96	绿泥石片岩	0.53～0.69
安山岩	0.81～0.91	石英砂岩	0.65～0.97	千枚岩	0.67～0.96
玄武岩	0.30～0.95	泥质砂岩,粉砂岩	0.21～0.75	硅质板岩	0.75～0.79
—		泥岩	0.40～0.60	泥质板岩	0.39～0.52
		页岩	0.24～0.74	石英岩	0.94～0.96
		石灰岩	0.70～0.94	—	
		泥灰岩	0.44～0.54		

需要指出的是,除了上述五种作用外,孔隙、微裂隙中的水在冻融时的胀缩作用对岩石力学强度破坏也很大。

岩石试件的湿度,即含水率大小也会显著影响岩石的抗压强度指标值。含水率越大,强度指标值越低。水对岩石强度的影响通常以软化系数表示,即

$$\text{软化系数} = \frac{\text{水饱和状态下试件强度}}{\text{干燥状态下试件强度}} \tag{2-18}$$

2.1.5.2　温度对岩石力学性质的影响

一般来说,随着温度的增高,岩石的延性增强,屈服点降低,强度也降低。图2-11所示为三种不同岩石(玄武岩、花岗岩、白云岩)在围压为500MPa,温度由25℃升高到800℃时的应力-应变特征。

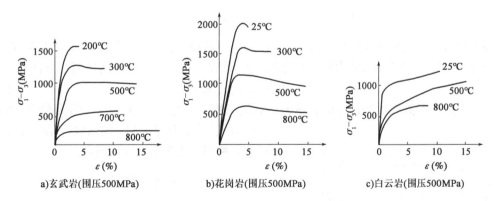

图2-11　温度对高压下岩石变形的影响[7]

2.1.5.3　加载速率对岩石力学性质的影响

做单轴压缩试验时施加荷载的速度对岩石的变形性质和强度指标有明显影响。

加载速率越快,测得的弹性模量越大;加载速率越慢,测得的弹性模量越小。

加载速率越大,获得的强度指标值越高。ISRM 建议的加载速率为 $0.5 \sim 1.0\mathrm{MPa/s}$,一般从开始试验直至试件破坏的时间为 $5 \sim 10\mathrm{min}$。

2.1.5.4 围压对岩石力学性质的影响

围压(侧向压力)对岩石的变形有很大的影响,由三轴压缩试验可知:岩石的脆性和塑性并非岩石固有的性质,它与其受力状态有关。随着受力状态的改变,岩石的脆性和塑性是可以相互转化的。例如,欧洲阿尔卑斯山的山岭隧道穿过很坚硬的花岗岩,由于山势陡峭,花岗岩处于很高的三维地应力状态下,表现出明显的塑性变形。由此可见,试验结论与实际是相符的。在三轴压缩条件下,岩石的变形、强度和弹性极限都有显著增大。

2.1.5.5 风化对岩石力学性质的影响

风化作用是一种表生的自然营力和人类作用的共同产物,涉及气温、大气、水分、生物、原岩的成因、原岩的矿物成分、原岩的结构和构造等诸因素的综合地质作用。风化程度不同,对岩石强度的影响程度也是不同的。风化程度是指岩体的风化现状。研究岩体的风化现状对确定建筑物的地基、边坡或围岩的施工开挖深度及采取防护措施等均具有重要的意义。事实上并不是所有的风化岩都不能满足设计的要求,而只是那些风化比较强烈、物理力学性质较差的部分,在不能满足设计要求的情况下需要被挖除,而那些风化比较轻微、物理力学性质还不太坏且能够保证建筑物稳定的,可以充分利用。

2.2 岩石本构关系

2.2.1 岩石弹性本构关系

2.2.1.1 平面应力问题

假设所研究的物体为等厚度薄板(图2-12),所受荷载(包括体积力)都与 z 轴垂直,在 z 方向不受力,并且由于板很薄,外力沿 z 方向无变化,可以认为在整个薄板内任何一点都有

$$\sigma_z = 0, \tau_{zx} = 0, \tau_{zy} = 0 \tag{2-19}$$

由剪应力互等关系可知 $\tau_{xz} = 0, \tau_{yz} = 0$。这样,只剩下平行于 xy 面的3个应力分量,即 σ_x、σ_y、$\tau_{xy} = \tau_{yx}$,它们只是 x 和 y 的函数,不随 z 而变化,因此,这种问题称为平面应力问题。

2.2.1.2 平面应变问题

在几何上平面应变问题与平面应力问题相反。假设有一根很长的柱形体,以任一横截面为 xy 面,任一纵线为 z 轴,所受荷载都垂直于 z 轴,而且沿 z 方向没有变化,则所有一切应力、应变和位移分量

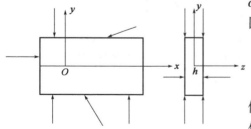

图2-12 平面应力分析模型

都不沿 z 方向变化,而只是 x 和 y 的函数。如果近似地认为墙的两端受到光滑平面的约束,使之在 z 方向无位移,则任何一个横截面在 z 方向都没有位移,也就是 $w=0$,所有变形都发生在 xy 面平面内。这种情况就称为平面应变问题。由对称(任一横截面都可以看作对称面)可知,$\tau_{zx}=0,\tau_{zy}=0$。根据剪应力互等关系,又可以得 $\tau_{xz}=0,\tau_{yz}=0$。但是,由于 z 方向的伸缩被阻止,所以,一般剪应力并不等于零。

2.2.1.3 平面弹性本构关系

在完全弹性的各向同性体内,根据胡克定律(Hooke's Law)可知

$$\begin{cases} \varepsilon_x = \dfrac{1}{E}[\sigma_x - \mu(\sigma_y + \sigma_z)] \\ \varepsilon_y = \dfrac{1}{E}[\sigma_y - \mu(\sigma_z + \sigma_x)] \\ \varepsilon_z = \dfrac{1}{E}[\sigma_z - \mu(\sigma_x + \sigma_y)] \\ \gamma_{yz} = \dfrac{1}{G}\tau_{yz}, \gamma_{zx} = \dfrac{1}{G}\tau_{zx}, \gamma_{xy} = \dfrac{1}{G}\tau_{xy} \end{cases} \quad (2\text{-}20)$$

式中:E——物体的弹性模量,MPa;

μ——泊松比;

G——剪切弹性模量,MPa。

$$G = \dfrac{E}{2(1+\nu)} \quad (2\text{-}21)$$

在平面应变问题中,因 $\tau_{yz}=\tau_{zx}=0$,故 $\gamma_{yz}=\gamma_{zx}=0$。又因 $\varepsilon_z=0$,可知

$$\sigma_z = \mu(\sigma_x + \sigma_y) \quad (2\text{-}22)$$

代入式(2-20),可得平面应变问题的本构方程:

$$\begin{cases} \varepsilon_x = \dfrac{1-\nu^2}{E}\left(\sigma_x - \dfrac{\nu}{1-\nu}\sigma_y\right) \\ \varepsilon_y = \dfrac{1-\nu^2}{E}\left(\sigma_y - \dfrac{\nu}{1-\nu}\sigma_x\right) \\ \gamma_{xy} = \dfrac{2(1+\nu)}{E}\tau_{xy} \end{cases} \quad (2\text{-}23)$$

在平面应力问题中,因为 $\sigma_z=\tau_{zx}=\tau_{yz}=0$,代入式(2-20)可得

$$\begin{cases} \varepsilon_x = \dfrac{1}{E}(\sigma_x - \nu\sigma_y) \\ \varepsilon_y = \dfrac{1}{E}(\sigma_y - \nu\sigma_x) \\ \gamma_{xy} = \dfrac{2(1+\nu)}{E}\tau_{xy} \end{cases} \quad (2\text{-}24)$$

这就是平面应力问题的本构方程。另外,由式(2-20)中第三式可得

$$\varepsilon_z = -\dfrac{\nu}{E}(\sigma_x + \sigma_y) \quad (2\text{-}25)$$

式(2-25)可以用来求得薄板厚度的改变。

对比平面应力与平面应变问题的本构方程可看出，只要将平面应力问题本构方程式(2-23)中的 E 换成 $E/1-\nu^2$，ν 换成 $\nu/1-\nu$，即可得到平面应变问题本构方程式(2-23)。

2.2.1.4 边界条件

边界条件是求解弹性力学问题的重要条件。根据研究问题的不同，边界条件可分为位移边界条件、应力边界条件和应力位移混合边界条件。在位移边界条件中，所研究物体的边界上的位移分量已知，设 u_s、v_s 为物体的边界位移，$\bar{u}$、$\bar{v}$ 表示边界点在 x、y 轴方向的给定位移，则位移边界条件为

$$u_s = \bar{u}, v_s = \bar{v} \tag{2-26}$$

在应力边界条件中，物体在边界上所受的平面应力是已知的。如图 2-13 所示，在物体的边界上取一斜面，N 表示斜面 AB 的外法线的方向，其方向余弦分别用 $l = \cos(N, x)$，$m = \cos(N, y)$ 表示；$\bar{X}$、$\bar{Y}$ 表示在边界上沿 x、y 轴方向给定的面力分量。设 AB 的长度为 ds，垂直于图 2-13 平面的尺寸为 1，列出平衡条件 $\sum F_x = 0$，有

$$\bar{X}ds \times 1 - \sigma_x lds \times 1 - \tau_{yx} mds \times 1 + \bar{X}\frac{lds \times mds}{2} \times 1 = 0$$

除以 ds，并略去高阶微量，从而得

$$\bar{X} = l\sigma_x + m\tau_{yx}$$

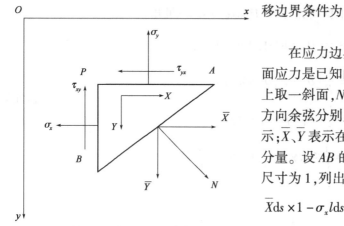

图 2-13 平面问题边界条件

同样，可以由 $\sum F_y = 0$ 得出另一个方程，则平面问题的应力边界条件为

$$\begin{cases} \bar{X} = l\sigma_x + m\tau_{yx} \\ \bar{Y} = m\sigma_y + l\tau_{xy} \end{cases} \tag{2-27}$$

这就是平面弹性力学问题的基本方程。这 3 组 8 个方程包含 8 个未知函数（3 个应力分量 σ_x、σ_y、$\tau_{xy} = \tau_{yx}$，3 个应变分量 ε_x、ε_y、$\gamma_{xy} = \gamma_{yz}$，2 个位移分量 u、v），基本方程数目恰好等于未知函数数目，再考虑适当的边界条件问题就可求解。

2.2.1.5 岩石力学中关于力、位移、应变和应力的习惯符号规定

到目前为止，有关力、位移、应变和应力的符号规定都是一般弹性力学的通用规定。然而，在岩石力学中，往往以承受压应力为主，如果仍采用弹性力学的符号规定，应变和应力计算的结果将出现很多负值，这将给数学处理带来不便。所以，在岩石力学中，对位移、应变和应力的符号采取如下习惯规定：

(1) 力和位移分量的正方向与坐标轴的正方向一致。
(2) 压缩的正应变取正。
(3) 压缩的正应力取正。
(4) 假如表面的外法线与坐标轴的正方向一致，则该表面上正的剪应力的方向与坐标轴的正方向相反，反之亦然。

根据以上的规定，则基本方程将有所改变。以平面应力问题为例进行说明，具体如下：

(1) 平衡微分方程将变为

$$\begin{cases} \dfrac{\partial \sigma_x}{\partial x} + \dfrac{\partial \tau_{xy}}{\partial y} - X = 0 \\ \dfrac{\partial \tau_{xy}}{\partial x} + \dfrac{\partial \sigma_y}{\partial y} - Y = 0 \end{cases} \quad (2\text{-}28)$$

(2) 几何方程将变为

$$\varepsilon_x = -\dfrac{\partial u}{\partial x}, \varepsilon_y = -\dfrac{\partial v}{\partial y}, \gamma_{xy} = -\left(\dfrac{\partial v}{\partial x} + \dfrac{\partial u}{\partial y}\right) \quad (2\text{-}29)$$

(3) 力的边界条件将变为

$$\begin{cases} \overline{X} = -(l\sigma_x + m\tau_{yx}) \\ \overline{Y} = -(m\sigma_y + l\tau_{xy}) \end{cases} \quad (2\text{-}30)$$

2.2.2 岩石塑性本构关系

塑性与弹性一样也是材料的一种基本属性。塑性变形是弹性变形后的一个阶段,材料进入塑性变形阶段的特征是当荷载卸载以后存在不可恢复的永久变形,如图2-14所示。因此,与弹性本构关系相比,岩石塑性本构关系具有如下特点。

2.2.2.1 应力-应变关系的多值性

对于同一应力状态往往有多个应变值与它相对应,因而它不能像弹性本构关系那样建立应力和应变的一一对应关系,通常只能建立应力增量和应变增量间的关系。要描述塑性材料的状态,除了要用应力和应变这些基本状态变量,还要用能够刻画塑性变形历史的内状态变量(如塑性应变、塑性功等)。

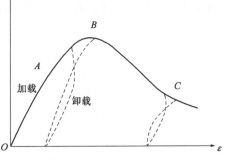

图2-14 加、卸载应力-应变曲线

2.2.2.2 本构关系的复杂性

描述塑性阶段的本构关系不能像弹性力学那样只用一组物理方程,它通常包括3组方程。
(1) 屈服条件,即材料最先达到塑性状态的应力条件。
(2) 加、卸载准则,即材料进入塑性状态以后继续塑性变形或回到弹性状态的准则,其通式写为

$$\phi(\sigma_{ij}, H_a) = 0 \quad (2\text{-}31)$$

式中:σ_{ij}——应力张量分量,表示垂直于i轴的平面上平行于j轴的应力($i = x、y、z; j = x、y、z$);

ϕ——某一函数关系;

H_a——与加载历史有关的参数,$a = 1、2、\cdots$。

(3) 本构方程,即材料在塑性阶段的应力-应变关系或应力增量与应变增量间的关系,其通式写为

$$\varepsilon_{ij} = R(\sigma_{ij}) \text{ 或 } d\varepsilon_{ij} = R(d\sigma_{ij}) \quad (2\text{-}32)$$

式中：R——某一函数关系。

$$f = f^*(\sigma_{ij}) - H(\chi) = 0 \tag{2-33}$$

以下分别叙述岩石塑性本构关系的这三个方面。

从弹性状态开始第一次屈服的屈服条件称为初始屈服条件，它可表示为

$$f(\sigma_{ij}) = 0 \tag{2-34}$$

式中：f——某一函数关系。

当产生了塑性变形时，屈服条件的形式就发生了变化。这时的屈服条件称为后继屈服条件，它的形式变为

$$f(\sigma_{ij}, \sigma_{ij}^p, \chi) = 0 \tag{2-35}$$

式中：σ_{ij}——总应力；

σ_{ij}^p——塑性应力；

χ——标量的内变量，它可以代表塑性功、塑性体积应变或等效塑性应变。

屈服条件在几何上可以看作应力空间中的超曲面，它们也称为初始屈服面和后继屈服面，通称为屈服面。

随着塑性应变等的出现和发展，按屈服面的大小和形状是否发生变化，塑性材料可分为理想塑性材料和硬化材料两种。屈服面的大小和形状不发生变化的材料，叫作理想塑性材料；反之叫作硬化材料。塑性材料分类如图 2-15 所示。

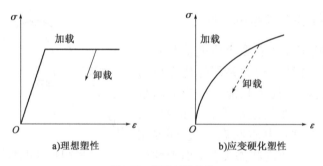

图 2-15　塑性材料分类

硬化材料的屈服面模型有以下三种类型：

(1) 等向硬化-软化模型。塑性变形发展时，屈服面做均匀扩大（硬化）或均匀收缩（软化）。如果 $f^*(\cdot) = 0$ 是初始屈服面，那么等向硬-软化模型的后继屈服面可表示为

$$f = f^*(\sigma_{ij}) - H(\chi) = 0 \tag{2-36}$$

式中：H——标量内变量 χ 的函数。

(2) 随动硬化模型。塑性变形发展时，屈服面的大小和形状保持不变，仅是整体地在应力空间中平动。其后继屈服面可表示为

$$f = f^*(\sigma_{ij} - a\sigma_{ij}^p) = 0 \tag{2-37}$$

式中：a——材料参数。

(3) 混合硬化模型。混合硬化模型是介于等向硬化-软化和随动硬化之间的模型，其后继屈服面可表示为

$$f = f^*(\sigma_{ij} - a\sigma_{ij}^p) - H(\chi) = 0 \tag{2-38}$$

复杂应力状态下的各种硬化模型如图 2-16 所示。

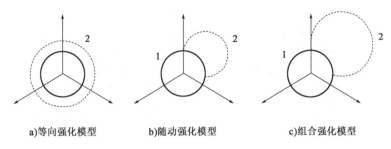

a)等向强化模型　　　　b)随动强化模型　　　　c)组合强化模型

图 2-16　复杂应力条件下的强化模型
1-屈服曲线；2-加载曲线

2.2.3　岩石强度理论

岩石强度理论是研究岩石在各种应力状态下的强度准则的理论。岩石强度准则也称为破坏判据，它表征岩石在极限应力状态下(破坏条件)的应力状态。需要说明的是，塑性屈服与破坏是两个不同的概念，对于金属等延性材料，两者通常相差较大。但是，岩石属于脆性材料，其塑性屈服点与破坏点很接近，因此，在实际应用时往往不加以区别，甚至两者的概念也不加以区别。

在主应力 σ_1、σ_2、σ_3 状态下，岩石强度准则可表达为

$$f(\sigma_1、\sigma_2、\sigma_3)=0 \tag{2-39}$$

函数 f 的特定形式与材料有关，一般含有若干个材料常数。强度准则及其可由试验确定。

2.2.3.1　库仑准则

库仑认为，岩石的破坏主要是剪切破坏，岩石的强度(抗摩擦强度)等于岩石本身抗剪切摩擦的黏结力和剪切面上法向力产生的摩擦力之和。平面中的剪切强度准则为

$$|\tau|=c+\sigma\tan\varphi \tag{2-40}$$

式中：τ——剪切面上的剪应力(剪切强度)；
σ——剪切面上的正应力；
c——黏结力(或内聚力)，MPa；
φ——内摩擦角，(°)。

对于无摩阻力的材料，其 $\varphi=0°$，式(2-40)退化为 Tresca 屈服准则。

库仑准则可以用莫尔极限应力圆直观的图解表示。式(2-41)确定的准则由直线 AL(通常称为强度曲线)表示，其斜率为 $f=\tan\varphi$，且在 τ 轴上的截距为 c。如果应力圆上的点落在强度曲线 AL 之下，则说明该点表示的应力还没有达到材料的强度值，此时材料不发生破坏；如果应力圆上的点超出了上述区域，则说明该点表示的应力已超过了材料的强度极限并发生破坏；如果应力圆上的点正好与强度曲线 AL 相切(图中 D 点)，则说明材料处于极限平衡状态，此时岩石所产生的剪切破坏将可能在该点所对应的平面(指其法线方向)间的夹角(岩石破断角)为 θ，则由图 2-17 可得

$$2\theta=\frac{\pi}{2}+\varphi \tag{2-41}$$

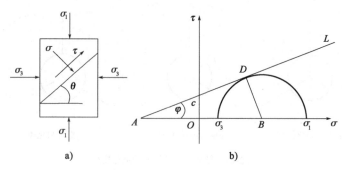

图 2-17 $\sigma-\tau$ 坐标下库仑准则

把 σ 和 τ 以第一、第三主应力表示，对应图 2-17 有

$$\begin{cases} \sigma = \dfrac{1}{2}(\sigma_1+\sigma_3) + \dfrac{1}{2}(\sigma_1-\sigma_3)\cos2\theta \\ \tau = \dfrac{1}{2}(\sigma_1-\sigma_3)\sin2\theta \end{cases} \quad (2\text{-}42)$$

将式(2-42)代入式(2-40)，可得库仑准则由主应力表示的形式，即

$$\sigma_1 = \frac{1+\sin\varphi}{1-\sin\varphi}\cdot\sigma_3 + \frac{2c\cdot\cos\varphi}{1-\sin\varphi} \quad (2\text{-}43)$$

若取 $\sigma_3=0$，则极限应力 σ_1 为岩石单轴抗压强度 σ_c，即

$$\sigma_c = \frac{2c\cdot\cos\varphi}{1-\sin\varphi} \quad (2\text{-}44)$$

利用三角恒等式

$$\frac{1+\sin\varphi}{1-\sin\varphi} = \cot^2\left(\frac{\pi}{4}-\frac{\varphi}{2}\right) = \tan^2\left(\frac{\pi}{4}+\frac{\varphi}{2}\right)$$

及剪切破断角关系式(2-44)，可得

$$\frac{1+\sin\varphi}{1-\sin\varphi} = \tan^2\theta \quad (2\text{-}45)$$

将式(2-44)和(2-45)代入式(2-48)，则有

$$\sigma_1 = \sigma_3\tan^2\theta + \sigma_c \quad (2\text{-}46)$$

式(2-46)是由主应力、岩石破断角和岩石单轴抗压强度给出在 σ_3-σ_1 坐标系中的库仑准则表达式(图 2-17)。这里还要指出的是，在式(2-43)中不能用令 $\sigma_1=0$ 的方式去直接确定岩石抗拉强度与内聚力和内摩擦角之间的关系。在以下的讨论中可以看到这一点。

下面接着讨论 σ_1-σ_3 坐标系中库仑准则的完整的强度曲线。在式(2-40)中，取 $\tan\varphi=f$，并将式(2-42)代入，得

$$|\tau|-f\sigma = \frac{1}{2}(\sigma_1-\sigma_3)(\sin2\theta-f\cos2\theta) - \frac{1}{2}f(\sigma_1+\sigma_3) \quad (2\text{-}47)$$

由式(2-47)对 θ 求导可得极值 $\tan2\theta=-\dfrac{1}{f}$，这与莫尔应力圆极限分析式(2-41)相一致，且可知，2θ 值在 $\pi/2$ 和 π 之间，并有 $\sin2\theta=1/\sqrt{f^2+1}$，$\cos2\theta=-f/\sqrt{f^2+1}$，由此给出 $|\tau|-f\sigma$ 的最大值，即

$$\{|\tau|-f\sigma\}_{\max} = \frac{1}{2}(\sigma_1-\sigma_3)\cdot\sqrt{f^2+1} - \frac{1}{2}f(\sigma_1+\sigma_3) \quad (2\text{-}48)$$

根据式(2-40),如果式(2-48)小于 c,破坏不会发生;如果它等于或大于 c,则破坏会发生。此时令

$$\{|\tau|-f\sigma\}_{\max}=c$$

则式(2-48)变为

$$2c=\sigma_1(\sqrt{f^2+1}-f)-\sigma_3(\sqrt{f^2+1}+f) \tag{2-49}$$

式(2-49)表示,σ_1-σ_3 坐标系内的一条直线(图2-18),该直线交 σ_1 轴于 σ_c,交 σ_3 轴于 s_0(注意:s_0 并不是单轴抗拉强度),因此有

$$\sigma_c=2c(\sqrt{f^2+1}+f)$$

$$s_0=-2c(\sqrt{f^2+1}-f)$$

考虑到剪切面(图2-18)AB 上的正应力满足 $\sigma>0$ 的条件,这样在任意 B 值的条件下,由式(2-42)得

$$2\sigma=\sigma_1(1+\cos2\theta)+\sigma_3(1-\cos2\theta)$$

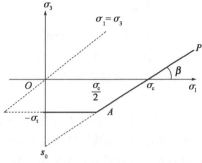

图2-18 σ_1-σ_3 坐标系中的库仑准则的完整强度曲线

由

$$\cos2\theta=\frac{-f}{\sqrt{f^2+1}}$$

得

$$2\sigma=\sigma_1\left(1-\frac{f}{\sqrt{f^2+1}}\right)+\sigma_3\left(1+\frac{f}{\sqrt{f^2+1}}\right)$$

或

$$2\sigma=\sigma_1\frac{[\sqrt{f^2+1}-f]}{\sqrt{f^2+1}}+\sigma_3\frac{[\sqrt{f^2+1}+f]}{\sqrt{f^2+1}}$$

由于 $\sqrt{f^2+1}>0$,故若 $\sigma>0$,则有

$$\sigma_1(\sqrt{f^2+1}-f)+\sigma_3(\sqrt{f^2+1}+f)>0 \tag{2-50}$$

方程(2-48)与(2-49)联立求解,可得

$$\sigma_1(\sqrt{f^2+1}-f)>c$$

或

$$\sigma_1>\frac{c}{\sqrt{f^2+1}-f}=c(\sqrt{f^2+1}+f)$$

由此,得

$$\sigma_1>\frac{1}{2}\sigma_c \tag{2-51}$$

由此可见,图2-18 中仅直线的 AP 部分代表 1 的有效取值范围。

对于 σ_3 负值(拉应力),由试验可知,可能会在垂直于 σ_3 平面内发生张性破裂,特别是在单轴拉伸($\sigma_1=0,\sigma_3<0$)中,当拉应力值达到岩石抗拉强度 σ_t 时,岩石发生张性断裂。但是,这种破裂行为完全不同于剪切破裂,而这在库仑准则中没有描述。

另外,由图 2-18 中强度曲线上 A 点坐标$(\sigma_c/2,-\sigma_t)$可得,直线 AP 的倾角 β 为

$$\beta = \arctan\frac{2\sigma_t}{\sigma_c}$$

由此看来,在主应力 σ_1-σ_3 坐标系平面内的库仑准则可以利用单轴抗压强度和抗拉强度来确定。

2.2.3.2 莫尔强度理论

莫尔于 1990 年把库仑准则推广到考虑三向应力状态,认识到材料性质的本身乃是应力的函数,指出"到极限状态时,滑动平面上的剪应力达到一个取决于正应力与材料性质的最大值",并可用下列函数关系表示

$$|\tau| = f(\sigma) \tag{2-52}$$

式(2-52)在 τ-σ 坐标系中为一条对称于 σ 轴的曲线,它可通过试验方法求得,即由对应于各种应力状态(单轴拉伸、单轴压缩及三轴压缩)的破坏莫尔应力圆包络线,即各破坏莫尔应力圆的外公切线给定(图 2-19),称为莫尔强度包络线。如果莫尔应力圆与莫尔强度包络线相切或相割,则研究点将产生破坏;如果莫尔应力圆位于莫尔强度包络线下方,则研究点不会产生破坏。莫尔强度包络线的具体表达式,可根据试验结果用拟合法求得。目前,已提出的莫尔强度包络线形式有斜直线形、二次抛物线形、双曲线形等。其中,斜直线形与库仑准则基本一致,其莫尔强度包络线方程式见式(2-40)。可以说,库仑准则是莫尔准则的一个特例,在文献中库仑准则也常称为莫尔-库仑准则(简称 M-C 准则)。下面主要介绍莫尔准则二次抛物线和双曲线的判据表达式。

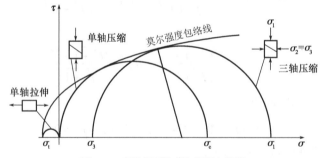

图 2-19 完整岩石的莫尔强度包络线

1)二次抛物线形

岩性较坚硬至较弱的岩石(如泥灰岩、砂岩、泥页岩等)的莫尔强度包络线近似二次抛物线,如图 2-20 所示,其表达式为

$$\tau^2 = n(\sigma + \sigma_t) \tag{2-53}$$

式中:σ_t——岩石的抗拉强度,MPa;
n——待定系数。

根据图 2-20 中的关系,有

$$\begin{cases} \dfrac{1}{2}(\sigma_1+\sigma_3) = \sigma + \tau\cot 2\alpha \\ \dfrac{1}{2}(\sigma_1-\sigma_3) = \dfrac{\tau}{\sin 2\alpha} \end{cases} \tag{2-54}$$

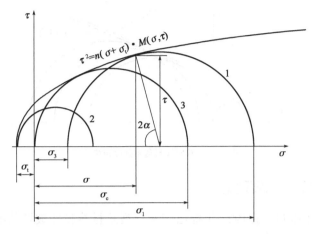

图 2-20 二次抛物线型强度包络线

其中, τ、$\cot 2\alpha$ 和 $\sin 2\alpha$ 可由式(2-54)及图 2-22 求得,为

$$\begin{cases} \tau = \sqrt{n(\sigma+\sigma_t)} \\ \dfrac{d\tau}{d\sigma} = \cot 2\alpha = \dfrac{n}{2\sqrt{n(\sigma+\sigma_t)}} \\ \dfrac{1}{\sin 2\alpha} = \csc 2\alpha = \sqrt{1+\dfrac{n}{4(\sigma+\sigma_t)}} \end{cases} \quad (2\text{-}55)$$

将式(2-55)的有关项代入式(2-54),并消去式中的 σ,得二次抛物线形莫尔强度包络线的主应力表达式:

$$(\sigma_1-\sigma_3)^2 = 2n(\sigma_1+\sigma_3)+4n\sigma_t-n^2 \quad (2\text{-}56)$$

在单轴压缩条件下,有 $\sigma_3=0$,$\sigma_1=\sigma_c$,则式(2-55)变为

$$n^2 - 2(\sigma_c+2\sigma_t)n+\sigma_c^2 = 0 \quad (2\text{-}57)$$

由式(2-58)可近似解得

$$n = \sigma_c+2\sigma_t \pm 2\sqrt{\sigma_t(\sigma_c+\sigma_t)} \quad (2\text{-}58)$$

利用式(2-51)、式(2-55)和式(2-58)可判断岩石试样是否破坏。

2) 双曲线形

据研究,砂岩、灰岩、花岗岩等坚硬、较坚硬岩石的莫尔强度包络线近似双曲线(图 2-21),其表达式为

$$\tau^2 = \tan^2\varphi_1(\sigma+\sigma_t)^2+\sigma_t(\sigma+\sigma_t) \quad (2\text{-}59)$$

式中: φ_1——莫尔强度包络线渐进线的倾角,(°),$\tan\varphi_1 = \dfrac{1}{2}\sqrt{\left(\dfrac{\sigma_c}{\sigma_t}-3\right)}$。

利用式(2-59)可判断岩石中一点是否破坏。

莫尔强度理论实质上是一种剪应力强度理论。一般认为,莫尔强度理论比较全面地反映了岩石的强度特征,它既适用于塑性岩石的剪切破坏,也适用于脆性岩石的剪切破坏。同时,它反映了岩石抗拉强度远小于抗压强度这一特性,并能解释岩石在三向等拉时会破坏,而在三向等压时不会破坏的特点,这已为试验所证实。因此,目前莫尔强度理论被广泛应用于岩石工程实践。

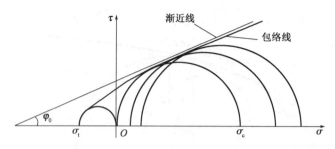

图 2-21 双曲线形莫尔强度包络线

2.2.3.3 格里菲斯强度理论

格里菲斯(A. A. Griffith)于1920年提出判断含裂纹材料脆性破坏的准则。他认为,诸如钢和玻璃之类的脆性材料,其断裂的起因是分布在材料中的微小裂纹尖端有拉应力集中(这种裂纹现在称为 Griffith 裂纹)[8]。格里菲斯还建立了确定断裂扩展的能量不稳定原理。该原理认为,当作用力的势能始终保持不变时,裂纹扩展准则可写为

$$\frac{\partial}{\partial L}(W_\mathrm{d} - W_\mathrm{e}) \leqslant 0 \tag{2-60}$$

式中:L——裂纹长度参数;

W_d——裂纹表面的表面能;

W_e——储存在裂纹周围的弹性应变能。

格里菲斯于1921年提出了关于脆性材料破裂的理论。格里菲斯把该理论用于初始长度为 $2L$ 的椭圆形裂纹的扩展研究,并设裂纹垂直于作用在单位厚板上的均匀单轴拉伸应力 σ 的加载方向。他发现,当裂纹扩展时满足下列条件:

$$\sigma \geqslant \sqrt{\frac{2Ea}{\pi L}} \tag{2-61}$$

式中:a——裂纹表面单位面积的表面能;

E——非破裂材料的弹性模量,MPa。

1924年,格里菲斯把他的理论推广到压缩试验。在不考虑摩擦对压缩下闭合裂纹的影响和假定椭圆裂纹将从最大拉应力集中点开始扩展的情况下(图 2-22 中的 P 点),获得了双向压缩下裂纹扩展准则,即格里菲斯强度准则

$$\begin{cases} \dfrac{(\sigma_1 - \sigma_3)^2}{\sigma_1 + \sigma_3} = 8\sigma_2, \sigma_1 + 3\sigma_3 \geqslant 0 \\ \sigma_3 = -\sigma_2, \sigma_1 + 3\sigma_3 \leqslant 0 \end{cases} \tag{2-62}$$

由式(2-62)确定的格里菲斯强度准则在 σ_1-σ_3 坐标系中的强度曲线如图 2-23 所示。

分析式(2-61)和式(2-62)或从图 2-23 所示的强度曲线可以得到如下结论:

(1)材料的单轴抗压强度是抗拉强度的 8 倍,其反映了脆性材料的基本力学特征。这个由理论上严格给出的结果,在数量级上是合理的,但在细节上还是有出入的。

(2)当发生断裂时,材料可能处于各种应力状态。这一结果验证了格里菲斯强度准则所认为的,不论何种应力状态,材料都是因裂纹尖端附近达到极限拉应力而断裂开始扩展的基本

观点,即材料的破坏机理是拉伸破坏。在该理论解中还可以证明,新裂纹与最大主应力方向斜交,而且扩展方向会最终趋于与最大主应力平行。

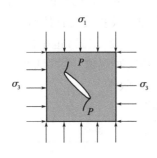

图 2-22　平面压缩的格里菲斯裂纹模型

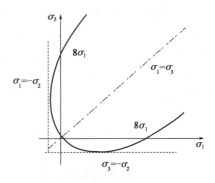

图 2-23　格里菲斯强度曲线

格里菲斯强度准则是针对玻璃和钢等脆性材料提出的,因而只适用于研究脆性岩石的破坏。而对一般的岩石材料,莫尔-库仑强度准则的适用性要远远大于格里菲斯强度准则。

2.3　岩石力学研究新进展

岩石力学是一门具有理论内涵和工程实践性的发展中的科学。然而,它面临着数据有限、参数不确定、复杂多场多相影响、非线性和多尺度等方面的挑战。岩石的破坏机理尚不清晰,而岩体通常由连续和不连续地质体组成,导致复杂的相互作用。因此,工程岩体的变形和破坏特征复杂多样,常呈现高度非线性。岩石力学问题包括多个不确定性因素,难以找到精确的解决算法。本构模型的研究仍有待完善,参数和模型都具有不确定性。这些问题已经成为岩石力学理论和数值模拟的瓶颈。

新兴学科(如人工智能、神经网络、遗传算法、进化计算、非确定性数学、非线性力学、系统科学等)提供了新的思维方式和研究方法,为突破传统岩石力学的限制提供了有力的理论基础。这些方法有望应用于岩石力学领域,以解决参数和模型不确定性的问题。

2.3.1　岩石细观力学研究

岩石(岩体)力学研究的基本问题是岩石(岩体)的变形性和抗破坏性,而岩石(岩体)的破坏规律的研究一直是岩石(岩体)力学研究的难点。细观是介于宏观和微观之间的一个尺度概念,对于研究岩石的破裂而言,可以把野外岩体中普遍发育的,直接影响岩体力学特性的,大于毫米级别的裂隙、节理、断层等划定为宏观尺度(macro-scale);把发育在岩石结构中,直接影响岩石力学性质的,毫米-微米级别的裂纹划定为细观尺度(meso-scale);把发育在岩石中矿物晶体内部,一般对岩石的宏观力学性质没有直接影响的微裂纹、位错等划定为微观尺度(micro-scale)。岩石细观力学是研究细观尺度岩石破裂演化过程及破坏规律的科学。

2.3.1.1　光学显微镜观测方法

光学显微镜是用于观测岩石中裂纹的常见工具,具有技术简单、直观成像等优点。通过光学显微镜,可以在较大范围内观察和统计岩石裂纹的发育情况,进行微结构的定量测量。然而,光学显微镜观测法存在一些难以克服的技术挑战。例如,样品的切片、磨制和黏胶等加工可导致原有裂纹扩大或产生新的加工裂纹,降低了观测的可靠性。切片的位置不一定是裂纹发展的主要区域,因此观测结果常常反映试样整体变形而非裂纹扩展的具体情况。表 2-5 为不同岩石光学显微镜观测结果。区分不同类型的裂纹(原有、扩展、加工)也是技术上的难题。此外,岩样在卸载后裂纹可能发生变化,光学显微镜无法实现实时观测。尽管光学显微镜在岩石裂纹观测中具有一定优势,但它仍然存在一些技术限制和局限性。

不同岩石光学显微镜观测结果[9]　　　　　　　　　　表 2-5

序号	类别	示例	说明
1	玄武岩		玄武岩为基性岩浆喷发所成的熔岩流凝固而成。图中白色长条状矿物为斜长石,绿色和橙色柱状矿物为斜辉石(2.74mm×1.78mm)
2	安山岩		安山岩由基质与斑晶共同构成。图中央呈灰色构造的矿物为斜长石斑晶,因晶体成长时,成分发生改变,所以具有环带状构造(4.38mm×2.85mm)
3	花岗岩		花岗岩属于粗粒的侵入火成岩,以石英、长石和云母为主要矿物。图中呈黑白相间条纹构造(又称聚片双晶结构)的矿物为斜长石,彩色矿物多为黑云母(4.38mm×2.85mm)
4	橄榄岩	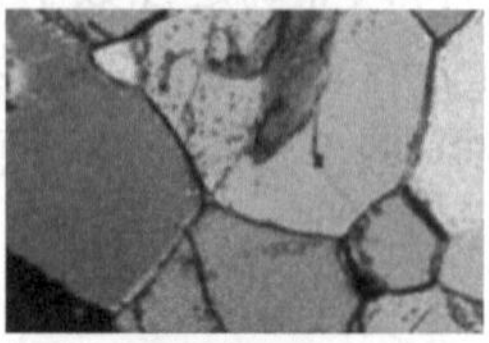	橄榄岩属于粗粒的基性火成岩,通常由橄榄石、直辉石、斜辉石和尖晶石或石榴子石组成。图中橄榄石呈约120°的三联结点分布情形(2.74mm×1.78mm)
5	辉石岩	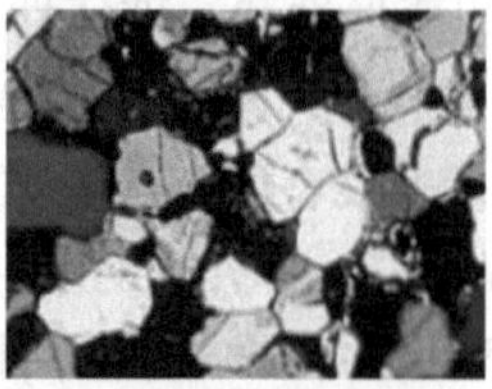	辉石岩内的主要组成矿物包括彩色的斜辉石和黑色的石榴子石(4.38mm×2.85mm)
6	砂岩		砂岩为常见的一种沉积岩,主要由石英和长石等淡色矿物组成,偶尔也可发现少量岩屑(4.38mm×2.85mm)

续上表

序号	类别	示例	说明
7	生物礁石灰岩		生物礁石灰岩(Reef Limestone)是由珊瑚、有孔虫、贝壳、藻类等生物遗骸堆积而成。图中多数呈长条状者为大型有孔虫,左侧则可发现珊瑚遗骸(4.38mm×2.85mm)
8	片岩		片岩为常见的一种变质岩,具有典型的片状构造。图中彩色细长条片状白云母平行排列,白色至淡灰色粒状石英则呈透镜状聚集(2.19mm×1.43mm)

2.3.1.2 电子显微镜观测方法

电子显微镜在岩石细观观测中分为透射电子显微镜和扫描电子显微镜(Scanning Electron Microscope,SEM)两种类型。SEM被证明在岩石细观观测方面更为有效,能够提供三维立体的岩石表面形貌图像,应用SEM观测岩石结果如图2-24所示。这种方法包括将岩石制成微小样品,经过特殊处理后置于SEM加载台上,可以在加载的同时连续观测和记录岩石中破裂的产生及发展过程。采用这种方法解决了以往研究中岩石样本单一且加载观测不连续的问题。然而,SEM观测法仍然存在一些缺陷:微试样的体积较小,限制了观测的广度和代表性;该方法只能观测到岩石表面的细观破坏过程,无法观测岩石内部结构的变化。因此这一技术仍在不断发展完善中。

图2-24 应用SEM观测岩石结果[10]

2.3.1.3 计算机断层成像观测方法

基于X射线的计算机断层成像技术(Computerized Tomography, CT)在岩石细观破坏观测领域取得了巨大成功。该方法基本过程是:将岩石试样致损到一定程度后放入CT扫描空间,通过X射线的CT方法可以给出岩石试样任意断面的CT图像。CT图像的灰度是岩样响应部位物理密度的函数,因此通过CT图像灰度的变化可以观测岩石试样的微裂纹分布状态。基于配合,使用与CT设备配套的三轴压力仪,可以实现对岩石试样损伤过程的动态观测,即根据CT图像可以观测到岩石试样中微裂纹成核、扩展、闭合、分岔、贯通等细观损伤活动的全过程。

CT图像的分辨率一般在0.35mm×0.35mm左右,低于光学显微镜的分辨率,不能观测到岩石中矿物颗粒相互作用和破坏过程,却可以定性和定量观察岩石内部微裂纹的形态、运动及演化规律。总的来说,CT方法的优点在于可以无损地观察到岩石内部变化,可以实现实时观测,CT图像的分辨率可以满足岩石细观力学分析所需要的精度要求。图2-25所示为岩石CT扫描结果。

| 页岩 | 砂岩 | 碳酸盐岩 | 花岗岩 |

图 2-25　岩石 CT 扫描结果[11]

2.3.2　岩石断裂力学与损伤力学

2.3.2.1　岩石断裂力学

岩石断裂力学源自断裂力学领域。近 30 多年来，断裂力学的概念已被引入岩石力学，用以分析岩石的强度和裂纹行为。在这个框架下，岩石不再被视为均质连续体，而被看作由裂隙构造组成的介质。使用断裂力学来分析岩石的断裂强度可以更贴近实际地评估岩石的开裂和失稳行为。

岩石的断裂通常经历裂纹产生、缓慢扩展、快速扩展和瞬时断裂等阶段，每个阶段都在岩石的断口上留下不同的变形痕迹。岩石的破坏主要以压剪破坏和拉剪破坏为主要形式，其中纯压、纯剪和纯拉是这些破坏形式的特殊情况。裂纹可以分为 Ⅰ 型裂纹（在纯压和纯拉下形成）和 Ⅱ 型裂纹（在纯剪下形成）。

岩石断裂力学研究通常侧重于宏观裂纹。根据断裂因子来判断裂纹的扩展和开裂方向，断裂力学可分为线弹性断裂力学和弹塑性断裂力学；根据研究裂纹的尺度，断裂力学分为微观断裂力学和宏观断裂力学。

根据外力作用方式，断裂力学按裂纹扩展形式将介质中存在的裂纹分为三种基本形式，即张开型裂纹 [图 2-26a)]、滑开型裂纹 [图 2-26b)] 和撕开型裂纹 [图 2-26c)]。张开型裂纹上下表面位移是对称的，法向位移的间断造成裂纹上下表面拉开。滑开型裂纹上下表面的切向位移是反对称的，上下表面切向位移间断，从而引起上下表面滑开；而法向位移则不间断，因而只形成面内剪切。撕开型裂纹上下表面位移间断，沿 z 方向扭剪。

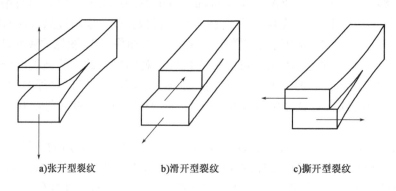

a) 张开型裂纹　　　b) 滑开型裂纹　　　c) 撕开型裂纹

图 2-26　裂纹的三种形式

对于平面问题,假定裂纹尖端塑性区与裂纹长度及试样宽度相比非常小,把材料当作完全弹性体,按线弹性理论,可分别得出各种类型裂纹尖端附近的应力场的解析表达式。对于Ⅰ型裂纹,在图 2-27 所示的极坐标系中,裂纹尖端应力由式(2-63)和式(2-64)给出。

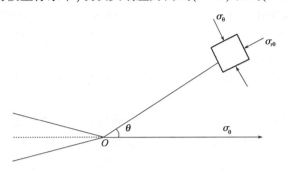

图 2-27 裂纹尖端极坐标示意图

$$\sigma_x = \frac{K_1}{\sqrt{2\pi r}} \cdot \cos\frac{\theta}{2} \cdot \left(1 + \sin\frac{\theta}{2} \cdot \sin\frac{3\theta}{2}\right) \tag{2-63}$$

$$\sigma_y = \frac{K_1}{\sqrt{2\pi r}} \cdot \cos\frac{\theta}{2} \cdot \left(1 - \sin\frac{\theta}{2} \cdot \sin\frac{3\theta}{2}\right) \tag{2-64}$$

$$\tau_{xy} = \frac{K_1}{\sqrt{2\pi r}} \cdot \cos\frac{\theta}{2} \cdot \sin\frac{\theta}{2} \cdot \cos\frac{3\theta}{2} \tag{2-65}$$

式中:K_1——Ⅰ型应力强度因子,其定义如下:

$$K_1 = \lim_{r,\theta \to 0}\left[\sigma_y\sqrt{2\pi r}\right]$$

它表征了裂纹尖端附近应力场强度,其值大小取决于荷载的形式与数值、物体的形状及裂纹长度等因素。将 τ_{xy} 和 τ_{yx} 代入式(2-65)即可得出Ⅱ型和Ⅲ型应力强度因子 $K_Ⅱ$ 和 $K_Ⅲ$。如果材料的本构关系是线弹性的,可以采用叠加原理求得压剪(拉剪)复合型裂纹的应力强度因子。在平面应力(应变)状态下,应力强度因子可表示为

$$K = F\sigma_r\sqrt{\pi a} \tag{2-66}$$

式中:σ_r——远场应力(压为负);

F——裂纹的几何特征、加载条件和边界效应有关的系数;

a——裂纹半长。

在断裂力学中通过分析 F 值来研究不同裂纹组合时在相互作用下的用力特征。

断裂力学之所以定义应力强度因子来描述裂纹尖端应力场强度,是因为在裂纹尖端附近应力场出现了奇异性。由式(2-64)可知,裂纹尖端附近的应力值与 $r^{-1/2}$ 成正比,当 $r \to 0$ 时,得出 $\sigma_y \to \infty$ 的结论,从而在数学上出现奇异性。这恰恰是断裂力学理论基础不稳固的地方,因为实际上材料受力后不可能产生无限大的应力。

在裂纹尖端附近产生应力集中趋于无穷大是基于以下两点假设即得到的:
(1)材料为完全均质弹性材料。
(2)裂纹尖端应力趋于无穷小。

在实际应用中,由于岩石中裂纹扩展方式的复杂性,岩石在外部荷载作用下的应力强度因子 K 或裂纹能量释放率 G 的计算比较困难,许多情况下需要借助有限元、边界元等各种数值

计算方法,而且岩石断裂韧性 K_C 或 G_C 的测定也比较复杂,因此岩石断裂韧性强度理论在工程应用中还面临一些困难。这些困难的解决有赖于相关数值计算软件的发展以及岩石断裂韧性测试技术的发展。

裂纹间的相互作用和联合将产生局部弱化并最终导致岩石的整体断裂破坏。有关的经验模型、统计模型、数值模型也被加以探讨,但真正解决多裂纹耦合作用的问题还很困难,目前的有效解决途径还局限于数值模拟研究。

对于单一的断裂问题,可采用应力强度因子 K 判据,即当 $K > K_C$ 时裂纹即失稳扩展,当 $K < K_C$ 时裂纹不会扩展。

线弹性断裂力学对 I 型裂纹的断裂判据,有比较符合实际的结果。而复合应力状态的裂纹扩展准则是比较复杂的问题,尤其是压剪应力状态,至今还难以给出比较符合实际的断裂判据。在考虑多裂纹相互作用时,其他裂纹对该裂纹的影响,通过引入应力强度因子影响系数来考虑。基于线弹性断裂力学的叠加原理,多裂纹存在时,断裂 A 应力强度因子 K_A 的表达式如下:

$$K_A = \sum_{j=1}^{n}(F_j - 1)K_0 + K_0 \tag{2-67}$$

式中:K_0——裂纹 A 单独存在(不受其他断裂影响)时的应力强度因子;

K_A——在周围有 n 条断裂存在诱导的应力场叠加后产生的应力强度因子;

F_j——其他断裂的影响系数,$F_j = K_j/K_0$。

K_j 是受附近第 j 条裂纹影响时裂纹 A 的应力强度因子,F 值的大小一般取决于该断裂的相对位置及所处应力状态等,通常可以在应力强度因子手册中查到。

复杂的实际断裂,则需通过边界配置法、有限元法和光弹实验等确定。但是,目前断裂力学用于岩石力学的研究还存在局限性,如裂纹的几何形状一般多局限于宏观的椭圆形,而实际岩石中往往存在许多很细小的微裂纹;断裂力学一般只注重研究裂纹的起始和扩展条件,而对裂纹在扩展中的相互作用研究不够。

2.3.2.2 岩石损伤力学

1)损伤定义

在外载和环境的作用下,由细观结构的缺陷(如微裂纹、微空洞等)引起的材料或结构的劣化过程,称为损伤。损伤力学是研究含损伤介质的材料性质,以及在变形过程中损伤演化发展直至破坏的力学过程。

损伤变量的定义是研究岩石损伤的重要内容之一。目前,损伤变量的定义在宏观上以弹性常数、超声波速等为代表,细观上以有效面积、裂纹密度、孔隙率等为代表。通过引入损伤变量就可以采用唯象学法和细观损伤力学方法对岩石强度曲线进行描述。在假设岩石为各向同性的基础上,建立了以声波变化表征岩石损伤程度的损伤变量:

$$D = 1 - \left(\frac{V_p}{V_{pf}}\right)^2 \tag{2-68}$$

式中:V_p——各向同性微裂隙岩石的声波速度,m/s;

V_{pf}——岩石母体的声波波速,m/s。

考虑到受损伤单元力学效应可以用无损单元力学效应当量表示,定义了损伤变量 D 为单位体积破坏单元数目 N_x 与单位体积总单元数目 N 之比,即 $D = N_x/N$,建立了岩石应力、应变与裂纹密度的关系。

考虑到岩石损伤特性是由岩石损伤部分与未损伤部分性质的综合体现,定义了岩石受损伤面积与总面积之比为损伤变量,从而建立了特定围压下的岩石损伤统计本构模型。由此可以看出,损伤变量为表征岩石因损伤强度恶化的某一个量,通过该量可以定量地了解岩石内部的损伤程度。

损伤力学研究包括如下阶段：
(1) 选择合适的损伤变量。
(2) 建立损伤演化方程。
(3) 建立考虑材料损伤的本构模型。
(4) 首先,根据初始条件和边界条件求解材料各点的应力、应变和损伤值,用计算得到的损伤值判断各点的损伤状态,若损伤达到临界值,可认为该点破坏;然后,根据新的损伤分布状态和新的边界条件再做类似的反复计算,直到达到构件的破坏准则而终止。

假设有一均匀受拉的直杆,其原始面积为 A_0,认为材料劣化的主要机制是微缺陷导致的有效承载面积减小,出现损伤的面积为 A_D,试件的实际承载面积为 A_{ef},则用 $D = A_D/A_0$ 定义为损伤因子,用 $\psi = A_{ef}/A_0$ 定义为连续因子,则有

$$D + \psi = 1 \tag{2-69}$$

当 $D = 0$ 时,试件为理想无损伤材料;当 $D = 1$ 时,试件为完全损伤材料,而实际材料的损伤因子 D 介于两者之间。密度和体积质量的变化可以直接反映损伤。

有效应力概念：
当试件不考虑损伤时,其表观应力为 $\sigma = P/A$;当试件考虑损伤时,其有效应力 $\sigma_{ef} = P/A_{ef}$,则

$$\frac{\sigma}{\sigma_{ef}} = \frac{A_{ef}}{A} = \psi = 1 - D \tag{2-70}$$

$$\sigma_{ef} = \frac{\sigma}{1 - D} \tag{2-71}$$

式中：ψ——表观应力 σ 与有效应力 σ_{ef} 的比值；

D——应力增量 $(\sigma_{ef} - \sigma)$ 和有效应力 σ_{ef} 的比值,由此可以通过应力或模量的测量来确定损伤因子。

此外,还可以用一些间接方法测量损伤,如 X 射线摄像、声发射、超声技术、CT 技术和红外显示技术等方法。对于导电材料可用电阻涡流损失法、交变电抗及磁阻或电位的改变来检测试件有效面积的变化。

2) 损伤力学分类及主要内容

损伤可分为弹性损伤、弹塑性损伤、疲劳损伤、蠕变损伤、腐蚀损伤、照射损伤、剥落损伤等。

通常研究两大类典型的损伤,即由裂纹萌生与扩展引起的脆性损伤和由微孔洞的萌生、长大、汇合与扩展引起的韧性损伤。介于两者之间的还有准脆性损伤。损伤力学主要研究宏观可见缺陷或裂纹出现以前的力学过程,包含宏观裂纹物体的变形以及裂纹和扩展是断裂力学研究的内容。损伤力学的主要研究内容如图 2-28 所示。

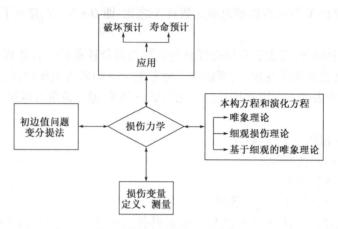

图 2-28　损伤力学的主要研究内容

根据对损伤处理方法的不同,可以把损伤力学分成两个分支,即连续介质损伤力学和细观损伤力学。常见的损伤理论和模型有 Rousselier 损伤理论、Kachanov 蠕变损伤理论、洛德(Loland)损伤模型、马扎斯(NIaZ1YS)损伤模型、克拉辛诺维奇(Kmjcinobic)损伤模型、西多洛夫(Sidoroff)损伤模型。

2.3.2.3　连续介质损伤力学

连续介质损伤力学把损伤力学参数当作内变量,用宏观变量来描述微观变化,利用连续介质热力学和连续介质力学的唯象学方法研究损伤的力学过程。它侧重考查的是损伤对材料宏观力学性质的影响以及材料和结构损伤演化的过程和规律,而不细察其损伤演化的细观物理与力学过程。它只求用连续损伤力学预计的宏观力学行为与变形行为符合实际结果和实际情况。它虽然需要微观模型的启发,但是并不需要以微观机制来导出理论关系式。不同的学者选用具有不同意义的损伤力学参数来定义损伤变量。通常所说的损伤力学就是指连续介质损伤力学。

2.3.2.4　细观损伤力学

细观损伤力学是从非均质的细观材料出发,采用细观的处理方法,根据材料的细观成分——基体、颗粒、空洞等的单独行为与相互作用来建立宏观的本构关系。损伤的细观理论是一个采用多重尺度的连续介质理论。其研究方法是两(多)段式的:第一步,从损伤材料中取出一个材料构元,它从试件或结构尺度上可视为无穷小,包含了材料损伤的基本信息,无数构元的总和便是损伤的全部。材料构元体现了各种细观损伤结构(如空洞群、微裂纹、剪切带内空洞富集区、相变区等)。第二步,对承受宏观应力作为外力的特定的损伤结构进行力学计算(这个计算中常作各种简化假设),即可得到宏观应力与构元总体应变的关系及与损伤特征量的演化关系,这些关系即对应于特定损伤结构的本构方程,并且可用它来分析结构的损伤行为,具体如图 2-29 所示。

细观损伤力学的主要贡献在于对"损伤"赋予了真实的几何形象和具有力学意义的演化过程。作为宏观断裂先兆的四种细观损伤基元包括:①微孔洞损伤与汇合;②微裂纹损伤与临界串接;③界面损伤(含滑错、空穴化与汇合);④变形局部化与沿带损伤。

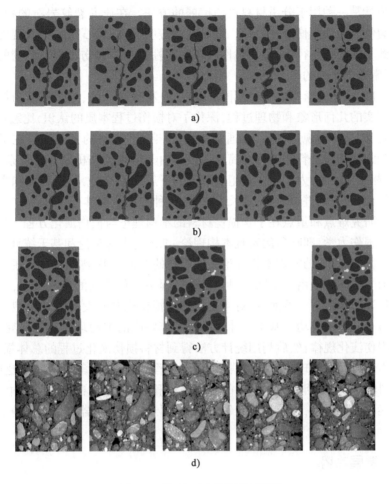

图 2-29 基于细观力学分析结果[12]

细观损伤理论的建模方法可概括如下：

(1) 选择一个能描述待研究损伤现象的最佳尺度。

(2) 分离出需要考虑的基本损伤结构，并将嵌含该损伤结构的背景材料按一定力学规律统计平均为等效连接介质。

(3) 将由更细尺度得到的本构关系用于这一背景连续介质。

(4) 通过该尺度下含损伤结构的连续介质力学计算来阐明材料损伤模型。

表 2-6 对照了微观、细观和宏观损伤理论在损伤几何、材料描述和方法论等方面的主要特点。这里主要阐述细观损伤理论，但对微观损伤的若干行为也将会略有涉及。

微观、细观、宏观损伤理论表征　　　　　　　　　表 2-6

损伤理论	微观	细观	宏观
损伤几何	空位、断键、位错	孔洞、微裂纹、界面、局部化带	宏观裂纹、试件尺寸
材料	物理方程	基体本构与界面模型	本构方程有损伤演化方程
方法	固体物理	连续介质力学与材料科学	连续介质力学

细观损伤力学是一种用于分析材料损伤扩展的方法。在研究裂纹岩石的稳定性时,通常将预先存在的裂纹与微观损伤统一处理。试验观察表明,不同岩石材料中微观裂纹的数量和尺寸差异会导致不同的损伤行为,包括脆性破坏和韧性损伤。损伤过程与应变的积累和局部化密切相关,通常是不可逆的。

目前,关于细观损伤力学存在两种不同的观点:一种观点认为,细观模型为损伤变量和损伤演化提供了真实的几何形象和物理过程,深化了对损伤过程本质的认识,比宏观连续损伤力学更有基础的意义;另一种观点则认为,通常被称为"自洽"方法的主要困难在于从非均质的微观材料过渡到宏观均质材料需要许多简化假设。由于微观损伤机制非常复杂,包括多重尺度、多种机制和相互作用等,人们对微观组成部分的了解还不充分,其完备性和实用性仍需要进一步研究。然而,研究的进展表明,从长远来看,这种方法非常具有吸引力。

损伤力学的研究难点和重点在于含损伤材料的本构理论与损伤演化方程。目前主要有三种途径用于研究损伤力学,即唯象的宏观本构理论、细观的本构理论和基于统计考虑非局部效应的本构理论。其中,唯象的宏观本构理论关注损伤的宏观后果,细观的本构理论更容易描述过程的物理和力学本质。但由于不同材料和损伤过程中多种机制的交互作用,人们难以在力学模型中充分描述这些机制。然而,针对主要的细观损伤机制开发的力学模型在某些材料损伤描述方面取得了一定的成功。基于统计考虑非局部效应的本构理论首先研究个体微缺陷、微裂纹引起的损伤演化规律,然后利用统计方法得到材料损伤演化过程的总体损伤变量,以此来描述材料的力学行为。该理论在材料科学、土木工程、航空航天等领域有广泛应用。例如,该理论在材料科学中,可以用于预测材料的疲劳寿命和损伤容限;在土木工程中,可以用于评估结构的承载能力和耐久性;在航空航天领域,可以用于确保飞行器在极端环境下的安全性和可靠性。

2.3.2.5 发展趋势

损伤力学和断裂力学的结合是一个发展趋势。损伤在材料中表现为微裂纹或微空洞的演化,而断裂则是主裂纹的传播和宏观破坏的结果。损伤力学研究了在各种加载条件下材料中损伤的演化和破坏规律,包括塑性变形、蠕变、疲劳等。断裂力学则研究了固体中裂纹扩展的规律。岩石的破坏过程涉及原始缺陷的演化、宏观裂纹的形成和扩展,可以用损伤力学和断裂力学来共同描述和研究。近年来,将这两者相结合来进行含裂纹岩石的稳定性分析得到了广泛应用。未来,这个领域的研究可能会取得以下几方面的进展:

(1)内变量的改进:引入新的内变量,将原有的内变量分解,以区分损伤的形成和发展两个阶段的不同规律,并与断裂力学结合,用统一的内变量来描述整个破坏过程。

(2)引入应力以外的致损因素:建立岩体损伤破坏的判据,考虑除应力以外的其他因素。

(3)细观损伤力学与宏观力学性质的关系:研究从变形、损伤的萌生和演变到宏观裂纹出现,再到裂纹扩展,直至破坏的全过程。

(4)材料各向异性问题:应用材料本构理论或非平衡不可逆热力学的理论,研究各向异性岩体的损伤、相互作用和演化。这是损伤力学中的一个基础而具有挑战性的任务。

(5)不同性质的损伤耦合机制:结合损伤力学与断裂力学,并借助现代计算技术,能够为工程设计和强度分析提供更准确可靠的理论工具,为工程技术人员的设计决策提供支持。

损伤力学和断裂力学的结合将在材料破坏和岩石力学领域的研究中发挥越来越重要的作用。

2.4 集　　料

混合料是由黏合剂(含沥青、水泥等)和矿物集料组成的复合材料。其中,矿物集料(简单的集料)约占混合料体积的80%,质量的95%。尽管体积或质量比例很大,但矿物集料通常占生产混合料所用材料总成本的50%或更少。矿物集料的成本包括生产不同尺寸集料(通常来自露天矿)的成本,以及将集料运输至生产现场的成本。由于集料比重较高,集料从矿山运至混合料生产现场的成本随着运距的增加而显著增加。

2.4.1 矿物集料的来源

根据来源的不同,集料可分为人工集料和天然集料。人工集料通常是指某种工业废料,如矿渣或在某些情况下压碎的波特兰水泥混凝土。沥青路面施工中使用的大多数集料是天然集料,由集料生产商压碎和(或)加工成不同尺寸。天然集料是一种不可再生资源,由于运输成本昂贵,通常在城市附近开采和生产。

大多数集料是通过在露天矿爆破大块岩石并将岩石破碎成不同的尺寸,或是通过收集和破碎大型自然沉积物中的松散岩石碎片来生产的。后一种形式的集料通常称为砾石。压碎过程通常会将集料减少到不同的粒级,通过筛分,堆放在所谓的堆料中。每个料堆通常含有主要来自一个筛分尺寸范围的集料,与来自较小筛子的少量集料混合。

在描述集料类型时,花岗岩、石灰岩等是集料类型的非常通用的岩性描述。具有相同岩性的集料可能具有截然不同的矿物组成和性能。因此,当与相同的黏合剂一起使用时,不同集料的性能会有很大的不同。在混合料性能方面,表面积越大的集料与胶结料的机械黏结性和黏结性越好。事实上,已知表面积较小的花岗岩存在与水分损害和黏合剂附着力差等有关的问题。图2-30所示为三种不同集料表面的显微照片,清楚地显示了花岗岩颗粒表面矿物晶体的不同范围,具有相对光滑的纹理;玄武岩颗粒的粗糙表面纹理,以及黏土的局部侵入;石灰岩颗粒表面有中等粗糙度和可见的有机物质痕迹,导致矿物形成。

  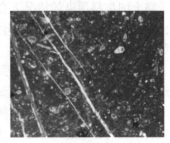

a)花岗岩　　　　　　　　b)玄武岩　　　　　　　　c)石灰岩

图2-30　三种不同集料表面的显微照片[13]

2.4.2 矿物集料的物理性质

2.4.2.1 尺寸与级配

集料选择和混合料设计的一个方面是集料粒度和级配的选择。集料尺寸和级配反过来决定了沥青混合料中的集料结构,以及集料结构内部分配应力和传递荷载的能力。通常,选择集料尺寸和级配的过程从路面应用开始。不同规格的集料通常可以通过四种不同的方式进行分级,以实现特定应用的不同内部结构:

(1)密实级配。
(2)间隙级配或石基沥青(SMA)。
(3)开放级配或渗透性磨耗层(PFC)。
(4)单一尺寸或统一尺寸。

在大多数情况下,出于经济考虑,只能使用当地可用的集料。然而,我们可以通过选择合适的级配来设计集料结构,因为级配的选择直接影响沥青混合料的最终性能。

密实级配混合料是混合料设计中常用的集料结构之一,主要用于将交通荷载传递到路面的基础。这种混合料中的主要荷载传递机制是细集料和细集料颗粒之间的颗粒接触。

对于沥青路面,SMA 混合料的集料结构可用于有效地通过路面结构中的沥青层传递荷载。然而,与密实级配混合料不同,SMA 混合料中的主要荷载传递机制是粗集料颗粒之间的石块接触。这种内部荷载传递机制使得这种混合料在承受反复和重交通荷载时非常有效。

开放级配磨耗层(OGFC)或 PFC 混合料主要在现有路面结构顶部以薄层形式使用。此类混合料的主要用途是改善路面表面的排水功能,从而提高安全性,降低路面-轮胎噪声。PFC 混合料需要仔细设计,以确保混合料具有大的连通空隙,防止堵塞,减少维护,提高渗透性,同时不足以对混合料的耐久性产生不利影响。

2.4.2.2 洁净度

集料来源中的黏土颗粒甚至黏土块等无机细集料可能产生有害的影响,并且相对难处理。黏土颗粒通常在有水的情况下体积显著膨胀,在脱水时收缩。这种机理不仅对混合料中含有黏土或塑料细粉的集料颗粒有害,而且广泛地解释了与膨胀土地基相关的大多数结构问题。在受黏土细集料污染的情况下会出现两个问题:①用什么方法来检测这些细集料是否比例足够,从而对混合料造成有害影响?②由于经济或其他原因无法使用不同的集料来源时,可以采取哪些补救措施?

为了解决第一个问题,有两种试验通常用于检查集料的质量(塑料细集料或黏土的潜在污染):砂当量试验和亚甲基蓝试验。砂当量试验简单、直观,可在 ASTM D2419 中找到更详细的试验说明。砂当量是指絮凝黏土和砂的总高度与沉积砂高度的百分比。其值越高,塑性细颗粒或黏土的含量越大。通常,可规定砂当量的最大百分比,以确保集料不受污染。亚甲基蓝试验则在 ASTM C837 中有更详细的描述。很明显,塑料细粉或黏土的浓度越高,在试样中观察到的亚甲基蓝吸收量就越大。

下面简要讨论当集料中存在不符合要求的黏土或塑料细粉浓度时可以使用的补救措施。

避免黏土或塑性细料有害影响的一个策略是化学分离和(或)稳定黏土的聚集板结构。其中一种最常见的添加剂是熟石灰。熟石灰中的钙离子取代单价阳离子,使黏土颗粒在水存在时易膨胀。这种阳离子交换也会引起板状颗粒的絮凝。除了有助于集料中的黏土细集料外,文献中也有大量证据表明在沥青材料中添加熟石灰的各种好处,如图2-31所示。

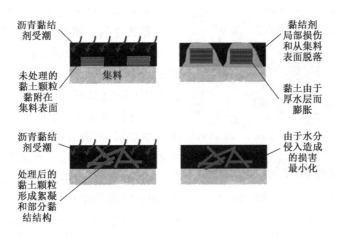

图2-31 黏土污染集料颗粒的有害影响以及使用化学添加剂(如熟石灰)来减轻影响的示意图[14]

2.4.2.3 韧性和硬度

集料的韧性和硬度虽然听起来相似,但在混合料性能方面具有不同的含义。韧性是指集料颗粒在承受荷载时抵抗断裂的能力,而硬度是指集料在磨损过程中保持表面纹理的能力。这两个性质在不同情况下对混合料性能具有重要影响。

1) 韧性

(1) 对于松散混合料的铺设和压实过程,集料的韧性至关重要。在这个过程中,黏合剂处于流体状态,无法抵抗变形,而集料颗粒在压路机的作用下相互联锁移动和堆积,承受强烈的应力。缺乏足够韧性的集料可能会在这个过程中断裂,对混合料的级配和承载能力产生负面影响。

(2) 对于沥青玛蹄脂混合料(SMA),集料的韧性也很重要。SMA级配旨在通过颗粒之间的接触点促进荷载的直接传递,这称为荷载转移。韧性不足的集料在强接触应力下容易断裂,这会影响 SMA 混合料的性能。因此,在使用 SMA 混合料时,需要考虑集料的韧性。集料的韧性通常通过一些试验来测量,包括洛杉矶磨损试验和集料冲击和压碎值试验。这些试验可以帮助确定集料的抗断裂能力,通常通过质量损失百分比来表示。质量损失越大,集料的韧性越低。

①需要指出的是,洛杉矶磨损试验的名称会让人产生误会,因为它更多地反映了集料抗破碎的能力而不是抗磨损的能力。因此,有人认为该试验更好的名称是洛杉矶冲击试验。总之,集料的韧性是确保混合料在施工和使用过程中能够保持性能的重要因素。

②集料冲击和压碎值试验是用于评估集料韧性的另外两个经验试验。集料冲击试验方法:首先,粗集料样品与之前一样使用,并在金属模具中被压实;然后从一个固定的锤击高度对集料进行锤击试验;最后对集料样品进行筛分,以确定因破碎而损失的集料的质量百分比,并将其用作集料韧性的指标。集料压碎值的测量方法与此类似,其不同之处在于集料承受静态

荷载,而非固定高度的冲击荷载。

2) 硬度

在矿物集料方面,集料的硬度对于用于表面混合料并与车辆轮胎接触的集料尤其重要。集料结构在制动过程中为路面和轮胎之间提供摩擦阻力起着非常重要的作用。

图 2-32 开放交通数周后,暴露集料表面的路面上的 PFC 混合物[14]

表面混合料中使用的集料在施工后立即涂上沥青黏合剂。然而,在通车后,车辆轮胎的作用很快就把集料表面的沥青黏合剂涂层磨掉了。图 2-32 所示为开放交通数周后的路面照片。集料表面(浅色石灰岩)在表面上可以清晰地看到。在这种情况下,用于表层的混合料级配是渗透性摩擦层,使混合物具有渗透性的大孔隙结构在表面也可见。从这一点来看,集料表面起着重要作用:在轮胎和路面之间提供摩擦阻力。然而,随着时间的推移,集料表面可能容易受到磨损,导致其表面结构松散。具有较高硬度的集料更能抵抗这种磨蚀作用,并能够保持其表面纹理更长时间,从而保持其表面安全和防滑更长时间。

在实际应用中,可以使用几种不同的试验来测量集料硬度。两个比较常见的试验是英国摆锤试验和 Micro-deval(微型台佛尔)试验。

在英国摆锤试验中,试样是通过将粗集料颗粒黏在试样上而制备的。然后将试样附在摆锤末端,摆锤允许从固定高度摆动,在底部的橡胶垫上摩擦,以模拟轮胎集料磨损。图 2-33 所示为英国摆锤试验和试样在橡胶试验垫上摆动指定次数前后的结果,摆动后集料磨损明显。

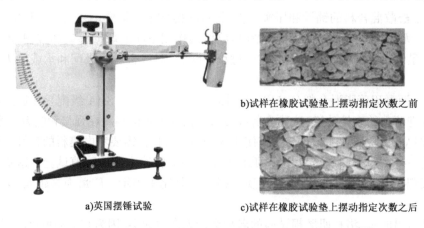

a)英国摆锤试验　　c)试样在橡胶试验垫上摆动指定次数之后

b)试样在橡胶试验垫上摆动指定次数之前

图 2-33 英国摆锤试验和试样在橡胶试验垫上摆动指定次数的结果[15]

Micro-deval 试验也是一种用于测量集料硬度的试验。在微观测试中,它与洛杉矶磨损试验方法非常相似。首先,使用鼓的尺寸要小得多;其次,钢球也更轻更小。该试验通常在有水的情况下进行。由于安装尺寸相对较小(钢球)且质量较轻,与洛杉矶磨损试验相比,集料颗粒受到更多的表面磨损,而不是冲击破碎。图 2-34 显示了 Micro-deval 装置及其磨损过程[16]。

图 2-35 说明了不同矿物集料选定样品的纹理损失。该图清楚地表明,不同的集料不仅具

有不同的纹理,而且具有不同的硬度,即耐磨性。例如,碎砾石显示出最高的硬度,几乎没有任何纹理损失,尽管这种集料的质地一开始就很低。

注意:压碎的石灰岩 A 和 B 具有相同的岩性,但来源不同,具有明显不同的纹理和硬度特征。

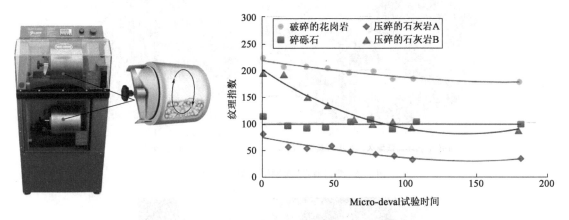

图 2-34　Micro-deval 装置及其磨损过程示意图　　图 2-35　典型矿物集料的纹理损失随时间的变化而变化[17]

总之,为确保在压实过程中集料不会在压路机的作用下断裂,集料需要达到最低的韧性水平。在混合料设计中使用 SMA 等集料结构时,韧性集料也很重要。对于沥青路面表面混合料中使用的集料,硬度尤其重要,以确保最佳的抗滑性。

2.4.2.4　耐久性

集料的耐久性(或坚固性)是指其抵抗风化分解的能力,特别是在混合料中,是指集料抵抗冻融作用引起破损的能力。尽管黏合剂被认为是一种防水材料,但它只具有极低的渗透性,意味着水最终会进入黏合剂并到达集料表面。由于道路的使用寿命通常持续数十年,在这段时间内,潮湿天气条件下水的渗透是可能的。

此外,虽然路面上使用的集料通常覆盖一层黏合剂,但是随着时间的推移,集料表面黏合剂可能会磨损,暴露出集料颗粒表面。如果路面经常经历冻融作用,那么耐久性低的集料可能会在这种情况下断裂或分解,进一步影响路面的性能和耐久性。

因此,集料的耐久性在材料选择和混合料设计中是一个重要的考虑因素,尤其是对于路面面层混合料,它对路面性能和寿命有直接影响。

为了测试集料的耐久性,通常可以采用硫酸钠或硫酸镁安定性试验或直接冻融试验等方法。这些试验可以模拟集料可能经历的加速冻融过程,以测量集料的稳定性。试验的结果通常通过测量粒子分解或损失的百分比来表示,这可作为集料的耐久性指标。耐久性较差的集料将显示出较高的粒子分解或损失率。图 2-36 为集料颗粒在冻融作用前后的照片。即使没有对集料颗粒的质量损失百分比进行定量分析,图片也清楚地显示出这种特殊集料缺乏耐久性。

一些公路机构通常将高碳酸钙含量(在大多数石灰岩中占主导地位)视为低耐久性和低硬度的指标。基于这一基本原理,有时还使用替代酸试验来测定集料中的碳酸钙含量。试验包括将集料样品浸入一定浓度的盐酸中,并测定因反应而损失的集料质量。坚硬耐用的集料

（如硅质集料），通常对该试验不起作用。图2-37显示了集料颗粒与盐酸反应产生的二氧化碳气泡。

a) 冻融循环前低耐久性粗集料颗粒样品   b) 冻融循环后分解的样品

图2-36 集料颗粒在冻融作用前后的照片[14]

图2-37 在盐酸中的集料样品及反应产生的二氧化碳气泡[14]

2.4.2.5 形状、棱角和纹理

集料颗粒在不同长度尺度上呈现出不同的几何特征。集料的形状、棱角和纹理等特性决定了混合料整体性能的不同方面。

集料颗粒形状是指集料颗粒的整体几何形态。例如，聚集粒子可以是立方体、圆盘状、棒状、球形或长方形。通常，与扁平或细长形状相比，更需要球形或立方体形状。扁平或细长形状的聚集体有两个直接的含义：第一，具有扁平和细长形形状（与球形或立方体相反）的集料颗粒倾向于自身定向，以便较小的尺寸沿着压实方向。图2-38所示为平面或细长形状的集料取向示意图。由于这种优先取向，扁平或细长形状的颗粒在压实过程中容易断裂，从而在集料颗粒中产生非常高的应力。这反过来又会降低混合物的完整性和机械稳定性。第二，扁平和细长形状的集料颗粒的优先取向与混合料的各向异性特性有关。各向同性是指某一特定性质（如刚度或抗拉强度）在方向上独立的性质，各向异性是指性质的方向依赖性。具体而言，在这种情况下，混合料在垂直方向（施加压实荷载的方向）上的性质与水平方向（垂直于施加压实荷载方向的平面）的性质不同。这种形式的各向异性有一个特殊的名称，称为交叉各向异性（或横观各向同性）。通常，混合料在垂直方向上的刚度较高，而在水平方向上的刚度相对较低。

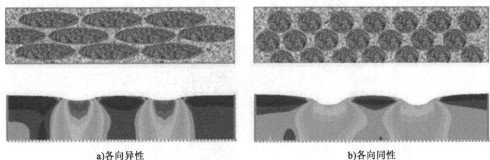

a) 各向异性　　　　　　　　　　　　b) 各向同性

图 2-38　因形状引起的固有各向异性和因压实而产生的各向同性的示意图[14]

注：各向异性可能是集料颗粒的形状（左上图）或压实机产生的垂直荷载引起的压实（右上图）。这种各向异性行为的含义是混合物对永久变形的抵抗力相对较低。

国际集料研究中心（ICAR）对来自美国公路及运输协会（AASHTO）道路试验的 246 个数据集进行了评估，结果表明，使用 AASHTO 道路试验集料基层材料的各向同性材料特性计算的表面挠度小于在 Benkelman 梁法下测得的挠度。然而，当集料基层被视为各向异性时，计算缺陷的精度提高[18]。通常，各向异性水平的特征是水平模量与垂直模量之比（E_x/E_y）。对 ICAR 研究中的误差分析表明，当水平方向的刚度为垂直方向刚度（$E_x/E_y=0.3$）的 30% 时，测量响应与计算响应之间的误差最小。各向异性值（E_x/E_y）分别为 0.4、0.5 和 1，得出的预测精度逐渐降低。

图 2-39 和图 2-40 说明了集料的棱角度、形状和结构特性在交叉各向异性水平上的重要性。棱角度的增大、扁平和细长形状的集料颗粒数量的增加与程度的降低以及表面纹理的增加都会导致各向异性的降低。较低水平的各向异性（或当垂直和水平模量之间的差异较小时）会导致交通荷载引起的应力分布更为有效。因此，通常希望生产出具有最小化各向异性的特性集料[19]。

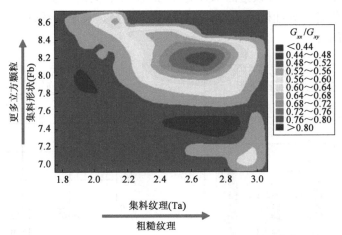

图 2-39　形状和纹理对剪切模量比（G_{xx}/G_{xy}）的影响[19]

图 2-39 和图 2-40 表明，集料形状特征对无黏结集料系统各向异性程度的影响。其中，图 2-39 显示了集料结构（稍后将更详细地讨论结构）和形状对各向异性水平的影响，其特征是剪切模量比（G_{xx}/G_{xy}）。具有更多立方颗粒和粗糙纹理的未结合集料系统具有较大的剪切模量

比(G_{xx}/G_{xy}),因此具有较低的各向异性水平。一般来说,当受到交通荷载时,各向同性材料会产生更有利的正交荷载分布。

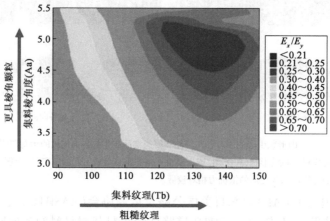

图 2-40　颗粒棱角度和纹理参数对模量比(E_x/E_y)的影响[19]

图 2-40 显示了颗粒结构和集料倾斜度对模量比(E_x/E_y)表征的各向异性水平的影响。ICAR 研究表明,含有粗糙纹理和更多破碎表面(角度更大)的颗粒的集料系统会导致较少的各向异性系数。颗粒表面结构和棱角度影响颗粒间摩擦力,从而影响集料层的正交荷载分配能力。总的来说,由粗糙纹理和更具棱角的颗粒组成的集料系统能够更有效地分配交通荷载,并且在使用过程中不易产生车辙。

尽管上述所表明的影响在无黏结材料中更为明显,但集料形状也会影响柔性路面中沥青混合料的性能。对沥青路面进行 4 个不同厚度的疲劳分析。热拌沥青混合料层、集料基层和路基在每一路段均被建模为线弹性和各向同性、线弹性和各向异性、非线性弹性和各向同性及非线性弹性和各向异性,结果总结如下:

(1)对于沥青层,各向异性模型的永久变形始终大于各向同性模型,如图 2-41 所示。

(2)使用非线性各向异性模型预测的沥青层疲劳寿命远长于非线性各向同性材料的疲劳寿命,如图 2-42 所示。

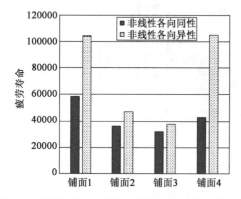

图 2-41　沥青层为非线性各向同性或非线性各向异性的路面疲劳寿命比较[18]

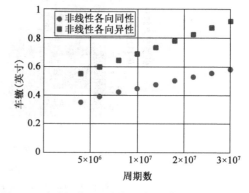

图 2-42　考虑沥青面层非线性弹性和各向同性或非线性弹性和各向异性的路面的永久变形[18]

集料的表面纹理是指其在微米尺度上的粗糙度。粗糙度是一个与长度和刻度相关的术语,通常与仪器或用于测量粗糙度的方法的灵敏度有关。例如,测量一个在人眼或触觉上看起来非常光滑的表面。当使用一个微米分辨率的光学显微镜来检查它的表面时,同样的表面可能会显得非常粗糙。在微米尺度上极其光滑的表面在原子尺度上看起来是粗糙的。在集料表面纹理中,所指的粗糙度或纹理在数百微米到毫米长度的范围内。这个长度尺度很重要,原因有两个:①对于表面混合料中使用的集料颗粒,该长度尺度下的集料结构对于确定路面表面的摩擦特性及抗滑性非常重要。研究表明,集料表面结构与路面抗滑性相关[17]。②对于大部分混合料,在黏合剂和集料表面之间提供机械黏结或黏附力时,该长度尺度的集料纹理也很重要。从整体耐久性的角度来看,这一点很重要,而且对于混合料抵抗湿气引起的损坏或剥离也很重要。

图 2-43 显示了三种不同的设备,它们用于采集集料的图像。图 2-43a)、图 2-43b)所示的两个设备有某种形式的传送带系统,它在一个固定的摄像机前携带聚集的颗粒,摄像机采集这些颗粒的图像。图 2-43c)所示的设备在托盘上有聚集粒子,托盘可以是底部照明,也可以是顶部照明,还有一个摄像头可以采集单个粒子的图像。底光形成聚集粒子的深色图像,高光照其形状和角度,以便进一步分析。顶灯用于采集集料表面的细节,以进行纹理分析。这种被称为聚集成像系统(AIMS)的特殊设备已经被进一步开发和实现,以供日常使用。必须注意的是,AIMS 等设备也会估计和记录聚集粒子的三维空间。这通常是通过将摄影机和聚集粒子的曲面之间的焦距与摄影机和聚集粒子所在的曲面之间的焦距进行比较来实现的。其他设备已经实现了使用双摄像头来采集集料的三维形状特征。

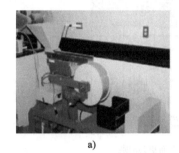 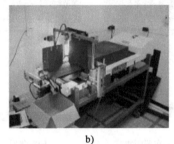 

a)　　　　　　　　　　b)　　　　　　　　　　c)

图 2-43　三种不同的设备用于采集集料图像,以确定形状、角度和/或纹理[14]

在分析方面,已经开发了几种不同的算法,可以用来描述感兴趣的三个属性:形状、纹理和角度。这里描述了获取这些度量的一般原理。例如,一个量化聚集粒子整体形状或形状的指标是比较聚集粒子与完美球体的偏离。图 2-44 以两个不同形状或形状的粒子为例说明了这一观点。与形状的偏离可以通过偏离圆形形状或其他度量(如最短尺寸与最长尺寸的比率)来量化。集料颗粒的棱角度也可以用任意数量的不同数学算法来测量。例如,集料表面不同点切线角度的变化率可以作为集料倾斜度的指标。同样,可以基于数字图像上灰度强度的变化来评估集料表面的纹理。图 2-44a)所示的集料颗粒形状为圆形,但角度较大粗糙的纹理会在表面的数字图像上产生多个峰值和阴影或噪声。然后,可以对该模式进行分析,以得出一个指数,该指数是集料结构的定量反映。

AIMS 方法对二维灰度图像进行小波变换。从广义上讲,这种转换逐渐模糊了图像,并量化了与之前的图像序列相比丢失的信息。在几个模糊的序列中,信息的丢失越大,说明纹理越粗糙。平滑的表面在模糊前后几乎没有任何信息丢失,而粗糙纹理表面在模糊前后会有明显的信息丢失。

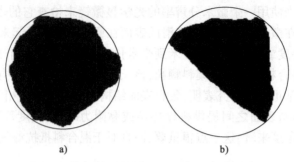

图 2-44　偏离圆形形状的两个不同集料颗粒的轮廓图

图 2-45 显示了来自两个不同集料表面的数字图像以及图像中灰度强度的分布。需要注意两点：一是灰度分布的差异；二是这些分布的位置取决于外部照明条件，但这些分布的宽度与纹理有关。

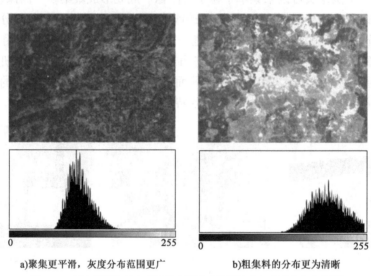

a)聚集更平滑，灰度分布范围更广　　　　　　b)粗集料的分布更为清晰

图 2-45　两个不同集料表面的数字图像以及图像中灰度强度的分布[14]

2.4.2.6　吸收性

某些集料（如多孔的软质石灰岩等）具有吸水或吸附黏合剂的性质，这可能对混合料的成本和耐久性产生严重影响。这些具有吸收性的集料可能会在储存过程中吸收大量雨水，导致在将其与黏合剂混合之前需要更长的时间来使其完全干燥。这不仅增加了能源消耗，还增加了混合料的生产成本。

另外，吸收黏合剂的集料会导致混合料生产成本上升。部分黏合剂将被集料吸收，无法起到有效的黏结作用。因此，需要添加更多的黏合剂来弥补吸收黏合剂的损失，并确保达到最佳或目标的有效黏合剂与集料的比例。

图 2-46 显示了两种不同沥青混合料与多孔集料的横截面。其中，图 2-46a)所示的图像使用硬度高、黏度高的黏合剂，即使在相对高的混合温度下也不容易被多孔集料吸收。然而，图 2-46b)所示的黏合剂使用的是软、黏度低的沥青黏合剂，容易被多孔集料吸收，集料颗粒边缘的变色部分清晰地显示出了这种吸收。此外，吸收集料还可能导致黏合剂不均匀地吸

附在集料表面上,这取决于沥青分子的极性和电荷,导致形成损伤敏感区域。因此,考虑到吸收性集料的这些因素,它们可能对混合料的成本和性能产生影响,需要在混合料设计和生产过程中谨慎考虑。

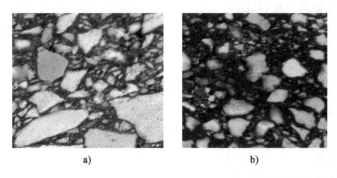

图 2-46 两种具有吸收性集料的非常相似的沥青混合料的截面图[14]

2.5 砂石的开采与加工

2.5.1 机制集料破碎机理

2.5.1.1 传统破碎机理

破碎是将岩石原料在外部力作用下转化为碎石的过程。基于所施加力的性质,破碎可分为压碎、劈碎、剪碎、击碎、磨碎和碾碎等。例如,致密和硬质的岩石更适合用劈、剪的方法加工,而较黏性或柔软的材料则更倾向于碾、压的处理,脆性的岩石往往通过击碎来处理。通常,破碎机设备会结合多种力的方式进行操作。

集料加工时所需的能量主要用于克服材料内部的凝聚力。集料的微观结构,如晶体属性和内部裂纹,都会对这种内部凝聚力产生影响。在加工过程中,岩石首先从其最脆弱的部分开始破碎,随着加工深入,它会在其他弱点上断裂。当岩石达到其基本晶粒大小时,进一步的破碎将变得困难。因此,制造更细小的集料需要更多的能量。关于破碎中的能量消耗与岩石破碎程度之间的关系,研究者从守恒定律的角度出发,提出了多种破碎机理,如面积学、体积学和裂缝学等理论。

1) 面积学假说

面积学假说认为,外力破碎集料所消耗的功在集料破碎之后转化为集料新生表面上的能量。故面积学假说认为破碎过程中所消耗的能量与集料碎裂所产生的新表面积成正比,若假设加工设备对物料所做的功完全用来破坏内聚力,则两者之间的关系可描述为

$$dA_s = \gamma dS \tag{2-72}$$

式中:dA_s——生产新生表面积为 dS 的物料所需的功,kJ;

γ——比例系数。

当破碎集料颗粒的质量为 Q 时,则所需做的功为

$$dA_s = \gamma \frac{Q}{k_2 D^3} \cdot d(k_1 D^2) \tag{2-73}$$

式中:k_1、k_2——比例系数;

D——破碎集料的粒径,mm。

集料破碎前后大都为散装混合颗粒群状,因此,可以使用平均粒径进行替换,进行运算可得

$$A = -K_s Q \int_{D_p}^{d_p} \frac{dD}{D^2} = K_s Q \left(\frac{1}{d_p} - \frac{1}{D_p} \right) \tag{2-74}$$

$$K_s = \frac{2\gamma k_1}{k_2} \tag{2-75}$$

式中:K_s——比例系数;

D_p——集料破碎前的平均粒径,mm;

d_p——集料破碎后的平均粒径,mm。

当被破碎到一定细小的程度时,集料颗粒就会接近临界形态,这时集料将产生细微塑性形变。这个过程与焊接相似,从而造成细小状集料聚拢重新组合,这个临界状态就是破碎的极限。基于这种极限理论相关学者提出了有界破碎能耗理论,其方程式为

$$A = \frac{1}{K_T} \cdot \ln \frac{S_\infty - S_0}{S_\infty S} \tag{2-76}$$

式中:K_T——比例系数;

S_∞——极限比表面积;

S_0——集料破碎前的比表面积;

S——集料破碎后的比表面积。

若加工生产母岩中石英成分较多,在碎裂后还存在塑性形变,则破碎这种母岩所损耗的能量关系表达式为

$$\eta \Delta \varepsilon = \left(\frac{ec}{\alpha_F} \right) \cdot \ln \left(\frac{S}{S_0} \right) + \frac{ec}{\alpha_F} + (\beta l + \sigma) S_\infty \tag{2-77}$$

式中:η——机械的传递效率,%;

$\Delta \varepsilon$——输入粉碎机的实际能量,kJ;

e——比弹性变能;

c——比例系数;

α_F——粉状系数;

β——比塑性变能;

l——无定形层厚度,mm;

σ——比表面自由能。

2)体积学假说

体积学假说认为,当施加于集料的功全部用于破碎时,将会产生新的体积;当作用在集料上的能量足够大时,碎石颗粒就出现碎裂。故体积学假说认为,集料发生碎裂时,所需要的能量与集料的几何参数成正比,因此在弹性理论的基础上分析矿料受外力的作用而发生变形的过程,得到体积学假说的函数关系式为

$$dA_V = KdV \tag{2-78}$$

式中：dA_V——破碎体积为 dV 的集料所需的功，kJ；
　　　K——比例系数。

积分后可得

$$A_2 = K_2 Q (\ln D_p - \ln d_p) \tag{2-79}$$

式中：K_2——比例系数，$K_2 = 3KQ/D$；
　　　其余符号意义同前。

3）裂缝学假说

裂缝学假说认为，当破碎时施加于集料上的压力足够大时，集料颗粒出现裂缝，在挤压作用下，裂缝进一步扩大，然后发生碎裂。因此，集料加工生产时所需能源的平方与该颗集料的几何长度呈反比关系。在集料生产中，大部分岩石颗粒本身就具有较多裂缝甚至是凹陷，因此裂缝学假说的函数关系式为

$$W_i = \frac{W}{10}\sqrt{P} \cdot \left(\frac{\sqrt{F}}{\sqrt{F} - \sqrt{P}}\right) \tag{2-80}$$

式中：F——集料破碎前 80% 能通过方筛孔的宽度值，mm；
　　　P——集料破碎后 80% 能通过方筛孔的宽度值，mm；
　　　W——将质量为 1t、等效直径为 F 的集料加工成直径为 P 所需的功，kJ；
　　　W_i——功耗系数。

2.5.1.2　热力学假说和原子结构假说

面积学假说、体积学假说和裂缝学假说是传统的集料破碎机理学说，它们为集料破碎技术的发展提供了重要的理论基础。尽管这些传统的集料破碎机理学说对于理解集料破碎过程非常有帮助，但由于破碎过程的复杂性，它们都存在一定的局限性。也就是说，这些传统的集料破碎机理学说在不同情况下存在一定的局限性，因此，相关学者提出了其他破碎机理学说，以更全面地理解破碎过程。一些研究者为了更全面地描述破碎现象提出了其他理论，其中包括热力学假说和原子结构假说。这些不同的破碎机理学说从多个角度来解释和理解集料破碎过程，有助于工程师和研究人员更好地掌握和优化破碎技术。但需要注意的是，不同的破碎情况可能需要不同的理论框架来解释，因此在实际应用中，可能需要综合考虑多个因素。

1）热力学假说

热力学假说认为，集料的破碎是一个具有物理、化学等反应的过程，并且认为集料发生破碎时的热能是不可逆的，为了直接从能量学的范畴研究集料破碎的功耗过程，相关学者从热力学的方向对破碎过程中的熵、内能以及自由焓等参数的变化进行了研究，建立了热力学集料破碎能量平衡方程式，即

$$A = \Delta U_m + \Delta U_i - Q \tag{2-81}$$

式中：ΔU_m——破碎加工的集料内能增量，kJ；
　　　ΔU_i——破碎零部件等介质中增加的内能，kJ；
　　　Q——热散失量，kJ。

2) 原子结构假说

为了更好地对集料碎裂时的耗能进行研究,原子结构假说认为,集料破碎时所需能量与集料颗粒中的原子个数有关,故从原子结构层对破碎过程的能量折耗进行了分析研究,建立了函数关系式,即

$$A = \sum_{i=1}^{N_1} \sum_{j=1}^{N_2} \int_{ij}^{a} f_{ij}(r_{ij}) \mathrm{d}r_{ij} \qquad (2\text{-}82)$$

式中:A——破碎生成新面积所需能量,kJ;

N_1——构成 i 组原子的数量;

N_2——构成 j 组原子的数量;

r——集料中各原子间距,mm;

$f_{ij}(r_{ij})$——集料中各个原子间相互作用力,N。

2.5.1.3 层压破碎理论

破碎理论的研究从不同角度(如能量、热力学、化学原子结构等方面)进行,有助于提高破碎加工的效率和加强质量控制。在单颗集料破碎试验中,发现了新生碎片在撞击金属挡板时会发生显著的二次破碎现象。这种二次破碎能够充分利用碎片的能量,从而提高了破碎的生产效率。此外,对不同作用力下的集料颗粒层的破裂程度进行研究发现,静压破碎的效率高达100%,而单次碰撞压碎效率为35%~40%。因此,为了节约能量和提高破碎效率,通常采用较小的连续加载代替强冲击。

对于脆性颗粒岩石等材料,只需施加 50MPa 以上的压力就可以实现二次破碎,从而节约大量能量。这为层压破碎理论的形成奠定了基础。与初期的挤压破碎理论不同,层压破碎理论认为,集料的破裂不仅发生在集料个体与衬板的相互作用下,还存在于大量的集料个体与个体之间。这一理论强调在破碎腔内形成了多个高密度颗粒破碎断层,可以对集料颗粒群进行充分破碎。利用层压破碎原理,可以最大限度地实现集料破碎生产的破碎功能,提高生产效率。此外,即使在宽大的出料口的情况下,也可以生产大量细粒成品,并降低针片状集料颗粒的含量。

综合利用这些破碎原理,可以获得颗粒形状质量较高的集料成品。现代颚式破碎机等设备就是在这些理论的指导下开发的,有助于提高破碎加工的效率和质量。这些理论为破碎工程提供了重要的指导和支持,促进了破碎技术的发展。

2.5.2 集料加工影响因素及加工工艺分析

2.5.2.1 集料加工的主要影响因素

影响集料生产的因素是多方面的,它们相互关联,共同影响着生产效率和成品料质量。

1) 岩石原料

不同类型的岩石原料对集料的生产有着不同的影响。例如,石灰岩和玄武岩等岩石在机械破碎后可以得到类似性能的集料,但密实度较大的岩石通常会产生形状更好、质量更高的集料。这些集料表面通常更粗糙,有利于与沥青黏附。

2) 破碎设备性能和加工工艺

选择合适性能的破碎设备和合理的破碎加工工艺可以提高生产效率和成品料质量。稳定的连续喂料可以确保原料在加工腔内充分挤压,降低针片状颗粒的含量。

3) 破碎加工场地布局

加工场地的布局对产品质量和生产效率有重要影响。场地面积和布局应根据工厂的加工量进行合理规划。环境监测和保护措施也应加强,以避免对环境和工人健康造成损害。

这些因素之间相互作用,需要综合考虑和管理,以确保集料生产的高质量和高效率。

2.5.2.2 机制集料加工工艺分析

在机械集料生产中,常利用多种破碎设备与其他辅助设备联合操作,实现集料的破碎和筛选。受作业场地制约,破碎工艺主要包括单级和多级两种。为提高生产效率和成品质量,通常考虑增添破碎设备或其他辅助工具,形成一个多层次的破碎和筛选工作流程。

1) 传统破碎加工工艺

传统破碎加工工艺主要采用两套破碎设备和一个筛选机构协同操作。其流程如下:①原始岩石通过输送设备送入投料机;②进入第一破碎机(颚式破碎机)进行初步破碎;③初次破碎后的集料被传送到第二破碎机(反击式破碎机或锤式破碎机)继续破碎;④经过破碎的集料被输送到筛分设备进行分级。传统破碎加工工艺流程图如图2-47所示。

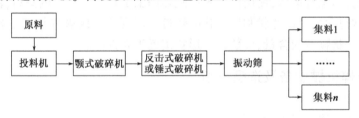

图2-47 传统破碎加工工艺流程图

2) 改进后的破碎加工工艺

为进一步提高破碎生产线的效率和优化产品品质,对标准的破碎流程中进行了优化。常见的改进策略是在初步破碎后增加一个圆锥式破碎机,从而使集料得到更为均匀的破碎效果。改进后的破碎加工工艺流程图如图2-48所示。

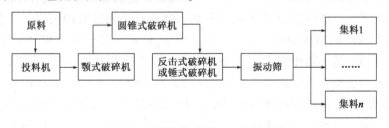

图2-48 改进后的破碎加工工艺流程图

3) 现代破碎加工工艺

在当前的建筑工程中,为了确保集料的形态和纯度,通常采用高级的破碎与筛分技术。这包括使用四级破碎设备、多层次的振动筛分器以及现代的空气净化设备。为了提高生产效率和准确度,许多设备采用封闭操作和智能网络技术。

典型的现代破碎加工工艺流程:①原料通过投料机传送到颚式破碎机进行初步破碎;②它们被送到圆锥破碎机进行二次破碎;③进入反击式破碎机或锤式破碎机进行第三阶段破碎;④经过第一次振动筛选后,不满足规格的材料会被重新导入破碎机进行进一步的破碎;⑤经过最终筛选后,可以获得不同大小规格的集料。这一高效、现代化的破碎和筛分流程如图2-49所示。

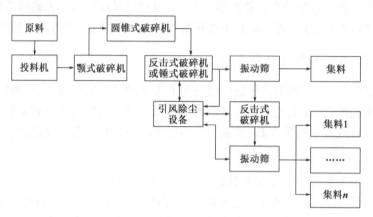

图2-49 现代破碎加工工艺流程图

根据众多的实际工程案例,使用传统单级破碎加工工艺所生产出的集料,由于缺乏进一步的整形过程,经常包含大量针片状和扁平状的颗粒。而现代多级破碎加工工艺所生产的集料则明显减少了针片状颗粒的含量,多数颗粒形状接近于立方体。

2.5.3 破碎机械设备及选型分析

2.5.3.1 常见破碎机械设备

集料生产线一般由破碎机械设备、筛选设备和取风除尘设备等组成。国内常用的有颚式破碎机、圆锥式破碎机、锤式破碎机、反击式破碎机和立式冲击破碎机等集料破碎机械设备。

1) 颚式破碎机

颚式破碎机通过动颚与固定颚之间的相对往复运动进行破碎。在这种往复过程中,两鄂之间的空间形成了一个破碎腔,而矿石或其他物料则在这个破碎腔内被损坏。颚式破碎机的工作方式主要是曲线的挤压动作。在其工作过程中,电动机带动皮带和皮带轮,使偏心轴旋转。这种旋转运动由偏心轴传递到动颚,导致动颚产生上下往复的运动。随着动颚的移动,与固定颚之间的夹角也相应地变化。当这个夹角增大时,破碎腔内的矿石或物料受到挤压和搓擦;而当这个夹角减小时,经过处理的物料则在其自身重力的作用下从底部的出料口排出。动颚在电动机的驱动下呈现持续的往复运动,因此可以实现连续的破碎加工,满足大规模生产的需求。颚式破碎机机械结构图如图2-50所示。

颚式破碎机在路面集料加工中被广泛采用,以其结构紧凑、易于维护、运转稳定、噪声低和少量尘埃等优势著称。它能处理大型和坚固的集料,是针对大的破碎比、硬度和颗粒尺寸的理想设备。颚式破碎机出料粒度均匀、颗粒较大,并且常常有扁平状或细长状的粒子。因此,它通常用于第一次破碎或第二次破碎过程,能处理抗压强度为 100～250MPa 的材料。颚式破碎机是基于挤压作用的机械,因此其产品往往含有更多的针片状颗粒。

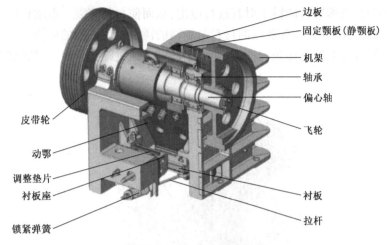

图 2-50 颚式破碎机机械结构图

2) 圆锥式破碎机

圆锥式破碎机利用其动锥与静锥之间的相互作用对物料进行挤压和冲击,从而实现破碎。其工作方式基于挤压和冲击。电动机驱动偏心轴使动锥摆动,而物料在两锥之间受到碾压和冲击。当两锥靠近时,物料在狭窄空间中被压碎;当它们分离时,破碎后的材料从出料口排出。圆锥式破碎机机械结构图如图 2-51 所示。

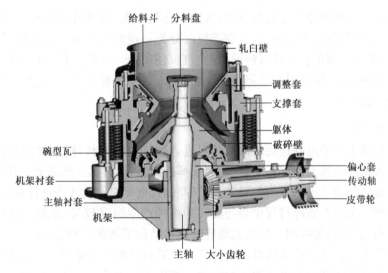

图 2-51 圆锥式破碎机机械结构图

圆锥式破碎机主要针对中等硬度的岩石材料进行破碎。它能够处理抗压强度不超过 300MPa 的材料。因具有较大的破碎比、强大的动力和高效的产能,圆锥式破碎机被视为先进的破碎设备。依据其破碎腔内的平行带差异,圆锥式破碎机可以分为矮型、中型和高型三种类型。矮型圆锥式破碎机适用于细碎,产出的颗粒较小;而高型圆锥式破碎机则用于粗碎,颗粒尺寸较大;中型圆锥式破碎机则介于两者之间。

3) 锤式破碎机

锤式破碎机的工作原理是通过锤子对材料的高速旋转和撞击来实现破碎。当材料通过进料口进入破碎腔时,高速旋转的锤子对其进行撞击,从而使材料碎裂。电动机驱动传动轴使锤子达到高速旋转,与此同时,破碎腔内的材料与旋转的锤子发生剧烈的碰撞。经碎裂后的材料受到离心力和重力作用,冲击筛条和挡板,使细小的颗粒通过筛孔排出。锤式破碎机机械结构图如图2-52所示。

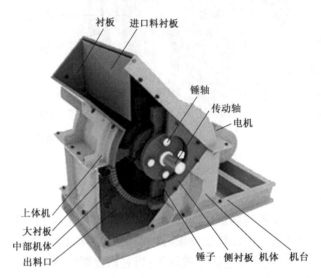

图2-52 锤式破碎机机械结构图

锤式破碎机可根据多种标准进行分类:按锤头排列分类,锤式破碎机可分为单排、双排或多排三种;按转子的旋转方式分类,锤式破碎机可分为可逆的或不可逆的两种;按转子的数量分类,锤式破碎机可分为单转子或双转子两种。在众多设计中,多排单转子的锤式破碎机在工程应用中最为普遍,它主要针对抗压强度低于120MPa的中等硬度集料,能将600~1800mm的集料加工至25mm以下。

4) 反击式破碎机

反击式破碎机主要通过高速旋转的板锤对进入破碎腔的集料进行连续冲击。首先,集料被板锤撞击并飞到反击板上破碎。随后,集料反弹撞向板锤,再次受到撞击。其加工方法利用了板锤和反击板之间的冲击力。当集料进入破碎腔时,电动机驱动转子进行旋转,使板锤快速击中并撞击集料。集料在破碎过程中会与旋转的板锤产生涡流效应,加强了破碎效果。集料达到所需尺寸后,会从底部排出。反击式破碎机机械结构图如图2-53所示。

反击式破碎机根据其破碎腔体设计可分类为三腔和四腔两种类型。反击式破碎机根据其动力来源可分为液压驱动的和电力驱动的两种。液压驱动式反击式破碎机的特点是能够方便快捷地打开破碎腔体,这样便于检查、更换关键组件(如板锤和反击板等)。反击式破碎机根据转子数量可分为单转子和双转子两种类型。其中,双转子反击式破碎机有两个转动方向相反的转轴,这种设计使得集料在撞击时产生更大的效果,从而提高了生产效率,同时保证了破碎出的产品粒度的均一性,使其能够处理更大尺寸的石块。

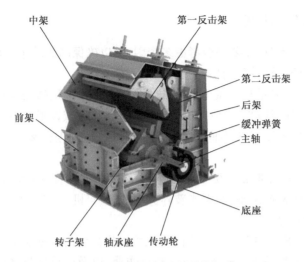

图 2-53　反击式破碎机机械结构图

5）立式冲击破碎机

立式冲击破碎机主要通过高速旋转的转子和固定的板锤产生冲击和挤压，从而达到破碎物料的目的。当集料从进料口进入时，它首先被分料盘分流。部分集料沿分料盘的缝隙进入破碎腔并受到高速转子上叶片的撞击。这种冲击，辅以离心力，使集料被高速投射。同时，部分集料在轧臼壁上经受摩擦和进一步的碰撞。达到指定粒度的集料从下方的出料口排出。其他未被完全破碎的集料会反弹到破碎腔上方，再次受到冲击和摩擦。这样的往复循环确保了集料的彻底破碎。在整个过程中，涡流效应不断产生，增强了集料之间的撞击和磨损，使得出料更均匀。立式冲击破碎机机械结构图如图 2-54 所示。

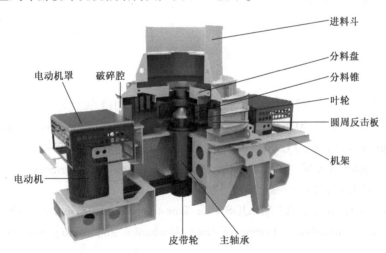

图 2-54　立式冲击破碎机机械结构图

立式冲击破碎机通过高速的物料相互冲撞和摩擦，实现有效的破碎。这种破碎方式特别有助于优化集料的形状，特别是对于扁平的颗粒，它可以通过相互撞击来打磨其棱角，使得成品的轮廓更加圆润完整。此外，由于立式冲击破碎机采用的是物料间的相互撞击方式，与机械设备的零部件直接接触的机会减少，这不仅减少了零部件的磨损，还延长了机器的使用寿命。

2.5.3.2 设备选型因素

在选择破碎机械设备时,需要综合考虑多个因素,以确保高效的生产加工过程和优质的成品料。以下是影响破碎机械设备选型的主要因素。

(1)集料的硬度。集料的硬度通常与其硅含量相关,硅含量高的岩石通常硬度高。对于硬度较高的集料,应选择能够承受高冲击和挤压力的破碎机械设备,如基于层压原理的设备。对于硬度较低的集料,可以采用不同类型的破碎机械设备,但需要注意产生针片状颗粒的问题。

(2)破碎的阶段。集料通常需要经历初碎、中碎和细碎等多个阶段的破碎。每个阶段可能需要不同类型的破碎机械设备,如颚式破碎机、锤式破碎机、圆锥式破碎机、反击式破碎机等可以用于不同阶段的破碎。

(3)集料的加工工艺。加工工艺流程的优化可以提高生产效率和成品料质量。改进的工艺流程通常包括不同类型的破碎机械设备的联合作业,以及筛分装置的使用。多级破碎工艺流程和引风除尘设备可以减少粉尘杂质,提高成品料质量。

(4)施工环境和条件。考虑到施工环境的限制,如场地大小和周围环境,需要选择适合的破碎机械设备,并进行合理的布局和配置。

(5)生产要求和工程需求。根据工程项目的具体要求,包括成品料的质量和产量等,选择合适的破碎机械设备。不同的项目可能需要不同的设备类型和规模。

(6)设备维护和成本。考虑设备的维护需求和运营成本,选择可维护性高、能效较好的破碎机械设备,以降低生产成本并确保设备的可持续运行。

综合考虑这些因素可以帮助选择适合特定生产需求的破碎机械设备,从而提高生产效率,控制成品料质量,确保工程的综合经济效益。

本章参考文献

[1] 蔡美峰. 岩石力学与工程[M]. 2版. 北京:科学出版社,2013.

[2] UGOLINI F, CORTI G, AGNELLI A, et al. Mineralogical, physical, and chemical properties of rock fragments in soil [J]. Soil Science,1996, 161(8): 521-542.

[3] MARTIN C, MAYBEE W. The strength of hard-rock pillars[J]. International Journal of Rock Mechanics and Mining Sciences, 2000,37(8):1239-1246.

[4] SRIAPAI T, WALSRI C, FUENKAJORN K. True-triaxial compressive strength of Maha Sarakham salt [J]. International Journal of Rock Mechanics and Mining Sciences, 2013, 61: 256-265.

[5] KULHAWY F H. Stress deformation properties of rock and rock discontinuities[J]. Engineering Geology, 1975, 9(4):327-350.

[6] SIEGESMUND S, DÜRRAST H. Physical and mechanical properties of rocks [M]. Heidelberg: Springer Berlin Heidelberg,2011.

[7] ARAÚJO R, SOUSA J, BLOCH M, et al. Experimental investigation on the influence of tem-

perature on the mechanical properties of reservoir rocks [J]. International Journal of Rock Mechanics and Mining Sciences,1997, 34(3-4): 298-316.

[8] GRIFFITH A A. The phenomena of rupture and flow in solids[J]. Philosophical Transactions of The Royal Society A Mathematical Physical and Engineering Sciences, 1920, A221(4): 163-198.

[9] CARTWRIGHT J, SKIDMORE J W. The size distribution of coal and rock dusts in the electron and optical microscope ranges[J]. Annals of Occupational Hygiene, 1961, 3(1): 33-57.

[10] KELLY S, EL-SOBKY H, TORRES-VERDÍN C, et al. Assessing the utility of FIB-SEM images for shale digital rock physics[J]. Advances in Water Resources, 2016,95:302-316.

[11] RUIDONG P, YANCONG Y, YANG J, et al. Computation of fractal dimension of rock pores based on gray CT images[J]. Chinese Science Bulletin, 2011,56(31): 3346-3357.

[12] XIURUN G, JIANXI R, YIBIN P, et al. Real-in time CT test of the rock meso-damage propagation law[J]. Science in China Series E: Technological Sciences, 2001,44(3):328-336.

[13] SCIENCES O A N, ENGINEERING, MEDICINE A, et al. Final report for NCHRP RRD 316: using surface energy measurements to select materials for asphalt pavement[M]. National Academies Press,2007.

[14] LITTLE D N, ALLEN D H, BHASIN A. Modeling and design of flexible pavements and materials [M]. Springer, Cham, 2018.

[15] GATCHALIAN D, MASAD E, CHOWDHURY A, et al. Characterization of aggregate resistance to degradation in stone matrix asphalt mixtures[J]. Transportation Research Record, 2006,1962(1):54-63.

[16] MAHMOUD E M. Development of experimental methods for the evaluation of aggregate resistance to polishing, abrasion, and breakage [D]. Texas A&M University, 2007.

[17] MASAD E, REZAEI A, CHOWDHURY A, et al. Predicting asphalt mixture skid resistance based on aggregate characteristics[R]. Asphalt Mixtures, 2009.

[18] MASAD S A, LITTLE D N. Sensitivity analysis of flexible pavement response and AASHTO 2002 design guide to properties of unbound layers [R]. 2004.

[19] ASHTIANI R S, LITTLE D N. Methodology for designing aggregate mixtures for base courses [R]. finite element method, 2009.

[20] MASAD E. Test methods for characterizing aggregate shape, texture, and angularity [M]. Transportation Research Board, 2007.

第 3 章
沥青及其混合料

本章对沥青胶结料及沥青混合料基础知识和作用机制进行阐述。第一,本章介绍了沥青的化学组成、老化机理及力学性能,同时就影响热拌沥青路面黏结和水损害的化学和力学过程进行分析,阐述水损坏作用机理,明确了水及黏附性对沥青混合料性能的影响。第二,关于改性剂的介绍,着重从改性原理、改性剂在沥青中的应用以及作用进行论述,指出合适的改性剂能够有效提升沥青的力学性能。第三,以胶浆为研究对象,全面阐述了胶浆和砂浆可用于评估新材料的性能,有效地设计改性剂和添加剂,更好地了解破坏机理,并预测沥青混合料的性能。第四,就沥青材料的失效机理及评估方法进行介绍,重点对车辙、疲劳开裂、横向开裂、水损害、老化等常见病害形式的机理进行介绍。第五,从沥青材料可持续发展角度,对其节能减排技术进行了介绍。

3.1 沥 青

沥青混合料是由沥青胶结料和矿物集料构成的材料,其中沥青胶结料占材料成本的 40%~50%。沥青混合料的性能受时间、温度和老化等因素的影响。

通过设计和生产性能优良的沥青胶结料,可以显著地提高沥青混合料和路面的耐久性,降低全生命周期成本。因此,在进行沥青混合料路面设计时,选用具有出色力学和工程性能的沥青胶结料至关重要。

沥青胶结料性能是影响混合料性能的关键因素,了解这些性能对于正确设计和生产沥青混合料至关重要。本节提供了沥青胶结料的起源、生产和性能信息,并强调了沥青胶结料的重要性;解释了测量和使用沥青胶结料性能的基本原理,旨在为学生、工程师和研究人员提供基础知识。

3.1.1 沥青生产

沥青胶结料通常是通过提炼原油获得的,也可以从天然来源如岩石沥青或沥青湖中获取。由于原油化学成分受到其来源和分解条件的影响,因此不同来源的原油具有不同的化学性质。原油通常被描述为重质或轻质,也可以根据硫的百分比分类为甜或酸原油。

高价值的炼油产品(如汽油、煤油、柴油和润滑油)通常通过蒸馏原油获得,而直馏沥青胶结料则是蒸馏过程的剩余物,即将原油进行蒸馏后留下的残渣,其性能因原油来源和蒸馏工艺的不同而有所差异。

在许多情况下,直馏沥青胶结料的性能不符合道路应用的要求,因此需要进一步处理。这可以通过混合不同来源的原料、使用不同的工艺和添加剂来实现。图 3-1 显示了来自两个不同地理来源原油的典型成分。沥青胶结料在筑路应用中起着至关重要的作用,其性能受原油来源和处理工艺的影响。了解这些基本原理对于生产符合要求的沥青胶结料至关重要。

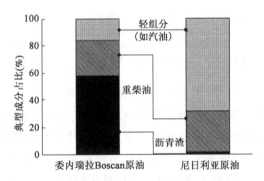

图 3-1 两种不同原油的比较

注:委内瑞拉 Boscan 原油被视为含硫,含硫量约为 6%,相比之下,尼日利亚原油的轻硫含量为 0.2%。

3.1.2 沥青的化学性质

3.1.2.1 沥青的化学性质属性及测量方法

沥青胶结料由非常多样和复杂的碳氢化合物组成。这些碳氢化合物的分子结构因生产沥青胶结料的原油的来源和批次的不同而不同。由于这种多样性和复杂性,确定任何特定沥青胶结料的确切分子结构既不可行也无用。了解沥青胶结料化学组成更实用的方法是根据不同的属性对沥青胶结料中的分子进行分类。这种分类可以用来发现沥青胶结料化学和工程性能之间的关系。通常用四种不同的属性对沥青胶结料的化学性质进行分类。这些属性包括沥青胶结料元素组成、分子大小、分子离子特性、分子极性。

本节将根据上述属性讨论沥青胶结料的化学性质,以及其在沥青混合料和路面中对胶结料性能的影响。

1) 元素组成

典型的沥青胶结料主要由碳氢化合物组成,占总质量的 90% ~ 98%。这些碳氢化合物包括饱和的支链或直链烷烃、环状烷烃以及不饱和芳烃。饱和直链烷烃和环状烷烃通常被称为链烷烃和环烷烃。沥青胶结料的碳氢比约为 1.5,介于饱和烷烃(接近 2.0)和芳香环结构(如苯,碳氢比为 1.0)之间。除了碳和氢,沥青胶结料中还含有少量其他元素,如氧、硫、氮和微量金属。尽管这些杂原子在沥青胶结料中占比较小,但它们对沥青胶结料的性能有显著影响。例如,它们可以形成功能性官能团,如吡咯和羧酸,有助于提高黏结能力。氧和硫的存在使分子具有极性,产生强烈的分子间相互作用,从而提高了胶结料的硬度和强度。氧化会形成图 3-2 所示的极性官能团,以降低沥青胶结料的延展性和松弛能力[1]。

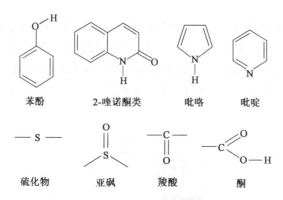

图 3-2 沥青胶结料中的典型官能团[1]

沥青胶结料中的氧含量可以用作胶结料氧化程度指标,因为氧化会形成极性官能团,降低沥青胶结料的延展性和松弛能力。胶结料的元素组成与其复杂的分子结构之间关系复杂,难以直接将元素组成与力学性能联系起来。在评价沥青胶结料时,氧含量可以用来跟踪其老化程度,因为氧化会降低其延展性和松弛能力。了解氧化过程和其对胶结料性能的影响对于沥青混合料的设计和性能预测至关重要。

傅里叶变换红外光谱(Fourier Transfarm Infrared Spectrometer,FTIR)是一种常用于测量沥青胶结料中不同官能团浓度的技术。它通过测量材料样品与红外光的相互作用来分析不同官能团的存在和浓度。FTIR 的工作原理是:当红外光(通常包括波数在 600 ~ 4000 cm^{-1} 范围内)照射到样品上时,样品中的分子键会吸收与其特定波数相对应的能量。通过比较入射光和经过样品后的反射或透射光谱,可以得到吸收光谱。吸收光谱提供了样品中存在的不同官能团的特征指纹。

不同官能团在 FTIR 吸收光谱中具有各自的特定吸收峰。例如,羰基(C═O)官能团的 C═O 键会在 1670 ~ 1820 cm^{-1} 波数范围的区域吸收能量。因此,这个波数范围内的吸收峰可以指示可能存在羰基官能团。吸收峰的强度和面积与样品中相应官能团的浓度相关。

衰减全反射(ATR)光谱法是一种常用于分析沥青胶结料中不同官能团浓度的技术(图 3-3)。在这种测试中,光束从样品(固体或液体)与晶体表面的界面反射多次。这种方法通常用于分析液体样品,特别是沥青胶结料在水表面的反射光谱。ATR 光谱法的优点包括其易于使用和对样品的准备要求较低。通过分析 ATR 光谱,可以确定样品中不同官能团的存在和浓度。例如,在图 3-3 的示例中,沥青胶结料的 ATR 光谱显示了与甲基和乙基官能团相关的吸收峰。此外,通过在 3100~3700cm^{-1} 范围内观察到的吸收峰,可以了解样品中是否有水存在。

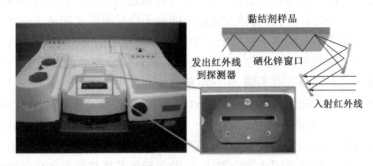

图 3-3 典型的 FTIR 多弹道 ATR 模式[2]

然而,需要注意的是,不同官能团可能具有多个特征吸收峰,有时它们之间会发生重叠。因此,在解释结果时必须谨慎。半定量估计也需要考虑样品之间的差异性。尽管 FTIR 广泛用于研究,但在运输机构中,它通常没有用于指定或验证沥青胶结料的化学组成。然而,一些工作已经开始将 FTIR 用作检测和验证改性沥青胶结料中聚合物含量的工具,或用于质量检查和质量控制,以验证混合物生产过程中是否使用了液体防剥离剂或熟石灰。

通过比较元素组成和跟踪氧的含量,可以对不同沥青胶结料之间的官能团相对差异、预期抗剪切性、与集料表面的黏结能力以及沥青在有水存在时的剥离能力有一些了解。氧化程度的跟踪也可以用于了解沥青胶结料的氧化动力学,这与其力学和流变性能密切相关,但这种关系对于每种沥青胶结料都是唯一的,取决于其总体化学组成。

2) 分子尺寸分布

聚合物的力学性能可以通过调整其分子组成和尺寸分布来改变。同样地,沥青胶结料的性能也可能与其分子尺寸分布相关。通常,使用尺寸排阻色谱法(SEC)或凝胶渗透色谱法(GPC)来获取沥青胶结料的分子大小分布信息。需要注意的是,比较不同沥青胶结料的 SEC 结果需要谨慎,因为 SEC 结果受多种因素的影响。这些因素包括凝胶材料的选择、凝胶材料的孔径、溶剂中胶结料的浓度、色谱柱的温度、色谱柱的尺寸以及溶液的泵送方法。

图 3-4 为两种胶结料分子大小分布情况。使用 SEC 将沥青胶结料分为两个部分,即 SEC 馏分-Ⅰ 和 SEC 馏分-Ⅱ。这两个部分的区分依据是在 350nm 紫外辐射下的荧光特性,它们在分子组成上存在显著差异。SEC-Ⅰ 馏分通常以深色易碎的固体颗粒形式存在,代表着沥青胶结料中的强缔合分子。相反,SEC 馏分-Ⅱ 是一种深色的黏稠液体,由不强缔合的分子组成,因此对紫外光具有荧光性。与沥青胶结料的力学

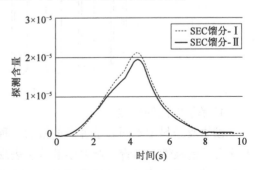

图 3-4 两种胶结料分子大小分布的结果

性能相关的研究表明,通过测量正弦应力与应变响应之间的相移,可以与SEC馏分-I的浓度建立关联。

3) 基于离子特征的分类

离子排阻色谱法(IEC)是一种用于分离沥青胶结料中的酸、碱和中性馏分的分析方法。该方法的过程包括将沥青胶结料溶解在溶剂中,然后通过含有活性阴离子或阳离子树脂的色谱柱进行抽吸。在这个过程中,具有碱性官能团的分子会被吸附在阳离子树脂上,而具有酸性官能团的分子则会被吸附在阴离子树脂上。中性组分则通过色谱柱洗脱,然后使用更强的溶剂从阳离子和阴离子树脂中解吸碱性和酸性级分。其具体分离过程如图3-5所示。IEC的结果可能因所用条件的不同而有所不同,包括溶剂类型和泵送速率等。因此,在解释结果或比较来自不同测试来源的不同胶结料的IEC结果时需要谨慎。另外,沥青胶结料中还可能存在两性组分,即同时具有酸性和碱性官能团的组分。在顺序色谱柱中(如先使用阳离子树脂柱,然后使用阴离子树脂柱),这些两性组分可以在它们接触的第一个柱子中被吸附。IEC提供了一种了解沥青胶结料中不同官能团浓度的方法,有助于理解其机械性能和化学性质。然而,在使用IEC结果时需要考虑不同测试条件可能导致的差异。

美国战略公路研究计划(Strategic Highway Research Program,SHRP)的研究通过使用IEC对七种不同沥青胶结料进行评估[3]。这项研究将沥青胶结料分离成五种不同的馏分,包括弱酸、强酸、弱碱、强碱和中性,使用不同强度的溶剂和吸附树脂进行分离。研究结果显示,中性组分约占胶结料质量的50%,弱酸或强酸占23%~36%,弱碱或强碱占13%~20%。

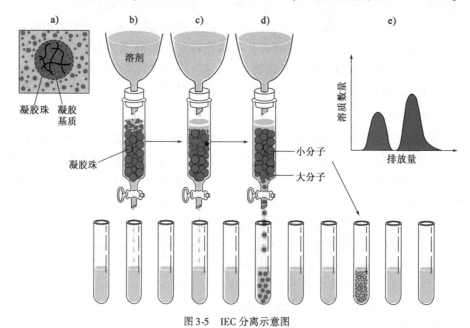

图3-5 IEC分离示意图

4) 基于极性的分类

沥青胶结料中不同分子种类的最后一种分类形式,也可能是最受关注的一种分类形式,是基于分子的极性。沥青胶结料中的分子表现出从非极性到高极性的一系列极性。如前所述,高极性分子也往往是关联度最高的。回顾基础化学中的箴言,即"同类相容"。在这种情况下,如果非极性溶剂与沥青胶结料一起使用,它很可能会溶解非极性分子以及至少部分非极性分子,留下高极性分子作为沉淀物。在一些最早的基于极性分离沥青胶结料的工作中,使用非极性溶剂(如正己烷)来分离高极性部分和极性较低或非极性部分。将沥青胶结料溶解在非极性溶剂中后得到的沉淀物称为沥青质,而仍然溶解在胶结料中的部分称为沥青烯。沥青质是深色易碎的固体颗粒,而沥青烯是一种黏稠的液体。参照 SEC,SEC 馏分-Ⅰ通常对应于沥青质,而 SEC 馏分-Ⅱ对应于沥青烯。图 3-6 显示了从典型沥青胶结料中提取的沥青质和沥青烯馏分[4]。

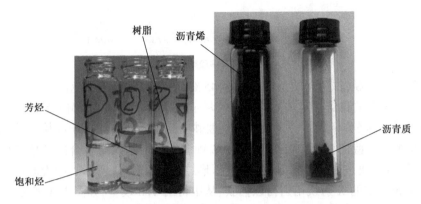

图 3-6　使用正庚烷分离的典型沥青胶结料中的沥青质和沥青烯
注:沥青烯进一步分离为饱和烃、芳烃和树脂。

沥青胶结料的四种主要馏分具有不同的密度和化学性质,它们分别是饱和物、芳烃、树脂和沥青质。饱和物是密度最低的馏分,通常约为 $0.9g/cm^3$。它们是非极性的,具有较低的 Hansen 溶解度参数,在 $15\sim17MPa^{0.5}$ 范围内。芳烃馏分的密度略高,介于其他三种馏分之间。它们的极性介于饱和物和树脂之间,Hansen 溶解度参数在 $17\sim18.5MPa^{0.5}$ 范围内。树脂馏分的密度较高,通常约为 $1.15g/cm^3$。它们的极性高于芳烃,Hansen 溶解度参数在 $18.5\sim20MPa^{0.5}$ 范围内。沥青质是密度最高的馏分,通常约为 $1.15g/cm^3$。它们具有较高的极性,含有多个稠合的芳族环,通常在分子动力学模拟中以胶束的形式存在。沥青质的 Hansen 溶解度参数在 $17.6\sim21.7MPa^{0.5}$ 范围内。

这些馏分的化学性质和溶解度参数范围有所重叠,因此不能将它们视为明确的分界点。它们更多地用作描述沥青胶结料中 SARA 馏分[指石油中的四种主要组分:饱和分(Saturates)、芳香分(Aromatics)、胶质(Resins)和沥青质(Asphaltenes)]的近似定性指标。这些估计的准确性取决于所使用的液相色谱法条件,特别是溶剂和吸附介质的选择。由于沥青胶结料是由多种具有不同结构和极性有机分子组成的混合物,因此需要考虑分子的聚集行为,特别是沥青质的聚集。这些信息有助于理解沥青胶结料的复杂性和性能特点。

3.1.2.2　沥青材料的微观结构

图 3-7 说明了一些核心 SHRP 胶结料的 SARA 含量。饱和分通常占沥青质量的 $5\%\sim15\%$[5]。这些结构主要是脂肪族的,具有一些支链,溶解度参数(与将单位体积的分子从其邻接物中完全去除至无限分离所需的能量有关)在 $15\sim17MPa^{0.5}$ 范围内。芳族化合物占沥青重量的 $30\%\sim45\%$,其碳骨架为带脂肪族的轻度缩合芳香环,分子量明显高于饱和部分,溶解度参数在 $17\sim18.5MPa^{0.5}$ 范围内。

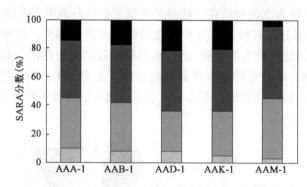

图 3-7　核心 SHRP 中一些胶结料的 SARA 分数[6]

树脂又称极性芳烃，占沥青质量的 30%～45%，在室温下形成黑色固体[5]。它们在稳定沥青质馏分中对沥青的稳定性起关键作用。其稳定性参数在 18.5～20MPa$^{0.5}$ 范围内[7]。沥青质一般占沥青质量的 5%～20%[5]。图 3-8 是油砂中沥青质的平均分子结构。从图中可以得到沥青质结构的几个特征，包含缩合的芳香环和较多的极性基团与稠合的芳族结构。它们还形成平面分子，可以通过 p—p 键结合形成堆积形结构，如图 3-9 所示。沥青质的堆积现象已通过"纯"固体沥青质的 X 射线衍射得以捕获，从中得出 Yen 模型，如图 3-10 所示。

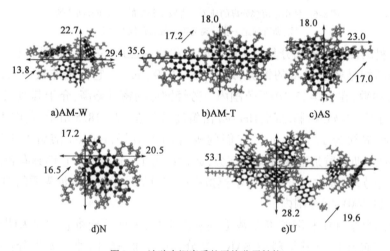

图 3-8　油砂中沥青质的平均分子结构

注：阿萨巴斯卡（加拿大）采用不同流程（AM-W、AM-T 和 AS）回收的沥青质、达荷美（尼日利亚）、沥青烯（N）和 Sunnydale（美国犹他州）沥青烯[8]。

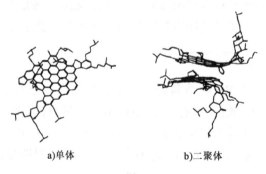

图　3-9

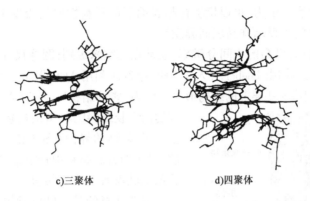

c) 三聚体　　　　　　　d) 四聚体

图 3-9　委内瑞拉沥青分子单体、二聚体、三聚体和四聚体的形成[9]

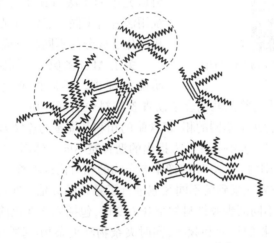

图 3-10　"纯"固体沥青质的 Yen 模型[10]

与原始胶体模型(图 3-11)形成鲜明对比的理论是分散极性流体模型。顾名思义,该模型提出极性分子组分更均匀地分散在沥青胶结料中[11]。截至目前,似乎越来越多的人对胶体模型达成共识。

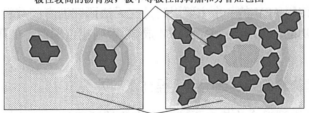

图 3-11　原始胶体模型:溶胶和凝胶沥青[12]

原子力显微镜(Atomic Force Microscope, AFM)目前被广泛用于研究沥青胶结料的微观结构。不同于光学或电子显微镜,AFM 利用一个极其尖锐的锥形探针或球形探针连接在悬臂末端,通过扫描样品表面以获取其轮廓。探针末端只有几纳米大小,而悬臂的长度通常不超过 2mm[13]。通过移动探针在样品表面上的位置,可以获取表面的形状信息。通过测量探针与样品表面之间的摩擦力和吸引力,可以检测样品表面下的材料性质是否发生变化。后者的方法产生的相位图像能够突出显示样品表面异质性。

典型 AFM 图像具有极高的空间分辨率,通常在几纳米级别,图像尺寸通常在微米范围内。在研究沥青胶结料时,早期由 Loeber 等人于 1996 年首次利用 AFM 揭示了其中存在两个或多个不同结构的情况,他们将这些离散的结构形象地称为"蜜蜂结构"。一般情况下,使用 AFM 观察到的沥青胶结料的典型结构包括基质、夹杂物以及基质-夹杂物的界面(图 3-12)[14-15]。然而,截至目前,对于沥青胶结料中特定结构和分子种类之间的关系仍然没有明确的共识。

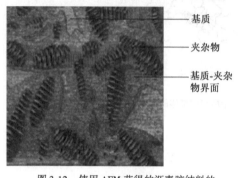

图 3-12 使用 AFM 获得的沥青胶结料的典型相位图像[15]

需要注意的是,这里提到的"相"字在沥青胶结料研究中的用法与其在物理学和化学领域中的传统用法有所不同。通常情况下,"相"用来描述具有相同化学成分的不同状态或结构。

关于 AFM 图像中不同区域的化学组成还没有明确的证据。不同的研究提出了不同的观点。2007 年,Masson 等人认为这些区域代表了沥青胶结料中的沥青质[16]。2010 年,Schmets 等人则提出了沥青胶结料包含两个不同的相:富含蜡的相和其周围的连续基质[17]。他们将夹杂物归因于沥青胶结料中的蜡,与 Masson 等人提出的沥青质不同。然而,通常情况下,沥青胶结料中的蜡含量在 0~7% 范围内,与 AFM 图像中夹杂物的相对比例不符。

一些研究对使用 AFM 观察到的不同区域进行了系统的评估。2012 年,Allen 等人对一项研究进行评估并比较了不同沥青胶结料的微观流变性,包括氧化老化前后的情况[18]。结果显示,氧化老化增加了夹杂物的尺寸和频率,同时夹杂物和夹杂物-基质界面比准相更坚硬。其他研究也证实了随着老化,沥青质含量增加,这与 AFM 结果结合表明,夹杂物可能与沥青质的存在有关。

然而,夹杂物和夹杂物-基质界面可能不仅仅对应于沥青质或蜡。更现实的解释是,这些区域具有更高浓度的沥青质和树脂,而基质具有更高浓度的饱和烃和芳烃。这个模型调和了胶体模型和分散流体模型支持者的观点。

需要指出的是,使用 AFM 的一个主要限制是它无法研究沥青胶结料的体积,只能评估表面。此外,除非使用功能化尖端的一系列 AFM 成像,否则相位图像不能用于确定沥青胶结料的化学成分。

3.1.2.3 沥青材料的微观结构与工程性能的关系

业界已经广泛认识到混合物模型无法用于准确地预测复合胶结料的性能。例如,1950 年,Siegmann 证明了两种不同原油来源的原油胶结料混合物具有相似但非常高的刚度,导致复合材料的刚度低于组成胶结料的刚度[19-23]。Siegmann 观察到的结果的唯一解释是,将这两种原油来源不同的原油胶结料混合在一起,会形成微观结构,从而降低了复合胶结料的整体刚度。2009 年,Kringos 等人也假设沥青内部的微观结构和微观结构实体的刚度差异是导致沥青结合料中疲劳裂纹成核的原因[24]。

为了进一步证明微观结构对复合材料性能的重要性,可以考虑使用基于几何形状和微观流变学的沥青胶结料的 2D 有限元分析,这是使用 AFM 获得的数据。图 3-13 说明了胶结料中不同相的蠕变柔量以及复合材料的蠕变柔量。AFM 图像上的彩色叠加图显示了应力集中区域,其中局部应力强度是远场应力的 2~5 倍。

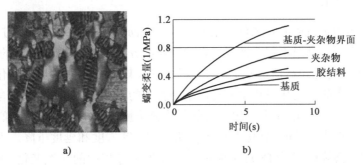

图 3-13　一个简单的二维有限元分析表明微观结构对胶结料整体性能的影响[25]

深入了解沥青胶结料的化学组成和微观结构对于预测和改善其性能至关重要。这有助于设计出更具竞争力的胶结料产品、胶结料改性剂以及更环保的替代品。

3.1.2.4　沥青的化学性质的总结

综上所述,沥青胶结料的化学组成及其微观结构(定义为胶结料中不同化学种类的空间排列)显著影响着沥青胶结料的工程性能。例如,胶结料化学知识能够帮助理解胶结料氧化对混合料性能的影响,化学添加剂和其他添加剂对提高胶结料和混合料性能的作用,也能够在设计新旧沥青混合料时起到重要作用。这些知识和其他方面将在下面的章节中讨论。

3.1.3　沥青的老化作用

沥青胶结料的老化通常是指胶结料的氧化老化。然而,在更广泛的意义上,老化有时也可以用来描述沥青胶结料的硬化(是可逆的)、氧化老化、胶结料中挥发物的损失或这些因素的任何组合而导致的沥青胶结料硬化。

沥青材料化学组成复杂,它主要由大量的稠环芳烃和少量的链烷烃组成。沥青材料在其储存、运输、摊铺与服役全过程中受到热、氧、光、水等多模态环境因素耦合作用,发生了复杂的挥发、氧化、聚合等物理化学反应,导致沥青内部分子结构和化学组分发生变化,进而导致沥青物理化学性能劣化。图 3-14 所示为 70 号基质沥青在环境荷载耦合作用下表面形貌的变化。

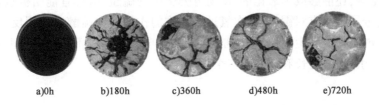

图 3-14　70 号基质沥青在不同老化阶段的表面形貌

对于道路沥青材料而言,其老化过程主要分为短期老化与长期老化。短期老化,即拌和、运输和摊铺过程中发生的老化,沥青与温度较高的矿料(通常在 130~220℃范围内)拌和,很容易造成沥青轻质油分的挥发与高温氧化。长期老化主要是指路面服役过程中发生的老化,即沥青路面在使用的全过程中,受到环境荷载的耦合作用,从而产生的缓慢、长期与复杂的老化。

3.1.3.1 热氧老化

高温和氧化作用是造成沥青老化的主要原因。在沥青混合料高温拌和过程中,沥青同时承受高温和氧气作用。高温不仅会造成沥青中轻质组分挥发,还促进了沥青的氧化,但由于拌和时间较短,产生的老化并不是十分显著。而沥青在长期服役期间的热氧老化对其组成与性能的影响更大。沥青热氧老化过程主要是由于沥青中的活性基团在高温下与氧气反应生成了羰基和亚砜基等含氧官能团,由此导致沥青的平均分子量、芳香度、缩合指数增加,宏观层面上体现为胶质转化为沥青质、沥青软化点升高、黏度增大、针入度和延度下降。室内研究一般采用薄膜烘箱或旋转薄膜烘箱(RTFO)来模拟沥青在施工过程中的热氧老化,采用压力老化箱(PAV)来模拟沥青在长期服役下的热氧老化。对于沥青混合料,根据 AASHTO R30 的要求,一般采用 4h 环境箱温度 135℃来表征施工阶段的短期热氧老化,采用 120h 环境箱温度 85℃来模拟长期服役阶段的热氧老化。

从微观上看,热氧老化主要是氧与羰基、亚砜基等化学官能团结合在一起,生成的大分子物质表现出了老化特征。通过沥青老化前后组分分析、红外吸收光谱和凝胶渗透色谱分析可以得到:老化过程使得原有沥青结构和组成发生非常大的变化。由于发生了芳香分和沥青胶质向沥青质的转化,沥青中沥青质含量明显增加,使得沥青胶体的结构类型发生了变化,外在表现为沥青的性质发生改变,黏度增大、针入度减少、软化点升高、延度降低。在高温和有氧的状态下,沥青中的芳香烃、胶质发生了氧化反应,聚合或缩合生成沥青质的大分子量物质,还存在断裂反应生成的少量小分子物质。

沥青的羰基官能团的伸缩振动吸收峰在红外光谱中出现在 1700cm^{-1} 位置,受其他基团的干扰较小。亚砜基的特征吸收峰出现在 1035cm^{-1} 位置,其他不同官能团在红外光谱图中位于不同的吸收位置,具有不同强度特征。从分子量分布曲线发现小分子物质聚合生成大分子物质,而且各组分的断链和聚合反应同时发生。随着沥青质含量的增多,沥青的分子量也增大,而且分子量分布呈大分子增加的趋势。

沥青老化反应过程属于游离基链式反应,在受热、氧气或金属离子催化等因素的作用下,沥青分子中含有双键结构的敏感基团会发生化学键的断裂,生成小分子自由基。自由基和氧气会进一步发生反应,形成一种氢过氧化物中间体。氢过氧化物中间体不仅能够转化成含有羰基官能团的组分,还能够成为氧化剂,使沥青分子中的硫醚、硫醇官能团被氧化成亚砜官能团。此外,沥青分子中含有双键结构,在氢过氧化物的作用下与硫醇官能团反应,生成了硫醚官能团,硫醚官能团再次发生氧化,生成亚砜官能团,自由基反应不断进行。沥青老化时的自由基反应包括链引发、链增长和链终止三个阶段。

1) 链引发

沥青中高分子化合物受到热、氧的作用后,在分子结构中的支链或双键形成游离基:

$$RH \xrightarrow{热} R\cdot + H\cdot \tag{3-1}$$

$$RH + O_2 \longrightarrow R\cdot + HOO\cdot \tag{3-2}$$

2) 链增长

引发反应发生后,游离基 R· 迅速与氧结合生成过氧化自由基 ROO·。随后 ROO· 与高分子 RH 作用,夺取氢原子而形成氢过氧化物 ROOH,并产生另一个游离基:

$$R\cdot + O_2 \xrightarrow{\text{热}} ROO\cdot \tag{3-3}$$

$$ROO\cdot + RH \xrightarrow{\text{热}} ROOH + R\cdot \tag{3-4}$$

随着反应的进行,沥青不断氧化,生成越来越多的氢过氧化物 ROOH。ROOH 积累增多后也会分解成新的自由基并参与链式反应,即发生歧化反应:

$$ROOH \xrightarrow{\text{热}} RO\cdot + HO\cdot \tag{3-5}$$

$$2ROOH \xrightarrow{\text{热}} RO\cdot + ROO\cdot + H_2O \tag{3-6}$$

RO·、HO· 以及 ROO· 游离基会进一步引发高聚物 RH 的氧化:

$$RO\cdot + RH \longrightarrow ROH + R\cdot \tag{3-7}$$

$$HO\cdot + RH \longrightarrow H_2O + R\cdot \tag{3-8}$$

$$ROO\cdot + RH \longrightarrow ROOH + R\cdot \tag{3-9}$$

3) 链终止

经过以上反应生成含有羰基的稳定产物和一些游离的烷基,当游离基达到一定浓度时,反应进入平稳期,发生双基偶合终止:

$$ROO\cdot + ROO\cdot \longrightarrow ROOR + O_2 \tag{3-10}$$

$$R\cdot + ROO\cdot \longrightarrow ROOR \tag{3-11}$$

$$R\cdot + R\cdot \longrightarrow R-R \tag{3-12}$$

综上所述,沥青热氧老化主要是芳香族有氧官能团与氧结合,形成极性或两性基团,使沥青分子间的相互作用增强,而使沥青变硬,劲度增大,即针入度和延度减小,软化点和黏度增大,复数模量增大,相位角减小。

相位角表征荷载作用下应变与应力之间的滞后性,并且与温度和加载频率息息相关,作为沥青黏弹性指标使用。图 3-15 为原样沥青和短期老化沥青的相位角对比,从图中可以发现,无论是哪种改性沥青,在经过短期老化后相位角均显著减小,体现出更好的弹性。沥青混合料的抗拉性能一般用劈裂强度来表征,从图 3-16 可以看出,经过长期老化后,无论何种沥青混合料,其劈裂强度均提升明显且接近 600kPa。由此说明,长期老化的沥青混合料具有更高的强度。

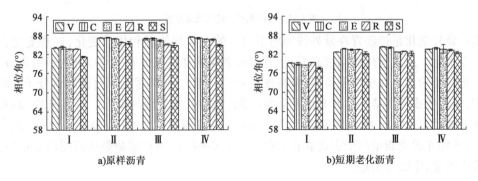

图 3-15　原样沥青与短期老化沥青相位角对比

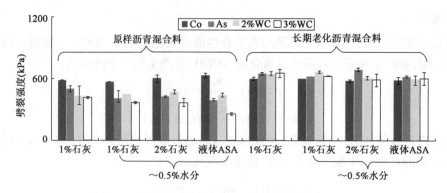

图 3-16　原样沥青混合料与长期老化沥青混合料劈裂强度

3.1.3.2　紫外老化

紫外老化主要指太阳光中的紫外线引发的沥青材料老化。由于紫外线波长短,能量大,且沥青中的稠环化合物会吸收近紫外区的能量,紫外线对沥青的老化作用很强。较强的紫外线辐射能促使沥青分子聚合生成更多的活性基团,增加和提高沥青组分参与氧化的数量和速度。由于沥青路面中存在空隙,沥青胶结料在长期服役期间容易在热氧和紫外线的作用下发生老化。从上面层到基层发生的热传递是热氧老化的主要来源,而紫外老化与紫外线的穿透深度有关,一般只能发生在沥青表层1mm厚处,并且表现出与热氧老化截然不同的规律。有试验表明,光的存在使沥青中羟基指数明显增大,沥青芳香分也变得活跃,吸氧量比在黑暗中显著增加。在紫外辐射和热氧作用等老化因素作用下,沥青吸氧老化的自由基链式反应过程如图3-17所示。

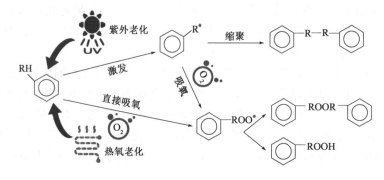

图 3-17　自由基氧化链式反应过程

沥青紫外老化是指沥青在紫外线照射下发生的一系列物理和化学变化,这些变化会导致沥青性能劣化。从化学反应角度来看,沥青紫外老化的降解机理确实可以分为链引发、链增长和链终止三个阶段。在链引发阶段,紫外线照射到沥青上,其能量足以打破沥青分子中的某些化学键,从而生成自由基。这些自由基非常活跃,容易引发后续的反应。具体来说,沥青中含有的羰基基团可以吸收紫外光,进而引发 Norrish Ⅰ(Ⅱ或Ⅲ)型光老化反应。此外,也有理论认为,当紫外光的光能量高于引起沥青中的 C—H、C—C、C=C 键断裂所需要的能量时,这些键会发生断裂,生成自由基。

在链增长阶段,由链引发阶段生成的自由基会与沥青分子中的其他部分发生反应,生成新的自由基和老化产物。这些新的自由基又会继续引发反应,从而导致链式反应的进行。例如,被激发的 C—H 键容易与氧发生反应,形成不稳定的氢过氧化物,这些氢过氧化物会进一步分解生成过氧化物 RO·自由基,从而引发氧化增链反应。

在链终止阶段,自由基之间的反应会导致链式反应的结束。这些反应可能包括自由基之间的结合、自由基与稳定分子之间的反应等。链终止阶段的结果是生成一系列的老化产物,这些产物会导致沥青性能的劣化。

关于沥青紫外老化中相对羰基指数的变化,确实随着紫外光老化时间的延长,沥青的相对羰基指数会逐渐增大。这是因为紫外线照射会导致沥青分子中的化学键断裂和重排,从而生成更多的羰基等含氧官能团。这些含氧官能团的增加会导致沥青的极性增强、黏度增大、硬度增大等性能变化。

沥青紫外老化的降解机理是一个复杂的物理化学过程,涉及自由基的生成、链式反应的进行以及老化产物的生成等多个方面。为了延缓沥青的紫外老化过程,可以采取添加抗紫外光老化助剂等措施来提高沥青的抗老化性能。

Norrish 反应有如下三种类型。

Norrish Ⅰ 型:

$$R_1-\underset{\underset{O}{\|}}{C}-R_2 \longrightarrow R_1-\underset{\underset{O}{\|}}{C}\cdot + \cdot R_2 \longrightarrow R_1\cdot + CO + \cdot R_2 \tag{3-13}$$

Norrish Ⅱ 型:

$$R_1-\underset{\underset{O}{\|}}{C}-CH_2-CH_2-CH_2-R_2 \longrightarrow R_1-\underset{\underset{O}{\|}}{C}-CH_3 + CH_2=CH-R_2 \tag{3-14}$$

Norrish Ⅲ 型:

$$R_1-\underset{\underset{O}{\|}}{C}-\underset{\underset{CH_3}{|}}{CH}-R_2 \longrightarrow R_1-\underset{\underset{O}{\|}}{CH} + CH_2=CH-R_2 \tag{3-15}$$

沥青组分中芳香类物质对紫外光较为敏感,容易发生光氧化反应,转化为沥青质。芳香类物质吸收的紫外光能引起羰基的 Norrish Ⅰ 型和 Ⅱ 型断裂,进而引发自由基链式反应,是大分子材料老化的机理。与热氧老化不同的是随着紫外老化时间的延长,沥青表面出现大量褶皱及明显的硬化收缩现象,紫外老化过程中沥青延度大幅衰减,而黏度变化相对较小,即紫外老化对低温性能影响较大,对高温性能影响相对较小。研究表明,紫外线射入沥青的深度只有 0.1mm 左右,考虑到老化沥青的分子向内部扩散的现象,紫外线对沥青老化的影响也只能发生在沥青表层的 1mm 厚。因此,沥青路面的压实度和空隙率对老化的影响至为重要,在存在空气、水、光线的条件下,空隙率大就容易发生老化。沥青膜的厚度对沥青老化的影响也很重要,沥青膜越薄,老化越快。沥青老化产生的脆性使混合料低温劲度增大,破坏应变变小,导致路面因温缩而开裂。

紫外老化会影响沥青胶结料和混合料的力学性能,尤其是低温延展性和抗裂性。但由于沥青材料对热氧和紫外线的敏感性不同,目前基于热氧老化沥青的评估方法不能真正反映紫外老化的影响,并且在模拟紫外老化方面存在局限性。例如,研究指出,沥青在不同老化过程后表现出不同的老化程度,热氧老化下不同来源的沥青表现出不同程度的挥发性损失,而紫外光谱(UV)仅对沥青样品表面产生老化。尽管紫外老化对沥青的针入度、软化点和延度的影响作用与热氧老化相似,但紫外老化主要发生在老化的早期,并且长时间的老化作用会导致沥青胶结料硬化。通过采用图 3-18 所示的紫外老化箱及老化过程可以得到对原样沥青样品和紫外老化沥青样品老化规律的表征。

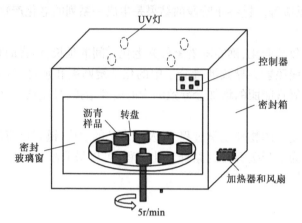

图 3-18　自制紫外老化箱及老化参数

通过自制紫外老化箱与常规热氧老化进行对比,考虑不同空隙率对老化程度的影响。如图 3-19 所示,无论哪种老化状态,相比 4% 以及 7% 的沥青混合料,2% 空隙率的沥青混合料具有较高的劈裂强度。另外,未老化的沥青样品具有最高的劈裂强度,而紫外老化的沥青混合料最低。由此说明,老化对沥青混合料的劈裂性能有影响,且紫外老化的影响要大于热氧老化。

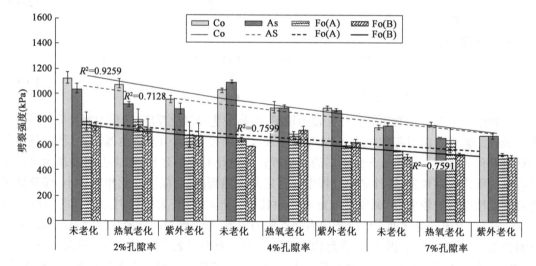

图 3-19　原样沥青混合料、热氧老化和紫外老化沥青混合料劈裂强度

3.1.3.3　水侵蚀老化

尽管沥青是憎水性材料,但在雨水作用下,特别是有车辆荷载作用时,雨水冲刷能力特别强,沥青中的可溶性物质会被冲洗掉,造成沥青的老化变质。有研究认为,水的 pH 值对沥青中沥青质、酸性芬的油水界面张力影响很大。试验表明,含有沥青质模型的油水界面随时间延

长而老化,界面初始屈服值明显上升,界面黏度也明显增加。

对于沥青水侵蚀老化的机理,国内外学者也进行了不少深入探讨。研究表明,沥青质有降低沥青/水界面张力的能力,且其含有的许多极性基团,如—OH、—NH_2、—COOH 等会引起沥青质分子向沥青/水界面移动,在界面上富集形成较强的结构膜。进一步试验发现,沥青质相对复杂的分子结构及自缔合倾向,使界面结构膜随时间的延长而产生明显硬化现象,在热、氧的共同参与下,这种硬化速度会加剧,向不可逆转化,使沥青老化变质。

3.1.3.4 挥发与被吸收

沥青胶结料在其使用寿命中经历两个阶段的氧化:①在混合料生产和铺设过程中;②在使用期间。在生产和铺设过程中,通常可持续数小时的热拌或温拌沥青(WMA)胶结料以松散混合料中的薄膜覆盖集料颗粒的形式保持在非常高的温度(通常高于100℃)下。这些条件(高比表面积、高温以及在松散混合料中容易从空气中获取氧气)会导致沥青胶结料在现场摊铺和压实时发生严重氧化。同时,在这段时间内,一些较轻和更易挥发的部分会从沥青胶结料中逸出。在沥青路面的使用寿命期间,胶结料的氧化会继续进行,尽管速度要慢得多,因为温度相对较低,氧气的获取受到限制。

顾名思义,氧化老化是由不饱和键的氧化而引起的,这种不饱和键通常存在于胶结料的芳香族和树脂部分。与空间硬化不同,氧化作用会导致分子结构的改变,而这种变化是不容易逆转的。向分子中添加氧原子通常也会导致其极性增加。结果,随着时间的推移,芳香族和树脂分子被消耗,形成更多类似沥青质的极性分子。这又会导致形成更大、更相关的分子群,从而使胶结料的刚度增加以及延展性降低。由于在路面使用寿命期间,沥青胶结料和混合料的氧化老化与伴随的性能变化继续发生,因此,任何预测混合料或路面结构性能的方法都必须考虑到沥青胶结料不断变化的性质。

3.1.3.5 沥青硬化

沥青硬化是一个复杂的过程,它涉及物理变化、化学变化或两者的结合。沥青硬化包括两种类型:

一种是物理硬化。物理硬化是一种类似于老化的结构改变过程,它指的是沥青胶结料在低温状态下长期储存时产生的结构变化。这种变化仅限于物理方面,不会改变沥青的化学成分。常见的沥青材料物理硬化形式有蜡结晶、沥青质集聚、沥青体积松弛等。物理硬化是可逆的,即将物理硬化后的沥青材料加热至室温后,这种效应就会完全消失。

另一种是化学硬化。化学硬化是指沥青在外部环境因素(如紫外线、氧气、水分、高温等)的作用下,发生一系列的物理化学变化,导致沥青分子结构改变和性能劣化的过程。化学硬化通常是不可逆的,因为沥青分子结构的变化会导致其性能发生永久性的改变。

导致沥青硬化的因素多种多样,包括紫外线照射、氧化作用、高温作用、水分影响等。紫外线能够破坏沥青分子链,使大分子分解成小分子,然后小分子再聚合成大分子。这个过程会导致沥青针入度变小、延度变低、软化点升高,即沥青变硬变脆。空气中的氧气会与沥青分子中的双键结合,形成一些氧化产物。这些氧化产物会改变沥青的性质和特性,使沥青变硬、脆性增强、颜色变暗,并逐渐失去黏结力和塑性。高温会导致沥青的热分解和聚合反应,生成各种有害物质,如吡咯、咪唑等。这些反应会使沥青的黏度增加、硬度增加,从而加速沥青的老化过程。在潮湿环境下,沥青表面的水分会渗透到沥青内部,造成沥青受潮和软化。然而,长期的水分渗透和侵蚀也会导致沥青内部结构的破坏和性能劣化。

沥青硬化会导致其性能发生显著变化,如硬度增加、韧性降低、黏附力减弱等。这些变化会影响沥青路面的使用寿命和性能表现,如增加车辙、裂缝等病害的发生概率。

3.1.4 沥青的力学性能

前述内容强调需要了解胶结料化学性,以便更好地理解沥青胶结料以及沥青混合料的力学性能。本节除了讨论与描述沥青的力学性能,还对用于表征沥青胶结料的时间、温度和龄期特性的方法进行了介绍。

3.1.4.1 沥青力学性能的意义与挑战

与其他建筑材料相比,描述沥青胶结料性能要复杂得多。沥青胶结料和沥青混合料的力学性能在很大程度上取决于时间历程或加载速率(如交通速度或冷却速率)、环境温度和材料的龄期。沥青路面总是具有板的几何结构;设计工程师可以调整的设计变量是层厚,在某些情况下,在这些层之间使用具有特殊属性的界面层(如土工合成材料或其他膜)。只要沥青路面不出现严重的路面结构恶化影响行驶安全,在一定程度上允许路面出现微裂纹和伴随的弱化或少量塑性变形。

总之,路面结构设计中最具挑战性的方面不是结构的复杂性,而是应力-应变行为的复杂性,这取决于荷载的时间或速率,以及材料和胶结料的使用年限。更重要的是,允许柔性路面结构在变得不可用之前产生少量损坏(如塑性变形或车辙和微裂缝)。因此,描述沥青材料在未损坏状态下的应力-应变响应,以及描述沥青材料的损伤演化(作为时间或加载速率、温度和龄期的函数)非常重要,而且可能是材料和路面设计中最具挑战性的方面。

3.1.4.2 时间依赖性

沥青胶结料在性质上具有时间黏弹性或依赖性。"黏弹性"一词表明材料的响应介于黏性流体和弹性固体之间。沥青胶结料通常表现为弹性固体和黏性流体(尽管不一定是牛顿流体)组合的应力-应变响应。因此,任何描述沥青胶结料应力-应变关系的模型都不可避免地包括加载时间或加载速率。时间的影响随着温度的降低而减小。

沥青胶结料的时间或速率依赖性通常在时域或频域中进行建模和测量。在时域中,最常用的两种试验是蠕变试验和松弛试验。这两个试验分别得出材料的蠕变柔度和松弛模量。在频域中使用的测试是频率扫描测试,它产生材料的复数模量或动态模量。注意:这里讨论的试验通常被认为是代表材料的线性黏弹性响应,而没有任何线性黏弹性响应损坏。换言之,这些试验通常是通过施加不足以对材料造成重大永久损伤的应力或应变来进行的。

蠕变试验包括对试样施加瞬时恒载或严格的应力,并测量其随时间的变形。使用此类试验测量的材料性能称为蠕变柔顺性。

$$D(t) = \frac{\varepsilon(t)}{\sigma_0} \tag{3-16}$$

式中:σ_0——蠕变试验期间施加的恒定应力;

$\varepsilon(t)$——随时间变化的测量应变。

蠕变柔顺性 $D(t)$ 可以使用适当描述所观察材料行为的任何数学函数来表示。例如,机械模拟模型有时用于对测量的响应进行建模。这种模型包括一个或多个弹簧和串联或并联配置的黏性仪表盘,抑或是两者的组合,这样,整体力学模型可以数学模拟材料的测量响应。另外,可以利用简单的现象学模型来模拟被测蠕变行为。

蠕变试验的一种变化是蠕变恢复试验。在这种情况下,在特定加载时间后,恒定荷载瞬间被移除,并记录材料的应变恢复。此类试验中的观察应变通常分解为弹性应变或瞬时应变等部件,通常表示为 ε_e,时间相关或黏弹性应变,通常表示为 ε_{ve},永久或不可恢复黏塑性应变通常表示为 ε_{vp}。在沥青材料方面,不可恢复应变或黏塑性应变被认为是车辙。拟包含损伤的材料本构模型必须包括考虑此类应变的术语。图 3-20 给出了黏弹性材料和弹性材料典型响应蠕变柔顺性试验示意图。

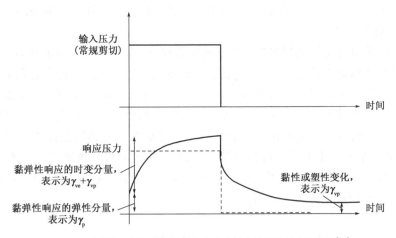

图 3-20 黏弹性材料和弹性材料典型响应蠕变柔顺性试验示意图[25]

松弛试验包括对试样施加瞬时恒定变形或严格意义上的应变,并测量随时间变化的反应应力。使用这种试验测量的材料性能称为松弛模量 $E(t)$。

$$E(t) = \frac{\sigma(t)}{\varepsilon_0} \tag{3-17}$$

式中:ε_0——松弛试验期间施加的恒定应变;

$\sigma(t)$——随时间松弛的测得应力。

与蠕变柔度相似,松弛模量 $E(t)$ 也可用力学模拟模型或唯象模型(如幂律或 Prony 级数)来表示。注意,幂律或 Prony 级数对于某些系数将有不同的符号,因为松弛模量随时间而减小。图 3-21 给出了弹性和黏弹性材料典型响应的松弛试验示意图。

频率扫描试验是一种用于研究黏弹性材料(如沥青、聚合物等)流变性能的试验方法。它通过在材料上施加一系列不同频率的正弦波形加载,来测量和分析材料在不同加载频率下的响应。这种方法可以帮助研究人员了解材料的黏弹性特性,包括储能模量、损耗模量等,从而评

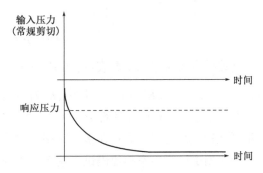

图 3-21 弹性和黏弹性材料典型响应的松弛试验示意图[25]

估材料的性能优劣。在频率扫描试验中,通常有两种操作方式:一种是恒定应力振幅的频率扫描。在这种模式下,试验机对材料施加一个恒定的应力振幅,然后改变加载的频率,测量并记录在每个频率下产生的应变振幅。通过这种方式,可以观察到材料在不同加载频率下的应变响应,进而分析材料的黏弹性特性。另外一种是恒定应变振幅的频率扫描。与恒定应力振幅的频率扫描相反,这种方法是在保持应变振幅恒定的同时,改变加载的频率,并测量在每个频率下所需的应力振幅。这种模式有助于评估材料在不同加载频率下的刚度和阻尼特性。频率扫描试验的具体参数(如频率范围、振幅大小等)会因材料的特性和研究目的而有所不同。例如,在沥青材料的频率扫描试验中,可能会选择从 0.01 Hz 到 50 Hz 的频率范围,并以对数跨度选取频率点,全面评估沥青材料在不同加载频率下的流变性能。此外,频率扫描试验还可以与其他测试方法相结合,如温度扫描测试,以更全面地了解材料的性能。通过在不同温度下进行频率扫描试验,可以研究温度对材料黏弹性特性的影响。

这种试验的关键是要等到材料的应力(或应变)响应在经历几个荷载循环后达到稳定状态。只有在材料达到这种稳态响应时,才能准确测量其特性。在这个稳态过程中,应力波和应变波之间存在一个恒定的时滞。时滞 Δt 相位角以 δ 表示,以 $360°f\Delta t$ 或 $360°\omega\Delta t/2\pi$ 表示,其中 f 为正弦波的频率,单位为赫兹;ω 为角频率,单位为弧度/秒。同样,一旦材料响应达到稳态,复数模量 $|E^*|$ 的大小定义为 σ_0/ε_0,其中 σ_0、ε_0 分别为应力和应变振幅。注意:在普通沥青文献中,复数模量有时也被称为动态模量。然而,严格地从力学角度讲,"动态模量"一词并不合适。当试验以循环剪切模式而不是循环拉伸或压缩模式进行时,符号 G^* 可以代替 E^*。图 3-22 给出了动态模量试验的示意图。

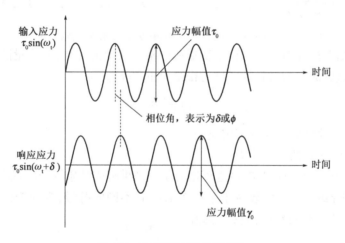

图 3-22 动态模量试验的示意图

复数模量有时也用复数表示,如 $E^* = E' + iE''$,其中相角 $\tan\delta = E''/E'$ 和复数模量 E^* 的大小表示为 $|E^*| = \sqrt{E'^2 + E''^2}$。其中,$E'$ 为与所施加荷载完全同步的模量的储存或弹性部分;E'' 为损耗模量或模量的流体部分。另外,注意复数模量和相位角是频率 f 或角频率 ω 的函数。因此,严格地说,这些参数是在多个频率下测量的,必须用 $E^*(\omega)$ 和 $\delta(\omega)$ 表示。在多个频率下进行的测试称为频率扫描测试。这个过程在几个不同的频率上重复。施加的应力或应变振幅通常很小,以确保试样在加工过程中不会发生任何永久性变化或损坏。除复数模量外,也可

用$|D^*|(\omega)$表示复数模量,有时也用$|J^*|(\omega)$表示。复柔度是应变振幅与应力振幅之比,其大小与复数模量成反比。

简要描述这四个材料属性指标——蠕变柔度、松弛模量、复数模量和复柔度之间的相互关系很重要。对于给定的材料,只要材料在其线性黏弹性极限(应力和应变响应的极限)内进行评估,这四个指标相互关联,在一个给定的时间段内彼此成比例)。

此外,频率域中的特性,如复数模量或蠕变柔度,可以使用遗传积分从时间域中测量的特性(如蠕变柔度或松弛模量)中获得。事实上,如果松弛模量或蠕变柔度已知,遗传积分也可用于获得任意加载历史的响应。例如,沥青混合料(尽管不是沥青胶结料)通常采用弹性模量试验进行评估,其中,施加0.1s加载时间,然后施加0.9s的静止时间或停留时间。如果已知四种基本材料特性中的任何一种,则可以计算在这种加载历史下材料的响应(假设材料是线性黏弹性的)。实际上,遗传积分的单轴形式是最基本的本构模型,可在给定应变历史的情况下获得随时间变化的应力响应。对于承受单轴应力的线弹性材料,应力计算为弹性模量的乘积,而给定应变或应变仅计算为给定应力与弹性模量之比。式(3-18)和式(3-19)类似于时间相关材料的这种关系。

$$\sigma(t) = \int_0^t E(t-\tau)\frac{\partial \varepsilon(\tau)}{\partial \tau}d\tau \tag{3-18}$$

$$\varepsilon(t) = \int_0^t D(t-\tau)\frac{\partial \varepsilon(\tau)}{\partial \tau}d\tau \tag{3-19}$$

3.1.4.3 温度依赖性

前一节所述的蠕变柔度、松弛模量和复数模量对胶结料的温度非常敏感。例如,当温度从典型的最高工作温度逐渐降低到典型的最低工作温度时,复数模量增加4~5个数量级是很正常的。处理沥青胶结料温度敏感性的最直接的方法可能是将材料的基本特性(如松弛、蠕变柔度和复数模量)定义为时间(或频率)和温度的函数,用T表示,如$E(t,T)$或$D(t,T)$或$|E^*|(\omega,T)$。然而,包括沥青胶结料在内的几种材料表现出一种被称为热流变学简单的行为。这提供了一个更便捷的方法来量化和处理沥青胶结料的温度敏感性问题。

图3-23展示了对胶结料进行频率扫描试验的结果,包括五种不同温度下的复数模量。随着温度的升高,胶结料变得更加软化,导致复数模量降低。观察数据后发现,不同温度下的数据在一定频率范围内存在平滑的重叠。通过将不同温度下的数据在对数频率轴上进行水平移动,可以观察到所有数据最终都落在一条平滑的曲线上,这条曲线称为主曲线(图3-24)。需要注意的是,这个水平移动过程是基于将58℃作为参考温度进行的。在移动数据时,所有给定温度下的数据都受到相同的水平偏移影响,但并不要求每个温度下的单个数据点与参考温度下的特定数据点完全重合。相反,这些数据点相互重叠,形成了一个平滑的曲线,以参考温度下的数据为基础。这种材料特性称为热流变简单性,它表明具有这一特性的材料允许不同温度下的数据在频率轴上进行水平转移,以产生一个连续平滑的主曲线。这个特性对于材料的热流变性质的理解和分析非常有用。

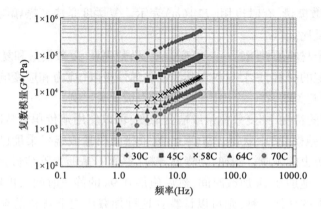

图 3-23　沥青胶结料在 5 种不同温度下的典型复数模量与频率的关系

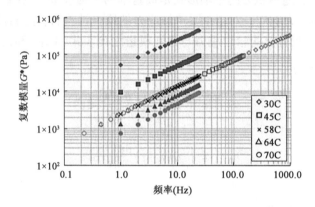

图 3-24　不同温度下数据的水平位移得到的典型主曲线

任何给定温度 T 的数据的水平位移量称为位移系数，通常用 α_T 表示。基于用于移动图形的方法，还可以很容易地看到水平偏移系数

$$\log\alpha_T = \log f_r - \log f_T \tag{3-20}$$

式中：f_T——任何给定数据点在测试温度 T 下的频率；

f_r——数据点在移到参考温度 T_r 后降落的频率，f_r 称为降低频率。

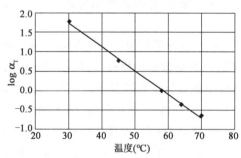

图 3-25　移位数据导出的时间-温度叠加的位移因子

最后，利用不同温度下的位移因子建立了位移因子与温度的关系。图 3-25 为所示数据的这种关系。需要注意的是，根据定义，在参考温度下，这条线通过一个零坐标，因为在参考温度下，所涉及的数据没有移位。

根据上述过程获得的主曲线可以拟合成最能代表偏移后获得的平滑曲线形状的适当数学形式。用于此目的的常见数学形式是式（3-21）中的 sigmoidal 形函数。

$$\log|G^*|(\omega) = \delta + \frac{\alpha}{1 + e^{\beta + \gamma\log\omega_r}} \tag{3-21}$$

式中：α、δ——形状参数；

ω_r——折减角频率。

sigmoidal 函数有一个上下渐近线，比胶结料更适用于沥青混合料。这是因为，由于集料颗粒之间的相互作用，即使在非常低的频率（或高温）下，沥青混合料的模量也趋于较低的渐近线。在沥青胶结料领域更常见的模型是 Christensen-Anderson 模型或式（3-22）所示的广义形式的 Christensen-Anderson-Marasteanu（CAM）模型。

$$|G^*|(\omega) = G_g\left[1 + \left(\frac{\omega_c}{\omega_r}\right)^v\right]^{-\frac{w}{v}} \qquad (3-22)$$

式中：G_g——与胶结料的玻璃化模量有关；

ω_c——交叉频率（损耗和存储模量相同的频率）；

w、v——拟合参数。

主曲线以及位移系数与温度的关系可用于确定任何给定频率和温度组合下的材料模量。例如，对图 3-23 所示胶结料在 6Hz 和 40℃下的复数模量感兴趣。在这种情况下，将使用图 3-25 中的模型来确定 40℃下的移位系数是 $\log(\alpha_T)$，约为 1.2；然后，将使用该移位因子来获得基于使用上述表达式的感兴趣频率 f_T 的降低频率 f_{Tr}；降低的频率将是 95Hz。从现象学上讲，这意味着胶结料在 95Hz 和参考温度（在本例中为 58℃）下的复数模量在 6Hz 和相关温度（本例中为 40℃）下的复数模量相同。

尽管模型在低于玻璃化转变温度的温度下不能很好地工作，但是理解 WLF 方程的推导是有启发性的[26]。1951 年，Doolight 将液体黏度的杜立德方程（Doolight）用于两个常数 A 和 B 给出黏度的表达式[27]：

$$\ln\eta = \ln A + B\left(\frac{V - V_f}{V_f}\right) \qquad (3-23)$$

式中：η——黏度；

V——系统的总体积；

V_f——系统的自由体积。

该方程表明，黏度与流动性和流动性与自由体积密切相关；随着自由体积的增加，黏度迅速降低。将式（3-23）重新排列，得出：

$$\ln\eta = \ln A + b\left(\frac{1}{f} - 1\right) \qquad (3-24)$$

式中：f——分数自由体积，V_f/V。

假设高于玻璃化转变（通常用作参考温度），分数自由体积线性增加，可以说明：

$$f = f_g + \alpha_f(T - T_g) \qquad (3-25)$$

式中：f——T 时的自由体积分数，高于 T_g 的任何温度；

f_g——T_g 处的自由体积分数；

α_f——高于 T_g 的分数自由体积的热变化系数。

如果用式（3-25）重写杜立德方程，会发现，通过一些代数运算

$$\log \frac{\eta(T)}{\eta(T_g)} = \log(\alpha_T) = -\frac{B}{2.303 f_g} \left[\frac{T - T_g}{\left(\frac{f_g}{\alpha_f}\right) + T - T_g} \right] \quad (3\text{-}26)$$

作为温度和自由体积函数的增加流动性的概念是明确和明显的,现在人们可以理解著名的 WLF 方程形式。在式(3-26)中,$C_1 = B/2.303 f_g$ 和 $C_2 = f_g/\alpha_f$。

3.1.4.4 老化依赖性

沥青胶结料的性能不仅受时间和温度的影响,还受老化的影响,特别是氧化老化。氧化老化会导致沥青胶结料的化学成分发生变化,从而影响其流变性能。这种老化通常在沥青胶结料的使用寿命期间发生。在氧化老化过程中,沥青中的极性分子增多,这些分子更容易相互结合。结果显示,胶结料的硬度随着老化而增加。在模型和方法中描述沥青胶结料和混合物的长期性能时,必须考虑这种老化效应。通常,会将胶结料的性能划分为不同的老化阶段,包括未老化、短期老化和长期老化。这样的划分有助于更好地理解和预测材料的性能随时间的演变。沥青胶结料的性能受多种因素的影响,包括时间、温度和老化。了解和考虑这些因素对于设计和评估道路材料的性能至关重要。

3.1.4.5 PG 系统的局限性

尽管 PG(Performance Grade 性能等级)规范在评估道路材料的性能方面有了显著改进,但仍存在两个主要缺点:

(1)PG 规范主要基于胶结料的刚度特性,使用较小的应力或应变来进行测量,而不是基于材料的强度或变形能力。虽然刚度可用来描述材料的荷载变形响应,但它不能完全反映材料在失效开始和扩展之前的性能极限或变形能力。一些研究表明,即使性能等级相似的胶结料,在失效特征上也可能存在显著差异。因此,有一些研究致力于改进测试和规范标准,如引入不可恢复的合规性来评估材料在高应力下抵抗永久变形的能力。

(2)更具挑战性的是,在特定温度和老化条件下测得的胶结料流变特性不能充分反映其在混合物中的性能。这对于涉及混合物中胶结料与集料或其他化学添加剂的相互作用的情况尤为重要。相同 PG 的胶结料可能具有不同的化学成分,并且可能与不同的集料或添加剂发生不同的反应,从而导致截然不同的性能特征。这种情况下,单一的 PG 可能无法充分捕捉材料的复杂性。

尽管 PG 规范是一个有用的工具,但它仍然存在一些限制,包括对材料强度和在混合物性能影响的不完全考虑。因此,一些研究正在尝试改进这些规范,以更全面地评估道路材料的性能。

3.2 沥青混合料

3.2.1 沥青混合料的概念

沥青混合料是一种复合材料,由不同质量和数量的材料混合形成不同的结构,并具有不同的力学性质。根据材料组成及结构，沥青混合料可分为连续级配和间断级配混合料。根据矿料级配组成及空隙率大小，沥青混合料可分为密级配、半开级配、开级配混合料。根据公称最大粒径的大小，沥青混合料可分为特粗式（公称最大粒径大于37.5mm）、粗粒式（公称最大粒径26.5mm或31.5mm）、中粒式（公称最大粒径16mm或19mm）、细粒式（公称最大粒径9.5mm或13.2mm）、砂粒式（公称最大粒径小于9.5mm）。

沥青混合料具有良好的力学性能、一定的高温稳定性和低温柔性，是高等级道路修筑中的一种主要的路面材料。沥青混合料的高温稳定性是指在高温条件下，承受多次重复荷载作用而不发生过大的累积塑性变形的能力。通常采用高温强度与稳定性作为主要技术指标。沥青混合料是黏-弹-塑性材料，其物理性质随温度变化有很大变化。当温度较低时，其表现为弹性性质，变形能力大大降低，在外部荷载和温度下降引起的材料收缩应力联合作用下，沥青路面可能发生断裂，产生低温裂缝。沥青混合料的耐久性与组成材料的性质和配合比有密切关系。沥青在大气因素作用下，组分会产生转化，油分减少，沥青质增加，使沥青的塑性逐渐减小，脆性增大，路面的使用品质下降。沥青路面的抗滑性与集料的表面结构、级配组成、沥青用量等因素有关。为保证抗滑性能，面层集料应选用质地坚硬具有棱角的碎石。沥青混合料应具备良好的施工和易性，易于拌和、摊铺和碾压施工。影响施工和易性的因素很多，如温度、施工机械条件及混合料性质等。

沥青混合料按使用的结合料不同，可分为石油沥青混合料、煤沥青混合料、改性沥青混合料和乳化沥青混合料。常见的沥青混合料种类包括普通沥青混合料（AC型沥青混合料）、沥青玛琦脂碎石混合料（SMA）等。沥青混合料主要用于修筑高速公路、等级公路、市政道路、机场、港口等需要承受重载和频繁交通的路面。

热拌沥青混合料是当前沥青混凝土路面施工的主要方法。依靠先进的搅拌设备，将优质的组成材料，经科学合理的配置，进行充分的加热拌和，形成精确、均匀的路用混合料材料。沥青混合料的生产工艺包括目标配合比设计阶段、生产配合比设计阶段、生产配合比验证阶段。沥青混合料的施工过程包括摊铺、碾压等步骤，需要严格控制温度、碾压遍数等参数，以确保施工质量。

3.2.2 水损害类型及作用机制

水损害可定义为沥青混合料因水分作用而产生的强度和耐久性下降现象。该现象主要由沥青或胶浆（由沥青与75nm及以下粒径的矿物填料和集料组成的混合物）与细集料及粗集料之间的黏结力丧失所引起。水分渗入并削弱了沥青胶结料的效能，使得沥青混合料在循环荷载作用下更易发生损坏。至少存在五种不同的剥离机制，包括剥离、位移、自发乳化、孔隙压力作用以及水力冲刷[28,29]。此外，Kiggundu等提出了可能影响水分损害的其他因素[29]，如pH值的不稳定性以及环境或气候条件对沥青集料系统的综合作用。

3.2.2.1 剥离

Majidzadeh和Brovold认为，剥离现象指的是沥青膜与集料表面之间通过一层水膜发生分离，而沥青膜本身并未出现明显的破裂[30]。黏着键能理论为深入理解剥离机制奠定了坚实的理论基础。剥离的发生受多个因素影响，首要的是沥青与集料之间必须形成良好的黏结。这种黏结的初步建立依赖于沥青对集料的润湿能力。集料的润湿性随其表面张力或黏附自由表面能的降低而增强[30]。当存在由集料、沥青和水构成的三相界面时,水相较于沥青更能降低系统的自由能,从而促成最小表面能的热力学稳定状态。表面能的测量结果显示,在考虑水分存在的情况下计算沥青-集料界面的自由能时,通常会伴随着能量的释放,这表明集料表面对水具有比沥青更强的亲和力。表 3-1 中第 5 列所列出的自由能负值进一步证实了这一点,对于表中列出的四种沥青-集料组合均如此。该负值的绝对值越大,说明在水分存在的情况下,沥青从集料中分离的趋势就越强烈[31]。

需要注意的是,大多数沥青具有相对较低的极性活性,因此沥青与集料之间的黏结主要依赖于相对较弱的分散力。相反,水分子则具有极强的极性,这使得它们能够在沥青-集料界面上取代沥青,从而促进剥离现象的发生。

重复荷载三轴试验下的黏时自由能(ergs/gm)和损伤率的比较[31]　　　　表 3-1

组合	加速破坏周期	接触面积损失(剥离)	自由能(干)	自由能(湿)
AAD + 得克萨斯州石灰石	275	34	141	−67
AAM + 得克萨斯州石灰石	550	27	205	−31
AAD + 乔治亚洲花岗岩	250	35	150	−48
AAM + 乔治亚洲花岗岩	455	26	199	−30

3.2.2.2　位移

位移与剥离有所不同,它涉及的是沥青膜在集料表面发生破裂,从而导致沥青的位移现象[32]。沥青膜的破裂可能缘于多种因素,包括集料表面涂层的不完整性、集料尖角或边缘处的薄膜破损,以及因集料涂层而产生的沥青膜针孔等。部分研究者将薄膜破裂视为一种独立的水分损伤机制,但它同样可以作为位移机制的一个重要环节。

位移过程的发生与集料表面水的 pH 值变化密切相关。水分子通过破裂点渗入集料表面,这一变化会改变吸附在表面的极性基团的类型,进而在集料和沥青表面形成相反且带负电的双电层。这种双电层的形成成为一种驱动力,促使更多的水分被吸引并聚集,最终导致沥青与集料之间的物理分离(Scott)[33]。这一过程不仅揭示了位移现象的内在机制,也强调了水分在沥青混合料性能劣化中的重要作用。

3.2.2.3　自发乳化

自发乳化是指水滴在沥青-水泥体系中发生倒转乳化现象的过程。Fromm 的研究阐明了乳液的形成机制,并指出一旦乳液穿透底层,胶结料便会遭受破坏[34]。此外,乳化剂(如黏土和沥青添加剂)的存在会进一步促进此类乳液的形成(沥青协会、Fromm、Scott)[33,34]。当沥青薄膜与水接触时,会发生自发乳化现象,且乳化速率受沥青的性质及添加剂存在情况的影响[34]。

传统水包油乳液的制备通常依赖于阳离子乳化剂,这类乳化剂是通过脂肪胺与稀盐酸或乙酸反应,生成胺盐而获得的(Bitumen)[35]。然而,商业上使用的胺基沥青添加剂属于有机胺化合物,其化学性质与阳离子沥青乳化剂存在显著差异。这些有机胺添加剂并不能以胺的形式直接作为乳化剂,从而无法形成常规的水包油沥青乳液。需要注意的是,有机胺作为碱性氮化合物,在水的存在下会与集料产生紧密的结合(Robertson)[36]。Kiggundu 等的研究则进一步揭示了乳化速率如何受沥青的性质及黏度的影响[37]。

3.2.2.4 孔隙压力

孔隙中截留水分所引发的孔隙压力累积,构成了潜在的危害。这种孔隙压力的持续增大,不仅会破坏集料表面的沥青膜,还可能导致沥青玛琋脂内部的微裂纹不断扩展。在交通荷载的反复作用下,截留水分所承受的应力会进一步加剧这种损害。Bhairampaly 等借鉴了 Tseng 和 Lytton 提出的三次损伤模型,论证了设计合理的沥青混合料在反复荷载作用下会呈现出一种"应变硬化"趋势。这里的"应变硬化"并非金属冷加工中因交互位错而产生的典型硬化现象,而是指在反复加载过程中,集料基体的致密化而导致的"锁定"效应[38-39]。

然而,在重载作用下,某些混合料会在胶浆内部产生微裂纹,这会导致内聚破坏、黏结破坏或两者的同时发生。在累积永久应变与荷载循环次数的关系图中,这种破坏表现得尤为明显,因为随着微裂纹的发展,损伤速率会显著增加。当水分存在时,这种加速损伤或三次损伤的速率会进一步加剧。原因在于,微裂纹孔隙中形成的孔隙压力会在裂纹尖端产生更高压力,从而削弱胶浆以及胶浆与集料之间的黏结力,进而加速裂纹的扩展和损伤进程。

Terrel 和 Al-Swailmi 提出了"pessimum 空隙"的概念,即大多数沥青混合料在常规压实条件下所具有的空隙含量范围(8%~10%)[40]。当空隙率高于这一范围时,空隙会相互连通,使得水分能够在交通荷载产生的应力梯度作用下流出。而当空隙率低于这一范围时,空隙则呈现断开状态,相对不透水,因此不易被水饱和。在 pessimum 空隙范围内,水分能够渗入孔隙,但无法自由溢出,因此在反复加载过程中会导致孔隙压力的累积。图 3-26 展示了微观力学分析中,未填充或充满水的孔隙周围的偏应力分布以及伴随的损伤情况。

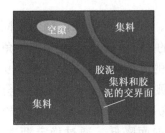
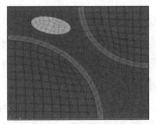
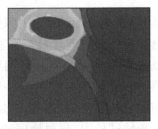

孔隙水压力对应力分布的影响

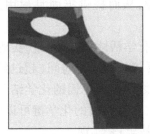

损伤密度:没有孔隙压力　　损伤密度:没有孔隙压力

图 3-26　孔隙中孔隙压力的微观力学模型和机械荷载引起的伴随损伤

3.2.2.5 水力冲刷

路面表层常会受到水力冲刷的影响。当轮胎作用于饱和的路面表面时,会引发剥离现象。轮胎的碾压作用会将轮胎下方的水分吸入路面结构内部。目前,渗透和回吸被认为是导致这种冲刷现象的可能机制[34]。渗透作用具体指的是集料孔隙中的盐或盐溶液会产生渗透压梯度,进而促使水分通过沥青膜被吸收进路面结构[41]。有几个因素支持这一机制可能实际发生,包括部分沥青在制造过程中使用了焦散剂处理、某些集料本身含有盐分(作为其成分的一部分),以及沥青膜具有一定的渗透性。

Cheng 等的研究已经证实,水蒸气能够显著地通过沥青本身进行扩散,并且沥青胶浆能够容纳相当数量的水分[42]。表3-2 展示了水蒸气扩散速率以及两种成分截然不同的沥青(AAD-1 和 AAM-1)所能容纳水量的对比数据。这些沥青中的含水率与采用这些沥青制备的混合料中发生的水分损害程度之间存在相关性[42]。

表3-2 三轴试验中沥青保水性能对水损害的影响[42]

参数	胶结料		AAD-1/AAM-1
	AAD-1	AAM-1	
扩散率(m^2/s)	0.0008	0.0029	3.62
潜在容水量 W_{100},每100000 份	153	114	1.34
胶结料与集料的脱胶率	23(AAD/石灰岩) 35(AAD/花岗岩)	27(AAM/石灰岩) 26(AAM/花岗岩)	1.26 1.35

3.2.2.6 pH 值的不稳定性

沥青与集料之间的黏附力深受接触水的 pH 值影响[33]。Kennedy 等则探究了不同水源对沸腾试验中沥青混合料损害程度的具体影响。接触水的 pH 值会显著改变接触角的大小以及集料-沥青界面区域的润湿特性。沥青与玻璃之间的界面张力在 pH 值约为 9 时达到峰值,随后随着 pH 值的进一步增加而降低[33]。Yoon 则指出,接触水的 pH 值会随接触时间的延长而上升,且这种变化因集料类型而异,在沸腾 5~10min 后,pH 值趋于稳定。在沸腾试验中,集料涂层的保留率会随着 pH 值的增加而降低。通过稳定沥青-集料界面的 pH 敏感性,可以降低黏结破坏的风险,从而提供牢固且耐用的黏结,并减少剥离现象的发生。

沥青与集料之间的黏结强度取决于表面的化学活性;集料表面(实地条件下)的水通常具有较高的 pH 值;某些用作防剥离剂的液体需要较长的固化时间(超过约3h),才能在较高的 pH 值下保持抗黏结损失的能力;在集料与沥青之间实现牢固的化学结合是可能的,这种结合能够抵御 pH 值的变化以及高 pH 环境的影响。这种强大的化学键可以通过迅速形成不受高 pH 值或 pH 值变化影响的不溶性有机盐(如钙基盐)来实现。

尽管 pH 值的变化会对化学键产生影响,但将 pH 值的变化幅度控制在适当范围内至关重要。通常,当 pH 值高达 9 或 10 时,它既不会将胺从集料的酸性表面排斥出去,也不会对熟石灰产生不良影响。在沥青混合料中,pH 值通常不会超过 10,除非人为添加了石灰等强碱性物质。然而,当 pH 值低于 4 时,它可能会从集料表面去除胺,并根据所用酸的类型导致石灰溶解。需要注意的是,在热拌沥青混合料中,这种低 pH 值的情况并不存在。

3.2.2.7 集料-沥青系统的环境影响

温度、空气以及水等多重因素均对沥青混合料的耐久性产生着深远的影响[43]。在气候温和且能够获取优质集料与优质沥青的条件下,交通荷载及其所引发的各种危害表现成为导致材料劣化的主要因素。然而,当使用不良材料、面临不利的交通状况,以及遭遇恶劣天气时,沥青混合料可能会过早地出现失效现象。Terrel 等经过研究,确定了多个值得重点关注的环境因素,它们分别是:地下水的作用、温度波动(特别是冻融循环条件)、沥青的老化过程、交通荷载的影响,以及施工技术的选择与应用[44]。

3.2.3 黏附理论

沥青与集料间的黏附性是一个由多重机制共同作用决定的复杂现象,其中包括化学反应、表面能匹配、分子取向及机械黏附等四种主要理论。这些机制的效能受到沥青和集料的化学成分、表面张力、黏度、集料表面结构、孔隙率、清洁度、含水率以及混合温度等多种因素的共同影响。在实际应用中,需综合考虑这些因素以优化沥青混合料的黏附性能[43]。

3.2.3.1 化学反应

沥青与集料间抗剥落反应的基础在于不溶于水的化学成分与沥青间的化学反应。早期研究(Rice)探讨了集料与沥青类型间发生选择性化学反应的可能性[45]。随后,Jeons 等阐述了沥青在集料表面的化学吸附现象,并运用 Langmuir 模型对吸附量进行了量化分析[46]。Thelen 则早先指出,为降低沥青-集料混合物中的剥离风险,化学吸附所形成的黏结力至关重要[41]。

Robertson 发现有机分子内部的极性分布或电荷分离促进了极性沥青组分对极性集料的吸附作用[47]。尽管沥青与集料本身不带净电荷,但其组分的不均匀电荷分布使得它们仿佛带有吸引异种电荷的能力。Curtis 等指出,聚集体在电荷分布上展现出显著变化,且这种分布受环境因素影响,从而解释了沥青与集料表面的极性相互作用。他们发现,碱性氮化合物(如吡啶)在聚集体表面具有顽强的吸附性,并描述了沥青水泥中的羧酸特性。这些羧酸虽然极性强烈,与干燥集料黏附紧密,但在水存在下易从集料表面脱落,其脱落程度因酸的类型而异[48]。

Plancher 等指出,沥青中羧酸的单价阳离子盐(如钠盐、钾盐)易于从集料表面脱除,因其具有表面活性剂或肥皂的特性,在交通荷载引起的"擦洗"作用下易脱落[49]。相对而言,Robertson 强调,二价或双电荷酸盐(如熟石灰中的钙盐)对水的作用具有更强的抵抗力。老化沥青相较于未老化沥青更易受水分损害。某些沥青中,随着氧化过程,会产生一种强酸性物质。若沥青酸转化为钠盐(某些集料也可能发生此转化),则会形成具有洗涤作用的物质。然而,洗涤物质中的钙盐对水分的敏感性显著降低,或可通过添加石灰使其失活[47]。

1)化学键理论

在探讨基本黏附力时,引入了物理与化学键的概念,尽管化学吸附与物理吸附常依据特定特征进行描述,但实际上两者间的界限并不如表面看来那般清晰(Butt 等)[50]。本节将深入讨论沥青与集料间的化学键合理论,重点关注它们之间特殊性质的相互作用,而与之相对的是非特定性质的相互作用。传统观念认为,沥青-集料体系中化学键的形成会伴随着新化合物的产生。

沥青的分子构成主要由长碳链及饱和氢环组成,这些结构赋予了沥青非极性的特性(Little 和 Jones)[51]。这些轻质、油性或蜡状的组分,如烷烃、石蜡或脂肪族化合物(Robertson)[47],因其饱和(含氢)且仅由 C—H 和 C—C 键构成,电子分布均衡,故表现出惰性特征,即电子移动趋势微弱。

非极性分子间的相互作用主要依赖于范德华力(BROWN)[52],这种力在沥青这类大分子中的贡献尤为显著,因其具有加和性。尽管集料表面的活性化学位点有利于沥青中极性物种的结合,但非极性碳氢化合物的覆盖可能会完全掩盖这些活性位点(Curtis)[53]。然而,在高温混合过程中,极性物种更有可能与集料表面达到平衡,并取代表面上较弱吸附的非极性组分(Petersen 等)[54]。

沥青-集料相互作用的化学机制因其所涉及材料的复杂性和多样性而显得高度复杂且多变(Petersen 等)[54]。"活性中心"这一概念被用来描述大分子与矿物表面的反应性,它指的是一个过程,其中表面化学反应由有机或矿物表面上的分子尺度特征(表面官能团)所驱动(Johnston)[55]。这一概念有助于更深入地理解沥青与集料间复杂而多变的相互作用机制。

2) 沥青官能团

尽管沥青主要由非极性的碳氢化合物构成,但其中也可能包含氮(N)、硫(S)和氧(O)等杂原子,这些杂原子作为沥青分子的一部分存在。此外,沥青中还含有微量金属,这些金属被视为原油来源的"指纹"特征(Robertson)[47]。这些杂原子和微量金属虽然含量甚微,却能为沥青分子引入极性,进而对沥青的性质及其与集料表面的相互作用产生至关重要的影响[54]。Petersen 已经成功识别出沥青中具有极性的、强相关性的官能团。图 3-27 展示了天然沥青中重要官能团的化学结构,其中也包括在氧化过程中新形成的官能团[56]。

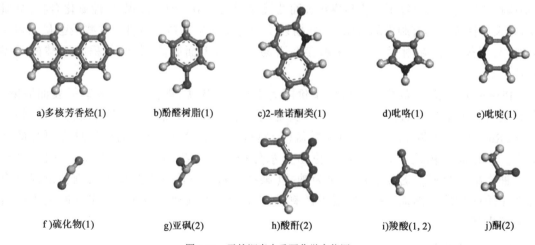

a) 多核芳香烃(1)　　b) 酚醛树脂(1)　　c) 2-喹诺酮类(1)　　d) 吡咯(1)　　e) 吡啶(1)

f) 硫化物(1)　　g) 亚砜(2)　　h) 酸酐(2)　　i) 羧酸(1, 2)　　j) 酮(2)

图 3-27　天然沥青中重要化学官能团
(1)-天然存在的;(2)-氧化老化形成的[56]

类苯不饱和环结构是原油中普遍存在的碳氢化合物类型,与烷烃一同构成了沥青分子的典型组成部分。在传统胶束模型中,树脂和沥青质被视为沥青中极性较强的组分,同时这些组分也具有较高的分子量或较大的分子尺寸。然而,在战略公路研究计划(SHRP)执行期间,一种基于非极性和极性组分的沥青模型逐渐取代了历史悠久的胶束模型,成为描述沥青组成的新范式(Robertson)[47]。

众多研究聚焦沥青中不同官能团对集料表面的相互作用及亲和力,广泛探讨了代表沥青中特定官能团的模型化合物在集料表面的吸附行为[49,57]。这些研究通常涉及官能团对集料表面的相对亲和力评估,以及它们在水环境中的相对位移情况。尽管不同聚合类型或模型聚合物可能会导致具体的排名有所差异,但总体上已观察到了相似的趋势。

表3-3汇总了沥青中不同官能团对集料的亲和力数据,以及这些官能团对于水敏感性的评估结果。需要注意的是,表中信息的排列并非依据重要性顺序,而是揭示了一个关键观察:那些与集料表面结合最为紧密的官能团,也是最易被水分子置换的。沥青组分虽以少数存在,但主要以酸性成分为主,如羧酸、酸酐及2-喹诺酮类等,这些成分在吸附层中尤为富集,与沥青普遍呈现酸性化合物过量的特征相吻合[35]。

集料表面沥青官能团的一般亲和力 表3-3

Plancher 等[49]	Petersen 等[54]	Jamieson 等[58]
吸附最强的官能团(递减序列)		
羧酸	羧酸	羧酸
酸酐	酸酐	亚砜
2-喹诺酮类	苯酚	吡啶
亚砜	2-喹诺酮类	酚醛树脂
吡啶	亚砜	吡咯
酮	酮	酮
	吡啶	
	吡咯	
吸附官能团对水驱替的敏感性(递减序列)		
羧酸	酸酐	亚砜
酸酐	2-喹诺酮类	羧酸
亚砜	羧酸	吡咯
吡啶	吡啶	酮
2-喹诺酮类	亚砜	吡啶
酮	酮	酚醛树脂
	酚醛树脂	
	吡咯	

羧酸与亚砜这两种官能团占据了强吸附组分中总化学官能团的近半比例(Petersen)。这些化合物因具有亲水特性和脂肪族结构(与芳香环结构形成对比的锯齿形链),且在同一分子上不伴随其他极性官能团(单官能团相较于多官能团),从而形成了被水轻易取代的特性。相比之下,多功能沥青分子的吸附能力更为显著,这类分子通常包含酮、酸酐以及氮元

素。试验还揭示了特定的氮化合物,如吡啶、吡咯类以及酚类化合物,展现出强烈的吸附倾向[59]。

3)聚合功能组

聚集体是由一种或多种矿物以特定的化学成分和有序的原子排列组合而成的结构。在这种原子晶格排列中,每个原子均通过静电配位键与邻近原子紧密相连。当聚集体遭受压碎或劈裂时,新暴露的表面原子会失去部分相邻原子,导致原有的配位键断裂。这些原子随后会寻求与新的原子形成配位键,以替代被破坏的旧键(Thelen)[41]。

Jamieson 等报道,通常与沥青具有高度亲和力的集料表面化学位点主要包含铝、铁、镁和钙等元素,而钠和钾则与较低的结合亲和力相关。为了评估集料和沥青之间的相互作用,研究者采用逐步回归分析方法,对 SHRP 材料参考库(MRL)中涵盖的 11 种集料和 3 种沥青类型的物理化学性质对净吸附试验结果的影响进行了深入分析[58]。表3-4 归纳了五个关键变量,其中相关系数达到 0.9,表明净吸附主要受到集料性质的显著影响。具体而言,这些影响因素按作用大小依次排列为氧化钾、表面积、氧化钙、Zeta 电位和氧化钠。这些结果不仅验证了碱金属(钾和钠)以及钙元素对吸附过程的影响,还揭示了 Zeta 电位在部分吸附-解吸作用中的解释力。

净吸附团聚体的理化性质[58]　　　　　表3-4

影响净吸附的变量	相关系数
氧化钾	0.48
表面积	0.71
氧化钙	0.75
Zeta 电位	0.87
氧化钠	0.90

3.2.3.2　表面能与分子取向

集料表面的相对润湿性可通过水或沥青的润湿能力来表征,其中,水因其较低的黏度和表面张力而展现出更优的润湿性能。然而,当涉及利用表面能来精确计算沥青玛琋脂的黏结强度,以及集料与沥青水泥或集料与胶浆之间的黏结能时,问题就变得复杂得多,值得进一步深入探究。

分子定向与表面能紧密相关,它们共同构成了一个理论框架,该理论着重考虑了沥青-集料界面处沥青分子的结构特征,并假设沥青与集料之间的黏附力是通过沥青分子在集料表面的吸附作用来实现的(Hubbard、Rice、Sanderson)[60]。Kiggundu 和 Roberts 进一步提出,分子取向与表面能是一个协同作用的过程。他们还引用了其他研究人员对表面现象的观察结果来支持这一观点[29]。例如,Yoon 发现,具有较高 pH 值或较高 Zeta 电位的集料,在与水接触时表现出更强的剥离或脱落潜力[61]。而 Scott 则指出,当水在特定条件下以微滴形式穿透沥青膜并到达矿物集料表面时,所达到的 pH 值可能足以使吸附的水分子发生离子化和离解[33]。这些研究共同揭示了沥青-集料界面处复杂的物理和化学相互作用机制。

3.2.3.3 机械黏附力

物理黏附的形式主要取决于集料的物理特性,这些特性涵盖了表面结构、孔隙率或吸水性、表面涂层、表面积以及粒径大小(Terrel 和 Al-Swailmi)[44]。其基本原理是通过生产具有最大化表面积和纹理的集料表面,来形成稳固的物理黏结。这种设计即使在有水存在的条件下,也能协同提升沥青与集料之间的化学键合性能。

表面纹理本质上捕捉的是那些太小以至于无法影响整体形状的表面不规则程度(Chadan 等)[62]。Masad 等利用先进的成像技术,成功获取了石灰岩、砾石以及花岗岩的表面纹理图像。研究发现,细组分与粗组分的结构在所有团聚体中均呈现出显著差异。基于此,研究人员提出了一种各向异性的黏塑性连续介质力学模型,用于拟合不同围压条件下的三轴压缩试验数据。模型中的一个关键参数,即加工硬化参数 $\bar{\kappa}$,反映了黏结料与集料间的黏附力或黏结料内聚力的影响程度[63]。如图 3-28 和图 3-29 所示,该参数与集料结构之间的关系清晰地表明,它主要代表了混合物中的黏附力特性。此外,$\bar{\kappa}$ 随着压力的增加而增大,细集料的织构指数与 1%黏塑性应变下的初始 $\bar{\kappa}$ 紧密相关,而粗集料的织构指数则与 8%黏塑性应变下的最终 $\bar{\kappa}$ 密切相连。需要注意的是,花岗岩粗组分的结构指数最高,相应地,其最终值 $\bar{\kappa}$ 也达到了最高水平。

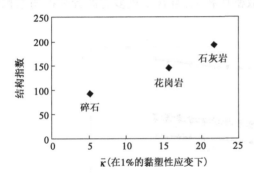

图 3-28 硬化模型参数与细集料表面结构的关系[63]

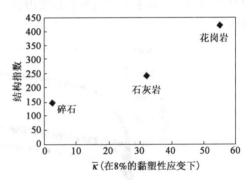

图 3-29 硬化模型参数与粗集料表面结构的关系[63]

3.2.4 衔接理论

黏合力在胶浆体系中得以形成,并且其强度受到填充胶结料流变特性的显著影响。Kim 等深入探讨了矿物填料的分散状态对胶浆抵抗微裂纹发展能力的影响,指出胶浆的黏结强度并非仅由沥青单独决定,而是沥青与矿物填料之间复杂结合与相互作用的综合结果[64]。Terrel 和 Al-Swailmi 进一步阐明了水分对黏结力的多重影响机制,包括水分饱和引起的孔隙膨胀或材料胀大,进而导致胶浆性能的弱化。在胶浆性能占主导的区域,黏结性能的逻辑重要性尤为突出,而非界面性能[44]。

Schmidt 和 Graf 研究表明,沥青混合料在饱和状态下会遭受约 50%的模量损失,这一损失虽可能随时间推移而持续,但在干燥后,模量能够完全恢复至原始状态,如图 3-30 所示[65]。这一现象深刻揭示了水分对沥青混合料力学性能的重要影响,以及干燥后材料性能的可逆性。

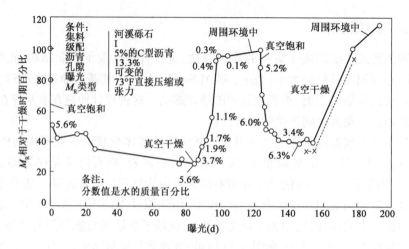

图 3-30　水分对弹性模量的影响是可逆的[65]

Cheng 等研究了沥青混合料在潮湿环境下的显著弱化现象。图 3-31 展示了在 85% 饱和度条件下,通过重复荷载三轴试验所观测到的强度降低的情况。通过对比沥青与集料间在潮湿条件下的黏合强度与其在干燥状态下的较高黏合强度,可以预测这种强度的损失。此外,不同混合料中的损伤速率与水向沥青胶浆中的扩散密切相关,且含水较多的沥青其损伤累积速度更快[42]。

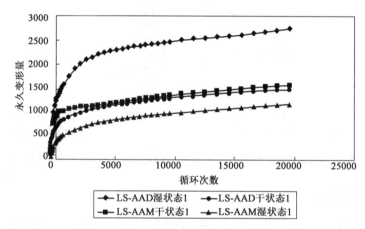

图 3-31　干湿条件下 AAD 石灰岩(LS-AAD)和 AAM 石灰岩(LS-AAM)的重复荷载永久变形试验[42]

3.2.5　结合理论

Kiggundu 和 Roberts 尝试将前述的多种理论进行整合,因为单一理论无法全面准确地阐释水损害现象。表 3-5 详细列出了各种机制在导致水损害中的主次贡献关系,该表旨在将那些解释剥离机制中黏附力损失的理论相互关联起来[29]。表面黏结并非仅仅是一个物理过程,因为它不仅依赖沥青与集料表面之间黏结的化学性质,还与断裂键的存在或原子的不完全配位紧密相关。具体而言,断裂的键会导致体系自由能的增加,从而影响表面黏结的强度。

黏结损失理论与剥离机理之间的关系[29]　　　　　　　表3-5

提出的运行模式(机制)	机械式连锁			化学反应			界面能		
分离	P	C	P-C	P	C	P-C	P	C	P-C
取代	S						S	W	
自发乳化				S			S		
膜破裂	S			S	W				
孔隙压力	S								
水力冲刷	S								
pH值不稳定					S			S	

注:P-物理;C-化学;P-C-物理和化学;S-主要贡献者;W-次要贡献者。

3.2.6　沥青-集料相互作用的本质

3.2.6.1　黏合失效与内聚性失效

沥青混合料的损坏可能发生在胶浆内部,表现为黏性断裂;可能发生在集料与胶浆的界面处,即黏结断裂或界面破坏。黏结破坏是否发生,取决于胶浆的性质以及包裹在粗集料和细集料周围的胶浆相对厚度。Lytton采用微观力学方法,对沥青膜的"临界厚度"进行了评估。当沥青膜厚度超过这一临界值时,黏结破坏将被内聚破坏所取代[66]。

图3-32展示了基于黏聚力与黏着表面能,以及沥青胶结料或胶浆厚度所确定的黏结强度与黏结强度曲线。该理论说明沥青薄膜较薄的沥青混合料倾向于因黏结破坏而失效,而具有较厚沥青薄膜(或胶浆膜)的混合料则更倾向于因胶浆内部的损伤(内聚破坏)而失效,而非界面脱黏。区分这两种破坏类型的临界厚度,取决于沥青(或胶浆)的流变性、其在破坏前所能承受的损坏程度、加载速率以及测试时的温度条件。

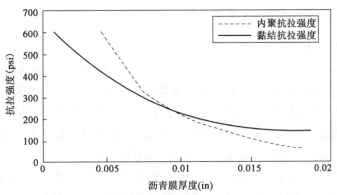

图3-32　基于沥青膜厚度的黏结破坏与黏结破坏[66]

注:1psi=6.895kPa,1in=2.54cm。

在评估混合物的整体性能时,必须同时考虑其黏合特性与黏合强度,因为在实际混合物中,胶浆涂层的厚度会从相对较薄变化到相对较厚。因此,混合物的强度实际上成为一个附着力或黏聚力控制条件的统计分布问题。在此背景下,水分对黏结强度和胶浆强度的影响可能同样至关重要。Kim等采用动态力学分析(DMA)测试,对沥青胶结料和胶黏剂的损坏率进行了评估。在DMA测试中,对圆柱形沥青玛琋脂施加周期性扭转荷载,直至其发生破坏。破坏是由微裂纹的萌生与扩展所致,这些微裂纹起始于圆柱形试样的外周[64]。各种胶黏剂在失效前的损伤率和损伤量,取决于胶黏剂本身的性质。这一发现具有重要意义,因为它从根本上揭示了设计良好的胶浆相较于设计不佳的胶浆,在发生故障前能够承受更多的损伤。具有适当填充量和填料类型的胶黏剂,比未填充体系在失效前能承受更多的损伤;而聚合物改性体系则比未改性体系能承受更多的失效前损伤。

图 3-33 描绘了典型胶浆失效时,累积耗散伪应变能(DPSE)与扭转 DMA 荷载循环次数之间的关系。与纯沥青(如 AAD 或 AAM)相比,填充沥青或胶浆(含熟石灰(HL)或石灰石(LS))在失效前能够积累更多的 DPSE。填料类型以及填料与沥青之间的物理化学相互作用对此具有显著影响(Lesueur 和 Little)[67-68]。延长疲劳寿命的机制在于,适当设计的胶浆或改性沥青能够影响微损伤累积的速率,并通过微裂纹的合并来抵抗快速、灾难性的破坏。

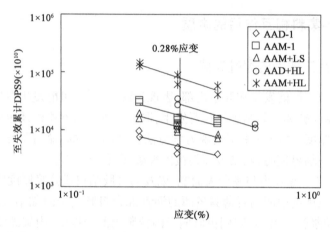

图 3-33 沥青 AAD-1 和 AAM-1,沥青 AAD 加熟石灰(AAD-HL),AAM 加熟石灰(AAM-HL)和石灰石(AAM-LS)的失效循环次数(DMA)和 DPSE 之间的关系[64]

3.2.6.2 集料特性的影响

通常认为,碱性集料具有疏水性,而酸性集料则具有亲水性,然而也存在例外情况[69]。总体而言,很少有集料能够完全抵御水的剥离作用。Tarrer 和 AL-Swailmi 列举了诸多影响沥青-集料黏结的因素,包括表面结构、沥青对孔隙和裂缝的渗透能力、集料的倾斜度、集料表面因环境因素导致的老化、集料表面的吸附涂层以及干集料与湿集料的性质差异[40]。

集料的表面结构对其能否被均匀涂覆具有重要影响,而良好的初始涂层是防止剥离现象发生的必要条件。Cheng 等深入探讨了沥青与不同集料(如花岗岩和石灰岩)之间黏结强度的复杂性,以及这种黏结强度如何受到量化方法的影响[42]。该研究旨在深化对沥青与集料黏结机制的理解,特别是物理键与化学键相互作用如何共同作用于黏结强度。通过对比不同集料与沥青的黏结强度,研究揭示了集料类型对黏结性能的重要影响。当黏结强度以单位表面积的能量来量化时,花岗岩与沥青的黏结强度高于石灰岩集料与沥青的黏结。在相同表面积下,花岗岩与沥青的相互作用更为强烈。然而,当黏结强度以单位集料质量的能量来量化时,情况则发生了逆转。钙质集料(如石灰岩)的黏结能显著高于硅质集料(如花岗岩)。这可能是由钙质集料具有更高的比表面积或更有利于与沥青形成化学键的表面特性所致。研究进一步强调了物理键(如范德华力)和化学键(如共价键或氢键)在沥青与集料黏结中的核心作用,它们的强度和稳定性直接关乎黏结的强度和耐久性。此外,集料的形状对黏结性能具有重要影响。具有棱角的集料(如角状集料)可能会促进胶结料或胶黏剂的黏结断裂,因为棱角处更易产生应力集中,从而导致黏结失效。

无论沥青与集料之间的黏结强度如何,水与集料之间的黏结强度都要显著更高。表3-6列出了五种不同液体或半固体(四种胶结料和水)与三种不同集料之间的黏结强度(单位:ergs/cm^2)。数据显示,水与任何一种集料的黏结强度至少比任何沥青高出30%。这一发现对于深入理解沥青混合料的性能及优化其设计具有重要意义。

样品单位面积的黏合能[42]　　　　　　　　　表3-6

黏合剂	集料		
	乔治亚州花岗岩	得克萨斯州石灰石	克罗拉多州石灰石
AAD-1	153	141	124
AAM-1	198	205	179
橡胶沥青	212	189	166
老化的橡胶沥青	171	164	145
水	256	264	231

Thelen 提出,在老化进程中,最外层的吸附水分子可能会被空气中的有机污染物(如脂肪酸和油)部分替代或覆盖,进而可能削弱剥离的潜力。然而,这一观点似乎不太站得住脚,因为这些脂肪酸相对较重,不易挥发[41]。通常情况下,氧化过程会减少氧化部位的自由基,使得风化后的集料相较于新压碎的集料更具抗剥离性。另外,如果能够在新压碎的集料上有效涂抹沥青,并且从一开始就阻止水层的吸附,那么所形成的沥青-集料黏结或许将是最为牢固的。

根据集料表面对破碎或劈裂所产生的断裂黏结的反应方式,产生两种可能的反应机制:在第一种机制中,新的配位键可能通过原子晶格的重新定向来形成。若真如此,集料便不再对沥青或水产生亲和力。然而,这一过程被认为是不太可能发生的。在第二种机制中,空气中的水、油或其他污染物会被吸引到新鲜的表面以满足断裂的键合需求。鉴于水通常是易于获取的,因此在新压碎的集料表面上,吸附水的驱动力在于它能降低系统的自由能。尽管沥青和其他有机物也可能在集料的压碎面上扩散,但其扩散速度却深受其黏度的影响。相比之下,水更为普遍且传播速度更快。显然,沥青和有机材料会摊铺在集料表面的水膜上,并有可能被水从水膜上剥离,从而使得整个过程变得更为复杂[32]。

沥青-集料黏结的增强可通过三个过程来实现:预热集料、风化集料以及去除集料涂层。这些过程有助于提高沥青与集料之间的界面张力,进而提升沥青与集料之间的黏结状态。风化过程会促使空气中的有机脂肪酸取代吸附的水层,从而改善沥青-集料的黏结性。而集料表面的灰尘涂层则会通过阻碍沥青与集料之间的紧密接触,以及形成水可渗透的通道来促进剥离现象的发生(Castan 等)[71]。

Cucalon 采用微量热计对沥青胶结料与均匀级配细集料混合时的浸没焓(DH)进行了测量。浸没焓在此可被视为胶结料与集料之间的结合能,它是通过对微量热量计记录的热流-时间曲线下的面积进行积分计算得出的。图 3-34 展示了在两种不同相对湿度(RH)条件下,即相对湿度接近零的干燥状态以及 RH = 33% 的湿润状态下,使用相同沥青胶结料与两种不同矿物集料(辉长岩和石灰岩)反应所产生的热量与反应时间的关系。根据对每种集料比表面积的测量结果,当相对湿度为33%时,所提供的水分足以在集料颗粒表面形成单层水膜。

从图3-35中可以观察到,集料处于干燥状态时,会产生显著的放热现象,这表明胶结料与集料表面之间形成了良好且牢固的黏结。然而,在相对湿度达到33%时,放热现象几乎消失,这很可能是由于集料表面形成了单层水膜。这一现象进一步证实了集料表面的亲水性对黏结料-集料黏结效果的显著影响,即便是极少量的水也可能对黏结性能产生重要影响。

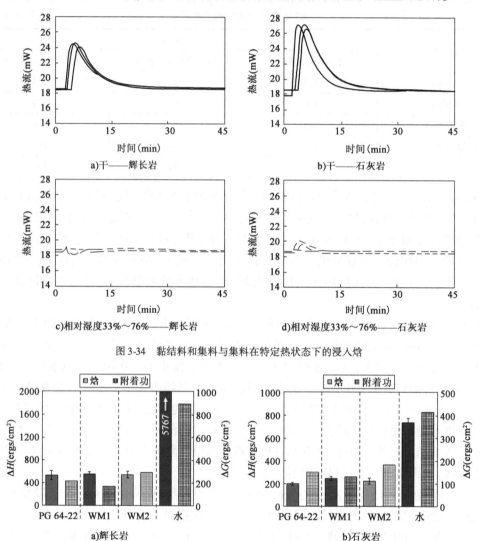

图3-34 黏结料和集料与集料在特定热状态下的浸入焓

图3-35 辉长岩和石灰石与四种胶结料的浸入焓(dH)和黏附功(DG)

3.2.6.3 沥青-集料黏结强度计算

1984年,Schapery基于材料科学的基本原理,提出了一个基础的黏弹性断裂理论。该理论阐述,由荷载诱导产生的能量,在引发断裂损伤时,与新形成的裂纹面上所储存的能量达到平衡状态。而储存在断裂面上的这种能量,可以通过测量材料的表面能来进行量化评估。

为了评估这种能量平衡,所需的材料特性是可以有效测量的。Si 等与 Kim 等的研究展示了如何在沥青混合料的循环疲劳试验过程中测量拉伸蠕变柔度以及引发损伤的应变能(伪应变能)。伪应变能的概念并不复杂,它是一种数学运算方法,能够将实际造成损伤的耗散能量与随时间恢复而不会造成损伤的能量区分开来。同时,表面能是可以测量的。Cheng 等已经验证了如何利用集料和沥青水泥的表面能测量值来计算与沥青玛琋脂和填料内部断裂相关的黏聚力,以及与沥青-集料界面断裂相关的黏附力的表面能[42]。

从断裂损伤的基本角度出发,可以很容易地将表面能与路面破损联系起来,并深刻理解表面能作为沥青路面破损评估指标的重要性。显然,表面能可以直接用于评估断裂的可能性,包括内聚性断裂和黏性断裂。此外,表面能还与永久变形损伤、疲劳破坏过程、黏结强度的降低以及在水分存在下的黏结破坏(剥离)等密切相关。损伤的加速与胶浆和沥青混合料的黏结强度及黏附性紧密相关。表 3-7 汇总了水分存在时的黏附自由能[42]。

单位质量吉布斯自由能($ergs/gm \times 10^3$)[42]　　　　　　　　表 3-7

黏合剂	集料		
	乔治亚州花岗岩	得克萨斯州石灰石	克罗拉多州石灰石
AAD-1	158	614	375
AAM-1	206	889	536
橡胶沥青	219	819	497
水	178	714	435

相较于沥青 AAD,沥青 AAM 与石灰岩或花岗岩集料的结合强度更高,从而剥离的风险也更低。美国联邦公路管理局在得克萨斯 A&M 大学运输研究所开展的两项对比研究已经证实了愈合现象在疲劳损伤过程中的重要作用。Little 等在重复荷载下的拉伸和扭转剪切疲劳试验中,对愈合效应进行了测量。他们不仅量化了愈合效应,包括休息期间能量的恢复,还研究了由于多个休息期累积效应所带来的疲劳寿命延长现象[68]。

3.2.7　应用表面能预测沥青混合料水损害

最显著的水分损害形式表现为,沥青胶结料在水分作用下从集料表面发生剥离。相关文献已明确证实了材料表面性质与其在水存在条件下剥落倾向之间的相关性[72]。基于沥青混合料和集料的表面能计算,与沥青混合料水分敏感性相关的三个关键参数包括:

(1)沥青胶结料与集料之间的黏附工作 W_{AB}。

(2)当水从黏结料-集料界面置换沥青胶结料时,系统的自由能脱黏或减少工作 W_{AB}^{wet}。

(3)沥青胶结料或乳胶的黏结力工作 W_{BB}。

以上三个参数是使用单个材料的表面自由能分量计算的。对于耐久性和相对较低的水分敏感性沥青混合料,沥青胶结料和集料之间的黏附工作 W_{AB} 应尽可能高。此外,水从胶结料-集料界面(W_{AB}^{wet})中置换沥青胶结料时,脱胶工作绝对值越负,则驱动水分损伤的热力学势越大。因此,通常希望这数量尽可能小。这是因为这个术语通常(几乎总是)是负量,而且越是负的,水越可能在与矿物或集料的界面上替换沥青。Little 和 Bhasin 基于两个能量项 W_{AB} 和 W_{AB}^{wet} 开发和能量比用(ER),并将这些项组合成一个无量纲参数。后来他们调整了这个比率,以考虑沥青的亲和力,以形成黏性相互作用(W_{BB})[72]。由此产生的能量比(ER_2)用式(3-27)表示:

$$\mathrm{ER}_2 = \left| \frac{W_{AB} - W_{BB}}{W_{ABW}^{wet}} \right| \times \mathrm{SSA} \tag{3-27}$$

式(3-27)将 ER_2 定义为一个参数,该参数可用于根据含水率与干黏合强度成正比的假设来估计沥青混合料的水分敏感性,并与脱胶过程中的脱黏功或自由能降低成反比。后一个术语的确定如下:

$$W_{ABW}^{wet} = \gamma_{AW} + \gamma_{BW} - \gamma_{AB} \tag{3-28}$$

式中:γ_{AW}——集料和水之间的黏结强度;

γ_{BW}——沥青和水之间的黏结强度;

γ_{AB}——沥青和集料之间的界面黏结能力。

在式(3-27)中,值 ER_2 是干黏附功与剥离功之比的绝对值乘以集料的比表面积(SSA)。

图 3-36 与图 3-37 展示了式(3-24)在预测包含 12 种不同混合物(由三种集料与四种沥青组合而成)水分损害方面的有效性。在图 3-36 所示的拉伸试验中,将湿度条件下的拉伸弹性模量与干燥状态下的拉伸弹性模量之比作为横坐标,对数化的 ER_2(能量比率的平方)与 SSA(比表面积)的乘积作为纵坐标进行绘图。在图 3-37 中,通过持续施加重复压缩荷载,直至样品累积达到 1% 的永久应变,将湿条件下与干燥条件下,每种混合物累积 1% 应变所需的循环次数之比作为纵坐标进行展示。在这两幅图中,虚线表示 95% 的置信范围,并清晰地揭示了由这些比率所反映的水分损害与 ER_2 之间存在的密切关联。

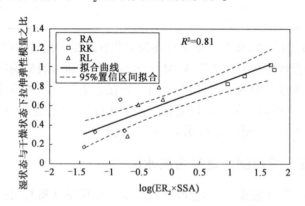

图 3-36 混合物的试验室性能(拉伸模量)与 $\mathrm{ER}_2 \times \mathrm{SSA}$ 参数的比较[72]

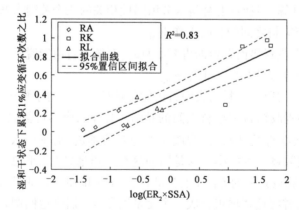

图 3-37 混合物的试验室性能(塑性变形)与 $\mathrm{ER}_2 \times \mathrm{SSA}$ 参数的比较[72]

3.2.8 沥青组成对黏结性能的影响

3.2.8.1 沥青组成

沥青的化学成分很复杂。本节的简要概述无疑是对沥青复杂性质的简化，旨在提供基本术语的定义和沥青基本成分的描述。

3.2.8.2 元素组成

沥青分子主要由碳和氢组成（按重量计，在90%~95%范围内）。然而，剩余的原子称为杂原子。它们包括氧、氮、硫、镍、钒和铁等元素，对沥青分子的相互作用以及沥青的性能非常重要。

3.2.8.3 分子结构

沥青分子由原子以特定方式连接构成，其中最为基础的结构或许是由饱和氢键结合的脂肪族碳链。此类碳-碳键也能构成闭环结构，其环内充满氢原子。这些饱和结构通常展现出非极性特性，且主要依赖相对较弱的范德华力进行分子间相互作用。另一类重要的沥青分子则包含芳香族化合物。此类分子特征性地由6个碳原子构成的六角形环所组成，环内碳原子间以单键与双键交替的独特方式连接，形成了苯环结构（图3-38）。芳香环或苯环中的这种独特键合模式，不仅促进了多环芳烃复杂原子结构的形成，还允许了分子在二维层面上的延伸以及三维空间中的堆积。

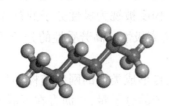

a)脂肪族(己烷，C_6H_{14})　　b)环状(环己烷，C_6H_{12})　　c)芳香族(苯，C_6H_6)

图3-38　沥青分子类型[46]

3.2.8.4 沥青分子间的键

强共价键负责将原子紧密结合成沥青分子的骨架结构。这些沥青分子之间，则通过较弱的作用力相互关联，包括π-π键、氢键、极性键以及范德华力[46]。特别地，π-π键作为芳香族分子间的特征性相互作用，赋予了这些分子以特定方式堆叠排列（图3-39）的能力，这种排列方式依赖分子的极性和芳香性。此外，沥青分子中的杂原子不仅引入了极性，还通过形成氢键进一步增强了分子间的联系，其中亚砜与羧酸之间的氢键（图3-39）尤为显著。

范德华力作为次级键中最微弱的一种，通常在分子处于低温平衡状态或应力释放过程中发挥作用。这种力的作用对于沥青在不同温度下的物理状态具有重要影响：在高温下，较弱的范德华力允许沥青呈现自由流动的特性；而低温时，这些力的存在则使沥青转变为半固态[46]。需要注意的是，从键的强度来看，分子内部的共价键（一级键）相较于上述提到的次级键（如ππ键、氢键等)要强上 10～100 倍,这一对比为理解沥青材料的结构稳定性和响应机制提供了重要的参考基准。

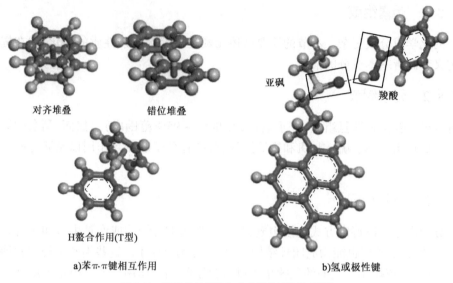

图 3-39 沥青分子间键和多功能分子的类型[46]

3.2.8.5 极性与非极性分子

极性分子通过氢键和 π-π 键的相互作用,构建了一个错综复杂的"分子网络",这一结构赋予了沥青独特的弹性特征。与此同时,非极性材料作为构成这一网络的主要基质,对沥青的黏性特性起到了关键作用[46]。在沥青的分子组成中,极性程度被视为极性分子的首要属性,而芳香度则紧随其后,成为第二重要的性质。那些同时具备高极性和高芳香性的分子,能够形成最为坚固且相互作用强烈的分子网络。

相比之下,非极性分子间的相互作用力较弱,不足以独自形成类似的网络结构,但它们对沥青的整体性能仍具有不可忽视的影响。特别是非极性分子的分子量,与沥青在低温下的表现紧密相关[46]。当高分子量的非极性分子占据主导地位时,沥青会趋于硬化,从而在低温环境下表现出较差的性能。若这些非极性分子具有蜡状特性,它们在低温下更易结晶,导致沥青变得脆弱且易开裂。

为了确保沥青性能的稳定性,非极性分子与极性分子之间必须保持一种恰当的相互作用或相容性。当极性与非极性分子在化学结构上相对接近时,它们能够和谐共存,形成稳定的混合体系。然而,若两者之间的差异显著,极性网络可能会从溶液中析出,引发相分离问题,这对沥青的整体性能构成实质性威胁。因此,在沥青的配方设计中,合理调控极性与非极性分子的比例及性质,对于实现理想的性能平衡至关重要。

3.2.8.6 多功能有机分子

当同一分子上携带两个或更多官能团时,这些官能团之间有可能形成弱极性相互作用链,这些链构成了极性网络的基础架构。以多功能有机分子为例,如同时包含羧酸(R—COOH)和亚砜(S═O)官能团的分子,便是此类结构的典型代表[46]。图 3-40 展示了由双功能及多功能分子结构所构建的网络与链的实例,直观地揭示了这些复杂分子间的相互作用模式。

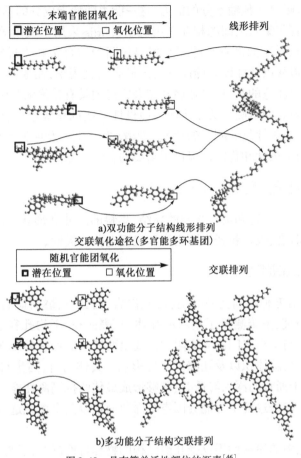

图 3-40 具有简单活性部位的沥青[46]

多功能有机分子在沥青的老化过程中扮演着至关重要的角色。这是因为,对于极性分子而言,若要引发显著的物理变化,它们必须通过链状结构相互连接或形成广泛的网络。图 3-40 阐释了这一过程:具有单一活性中心的分子在氧化时,其氧化效应可能局限于局部,导致"猝灭"现象;而拥有多个活性中心的分子,在氧化过程中能够形成一个连续且扩展的网络,从而加剧了氧化的影响。

这一发现强调了多功能有机分子在沥青材料老化机制中的核心作用,以及它们如何通过形成复杂的相互作用网络来影响沥青的长期性能。因此,在沥青的配方设计与性能优化中,深入理解并调控这些多功能分子的结构与分布,对于提升沥青的耐久性和稳定性具有重要意义。

3.2.9 沥青化学性能与黏附性

有机分子中电荷的非均匀分布,即极性特征,增强了极性沥青组分与集料极性表面之间的相互吸引力。尽管沥青与集料在宏观上并不携带净电荷,但它们内部的组分因电荷分布的不均一性,而表现出类似电荷相互吸引的效应。Curtis 等的研究表明,聚集体表面的电荷特性具有显著的多样性,并且易受环境因素的影响而发生变化[53]。在此基础上,Robertson 进一步指出,沥青与集料之间的黏附力主要源自两者极性表面之间的相互作用。然而,他也强调,沥青自身的极性并不足以确保在路面应用中获得理想的附着力,因为沥青的性能会受到环境条件的显著影响,并且沥青具有吸收和传输水分的能力,这一能力随沥青成分的不同而有所差异[36]。

为了深入理解沥青与集料之间的相互作用机制,Curtis 采用了吸附等温线(特别是 UV 吸附光谱)作为分析工具,对不同沥青官能团与集料表面的结合亲和力进行了系统评估。研究结果显示,酸性基团、羧酸以及亚砜官能团展现出最高的吸附率,而酮类和非碱性氮基团的吸附率则相对较低。需要注意的是,尽管亚砜和羧酸官能团具有较强的吸附能力,但它们在水存在条件下更易于从集料表面解吸。关于集料表面极性基团的解吸趋势,研究揭示了一个明确的序列:亚砜 > 羧酸 > 非碱性氮 > 酮 > 碱性氮 > 苯酚[48]。这一发现为优化沥青与集料的黏附性能,以及提升路面的耐久性和稳定性提供了重要的科学依据。

3.2.9.1 集料性能对附着力的影响

集料的许多特性影响沥青和集料之间的黏结:集料的尺寸和形状、孔隙体积和尺寸、表面积、表面化学成分、酸碱度、吸附粒径表面密度和表面电荷或极性。

3.2.9.2 孔隙体积和表面积

Yoon 和 Tarrer 针对五种不同类型的集料(花岗岩、白云石、燧石砾石、石英砾石以及石灰岩)展开了一项综合研究,系统测量了集料的孔体积、表面积、平均孔径以及沸腾后涂层的百分比。研究表明,沥青与集料之间的剥离阻力主要由两者间的物理黏结强度所决定,而这一强度又深受集料表面积、孔隙体积以及孔隙尺寸的影响。具体而言,当集料具备较大的表面积,并且其孔隙结构有利于沥青的深入渗透时,能够形成最佳的抗剥离性能。然而,若集料表面粗糙且孔隙细小,沥青在渗透过程中可能会因空气滞留而难以完全填充这些孔隙,从而影响黏结效果[73]。

此外,沥青在孔隙中的渗透性不仅受孔隙结构的物理特性制约,还与沥青在混合温度下的黏度密切相关。需要注意的是,即使两种集料在孔隙体积、结构及表面积等物理性质上相近,它们的实际性能也可能因表面活性的化学和矿物学差异而大相径庭。例如,石灰岩与石英砾石尽管物理表面结构相似,但石灰岩的黏结力却显著高于石英砾石[73]。

Cheng 等的研究也得出了类似的结论。尽管某种花岗岩集料的单位面积表面能远高于特定石灰石,但在考虑单位质量而非单位表面积(已包含表面积因素)的结合能时,石灰岩在85%饱和沥青样品的重复加载试验中展现出了更大的抗破坏潜力[42]。

3.2.9.3 接触水的 pH 值

当缓冲溶液的 pH 值从 7.0 调整至 9.0 时[33],若将不同类型的集料粉末(包括燧石砾石、石英砂、石英砾石、花岗岩、石灰岩及白云石)添加至水中,并允许其反应约 30min,可观察到混合物的 pH 值会逐渐上升并趋于一个稳定值。需要注意的是,即便是通常被认为是酸性的花岗岩,在与水反应一段时间后,其 pH 值也会上升至约 8.8。这一现象可归因于花岗岩中的硅酸盐与水发生晶格反应,生成了过量的羟基离子,这是弱酸盐典型的水解过程[73]。

随着 pH 值的升高,沥青与集料之间的剥离现象变得更为显著。当集料表面被沥青覆盖时,集料会选择性吸附沥青中的某些成分,进而形成更多的极性化合物以及氢键或盐键。显然,被吸附组分的种类和数量对黏附强度有着直接影响。Yoon 和 Tarrer 指出,酮类和酚类的存在有助于提升抗剥离性能,而羧酸、酸酐以及 2-喹啉等化合物则可能增强剥离敏感性,因为它们所形成的键对水具有较高的敏感性[73]。

消石灰的加入为解决这一问题提供了一种有效机制。它能够与羧酸和 2-喹啉类化合物结合,从而阻止它们与集料表面的氢键功能相互作用,避免形成对水敏感的键。石灰与沥青成分的相互作用不仅抑制了湿敏键的形成,还促进了更稳定键(如与沥青中的氮化合物形成的键)的生成。此外,石灰的加入还能与易进一步氧化的化合物发生反应或吸附,有助于减缓氧化后黏度的增加。实际上,在严酷的冻融试验后,无论是在沥青中直接添加石灰,还是在沥青覆盖集料之前添加石灰,都能显著改善其抗湿性。

胺化合物若存在于沥青中或作为抗剥落添加剂加入,能与酸性集料表面(如硅质集料)发生反应,形成类似于沥青中羧酸等酸性化合物与碱性集料或石灰反应所生成的表面化合物。这一现象已由 Titova 等通过试验证实[74]。以二氧化硅和三乙胺为例,它们之间的相互作用展示了这种表面化合物的形成。

在水介质中,尤其是含有溶解离子的电解液存在时,表面之间的相互作用不再仅仅是纯库仑力,而是涉及静电相互作用。由于水的高介电常数,它成为离子的优良溶剂,导致大多数表面在水环境中带电。为了中和表面电荷,相反电荷的离子(反离子)会直接与表面结合,形成所谓的尾层。然而,热运动阻止了离子在表面的过度聚集,从而形成了一个由反离子和共离子组成的扩散层。这个由"固定"尾层和移动漫反射层共同构成的结构称为双电层,其概念如图 3-41 所示。

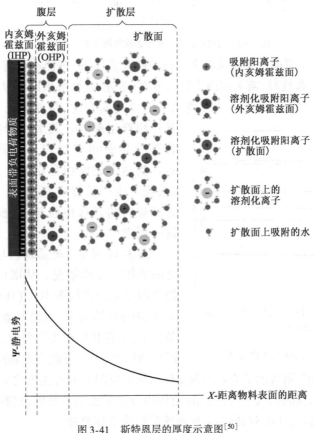

图 3-41 斯特恩层的厚度示意图[50]

随着距离水体表面的增加,表面电位(ω_0)逐渐减小。在固定层和移动层之间的剪切面上的电势是可以测量的,称为 Zeta 电位或电动势,它通常被用作表示表面电荷的指标。对于带电粒子在电场中的运动研究,称为电泳。通过这些概念,可以更深入地理解沥青与集料之间的相互作用机制,以及通过调整沥青的化学成分和添加适当的添加剂来改善其黏附性能和抗剥落能力。

电泳技术已被广泛应用于沥青-集料系统的研究中,旨在深入探究该系统内的水分损害或剥离现象[33,73]。然而,同样不能忽视的是,在集料表面处于"干燥"状态时,氢键的存在及其作用。为了更直观地展示这一点,Thelen 对石英进行了一项试验,该试验模拟了热拌沥青制造过程中对集料的预处理环节,如图 3-42 所示[41]。通过特定的预处理方式,Thelen 观察了石英集料表面在干燥状态下的氢键行为及其对后续沥青黏附性能的影响。这一研究不仅加深了对沥青-集料界面相互作用机制的理解,还为优化热拌沥青混合料的性能提供了有价值的参考。

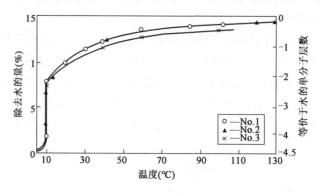

图 3-42 通过加热从石英中去除吸附的水分子[41]

水的存在使得 pH 值成为影响集料表面电荷的重要因素,进而在沥青-集料系统中发挥着关键作用。在考虑该系统时,需关注两个核心方面:首先,是外部水向沥青-集料界面的扩散过程[75]。这种扩散的水其 pH 值会随环境条件的变化而变化,从而对沥青与集料之间的相

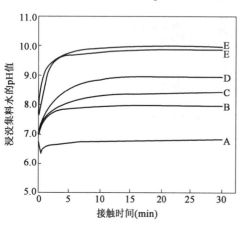

图 3-43 浸没集料的水的 pH 值变化[32]

互作用产生影响。其次,水与集料表面接触后,其性质会受到集料表面的影响,如图 3-43 所示。当两个表面相互靠近且其电双层发生重叠时,会产生一种静电双层力。Labib 通过叠加沥青和集料的 Zeta 电位与 pH 曲线,直观地阐述了这一概念[76]。

图 3-44 展示了硅质砾岩与四种不同沥青类型之间的相互作用情况。从图中可以看出,所有沥青类型和花岗岩的等电点(IEP,即 Zeta 电位为零时的 pH 值)约为 3。这意味着,在 pH 值大于 3 的条件下,沥青和集料均带负电,从而导致它们之间产生排斥力,进而可能引发剥离现象。

相比之下,图 3-45 则展示了方解石基 RD 石灰岩与四种沥青类型之间的相互作用。在这种情况下,由于石灰岩和沥青在广泛的 pH 范围内分别带正电和负电,这种相反的带电状态有利于它们之间的黏附。pH 值对沥青-集料系统的影响不容忽视。

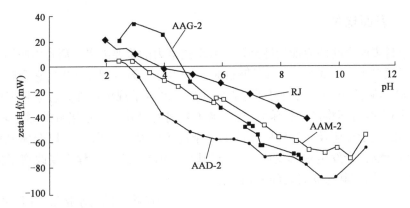

图 3-44 硅质砾岩(RJ)与四种沥青的相互作用图[76]

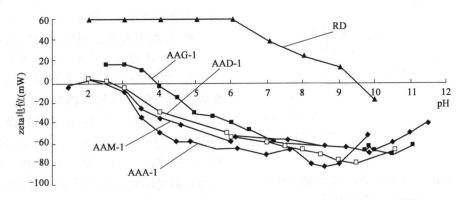

图 3-45 方解石基(RD)与沥青的相互作用图[76]

Hefer 等强调了在水存在条件下对黏附性进行量化的重要性,并特别指出了 pH 值在这一过程中的关键作用[77]。为了更深入地理解沥青与集料之间的相互作用,研究者们提出了基于表面电荷的集料分类方法,如图 3-46 所示。这一分类方法不仅反映了集料的传统分类,还与其 Zeta 电位数据紧密相关。具体来说,集料的表面电荷会直接影响其与沥青之间的静电相互作用。当集料表面带正电时,它可能会吸引带负电的沥青分子,从而增强黏附性。相反,如果集料表面带负电,而沥青也带负电,那么它们之间就会产生排斥力,可能导致黏附性降低。

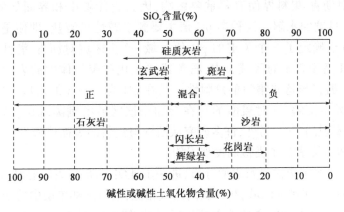

图 3-46 集料分类[78]

3.2.10 表面电位

沥青与集料表面之间的界面活性是评估其剥离潜力的重要因素。沥青中吸附于集料表面的官能团主要源自其酸性成分[73]。以羧酸(R—COOH)为例,当水存在时,它会解离为羧酸阴离子(R—COO⁻)和质子(H⁺),使得沥青表面在界面区域呈现负极性。若集料表面同样因吸水而带负电,那么两者间将产生排斥力,这增加了剥离的风险。与水接触的固体表面,其性质往往会因表面的化学反应及从溶液中吸附的复杂离子而发生变化[79]。以金属氧化物表面为例,当其与水接触时,会发生水解反应,生成羟基(—OH)。这一过程不仅改变了固体表面的化学性质,还可能影响其与沥青之间的相互作用。

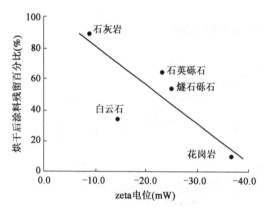

图 3-47 通过沸水试验确定的集料表面电位和剥离倾向的比较[73]

当矿物表面与水接触,并且水的 pH 值较高时,会导致矿物表面带有更多的负电荷。这一现象对沥青和集料之间的相互作用具有重要影响,因为两者之间的斥力强度直接取决于它们的表面电荷情况。为了量化这种电荷状态,采用 Zeta 电位作为测量集料表面电荷的方法。在水中具有相对较高表面电位(更负的电位值)的集料,更容易与沥青发生剥离[73]。这一发现与图 3-47 所示的数据相吻合,该图展示了不同集料在水中的 Zeta 电位与其剥离倾向之间的关系。高 pH 值的水环境会增强集料表面的负电荷,这可能是水中的氢氧根离子(OH⁻)与集料表面的某些成分发生反应,导致表面电荷的改变。当沥青也带有负电荷时,两者之间的斥力就会增强,从而增加了剥离的风险。

3.2.11 集料表面化学的 SHRP 研究

Labib 通过 Zeta 电位测量和电泳迁移率分析,揭示了不同 SHRP 聚集体中存在的酸碱类型多样性。这一研究强调了一个关键点:无论集料类型如何,其初始 pH 值均大于 9.0。这种高 pH 值环境对沥青-集料界面有着重要影响,因为它能够中和界面处的沥青羧酸,进而可能导致沥青-集料键的水解。这种高 pH 值主要源于碱性可溶盐,即便是在酸性聚集体中也是如此。Labib 还确定了三个关键的 pH 值区域,这些区域对沥青-集料的黏附性有着不同的影响。在 pH 高于 8.5 的区域 3 中,石英或二氧化硅聚集体中的表面二氧化硅会发生溶解,这可能影响沥青与这些集料的黏附性。而在 pH 为 1 到 6 的区域 1 中,碳酸盐基聚集体中的钙离子会发生溶解,同时羧酸的存在会加剧该区域的剥离现象,这是通过聚集体内部的内聚破坏来实现的[76]。另外,许多研究从沥青与集料的表面能属性、沥青乳化属性及材料表面化学属性等方面表达了类似的发现[77-79]。

Podoll 等通过激光电离法进行表面分析,进一步证实了沥青-集料黏结破坏主要发生在集料内部,而非界面处。在剥落区域,与未剥离区域相比,集料顶部单层中的钠、钾和钙元素含量明显减少。这表明在沥青被剥离的地方,阳离子的溶解程度更高[80]。此外,沥青在集料上的净吸附受五个集料变量的影响:氧化钾、表面积、氧化钙、Zeta 电位和氧化钠。其中,碱土金属(如钠和钾)对黏附性不利,而更高的表面积则为单位质量的相互作用提供了更多的活性位点,有利于黏附。钙元素能够形成防水键,而表面电荷更负的聚集体可能具有更大的吸附潜力,从而增强沥青与集料之间的黏附性[58]。

3.2.11.1 SHRP黏结模型

图3-48作为SHRP黏结模型的一部分,展示了不同沥青组分与集料表面相互作用力的示意图,或者描绘了不同因素(如集料性质、沥青组分、水的存在等)对黏结强度的影响趋势。SHRP黏结模型的结论强调了集料性质在决定黏结强度方面的重要性,这一影响甚至超过了黏结料(如沥青)本身的性能。黏结过程主要依赖沥青中的极性组分,这些组分通过氢键、范德华力相互作用或静电力与活性集料表面紧密结合。在沥青的极性组分中,亚砜和羧酸基团通常表现出对集料最强的亲和力。这意味着它们在与集料表面相互作用时,能够形成更为牢固的黏结。然而,当水存在时,情况会发生变化。由于水分子能够与亚砜和羧酸基团竞争集料表面的吸附位点,或者通过改变界面处的电荷分布来影响相互作用力,因此这些基团在湿润条件下更容易发生脱黏。相比之下,酚基和氮基团则表现出更强的持久键合能力[58]。它们可能不那么容易受到水的影响,因此能够在更恶劣的环境条件下保持沥青与集料之间的黏结。此外,SHRP黏结模型还指出,芳香烃对集料表面的亲和力相对较小。这意味着沥青中的芳香烃组分在黏结过程中可能不是主要贡献者。

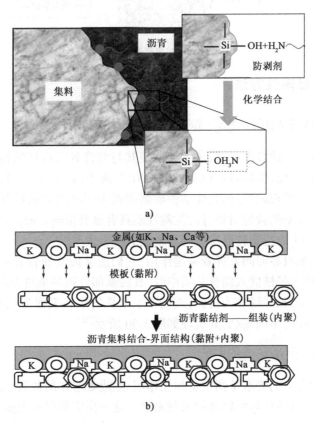

图3-48 沥青集料结合-界面结构[58]

3.2.11.2 SHRP 剥离模型

SHRP 认为,剥离是由集料内部的黏结破坏控制的,而不是沥青-集料界面处的黏结破坏。Podoll 等指出,硅质集料的剥离可能与水溶性阳离子和铝硅酸盐的存在有关。其机理可能是盐的溶解、碱土阳离子溶解产生的高 pH 值环境下二氧化硅的离解、带负电的集料与沥青表面离子组分之间的静电斥力以及沥青表面酸性阴离子和集料表面的碱金属阳离子。一些石灰岩具有优异的抗剥离性是由于在集料和沥青成分上的钙位之间形成了不溶于水(共价)的键,但当钙质集料的水溶解度较高时,会发生剥落,如图 3-49 所示[80]。

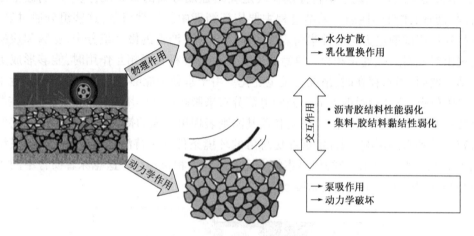

图 3-49　沥青-集料剥离模型[80]

3.2.12　改善黏附性方法

3.2.12.1　酸性集料和沥青与碱胺化合物的相互作用

胺类化合物拥有延长的烃类侧链,这一特性使其与沥青具有良好的相容性。在水环境条件下,胺分子会发生离子化,生成带正电荷的 $R—NH_3^+$ 离子(阳离子)。脂肪胺的物理特性可通过调整烃链的结构来实现调控,而其化学性质则依赖于胺基团的数量及在分子中的分布位置。烃链的长度以及胺基的数量对沥青的黏附性能具有显著影响。研究表明,含有 1~2 个胺基且碳链长度为 14~18 的脂肪胺通常展现出最优的性能表现[81]。

脂肪胺在沥青与集料界面间发挥着关键作用,它们能够促使沥青有效湿润集料表面。具体而言,当脂肪胺的疏水烃链嵌入沥青基质中时,其胺基部分则与集料表面发生相互作用。这一过程产生的净效应是,长烃链作为桥梁,连接了亲水性的集料表面与疏水性的沥青层,从而极大地促进了两者之间的牢固黏结,其机理如图 3-50 所示[32]。

3.2.12.2　熟石灰对黏结的影响

熟石灰通过与沥青中的羧酸基团发生相互作用,生成难溶性的盐类,这些盐类易于吸附于集料表面,进而增强了胶结料与集料之间的黏附性。这一反应机制至关重要,因为集料表面存在羟基(—OH)基团(图 3-51)[49]。这些 Si—OH 基团能与沥青中的羧酸(—COOH)基团形成氢键,对沥青与集料间的黏附性产生显著影响[82]。然而,这些氢键在水存在下易被破坏,因为水分子会与 Si—OH 和—COOH 基团竞争形成更强的氢键,导致原有的氢键断裂并重新与水分子结合。这表明,水分子与 SiO_2 基团及水分子与—COOH 基团之间的氢键作用力强于 SiO_2 与—COOH 之间的键合。

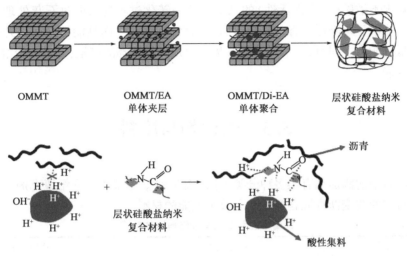

图 3-50 沥青与酸性集料界面黏附机理示意图[32]

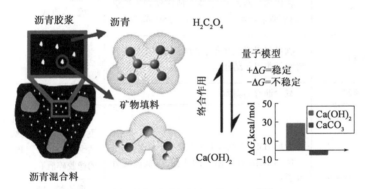

图 3-51 沥青与熟石灰相互作用原理[49]

当加入石灰时,$Ca(OH)_2$ 分子发生部分离解,释放出钙离子(Ca^{2+})。这些钙离子随后与沥青中的羧酸(—COOH)及可能存在的 2-喹啉等官能团反应,形成难溶的钙有机盐。这一过程使得 Si—OH 基团得以释放,进而与沥青中的氮基团形成更强的键合[54]。这些键合作用强烈,有助于提升黏附性。

石灰作为抗剥离剂的有效性不能仅仅归因于其与沥青中酸的直接反应。石灰提供的钙离子能够迁移到集料表面,并置换表面的氢、钠、钾或其他阳离子[65]。此外,沥青中的羧酸与集料中的碳酸盐反应形成的有机盐的水溶性至少部分决定了其抗水性。高分子量的镁钙盐相对疏水,不易溶于水,而钠盐则更易溶解,从而可能导致剥离现象的发生。

此外,SHRP 的研究揭示,沥青中存在的羧酸与硅质集料表面的羟基之间形成了强烈的氢键作用,且这些羧酸在集料表面呈现出高度集中的分布状态。然而,此类氢键对水的作用极为敏感,这在一定程度上解释了含硅质集料的路面混合料为何对水分损害表现出高度的敏感性。为了预防水分对路面混合料的不利影响,在混合料使用之前,将沥青中的羧酸转化为难溶性的盐类(如钙盐)显得尤为重要,此举可有效阻止具有水敏感性的游离酸在集料表面的吸附。当路面混合料处于潮湿状态并受到交通荷载的机械作用时,沥青中形成的羧酸钠(肥皂)因其表面活性特性,可能会促进沥青(油分)从集料表面被擦洗脱落。

为了从根本上解决剥离问题,一个切实可行的方法是将沥青中的所有酸性成分在生产过程中转化为对水不敏感(非表面活性)的钙盐。这一转化过程建议通过石灰处理来实现。采用此工艺不仅能够显著降低沥青与集料界面处的水分敏感性,而且能够全面提升整个沥青混合料的水分抵抗能力。同时,对集料进行石灰处理是值得推荐的措施,以进一步增强整个系统的抗水剥离性能。

3.3 改性剂与填料

沥青混合料中的添加剂有很多种分类方法(表3-8)。本节重点介绍填充剂、防剥离剂、填料。它们是常用的改变沥青混合料性能和改善性能的材料。

沥青水泥和 HMA 胶结料添加剂[86]　　　　　　　　　　　表3-8

目录	类型	一般用途	通用例子
1	增量剂	替代部分沥青水泥,减少所需沥青水泥量(总沥青胶结料重量在20%~35%范围内)	硫、木质素
2	装填物	满足集料级配规格,增加稳定性,改善沥青水泥集料黏结性能	矿粉
3	抗剥落剂	减少沥青的剥离	胺类、石灰
4	橡胶	增加 HMA 在高温时的刚度;增加 HMA 在中温时的弹性,以抵抗疲劳开裂;	天然乳胶、合成乳胶(如氯丁胶乳)、嵌段共聚物[如苯乙烯-J═烯-苯乙烯嵌段共聚物(SBS)]、再生橡胶(如旧轮胎上的橡胶碎屑)
4	塑料	增加 HMA 在中低温时的刚度,以抵抗热龟裂	聚乙烯(PE)、乙烯丙烯酸酯共聚物(EVA)、聚氯乙烯(PVC)或三元乙丙橡胶(EPDM)、聚烯烃(PO)
4	橡胶塑料混合物		橡胶塑料的混合物
5	纤维	提高 HMA 混合物的抗拉强度;提高 HMA 混合物的内聚力;允许较高的沥青含量而不是大量除水	自然界:石棉、岩棉;人工:聚丙烯(PP)、聚酯、玻璃纤维、矿物纤维
5	氧化剂	提高加入 HMA 后 HMA 的刚度	锰盐
5	抗氧化剂	通过延缓 HMA 混合物的氧化来提高其耐久性	先导化合物、碳、钙盐
5	碳氢化合物	将老化沥青水泥恢复到当前状态;增加 HMA 的刚度	回收和重生油、硬质天然沥青
5	废料	使用更便宜的废料代替集料或沥青	屋顶纸板回收轮胎玻璃

通过多种先进分析技术,包括小角 X 射线散射(SAXS)、离子交换色谱、原子力显微镜(AFM)以及共聚焦扫描电子显微镜等,沥青微观结构的胶体特征已日益获得广泛认知。Lesueur 提出,沥青质胶束可视为一种具有更低分形维数的开放型分子组装结构,其形态类似于聚合物线圈。参考图 3-52,可获得关于沥青质聚集状态的更为精确的图像表征[14]。通常认为,沥青质倾向于从含油或饱和组分中沉淀析出,且此过程中不包含树脂成分[83]。

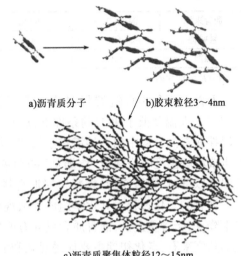

a)沥青质分子 b)胶束粒径3~4nm

c)沥青质聚集体粒径12~15nm

图 3-52 沥青质聚集模型[14]

尽管树脂在沥青质稳定化过程中的具体作用仍存在争议,但有研究表明,树脂与沥青质胶束间存在某种程度的分子间相互作用,这种作用允许树脂渗透进入沥青质胶束内部。此过程有助于缓解沥青质与麦芽烯之间的极性差异,从而展现出类似表面活性剂的行为特性。通过原子力显微镜(AFM)的深入研究,已明确观察到一种被称为"蜜蜂结构"的特征形貌,其高度为 22~85nm,且蜂背脊间的典型间距约为 150nm[18]。关于"蜜蜂"相与沥青质之间的关联已在部分研究中得到探讨,而另一些研究则倾向于将"蜜蜂结构"归因于结晶蜡的形成[84]。

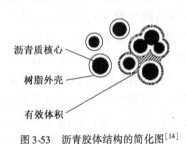

图 3-53 沥青胶体结构的简化图[14]

树脂作为表面活性剂稳定沥青质,帮助沥青质保持悬浮状态,如图 3-53 所示[14]。Storm 等确定了溶剂化参数 K,它量化了由于吸附树脂而增加的固相体积分数[85]。其关系式为

$$\varphi_{eff} = K x_{asp} \tag{3-29}$$

式中:x_{asp}——沥青质的质量分数;
$K x_{asp}$——固相有效体积分数。

溶剂化常数为 K/ϕ_m,其中 ϕ_m 是有效体积填充分数,说明了沥青质胶束中截留的溶剂。该比例常数在 60℃时介于 1.7 与 12.8 之间。表 3-9 说明了各种沥青来源的溶剂化常数的典型值。溶剂化常数越大,说明沥青质分子间的溶剂吸附能力越强[14]。

表 3-9 不同沥青来源的溶剂化常数 K/ϕ_m 的典型值[14]

沥青来源	温度(℃)	K/ϕ_m	^aE_a(kJ/mol)	温度范围(℃)	参考
拉塔威	65	3.1	7.5	25~400	Storm 等人[85]
	150	1.7	—	35~400	Storm 等人[85]
委内瑞拉 1	60	5.1	4.0	35~400	Lesueur 等人[88]
沙特阿拉伯	60	5.6	2.7	65~135	Lesueur 等人[88]
	60	5.6	4.0	65-135	Lesueur 等人[89]
法国	60	6.5	3.0	65~135	Lesueur 等人[89]
委内瑞拉 2	60	7.8	3.0	65~135	Lesueur 等人[89]
墨西哥	60	5.2	2.0	65~135	Lesueur 等人[89]

续上表

沥青来源	温度(℃)	K/ϕ_m	^aE_a(kJ/mol)	温度范围(℃)	参考
科威特	60	8.0	3.0	65~135	Lesueur等人[89]
黑海	60	12.8	4.1	65~135	Lesueur等人[89]

注：^aE_a = 活化能。

沥青中蕴含的直链烷烃具有结晶特性，这些分子的碳链长度通常为 24~40 个碳原子[86-87]。在温度低于90℃的条件下，这些烷烃会在沥青中发生结晶现象。特别是高熔点蜡作为温拌沥青混合料中的一种潜在添加剂，展现出了降低混合料黏度的独特能力。它们在高于熔点或溶解温度时扮演着"增塑剂"的角色，有助于提升混合料的加工性能；而当温度降至溶解温度以下时，则转变为"填料"，对混合料的物理性质产生贡献。

沥青的老化过程对其化学组成和微观结构具有显著影响。具体而言，老化会导致芳烃含量下降，树脂含量上升，沥青质含量亦有所增加，而饱和烃的含量则基本保持稳定。从化学转化的角度来看，老化初期主要促进亚砜和酮类化合物的生成，随着老化进程的深入，最终会转化为酸酐和羧酸等更复杂的氧化产物[90]。

3.3.1 改性原则

3.3.1.1 酸改性

沥青的酸改性技术并非新兴事物，早期研究已观察到沥青能与硫酸、脂肪酸、硝酸及酸渣等多种酸类物质发生反应，这些反应所引起的流变学变化与沥青的吹气氧化过程相似。近年来，聚脂磷酸(PPA)作为酸改性剂的应用日益受到关注，因其经济高效，且能以较为可控的方式模拟空气吹气对沥青的改性效果。通常而言，仅需添加1%的PPA，即可显著提升沥青的硬度，达到提升铺路等级分类的目的[91]。然而，PPA的改性效果显然受到沥青原油来源的影响。

Orange等提出了一种机制，即通过碱基位点的质子化或酯化作用来中和沥青质分子间的极性相互作用，从而实现 PPA 对沥青的有效改性[91]。此外，Baumgarderner 等也指出了其他可能的改性机制，包括饱和烃的共聚合、饱和烃的烷基芳构化、离子簇的形成以及烷基芳构化后的环化反应等[92]。这些机制虽各不相同，但最终结果均是通过改变沥青中溶剂化组分的含量，进而增加沥青质的有效体积，从而达到改善沥青性能的目的。

3.3.1.2 分散性

向沥青中引入聚合物与填料，其影响深度及广度在很大程度上取决于对这些添加剂所形成多相结构的深刻理解。从广义上讲，乳液构成了一种两相系统，其中一相以微小颗粒或液滴的形式分散于另一相(基体)之中。当基体为液态，且分散相由不可变形的硬质球体构成时，该系统被特定地称为悬浮液；反之，若基体仍为液态，而分散相则为另一种液态物质时，该系统则归属于经典乳液范畴[14]。

针对黏弹性基体中嵌有黏弹性球形夹杂物的复杂情形，Palierne 模型提供了一种有效的黏弹性能建模方法[21]。该模型植根于爱因斯坦模型，其核心在于揭示了悬浮液固有黏度超越溶剂固有黏度 η 的根源，即球形不可变形颗粒周边所产生的应力集中效应。在悬浮液中，总应力可视为无颗粒存在时的应力与因颗粒存在而额外产生的应力之和的叠加。描述这一应力叠加关系的数学表达式为

$$\eta = \eta_0(1 + 2.5\phi) \tag{3-30}$$

式中：η——分散相的体积分数，应力集中通过 $2.5\eta_0\phi$ 计算。值 2.5 被称为硬球的特性黏度，这种关系仅适用于分散相的少数百分比，其通常在添加到沥青以形成改性材料或胶浆部分的矿物填料或聚合物的量范围内。Landau 描述了长径比对椭圆颗粒特性黏度 $[\eta]$ 的影响。与球体相比，细长颗粒具有更高的特性黏度和更显著的增稠效果。

3.3.1.3 黏度特性

胶浆包括沥青和悬浮填料，通常是矿物填料。矿物填料的典型范围为 0.010~0.050mm，典型含量为沥青重量的 2%~12%。其在美国小于 0.075mm，在欧洲小于 0.064mm。Heukelom 和 Wijga 推导了黏度与填料体积分数之间的关系[93]：

$$\eta = \eta_0 \left(1 - \frac{\phi}{\phi_m}\right) \tag{3-31}$$

式中：η——胶浆黏度；

η_0——纯沥青黏度；

ϕ_m——最大填充系数。

胶浆是悬浮液，沥青质不会与矿物填料竞争，因为沥青质出现在纳米级，而矿物填料出现在毫米级。此外，由于矿物填料以足够低的体积引入，可以通过爱因斯坦模型的关系式预测特性黏度 $[\eta]$ [14]：

$$[\eta] = \frac{2}{\phi_m} \tag{3-32}$$

表 3-10 给出了各种填料的特性黏度值。特别需要注意的是，无论基质沥青如何，大多数矿物填料的特性黏度值为 2.4~4.9，但某些矿物填料（如石灰和粉煤灰）提供了更广泛的特性黏度范围和更高的中值黏度。

沥青中不同填料的特性黏度 $[\eta]$ 值[14]　　　　　表 3-10

填充物类型	$[\eta]$	参考
石灰岩	3.8	Heukelom 和 Wijga[93]
石灰岩	2.6~3.9(25℃)	Shashidhar 等人[94]
	3.0~3.7(70℃)	Lesueur 等人[95]
	2.5(65℃)	
	2.4(135℃)	
白云质灰岩	4.9(25℃)	Shashidhar 等人[94]
	4.4(70℃)	
氢氧化钙	3.2~10	Lesueur 和 Little[67]
石灰	7	Tunnicliff[96]
砂岩	2.8(25℃)	Shashidhar 等人[94]
	4.0(70℃)	
硅质填料	2.4(65℃)	Lesueur 等人[95]
	2.4(135℃)	

续上表

填充物类型	[η]	参考
花岗岩	2.7~4.2(25℃)	Shashidhar 等人[94]
	3.5~4.1(70℃)	
粉煤灰	10.2(25℃)	Shashidhar 等人[94]
	14.1(70℃)	
板岩尘	4.2	Heukelom 和 Wijga[93]
块状黏土	3.2	Lesueur 等人[95]
高岭土	3.7	Heukelom 和 Wijga[93]
炭黑	2.6(65℃)	Lesueur 等人[95]
	3.9(135℃)	
石棉	16.5	Tunnicliff[96]

3.3.2 改性剂在沥青中的应用

3.3.2.1 兼容性

沥青中聚合物的添加率通常为2%~12%。然而，由于一种称为溶胀的过程，改性沥青的富聚合物相占据了相当大的体积(为所添加聚合物体积的4~10倍)，在此过程中，沥青的轻芳烃部分占据聚合物基质内的空间。在苯乙烯-丁二烯(SB)聚合物和EVA中溶胀最大，在聚烯烃中溶胀较小。即使是相容体系，平衡状态也是两相的宏观相分离。密度差越大，粒径越大，溶剂化速率越快。通过"轻微"交联来防止或控制两相的相分离，以防止该相的合并。

总之，沥青质含量高的沥青通常具有较低的相容性，为了达到可接受的相容性，麦芽烯的芳香性应在一定限度之间。

3.3.2.2 聚合物改性沥青的结构

聚合物改性沥青的结构是一个复杂且动态的系统，它涉及聚合物与沥青各组分之间的相互作用和相分离现象。聚合物和沥青质在本质上是不混溶的，这导致了它们之间的相分离。当聚合物被添加到沥青中时，芳香族化合物会溶胀聚合物的一部分，使其体积增大并改变其物理性质。另一部分聚合物则可能与沥青中的其他组分(如麦芽烯)发生较少的相互作用，而更多地保留其原有的性质。

在铺路沥青中，当聚合物的含量较低时(通常小于约6%按重量计，但这一比例取决于聚合物和沥青的具体特性)，体系会形成一种乳液状态。在这种状态下，聚合物以微小颗粒的形式分散在沥青基质中。然而，当聚合物的含量超过某一临界值时，会发生相反转现象。此时，富含聚合物的区域成为连续相，而富沥青质的区域则变成分散相，形成了一种与初始状态截然不同的结构[97]。

为了使聚合物能够有效地溶胀并分散在沥青中，通常需要添加大量的芳烃作为溶剂。这些芳烃会渗透到聚合物中，使其体积膨胀并改变其性质。随着芳烃的加入和聚合物的溶胀，沥青基质中的麦芽烯和沥青质组分会相对减少。这一过程称为物理蒸馏,因为它类似于通过蒸馏过程去除某些组分而留下其他组分。物理蒸馏导致沥青基质的组成发生变化,进而影响了改性沥青的整体性能。例如,它可能改变沥青的黏度、弹性恢复能力、热稳定性等关键性能参数[88]。

聚合物改性沥青的结构是一个由聚合物、沥青质、麦芽烯和其他组分相互作用而形成的复杂体系。通过调整聚合物的含量、类型以及添加适量的芳烃作为溶剂,可以实现对改性沥青性能的精确控制。这种改性沥青在铺路、防水、防腐等领域具有广泛的应用前景。

3.3.3 填充剂

1975 至 1984 年,联邦公路管理局(FHWA)于 18 个州内资助了一系列示范项目,总计约 26 项,旨在深入探究硫磺作为沥青增量剂与添加剂的应用效果。这些项目聚焦于一种名为硫磺膨胀沥青(Sulphur Expanded Asphalt,简称 SEA)的创新材料。在 SEA 的制备过程中,元素硫与沥青按重量比进行混合,比例为 20/80(硫/沥青)~40/60(硫/沥青)。特别地,当硫磺添加比例为 20/80 时,它能与沥青充分反应并几乎完全溶解;而当硫磺含量超过 20% 时,剩余部分则最终固化,在混合物中扮演填充剂和/或稳定剂的角色。

图 3-54 详细描绘了硫磺的添加流程,该流程始于将固态的元素硫,具体为 S8 环状分子(通过共价键连接)引入沥青。随着温度提升至 113℃ 及以上,硫磺由固态转变为低黏度液态,从而便于与沥青均匀混合。在这一转变过程中,S8 环结构解离,并与沥青中的成分发生反应,生成多硫化物(图 3-55)。同时,未与沥青发生反应的熔融硫磺则进一步固化成较高黏度的液态。最终,这些不溶于沥青的硫磺再次结晶,有效填充于集料的空隙之中。此填充机制不仅增强了材料的结构完整性,还显著降低了胶结料(沥青与硫磺的复合物)的塑性变形能力。因此,硫磺膨胀沥青(SEA)因其在高温环境下能有效抵抗车辙和推挤等路面病害的特性而广受青睐。

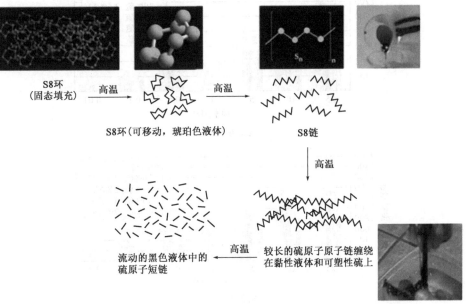

图 3-54 掺入沥青中的硫形态和流变性的变化

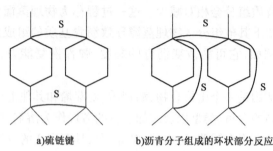

a) 硫链键　　　　b) 沥青分子组成的环状部分反应

图 3-55　硫和沥青的多硫化物

图 3-56 展示了在胶结料重量 30% 和 40% 的比率下,以及两种不同空隙率(SEA 为 2.0% 和 3.5%,未改性沥青为 4.0%)条件下,硫磺添加对沥青性能的影响。硫磺的加入显著增加了沥青的刚度。刚度增加的程度随着硫结晶发生的时间而逐渐增强,表明硫结晶对沥青性能的影响是时间依赖性的。硫磺作为改性剂,通过其填料效应改变了沥青的性能。重要的是,硫磺并不会在沥青中结合或溶解,而是以一种独立的形式存于沥青中。对于含硫量 30% 或更少的 SEA(硫磺改性沥青),其疲劳性能与未改性沥青相似。然而,SEA 的抗塑性变形能力显著增强,表明硫磺的加入提高了沥青的抵抗永久变形能力。可以得出以下研究结论:

(1) 硫磺的加入显著提高了沥青的刚度,这种增加随着硫结晶时间的推移而逐渐增强。

(2) 在含硫量适中(如 30% 或更少)的情况下,硫磺改性沥青的疲劳性能与未改性沥青相似,表明硫磺的加入并未对沥青的耐久性产生负面影响。

(3) 硫磺改性沥青表现出更强的抗塑性变形能力,这对于提高路面的耐久性和减少车辙等永久变形现象具有重要意义。

(4) 硫磺作为填料在沥青中发挥了重要作用,其独特的存在形式(不结合或溶解于沥青中)为沥青性能的改性提供了新的途径。

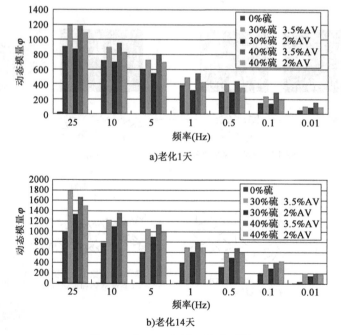

图 3-56　在 21℃ 下后的动态模量[98]

硫磺作为一种有效的改性剂,可以在不显著影响沥青疲劳性能的前提下,显著提高沥青的刚度和抗塑性变形能力。这为沥青材料的改性和路面性能的提升提供了新的思路和方法。

3.3.4 提高集料与沥青黏结性能的填充剂

羧酸倾向于与硅质集料表面结合,然而,这种结合在水的作用下又易于被取代。有研究团队已通过实验验证了这一现象,并深入探究了羧酸与特定叔胺如何和金属羟基发生相互作用的机制[99]。在矿物官能团与有机官能团之间,其相互作用的形式广泛,可涵盖从完全共价键合到完全离子化键合的整个范围。随着平衡状态向离子化方向偏移,键能逐渐增强,键的特性也愈发倾向于离子性。当硅质集料表面的羟基展现出强碱性,而有机官能团表现出强酸性时,这种相互作用达到其最大强度。关于硅烷醇基团与羧酸之间的具体相互作用过程,通过下述化学反应方程式进行阐述[77]。

$$-SiOH + RC\overset{O}{\underset{\|}{-}}OH \rightleftharpoons -SiO\cdots HO-\overset{O}{\underset{\|}{C}}R \rightleftharpoons -SiOH_2^+ -O-\overset{O}{\underset{\|}{C}}R \quad (3\text{-}33)$$

其中"…"表示氢键。

羧酸是弱酸,因为它们不容易解离形成离子物质,并且反应的右侧不太可能发生。但是,根据以下反应,氢键容易被水置换或中断[77]:

$$-SiO\cdots HO-\overset{O}{\underset{\|}{C}}R +2H_2O \rightleftharpoons -SiO\cdots HOH+H_2O+RC\overset{O}{\underset{\|}{-}}OH \quad (3\text{-}34)$$

在该水解反应中,充当碱或酸的水与硅烷醇基形成比官能团与硅烷醇基之间的氢键更强的氢键。

碱性胺类防剥离剂通常用于改善沥青与硅质集料的黏合力。Logaraj 描述了抗剥离添加剂的两个主要特征。它们具有极性胺端基,该端基将与硅质集料表面化学键合,并且具有与沥青具有相似性质的烃链,因此它们相互作用并成为沥青的一部分。典型胺基[伯胺(RNH_2)和叔胺(NR_3)]示意图如图 3-57 所示[77]。胺基的数量和链的长度可以极大地影响沥青的附着力,而通常使用具有一个或两个胺基的 14~18 个碳链胺来获得最佳性能[32]。

叔胺和金属羟基之间的相互作用显示了碱性分子与表面硅烷醇基的关系[100]:

$$-SiOH + R_3N \rightleftharpoons -SiOH\cdots NR_3 \rightleftharpoons -SiO^- + HNR_3 \quad (3\text{-}35)$$

在此类相互作用体系中,胺分子中氮原子上的孤对电子带有部分负电荷,对硅烷醇基团上带有部分正电荷的氢

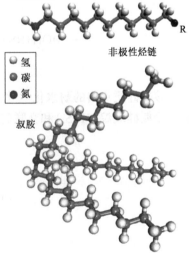

图 3-57 典型胺基(伯胺和叔胺)示意图[77]

原子产生强烈的吸引作用[77]。胺的碱性强度受其连接的 R 基团的类型和链长的影响显著。对于强碱性胺而言，其质子化过程倾向于生成离散的离子物种，如反应方程式的右侧所展示的那样。当叔胺三乙胺[其分子中含有三个乙基(CH_2CH_3)作为取代基]与硅烷醇基团发生相互作用时，会生成一种不溶于溶剂的硅三乙胺化合物。需要注意的是，这种化合物在高于 484°F（约 251℃）的温度条件下仍能保持稳定，这表明该反应过程中不太可能形成氢键，因为氢键通常在较高的温度下会被破坏。

沥青中碱性较低的物质可能会形成氢键，然后继续容易被水破坏或置换。一般来说，与硅烷醇基团形成氢键的有机碱的水解反应如下：

$$—SiOH\cdots XR + 2H_2O \rightleftharpoons —SiO\cdots OH_2 + HOH\cdots XR \tag{3-36}$$

式中：X——一些含 O 或 N 的碱性官能团。

如果水作为碱或酸，与表面羟基或与基本官能团形成比现有氢键更强的氢键，就会发生该官能团的位移[77]。

界面处水的 pH 值也会影响集料表面的金属羟基与沥青中的碱性或酸性官能团之间形成的氢键。预计这些键将保持黏性的 pH 值范围是表面羟基和黏性沥青中官能团的酸性函数[77]。

偶联剂是指通过共价键将有机相和无机相"偶联"起来，在恶劣的环境条件下产生持久的黏性键化学品。硅烷偶联剂，或有机官能团硅烷，构成了这些材料中最大和最成功的一组[101-102]。硅烷分子一般由中心的硅(Si)原子、与有机基质相容的有机化学官能团(R)，以及可水解的(R′)组成。偶联机理包括三个步骤：水解、偶联、缩合。当有机官能团硅烷与水分接触生成活性硅烷醇基团(SiOH)时，就会发生水解，通常是一种醇。

$$RSI(OR')_3 + H_2O \longrightarrow RSI(OH)_3 + 3R'OH \tag{3-37}$$

然后，硅烷醇分子与羟基化的金属氧化物表面(MOH)形成氢键。此外，硅烷醇基团本身之间也会发生类似的反应，形成氢键。

$$—MOH+RSi(OH)_3 \longrightarrow R—\underset{\underset{OH}{|}}{\overset{\overset{OH}{|}}{Si}}—O\cdots\overset{H}{\underset{H}{\cdots}}O—M— \tag{3-38}$$

胺与硅质集料的耐水化学键合加热或干燥后，这些氢键被缩合（或塌陷），产生 H_2O 和共价键金属硅氧烷(MOSi)和交联硅氧烷(SiOSi)的薄膜结构(图 3-58)。

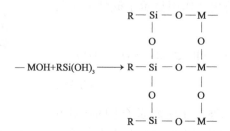

图 3-58　水原子和共价键金属硅氧烷(MOSi)和交联硅氧烷(SiOSi)的薄膜结构

3.4 胶 浆

3.4.1 概述

沥青混合料的构成可以看作由两个主要尺度的材料(胶结料和集料)组成。在沥青混合料中,沥青胶结料充当基质,而集料颗粒则是夹杂物。假设所有集料颗粒都被完全包覆在沥青胶结料中,沥青胶结料将形成一个连续的基质,通过胶结料薄膜将离散的集料颗粒互相结合在一起。

要全面理解沥青混合料的行为,可以将其视为由胶结料和集料颗粒组成的双组分复合体。然而,集料颗粒的尺寸变化跨越了多个数量级,因此理解这种复杂的复合材料行为是一项具有挑战性的任务。为了简化问题,人们通常在介于沥青胶结料和整个混合料之间的两个中间长度尺度上评估砂浆的性能。这种砂浆通常由沥青胶结料和细集料混合而成。细集料通常是通过 16 号筛或细于 1.18mm 的所有尺寸的集料。在稍高的长度尺度上,砂浆可以被看作由作为基体的沥青胶结料和作为包含物的细集料颗粒组成的复合体。最终,沥青混合料可以被视为包括作为基体的砂浆和作为包含物的粗集料颗粒的复合体。

需要注意的是,尽管砂浆和胶浆实际上并不以孤立的形式存在,但研究这两种中间长度尺度下的材料性能对于更好地理解沥青混合料的性能至关重要。这些研究适用于评估新材料的性能、设计改性剂和添加剂、深入了解破坏机制以及预测整体混合物的性能。因此,理解和评估这两种中等比例复合材料的性能非常重要。

3.4.2 胶浆或细集料

沥青胶浆或细集料基质(FAM)一般被认为是沥青胶结料和细集料颗粒的混合物,通常细于 1.18mm(或通过 16 号筛子)。如前所述,FAM 被视为一种均匀的基质,它将沥青混合料中的粗集料颗粒黏结在一起。与沥青混合料一样,沥青胶浆在路面结构中不是孤立存在的,而只是作为沥青混合料的一部分。唯一的例外也许是极细的混合料,其粒径和级配接近于沥青胶浆或 FAM。因此,设计和研究 FAM 混合料是为了更好地理解沥青混合料的损伤演变机制。本节将具体讨论 FAM 混合料的两个方面:①用于设计 FAM 混合料以进行评价和测试方法;②案例研究的例子,其中 FAM 被用作评价工具,以及今后使用类似工具的可能性。

3.4.2.1 细集料的应用

FAM 试样相较沥青混合料在评估效率上展现出了显著优势,其主要原因可归纳如下:首先,对 FAM 混合料进行评估所需的时间与人力资源远低于对沥青混合料的测试需求,这使得针对特定类型的问题,FAM 试样的评估方法显得更为高效。需注意到 FAM 混合料通常以圆柱形试样的形态进行试验,这些试样通常具备 50mm 的高度及 10~12mm 的直径。需要注意的是,试样的直径设计通常为其最大粒径(一般为 1.18mm)的 8~10 倍,此设计旨在确保试样能够充分代表 FAM 混合料的体积特性。换言之,试样与颗粒的尺寸比例足够大,从而使得 FAM 可被视为一种均质材料或连续体来处理。在此情境下,单个颗粒、界面以及颗粒间的特性并非关注重点,复合材料作为整体所展现的行为才是研究的核心。

相较于完整的沥青混合料,FAM 试样因其较小的尺寸而大幅减少了制备所需的时间与精力。同时,这一较小的试样尺寸允许采用更为紧凑的加载框架或试验装置对 FAM 进行评估,从而进一步提升了评估效率。事实上,当前针对 FAM 的研究大多采用动态剪切流变仪(DSR)进行,该设备与评估沥青混合料的设备在技术上具有高度的相似性。图 3-59 直观地展示了一个典型的 FAM 试样以及利用动态剪切流变仪进行评估的试验装置。

图 3-59　典型的 FAM 测试样品以及利用动态剪切流变仪进行评估的试验装置[103]

沥青材料在柔性路面中的四种主要变形形式是车辙、疲劳开裂、低温开裂和湿气引起的损坏。其中,疲劳开裂、低温开裂和水分引起的破坏等病害大多集中在沥青混合料的胶浆部分,并由其决定。例如,车辙或抵抗永久变形的能力受粗集料颗粒的影响很大(如颗粒与颗粒之间的接触、互锁等)。裂缝等扰动主要起源于沥青混合料的 FAM 部分,并在其中生长。在这种情况下,粗集料对基质或 FAM 的局部应力分布起着决定作用,但对于给定的情况或粗集料类型和分布,最终是混合料的 FAM 部分将抵抗裂缝的成核和生长。同样,由于较小尺寸颗粒的高比表面积和 FAM 中胶结料的存在,与湿气引起的破坏有关的机制,如胶结料的软化和界面黏附力的丧失(剥离)也集中在混合料的 FAM 部分。因此,使用 FAM 作为试验材料的第二个优点是,它允许以更高的分辨率调查疲劳开裂和湿气引起的损伤等不良现象。换句话说,与使用全沥青混合料相比,通过对 FAM 的研究,可以以更高的灵敏度放大和研究这些缺陷的演变。

对于完整的沥青混合料,几何形状将涉及与单个集料颗粒、这些颗粒之间的沥青黏结膜以及空隙之间的大小和空间分布有关的细节。在典型的混合物中,聚集颗粒的尺寸可能会变化一个数量级($75~\mu m \sim 25~mm$)。这使得在混合物的较大代表性体积中重新生成所有单个粒子的计算变得难以维持。但是,可以通过将沥青混合物作为仅包含被均质基质即 FAM 黏结在一起的粗集料颗粒的复合物来处理,从而解决该问题。FAM 的特性可以作为开发计算模型的输入,以预测全沥青混合料的行为[104]。

FAM 混合料还被用作解决其他一些有趣问题的首选材料和长度尺度,其中一些问题将在下文讨论。这些应用可分为三大类:

(1)作为一种工具,通过它来评估材料特性和因素(如添加剂、胶结料老化、矿物特性)对性能的影响。

(2)作为建立全沥青混合料复合计算模型的基体。

(3) 作为一种有效媒介,用于开发评价性能分析方法,然后推广到全沥青混合料。

3.4.2.2 FAM材料性能及影响因素

多项研究已使用FAM作为长度标尺和选择的材料来评估材料特性或其他因素对沥青复合材料性能的影响。

其中一项涉及FAM的研究是为了量化花岗岩和石灰石填料对水分引起的损伤的影响,也是为了找到有效的解决方案。通过将花岗岩填料与石灰石填料和(或)水及石灰混合,可以降低花岗岩填料对水分引起的损伤的影响[105]。研究人员使用了具有不同填料组合的FAM混合料,通过对干燥和潮湿条件下的FAM试验试样进行疲劳试验来量化水分诱导破坏的影响。虽然FAM混合料并不代表全沥青混合料,但它确实含有与全沥青混合料相同的矿物性细集料和填料。同时,细集料颗粒和填料与粗集料颗粒相比,其比表面积要大得多,因此代表了混合料的一部分,在这部分混合料中,损伤是高度集中的。更重要的是,FAM的使用使得研究人员可以在多个重复上进行测试,与测试全沥青混合料相比,这个工作量减少,从而提高了最终测试结果的可信度。

另外,Bhasin等研究不同沥青胶结料(不同炼油厂的沥青和不同石料厂的粗料)与不同矿物集料的最有效搭配[106]。在这种情况下,能够使用不同的矿物集料和沥青胶结料组合对FAM混合料进行测试,分析材料特性如表面自由能和集料角度对沥青复合材料的水分敏感性作用。将其结果与现场已知的几种混合料现场性能进行对标和验证。相似地,FAM混合料的使用能够显著减少资源,有效地评估不同类型混合料。

同时,FAM混合料也被用于评估温拌添加剂和长期氧化老化对沥青复合材料抗疲劳开裂性能的影响[107]。研究人员评估了两种不同胶结料与五种不同温拌添加剂在长期氧化老化前后的情况。这种测试矩阵需要在24种不同混合料上运行疲劳测试,包括控制试样。对于这些混合料在老化前和老化后的相对抗疲劳开裂能力,研究人员能够使用FAM混合料代替全沥青混合料更有效地进行测试。即使在全沥青混合料中,裂缝的发生和生长也主要发生在混合料的胶浆或FAM部分。因此,相比在全沥青混合料上进行传统的疲劳试验,使用FAM混合料是解决这一研究问题的更有效途径。长期老化后,不同混合料的抗疲劳开裂性能的等级顺序与长期老化前的等级顺序相比并没有太大变化。

3.4.2.3 使用FAM获取对计算建有用的属性

FAM混合料的第二类应用是在多尺度计算模型领域。计算模型(如离散元素模型或有限元模型)用于预测材料在承受任意荷载条件下的行为。根据关注的问题,这种模型可以在不同的尺度上开发。例如,在混合物尺度上,关注的问题可能包括以下内容:

(1) 分析粗集料颗粒的等级(或颗粒角度)对沥青混合料的刚度和抗破坏性的影响。
(2) 进行气孔分布对沥青混合料刚度影响的参数分析。
(3) 研究沥青混合料的破坏性质和破坏速率。

在上述所有研究中,在重现沥青混合料结构的同时,对每一个集料颗粒(尺寸从小于75μm到几毫米不等)的精确几何形状和空间分布进行建模是不可行的。这样的工作需要使用一种非常精确的方法,跨越不同的尺度(从微米到毫米),对大体积内所有粗、细集料颗粒的空间分布进行成像或模拟。与其重现每个单一的粗、细集料颗粒,不如将沥青混合料的胶浆相

(细集料颗粒和胶结料)作为一个单一的均质基体,将粗集料颗粒黏结在一起,这样做显然更有利。这种方法已经被用于一些评估研究。例如,对模拟沥青混合料内微裂缝的演变感兴趣,以模拟断裂或疲劳破坏。为此,利用一个定义良好的几何形状测量了 FAM 混合料的抗断裂性,然后将其作为全沥青混合料复合模型中的属性输入,该模型由粗集料和 FAM 混合料结合在一起[108]。

3.4.2.4 利用 FAM 建立材料行为的本构模型

FAM 混合料最后一类应用是开发材料行为的本构模型[109]。由于 FAM 混合料的表现与完全沥青混合料的表现非常相似(如黏弹性响应以及速率或频率相关的疲劳裂纹),它们可以作为一种更有效的替代方法来开发材料行为的本构模型。例如,Branco 等利用 FAM 混合料开发了量化沥青混合料抗疲劳开裂的方法[110]。在另一项研究中,Karki 等利用 FAM 混合料开发了一种试验和分析方法来评价沥青复合材料的抗疲劳开裂性和自愈特性。在这种情况下,研究人员不仅对沥青胶浆或 FAM 混合料的疲劳破坏和自愈性感兴趣,而且希望开发一种可应用于全沥青混合料的方法。然而,使用全沥青混合料开发方法需要大量的时间和资源,因此,使用 FAM 混合料,然后将研究结果推广并应用于全沥青混合料,并根据需要进行调整,是更有效的方法[111]。

3.4.2.5 细集料的设计

前文描述了 FAM 混合料的不同使用方式。FAM 混合料可以作为一种诊断工具,评估材料相关因素(如添加剂和老化)对其行为的影响;也可以作为一种媒介,开发描述全沥青混合料行为的计算或分析模型。就混合料的设计而言,FAM 混合料的设计必须以应用为基础。本小节概述了几种常用的 FAM 混合料设计方法。

确定 FAM 混合料设计的第一步是确定一个最大粒径或 100% 颗粒通过的筛孔尺寸。在大多数研究中,将其选择为 1.18mm(或通过 16 号筛)。最初,选择这个尺寸的动机是,比这个尺寸更小的颗粒通常不能用成像技术检测而不损失细节,如锯切面的数字扫描或全沥青混合料的 X 射线计算机断层扫描。

一旦确定了 FAM 混合料的最大集料尺寸,就可以简单地再现混合料的级配,以复制具有代表性的全沥青混合料中不同集料尺寸的相对比例。下一个重要问题与胶结料含量有关。

通常有两种不同的方法来确定 FAM 混合料中的胶结料含量:

(1)假设混合料中所有的胶结料都是细集料基质的一部分,细集料基体将粗集料颗粒作为复合体固定在一起。

(2)假设粗集料颗粒被一层薄薄的纯胶结料涂覆,而这种涂覆的粗集料颗粒被细集料基体固定在一起。

确定第一种方法的胶结料含量是相当简单的。胶结料在全沥青混合料中的重量百分比简单地表示为混合料中细集料的胶结料质量百分比。当采用这种方法时,必须考虑的一个重要修正是集料吸收量,即在计算总的胶结料含量时必须扣除粗集料吸收的胶结料。根据需要(特别是对于吸收性集料),这种修正可以通过对掺有足够量胶结料的粗集料进行简单的体积分析来确定。

确定第二种方法的胶结料含量,需要将涂覆在粗集料颗粒上的胶结料薄膜也从使用前一程序确定的胶结料含量中扣除。这可以用分析法或实验法来完成。

分析法要求用户对粗集料的表面积和涂覆在集料颗粒上的胶结料薄膜的厚度作一些假设。涂覆在粗集料颗粒上的胶结料含量也可以通过试验来确定。这通常是通过制作松散的全沥青混合料样品,将粗集料颗粒与混合料的其他部分分离,最后用燃烧法或萃取法等其他方法测定粗集料颗粒中的胶结料含量。

生产 FAM 试样的最后一个变量是空隙。如前所述,使用 FAM 的最终目的将决定用于生产 FAM 试样的压实度。对于涉及调查断裂、疲劳和愈合特性作为材料相关因素(如胶结料类型、改性剂、老化)的功能研究,完全压实的试样与最小或无气孔可能是合适的。如果这样的研究包括通过调理测试试样来评估水分引起的损害,那么 FAM 试样可以压实到其最大密度的 90%~95%,留出一些空间,以促进水分传输过程。如果试验目的是测量 FAM 特性作为计算模型的输入(类似于图 3-60 所示模型),那么是否在 FAM 试验试样中加入空隙的选择将由用于创建模型的方法决定。换句话说,如果计算模型明确地包含了空隙、FAM 和粗集料颗粒,那么 FAM 试样必须在制作时将空隙减到最小或可忽略计,然后用于材料性能的测量。另外,如果计算模型假设空隙分布在 FAM 中,那么 FAM 试样必须相应地制作出来,用于测量其性能。

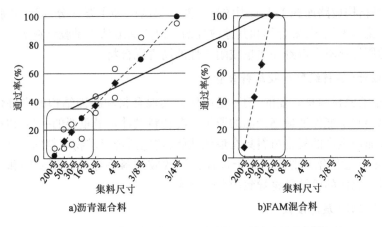

图 3-60 典型沥青混合料级配和最大集料尺寸下 FAM 混合料级配

3.5 沥青材料的失效机理与方法

3.5.1 引言

上文讨论了设计沥青混合料的最重要因素。这些要素包括:①确定和选择具体应用的组成材料(如沥青胶结料和矿物填料);②为矿物填料选择合适的级配;③确定胶结料和矿物填料的最佳比例,使所得到的混合料在特定路面结构中使用时,能获得可接受的性能。下一个合理的问题是,如何衡量性能?什么是可接受的性能水平?

路面的整体性能或状况通常用路面状况指数(PCI)来量化。PCI(或不同公路机构使用的其他类似指标)反映了路面的整体状况,包括其行驶质量和车辙、裂缝、凹凸不平、冲刷(或泛油)和坑洞的形成。沥青混合料中最常见的影响路面使用性能的病害有以下几种:

(1)车辙或永久变形。

(2)疲劳裂纹(以及自我修复,可以逆转疲劳裂纹)。

(3)横向、低温或更普遍的热裂解。

(4)泛油。

(5)水分引起的损害。

除上述病害外,混合料中的沥青胶结料也在不断地老化。因此,随着时间的推移,混合料的机械性能以及混合料中的变形演变速度也在不断变化。本节的重点是在材料层面讨论这些变形的机理,同时介绍一些常用的和更先进的方法,用于量化给定材料对这些变形的抵抗力。

3.5.2 路面材料在破坏演变中的角色

路面结构的失效可能是在路面预期使用寿命结束时因设计而发生的,也可能由于设计或施工不当而过早发生。从广义上讲,路面结构的失效可以归结为以下一个或多个因素的失效。

1) 组成材料的选择(胶结料和集料)

组成材料是指构成路面施工中使用的沥青混合料的两种主要成分,即沥青胶结料和矿物集料。在这里,化学添加剂、聚合物和其他改性剂可以广义地认为是胶结料的一部分。显而易见,使用劣质的原材料不会得到高质量或耐久性的沥青混合料。

2) 混合料设计(集料级配和胶结料含量)

选择高质量的原材料是必要的,但不足以保证其混合料和路面结构的良好性能。换句话说,选择最好原料并不能保证最终产品的质量。混合料设计是最重要的一步,以确保配料以最佳比例组合,从而使生产的复合材料具有最佳性能;这包括选择矿物填料的最佳级配和混合料中胶结料的含量。在混合料中使用高于最佳比例的胶结料将导致过度变形和过早失效。同样,使用低于最佳比例的胶结料将导致耐久性问题。

3) 路面结构设计(层厚度设计)

路面的结构设计包括确定不同路面层(如底基层、基层、HMA 等)及其厚度,使车辆的应力有效地传递到路基上。现在想象一下,合理选择了组成材料,并准确设计了不同层位的混合料,所生产的沥青混合料具有很高的质量,能抵抗大多数的变形。然而,如果路面不同的层厚度不足以有效地传递来自车辆的荷载,那么路面结构仍然可能失效。换句话说,任何材料的性能最终只能在使用该材料的结构中来解释。即使是最高质量的材料在设计不良的结构中也会失效。总而言之,即使是最高质量的、性能优越的沥青混合料,如果在不适当的路面结构中使用,也会失效。因此,通过适当的工程设计,可以利用性能优越的混合料来降低层厚,或者通过增加路面层厚来使用性能相对较差但成本较低的混合料。

4) 施工质量

最后一个导致路面失效的重要因素是施工质量。如果路面施工不当,即使是使用了最高质量或性能最优越的材料、采用了准确的混合料设计和路面结构设计,也无法获得优良的路面性能,满足其长期耐久性需求。

3.5.3 失效机制

本小节将讨论在柔性路面中常遇到的不同类型破坏机制。在下面的每一个小节中,将讨论失效机理、路面结构、混合料设计和材料选择在路面破坏中的作用。

3.5.3.1 车辙

车辙是由于反复的交通荷载作用,在路面结构的不同层中产生的塑性应变或永久变形的积累。路面的组成材料、混合料设计和结构设计决定了沿轮迹的车辙或永久变形。就路面结构而言,路面表面可见的车辙是由路面结构各层塑性应变的积累,即底基层、基层(稳定或不稳定)和沥青层的塑性应变造成的。车辙是造成路面过早失效的主要原因。从对路面表面的检查中可以看出车辙的存在(图3-61)。然而,仅根据对表面的检查,无法辨别路面结构的失效是主要集中在沥青层,还是反映了路面结构的一个或多个层发生了过度的永久变形,或者是两者的结合。图3-61所示的例子中,采用沟槽对路面横断面进行检查。检查发现,沥青路面最上面的一层出现车辙失效,而其下面的其他沥青层几乎没有任何变形。在这种情况下,车辙是由最上面的沥青层造成的。

图3-61 沥青截面中的车辙轮迹

沥青混合料的永久变形主要由两种机制驱动:致密化与塑性(或永久)剪切变形。致密化是指材料在车轮荷载反复作用下发生的整体体积变化。通常,沥青混合料在铺设现场时会被压实至其最大密度的92%~94%,即存在6%~8%的空隙率。随着时间的推移和交通荷载的反复作用,这些空隙会逐渐被压缩,导致材料密度增加至约96%,并伴随体积的相应减少。这种体积变化主要集中在车轮轨迹上,因此会以车辙的形式表现出来。然而,致密化对沥青混合料整体永久变形的贡献相对较小。

相比之下,塑性应变的累积对沥青路面车辙的形成具有更为显著的影响。沥青混合料中永久变形的累积受多种因素驱动,这些因素与混合料的组成材料及设计紧密相关。其中,最为关键的因素包括:

(1)集料颗粒的形状、角度、级配以及一定程度上的韧性。
(2)沥青胶结料的抗塑性变形能力及受温度和老化程度的影响。
(3)沥青混合料中的胶结料含量。

材料设计工程师可以通过调整这些变量来优化混合料的抗永久变形性能。

从宏观角度来看,沥青混合料可被视作一种具有特定力学性能的均匀材料,它有助于荷载的有效传递。将沥青混合料视为均匀混合料,对于路面结构的设计具有极大的便利性。然而,为了更深入地理解病害机制,将沥青混合料视为具有明确微观结构的异质复合材料进行分析和处理显得尤为重要。在此情境下,"微观结构"一词指的是混合料中不同组分材料的空间分布状态。沥青混合料可被定义为一种具有良好微观结构的异质复合材料,其中粗矿物集料颗粒通过连续的沥青胶浆或胶浆基质黏结在一起,形成了一种复杂的复合物。

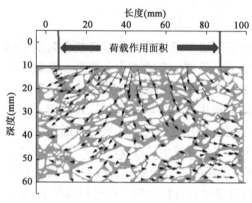

图 3-62 沥青混合料内荷载传递示意图

考虑到沥青混合料的内部结构特征,荷载通过颗粒间的直接接触或经由胶浆/胶浆界面传递,实现了一系列应力从某一聚集体颗粒向相邻聚集体颗粒的分散,进而使施加于混合物表面的外部荷载得到有效分布(图 3-62)。基于对荷载传递机制的深入理解,可以更准确地剖析导致车辙形成或永久变形发生的内在因素。

在沥青混合料体系中,永久变形是外部荷载作用下其内部结构发生不可逆变化的外在表现。混合料的集料形状、棱角性、级配等物理特性,在很大程度上决定了沥青在外部荷载作用下抵抗这种结构变化的能力。具体而言,相较于由圆润集料颗粒构成的混合料,由立方体和棱角状集料颗粒形成的集料骨架展现出更高的内摩擦力与抗变形性能(图 3-63)。因此,一般而言,立方体和棱角状集料颗粒能够更有效地抵抗可恢复变形,并展现出更强的永久变形抗力。

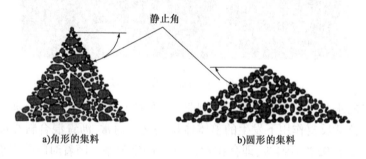

a) 角形的集料　　　　　　　b) 圆形的集料

图 3-63 圆形和角形集料颗粒的静止角或内摩擦力的差异

除集料颗粒的单独形状与棱角性外,其分布模式,即集料级配,同样是决定荷载在颗粒间传递效率的关键因素。在结构混合料中,密级配与间断级配是两种最为常见的集料骨架类型。

密级配混合料通过构建一个接近最大可能密度的集料骨架来实现荷载的有效传递。这一过程中,较小尺寸的集料颗粒被用于填充由较大尺寸集料颗粒产生的空隙,从而形成紧密的结构。在此类级配中,荷载主要通过由连续小颗粒组成的密集网络,从一个大颗粒传递至另一个大颗粒。

相比之下,间断级配混合料则依赖粗集料颗粒间的直接"石子到石子"的荷载传递路径,这种方式能够更有效地减小混合料的变形。由于此类级配中存在的高接触应力,间断级配混合料通常需与高品质且坚韧的集料配合使用。在密级配混合料中,胶浆(包含细碎集料颗粒)在荷载传递与抗变形方面扮演着核心角色。而在开级配(或间断级配)混合料中,沥青胶浆或胶浆的作用相对较弱,主要任务在于将集料基体黏结成一体。

无论何种情况,集料级配均对混合料内部的荷载传递效率具有决定性影响,进而决定了混合料在外荷载作用下的弹性变形与永久变形程度。

沥青胶结料的特性对于抵抗永久变形同样至关重要。除集料骨架外,胶结料本身抵抗永久变形或塑性变形的能力也是影响沥青混合料整体抗车辙性能的关键因素。沥青胶结料作为一种黏弹性材料,其性质会随时间和温度变化。在外荷载作用下,沥青胶结料会发生变形,其中部分变形可随时间恢复,而剩余部分则成为永久变形。胶结料的组成成分对其抵抗塑性变形的能力具有显著影响。因此,为生产抗车辙性能优异的混合料,选用抗塑性变形能力强的胶结料是明智之举。

此外混合料中胶结料的含量同样对混合料的永久变形抵抗力具有决定性影响。在除极低温度(接近或低于冰点)外的常规工作条件下,沥青胶结料的刚度远低于集料颗粒的刚度,成为内部荷载传递过程中的薄弱环节。若混合料中胶结料与集料的质量比高于最佳比例,即使胶结料与集料本身质量上乘,混合料仍可能易于产生永久变形。

3.5.3.2 疲劳开裂

疲劳开裂是沥青路面在车轮荷载反复作用下,微观裂缝逐渐萌生、扩展并相互连接,最终形成宏观裂缝的现象。此类裂缝通常沿车轮轨迹呈网状分布,因此也常被称为纵向裂缝。与车辙现象相似,路面的过早疲劳开裂往往与铺面材料的选择、混合料的设计或整体路面的设计不当有关。

从路面结构的角度来看,当沥青混合料在荷载作用下产生超出其承受能力的拉应力时,便会发生过早的疲劳开裂。需要注意的是,与车辙不同,疲劳裂缝主要局限于沥青层内,而路面结构的基层和底基层通常不考虑承受拉应力或发生疲劳裂缝,除非它们采用了水泥或沥青稳定处理。

在此背景下,有几个关键点值得特别关注:首先,"沥青混合料不可接受的拉应力水平"是一个高度依赖于材料特性的参数,这将在后续段落中深入探讨。其次,尽管疲劳裂缝出现在沥青层中,但路面各层(包括基层、底基层等)的厚度和特性对沥青层内的应力状态、应变分布以及疲劳裂缝的发展速度具有决定性影响。具体而言,沥青层中的应变大小是荷载大小、各层材料刚度以及各层厚度的综合函数。因此,路面的疲劳寿命最终由该应变水平下沥青混合料固有的抗疲劳开裂能力所决定。这表明,疲劳裂缝的产生不仅与沥青混合料本身的抗裂性能密切相关,还深受采用该混合料的路面结构设计的影响。

疲劳裂缝的主要特征在于其形成和扩展过程并非瞬间完成,而是经历数十万甚至数百万次荷载循环后逐渐显现。材料的异质性,即材料内部存在的微观缺陷或不均匀性,是这一现象的重要诱因。由于异质性和/或缺陷的存在,当材料受到外部应力作用时,缺陷附近的局部应力可能显著高于远离缺陷区域的平均应力水平。

图 3-64 直观地展示了微观缺陷附近应力的局部放大现象。该图通过微观尺度下的沥青胶结料样品,揭示了局部应力集中的情况。这种局部应力的增加会促进微观裂缝的萌生或现有缺陷的扩大。这一过程在多次荷载循环中持续进行,直至宏观裂缝形成并扩展,最终导致材料失效。

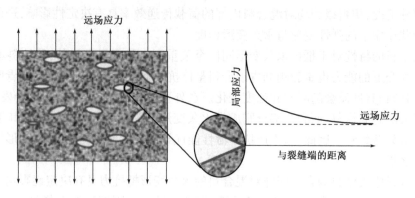

图 3-64 材料中的缺陷和局部应力

3.5.3.3 横向裂缝

横向裂缝是指路面断面上横向延伸的裂缝,且往往呈现周期性分布。沥青路面的横向裂缝主要由两大原因引起:

首先,当沥青层作为现有接缝或混凝土路面顶部的覆盖层时,下部结构的裂缝会在其正上方的沥青层表面产生局部应力集中,进而诱发覆盖层裂缝的产生与扩展,这种裂缝被称为反射裂缝。为避免反射裂缝的形成,可采取多种措施,如设置专门的过渡层或使用抗裂性能优异的混合材料。反射裂缝的形成主要归因于结构性的缺陷。

其次,横向裂缝的另一种形式为低温裂缝,其成因主要与材料特性相关。与疲劳开裂的渐进性不同,低温裂缝的形成速度相对较快。为深入理解横向开裂的机理,我们需从路面结构中弹性材料的行为入手分析。

考虑一段无接缝的连续路面,其可被视为具有固定端部的几何体。当温度降低时,路面材料因热胀冷缩原理而产生收缩应变,该应变可表示为 $\alpha\Delta T_1$,其中 α 为热膨胀系数,ΔT_1 为温度变化量。然而,由于路面端部固定,这种收缩变形受到约束,导致路面内部产生拉应力,其大小取决于材料的刚度 E。对于弹性材料而言,此拉应力将持续存在,直至路面温度恢复至原应力状态。若温度进一步下降,拉应力将随之增加。随着温度的持续降低,拉应力不断增大,直至超过材料的抗拉强度(图 3-65),此时材料将发生破裂,形成横向裂缝以释放热应力。

对于黏弹性材料(如沥青混合料)而言,虽然其同样会经历上述过程,但存在一个显著差异:黏弹性材料能随时间推移而松弛,从而缓解应力并防止其超过材料强度。然而,若沥青材料在低温下具有较高的刚度或松弛速度较慢,则其松弛效果将受限,导致应力累积并最终超过材料强度,引发材料破裂。

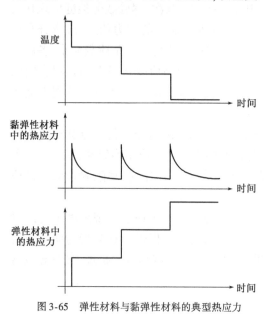

图 3-65 弹性材料与黏弹性材料的典型热应力

在探讨低温裂缝的形成机制时,混合料及其组分材料的特性扮演着至关重要角色。就混合料整体性质而言,胶结料的含量与集料级配共同决定了胶结料内部的应力状态,进而影响温度裂缝的发展进程。组成材料的性能,尤其是胶结料的性能,对于低温裂缝或横向裂缝的倾向具有决定性意义。

具体而言,胶结料与集料的热膨胀系数决定了每降低1℃时材料内部所产生的热应变大小。更为关键的是,胶结料的刚度、松弛速率以及强度是混合料抵抗温度裂缝能力的核心要素。在混合料中,沥青胶结料承担着抵抗由温度变化引起的拉应力的重任(值得注意的是,未黏结的集料颗粒几乎不具备承受拉应力的能力),同时,其松弛特性也有助于缓解这些应力。这解释了为何理想的胶结料在低温条件下应具备低刚度、高松弛速率以及高抗拉强度的特性。低刚度意味着在相同的热应变下,所产生的拉伸应力较小;高松弛速率则能加速温度应力的释放;而高拉伸强度则确保温度应力远低于材料本身的强度,从而降低了裂缝产生的风险。

在关注低温引起的横向裂缝时,还需特别注意,路面所经历的最低温度并非唯一决定因素,温度下降的速度同样至关重要,甚至在某些情况下更为关键。换言之,若温度迅速下降,即使未达到极端低温,也可能引发低温裂缝。这是因为路面内部应力的积累速度可能远超材料的松弛能力,导致应力迅速超过材料强度,进而形成横向裂缝。此外,长期内显著的昼夜温差变化也会通过类似机制导致疲劳型失效,使得"温度诱导裂缝"这一表述相较于"低温裂缝"更为贴切。

3.5.3.4 水损害

水损害作为路面损坏的另一种主要形式,与车辙和裂缝并列,对路面的完整性和使用寿命构成了严重威胁。其中,坑洼是水损害最为直观的表现形式。水能作为催化剂,加速车辙和裂缝等其他损坏形式的发展。路面结构设计、混合料设计以及组成材料选择,均对路面抵抗水分侵蚀的能力具有至关重要的影响。水分对路面破坏过程始于路面内部的水分梯度。例如,降雨会导致路面表面存在水分,而重力、毛细作用以及车辆轮胎的应力作用会促使这些水分渗入沥青层。此外,水还可能通过地基或路堤渗透进入沥青层。

一旦水进入沥青层,它便会通过毛细管作用或混合料中的连通孔隙在沥青混合料中迁移。存在于沥青混合料孔隙和毛细管中的水分,会因其对孔隙的"侵蚀"作用而导致混合料的性能劣化。在开级配混合料中,这种侵蚀作用尤为显著,因为其具有更多的开放通道和毛细管供水分流动。在这种情况下,车辆的行驶会对孔隙内的水分产生泵吸作用,进一步加剧孔隙周围材料的侵蚀和恶化。

随着时间的推移,滞留在孔隙和混合料空隙中的水分会逐渐扩散到沥青胶浆的大部分区域,并最终到达胶浆或胶结料-集料界面。在这一过程中,水分会使胶浆中的材料软化并削弱其性能,这一过程被称为胶浆或胶结料中凝聚力的丧失。当水分到达界面时,它会降低水、胶结和集料表面之间的界面黏接力,剥离集料表面胶结料,这一过程也被称为胶结料与集料表面之间的剥离或黏附力的损失。此时,胶结料无法有效地将集料颗粒黏结在一起,导致集料颗粒松动并从混合料中脱落,最终形成坑洼。

需要注意的是,高温水可以加速这一破坏过程(图3-66)。因此,路面结构的设计应确保水分能够有效地从路面中运输和排出。路面的几何形状以及排水系统的设计对于保障路面结构的耐久性和延长使用寿命具有至关重要的意义。

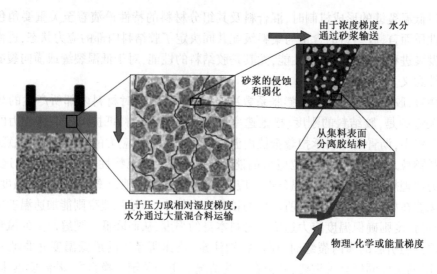

图 3-66 水分破坏过程涉及的不同阶段

在混合料设计领域,空隙特性及其相互连通性对于混合料的抗水损害性能具有至关重要的影响。在其他条件相同的情况下,那些具有较大或开放型空隙且高比例相互连通的混合料,相对而言更不易受到水损害的侵扰。原因在于,此类混合料结构既便于水分快速渗入基体,又有利于水分的有效排出。而空隙极小且连通性差的混合料同样展现出较强的抗水损害能力。在这类混合料中,水分难以渗透至其内部,从而有效规避了严重的水损害风险。

然而,当混合料的空隙率处于中等水平时,路面可能面临最为严峻的水损害挑战。在此情况下,空隙尺寸适中,足以允许水分在长时间内缓慢迁移至混合料的各个部分,并在外部荷载的作用下加速这一迁移过程。但遗憾的是,这些空隙并不足以让水分轻松溢出,导致水分在混合料内部滞留并随时间逐渐削弱其性能。因此,在混合料设计过程中,需对空隙特性进行精细调控,以平衡水分渗透与排出的需求,从而优化混合料的抗水损害性能。

图 3-67 旨在探究气孔分布对水分诱导损害的影响机制[113]。可以看到,图中存在一个特定的气孔尺寸范围,在此范围内水分损害的程度达到峰值,即所谓的"最差气孔尺寸"。气孔的大小与其总体积百分比之间的关系并非呈现简单线性关联。实际上,这一关系受到多种因素(如颗粒尺寸及级配)的复杂影响,它们共同决定了特定体积内气孔的大小分布特征。举例来说,一个空隙率为 4% 的混合料可能包含数个空间上分散且尺寸较大的气孔,或者根据集料的尺寸分布和级配特性,由众多较小且分散的气孔构成。为了更深入地理解这种复杂的关联关系,并建立起空隙体积百分比、气孔大小分布与最终水分损害倾向之间的科学联系,通常会借助如 X 射线断层扫描等先进工具进行细致的分析和表征。

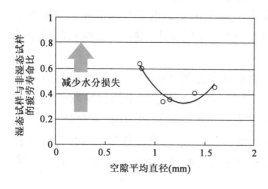

图 3-67 孔隙空隙对湿气引起的损害影响[112]

3.5.3.5 老化

沥青混合料的性能特征在很大程度上受到沥青胶结料随时间氧化老化过程的影响。需要注意的是,沥青胶结料及混合料的老化本身并不直接构成一种病害,但它对其他病害形式的发展速率具有显著影响。在某些情形下,如永久变形或车辙,老化实际上能够提升混合料的抗病害能力;而在其他情况下,老化则可能加剧病害的进展。因此,老化虽非病害本身,却是影响其他病害演变速度的关键因素。

沥青胶结料在路面服役期间会经历氧化老化,这一过程导致极性分子增多,进而形成团聚体或更复杂的结构,从而增加了胶结料及混合料的刚度,并提升了其抗塑性变形能力。因此,随着时间推移,老化有助于增强混合料对永久变形或车辙的抵抗能力。这一现象解释了为何车辙问题在路面使用初期更为突出。

此外,采用较低生产温度的温拌沥青(WMA)等混合料生产技术,通常会减缓沥青胶结料的氧化老化进程,进而增加混合料在路面使用初期对车辙的敏感性。相反,使用再生沥青路面材料(RAP),其中既包含集料也包含已显著老化的沥青胶结料,与原生材料结合使用后,会导致混合料硬度增加,抗车辙性能提升。在实际应用中,WMA 和 RAP 常结合使用,以平衡因混合温度降低导致的原生胶结料氧化程度降低与 RAP 中老化胶结料的影响。

尽管老化可能提升抗车辙能力,但其对疲劳开裂和低温开裂的影响较为复杂。关于老化对疲劳开裂的影响,研究表明,虽然老化会增加沥青胶结料和胶浆的刚度并降低其延性,但也会在一定程度上提高其强度和抗裂性[107]。然而,随着胶结料延性的降低,裂纹形成和扩展的特性也会发生变化。在较高应力水平下,胶结料更倾向于发生脆性破坏。因此,老化对裂纹扩展速率的总体影响取决于这些性质和失效模式的相对变化。

为抵抗低温或温度裂纹,胶结料需具备低刚度以降低热应力、高松弛率以防止应力随温度降低而积累以及高抗拉强度,以确保积累应力保持在材料强度以下从而防止开裂。然而,随着老化进程,胶结料刚度增加、松弛能力降低,这增加了低温开裂的风险。尽管老化也可能提高胶结料的抗拉强度,从而部分抵消刚度增加和松弛速率降低的负面影响,但正是这些性能的相互作用共同决定了胶结料及混合料的抗低温开裂能力。

3.6 沥青混合料节能减排技术

3.6.1 大掺量胶粉改性技术

橡胶由弹性体(天然橡胶和合成橡胶)、硫化剂、硫化活化剂、填充物、炭黑、油分、增塑剂和添加剂(如抗氧化剂、抗臭氧剂等)组成,其中橡胶聚合物约占 50%。废旧轮胎具有与橡胶相同的结构,是由一条条支链经过搭接胶结和聚合而成的立体结构。橡胶既有高弹性,又有高黏性。沥青也兼有弹性和黏性,但不及橡胶突出。将废旧轮胎加工成胶粉用于沥青改性,不仅能够有效减少"黑色"环境污染,还能降低改性沥青的生产成本,而且赋予沥青路面特殊的性能及功能,是集节能、环保和新产品开发于一体的可再生利用的有效途径,符合国家提出的节能减排可持续发展与生态文明建设的战略国策要求。

近年来,国内外针对废旧轮胎胶粉改性沥青的改性机理、生产工艺、路用性能及其在 HMA 中的应用进行了系统研究。胶粉与沥青的作用过程和机理非常复杂,胶粉改性沥青的改性机理可以总结分为物理共混机理、网络填充机理、化学共混机理[1]。此外,研究还发现胶粉改性沥青可能有多种机理共存,伴随着一些化学反应,而随着时间的延长,化学反应变得更加明显。

为了提高胶粉的反应活性及与沥青的相容性,有关学者采用多种措施对废旧轮胎胶粉进行降解、表面活化等处理,包括机械力化学法、超声等物理法、接枝等化学法、生物法、超临界二氧化碳再生技术等。为了进一步改善胶粉改性沥青的高温稳定性,采用胶粉与 PE、松香、SBS 等高分子聚合物或纳米有机蒙脱土等混合对基质沥青进行复合改性[8]。胶粉与沥青的作用机理能够显著地影响其生产工艺以及沥青混合料路用性能。

胶粉改性沥青路面具有平整度好、高抗滑及低噪声等优良特性,在降噪沥青路面中的应用得到了广泛关注与重视。研究表明,胶粉的加入能够显著改善沥青的抗车辙性能、抗低温开裂性能以及抗疲劳性能,结合级配设计优化,同样能够实现沥青混合料综合路用性能的显著提升,可以在保障沥青路面综合力学性能的前提下,提升路面结构与功能优化设计,满足多种服役条件要求。因此,胶粉改性沥青作为结构与功能铺装材料具有重要的研究开发与推广应用价值。

尽管国内外对胶粉改性沥青展开了深入研究,并取得了良好的研究成果,但对于复合改性及不同生产工艺下胶粉与沥青的作用机制,有待结合多尺度试验和模拟手段研究。目前废旧轮胎胶粉组分对改性沥青流变性能的影响以及对沥青自愈合性能机理的影响仍有待进一步深入研究。

3.6.2 温拌沥青技术

温拌沥青技术也称为降黏减阻技术。它以相变材料在不同温度下的"固-液"态响应机理为基础,通过改变沥青及其混合料的高温特性,降黏减阻,降低沥青混合料施工温度,有助于施工过程的节能减排。

基于不同作用机理,温拌沥青技术可分为:①有机降黏,通过添加以蜡为主要成分的低熔点有机物降低沥青的高温黏度;②化学减阻,通过添加以芳香胺类、脂肪酸为主要成分的表面活性乳液减少沥青与石料间的摩擦阻力,提高沥青对石料的裹覆效率;③泡沫温拌,通过机械注水或添加剂注水法向高温沥青注入水分,水分蒸发引起沥青体积膨胀,降低黏度。

为贯彻环境友好型路面理念,橡胶沥青技术与温拌技术已被结合使用,生产出温拌橡胶沥青。温拌橡胶沥青除兼具胶粉改性增劲与温拌降黏减阻的优势外,胶粉的加入可有效弥补温拌混合料的车辙性能(温拌混合料中沥青老化程度不及热拌沥青,前期高温性能稍逊);同时,较好的施工和易性为进一步提高胶粉用量提供了可能性,有望更好地解决"黑色污染"问题。

3.6.2.1 橡胶沥青与降黏减阻剂复合改性效果

温拌橡胶沥青技术集合了废旧轮胎胶粉、降黏减阻剂两种沥青改性材料的优点。温拌剂的加入可提高混合料施工和易性,进而使橡胶沥青混合料的生产温度降低 15～30℃,与普通 HMA 接近。传统温拌橡胶沥青的制备方法是在橡胶沥青制备完成后加入温拌剂,再与集料混合(或在混合橡胶沥青与集料的过程中加入温拌剂)。Wang 等对多种温拌剂改性橡胶沥青进行流变学分析,发现温拌剂对橡胶沥青的黏度降低效果显著,且可改善存储稳定性[114];Jones等发现温拌技术可极大减少橡胶沥青生产过程的烟雾和气味,降低排放量,虽然会使得前期投入少许增加但会带来可观的后期效益[115];Yang等的研究表明降黏减阻剂可显著降低橡胶沥青有害物质排放量[116];Wang等通过分析各国研究现状,认为温拌橡胶沥青是有望在欧洲推广的环保型铺面材料[117]。

国内外研究表明,各类降黏减阻剂均可使橡胶沥青显著降黏,但不同的温拌剂对沥青及混合料性能的影响各异。Kim等[118]、Rodriguez-Alloza等[119]的研究均表明,有机降黏剂可有效提高结合料的高温流变性能。Xiao等提出,有机降黏剂可同时提升橡胶沥青混合料抗车辙[120]与疲劳[121]性能。Xiao等发现采用含化学温拌剂的橡胶沥青高温性能良好但水稳性能稍逊[122]。Ma等[123]、Oliveria等[124]的研究表明,化学温拌剂对橡胶沥青力学性能的影响可被忽略。Yu等提出泡沫橡胶沥青的高温性能略差,但是低温性能、温度稳定性和抗疲劳性能均优于普通橡胶沥青[125]。

温拌剂对橡胶沥青性能的影响取决于温拌剂的自身理化特性。同时,温拌剂的加入对胶粉-沥青的反应产生影响。在机理分析层面,国内外目前相关研究很少。Yu等通过一系列理化分析手段评价了化学温拌剂对橡胶沥青微观特征的影响,并与宏观流变性能进行关联[126]。Yu等通过对溶胀后胶粉进行热学分析发现,温拌剂可加速胶粉在基质沥青中的溶解[127]。在宏观性能方面,现有研究发现温拌剂的添加次序对温拌橡胶沥青性能影响显著。Xiao等发现有机降黏剂在橡胶沥青制作前添加能使混合料施工黏度更低,同时可进一步增强橡胶沥青混合料的高温性能[128];Xiao等提出提前加入有机温拌剂在施工和易性与高温稳定性方面均不如传统工序[129];通过沥青流变试验与混合料实验,Yu等发现,对有机温拌剂和化学温拌剂而言,提前加入会造成可忽略的施工和易性损失,但可将胶粉-基质沥青的反应温度至少降低16℃,且不影响温拌橡胶沥青流变性能[130]。

3.6.2.2 存在问题及发展趋势

将降黏减阻技术与湿法橡胶沥青技术结合,可在普通沥青的拌和条件下制备橡胶沥青混合料,弥补橡胶沥青施工和易性方面的不足。综合国内外研究现状,国内外学者对温拌橡胶沥青已经进行了较多的研究,在温拌橡胶沥青的力学性能评价方面取得了诸多的研究成果。然而,对于胶粉-温拌剂-基质沥青混溶过程的复合改性机理及性能综合优化方面,尚有大量的研究工作有待开展,也存在较多的技术瓶颈有待进一步突破。

现有温拌橡胶沥青技术大多是橡胶改性与温拌技术的简单叠加,虽在工程应用上取得一定效果,但结合各组分反应机理,可进一步对生产制备工艺进行优化,在成本、性能、环保等多方面寻求最佳平衡点。工艺优化的主要内容涉及温拌剂种类选择、温拌剂次序添加、胶粉溶胀温度及时间、基于胶粉力学效应的级配优化等。工艺优化的主要目的包括:①温拌橡胶沥青反应条件优化。温拌剂既可作为混合料施工阶段的降黏剂,又可作为控制胶粉-基质沥青反应程度的调节剂。通过温拌剂的提前加入降低橡胶沥青反应温度及反应时间,进一步节能减排。②混合料级配设计优化。温拌橡胶沥青的含油量大于普通沥青,从而导致混合料中空隙率减少。通过虚拟力学实验测定胶粉力学效应,根据结果优化集料级配比例,提高混合料综合路用性能。

后续的研究方向可侧重于以下方面:

(1) 通过理化手段分析胶粉共混共溶过程中的溶胀过程与沥青、温拌剂组分间作用机理。

(2) 在获取真实细微观沥青混合料结构信息条件下,综合考虑溶胀后胶粉在沥青砂胶体系中力学效应的数值分析和试验研究,深入分析胶粉与温拌剂复合改性机理。

(3) 通过全生命分析法等手段对温拌橡胶沥青的长期服役性能进一步优化设计。

3.6.3 路面再生技术

3.6.3.1 热再生技术

20世纪90年代以来,我国高速公路飞速发展,许多沥青路面已经步入养护维修阶段,关于高效合理利用回收再生沥青混合料(Reclaimed Asphalt Pavement, RAP)的研究正在兴起。沥青再生技术包括热再生技术、冷再生技术和全厚式再生技术。这三种再生技术各有其优缺点及适用性,不同再生方式下的再生混合料性能决定了其可再生的层位。热再生是指将回收的RAP材料加热之后,通过修正级配、添加再生剂以及补充新沥青,使RAP材料成为优良的再生沥青混合料的工艺[1]。其中,厂拌热再生是应用最广泛、最为实用的路面再生技术。然而,热再生技术也面临着相关技术难题,如RAP掺量有限、加热拌和过程中产生的老化及热再生过程不满足清洁需求等制约了热再生技术的发展。

1) 限制RAP掺量的因素

RAP高掺量是指RAP掺量达到30%及以上。出于对高掺量RAP性能的担忧,在将其应用于高等级公路的中上沥青面层时,RAP掺量受到了严格的限制,这极大地制约了RAP高掺量厂拌热再生技术的发展和应用。目前国内厂拌热再生沥青混合料掺量一般不超过30%,限制RAP掺量低的因素大致如下:

(1) RAP料前期储存不佳。

(2) RAP料的变异性较大。

(3) 再生剂效果不佳。

(4) 厂拌热再生拌和设备效率不高。

(5) 厂拌热再生混合料的设计理论不足。

2) 提高RAP掺量的方法

在再生过程中加入低掺量的RAP并不能解决日益增长的回收料问题,对再生资源的利用率不高导致再生效益不明显,因此,高掺量RAP越来越引起人们的重视。厂拌热再生技术的发展离不开再生设备的技术支持,通过再生设备实现RAP的再生,使再生混合料的质量不低于普通HMA。使用能为RAP提供准确计量、足够加热量和充分搅拌时间的连续式搅拌设备可以将RAP掺量提高至50%[2]。将旧料在拌和前进行一次加热步骤,既能提高RAP的掺量,又能提高RAP的水稳定性[3]。另外,使用适量的再生剂或者温拌剂也可以提高RAP的掺量。

3) RAP高掺量再生沥青混合料的性能

国内外道路工作者对RAP高掺量再生沥青混合料的性能进行了大量研究。在高温性能方面,发现厂拌热再生混合料比普通沥青混合料有更高的抗剪安全系数,抗变形能力、抗剪切能力更高,高温性能表现优异[4]。随着RAP掺量的增加(70%~90%),再生沥青混合料的动稳定度也逐渐增加,即RAP掺量的增加有利于再生沥青混合料抗车辙性能的提高[5]。然而,当旧料掺量增大,需要使用再生剂软化软沥青时,必须重点评估再生混合料的高温性能。再生剂的润滑作用,可能会造成再生料高温性能变差。

在疲劳和断裂性能方面,四点弯曲试验发现,50%RAP掺量的混合料疲劳性能略逊于30%RAP掺量的混合料,差距并不十分显著,且二者的疲劳曲线斜率相似,说明即使应用了50%RAP掺量的旧料,其耐疲劳性能仍可以得到保证。根据疲劳断裂能指标,发现高掺量RAP再生沥青混合料的疲劳性能确实不如新沥青混合料[7]。相关试验也表明,高掺量RAP的再生沥青混合料在低温和高频车载的作用下,极易出现结构破坏和裂缝,这也是国外许多部门不允许使用高掺量RAP再生料的原因。

3.6.3.2 温拌再生沥青技术

为了解决HMA在生产使用过程中会出现轻质油分、能源过度消耗以及老化等问题,温拌再生沥青(Warm Recycled Mix Asphalt,WRMA)技术应运而生。温拌再生沥青技术是通过某种技术手段或掺入添加剂,提高再生混合料在相对低的温度条件下拌和性。WRMA自身的拌和与摊铺温度可以比HMA降低30℃左右,并能够显著降低能源消耗,减少环境污染,降低摊铺现场气味粉尘的排放,同时又能具有和HMA基本相同的施工和易性和路用性能。另外,由于旧料加热温度变低,沥青二次老化程度大大降低,因此可适当提高RAP掺量,节约成本和资源。

1) WRMA添加剂分类

关于WRMA添加剂,大致可分为以下类别:有机添加剂、化学添加剂以及使用发泡技术的添加剂。有机添加剂主要包含有机蜡,可以降低沥青的黏度。化学添加剂一般由一些表面活性剂、乳化剂、抗剥落剂、集料涂层增强剂组成。化学添加剂对沥青进行化学改性,使其获得活性黏附力,提高了沥青对集料的包裹性能。发泡技术添加剂则是利用产生的水蒸气,增加沥青的体积且降低了沥青的黏度,有利于沥青混合料在低温下进行拌和和压实。

2) 温拌再生沥青混合料的性能

在高温性能方面,温拌再生沥青混合料的性能表现较好。研究发现:在RAP掺量一定的情况下,除高温抗车辙性能有所提高外,其他性能如低温抗裂和水稳定性均有不同程度的下降[14]。WRAM的动稳定度均满足规范的技术要求,并且随着RAP掺量的增加而增大[15]。疲劳特性方面,温拌再生沥青混合料的疲劳性能虽然不及HMA,但明显优于热再生沥青混合料,尤其是在高应变水平下,温拌再生沥青混合料的疲劳作用次数可达到热再生混合料的1.5倍。至于低温抗裂性能,有机类WRMA在低温条件下具有更好的应力松弛和低温抗裂性能。弯曲梁蠕变实验结果表明,温拌再生沥青混合料的低温抗裂能力优于HMA。

WRMA技术也存在一些缺点,较低的拌和温度可能导致集料干燥不足、涂层包裹不充分,进而造成沥青胶结料和集料界面的黏附失效及水稳定性问题。掺加无机结合料能够在一定程度上提高温拌再生沥青混合料的劈裂强度及水稳定性,且以一定浓度的石灰水悬浊溶液处治集料的方案相对最佳[19]。

3.6.3.3 再生沥青混合料的洁净化技术

随着国家对环境保护越来越重视,对沥青混合料再生过程中的环保要求也越来越高,传统的沥青搅拌站在进行沥青混合料生产时很难达到国家的环保标准。因此,需对传统沥青搅拌站的再生过程进行进一步的完善及优化,降低沥青搅拌站中粉尘及气体污染程度,保障沥青再生过程能够满足洁净化的发展要求。

1)沥青混合料再生时产生的污染

传统沥青搅拌站工作流程如图 3-68 所示。在原材料输送和振动筛分阶段、计量阶段、烘干阶段、混合料搅拌阶段均有可能产生粉尘污染。在沥青加热和混合搅拌、放料等工序以及拌和完成的成品料在装车过程中也会有沥青烟气散出。针对此,道路工作者也展开了很多研究。各粉尘产生节点上方应设置集气罩,对粉尘进行收集,再经引风机引致布袋除尘器进行除尘处理,同时对于分散产生的粉尘,采取多手段、多方案的除尘措施。引入先进的生产工艺,在常规沥青搅拌设备的基础上增加沥青烟气收集和处理技术,对生产过程中粉尘进行有效控制,并对设备外部结构和厂区建设进行合理布局,从而增加其环保性能。

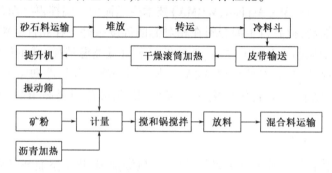

图 3-68 传统沥青搅拌站工作流程

2)沥青再生时产生的碳排放

研究人员发现应用再生沥青混合料技术可以减少大量碳排放,降低能耗,实现清洁化。采用综合型全生命周期分析法分析 RAP 对路面建设和养护能量消耗及温室气体排放的影响。研究把全生命周期分为材料生产、施工、维护和修复四个阶段,其中施工、维护、修复三个阶段采用基于过程的生命周期分析方法,材料生产阶段则采用基于输入/输出的全生命周期分析方法。研究发现,施工阶段期间的能耗和排放只占总能耗的 6%~8%,材料生产占大部分。而在材料中增加再生沥青用量,可显著降低能耗和排放。当 RAP 掺量增至 30%~50% 时,每千米路面 CO_2 减排量为 38114~63524kg。采用基于全生命周期分析法对比分析新拌沥青混合料和再生沥青混合料用于路面建设时的环境影响。结果表明,采用再生沥青混合料修筑路面能产生较好的节能减排效果,同时兼顾改善生态环境的优势。

3.6.3.4 高性能冷再生技术

沥青路面冷再生技术是指对旧沥青路面铣刨、破碎、筛分,使其成为再生集料,并按一定比例添加新集料,以乳化沥青或泡沫沥青、水泥等为胶结料进行常温拌和,进而铺筑路面层的再生技术形式。根据再生工艺的不同,冷再生技术可分为厂拌冷再生技术和就地冷再生技术两种。冷再生技术大幅提升了旧料再生利用率,在实际工程中能够再生利用 70% 以上,而且粗、细集料都能大比例投入再生利用,同时该技术中混合料全程在常温下完成施工,节能环保效果显著,因此,冷再生技术是高效降低路面维养成本和资源消耗的路面技术之一。

国内外研究人员针对冷再生混合料的材料组成和路用性能开展了大量研究。不同组分含量的冷再生混合料的动态模量试验研究发现,沥青与水泥含量以及类型对混合料性能有重要的影响。冷再生混合料强度发展是研究的重点及热点问题,也是其应用中重要的基本力学指标。

在强度发展机理方面,国内外研究人员侧重研究了养生时间及冷再生混合料的宏观性能变化规律。一般认为,水泥在冷再生混合料中能够促进乳化沥青的破乳,同时水化产物能够提高内摩擦力,从而提高混合料的早期及后期宏观强度,其中养生温度、含水率都对早期强度有着重要影响,而较多的水泥会加大冷再生混合料的开裂风险。冷再生混合料的路用性能与普通沥青混合料存在明显差距,因此冷再生结构层多用于路面基层或者下面层。近年来,已有研究开始关注与提高冷再生混合料的综合使用性能,包括抗水损害性能、抗车辙性能以及耐久性等,以进一步提高其应用层位。

疲劳试验发现,冷再生混合料在使用中存在疲劳性能增长过程。常温下的加速加载试验发现其车辙变形主要来自泡沫沥青胶浆压密变形和集料受荷载作用下产生的位移。相比于热拌沥青混合料以及热再生沥青混合料,冷再生沥青混合料复合多相的材料组成使得其内部结构尤其是界面结构更加复杂,因此冷再生沥青混合料的微细观结构研究也得到了广泛重视。此外,X-ray CT 扫描、扫描电子显微镜和数字图像处理等技术的应用,在冷再生混合料的空隙分布特性、水泥水化产物形态、胶浆厚度组成、粗集料分布与颗粒形状特性等微细观结构形态等方面取得了较多成果[7]。

冷再生混合料的材料组成与强度机理一直是冷再生技术研究的重点,随着层位使用范围的扩大,对其综合路用性能要求也在提高,抗疲劳性能、抗车辙性能等路用性能的研究不断深入。另外,乳化沥青冷再生混合料材料组成的复杂形貌对冷再生沥青混合料性能有着关键影响,导致其多尺度特性不可忽视。当前研究侧重于其微细观结构特征与宏观性能的主观联系,缺乏对复合胶浆以及各相界面的力学行为定量表征。沥青路面材料多尺度力学特性表征的研究为解决目前沥青混合料性能预估与沥青路面服役期间病害发展程度无法匹配的矛盾提供了有利工具,也是冷再生技术研究的发展趋势。

本章参考文献

[1] PETERSEN J C, ET A. Chemical composition of asphalt as related to asphalt durability: State of the art [J]. Transportation Research Record: Journal of the Transportation Research Board, 1984, 999: 13-30.

[2] VASCONCELOS K L. Moisture Diffusion in Asphalt Binders and Fine Aggregate Mixtures [M]. Citeseer, 2010.

[3] BRANTHAVER J, PETERSEN J, ROBERTSON R, et al. Binder Characterisation and Evaluation, vol. 2: Chemistry [R]. Technical Report SHRP-A-368, Strategic Highway Research Program, National, 1993.

[4] HUBBARD L R, STANFIELD E K. Determination of Asphaltenes, Oils, and Resins in Asphalt [J]. Anal. Chem., 2002, 20(5): 460-465.

[5] CORBETT L. Composition of asphalt based on generic fractionation, using solvent deasphaltening, elution-adsorption chromatography, and densimetric characterization [J]. Analytical Chemistry, 1969, 41(4):576-579.

[6] MORTAZAVI M, MOULTHROP J S. The SHRP Materials Reference Library [M]. Dinders, 1993.

[7] SPEIGHT J G. The Chemistry and Technology of Petroleum [M]. CRC Press, 2006.

[8] ZHAO S, KOTLYAR L S, SPARKS B D, et al. Solids Contents, Properties and Molecular Structures of Asphaltenes from Different Oilsands [J]. Fuel, 2001, 80(13):1907-14.

[9] ROGEL E J C, PHYSICOCHEMICAL S A, ASPECTS E. Studies on asphaltene aggregation via computational chemistry [J]. Colloids & Surfaces A Physicochemical & Engineering Aspects, 1995, 104(1):85-93.

[10] DICKIE J P, YEN T F J A C. Macrostructures of the Asphaltic Fractions by Various Instrumental Methods [J]. 1967, 39(14):1847-1852.

[11] TRAXLER N R, ROMBERG W J A. SPHALT, A. COLLOIDAL MATERIAL[J]. Industrial & Engineering Chemistry, 2002, 44(1):155-158.

[12] JOHN R, DAVID W. The Shell Bitumen Handbook[M]. Thomas Telford Publishing, 2003.

[13] PFEIFFER J P, SAALRJTJOPC. Asphaltic Bitumen as Colloid System [J]. J. Phys. Chem, 1940, 44(2):139-49.

[14] LESUEUR D. The Colloidal Structure of Bitumen: Consequences on the Rheology and on the Mechanisms of Bitumen Modification [J]. Advances in Colloid & Interface Science, 2009, 145(1-2):42-82.

[15] LOEBER L, SUTTON O, MOREL J, et al. New Direct Observations of Asphalts and Asphalt Binders by Scanning Electron Microscopy and Atomic Force Microscopy [J]. Journal of Microscopy, 1996, 182(1):32-39.

[16] MASSON J F, LEBLOND V, MARGESON J, et al. Low-temperature bitumen stiffness and viscous paraffinic nano-and micro-domains by cryogenic AFM and PDM [J]. Journal of Microscopy, 2010, 227(3):191-202.

[17] SCHMETS A, KRINGOS N, PAULI T, et al. On the existence of wax-induced phase separation in bitumen [J]. International Journal of Pavement Engineering, 2010, 11(6):555-563.

[18] ALLEN R G, LITTLE D N, BHASIN A. Structural characterization of micromechanical properties in asphalt using atomic force microscopy [J]. Journal of Materials in Civil Engineering, 2012, 24(10):1317-1327.

[19] ALLEN R G, LITTLE D N, BHASIN A, et al. Identification of the composite relaxation modulus of asphalt binder using AFM nanoindentation [J]. Journal of Materials in Civil Engineering, 2013, 25(4):530-539.

[20] CHOW TJJOMS. The effect of particle shape on the mechanical properties of filled polymers [J]. Journal of Materials Science, 1980, 15(8):1873-1888.

[21] PALIERNEJJRA. Linear rheology of viscoelastic emulsions with interfacial tension [J]. Rheologica Acta, 1990, 29(3):204-214.

[22] ELIAS L, FENOUILLOT F, MAJESTÉ J-C, et al. Morphology and rheology of immiscible

polymer blends filled with silica nano particles [J]. Polymer,2007,48(20):6029-6040.

[23] SIEGMANN MJTPOAB,J. P. PFEIFFER, . E. D. ,ELSEVIER,et al. Manufacture of Asphaltic Bitumen [J]. 1950:121-154.

[24] KRINGOS N, SCARPAS A. , PAULI T. , et al. A Thermodynamic Approach to Healing in Bitumen [M]. Advanced Testing and Characterization of Bituminous Materials, two Volume set. CRC Press. 2009.

[25] LITTLE D N, ALLEN D H, BHASIN A. Modeling and Design of Flexible Pavements and Materials [M]. Springer,2018.

[26] SHAW M T,MACKNIGHT W J. Introduction to Polymer Viscoelasticity [M]. John Wiley & Sons,2018.

[27] DOOLITTLE A K. Studies in Newtonian Flow. I. The dependence of the viscosity of liquids on temperature [J]. Journal of Applied Physics,1951,22(8):1031-1035.

[28] TAYLOR M A, KHOSLA N P. Stripping of asphalt pavements: State of the art[J]. Transportation Research Record Journal of the Transportation Research Board,1983:150-158.

[29] KIGGUNDU B M, ROBERTS F L. The Success/Failure of Methods Used to Predict the Stripping Propensity in the Performance of Bituminous Pavement Mixtures[C]// Proceedings of the Presented at the Annual Transportation Research Board Meeting,F,1988.

[30] MAJIDZADEH K,BROVOLD FJNAOS. State of the art: Effect of water on bitumen-aggregate mixtures, special report 98, highway research board, national research council [J]. National Academy of Engineering W,DC. 1968.

[31] CHENG D, LITTLE D N, LYTTON R L, et al. Surface Free Energy Measurement of Aggregates and its Application to Adhesion and Moisture Damage of Asphalt-Aggregate Systems, International Center for Aggregates Research 9th Annual Symposium: Aggregates-Concrete, Bases and Fines Austin,Texas,2001.

[32] HOU X, XIAO F, WANG J, et al. Identification of asphalt aging characterization by spectro photometry technique[J]. FUEL -GUILDFORD,2018:226.

[33] SCOTT J. Adhesion and Disbonding Mechanisms of Asphalt Used in Highway Construction and Maintenance [C]// Proceedings of the Association of Asphalt Paving Technologists Proc,F, 1978.

[34] FROMM H J. The Mechanisms of Asphalt Stripping From Aggregate Surfaces [J]. 1997.

[35] BITUMEN S. The Shell Bitumen Industrial Handbook [M]. Thomas Telford,1995.

[36] ROBERTSON R E. Chemical Properties of Asphalts and Their Effects on Pavement Performance [M]. Transportation Research Board, National Research Council,2000.

[37] KIGGUNDU B. JUD,NMERI. Effects of submergence in distilled water on the surface coloration of Asphalt [J]. 1986.

[38] BHAIRAMPALLY R K,LYTTON R L,LITTLE D. Numerical and graphical method to assess permanent deformation potential for repeated compressive loading of asphalt Mixtures [J]. Transportation Research Record Journal of the Transportation Research Board, 2000, 1723: 150-158.

[39] TSENG K-H, LYTTON R L. Prediction of Permanent Deformation in Flexible Pavement Materials [M]. Implication of Aggregates in the Design, Construction, and Performance of Flexible Pavements. ASTM International. 1989.

[40] TERREL R. L. , AL-SWAILMI S. Water Sensitivity of Asphalt-Aggregate Mixes: Test Selection [M]. Methodology, 1994.

[41] THELEN E. Surface energy and adhesion properties in asphalt-aggregate systems [J]. Highway Research Board Bulletin, 1958(192).

[42] CHENG D, LITTLE D N, LYTTON R L, et al. Surface energy measurement of asphalt and its application to predicting fatigue and healing in asphalt mixtures [J]. Transportation Research Record, 2002, 1810(1): 44-53.

[43] TERREL R, SHUTE J W. Summary Report on Water Sensitivity. SHRP-A/IR-89-003 [M]. Asphalt Mixtures, 1989.

[44] CHENG, D. , LITTLE, D. N. , LYTTOM, R. L. , et al. Moisture Damage Evaluation of Asphalt Mixtures by Considering both Moisture Diffusion and Repeated-Load Conditions." Transp. Res. Rec. ,1832, 42-49. 2003.

[45] RICE J. Relationship of Aggregate Characteristics to the Effect of Water on Bituminous Paving Mixtures[C]// Proceedings of the Symposium on Effect of Water on Bituminous Paving Mixtures, F, 1959. ASTM International.

[46] JONES DJSARP. An asphalt primer: understanding how the origin and composition of paving-grade asphalt cements affect their performance [J]. Technical Memorandum, 1992, 4: 1-28.

[47] ROBERTSON RJTRB. Transportation Research Circular Number 499, "Chemical Properties of Asphalts and Their Effects on Pavement Performance." [J]. National Research Counci, 2007.

[48] CURTIS C, LYTTON R, BRANNAN C J. Influence of aggregate chemistry on the adsorption and desorption of asphalt [J]. Transportation Research Record, 1992(1362).

[49] PLANCHER H, DORRENCE S, PETERSEN J. Identification of Chemical Types in Asphalts Strongly Adsorbed at the Asphalt-Aggregate Interface and Their Relative Displacement by Water. [Moisture damage to roads] [R]//Energy Research and Development Administration, Laramie, WY (USA). Laramie…, Journal of Endodontics, 1977.

[50] BUTT H-J, GRAF K, KAPPL M. Physics and Chemistry of Interfaces [M]. John Wiley & Sons, 2013.

[51] LITTLE D, JONES D. Chemical and Mechanical Mechanisms of Moisture Damage in Hot Mix Bitumen Pavements[C]// Proceedings of the National Seminar on Moisture Sensitivity, San Diego, F, 2002.

[52] BROWN W H, POON T. Introduction to Organic Chemistry [M]. John Wiley & Sons Hoboken, NJ, 2014.

[53] CURTIS C W, ENSLEY K, EPPS J. Fundamental properties of asphalt-aggregate interactions including adhesion and absorption [J]. Aggregates, 1993.

[54] PETERSEN J,PLANCHER H,ENSLEY E,et al. Chemistry of Asphalt-Aggregate Interaction: Relationship with Pavement Moisture-Damage Prediction Test[J]. Transportation Research Record Journal of the Transportation Research Board,1982,843:95-104.

[55] JOHNSTON C. Sorption of Organic Compounds on Clay Minerals[C]// Proceedings of the Organic Pollutants in the Environment,F,1996. The Clay Minerals Society.

[56] PETERSEN JCJTRR. Quantitative functional group analysis of asphalts using differential infrared spectrometry and selective chemical reactions-theory and application [J]. Transportation Research Record Journal of the Transportation Research Board,1986:1-11.

[57] BRANNAN C,JEON Y,PERRY L,et al. Adsorption Behavior of Asphalt Models and Asphalts on Siliceous and Calcareous Aggregates [J]. Transportation Research Record, 1991(1323).

[58] JAMIESON I,MOULTHROP J,JONES D R J T A Y. SHRP results on binder-aggregate adhesion and resistance to stripping [J]. Journal of Central South University of Technology,1995,18(1):108-115.

[59] PETERSEN J C,PLANCHER H. Model studies and interpretive review of the competitive adsorption and water displacement of petroleum asphalt chemical functionalities on mineral aggregate surfaces [J]. Liquid Fuels Technology,1998,16(1-2):89-131.

[60] HUBBARD P,SHUGER L. Adhesion of Asphalt to Aggregates in the Presence of Water[C]// Proceedings of the Highway Research Board Proceedings,F,1939.

[61] YOON H H. Interface Phenomena and Surfactants in Asphalt Paving Materials[J]. 1988.

[62] CHANDAN C,SIVAKUMAR K,MASAD E,et al. Application of imaging techniques to geometry analysis of aggregate particles [J]. Journal of Computing in Civil Engineering,2004,18(1):75-82.

[63] MASAD E,TASHMAN L,LITTLE D,et al. Viscoplastic Modeling of Asphalt mixes eith the effects of anisotropy, damage and aggregate characteristics [J]. Mechanics of Materials, 2005,37(12):1242-1256.

[64] KIM Y-R,LITTLEN D,LYTTON L R. Fatigue and Healing Characterization of Asphalt Mixtures [J]. Journal of Materials in Civil Engineering,2003,15(1):75-83.

[65] SCHMIDT R,GRAF P. Effect of Water on Resilient Modulus of Asphalt-Treated Mixes [C]// Proceedings of the Association of Asphalt Paving Technologists Proc,F,1972.

[66] LYTTON R. Characterizing Asphalt Pavements for Performance [J]. Transportation Research Record,2000,1723(1):5-16.

[67] LESUEUR D, LITTLE D. Effect of Hydrated Lime on Rheology, Fracture, and Aging of Bitumen [J]. Transportation Research Record Journal of the Transportation Research Board, 1999,1661:93-105.

[68] LITTLE D N, LYTTON R L, WILLIAMS D,et al. An analysis of the mechanism of microdamage healing based on the application of micromechanics first principles of fracture and healing [J]. 1999,68.

[69] MAUPIN GJPAOAPT. The use of antistripping additives in virginia [J]. 1982,51.

[70] GZEMSKI G, MCGLASHAN W, DOLCH L. Thermodynamic aspects of the stripping problem [J]. 1968,78.

[71] CARTELLAS E, CASTAN M. Rising of binder to the surface of an open-graded bituminous mix[J]. Bull Liaison Labs Routiers, 1968.

[72] LITTLE D N, BHASIN A. Using Surface Energy Measurements to Select Materials for Asphalt Pavement [R]. Nchrp Web Document, 2006.

[73] YOON H H, TARRER A R. Effect of Aggregate Properties on Stripping [M]. Transportation Research Record, 1988.

[74] ZHDANOV S, KOSHELEVA L, TITOVA T J L. IR study of hydroxylated silica [J]. Langmuir, 1987, 3(6):960-967.

[75] NGUYEN T, BYRD W, BENTZ D. In Situ Measurement of Water at the Asphalt/Siliceous Aggregate Interface[C] // ACS Fuel Chemistry Division. 1992.

[76] LABIB M. Asphalt-Sggregate Interactions and Mechanisms for Water Stripping; Proceedings of the Abstracts of Papers of the American Chemical Society, F, 1992 [C]. Amer Chemical Soc 1155 16th st, nw, Washington, dc 20036.

[77] HEFER A W, LITTLE D N, HERBERT B E, et al. Bitumen surface energy characterization by qa inverse gas chromatography [J]. Journal of Testing and Evaluation: A Multidisciplinary Forum for Applied Sciences and Engineering, 2007, 35(3):233-239.

[78] MERTENS E, WRIGHT J. Cationic Asphalt Emulsions: How They Differ From Conventional Emulsions in Theory and Practice [C] // Proceedings of the Highway Research Board Proceedings, F, 1959.

[79] PAYATAKIS A J T, SEPARATION P. Surface chemistry applied to solid-liquid separations [J]. 1975.

[80] PODOLL R, BECKER C, IRWIN K J S, et al. Phase II progress report: Surface analysis by laser ionization of the asphalt-aggregate bond [J]. 1991.

[81] PORUBSZKY I, CSIZMADIA M, SZEBENYI E, et al. Bitumen adhesion to stones [J]. 1969, 2 (Part 2):713-725.

[82] HICKS R, NATIONAL RESEARCH COUNCIL, WASHINGTON, et al. NCHRP Synthesis of Highway Practice 175: Moisture Damage in Asphalt 37 Concrete [J]. 1991, 38:39.

[83] KOOTS J A, SPEIGHT J G. Relation of petroleum resins to asphaltenes [J]. Fuel, 1975, 54 (3):179-184.

[84] CLAUDY P, LETOFFE J, KING G, et al. Characterization of asphalts cements by thermomicroscopy and differential scanning calorimetry: correlation to classic physical properties [J]. Liquid Fuels Technology, 2007, 10(4-6):735-765.

[85] STORM D A, BARESSI R J, SHEU E Y, et al. Rheological study of ratawi vacuum residue in the 298-673 K temperature range [J]. Energy & Fuels, 1995, 9(1):168-176.

[86] ROBERTS F L, KANDHAL P S, BROWN E R, et al. Hot mix asphalt materials, mixture design and construction [J]. Asphalt Mixtures, 1991.

[87] GAWEL I, BAGINSKA K. Effect of chemical nature on the susceptibility of asphalt to aging [J]. Petroleum Science and Technology, 2004, 22(9-10):1261-71.

[88] LESUEUR D, GÉRARD J-F, CLAUDY P, et al. Relationships between the structure and the mechanical properties of paving grade asphalt cements [J]. 1997, 66:486-507.

[89] LESUEUR D, GERARD J F, CLAUDY P, et al. A structure-related model to describe asphalt linear viscoelasticity [J]. Journal of Rheology, 1996, 40(5):813-836.

[90] PETERSEN J C, BRANTHAVER J F, ROBERTSON R E, et al. Effects of physicochemical factors on asphalt oxidation kinetics [J]. 1993(1391).

[91] ORANGE G, DUPUIS D, MARTIN J, et al. Chemical Modification of Bitumen Through Polyphosphoric Acid: Properties-Micro-Structure Relationship [C] // Proceedings of the Proceedings of the 3rd Eurasphaly and Eurobitume Congress Held Vienna, May 2004, F, 2004.

[92] BAUMGARDNER G L, Masson J F, Hardee J R, et al. Polyphosphoric acid modified asphalt: proposed mechanisms[J]. Asphalt Paving Technology: Association of Asphalt Paving Technologists-Proceedings of the Technical Sessions, 2005, 74:283-305.

[93] HEUKELOM W, WIJGA P J. Viscosity of dispersions as governed by concentration and rate of shear [J]. 1971, 40:418-437.

[94] SHASHIDHAR N, NEEDHAM S, CHOLLAR B, et al. prediction of the performance of mineral fillers in stone matrix asphalt [J]. Journal of the Association of Asphalt Paving Technologists, 1999, 68.

[95] LESUEUR D, DEKKER D L, PLANCHE J P. Comparison of carbon black from pyrolyzed tires to other fillers as asphalt rheology modifiers [J]. Transportation Research Record Journal of the Transportation Research Board, 1995, 1515(1515):47-55.

[96] TUNNICLIFF D G. Binding Effects of Mineral Filler [C] // Proceedings of the Assoc Asphalt Paving Technol Proc, F, 1967.

[97] BAHIA H U, ANDERSON D A, CHRISTENSEN D W. The bending bbeam rheometer: A Simple device for measuring low-temperature rheology of asphalt binders (with discussion) [J]. Asphalt Paving Technology: Association of Asphalt Paving Technologists-Proceedings of the Technical Sessions, 1992, 61:117-153.

[98] TIMM D H, ROBBINS M M, WILLIS J R, et al. Evaluation of Mixture Performance and Structural Capacity of Pavements Utilizing Shell Thiopave©: Phase II: Construction, Laboratory Evaluation and Full-Scale Testing of Thiopave© Test Sections-Final Report [R], 2012.

[99] SIMMONS G W, BEARD B C. Characterization of Acid-Base Properties of the Hydrated Oxides on Iron and Titanium Metal Surfaces [J]. Journal of Physical Chemistry, 1987, 91(5):1143-1148.

[100] ARDEBRANT H, PUGH R J C, SURFACES. Surface acidity/basicity of road stone aggregates by adsorption from non-aqueous solutions [J]. 1991, 53(1):101-116.

[101] SAVILLE V, AXON E J. Adhesion of asphaltic binders to mineral aggregates [J]. 1937, 9:86-101.

[102] LOGARAJ S. Chemistry of Asphalt-Aggregate Interaction-Influence of Additives [C] // Proceedings of the Moisture Damage Symposium, Laramie, Wyoming, F, 2002.

[103] LITTLE D N, BHASIN A. Final Report for NCHRP RRD 316: Using Surface Energy Measurements to Select Materials for Asphalt Pavement [M]. Transportation Research Board of the National Academies, 2006.

[104] KIM Y R, LITTLE N D, LYTTON L R. Effect of moisture damage on material properties and fatigue resistance of asphalt mixtures [J]. Transportation Research Record, 2004, 1891(1): 48-54.

[105] CARO S, MASAD E, AIREY G, et al. Probabilistic analysis of fracture in asphalt mixtures caused by moisture damage [J]. Transportation Research Record, 2008, 2057(1):28-36.

[106] BHASIN A, MASAD E, LITTLE D, et al. Limits on adhesive bond energy for improved resistance of hot-mix asphalt to moisture damage [J]. Transportation Research Record, 2006, 1970(1):2-13.

[107] AREGA A Z, BHASIN A, KESEL D T, et al. Influence of extended aging on the properties of asphalt composites produced using hot and warm mix methods [J]. Construction and Building Materials, 2013, 44:168-74.

[108] FREITAS F, KIM Y-R, ALLEN D H, et al. A Theoretical and Experimental Technique to Characterize Fracture in Asphalt Mixtures and Pavements [R]. 2007.

[109] CARO S, MASAD E, BHASIN A, et al. Probabilistic modeling of the effect of air voids on the mechanical performance of asphalt mixtures subjected to moisture diffusion [J]. Journal of the Association of Asphalt Paving Technologists, 2010, 79:221.

[110] BRANCO V, MASAD E, BHASIN A, et al. Fatigue Analysis of Asphalt Mixtures Independent of Mode of Loading [J]. Transportation Research Record, 2008, 2057(1):149-56.

[111] KARKI P, LI R, BHASIN A. Quantifying overall damage and healing behaviour of asphalt materials using continuum damage approach [J]. Nternational Journal of Pavement Engineering, 2015, 16(4):350-362.

[112] MASAD E, CASTELBLANCO A, BIRGISSON B. Effects of air void size distribution, pore pressure, and bond energy on moisture damage [J]. Journal of Testing and Evaluation: A Multidisciplinary Forum for Applied Sciences and Engineering, 2006, 34(1): 15-23.

[113] ARAMBULA E, MASAD E, MARTIN E A. Influence of air void distribution on the moisture susceptibility of asphalt mixes [J]. Journal of Materials in Civil Engineering, 2007, 19(8): 655-664.

[114] WANG H, DANG Z, YOU Z, et al. Effect of warm mixture asphalt (WMA) additives on high failure temperature properties for crumb rubber modified (CRM) binders [J]. Construction and Building Materials, 2012, 35(35):281-288.

[115] JONES D, FARSHIDI F, HARVEY J T. Warm-Mix Asphalt Study: Summary Report on Rubberized Warm-Mix Asphalt Research [M]. Pavement Performance, 2013.

[116] YANG X, YOU Z, HASAN M R M, et al. Environmental and mechanical performance of

crumb rubber modified warm mix asphalt using evotherm[J]. Journal of Cleaner Production, 2017,159:346-358.

[117] WANG H,LIU X,APOSTOLIDIS P,et al. Review of warm mix rubberized asphalt Concrete: towards a sustainable paving technology [J]. Journal of Cleaner Production, 2017, 177: 302-314.

[118] KIM H H,JEONG K D,LEE M S,et al. Effect of FT paraffin wax contents on performance properties of crumb rubber-modified asphalt binders [J]. Journal of Materials in Civil Engineering,2015,27(11):04015011.

[119] RODRÍGUEZ-ALLOZA A M,GALLEGO J. Mechanical Performance of Asphalt Rubber Mixtures with Warm Mix Asphalt Additives [J]. Materials & Structures, 2017, 50(2):147.

[120] XIAO F,AMIRKHANIAN S N,PUTMAN B. Evaluation of rutting resistance in warm-mix asphalts containing moist aggregate [J]. Transportation Research Record Journal of the Transportation Research Board,2010,2010(2):75-84.

[121] XIAO F, ZHAO P E W, AMIRKHANIAN S. N. Fatigue behavior of rubberized asphalt concrete mixtures containing warm asphalt additives [J]. Construction & Building Materials, 2009,23(10):3144-3151.

[122] XIAO F,PUTMAN B,AMIRKHANIAN S. Rheological characteristics investigation of high percentage RAP binders with WMA technology at various aging states[J]. Construction & Building Materials,2015,98(NOV.15):315-324.

[123] MA T,WANG H,ZHAO Y,et al. Laboratory investigation of crumb rubber modified asphalt binder and mixtures with warm-mix additives [J]. International Journal of Civil Engineering, 2017,15(2):1-10.

[124] OLIVEIRA J R M,SILVA H M R D,ABREU L,et al. Use of a warm mix asphalt additive to reduce the production temperatures and to improve the performance of asphalt rubber mixtures [J]. Journal of Cleaner Production,2013,41(41):15-22.

[125] YU X,LENG Z,WANG Y,et al. Characterization of the effect of foaming water content on the performance of foamed crumb rubber modified asphalt [J]. Construction & Building Materials, 2014,67:279-284.

[126] YU X,LENG Z,WEI T. Investigation of the rheological modification mechanism of warm-mix additives on crumb-rubber-modified asphalt [J]. Journal of Materials in Civil Engineering, 2013,26(2):312-319.

[127] YU H., LENG Z., GAO Z. Thermal Analysis on the Component Interaction of Asphalt Binders Modified with Crumb Rubber and Warm Mix Additives [J]. Construction & Building Materials,2016,125:168-174.

[128] XIAO F P, HOU, X. et al. Superpave Evaluation of Higher RAP Contents Using WMA Technologies[J]. Construction & Building Materials,2016,112:1080-1087.

[129] XIAO F P, AMIRKANIAN S N, KARAKOUZIAN M,et al. Rheology evaluations of WMA binders using ultraviolet and PAV aging procedures[J]. Construction & Building Materials,

2015,79(15):56-64.

[130] YU H, LENG Z, ZHOU Z, et al. Optimization of preparation procedure of liquid warm mix additive modified asphalt rubber [J]. Journal of Cleaner Production, 2017, 141: 336-345.

第 4 章
水泥混凝土材料

本章旨在深入介绍水泥混凝土材料的工程特性。水泥作为铺面工程中使用较为广泛的一种水硬性无机胶凝材料,其在混凝土路面的材料选择中具有重要的地位。本章内容主要涵盖以下部分:道路水泥胶凝材料的基本性能、生产技术、水化反应、凝结与硬化特性以及应用于特殊工程场景的特种水泥,水泥混凝土外加剂的定义、分类以及常用外加剂的特性,水泥混凝土的拌和特性、力学强度、变形性能、耐久性以及其主动和被动修复技术,水泥基材料与生态环境的交互作用及其环境影响。

4.1 水泥的基本性能及生产技术

4.1.1 水泥的基本概念

在道路工程建筑中,水泥是使用得较为广泛的水硬性无机胶凝材料,当水泥与水混合后,经过一系列物理化学作用,水泥由可塑性浆体变成坚硬的石状固体。水泥不仅能够在空气中硬化,而且能够在水中更好地硬化,保持并继续发展其强度。

4.1.1.1 建筑胶凝材料的发展

现代水泥是在古代众多建筑胶凝材料的基础之上,经过人类长期实践不断积累的结果。

表 4-1 回顾了胶凝材料发展的各个阶段。

胶凝材料发展的各个阶段 表 4-1

阶段	时间	胶凝材料
天然黏土时期	新石器时代距今 4000~10000 年	黏土
石膏-石灰时期	公元前 3000—公元前 2000 年	石灰、石膏
石灰-火山灰时期	公元初至 18 世纪	石灰、火山灰
天然水泥时期	18 世纪下半叶	天然水泥
硅酸盐水泥时期	19 世纪初	硅酸盐水泥
多品种水泥时期	20 世纪至今	各种水泥

4.1.1.2 水泥的分类

水泥的品种很多，可以按照化学成分、性能和用途等进行分类，一些主要的水泥种类详见表 4-2。

常见水泥的特性 表 4-2

品种	代号	主要成分	特性	用途
硅酸盐水泥	P·Ⅰ、P·Ⅱ	以硅酸钙为主要成分的硅酸盐水泥熟料，添加适量石膏磨细而成	早期强度高，水化热高，耐冻性好，耐热性差，干缩较小	主要用于高性能混凝土及建筑物的出口
普通硅酸盐水泥	P·O	由硅酸盐水泥熟料添加适量石膏及混合材料磨细而成	早期强度高，水化热较高，耐冻性较好，耐热性较差，耐腐蚀性差，干缩较小	主要用于路桥、高层建筑、商品混凝土以及国家重点项目工程
矿渣硅酸盐水泥	P·S	由硅酸盐水泥熟料混入适量粒化高炉矿渣及石膏磨细而成	早期强度低，后期强度增长较快，水化热较低，耐热性较好，对硫酸盐类侵蚀抵抗力和抗水性较好，抗冻性较差，干缩较大，抗渗性差，抗碳化能力低	可广泛应用于工业、农田水利和民用建筑，特别适用于水下工程和桥墩等较大体积混凝土
火山灰质硅酸盐水泥	P·P	由硅酸盐水泥熟料和火山灰质材料及石膏按比例混合磨细而成	早期强度低，后期强度增长较快，水化热较低，耐热性较差，对硫酸盐类侵蚀抵抗力和抗水性较好，抗冻性较差，干缩较大，抗渗性较好	主要用于地下水下工程以及大体积混凝土工程，也可用于一般工业与民用建筑工程
粉煤灰硅酸盐水泥	P·F	由硅酸盐水泥熟料、粉煤灰和适量石膏磨细而成	早期强度低，后期强度高，干缩性小，抗裂性较强	主要用于大体积混凝土和地下工程，也可用于一般工业与民用建筑工程
复合硅酸盐水泥	P·C	掺入两种或两种以上混合材料	早期强度高，凝结硬化快，和易性、抗渗性等性能好；水泥干缩率与普通硅酸盐水泥一致；抗冻性略低于纯硅酸盐水泥	可广泛应用于工业、农田水利和民用建筑，也可用于道路、水下工程等

续上表

品种	代号	主要成分	特性	用途
铝酸盐水泥	C·A	以钒土和石灰石为原料,按适当比例配合进行烧结或熔融,再经粉磨而成	快硬早强,后期强度下降,耐高温,抗渗性及耐腐蚀性强,水化热高,放热快	适用于抢修抗硫酸侵蚀及冬季施工等特殊工程以及配置耐热混凝土、膨胀水泥和自应力水泥等
白色硅酸盐水泥	P·W	以硅酸钙为主要成分,添加少量铁质熟料及适量石膏磨细而成	早期强度高,水化热高,耐冻性好,耐热性差,耐腐蚀性差,干缩较小	用于建筑物的内外装饰工程
彩色硅酸盐水泥		以白色硅酸盐水泥熟料和优质白色石膏为主要成分,掺入颜料、外加剂共同磨细而成	早期强度高,水化热高,耐冻性好,耐热性差,耐腐蚀性差,干缩较小	用于建筑物的内外装饰工程
中热硅酸盐水泥	P·MH	由适当成分的硅酸盐水泥熟料加入适量石膏磨细制成	水化热低,绝对升温低,外加剂适应性、和易性好,抗冻性、抗裂性强,低碱、抗氯,具有微膨胀性	可广泛应用于水工大坝、桥墩、高楼底板等大体积混凝土和蓄水池、游泳池等工程
低热矿渣硅酸盐水泥	P·SLH	由适当成分的硅酸盐水泥熟料加入适量石膏磨细制成	水化热低,绝对升温低,外加剂适应性、和易性好,抗冻性、抗裂性强,低碱、抗氯,具有微膨胀性	可广泛应用于水工大坝、桥墩、高楼底板等大体积混凝土和蓄水池、游泳池等工程
快硬硅酸盐水泥		由硅酸盐水泥熟料加入适量石膏磨细而成	早期强度发展很快,后期强度持续增长	用于紧急抢修工程、低温施工工程和高强度等级混凝土预制件等
抗硫酸盐硅酸盐水泥	P·MSR P·HSR	由硅酸盐水泥熟料加入适量石膏磨细制成	具有抗硫酸侵蚀性能,水化热低,抗渗性强,外加剂适应性、和易性、耐久性好	适用于海港万能码头、沿海防波堤、含有硫酸根离子的地下和水下工程、地处石膏矿和芒硝矿的隧道的地下工程
自应力硫铝酸盐水泥	S·SAC	以无水硫铝酸钙和硅酸二钙以及石膏为主要成分	具有早强、高强、高抗渗、高抗冻、耐腐蚀和低碱性等基本特性	用于建筑工程、紧急抢修、防渗工程、水泥制品、水泥压力管及各种GRC制品等方面
自应力铁铝酸盐水泥	S·FAC	由无水硫铝酸钙、铁相和硅酸二钙及石膏组成	具有自由膨胀率小、自应力值高、稳定期等特点,同时具有高抗渗、耐腐蚀等特性	用于建筑工程、紧急抢修、防渗工程、水泥制品、水泥压力管及各种GRC制品等方面
低热微膨胀水泥	LHEC	由粒化高炉矿渣、适量硅酸盐水泥熟料和石膏组成	水化热低,抗蚀性、抗折性、抗冻性、耐久性、抗裂性、耐热性良好	适用于水工大坝、桥梁及其他大体积混凝土工程
高铝水泥		以铝矾土和石灰石为原料,铝酸钙、氧化铝含量约50%的熟料	快硬早强,水化热大且放热量集中,抗硫酸盐性能很强,耐热性良好,长期强度要降低	适用于紧急军事工程(筑路、桥)、抢修工程(堵漏等)、临时性工程,以及配制耐热混凝土

续上表

品种	代号	主要成分	特性	用途
道路水泥		由硅酸盐水泥熟料加入较少的铝酸盐相和较多的铁铝酸盐相磨细制成	较高的早期强度和抗折强度,具有耐磨性、抗冻以及低收缩等性能	用于道路和机场跑道等工程

4.1.1.3 水泥的生产技术

水泥的生产分为如下几个阶段:原料准备、生料配制与磨细、熟料煅烧、熟料磨细与储存。水泥的主要生产工艺可以概括为"两磨一烧"。

1) 原料准备

原料的成分和性能直接影响配料、粉磨、煅烧和熟料的质量,最终也影响水泥的质量。生产硅酸盐水泥的主要原料包括石灰质原料、黏土质原料、校正原料、有害成分等。

(1) 石灰质原料

凡以碳酸钙为主要成分的原料都叫石灰质原料。石灰质原料主要有石灰岩、泥灰岩、白垩、贝壳等。它是水泥生产中用量最大的一种原料,一般生产1t熟料约需1.5t石灰质干原料,在生料中约占80%,质量要求详见表4-3。

石灰质原料的质量要求 表4-3

品位		CaO(%)	MgO(%)	R_2O(%)	SO_3(%)	健石和石灰
石灰石	一级品	>48	<2.5	<1.0	<1.0	<4.0
	二级品	45~48	<3.0	<1.0	<1.0	<4.0
泥灰岩		35~45	<3.0	<1.2	<1.0	<4.0

(2) 黏土质原料

黏土质原料是含碱和碱土的铝硅酸盐,主要化学成分是SiO_2,其次是Al_2O_3,还有少量Fe_2O_3。一般生产1t熟料用0.3~0.4t黏土质原料(表4-4)。天然黏土质原料有黄土、黏土、页岩、泥岩、粉砂岩及河泥等,其中黄土和黏土使用最广。表4-5总结了黏土矿物与黏土工艺性能的关系。

黏土质原料的质量要求 表4-4

品级	硅酸率(%)	铁率(%)	MgO(%)	R_2O(%)	SO_3(%)	塑性指数
一等品	2.7~3.5	1.5~3.5	<3.0	<4.0	<2.0	>12
二等品	2.0~2.7或3.5~4.0	不限	<3.0	<4.0	<2.0	>12

黏土矿物与黏土工艺性能的关系 表4-5

黏土类型	主导矿物	黏粒含量	可塑性	热稳定性	结构水脱水温度(℃)	矿物分解达最高活性温度(℃)
高岭石类	$Al_2O_3 \cdot 2SiO_2 \cdot 2H_2O$	很高	好	良好	480~600	600~800
蒙脱石类	$Al_2O_3 \cdot 4SiO_2 \cdot nH_2O$	高	很好	优良	550~750	500~700
水云母类	水云母、伊利石等	低	差	差	550~650	400~700

(3) 校正原料

石灰质原料和黏土质原料配合后,会存在不符合配料方案要求的情况,此时,需要增加相应的校正原料以满足缺少的组分和配料要求。校正原料的质量要求见表4-6。

校正原料的质量要求   表4-6

校正原料	质量要求
铁质校正原料	$Fe_2O_3 > 40\%$
硅质校正原料	硅率 >4.0 SiO_2 70% ~ 90% $R_2O < 4.0\%$
铝质校正原料	$Al_2O_3 > 30\%$

①铁质校正原料:补充生料中 Fe_2O_3 的不足,主要为硫铁矿渣和铅矿渣等。
②硅质校正原料:补充生料中 SiO_2 的不足,主要有硅藻土等。
③铝质校正原料:补充生料中 Al_2O_3 的不足,主要有铝矾土、煤矸石、铁钒土等。

(4) 有害成分

水泥中的有害成分会影响水泥的安定性、水化及硬化,针对这些有害成分,表4-7总结了有害成分在原料中所要求的含量。

有害成分的含量要求   表4-7

成分	熟料	原料
MgO	<5%	<3%
碱含量(K_2O、Na_2O)	<1.3%	<4%
P_2O_5	<1%	—
TiO_2	0.5% ~ 1.0%	<2.0%

2) 生料配制与磨细

生料配制是指按照水泥熟料所要求的化学成分来确定各种原料的比例,各种原料按适当的比例配合后,可同时或者分别将这些原料磨细到规定的细度,并且使其混合均匀,成为水泥的"生料"。其制备方法主要有干法和湿法。

3) 熟料煅烧

在水泥窑中,将生料进行高温煅烧后得到硅酸盐水泥熟料,主要包括干燥、脱水、硅酸盐分解、固相反应、熟料烧结和熟料冷却几个主要环节。目前,水泥窑主要有两大类:一类是窑筒体立置不转动,称为立窑;另一类是窑筒体卧置(略带斜度),并能作回转运动,称为回转窑(也称旋窑)。

4.1.2 水泥中的重要体系

水泥熟料的化学成分较为复杂,其主要包括 CaO、SiO_2、Al_2O_3 和 Fe_2O_3 四种成分,它们的质量百分率波动范围如下:CaO 为 62% ~ 67%,SiO_2 为 20% ~ 24%,Al_2O_3 为 4% ~ 7%,Fe_2O_3 为 2.5% ~ 6.0%,且这四种成分的总和通常高于 95%。除了以上四种主要氧化物外,水泥熟料还含有少量其他氧化物,如氧化镁、三氧化硫、氧化钾、氧化钠等。

4.1.2.1 水泥熟料中的主要矿物

硅酸盐水泥熟料是指将配制好的生料烧至部分熔融,所得到的以硅酸盐为主要矿物成分的水硬性胶凝物质。水泥"熟料"中的四种主要矿物如下。

1) 硅酸三钙

硅酸三钙(化学分子式 $3CaO \cdot SiO_2$,简式 C_3S)是硅酸盐水泥中最主要的矿物成分,含量通常在50%左右(图4-1)。C_3S 是无色晶体,相对密度为3.15。C_3S 在水泥熟料中并不是以纯矿物的形式存在的,而是与少量其他氧化物(如 Al_2O_3、MgO、Fe_2O_3、K_2O 和 Na_2O)形成固熔体,通常称为 A 矿。它反光显微镜下为黑色多角形颗粒。

C_3S 对水泥的强度有着重要的影响。当水泥与水接触时,C_3S 立刻发生水化反应,释放较大的热量。其水化产物早期强度高,且强度增进率较大,28d 强度可达一年强度的70%~80%。就28d或一年的强度来说,其在四种矿物中是最高的。C_3S 的抗水性较差,若其含量过高,不仅给煅烧带来困难,而且使得游离氧化钙增加,从而影响水泥的强度和安定性。

2) 硅酸二钙

硅酸二钙(化学分子式 $2CaO \cdot SiO_2$,简式 C_2S)也是硅酸盐水泥的主要矿物,含量通常为10%~40%(图4-2)。熟料中的 C_2S 也不是以纯矿物的形式存在的,它通常与 Al_2O_3、MgO、Fe_2O_3、K_2O 和 Na_2O 等少量氧化物形成固熔体,称为 B 矿。在反光显微镜下呈圆粒状,快冷常具有黑白交叉双晶条纹;慢冷常具有黑白平行双晶条纹。

图4-1 硅酸三钙的电子显微图片[1]

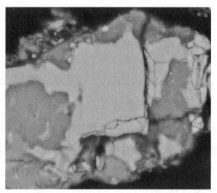
图4-2 硅酸二钙微观形貌[2]

C_2S 的水化速度及凝结硬化过程较为缓慢,水化热很低。它的水化产物对水泥早期强度贡献较小,但 C_2S 有着相当长期的活性,其水化物强度可在一年后超过 C_3S 水化物的强度,因此对水泥后期强度起主要作用。C_2S 的抗化学侵蚀性较高,干缩性较小。

3) 铝酸三钙

铝酸三钙(化学分子式 $3CaO \cdot Al_2O_3$,简式 C_3A)在水泥中的含量通常在15%以下(图4-3)。正常情况下,C_3A 呈玻璃态或不规则的微晶。在四种矿物中,C_3A 是硅酸盐水泥熟料中遇水反应速度最快、水化热最高的矿物。C_3A 的水化产物强度在3d内就能充分发挥出来,早期强度较高,但强度绝对值较小,后期强度不再增加。C_3A 的耐化学腐蚀差,干缩性大。在反光镜下,其反光能力弱,呈暗灰色,并填充在 A 矿与 B 矿中间,又称黑色中间相。

4）铁铝酸四钙

铁铝酸四钙（化学分子式 $4CaO \cdot Al_2O_3 \cdot Fe_2O_3$，简式 C_4AF）在水泥中的含量通常在5%～15%（图4-4）。在水泥熟料中，铁铝酸四钙的组成相对比较复杂，是化学组成为 C_6A_2F-C_4AF-C_2F 的一系列固熔体。C_4AF 中，尚含有少量 MgO、SiO_2、K_2O 和 Na_2O 等氧化物，因此 C_4AF 又称为 C 矿。在反光镜下其反射能力强，呈亮白色，并填充在 A 矿与 B 矿之间，也称白色中间相。

 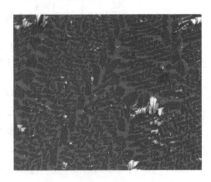

图4-3 铝酸三钙晶体形貌[3]　　　　　图4-4 铁铝酸四钙的显微结构[4]

C_4AF 的水化速度较快，水化热较高。C_4AF 的强度较低，但对水泥抗折强度和耐磨性起着重要作用。其水化产物的耐化学侵蚀性好，干缩性小。

4.1.2.2　CaO-SiO_2-Al_2O_3 体系

为了更好地了解水泥中最重要的三元体系，下面将分别讨论所形成的二元体系：CaO-SiO_2 和 CaO-Al_2O_3。

1）CaO-SiO_2

在 CaO-SiO_2 体系（图4-5）中[5]，存在四个两组分相：$CaO \cdot SiO_2$、$3CaO \cdot 2SiO_2$、$2CaO \cdot SiO_2$ 和 $3CaO \cdot SiO_2$。这些相中的 $CaO \cdot SiO_2$ 和 $2CaO \cdot SiO_2$ 会完全熔化，而其余两个则不一致。$3CaO \cdot SiO_2$ 不仅熔化不充分，而且在低于1250℃的温度下也不稳定，并且在冷却过程中会分解为 C_2S 和 C。$3CaO \cdot SiO_2$ 在熔化温度不同的阶段，与熔体不处于平衡状态，而是在2070℃分解为 CaO 和一些 CaO 晶体贫乏的熔体。

类似地，从 S 点给出的成分熔体（图4-6）开始，在达到液相线温度（T_1）后，CaO 相正在结晶，熔体成分沿着液相线曲线变化，直到点 M[5]。该成分熔体将在2070℃下达到。在此温度下，分晶反应开始：

$$CaO + melt \longleftrightarrow 3CaO \cdot SiO_2 \tag{4-1}$$

它将以放热反应的形式在恒定温度下进行。根据吉布斯相位规则[6]，系统是不变的。吉布斯相位规则公式如下：

$$f + s = n + 2 \tag{4-2}$$

式中：f——相数；

s——自由度数；

n——分量数。

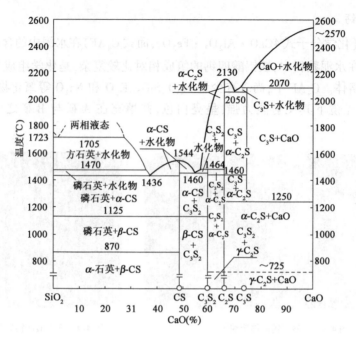

图 4-5 CaO-SiO$_2$ 体系

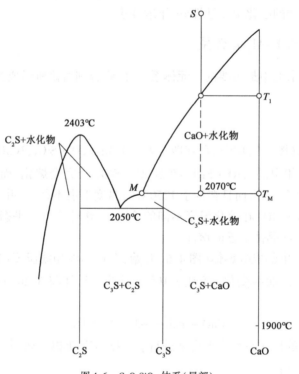

图 4-6 CaO-SiO$_2$ 体系(局部)

常数 2 与系统相关,其中平衡仅取决于两个外部因素:温度和压力。这些因素的数量可能会增加,常数也会变得更大,比如,在考虑表面张力的情况下,将为 3。在某些情况下,对应于现有温度,外部压力远高于系统蒸气压。

2) $CaO\text{-}Al_2O_3$

$CaO\text{-}Al_2O_3$ 体系(图4-7)中形成了五种化合物,分别为 C_3A、$C_{12}A_7$、CA、CA_2 和 CA_6(图4-7)。与 $CaO\text{-}SiO_2$ 体系不同的是,该体系存在众多争议,主要在于 CA 和 CA_2 熔化机制[5]。实际上熔融组成与熔融相几乎相同。剩下的两个相,C_3A 和 CA_6 也在不一致地熔化。

更具争议的是 C_5A_3 和 $C_{12}A_7$ 的发展阶段。这些相的形成条件在很大程度上得到了解释。起初认为 $C_{12}A_7$ 必须包含一定数量的具有稳定作用的 OH^- 离子来代替氧气:$Ca_{12}Al_{14}O_{32}(OH)_2$。

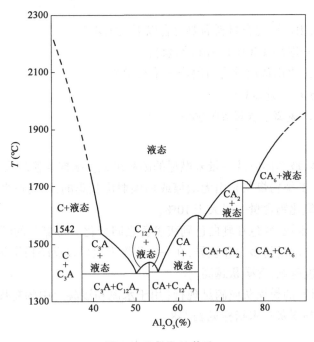

图 4-7 $CaO\text{-}Al_2O_3$ 体系

4.1.3 水泥混合材料

为改善水泥性能和调节水泥强度等级,在生产水泥时会增加人工和天然的矿物材料,称为水泥混合材料。水泥混合材料通常分为活性混合材料和非活性混合材料两大类。

4.1.3.1 活性混合材料

1) 粒化高炉矿渣

粒化高炉矿渣是钢铁厂冶炼生铁时产生的废渣,含有95%以上的玻璃体和 C_2S,钙黄长石、硅灰石等矿物,与水泥成分接近。用化学成分分析来评定矿渣的质量是评定矿渣的主要办法。《用于泥中的粒化高炉矿渣》(GB/T 203—2008)中规定了粒化高炉矿渣质量系数如下:

$$K = \frac{CaO + MgO + Al_2O_3}{SiO_2 + MnO + TiO_2} \tag{4-3}$$

式中:K——反映了矿渣中活性组分与低活性、非活性组分之间的比例关系,质量系数 K 值越大,矿渣活性越高;

各氧化物表示其质量百分数含量。

2）火山灰质混合材料

凡天然的和人工的以氧化硅、氧化铝为主要成分的矿物质材料,本身磨细加水拌和并不硬化,但与气硬性石灰混合物后,再加水拌和时,则不能在空气中硬化,而能在水中继续硬化者,称为火山灰质材料。天然火山灰质混合材料主要包括火山灰或火山渣、玄武岩、凝灰岩等。天然火山灰质材料具有较高的活性。人工火山灰质混合材料主要包括煤矸石、烧页岩、烧黏土、煤渣和硅质渣。

用于水泥中的火山灰质混合材料需要符合以下技术要求：

（1）细度。细度一般均≤20%（45μm筛余）。

（2）烧失量。人工火山灰质混合材料烧失量≤10%。

（3）SO_3含量。SO_3含量≤3.5%。

（4）氯离子含量。氯离子含量≤0.06%。

3）粉煤灰

粉煤灰由结晶体、玻璃体以及少量未燃尽的碳粒组成。根据煤粉品质,用于水泥中的粉煤灰分为F类和C类。F类粉煤灰是由无烟煤或烟煤煅烧收集的；C类粉煤灰是由褐煤或次煤煅烧收集的,其中的氧化钙含量一般大于10%。

粉煤灰外观类似水泥,颜色在乳白色到灰黑色之间变化。粉煤灰的颜色是一项重要的质量指标,可以反映其含碳量的多少和差异,在一定程度上也可以反映粉煤灰的细度。粉煤灰的颜色越深,粉煤灰粒度越细,含碳量越高。

用作水泥混合材料的粉煤灰应满足现行《用于水泥和混凝土中的粉煤灰》（GB/T 1596—2017）规定的要求。粉煤灰技术指标见表4-8。

粉煤灰技术指标　　　　　　表4-8

项目		技术要求		
		Ⅰ	Ⅱ	Ⅲ
需水量比(%)	F类	≤95	≤105	≤115
	C类			
细度(45μm方孔筛筛余)(%)	F类	≤12	≤30	≤45
	C类			
烧失量(%)	F类	≤5	≤8	≤10
	C类			
含水率(%)	F类	≤1		
	C类			
三氧化硫(%)	F类	≤3		
	C类			
游离氧化钙(%)	F类	≤1		
	C类	≤4		
安定性雷氏夹沸煮后增加距离(mm)	C类	≤5		

续上表

项目		技术要求		
		Ⅰ	Ⅱ	Ⅲ
密度(g/cm³)	F类	≤2.6		
	C类			
强度活性指数(%)	F类	≥70		
	C类			

4.1.3.2 非活性混合材料

非活性混合材料是指无水硬性或微具水硬性的矿物质(天然或人工)原料。它掺入熟料磨细成水泥,与水泥成分不起化学作用或所起化学作用很小,能起到降低水泥强度的作用,减少超强度等级水泥,减少浪费,提高经济效益。

非活性混合材料主要包括活性指标不符合要求的粒化高炉矿渣、粒化高炉矿渣粉、粉煤灰、火山灰质混合材料、石灰石和砂岩。其中,石灰石中的氧化铝 Al_2O_3 含量(质量分数)应不大于2.5%。

4.2 水泥的水化反应

水泥的水化反应是指水泥颗粒与水接触时,其表面的熟料矿物立即与水发生水解或水化作用,生成新的水化产物并释放出一定热量的过程。在这个过程中,物质由无水状态变为有水状态,由低含水率变为高含水率,统称为水化。水泥基材料的水化过程是一个非均匀的过程,因此在控制速度的因素中,不仅有温度、压力、浓度等状态参数,还有其他因素,最重要的是固体的细度、表面组成和晶体结构缺陷的存在。

4.2.1 熟料相水化

4.2.1.1 硅酸盐水化

1)C_3S 的水化

C_3S 是硅酸盐水泥熟料的主要成分,它对水泥的凝胶性质起着重要作用,其水化作用尤为重要。C_3S 的主要水化反应过程见式(4-4),水化生成物是水化硅酸钙 $xCaO \cdot SiO_2 \cdot yH_2O$ 和氢氧化钙 $Ca(OH)_2$。当水化过程进行到一定程度时,固相 $Ca(OH)_2$ 从溶液中结晶出来,水化硅酸钙(C—S—H)沉淀在被水所填充的孔隙中,附着于水泥颗粒表面。

$$C_3S + H_2O \rightarrow xCaO \cdot SiO_2 \cdot yH_2O + Ca(OH)_2 \quad (4-4)$$

式(4-4)表明,其水化产物为 C—S—H 凝胶和氢氧化钙。C—S—H 有时也被笼统地称为水化硅酸钙,它的组成不确定,其 CaO/SiO_2(摩尔比,简写成 C/S)和 H_2O/SiO_2(摩尔比,简写为 H/S)都在较大范围内变动(图4-8)。

(1)当 CaO 浓度 <1mmol/L 时,生成氢氧化钙和硅酸凝胶。

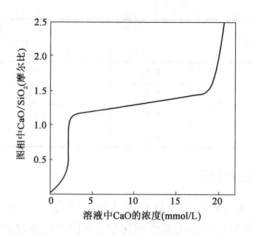

图 4-8　C/S 摩尔比随 CaO 浓度的变化[7]

(2) 当 CaO 浓度为 1~2mmol/L 时,生成水化硅酸钙和硅酸凝胶。

(3) 当 CaO 浓度为 2~20mmol/L 时,生成 C/S 比为 0.8~1.5 的水化硅酸钙,用(0.8~1.5)$CaO \cdot SiO_2 \cdot (0.5~2.5)H_2O$ 表示,称为 C—S—H(Ⅰ)。

当溶液中的 CaO 的浓度饱和(CaO > 20mmol/L)时,生成碱度更高(C/S = 1.5~2.0)的水化硅酸钙,一般可用(1.5~2.0)$CaO \cdot SiO_2 \cdot (1~4)H_2O$ 表示,称为 C—S—H(Ⅱ)。

C—S—H(Ⅰ)和 C—S—H(Ⅱ)的尺寸都非常小,接近于胶体范畴,在显微镜下,C—S—H(Ⅰ)为薄片状结构;而 C—S—H(Ⅱ)为纤维状结构,像一束棒状或板状晶体,它的末端有典型的扫帚状结构。

C_3S 水化速率很快,其水化过程根据水化放热速率-时间曲线(图 4-9)可以分为五个阶段:Ⅰ-初始水化期、Ⅱ-诱导期、Ⅲ-加速期、Ⅳ-减速期、Ⅴ-稳定期。

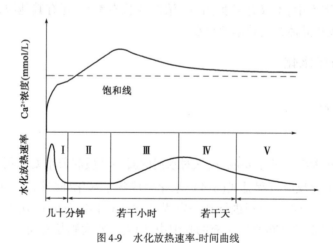

图 4-9　水化放热速率-时间曲线

2) C_2S 的水化

C_2S 也叫正硅酸钙,具有岛状结构,其内部基本结构单元[SiO_4]四面体通过[CaO_x]多面体连接在一起形成空间三维结构。C_2S 晶体有五种晶型,按照存在温度由高到低分别为 α 型、$α'_H$ 型、$α'_L$ 型、β 型和 γ 型,其中有时候也将 $α'_H$ 型和 $α'_L$ 型统称为 α′ 型。

C_2S 的主要水化过程可用下式表示：

$$2CaO + SiO_2 + mH_2O \Longrightarrow xCaO \cdot SiO_2 \cdot yH_2O + (2-x)Ca(OH)_2 \quad (4-5)$$

$$C_2S + mH \Longrightarrow C\text{—}S\text{—}H + (2-x)CH \quad (4-6)$$

C_2S 的水化过程和 C_3S 极为相似，也有诱导期、加速期等。但 C_2S 水化速率很慢，约为 C_3S 的 1/20。C_2S 约需几十个小时才能达到加速期，即使在几个星期以后也只有在表面上覆盖一薄层无定形的水化硅酸钙，而且水化产物层厚度的增长也很缓慢。所形成的水化硅酸钙在 C/S 比和形貌方面与 C_3S 水化产物都没有太大的区别，故也称 C—S—H 凝胶。但 CH 生成量比 C_3S 的少，结晶也比 C_3S 的粗大些。

4.2.1.2 C_3A 水化

1）C_3A 的水化

C_3A，属立方晶系，水化速度快，水化热量高，凝结时间短。C_3A 的水化反应较为复杂，它在纯水和石膏溶液中的水化生成物有所不同。

在纯水中，C_3A 与水反应生成含有不同结晶水的水化铝酸钙（C_4AH_{13}、C_4AH_{19}、C_3AH_6），见式(4-7)：

$$C_3A + H_2O \rightarrow (C_4AH_{13}、C_4AH_{19}、C_3AH_6\cdots) \quad (4-7)$$

C_4AH_{19} 在低于 85% 的相对湿度下会失去 6 个结晶水分子而成为 C_4AH_{13}。C_4AH_{13}、C_4AH_{19}、C_2AH_8 都是片状晶体，常温下处于介稳状态，有向 C_3AH_6 等轴晶体转化的趋势。

$$C_4AH_{13} + C_2AH_8 \rightarrow 2C_3AH_6 + 9H \quad (4-8)$$

上述反应随温度升高而加速。在温度高于 35℃ 时，C_3A 会直接生成 C_3AH_6：

$$3CaO \cdot Al_2O_3 + 6H_2O \rightarrow 3CaO \cdot Al_2O_3 \cdot 6H_2O \quad (4-9)$$

即 $$C_3A + 6H \rightarrow C_3AH_6$$

C_3A 本身水化热很大，使 C_3A 颗粒表面温度高于 135℃，因此 C_3A 水化时往往直接生成 C_3AH_6。在液相钙离子浓度达到饱和时，C_3A 还可能依下式水化：

$$3CaO \cdot Al_2O_3 + Ca(OH)_2 + 12H_2O \rightarrow 4CaO \cdot Al_2O_3 \cdot 13H_2O$$

即 $$C_3A + CH + 12H \rightarrow C_4AH_{13} \quad (4-10)$$

在硅酸盐水泥浆体的碱性液相中，CaO 浓度往往达到饱和或过饱和，因此，可能产生较多的六方片状 C_4AH_{13}，足以阻碍粒子的相对移动。据此认为这是使浆体产生瞬时凝结的一个主要原因。在有石膏的情况下，C_3A 水化的最终产物与石膏掺量有关。其最初的基本反应如下：

$$3CaO \cdot Al_2O_3 + 3(CaSO_4 \cdot 2H_2O) + 26H_2O \rightarrow 3CaO \cdot Al_2O_3 \cdot 3CaSO_4 \cdot 32H_2O$$

即 $$C_3A + 3C\hat{S}H_2 + 26H \rightarrow C_3A \cdot 3C\hat{S} \cdot H_{32} \quad (4-11)$$

所形成的三硫型水化硫铝酸钙，称为钙矾石。由于其中的铝可被铁置换而成为含铝、铁的三硫型水化硫铝酸盐相，故钙矾石常用 AFt 表示。

若 $CaSO_4 \cdot 2H_2O$ 在 C_3A 完全水化前耗尽，则钙矾石与 C_3A 作用转化为单硫型水化硫铝酸钙（AFm）：

$$C_3A \cdot 3C\hat{S} \cdot H_{32} + 2C_3A + 4H \rightarrow 3(C_3A \cdot C\hat{S} \cdot H_{12}) \quad (4-12)$$

若石膏掺量极少，在所有钙矾石转变成单硫型水化硫铝酸钙后，还有 C_3A，那么就会形成 $C_3A \cdot C\hat{S} \cdot H_{12}$ 和 C_4AH_{13} 的固溶体。

在混凝土生产应用中,当水泥中 C_3A 含量过高时,易出现水泥需求量增大、减水剂掺量增加、混凝土坍落度损失加大等适应性问题。为了改善这些适应性问题,通常会采取以下两种方式来延缓水泥的水化:①水泥厂在生产过程中增加石膏调凝剂的用量;②增加混凝土中减水剂的掺量。

2) C_4AF 的水化

水泥熟料中铁相固溶体可以 C_4AF 作为代表。它的水化速率比 C_3A 略慢,水化热较低,即使单独水化也不会引起快凝。其水化反应及其产物与 C_3A 很相似。氧化铁基本上起着与氧化铝相同的作用,相当于 C_3A 中一部分氧化铝被氧化铁所置换,生成水化铝酸钙和水化铁酸钙的固溶体。

$$C_4AF + 4CH + 22H \rightarrow 2C_4(A \cdot F)H_{13} \tag{4-13}$$

在 20℃以上,六方片状的 $C_4(A \cdot F)H_{13}$ 要转变成 $C_3(A \cdot F)H_6$。当温度高于 50℃时直接水化生成 $C_3(A \cdot F)H_6$。

$$C_4AF + 6H \rightarrow C_3(A \cdot F)H_6 \tag{4-14}$$

掺有石膏时的反应也与 C_3A 大致相同。当石膏量充分时,形成铁置换过的钙矾石固溶体 $C_3(A \cdot F) \cdot 3C\bar{S} \cdot H_{32}$;当石膏不足时,则形成单硫型固溶体,并且,同样有两种晶型的转化过程。在石灰饱和溶液中,石膏使放热速率变得缓慢。

当石膏充分时:

$$C_4AF + 2CH + 6C\bar{S}H_2 + 50H \rightarrow 2C_3(A \cdot F) \cdot 3C\bar{S} \cdot H_{32} \tag{4-15}$$

当石膏不足时:

$$2C_4(A \cdot F) \cdot H_{13} + C_3(A \cdot F) \cdot 3C\bar{S} \cdot H_{32} \rightarrow 3C_3(A \cdot F) \cdot C\bar{S} \cdot H_{12} + 2CH + 20H \tag{4-16}$$

4.2.2 水泥水化

4.2.2.1 常温下的水化

由于不同过程的相互干扰以及不同熟料相之间的相互作用,加之水泥颗粒是多矿物的,水泥水化过程是一个非常复杂的过程。尽管如此,熟料相保持其特定的水化速率,即 C_3A 相迅速转变为水合物,随后是 C_3S 和铁氧体;C_2S 相的水化速率最低。一个相的水化会影响其他水泥成分的过程;这是液相组成或凝胶状产物在水化水泥颗粒表面吸附的结果。反应最快的两种 C_3S 和 C_3A 之间发生了实质性的相互作用。

C_3A 与石膏水溶液的反应更快,这意味着 C_3S 水化的加速。另外,液相中 SO_4^{2-} 离子的缺乏,相当于过量铝酸盐离子的存在,导致后者吸附在 C_3S 颗粒表面,从而阻碍了水合作用。X射线衍射检测到的 CH 相在硬化 5h 后出现较晚。C_3S 水合作用在液相中提供高浓度的钙离子,在 SO_4^{2-} 离子存在的情况下,将有助于显著降低 C_3A 水合速率。在这种情况下,C_3A 晶体表面结晶不良的钙矾石层对铝酸盐的水化有很强的缓凝作用。

在将水泥与水混合后,液相迅速被 Ca^{2+} 和 SO_4^{2-} 离子饱和,pH 值增长到接近 12.5 的水平。钠离子和钾离子迅速释放到溶液中;在硬化 1d 后观察到其浓度的最大值,在 28d 内保持不变。

在水泥水化过程中发现了许多重要组分在水泥水化处理中的作用。浓度的变化,特别是 Ca^{2+}、SO_4^{2-} 和 $Al(OH)_4^-$ 的变化,会影响该过程的速率。同时,易结晶的铝酸盐产物在液相的影响下,转变为具有其他成分和形态的铝酸盐。因此,液相组成在水泥水化过程中起着关键作用。

对液相性质的大量研究表明,在水灰比(0.5~0.6)下的水泥浆体孔隙中,Na^+、K^+、Ca^{2+}、SO_4^{2-} 和 OH^- 的浓度在与水混合后 1h 内达到 0.01mol/L 的水平。二氧化硅和氧化铝的浓度从一开始就很低。然后观察到 Ca^{2+} 稳定下降,1d 后达到 5mmol/L,而 SO_4^{2-} 浓度几乎降到零。Na^+、K^+、OH^- 浓度处于较高的恒定水平,因此液相基本上是氢氧化钠和氢氧化钾的溶液。图 4-10 显示了液相基本成分(进一步确定为孔隙溶液)引起的浓度变化。液相中的 Na^+、K^+ 浓度将是水泥化学成分的函数,它们释放到溶液中的速率将受熟料的相组成影响。例如,在主体相的缓慢水解过程中,硫酸钾中的钾溶解得很快,而贝利特固溶体中的钾释放到溶液中的速度非常慢。

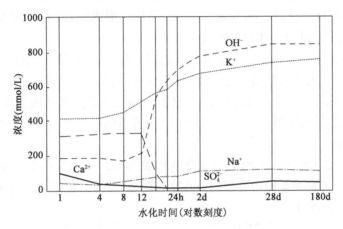

图 4-10 基本成分的浓度变化[8]

完全了解水泥浆体的相组成、特定相的溶解度和水泥浆体中形成的多组分溶液中的离子活度系数,就可以解释浓度变化。

在高分辨率的电子显微镜下发现,在预诱导期和诱导期开始时,水泥颗粒周围形成无定形凝胶状产物涂层。这些涂层富含二氧化硅和氧化铝,以及钙和硫酸根离子。它们的成分与它们形成的水泥颗粒成分有很大的不同。AFt 在 1h 后出现。它们是在液相或凝胶外层成核的结果。在诱导后加速反应过程中,C—S—H 和 CH 集中形成。观察到从水泥颗粒表面放射状生长的纤维状 C—S—H(根据 Diamond 的 I 型)以及 II 型"蜂窝"状。通常认为,这些形式是通过对水合样品进行部分干燥而从 C—H—H 中得到的。C—S—H 以厚度增加的壳状存在,围绕着水泥颗粒和 AFt 棒,不能排除 C—S—H 出现在 AFt 表面。

C—S—H 壳体之间有很强的内聚力,可以根据在该阶段形成的微裂纹得出结论,但在壳体边界上无法检测到。相邻较大水泥颗粒上的这些连接壳控制着水泥浆体的机械性能。5h 后,外壳和水泥颗粒之间出现间隙;12h 后,其厚度增加至 0.5μm。因此,外壳在"外部"生长,变得可渗透,并且工艺过程通过液相。在第三阶段的水化(降低速率)完成填充之前,壳和水泥颗粒之间的间隙中形成了 C—S—H(图 4-11)。填充间隙的过程缓慢,因此 4d 后自由空间的宽度约为 3μm,约 7d 后消失。

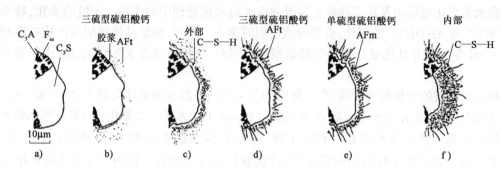

图 4-11 水化过程中微观结构的变化[9]

水泥颗粒以不同的方式转变,具体取决于它们的大小和组成。最细的颗粒($3\mu m$ 以下)在第二阶段之前已完全溶解,并产生外部产物,经常沉淀在粗大颗粒的壳上。富含 C_3A 的晶粒显示出无水核与铁之间的自由空间更大。$15\sim20\mu m$ 的小颗粒被完全水化,直到产品填满间隙之前的 $7\sim14d$,出现直径约 $5\mu m$ 空芯。在第三阶段中形成的 CH 在充满水的空间中结晶为六角形板;因此,壳之间的自由体积大大减少。

在第二、三阶段中,长针状 AFt 的结晶持续进行。在第 1d 和第 3d 之间,C_3A 与水以及外壳内部的 AFt 与 AFm 的反应开始。这伴随着 C—S—H 内部产物的进一步沉淀。壳变得越来越不可渗透。AFt 继续在其外部结成结晶。大约 14d 后,谷物内部残渣和外壳之间的所有空间都被 C—S—H 填充,而外部 C—S—H 则转变为更纤维的形式。AFm 也在外壳外部产生,与 C—S—H 紧密混合。

水化的最后阶段开始于 C_3S 内部与水合物形成的壳之间的自由空间充满 C—S—H 时。继续进行水化反应,界面向晶粒中心移动。在这一阶段,反应可能不会通过液相发生,而是成为拓扑化学过程(图 4-12)。

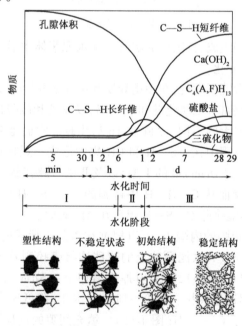

图 4-12 水化阶段物质及结构

4.2.2.2 水热条件下的水化

混凝土水热处理主要是为了加速水泥浆体的硬化过程,缩短养护周期。在工程实践中,当讨论经过热处理的水泥浆体的相组成时,将这两个温度范围分开是很方便的:在大气压下,水蒸气中的温度高达 100℃,在较高的温度和压力下,对应于饱和水蒸气的压力。在大气压力和高达 100℃ 温度下,水泥浆体在水蒸气中的水化会显著加快。放热曲线有显著变化,其特征在于第二个峰向更短的时间偏移,并且其高度增加。这意味着诱导期缩短,水化早期的放出热量增加(图 4-13)。

在工程实践中,水热处理混凝土的强度是一个非常重要的特征。采用三种水蒸气处理方式:①"短"在 80~90℃ 下不超过 4h;②"中"在 70℃ 下 7~8h;③"长"在 40~50℃ 下 12~18h。随着固化温度的升高,强度发展明显增加。然而,28d 后,介质(40~50℃ 或更低温度)的强度和弹性模量更高(图 4-14)。

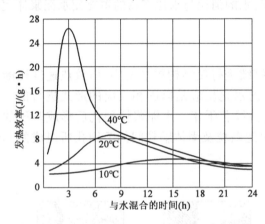 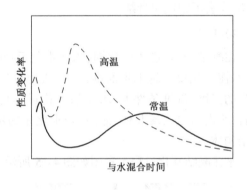

图 4-13 硅酸盐水泥在高温下硬化的放热[10]　　图 4-14 固化温度升高的影响

因此,人们认为预熟化具有积极的作用,增加了糊料的抗张强度。这种预熟化至少需要 5h。在凝固之前,也可以使用新的振动。在较高的温度下,初凝时间明显缩短。水泥在 20℃ 下的终凝时间为 3.5h,在 40℃ 和 80℃ 下的终凝时间分别为 1.5h 和 0.5h。混凝土的热处理会导致钙矾石延迟形成的不利影响,从而导致混凝土构件的劣化。

4.3　水泥的硬化

4.3.1　水泥的凝结与硬化

4.3.1.1　凝结硬化过程

水泥的凝结硬化是个连续复杂的物理化学过程,主要经历以下四个阶段。

1) 初始反应期

水泥与水接触立即发生水化反应,C_3S 水化生成 $Ca(OH)_2$,溶液 pH 值迅速增大至 13,当溶液达到过饱和后，$Ca(OH)_2$开始结晶析出。同时，暴露在颗粒表面的C_3A溶于水，并与溶于水的石膏反应，生成钙矾石结晶析出，附着在水泥颗粒表面。这一阶段大约经过10min，约有1%的水泥发生水化。

2）潜伏期

在初始反应期之后，有1～2h的时间，水泥颗粒表面形成水化硅酸钙溶胶和钙矾石晶体构成的膜层，阻止了与水的接触，使水化反应速度很慢。这一阶段水化放热小，水化产物增加不多，水泥浆体仍保持塑性。

3）凝结期

在潜伏期中，水缓慢穿透水泥颗粒表面的包裹膜，与矿物成分发生水化反应，而水化生成物穿透膜层的速度小于水分渗入膜层的速度，形成渗透压，导致水泥颗粒表面膜层破裂，使暴露出来的矿物进一步水化，结束了潜伏期。水泥水化产物体积约为水泥体积的2.2倍，生成的大量的水化产物填充在水泥颗粒之间的空间里，水的消耗与水化产物的填充使水泥浆体逐渐变稠，失去可塑性而凝结。

4）硬化期

在凝结期后，进入硬化期，水泥水化反应继续进行使结构更加密实，但放热速度逐渐下降，水泥水化反应越来越困难，一般认为以后的水化反应是以固相反应的形式进行的。在适当的温度、湿度条件下，水泥的硬化过程可持续若干年。水泥浆体硬化后形成坚硬的水泥石，水泥石是由凝胶体、晶体、未水化完的水泥颗粒及固体颗粒间的毛细孔所组成的不匀质结构体。

水泥凝结硬化过程示意图如图4-15所示。

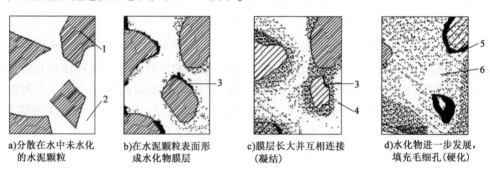

a)分散在水中未水化的水泥颗粒　b)在水泥颗粒表面形成水化物膜层　c)膜层长大并互相连接(凝结)　d)水化物进一步发展，填充毛细孔(硬化)

图4-15　水泥凝结硬化过程示意图
1-水泥颗粒；2-水分；3-凝胶；4-晶体；5-水泥颗粒的未水化的内核；6-毛细孔

4.3.1.2　影响因素

影响水泥凝结硬化的主要因素如下。

1）水泥组成成分

水泥的矿物组成成分及各组分的比例是影响水泥凝结硬化的最主要因素。如前所述，不同矿物组成成分单独和水起反应时所表现出来的特点是不同的。例如，在水泥中提高C_3A的含量，将使水泥的凝结硬化加快，同时水化热增大。

2) 石膏掺量

石膏,称为水泥的缓凝剂,主要用于调节水泥的凝结时间,是水泥中不可缺少的组分。水泥熟料在不加入石膏的情况下与水拌和会立即产生凝结,同时放出热量。其主要原因是由于熟料中的 C_3A 很快溶于水中,生成一种促凝的铝酸钙水化物,使水泥不能正常使用。

3) 水泥细度

水泥颗粒的粗细直接影响水泥的水化、凝结硬化、强度及水化热等。水泥颗粒越细,总表面积越大,与水的接触面积也大,因此水化迅速,凝结硬化也相应增快,早期强度也高。但水泥颗粒过细,易与空气中的水分及二氧化碳反应,致使水泥不宜久存;过细的水泥硬化时产生的收缩也较大,水泥磨得越细,耗能越多,成本越高。通常,水泥颗粒的粒径为 $7\sim200\mu m$(0.007~0.2mm)。

4) 养护条件(温度和湿度)

养护环境保持足够的温度和湿度,不仅有利于水泥的水化和凝结硬化过程,还有利于水泥的早期强度发展。如果环境湿度十分干燥,水泥中的水分蒸发,会导致水泥不能充分水化,同时硬化也将停止,严重时会使水泥石产生裂缝。通常,养护时温度升高,水泥的水化加快,早期强度发展也快。在实际工程应用中,常通过蒸汽养护、压蒸养护来加快水泥制品的凝结硬化过程。

5) 养护龄期

水泥的水化硬化是一个较长时期内不断进行的过程,随着水泥颗粒内各熟料矿物水化程度的提高,凝胶体不断增加,毛细孔不断减少,水泥石的强度随龄期增长而增加。水泥一般在28d内强度发展较快,28d后增长缓慢。

6) 拌和用水量

在水泥用量不变的情况下,增加拌和用水量,会增加硬化水泥石中的毛细孔,降低水泥石的强度,同时延长水泥的凝结时间。所以在实际工程应用中,水泥混凝土调整流动性大小时,在不改变水灰比的情况下,增减水和水泥的用量。

7) 外加剂

硅酸盐水泥的水化、凝结硬化受水泥熟料中 C_3S、C_3A 含量的制约,凡对 C_3S 和 C_3A 的水化能产生影响的外加剂,都能改变硅酸盐水泥的水化、凝结硬化性能。

4.3.2 硬化水泥浆体的组成与结构

由于混凝土的性能经常依赖水泥浆体的性能,因此硬化水泥浆体组织构造对于结构-性能具有很大影响。新拌水泥浆体的结构对硬化水泥浆体的结构和性能影响也很大。新拌水泥浆体从可塑状态转变为坚固石状体,故有时将硬化的水泥浆体称为水泥石。

硬化水泥浆体是一个很复杂的体系,这一体系具有以下特点:

(1)包括固、液、气(孔)三相,各状态相中不是单一的组成。

(2)从宏观、细观、微观角度来看,水泥硬化浆体都是不均匀的,水化物的组成、结晶程度、颗粒大小、气孔大小和性质等方面都存在差别。

(3)水泥硬化浆体结构随条件而变化,如水/灰比大小、外界温度、湿度和所处的环境等。

(4)随水化时间,也就是制成混凝土后,结构应随时间而变化。这些特点为研究水泥硬化浆体的结构带来一定的困难。

4.3.2.1 硬化水泥浆体的基本微结构

硬化水泥浆体的性能最终取决于组分的性能及其(微结构)彼此之间空间联系的复合材料。典型水泥浆体的组成见表4-9。由表4-9中可见,C—S—H凝胶是占主导地位的成分,大约固相的2/3由它组成。

Ⅰ型波兰特水泥硬化浆体的组成($W/C=0.5$)　　表4-9

组成	体积分数近似值(%)	评注
C—S—H	50	无定形,含微细孔隙
CH	12	结晶型
AFm①	13	结晶型
未反应水泥	5	取决于水化
毛细孔	20	取决于水/灰比

注:①视为C_3A和C_4FA的最终水化产物。

各水化产物的特征状态见表4-10。

水化产物的各种性能　　表4-10

化合物	相对密度	典型形貌	典型尺寸	分辨仪器
C—S—H	1.9~2.1	多样性孔隙	约$0.1\mu m$	SEM、TEM
CH	2.24	等边棱柱体或薄板状体	0.01~0.1mm	OM、SEM
AFt	约1.75	棱柱形针状体	$10\mu m \times 1\mu m$	OM、SEM
AFm	1.95	薄六方片状体或不规则玫瑰花形物	$1\mu m \times 0.1\mu m$	SEM

注:SEM-扫描电镜;TEM-透视电镜;OM-光学显微镜。

在水泥硬化浆体中一些大型粒子是由一些处在C—S—H密实包裹层包围之中的未反应水泥颗粒构成的。它们被嵌埋在一片多孔的,其物质包含氢氧化钙、C—S—H凝胶以及毛细孔的,却又颇显一致的"基质体"之中。"基质体"是一种含孔隙的细胞状特征的结构,而这孔隙据认为是由"中空壳体"水化演变而来的。

绝大多数的水泥颗粒是多矿物的,C_3A和C_3S的水化主导着早期反应。若干分钟里,一个富铝酸盐的无定形包覆层(往往也含有硅酸盐)形成了,还从中结晶出小的AFt针状体。诱导期过去之后,由C_3S水化而来的C—S—H沉积在AFt针状体的网状组织上,并向外生长,进入充水空间。到加速期结束时,打开着的已是一个狭窄的空间($<1\mu m$)。AFt过后再结晶成大得多的针状体,而此后出现的是这个壳体依靠C—S—H不断地形成,并因其内表面向内推进,并非外表面向外推进而被加厚。小于$5\mu m$的颗粒往往在这间隙能被搭接之前即已完全水化,留下一些永久的中空壳体,就像一些只能通过较小毛细孔才能进入的大毛细孔。$15\mu m$的颗粒将经水化而闭合这一间隙,并形成"显粒体"($5~15\mu m$的中空壳体往往是由未反应内核在试样制备期间脱落而造成的)。

4.3.2.2 硬化水泥浆体中的固相成分

硬化水泥浆体中的固相,除未水化的水泥颗粒外(这在水化很长时间内都会存在),主要是水化产物,包括氢氧化钙、钙矾石(AFt 相)、单硫型水化硫铝酸钙(AFm 相)和 C—S—H 凝胶。

1) 氢氧化钙

氢氧化钙形成的晶体相当巨大:其尺寸比 C—S—H 粒子大 2 或 3 个数量级。这些晶体生长在充水的毛细孔中,包围在水化到一半的颗粒周围,有时还完全淹没了这些颗粒,最终形成一个渗透网络。这些晶体在浆体中尺寸可长到 0.1mm。

2) 钙矾石(AFt 相)和单硫型水化硫铝酸钙(AFm 相)

(1) 钙矾石

钙矾石(AFt 相)通常形成的晶体都是长径比大于 10 的六方截面的细棱柱体。其晶体结构建立在 $[Ca_3Al(OH)_6 \cdot 24H_2O]^{3+}$ 这一组分平行晶体长轴作紧密堆积而竖起的柱状体基础上(图 4-16)。在这些柱状体之间的是平衡电荷的 SO_4^{2-} 和附加的水分子,构成分子式 $[Ca_3Al(OH)_6 \cdot 24H_2O]^{3+} \cdot 3SO_4^{2-} \cdot 2H_2O$ 或 $(C_6A\bar{S}_3H_{32})$。水泥浆体中的钙矾石不会具有以 $C_3A \cdot C\bar{S} \cdot H_{32}$ 所表示的确化学计量,而是使用 AFt 这一名称。

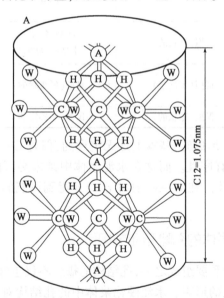

图 4-16 钙矾石(AFt 相)的结构单元[11]

AFt 的形成常常伴随着明显的体积增大和膨胀,这也是硫酸盐侵蚀的常见原因。水化期间,对钙矾石的形成加以控制,由此所产生的膨胀是补偿收缩水泥的基本原理。然而,当钙矾石生成时却不存在总体积的增加,这时发生的必然是由高度过饱和溶液的结晶化在受局限的空间上所引起的晶体生长压力。在陈旧混凝土的空气隙或先前存在的裂缝中经常能观察到通过无害的再结晶化过程而明显沉积其中的钙矾石。游离氧化钙的存在将促进膨胀;而在氧化钙不足的情况下,钙矾石将形成更大块的晶体,并能快速发展成一个坚硬的浆体。这就是一些快硬波兰特水泥和富贝利特水泥的基本原理。

(2) 单硫型水化硫铝酸钙

单硫型水化硫铝酸钙(AFm 相), $C_4 A \overline{S} H_{12}$ 是分子式为 $C_4 AXH_n$ 的化合物的同结构群中的一员,具有一种层上正电荷被结构中阴离子所平衡的层状结构。在水泥水化中的最终产物是一种结构中含 OH^- 和 SO_4^{2-} 的固溶体。近年来的一些研究表明,硅酸盐离子(也许和一些由大气碳化而来的碳酸盐)还是存在的。单硫型水化硫铝酸钙还将发生 Fe^{3+} 和 Si^{4+} 对 Al^{3+} 的部分替换,从而所用的名称是 AFm。

3) C—S—H 凝胶

C—S—H 这一命名限于准晶态或无定性的水化硅段钙相(包括结构中的外来离子),而 C—S—H 凝胶表示的是,与其他隐晶物质相互混的 C—S—H 在胶体尺寸上的一种集合体。按 C—S—H 凝胶在微观结构中的部位或其形貌,可以对 C—S—H 凝胶进行分类,见表 4-11。需要注意的是,不同形貌的 C—S—H 凝胶未必意味着不同组分。

C—S—H 凝胶的分类 表 4-11

微观结构名称	形貌名称		形成时间
	SEM	TEM	
外部(产物) 基质体 早期产物	Ⅱ型(网状的)	E 型 (球状的)	诱导期
未名物 开始几天	Ⅰ型(针状的)	O 型(箔状) Ⅰ型(针状的)	扩散控制阶段 O 型的干燥形式
内部(产物) 显粒体	Ⅲ型(不确定)	Ⅲ型(纤维状的)	中间阶段,开始的 2~3 周
后期产物	Ⅳ型(球状的)	Ⅳ型(不确定的)	后阶段,几周到几个月

C—S—H 在水泥浆体中形成时,基本上是无定形的,但是 C—S—H 在相对较纯的系统中形成时,却会存在较长程的有序性。而这在水泥浆体中则未必可能,C—S—H 在此能吸附大量氧化物杂质,以形成固溶体。在 C—S—H 中已经找得到可能的物质有硫酸盐、铝、铁、碱金属物。

4.3.2.3 硬化水泥浆体的孔隙和孔结构

孔隙是硬化水泥浆体的重要组成之一,孔结构的概念不仅包含了浆体总的孔隙率、孔径分布、最大可几孔等,还包括孔的形貌。水泥硬化浆体中的孔结构对其物理性能有很大的影响。硬化水泥浆体中的孔隙能按 IUPAC(国际纯粹与应用化学联合会)分类法分成大孔、中孔和微孔,见表 4-12。

硬化水泥浆体中的孔的分类 表 4-12

名称	直径	孔型描述	源起
大孔	10000~50nm (10~0.05μm)	大毛细孔 界面孔	残存的原充水空间

续上表

名称	直径	孔型描述	源起
中孔	50~10nm 10~2.5nm	中等毛细孔 小而隔绝的毛细孔	残存的原充水空间外部产物 C—S—H 的一部分
微孔	2.5~0.5nm <0.5nm	层间孔	C—S—H 本体中的一部分 C—S—H 本体中的一部分

4.3.2.4　硬化水泥浆体结构与其性能的关系

1）力学性能

决定水泥浆体抗压强度的因素包括：①熟料的矿物组成和显微结构，粉末粒径分布；②水灰比 W/C 及外加剂；③水化条件；④养护条件，特别是温度和湿度；⑤养护龄期；⑥测试方法，包括水量的测定。这里主要考虑的是水泥水化程度、硬化水泥浆体的水化相组成和显微结构，而其中孔结构是最重要的因素。

强度关系式为

$$\sigma = \sigma_0(1 - EP) \tag{4-17}$$

式中：E——常数；

P——孔隙率，一般以总孔隙率表示。

但是水泥浆体的强度并不只与孔隙率有关，还取决于浆体的显微结构。需要说明的是，式(4-17)仅适用于水泥浆体，却并不一定适用于混凝土。

孔隙率和孔径分布并不能解释硬化水泥浆体何以产生强度和何以在外界的一定作用下不会毁坏。硬化水泥浆体是强极性物质，其中存在多种原子间力，且比范德华力强得多，包括离子-共价键、离子-偶极子吸引，伦敦色散力基本上只存在于氢氧化钙 CH 晶体的多层之间。另外，纤维间的交织形成的黏附，在邻近 C—S—H 的多层或其他相接触的相之间，这种吸引力更为重要。

2）体积稳定性

水饱和的硬化水泥浆体的体积是不稳定的。例如，在相对湿度低于100%时，材料开始失水，体积收缩，在强烈干燥下，材料的线收缩达1%。在干燥时，首先失去的是大于 50nm 的大空腔中的水，这时部分失水引起的收缩是不可逆的，但它并不影响体积，因为它与水化产物结构无关。当存在干燥、吸潮循环时，循环经过几次以后，将导致不可逆收缩的增大，可是继续这个循环作用，变化却又可以是可逆的了。也就是说，水泥浆体在开始收缩之前，已经失去了大量的可蒸发水，只有在失去吸附水和细小毛细管水(5~50nm)以后才发生明显的收缩。在固体离子之间的狭窄空间如有吸附水，则将产生排斥压力，因此失去吸附水就会产生很大的收缩。C—S—H 结构中存的层间水，在干燥条件下，也会失去。层间水与固体表面紧密附着，在干燥时水可以通过毛细孔网络的驱动力而排出。水泥浆体在收缩的同时，还会产生徐变作用，不同的是后者即使在相对湿度为100%的条件下也会发生。

3）渗透性

硬化水泥浆体的渗透性也称为水密性，它与水泥浆体结构的致密性密切相关。混凝土中的集料是不渗水的,因此水泥浆体的抗水渗透性直接影响了混凝土的抗渗透性。在水泥浆体结构中孔的尺寸和它的贯通性实际上是决定其抗渗性的主要因素。渗透性和孔隙率之间存在指数关系。

前面已经提到,总毛细孔隙率决定于水泥浆体的水灰比 W/C 和水化程度,它随 W/C 减小和水化程度的增加而降低。在水化过程中,原来不连续的水泥颗粒间的空间逐渐被水化产物填充,所以浆体中的大孔也减少。

C—S—H 层间孔和细毛细孔对水泥浆体的渗透性并无不良作用,由于 C—S—H 凝胶量增加的同时,这类孔也增多,而它的渗透性反而降低,生成的凝胶填充了大毛细孔。水泥浆体的渗透性与孔径大于 100nm 左右的孔体积有直接关系。硬化水泥浆体显微结构与混凝土的抗渗性及其他性能(如耐久性等)也有密切关系。

4.4 特种水泥

相对于一般土木建筑工程所用的通用水泥而言,特种水泥是指具有某些独特性能,适合特定的用途,或能发挥特殊作用并赋予建筑物特别功能的水泥品种。

4.4.1 铝酸盐水泥

铝酸盐水泥,又称矾土水泥,是以铝酸钙为主的熟料经磨细制成的水硬性胶凝材料,其代号 CA。铝酸盐水泥具有十分典型的早强、快硬特性,广泛应用于各类抢修工程,以及冬季施工和要求早强的特殊工程。同时,它还具有良好的耐高温特性,可用于配制耐热混凝土,作为窑炉内衬材料。在铝酸盐水泥的水化过程中,主要水化产物硬化后会发生晶型转变,导致混凝土结构变松,后期强度倒缩比较显著,因此,铝酸盐水泥一般不宜用于永久性的承重结构工程。

4.4.1.1 铝酸盐水泥的矿物组成

铝酸盐水泥熟料的主要化学成分为 CaO、Al_2O_3、SiO_2、Fe_2O_3,还有少量的 MgO、TiO_2 等。由于原料、品种及生产方法的不同,其化学组成变化很大。

4.4.1.2 铝酸盐水泥的性能

1)强度

《铝酸盐水泥》(GB/T 201—2015)规定,铝酸盐水泥按 Al_2O_3 含量百分数分为如下四类:

(1) CA50:$50\% \leq w(Al_2O_3) < 60\%$。
(2) CA60:$60\% \leq w(Al_2O_3) < 68\%$。
(3) CA70:$68\% \leq w(Al_2O_3) < 77\%$。
(4) CA80:$77\% \leq w(Al_2O_3)$。

表 4-13 总结了铝酸盐水泥各龄期强度指标。

铝酸盐水泥各龄期强度指标(单位:MPa)   表 4-13

类型		抗压强度				抗折强度			
		6h	1d	3d	28d	6h	1d	3d	28d
CA50	CA50-Ⅰ	≥20①	≥40	≥50	—	≥3①	≥5.5	≥6.5	—
	CA50-Ⅱ		≥50	≥60	—		≥6.5	≥7.5	—
	CA50-Ⅲ		≥60	≥70	—		≥7.5	≥8.5	—
	CA50-Ⅳ		≥70	≥80	—		≥8.5	≥9.5	—
CA60	CA60-Ⅰ	—	≥65	≥85	—	—	≥7.0	≥10.0	—
	CA60-Ⅱ	—	≥20	≥45	≥85	—	≥2.5	≥5.0	≥10.0
CA70		—	≥30	≥40	—	—	≥5.0	≥6.0	—
CA80		—	≥25	≥30	—	—	≥4.0	≥5.0	—

注:①用户要求时,生产厂家应提供试验结果。

铝酸盐水泥的最大特点是强度发展非常迅速,24h 内几乎可以达到最高强度的 80%。

2)耐蚀性

(1)抗硫酸盐侵蚀性能

铝酸盐水泥具有很好的抗硫酸盐侵蚀及抗海水腐蚀性能。这是因为铝酸盐水泥的主要矿物是低碱性铝酸钙,水化时不析出游离 $Ca(OH)_2$;水泥石液相碱度低,从而增加了钙矾石的溶解度,使其能均匀分布在混凝土孔隙中。另外,水泥水化生成铝胶,使水泥石结构致密,抗渗性好。表 4-14 为铝酸盐水泥与硅酸盐水泥抗硫酸盐侵蚀性能的比较。

铝酸盐水泥与硅酸盐水泥抗硫酸盐侵蚀性能比较   表 4-14

溶液	硅酸盐水泥				铝酸盐水泥
	4 周	12 周	24 周	1 年	1 年
5% Na_2SO_4	0.018	0.070	0.144	0.320	无膨胀
5% $MgSO_4$	0.018	0.054	0.250	0.910	无膨胀
5% $(NH_4)_2SO_4$	0.100	3.800	破坏	破坏	无膨胀

(2)耐酸性

铝酸盐水泥对碳酸和稀酸(pH 值不小于 4)等也有很好的稳定性。硬化水泥浆体中存在铝胶可能是耐酸性好的原因,当 pH 值大于 4 时,铝胶才从铝酸盐溶液中沉淀出来,因此,在 pH 值降至 4 以下之前,硬化水泥浆体在酸溶液中不再溶解。

(3)碳化

铝酸钙水化物的碳酸盐化方程可写成:

$$CaO \cdot Al_2O_3 \cdot 10H_2O + CO_2 \rightarrow CaCO_3 + 2Al(OH)_3 + 7H_2O \qquad (4-18)$$

$$3CaO \cdot 6H_2O + 3CO_2 \rightarrow 3CaCO_3 + 2Al(OH)_3 + 3H_2O \qquad (4-19)$$

两种情况都析出水,因此可以预期随着孔隙率增加强度将下降。但实际上,碳化反应使强度增大。

(4)抗碱性

与正常碳化不同,碱(钠、钾的氢氧化物或碳酸盐)存在下的碳化,将严重削弱铝酸盐水泥的胶凝性。

$$K_2CO_3 + CAH_{10} \rightarrow CaCO_3 + K_2O \cdot Al_2O_3 + 10H_2O \qquad (4\text{-}20)$$

$$2K_2CO_3 + C_2AH_8 \rightarrow 2CaCO_3 + K_2O \cdot Al_2O_3 + 2KOH + 7H_2O \qquad (4\text{-}21)$$

$$K_2O \cdot Al_2O_3 + CO_2 + 3H_2O \rightarrow K_2CO_3 + Al_2O_3 \cdot 3H_2O \qquad (4\text{-}22)$$

K_2CO_3 又与水化铝酸钙相作用，如此周而复始，最后使水化铝酸钙变成 $CaCO_3$ 和 AH_3，并析出大量水，使孔隙率增加，强度下降。

4.4.1.3 铝酸盐水泥的应用

铝酸盐水泥的应用必须符合《铝酸盐水泥》（GB/T 201—2015）的规定，由铝酸盐水泥熟料磨细制成的水硬性胶凝材料称为铝酸盐水泥，代号为 CA。该水泥粉磨时不掺加石膏，可用于配制膨胀水泥及自应力水泥。

1）膨胀与自应力硅酸盐水泥

这类水泥是将硅酸盐水泥熟料、高铝水泥熟料及石膏一起磨制而成。一般要求高铝水泥熟料中 Al_2O_3 含量大于 40%，石膏一般采用天然二水石膏，SO_3 含量要求大于 40%。

2）自应力铝酸盐水泥

这种水泥是将铝酸盐水泥熟料和石膏一起磨制而成，磨制时掺加 2% 的滑石或滑石粉作助磨剂。

4.4.2 道路水泥

4.4.2.1 道路水泥的主要技术特性

根据水泥混凝土路面实际的应用环境和条件，道路水泥必须具备以下主要的技术特性。

1）强度

对水泥材料而言，高强是基本要求，但对具体的应用条件，强度的意义不同。道路水泥混凝土与其他土建工程相比，所受的外力主要是载重机动车辆的震动和冲击荷载，而非一般的静压力，这使得水泥混凝土的破坏形式主要是弯曲破坏，因此对道路水泥的抗折强度要求特别高。同时，要求道路水泥具有早强特性，目的在于加快施工速度，缩短建设周期，保证路面质量。道路水泥的强度指标是在保证早强和高抗折的前提下，再强调提高强度等级。《道路硅酸盐水泥》（GB 13693—2017）将道路硅酸盐水泥划分为 7.5 和 8.5 两个等级。水泥的强度等级按规定龄期的抗压强度和抗折强度划分，各龄期的抗压强度和抗折强度应不低于表 4-15 的数值。

道路水泥的等级与各龄期强度　　表 4-15

强度等级	抗折强度（MPa）		抗压强度（MPa）	
	3d	28d	2d	28d
7.5	≥4.0	≥7.5	≥21.0	≥42.5
8.5	≥5.0	≥8.5	≥26.0	≥52.5

由表 4-15 中的数据不难看出，道路水泥 3d 的强度指标与同强度等级 R 型硅酸盐水泥相当，而 28d 的抗折强度值则较同强度等级普通硅酸盐水泥更高。

2) 耐磨性

道路水泥混凝土在使用过程中,承受的另一重要外力作用是各种车辆荷载反复的摩擦作用。若水泥的耐磨性不好,路面将在很短时间内磨耗露石,甚至损坏,因此道路水泥必须具有良好的耐磨性。道路水泥的耐磨性指标按现行《水泥胶砂耐磨性试验方法》(JC/T 421)规定的标准方法测定其磨损量,要求28d磨耗量应不大于3.00kg/m³。作为横向比较,不同道路水泥的耐磨性能优劣可用磨耗率(%)表示。

3) 干缩变形性能

水泥混凝土道路直接暴露于自然环境中,各种引起物体热胀冷缩和干缩湿胀的条件都会对其产生作用。如果其胀缩程度过大,就会因荷载传递不畅而产生破坏性应力并损坏路面,所以要求道路水泥的胀缩率尽可能小。国家标准主要考核的是干缩性能,以干缩率表示,按现行《水泥胶砂干缩试验方法》(JC/T 603)的规定进行检测,要求水泥28d干缩率不大于0.10%。这一指标与普通硅酸盐水泥相比,平均降低程度在10%以上。道路硅酸盐水泥较强的抗干缩变形性能,可以减少由膨胀应力造成的内部裂缝,修筑时可减少预留收缩缝的数量,提高路面耐久性和平稳性法。

4) 抗冻和抗硫酸盐侵蚀性

道路水泥混凝土必须承受各种自然环境条件,尤其是某些典型的恶劣条件,如北方高寒地区严冬的冻融循环和一些沿海及高硫酸盐侵蚀地区的硫酸盐侵蚀等。实践证明,按国家标准规范生产的合格道路硅酸盐水泥具有良好的抗冻性和耐硫酸盐腐蚀性能。从抗冻性能指标(冻融循环次数)来看,道路水泥与普通硅酸盐水泥基本相当;抗硫酸盐侵蚀性的对比实验表明,道路水泥的抗蚀系数比普通硅酸盐水泥平均高出15%~20%。因此在实际的工程应用中,道路水泥对环境的侵蚀性介质具有较强的抵抗能力,使水泥混凝土路面耐久性良好。此外,道路水泥仍属硅酸盐水泥系列,其一般物理性能与常规硅酸盐水泥相同,检验方法一致。

4.4.2.2 道路水泥的矿物组成

道路水泥的熟料矿物组成是决定其技术性能的本质因素,其组成主要有以下几种成分。

1) C_3S 和 C_2S

对于硅酸盐水泥熟料,C_3S 是提供强度的主要组分。C_3S 不仅强度高,而且水化硬化快,常规生产者倾向尽量提高 C_3S 含量。但 C_3S 又存在水化热高、脆性系数(28d抗压强度/28d抗折强度)大、抗裂性能不佳的弊病;C_2S 则具有水化硬化较慢、早期强度较低、水化热低、脆性较小、抗折强度较高的特点。目前,比较一致的观点是,熟料中 C_3S 含量不宜低于50%。若 C_3S 含量过低,早期强度会偏低,直接影响施工速度,且 C_2S 相对太多时同样会增加水泥干缩率,损害水泥混凝土路面的耐久性;若 C_3S 含量过高,水泥脆性大,对于水泥混凝土路面的抗冲击韧性显然不利,且生产中料子难烧,能耗高,质量也难以控制。只有合理控制 C_3S 含量,水泥才能够具有早强性能好,抗折强度和抗压强度高,既耐磨又具有良好的抗冲击和抗裂性能。

2) C_3A 和 C_4AF

两种熔剂矿物对道路水泥的技术特性影响几乎截然相反。

(1) C_3A

C_3A 水化很快,水化热高,但绝对强度不高,尤其是其干缩变形率高,对水泥的干燥收缩影响特别显著。随着熟料矿物组成中 C_3A 含量的增加,水泥的干缩率呈线性增大趋势。此外,C_3A 还会降低水泥的抗硫酸盐侵蚀性,故对 C_3A 含量必须严格限制。《道路硅酸盐水泥》(GB 13693—2017)规定,熟料中 C_3A 含量不得大于 5.0%,但也要注意 C_3A 过低可能造成凝结时间延长、施工不便的问题。

(2) C_4AF

道路水泥熟料中的含铁相组成仍可视为以 C_4AF 形式存在,与其他熟料矿物相比,C_4AF 脆性系数和体积收缩率均最低,对道路水泥的耐磨性和抗冲击韧性的贡献最大。至于 C_4AF 对强度的贡献,近年来不少研究成果提出了新的看法,认为 C_4AF 具有较好的胶凝性,是发挥强度的主要矿物之一。因此,C_4AF 对道路水泥的有关技术性能的改善和提高具有独特的作用,在熟料组成中适当增加铁含量十分必要,实际生产情况中 C_4AF 含量范围一般控制在16%~22%。

3) $f\text{-}CaO$

$f\text{-}CaO$ 是水泥生产中不希望出现的有害组分。其主要危害是水化滞后,在硬化水泥石中继续水化,从而引起体积膨胀,形成局部膨胀应力,使水泥抗拉、抗折强度下降,严重时会造成水泥安定性不良。根据道路水泥的特性要求,对熟料中 $f\text{-}CaO$ 的限量较一般通用水泥更加严格。《道路硅酸盐水泥》(GB 13693—2017)规定:对于 $f\text{-}CaO$ 含量,旋窑生产不得大于 1.0%,立窑生产不得大于 1.8%。

4.4.2.3 道路水泥的生产与应用

1) 道路水泥的生产工艺特点

生产道路硅酸盐水泥对工艺设备并无特殊要求,不论是回转窑还是立窑企业都可以进行生产,但其特殊的技术性能要求,则必须采取特殊而严格的技术管理措施才能实现。归纳起来,生产性能优良的道路水泥有两个关键:一是制配出符合成分要求的合格生料;二是制定合理煅烧制度,满足熟料烧成特性。

(1) 精选原材料

生产道路水泥要求原料化学成分比较稳定,避免化学成分波动过大,影响正常生产。为达到道路水泥的配料要求,各种原料均应具有较低的 Al_2O_3 含量,尤其是黏土质原料,必要时可采用硅质校正材料;同时,铁质原料的 Fe_2O_3 含量相应要求高一些。关于燃料品质,热值并不作过分要求,但灰分则应严格控制。灰分含量不宜超过30%,其中 Al_2O_3 含量应控制在灰分总量的30%以内,以免影响正常的熟料成分。另外,碱-集料反应对道路混凝土危害很大,各种原料的碱含量控制也应引起足够重视。

(2) 合理配料,稳定生料成分

道路硅酸盐水泥的配料方案具有较典型的高铁、高饱和比特点。控制范围:$KH = 0.90 \pm 0.02$,$IM = 0.9 \pm 0.1$,$SM = 1.7 \pm 0.1$。这主要是为了减少 C_3A 含量,提高 C_4AF 和 C_3S 的含量,满足水泥高强、高抗折和高耐磨的性能要求。由于饱和比较高,熟料的 $f\text{-}CaO$ 限量又较通用水泥低得多,因此对水泥生料成分的均匀与稳定要求更高,要严格控制生料的细度和入窑碳酸钙滴定值的合格率。

(3) 煅烧操作要领

道路硅酸盐水泥的高铁组成,使其在烧成上与普通水泥有了很大的变化。

①铁相的增加,使液相出现的温度有所降低。

②高温液相黏度的降低,有利于 C_2S 和 CaO 的相互扩散、吸收,实际延长了熟料的烧成时间,显然对 C_3S 的形成和完善有良好作用。

③铁相增加也存在负面影响,它使熟料的烧成范围变窄,煅烧操作难度增大,物料在窑内易结大块,可能造成结圈、炼边、偏火、塌窑等一系列不正常窑况,由此还会进一步引起窑内严重的还原气氛。

④由高铁液相包裹的 f-CaO 更难以迅速消解,即使含量不高,也会显著影响水泥的安定性。

因此,不论采用什么窑型生产,都要根据窑型特点,围绕防止熟料结大块的技术关键,制定相应措施。

2) 道路水泥的应用

道路硅酸盐水泥以其特有的多种优良性能,能够满足各种路面结构的技术要求,已成为交通建设中不可缺少的一种专用水泥品种,它的应用前景十分广阔,适用于不同等级的公路,尤其是高速公路路面和机场道面以及其他各种水泥混凝土铺面工程。道路水泥混凝土的抗冲击性能、耐磨性和抗蚀性均明显优于一般普通水泥混凝土,故采用道路水泥修筑的各种道面工程的耐久性和使用寿命均显著提高。

为了保证发挥道路水泥的优良性能,追求最佳的经济和社会效益,在实际工程应用中,还需要根据工程质量等级要求优选水泥。立窑生产的道路水泥,由于生产方法的内在局限,产品质量波动性相对较大,更适于一般的等级公路和城市道路建设中使用,而高速公路和机场建设则建议采用回转窑产品。另外,碱-集料反应造成水泥混凝土路面破坏的事例国外多有报道,我国的碱活性集料分布很广,筑路集料来源复杂,因此对道路水泥中的含碱问题应引起重视。若出厂水泥中的碱当量($Na_2O + 0.658K_2O$)超过 0.6%,生产企业有必要通告用户,以便采取防范措施。

4.4.3 膨胀水泥

4.4.3.1 膨胀水泥的概念

混凝土内部因收缩会产生微裂纹,不仅使其整体性破坏,而且使其一系列性能变差。用膨胀水泥配制混凝土时,钢筋会因混凝土膨胀受到一定拉应力而伸长,后者的膨胀则因钢筋的限制而受到相应压应力,如图 4-17 所示。以后即使干缩,也不致使膨胀量全部抵消,尚有一定剩余膨胀,这种预先产生的压应力可减轻外界因素所造成的拉应力,从而有效地改善了混凝土抗拉强度低的缺陷。这种压应力是依靠水泥本身的水化而产生的,所以称为"自应力"。

4.4.3.2 膨胀水泥类型

我国将膨胀值较小,用于补偿混凝土收缩的水泥称为膨胀水泥;将膨胀值较大,用于建立预应力的水泥称为自应力水泥。美国将两者统称为膨胀水泥。日本多在配制混凝土时掺加不同数量的膨胀剂制得补偿收缩混凝土或自应力混凝土。膨胀水泥具体分类如下。

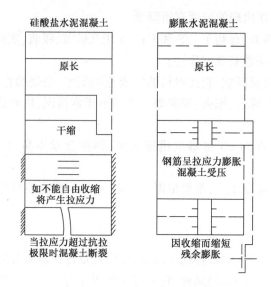

图 4-17 硅酸盐水泥混凝土的开裂和膨胀

1) 按用途分类

无论补偿收缩混凝土或预应力混凝土,一般都需在一定限制(如钢筋、钢丝网或与接触面的摩擦力)下工作,以便混凝土硬化后,由限制物所储存的能量使混凝土建立不同程度的受压状态。例如,补偿收缩混凝土要建立 1MPa 或以下的压应力;自应力混凝土要建立 1MPa 以上的压应力。目前,用于单、双向自应力混凝土的压应力为 1.1~3.5MPa,而三向限制的自应力混凝土压应力为 2~8MPa。

按用途分类,膨胀水泥可分为以下两类。

(1) 配制补偿收缩混凝土用的膨胀水泥

这类水泥包括 K 型和 S 型膨胀水泥、膨胀硅酸盐水泥(M 型膨胀水泥)、明矾石膨胀水泥、浇筑水泥、不适水膨胀水泥、石膏矾土膨胀水泥、膨胀硫铝酸盐水泥、膨胀铁铝酸盐水泥、石膏矿渣膨胀水泥及低热微膨胀水泥等。

(2) 配制自应力混凝土用的自应力水泥

这类水泥包括自应力硅酸盐水泥、自应力铝酸盐水泥、自应力硫铝酸盐水泥、自应力铁铝酸盐水泥及明矾石自应力水泥等。此外,膨胀值大的 K 型及 S 型膨胀水泥及掺加较多 CaO 型膨胀剂的硅酸盐水泥也可作为自应力水泥。

2) 按引起膨胀的化学反应分类

按引起膨胀的化学反应分类,膨胀水泥可分为以下五种类型。

(1) 以形成钙矾石相为膨胀组分的膨胀水泥

这类水泥是利用水泥在一定的水化阶段形成一定量的钙矾石相($3CaO \cdot Al_2O_3 \cdot 3CaSO_4 \cdot 32H_2O$)而使混凝土产生体积膨胀的水泥,如 K 型膨胀水泥、M 型膨胀水泥及 S 型膨胀水泥、膨胀与自应力硅酸盐水泥、不透水膨胀水泥、石膏矾土膨胀水泥、自应力铝酸盐水泥等。

(2) 利用氧化钙水化的膨胀水泥

这类水泥主要是指利用在一定温度下煅烧的 CaO 水化形成 $Ca(OH)_2$ 而使混凝土产生体积膨胀的一系列水泥。例如,我国的浇筑水泥,日本的石灰系膨胀剂等。

(3) 利用氧化镁水化的膨胀水泥

这类水泥以在一定温度下煅烧的菱镁矿或白云石为膨胀组分，由 MgO 水化形成 $Mg(OH)_2$ 而产生体积膨胀。例如，我国研制的用于油井和水工工程的氧化镁膨胀剂。

(4) 利用金属氧化的膨胀水泥

这类水泥利用金属铝与水泥拌制混凝土时产生氢气，或金属铁粉掺加适量氧化剂形成氧化铁来产生一定量的膨胀。这类膨胀发生在水化早期，膨胀能小，且耗用大量金属。

(5) 复合膨胀剂

复合膨胀剂由煅烧的钙质膨胀熟料，与一定量明矾石和石膏共同粉磨而成。它依靠 CaO 水化产生早期膨胀，明矾石在石灰、石膏激发下形成钙矾石而产生后期膨胀，两种膨胀相复合形成膨胀源。例如，我国的复合膨胀剂。

3) 按水泥熟料矿物组成或水泥主要组分分类

按水泥熟料矿物组成或水泥主要组分分类，膨胀水泥可分为如下五类。

(1) 以硅酸盐水泥为基础的膨胀水泥

这类水泥是在硅酸盐熟料或水泥中加入适量的膨胀组分配制而成，包括 K 型膨胀水泥、M 型膨胀水泥、S 型膨胀水泥，明矾石膨胀与自应力水泥和浇筑水泥等。K 型膨胀水泥由普通硅酸盐水泥熟料、含 $C_4A_3\bar{S}$ 的膨胀熟料和石膏共同粉磨而成。膨胀熟料除 $C_4A_3\bar{S}$ 外，通常还含有阿利特、贝利特、C_4AF、无水石膏和一些游离石灰。M 型膨胀水泥是将高铝水泥和石膏加入到硅酸盐水泥中制得。氧化铝组分可采用高铝矿渣，但此时还要外加石灰。S 型膨胀水泥由增加了 C_3A 含量的硅酸盐水泥熟料制取，但 C_3A 形成钙矾石的速率很难控制，这意味着它很难控制膨胀。水化早期，从 C_3A 相形成钙矾石的速率非常快，而稍后这一反应又非常慢，甚至 7d 以后仍有不少未反应的 C_3A，因此这种水泥的应用受到限制。明矾石膨胀与自应力水泥由明矾石、石膏与硅酸盐水泥熟料一起粉磨而成。明矾石与其他组分反应形成钙矾石相。

(2) 以高铝水泥为基础的膨胀水泥

这类水泥是在高铝水泥中加入适量二水石膏，或不同类型的石膏和水化铝酸盐或石灰等配制而成的一类膨胀水泥，包括不透水膨胀水泥、石膏矾土膨胀水泥、自应力铝酸盐水泥等。

(3) 以硫铝酸盐水泥熟料为基础的膨胀水泥

该类水泥是在硫铝酸盐水泥熟料中加入适量石膏配制而成，包括膨胀水泥与自应力硫铝酸盐水泥。硫铝酸盐水泥熟料是以适当成分的生料，经煅烧所得以无水硫铝酸钙和 C_2S 为主要矿物成分的熟料。

(4) 以铁铝酸盐水泥熟料为基础的膨胀水泥

这类水泥是在铁铝酸盐水泥熟料中加入适量二水石膏或石膏和石灰石配制而成，包括膨胀水泥与自应力铁铝酸盐水泥。铁铝酸盐水泥熟料是以适当成分生料，经煅烧所得以铁相、无水硫铝酸钙和 C_2S 为主要矿物成分的熟料。

(5) 以高炉矿渣为基础的膨胀水泥

这类水泥是在高炉矿渣中加入适量的石膏、石灰(或硅酸盐水泥熟料)和氧化铝组分配制而成，包括石膏矿渣膨胀水泥和低热微膨胀水泥。

4.4.4 快硬高强水泥

近年来，水泥在快硬和高强方面都有重大突破。在快硬方面，我国已发展了超早强水泥

(或称超速硬水泥)，能在 5～20min 硬化，硬化 1h 的抗压强度可达 10～30MPa，2～3h 可达 20～40MPa，1d 强度可达 28d 强度的 75%～90%，其快硬特性超过了高铝水泥。在高强方面，现在水泥强度等级已可达 1000 号以上。

4.4.4.1 快硬水泥的品种与性能

1) 快硬硅酸盐水泥

凡以适当成分的生料烧至部分熔融，所得以硅酸钙为主要成分的硅酸盐水泥熟料，加入适量石膏，磨细制成具有早期强度增进率较高的水硬性胶凝材料，均称为快硬硅酸盐水泥（以下简称快硬水泥）。快硬水泥的强度等级以 3d 抗压强度来表示，分为 325、375、425 三个强度等级。与普通硅酸盐水泥相比，快硬水泥中 SO_3 最大含量为 4.0%，其细度、凝结时间、体积安定性等均与普通水泥相同。为了提高快硬水泥的早期强度，一般希望熟料矿物中 C_3S 含量为 50%～60%，C_3A 含量为 8%～14%。为了避免煅烧过程中因液相黏度大而不利于 C_3S 的形成，也可只提高 C_3S 含量而不提高 C_3A 含量，但 C_3S 含量一般不超过 70%。

由于水泥的比表面积对其强度，特别是对早期强度的影响很大，因此，快硬水泥对比表面积有一定要求。当比表面积相同时，水泥的强度又与颗粒大小均匀程度和形状有关。水泥 1d 强度与小于 $10\mu m$ 的颗粒含量成正比，要求小于 $10\mu m$ 的颗粒应占 30%～50%，小于 $5\mu m$ 的颗粒应占 10%～25%。生产快硬水泥时，水泥的比表面积一般控制在 330～450m^2/kg。

由于快硬水泥中 C_3S 和 C_3A 含量较高，比表面积大，水化热较高，早期干缩率大，它在储存运输过程中易风化，一般储存期不应超过 1 个月。因水泥石比较致密，其不透水性和抗冻性常优于普通水泥。快硬水泥主要用于抢修工程、军事工程以及预应力钢筋混凝土构件等。

2) 快硬高强铝酸盐水泥

凡以铝酸钙为主要成分的熟料，加入适量的硬石膏、磨细制成具有快硬、高强性能的水硬性胶凝材料，均称为快硬高强铝酸盐水泥。快硬高强铝酸盐水泥的性能特征与其水化硬化特性、石膏形态、熟料矿物组成等有关。快硬高强铝酸盐水泥水化反应可用下式表示：

$$3CA + 3CaSO_4 + 37H_2O \rightarrow C_3A \cdot 3CaSO_4 \cdot 31H_2O + 2(Al_2O_3 \cdot 3H_2O) \tag{4-23}$$

$$3CA_2 + 3CaSO_4 + 46H_2O \rightarrow C_3A \cdot 3CaSO_4 \cdot 31H_2O + 5(Al_2O_3 \cdot 3H_2O) \tag{4-24}$$

水化产物主要是钙矾石和水化氧化铝凝胶，在自然条件下，它们均为稳定的水化物。同时，硬石膏的溶解度相对较小（但比二水石膏略大），有利于水泥石的密实度提高后期强度。因此，水泥水化时有微膨胀的钙矾石和水化氧化铝凝胶的充填、密实，两者相辅相成，使水泥具有快硬、高强及较好的抗渗、抗冻、耐蚀、耐磨性能。

3) 特快硬调凝铝酸盐水泥

凡以铝酸一钙为主要成分的水泥熟料，加入适量石膏和促硬剂，经磨细制成的凝结时间可调节、小时强度增长迅速、以硫铝酸钙盐为主要水化物的水硬性胶凝材料，均称为特快硬调凝铝酸盐水泥。其水化早期水化迅猛，在 1～2h 释放的水化热达 7d 水化热的 70%～80%，因而它具有良好的低温和负温性能，在 -10℃ 条件下可正常施工，后期强度无损失；在 -15～-30℃ 时如采取正温预养措施，后期强度损失也小。

应用特快硬调凝铝酸盐水泥时应注意下列问题：
(1)不得与其他品种水泥混合使用,但可以与已硬化的硅酸盐水泥混凝土接触使用。
(2)不得使用于温度长期处于50℃以上的环境中。
(3)施工时,必须随拌和随使用防止结硬。
(4)根据施工条件和强度要求,可采用洒石酸钠、氟硅酸钠等调节凝结时间。
(5)浇注和修补用的混凝土配比中,水灰比不应>0.42,水泥用量应>400kg/m³。

4)高强度等级硅酸盐水泥

生产高强度等级硅酸盐水泥的主要工艺措施是烧制高强度的硅酸盐水泥熟料,提高水泥的粉磨细度以及适当增加石膏掺量。例如,当时生产800号水泥时,要求熟料中C_3S含量为50%~55%,熟料中游离CaO含量不超过0.3%,水泥的比面积达650m²/kg。

目前我国水泥工作者选用优质硅酸盐水泥熟料,加入适量高活性材料,采用超细磨及加入适量超塑化剂等多项技术措施,使水泥强度等级超过了1100号。其标准稠度为22.5%,初凝时间为1h 22min,终凝时间为2h 30min。

4.4.4.2 快硬水泥的应用

快硬水泥具有快凝、早强、不收缩的特点,宜用于配制早强、抗渗和抗硫酸盐侵蚀等混凝土,负温施工(冬季施工)、浆锚、喷锚、抢修、堵漏、水泥制品、玻璃纤维增强水泥(GRC)制品及一般建筑工程。但这种水泥碱度较低,使用时应注意钢筋的锈蚀,另外,钙矾石在150℃以上会脱水,强度大,幅度降低,故其耐热性较差。

4.5 混凝土外加剂

4.5.1 混凝土外加剂的定义与分类

混凝土外加剂是混凝土中掺入的一种组分,它是混凝土中除了水泥、砂、石,水以外的第五种组成部分。它赋予新拌混凝土和硬化混凝土以工程需要的优良性能,如提高抗冻性和其他耐久性能、调节凝结和硬化、改善工作性、提高强度等,为制造各种高性能混凝土和特种混凝土提供了必不可少的条件。

4.5.1.1 定义

在混凝土、砂浆和净浆的制备过程中,掺入不超过水泥用量5%(特殊情况除外),能对混凝土、砂浆和净浆的性能按要求而进行改变的产品,称为混凝土外加剂。

4.5.1.2 分类

混凝土外加剂的种类繁多,分类方法也很多。例如,按混凝土外加剂作用、功能分类,或者按外加剂的化学成分和性质来分类,或者按对混凝土作用的时间来分类。但目前大家比较认同的是按照现行《混凝土外加剂术语》(GB/T 8075)中的分类方法分类。混凝土外加剂按其主要功能可分为以下四大类：

(1)改善混凝土拌合物流变性能的外加剂，包括各种减水剂、引气剂和泵送剂。

(2)调节混凝土凝结时间、硬化性能的外加剂，包括缓凝剂、早强剂和速凝剂等。

(3)改善混凝土耐久性的外加剂，包括引气剂、防水剂和阻锈剂等。

(4)改善混凝土其他性能的外加剂，包括加气剂、膨胀剂、防冻剂、着色剂和泵送剂等。

4.5.2 减水剂

4.5.2.1 概述

减水剂是混凝土外加剂中应用面最广、使用量最大的一种。因其加入混凝土中，在保持坍落基本相同的条件下，能减少拌和水用量，由此被称为混凝土减水剂。减水剂按其减水幅度分为普通减水剂和高效减水剂两类。减水率在 5% ~ 10% 的为普通减水剂，减水率大于 10% 的为高效减水剂。普通减水剂是减水剂中使用最早的一种。按我国目前生产和使用情况，普通减水剂分为木质素系减水剂、羟基羧酸盐减水剂、糖钙减水剂、腐植酸减水剂等几种。

4.5.2.2 减水剂的作用机理

水泥加水拌和后，随着水化的进行，水化产物逐渐包裹在水泥颗粒周围，并会形成絮凝结构，导致流动性很低。掺有减水剂时，减水剂分子吸附在水泥颗粒表面，其亲水基团携带大量水分子，在水泥颗粒周围形成一定厚度的吸附水层，增大了水泥颗粒间的可滑动性；当减水剂为离子型表面活性剂时，水泥颗粒表面带有同性电荷，在电性斥力作用下，水泥粒子相互分散。上述作用使水泥浆体呈溶胶结构。在常规搅拌的混凝土拌合物中，有相当多的水泥颗粒呈絮凝结构(当水灰比较小时，絮凝结构更多)，加入减水剂后，水泥浆体呈溶胶结构，混凝土流动性可显著增大。这就是减水剂对水泥粒子的分散作用。减水剂还使溶液的表面张力降低，在机械搅拌作用下使浆体内引入部分气泡，这些微细气泡有利于水泥浆流动性的提高。此外，减水剂对水泥颗粒的润湿作用，可使水泥颗粒的早期水化作用比较充分。总之，减水剂是一种价格相对低廉，又能有效地改变混凝土性能的外加剂。减水剂在混凝土中改变了水泥浆体流变性能，进而改变了水泥混凝土结构，起到了改善水泥混凝土性能的作用。

4.5.2.3 常用的减水剂

目前常用的减水剂有木质素系减水剂、萘系减水剂、糖蜜系减水剂等几种。当减水剂与其他种类外加剂复合时，还可制成早强减水剂、缓凝减水剂、引气减水剂等。

1)木质素系减水剂

木质素系减水剂的主要品种有木质素磺酸钙(简称木钙或 M 剂)、碱木素及纸浆废液塑化剂、木钠等。其中，用于混凝土减水剂产量最大的是木钙。木钙掺量一般为胶凝材料用量的 0.2% ~ 0.3%，减水率为 10% 左右，混凝土 28d 抗压强度可提高 10% ~ 20%。掺有木钙的混凝土的抗拉强度、抗压强度、弹性模量、抗渗性及抗冻性等各项性能指标均较基准混凝土有不同程度的提高。木钙是应用最广也是使用最早的木质素系减水剂。碱木素的减水率及增强作用较木钙稍差，也属普通减水剂。纸浆废液塑化剂为黏稠状液体，减水效果与木钙或碱木素相当。木钠减水剂是木质素磺酸盐的一种,是由苯丙烷为骨架的疏水基团和磺酸基、羧基等较强亲水基团组成的天然高分子阴离子表面活性剂。

2) 萘系减水剂

萘系减水剂是以煤焦油中分馏出的萘及萘的同系物为原料,经磺化、水解、缩聚、中和而得,其主要成分是萘或萘同系物磺酸盐甲醛缩合物,属亲水性阴离子表面活性剂。萘系减水剂掺量一般为胶凝材料用量的0.5%~1.5%,减水率多为15%~20%,混凝土28d抗压强度可增加20%以上,早期强度亦有提高。掺入萘系减水剂可配制大流动性混凝土或泵送混凝土。它与早强剂、引气剂或缓凝剂等复合使用,更可全面改善混凝土的性能。

3) 糖蜜系减水剂

糖蜜系减水剂是以制糖厂提炼食糖后所得的副产品糖渣或废蜜为原料,用石灰中和所得的盐类物质,也可用废蜜发酵提取酒精后的残渣做减水剂。其主要产品有糖蜜塑化剂、甜菜糖渣减水剂等,均属非离子型亲水性表面活性剂。糖蜜系减水剂掺量一般为胶凝材料用量的0.2%~0.3%,减水率为6%~8%,混凝土28d抗压强度可提高10%~15%。糖蜜系减水剂除起减水作用外,还起到显著的缓凝作用,为缓凝减水剂;可改善混凝土黏聚性,降低水泥水化热。

4.5.2.4 减水剂的使用

减水剂的掺加方法有同掺法、后掺法及滞水掺入法。将减水剂溶解于拌和用水,并与拌和用水一起加入混凝土拌合物,称为同掺法。在混凝土拌合物运送至浇筑地点后,再掺入减水剂或补充掺入部分减水剂,搅拌后进行浇筑,称为后掺法。在混凝土拌合物已经加水搅拌1~3min后,再加入减水剂,并继续搅拌到规定的时间,称为滞水掺入法。采用后掺法或滞水掺入法可减少坍落度损失,也可充分发挥减水剂的效用。

4.5.3 缓凝剂

4.5.3.1 概述

缓凝剂是一种能延长混凝土凝结时间的外加剂。缓凝剂可以根据要求使混凝土在较长时间内保持塑性,以便浇筑成型或是延缓水化放热速率,减少因集中放热产生的温度应力造成的混凝土结构裂缝。

4.5.3.2 常用的缓凝剂及其作用机理

目前对缓凝剂作用机理的解释已有若干种。吸附在未水化水泥颗粒上的缓凝剂起屏蔽作用,防止水向水泥颗粒的侵入。在$Ca(OH)_2$核上的缓凝剂的吸附抑制了它继续生产,在达到某一定饱和度时,$Ca(OH)_2$的生长将停止。缓凝剂通过延长水泥水化的诱导期(第二阶段)而降低C_3S的早期水化速率。有机缓凝剂能紧紧吸附在$Ca(OH)_2$晶核上,并阻止它们长成大的晶体,使进一步水化受到限制,直到这种作用得以克服,因此,水化第二阶段的长短取决于缓凝剂的用量,一旦第三阶段开始,水化又可以正常进行。当使用无机缓凝剂时,情况更为复杂,因为无机缓凝剂可以在C_3S颗粒表面形成薄膜,大大降低反应速率。

总之,多数研究者相信,水泥水化的延缓是由缓凝剂在水泥颗粒或者水化物表面的吸附引起的,而不同的缓凝剂其使用效果及作用机理也不尽相同。

1) 无机盐类缓凝剂

常用的无机盐类缓凝剂有磷酸盐、硼砂、硫酸锌、氟硅酸钠等。其他的无机缓凝剂还有氟硅酸钠,主要用于耐酸混凝土。

2) 有机盐类缓凝剂

有机盐类缓凝剂是较为广泛使用的一大类缓凝剂,按分子结构分类,可分为羟基羧酸盐类、糖类及其化合物、多元醇及其衍生物。

4.5.3.3 缓凝剂对混凝土性能的影响

1) 缓凝剂对新拌混凝土性能的影响

(1) 延缓混凝土初、终凝时间。根据工程对凝结时间的要求,调整缓凝剂的掺量,延缓初、终凝时间满足施工要求。

(2) 降低水化放热速率。调节初终凝时间,可以推迟水化放热峰的出现,降低放热峰,从而减小水化初期的放热,防止早期温度裂缝的出现。

(3) 降低坍落度损失。缓凝剂常常能控制混凝土拌合物的坍落度经时损失。

2) 缓凝剂对硬化混凝土性能的影响

(1) 对强度的影响。掺入适量缓凝剂后,混凝土的早期强度通常会低一些,尤其是1d、3d强度会低一些,一般7d后就可以赶上来,28d后强度较不掺缓凝剂的有相当幅度的提高,直至90d仍保持提高的趋势。对于抗压强度和抗弯强度而言,都存在这样大致相同的趋势。

(2) 收缩。一般来说,掺入缓凝剂会使混凝土的收缩增大一些,而且收缩值会随掺量的增大而增大。控制缓凝剂的掺量,也可以使混凝土收缩值与基准混凝土相当。

(3) 耐久性。掺入适量的缓凝剂,早期水化物生长变慢,而得到了更均匀分布和充分的生长,使水化产物更加密实,应当是有利于抗渗和抗冻融性能的提高。因此,掺入缓凝剂会提高混凝土的耐久性。

4.5.3.4 缓凝剂的使用

缓凝剂对混凝土凝结时间的延缓程度与水泥品种、水灰比、温度、掺入的时间等均有关。

1) 水泥品种

缓凝剂的效果与水泥品种关系甚大。C_3A 及碱含量低的水泥比含量高的缓凝作用更大,因为 C_3A 水化相吸附缓凝剂的量比水化 C_3S 相更高。在 C_3A 含量低的水泥中,较少的缓凝剂被吸附,因此有较多的缓凝剂去延缓硅酸盐相的水化和凝结。

2) 水灰比

水泥用量多的拌和料中缓凝效果比水泥用量少的显著。

3) 温度

温度高导致水化速度加快,凝结时间缩短,缓凝效果不明显。因此,对于同一种缓凝剂,在较高温度下施工需较大的掺量。

4)掺入时间

在混凝土搅拌2min后再加入缓凝剂,凝结时间比直接加入拌和水中还要延长 2~3h,因为在加入缓凝剂之前,一些水化产物已经形成,所以从溶液中仅消耗较少的缓凝剂。缓凝剂掺量加大会加强缓凝,但超量可能会产生严重的缓凝,因此施工时应严格控制缓凝剂的掺量。

4.5.5 早强剂

4.5.5.1 概述

早强剂是加速混凝土早期强度发展的外加剂。早期强度增长速率的显著提高缩短了为达到混凝土一定强度所需的养护时间,这就可以加快施工进度,加速模板及台座的周转。另外,预应力混凝土的张拉或放松应力、混凝土构筑物的承载、缩短蒸养混凝土的养护时间,都希望早强。冬季施工混凝土希望更快地达到临界强度,因此,在低温施工时掺入早强剂尤为必要。

4.5.5.2 常用的早强剂及其作用机理

1) 无机盐类早强剂

(1) 氯化钙

氯化钙具有明显的早强作用,尤其是低温早强和降低冰点作用。掺氯化钙能显著提高 1~7d 的混凝土抗压强度,3d 强度的提高幅度可达 30%~100%。混凝土中掺入氯化钙能加快水泥的早期水化,最初几个小时的水化热有显著提高,主要是由于氯化钙能与水泥中的 C_3A 反应,在水泥微粒表面生成水化氯铝酸钙($C_3A \cdot CaCl_2 \cdot 10H_2O$),具有促进生成 C_3S、C_2S 的水化反应而提高早期强度。

(2) 氯化钠

氯化钠既是一种早强剂,也是一种很好的降低冰点的防冻材料。掺量相同时,降低冰点作用优于氯化钙。但由于氯化钠会使混凝土后期强度有所降低,对钢筋也有锈蚀作用,因此氯化钠一般不单独作为早强剂使用,多用于防冻剂中的防冻组分。

(3) 硫酸钠

硫酸盐是使用最广泛的早强剂,其中尤以硫酸钠、硫酸钙用量大。硫酸钠,又名无水芒硝,其天然矿物($Na_2SO_4 \cdot 10H_2O$)称为芒硝,白色晶体,很容易风化失水变成白色粉末(Na_2SO_4),即元明粉。

关于硫酸钠的早强机理有不同解释。有研究者认为,硫酸钠与水泥水化析出的 $Ca(OH)_2$ 起反应,从而促进了 C_3S 的水化;硫酸钠的加入使水泥中 C_3A 与 SO_4^{2-} 及 $Ca(OH)_2$ 生成钙矾石的水化反应加速,该反应消耗了 C_3S 水化释放的,从而使 C_3S 水化加快。另有研究者指出,对不掺混合材料的纯水泥熟料而言,由于在水泥生产时已加入一定量的石膏,再加 Na_2SO_4 不会改变水泥水化的速率,因此也不会提高水泥的早期强度;当水泥厂加的石膏量不足时,掺 Na_2SO_4 有可能提高一些早期强度。对掺有混合材料的水泥而言,Na_2SO_4 能加速 C_3S 的水化,并且能加速火山灰反应,因此,掺 C_3S 能改变这些水泥水化生成物的组成;增加 C—S—H 凝胶量而减少不利于强度的 $Ca(OH)_2$ 量。

2) 有机物类早强剂

有机物类包括有机醇类、胺类以及一些有机酸等均可用作混凝土早强剂,如甲醇、乙醇、乙二醇、三乙醇胺等。最常用的是三乙醇胺,其特点是掺量小,低温早强作用明显,而且有一定的后期增强作用,在与无机物类复合时效果更好。三乙醇胺的早强作用是因为它能促进 C_3A 的水化, $C_3A\text{-}CaSO_4 \cdot H_2O$ 体系能促进钙矾石的生成,因而对混凝土早期强度发展有利。

4.5.5.3 早强剂对混凝土性能的影响

1)早强剂对新拌混凝土性能的影响

(1)对混凝土流动性的影响。一般早强剂对混凝土流动性的影响很小,主要通过与减水剂复合使用来达到要求的流动性。

(2)对凝结时间的影响。一般早强剂对混凝土的凝结时间稍有提前或无明显变化。

(3)对混凝土含碱量的影响。无机盐类含 K^+、Na^+ 等离子的早强剂会增加混凝土的含碱量。在工程中,尤其遇到活性集料时应注意,要谨慎选用合适的早强剂。

2)早强剂对硬化混凝土性能的影响

(1)对混凝土强度的影响。早强剂可以大幅度提高混凝土的早期强度,1d、3d、7d 强度都能大幅度提高,后期强度会有所降低。

(2)对混凝土收缩性能的影响。掺无机盐类的早强剂,由于促进早期的水化,水泥浆体在初期有较大的水化物表面积,产生一定的膨胀作用,混凝土体积略有增大,后期的徐变与收缩也会有所增加。

(3)对混凝土耐久性的影响。无机盐类早强剂中氯化物与硫酸盐是常用的早强剂。氯化物中含有一定量的氯离子,会加速混凝土中钢筋的锈蚀从而影响耐久性;无机盐类含 K^+、Na^+ 等离子的早强剂,会增加混凝土的含碱量,遇有活性集料时可能会发生碱集料反应而导致耐久性降低。

4.5.6 速凝剂

4.5.6.1 概述

能使混凝土快速凝结硬化的外加剂称为速凝剂。速凝剂是调凝剂的一种,掺速凝剂的混凝土拌合物可在几分钟内初凝和终凝,1d 达到几个甚至十几个兆帕。速凝剂主要适用于喷射混凝土及补漏抢修工程,其作用是使混凝土喷射到工作面上后很快就能凝结。

4.5.6.2 速凝剂的作用机理

速凝剂由复合材料制成,同时又与水泥的水化反应交织在一起,其作用机理较为复杂。Na_2CO_3 掺入水泥用量的 1% ~2%,即能使水泥速凝,这是最简单的速凝剂。Na_2CO_3 与石膏反应生成不溶的 $CaCO_3$ 破坏了石膏的缓凝作用。

$$Na_2CO_3 + CaSO_4 \rightarrow CaCO_3 \downarrow + Na_2SO_4 \tag{4-25}$$

铝酸钠在有 $Ca(OH)_2$ 存在的条件下与石膏反应生成水化硫铝酸钙和氢氧化钠,使液相中 $CaSO_4$ 的浓度很低。水玻璃水解生成 NaOH,在有 NaOH 的溶液中 $CaSO_4$ 溶解度降低。水玻璃的速凝作用不如碳酸钠和铝酸钠那样剧烈。

4.5.6.3 常用速凝剂

速凝剂由复合材料制成,这里只就速凝剂主要成分的反应加以阐述。

1) 铝氧熟料、碳酸盐系

铝氧熟料、碳酸盐系的主要速凝成分为铝氧熟料、碳酸钠以及生石灰。铝氧熟料由铝矾土矿(主要成分为 Na_2AlO_2,其含量可达到60%~80%)经过煅烧而成。这种速凝剂含碱量较高,后期强度降低较大,但加入无水石膏后可以降低一些碱度和提高一些后期强度。

2) 铝氧熟料、明矾石系

铝氧熟料、明矾石系的主要速凝成分为铝矾土、芒硝($Na_2SO_4 \cdot 10H_2O$),它是经煅烧成为硫铝酸盐熟料后,再与一定比例的生石灰、氧化锌研磨而成的。产品的主要成分为铝酸钠、硅酸三钙、硅酸二钙、氧化钙和氧化锌。此类产品含碱量低一些,而且由于加入了氧化锌,其后期强度有所提高,而早期强度的发展却慢了一点。

3) 水玻璃系

水玻璃系速凝剂是以水玻璃(硅酸钠)为主要成分,为降低黏度需加入重铬酸钾,或者加入亚硝酸钠、三乙醇胺等。水玻璃系速凝剂的特点是凝结、硬化很快,早期强度高,抗渗性好,而且可以低温下施工,其缺点是收缩较大。

4.5.6.4 速凝剂对混凝土性能的影响

1) 速凝剂对新拌混凝土的影响

速凝剂对新拌混凝土的影响主要是初凝、终凝的时间。速凝剂的作用就是缩短混凝土的初凝、终凝时间。速凝剂一般可以做到 3~5min 内初凝,10min 之内终凝。凝结时间除与速凝剂本身成分和性能有关外,还取决于水泥品种、环境温度、速凝剂的储存条件等因素。

2) 速凝剂对硬化混凝土的影响

(1) 强度。掺速凝剂的混凝土,只要速凝时间满足要求,其28d强度及后期强度一般都比不掺者有不同程度的降低。为弥补后期强度的损失,可以复合使用减水剂。

(2) 碱-集料反应。速凝剂大多是强碱性的,因此对活性集料是不利的,容易发生碱集料反应。掺加速凝剂时应避免使用活性集料。

(3) 抗渗性。掺入速凝剂后混凝土孔结构粗孔多,混凝土的抗渗性较差。但对于喷射混凝土来说,由于喷射工艺带来的高密实性,喷射混凝土中孔隙较小,且互不连通,因此它具有较好的抗渗性。

4.6 混凝土拌合物的性能

混凝土在凝结硬化以前,称为混凝土拌合物或新拌混凝土。混凝土拌合物是混凝土生产过程中的一种状态。混凝土拌合物的性能包括和易性、含气量、凝结时间等。其性能既影响到浇筑施工质量,又影响到混凝土硬化后的性能。制备混凝土时必须考虑混凝土拌合物的性能和硬化混凝土的性能要求,从表面上看混凝土拌合物的性能仅仅在施工阶段才显得重要,而硬化混凝土的性能则一直主宰着混凝土的后期使用,但是实际上两者之间有着紧密的联系。

4.6.1 混凝土拌合物的和易性

4.6.1.1 和易性的概念

和易性定义为衡量混凝土拌合物在搅拌、运输、浇筑和捣实过程中施工操作的容易程度,并保证混凝土拌合物的质量均匀、成型密实的性能。和易性是一项综合技术指标,包括流动性、黏聚性和保水性三方面的含义。

1) 流动性

混凝土拌合物在自身质量或施工机械振捣的作用下产生流动,并均匀、密实地填满模板的性能,称为流动性。流动性好的混凝土施工操作方便,容易捣实、成型。混凝土拌合物过稠,难以振捣密实;反之,混凝土拌合物过稀,振捣后容易出现砂浆上浮而石子下沉的分层离析现象,影响混凝土的质量。

2) 黏聚性

黏聚性,又称抗离析性,是指混凝土拌合物各组成材料之间具有一定的黏聚力,在施工操作过程中,不致出现分层离析(混凝土拌合物内某些组成材料分离、析出),保持整体均匀的性能。黏聚性不好的混凝土拌合物,在自身质量或施工机械振捣的作用下,各组成材料的沉降不相同,砂浆和石子容易分离,振捣后会产生蜂窝、空洞等现象,降低混凝土的强度和耐久性,会严重影响工程质量。

3) 保水性

混凝土拌合物具有一定保持水分的能力,在施工操作过程中,不致出现严重泌水的现象。保水性不良的混凝土拌合物,浇筑振实后,一部分水分会从内部析出,水分泌出后会形成连通孔隙,成为硬化混凝土内部的渗水通道,降低混凝土的密实性;泌出的水还会携带一部分水泥和集料中的微细颗粒,聚集到混凝土表面,形成一层含水率很大的浮浆层,从而引起表面疏松。

综上可知,混凝土拌合物的流动性、黏聚性、保水性三者既相互联系又存在矛盾,和易性是这三者在特定条件下的矛盾统一体。一般来说,流动性较大的混凝土拌合物,黏聚性和保水性相对较差。所谓良好的和易性,是指混凝土拌合物流动性、黏聚性及保水性都能较好地满足具体工程的施工操作要求,在此工程条件下达到统一。

4.6.1.2 和易性的测定方法

和易性的测定通常是以混凝土拌合物的流动性为主,而黏聚性和保水性通过对试验或现场的观察定性地判断其优劣。常用的测试方法有坍落度与坍落扩展度法、维勃稠度(V-B)法、增实因数法等。

1) 坍落度与坍落度拓展度法

(1) 坍落度法

坍落度与坍落拓展法适用于集料最大粒径不大于40mm、坍落度不小于10mm的混凝土拌合物流动性的测定,是应用最早和最广泛的测定混凝土拌合物流动性的一种方法,常用于进行混凝土配合比设计时确定混凝土拌合物的流动性,以及工地现场检查混凝土拌合物的和易性是否满足工程要求。

我国《普通混凝土拌合物性能试验方法标准》(GB/T 50080—2016)规定,坍落度与坍落扩展度法采用的标准坍落度筒为金属制成,高度 $H=300\text{mm}$,上口直径 $d=100\text{mm}$,底直径 $d=200\text{mm}$,壁厚大于或等于 1.5mm(图4-18),筒内表面必须光滑平整,以减小对混凝土拌合物的摩擦。坍落度越大,表示混凝土拌合物的流动性越大。

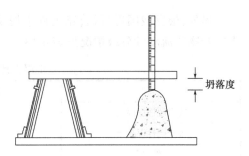

图4-18 混凝土拌合物的坍落度测定方法

参照现行《混凝土质量控制标准》(GB 50164)的规定,根据浇灌时坍落度的不同,可将混凝土拌合物分为4级,见表4-16。

混凝土拌合物按坍落度分级　　　　表4-16

名称	级别	坍落度(mm)
低塑性混凝土	T1	10~40
塑性混凝土	T2	50~90
流动性混凝土	T3	100~150
大流动性混凝土	T4	>160

(2)坍落拓展度法

当混凝土拌合物的坍落度大于220mm时,应采用坍落扩展度法来评定其流动性。具体做法是在混凝土拌合物坍落度试验的基础上,用钢尺测量混凝土扩展后最终的最大直径和最小直径,在这两个直径之差小于50mm的条件下,用其算术平均值作为坍落扩展度值,以mm计;如果两个直径之差大于50mm,应查明原因后重新试验,可能的原因有插捣不均匀、提筒时歪斜、底板干湿不匀引起的对混凝土扩展阻力不同、底板倾斜等。

2)维勃稠度(V-B)法

维勃稠度(V-B)法是一种适用于试验室的方法,能弥补坍落度法对低流动性混凝土拌合物灵敏度不够的不足,不太适用于流动性较大的混凝土拌合物的测定。该方法目前主要应用于预制构件厂,一般不用于现场浇筑的混凝土。该方法是由瑞典的V.皮纳(Bahrner)首先提出的,现已被世界各国广泛采用。

维勃稠度代表混凝土拌合物振实所需要的能量,时间越短,表明混凝土拌合物越容易被振实,它能较好地反映混凝土拌合物在振动作用下便于施工的性能。现行《混凝土质量控制标准》(GB 50164)的规定,根据浇灌时维勃稠度的不同,可将混凝土拌合物分为4级,见表4-17。

混凝土拌合物按维勃稠度分级　　　　表4-17

名称	级别	维勃稠度(s)
超干硬性混凝土	V1	>31
特干硬性混凝土	V2	30~21
干硬性混凝土	V3	20~11
半干硬性混凝土	V4	10~5

另外,根据我国现行《公路工程水泥及水泥混凝土试验规程》(JTG 3420)规定,路用混凝土拌合物的流动性分级情况见表4-18。

混凝土拌合物按维勃稠度分级 表4-18

名称	维勃稠度(s)	坍落度(mm)
特干硬性混凝土	32~18	—
很干硬性混凝土	18~10	—
干硬性混凝土	10~5	0~25
低塑性混凝土	5~3	25~75
塑性混凝土	3~0	75~125
流动性混凝土	—	>125

3) 增实因数法

(1) 适用范围

对于坍落度不大于50mm或干硬性混凝土和维勃稠度大于30s的特干硬性混凝土拌合物的流动性测定可采用增实因数法。增实因数法适用于集料最大粒径不大于40mm,增实因数大于1.05的混凝土拌合物稠度的测定,一般用于混凝土预制构件厂。

(2) 仪器设备

增实因数法所采用的仪器设备主要包括跳桌、台秤、圆筒、盖板和量尺。跳桌应符合现行《水泥胶砂流动度测定方法》(GB 2419)中有关技术要求的规定;台秤称量20kg,感量20g;圆筒是钢制,内径(150±0.2)mm,高(300±0.2)mm,连同提手共重(4.3±0.3)kg;盖板也是钢制,直径(146±0.1)mm,厚(6±0.1)mm,连同提手共重(830±20)g;量尺刻度误差不大于1%。

(3) 确定方法

增实因数法用混凝土拌合物质量的确定方法如下:

①当混凝土拌合物配合比及原材料的表观密度已知时,按式(4-26)确定混凝土拌合物的质量

$$Q = 0.003 \times \frac{W+C+F+S+G}{\dfrac{W}{\rho_w}+\dfrac{C}{\rho_c}+\dfrac{F}{\rho_f}+\dfrac{S}{\rho_s}+\dfrac{G}{\rho_g}} \tag{4-26}$$

式中:　　Q——绝对体积为3000mL时混凝土拌合物的质量,kg;

W、C、F、S、G——分别为水、水泥、掺合料、细集料和粗集料的质量,kg;

ρ_w、ρ_c、ρ_f、ρ_s、ρ_g——分别为水、水泥、掺合料、细集料和粗集料的表观密度,kg/m³。

②当混凝土拌合物配合比及原材料的表观密度未知时,按式(4-27)确定混凝土拌合物的质量:

$$Q = 3000 \times \frac{7.5}{V-V_W} \times (1+A) \tag{4-27}$$

式中:Q——绝对体积为3000mL时混凝土拌合物的质量,kg;

　　V——圆筒的容积,mL;

　　V_W——注入圆筒中水的体积,mL;

　　A——混凝土的含气量。

(4) 测定步骤

增实因数法的测定步骤如下:

①按上述方法确定圆筒内混凝土拌合物的质量,将圆筒放在台秤上,用圆勺铲取混凝土拌合物装入圆筒,由于拌合物增实后的密度与增实方法有关,因此对混凝土拌合物的挖取、装筒、平整及放置都必须轻放,不允许任何振动。

②用不吸水的小尺轻拨混凝土拌合物表面,使其大致成为一个水平面,然后将6mm厚的钢盖板轻放在拌合物上,使混凝土拌合物承受$4.5g/cm^2$的压力,以便混凝土拌合物沉落比较均匀,同时也便于对混凝土拌合物增实的高度进行测量。

③将圆筒轻轻移至跳桌台面中央,使跳桌台面以15次/s的速度连续跳动,跳桌跳动的次数代表给予混凝土拌合物能量的多少。采用较多的跳动次数,有利于分辨较干硬性混凝土拌合物的稠度,但对于塑性混凝土的稠度测试范围就要缩小;反之,采用较多的跳动次数,有利于分辨塑性或流动性混凝土拌合物的稠度而不利于分辨干硬性混凝土拌合物的稠度。

④将量尺的横尺置于筒口,使筒壁卡入横尺的凹槽中,滑动有刻度的竖尺,将竖尺的底端插入盖板中心的小筒内,同时读取混凝土拌合物的增实因数JC和增实后的高度JH。

JC和JH的关系见式(4-28):

$$JC = \frac{JH}{169.8} \quad (4-28)$$

式中:169.8——筒内拌合物在理想状态下体积等于3000mL时的高度。

参照现行《普通混凝土拌合物性能试验方法标准》(GB/T 50080)的规定,在适用范围内,增实因数与用水量呈直线关系,维勃稠度与用水量呈双曲线关系,而它们又随外加剂品种和掺量的不同而不同。通过对比试验建立了维勃稠度与增实因数之间大概的关系,见表4-19,供使用者参考。

维勃稠度与增实因数之间的关系　　　　　表4-19

维勃稠度(s)	增实因数JC
<10	1.18~1.05
10~30	1.3~1.18
30~50	1.4~1.3
50~70	>1.4

维勃稠度法以示值读数表示混凝土拌合物的稠度,在试验过程中无人为因素的影响,试验结果复演性较好。维勃稠度法比较适合干硬性混凝土拌合物流动性的测定,与坍落度法不同,坍落度法适用于流动性混凝土的测定。

3)其他测定方法

(1)重塑测定法

重塑测定法是1932年美国的Powers首先提出的。重塑测定法是指通过改变混凝土拌合物试样的形状所做的功来估计拌合物的工作性。重塑测定仪主要包括:一高为203mm、直径为305mm的圆筒,固定在跳桌上;在圆筒内同轴悬挂一直径为210mm的内环,高为127mm,其到底面的距离在67~76mm范围内调整;在内环内还放置一标准坍落锥。重塑测定法装置如图4-19所示。

测定时按照标准方法在坍落锥中填充试样,取出坍落锥,并在混凝土试样上加盖重1.9kg的圆盘和游码,然后开动跳桌,振动频率约为1次/s,直到游码指标达到81mm,此时,混凝土试件由锥体变为圆柱体,整个过程中跳桌振动的次数即重塑力或重塑数。该法需要熟练的操作人员采用,而且主要用于实验室。

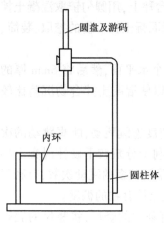

图 4-19 重塑测定法装置

(2)凯利沉球法

凯利沉球法于 1955 年由美国学者凯利(Kelly)首先提出,主要用于现场混凝土稠度的测定与控制,可以直接测定模板内甚至是运料小车内混凝土拌合物的流动性。它可以作为常规的质量控制试验,代替坍落度,沉球贯入数值和坍落度之间具有很好的线性关系,并且比坍落度法更迅速、准确。但是这种方法需要较多的混凝土试样,而且结果受混凝土中集料的最大粒径和上面一薄层混凝土的情况影响较大。如果混凝土中有一粗大集料所处位置有碍于 Kelly 球的沉入,就会得出不可靠的结果,而且混凝土中集料的最大粒径越大,试验结果的波动就越大。

凯利沉球法采用的装置包括直径 152mm 的半球形重锤,半球上带有一有刻度的杆,并可在支架上滑动,总重 13.6kg。平整混凝土拌合物的表面,将半球形重锤轻轻放在混凝土的表面上,使其与混凝土表面刚刚接触,然后突然松开重锤,使其在自重作用下贯入拌合物,测定重锤的贯入深度,贯入越深,拌合物的流动性越大。为保证结果的准确性,混凝土拌合物厚度应大于 200mm,且球中心距混凝土边缘的距离不得小于 230mm。

(3)K 坍落度测定法

K 坍落度测定法是 1969 年加拿大的 K.W.Nassser 提出的简易工地试验方法。K 坍落度测试仪是一种测针式测定装置。其测针为一不锈钢制作的空心管,外径 19mm,内径 15.9mm,长 270mm,有 4 个槽孔(宽 6.5mm,长 51mm);另有若干直径 6.3mm 的孔眼,交错布置。仪器下端为圆锥形,半高处有一圆形浮板,将下部和充当把手的上部隔离,防止仪器沉陷超过预定水平,没入混凝土中。

测定时将 K 坍落度测试仪垂直插入混凝土拌合物中,到浮板为止,使浮板自由留在拌合物的表面,60s 后测定留在管内混凝土的高度。该值与混凝土拌合物的稠度、工作性之间存在一定的关系,和坍落度之间有经验公式供换算,可用来表征混凝土的流动性。

(4)坍流度测定法

坍流度测定法是日本测定水下不分散混凝土稠度所采用的一种方法。该方法是在坍落度法的基础上,提起坍落度筒后,静置 5min,量测混凝土拌合物扩展后的最大直径及与其垂直的直径,取两个直径的平均值作为坍流度值,再根据坍流度和坍落度之间的关系来评定混凝土拌合物的流动性。

当然还有一些其他的方法可以用于混凝土拌合物流动性的测定,如和易性测定法等,各种方法均有其相应的适用条件,没有得到普遍广泛的使用,而且很难进行相互之间的比较。迄今为止,最古老、最简单的坍落度法使用最广泛,较干硬性混凝土拌合物一般用维勃稠度(V-B)法。表 4-20 列出了各种测定方法的相对适用性,仅供参考。

各种测定方法的相对适用性 表 4-20

流动性	相对适用的测定方法
很低	维勃稠度法
低	维勃稠度法、重塑测定法

续上表

流动性	相对适用的测定方法
中等	坍落度法、K坍落度测定法
高	坍落度法、K坍落度测定法、凯利沉球法
很高	坍落扩展度法、坍落度法、凯利沉球法

4.6.1.3 和易性的主要影响因素

影响混凝土拌合物和易性的因素主要包括以下几方面。

1）组成材料的性质与用量

（1）单位用水量

单位用水量即 $1m^3$ 混凝土中加入水的质量。它是影响混凝土拌合物和易性最主要的因素。当单位用水量过多时，水分填满毛细孔，使其表面张力减小，而且在水灰（胶）比不变的情况下，水泥浆数量过多，将会出现流浆现象，混凝土拌合物的黏聚性和保水性较差；单位用水量过多，还容易导致混凝土收缩裂缝的产生，对混凝土的强度和耐久性造成很大的负面影响。当单位用水量过少时，水膜较薄，润湿效果较差，而且在水灰（胶）比不变的情况下，水泥浆数量过少，降低拌合物的流动性。

大量试验研究表明，当集料的品种和用量确定以后，其水灰（胶）比在一定范围内（一般为 0.4~0.8）。单位用水量是混凝土拌合物的坍落度主要影响因素，这一规律称为"李斯恒用水量定则"或"恒定用水量定则"，即在一定条件下要使混凝土获得一定值的坍落度，需要的单位用水量是一个定值。该定则为混凝土配合比的设计带来了极大的方便，即在进行混凝土配合比设计时，先选定单位用水量，使拌合物坍落度基本保持不变，在此条件下适当调整水灰（胶）比，就可配制出不同强度等级而坍落度相近的混凝土。

（2）水泥品种

水泥品种、细度、矿物组成等都会影响需水量。不同品种的水泥，其颗粒特征不同，需水量也不相同。一般来说，在配合比相同的情况下，采用普通水泥配制的混凝土的工作性要好于火山灰水泥和矿渣水泥，而采用粉煤灰水泥对拌合物和易性的影响主要取决于内掺粉煤灰的质量（需水量）。总之，需水量大的水泥，其拌制的混凝土拌合物的流动性较小。

水泥细度对混凝土拌合物的和易性也有影响。适当提高水泥细度，可改善拌合物的黏聚性和保水性，减少离析、泌水现象。此外，水泥熟料中铝酸盐矿物需水量最大，而 CS 需水量最小，如果采用含铝酸盐矿物较多水泥拌制的混凝土，其拌合物的流动性较低，但是由于硅酸盐水泥熟料中的矿物组成相对集中在一定的范围内，变化幅度较小，因此水泥的矿物组成对拌合物的流动性影响较小。

（3）集料性质

集料的性质（包括粗、细集料的形状、粒径、级配情况、吸水性等）对混凝土拌合物的和易性均有影响。其中，最明显的是，表面呈棱角形的碎石拌制的混凝土拌合物流动性比表面光滑的卵石差，同样采用机制砂拌制的混凝土拌合物的流动性比河砂差。

（4）水泥浆的数量——浆集比

水泥浆的数量是指 $1m^3$ 混凝土拌合物中水泥浆的质量，而浆集比是指混凝土拌合物中水泥浆与集料的质量比。

在水泥浆稠度一定,即水灰(胶)比保持不变的情况下,单位体积的混凝土拌合物中水泥浆的数量越多,相应集料含量越少(浆集比越大),其流动性越好,但若水泥浆的数量过多即浆集比过大,集料不能很好地将水泥浆保持在混凝土拌合物内,将会出现流浆、泌水现象,不仅使混凝土拌合物的黏聚性和保水性较差,而且对硬化混凝土的强度和耐久性也会产生负面的影响,同时增加了水泥用量,提高了混凝土的生产成本;相反,单位体积的混凝土拌合物中水泥浆的数量越少即浆集比过小,将没有足够的水泥浆来填充砂、石集料的空隙和集料的表面,从而降低混凝土拌合物的流动性,可能产生崩散现象,黏聚性较差。

(5)水泥浆的稠度——水灰(胶)比

水灰(胶)比是指混凝土中水与水泥的质量之比。在水泥、集料品种和用量确定的条件下,水泥浆的稠度取决于水灰(胶)比的大小。

一般来说,水灰(胶)比越大,水泥浆越稀,混凝土拌合物的流动性越好,黏聚性和保水性越差,但是当水灰(胶)比过大时,混凝土拌合物将产生严重的离析、泌水现象,严重影响混凝土的强度和耐久性;相反,水灰(胶)比越小,水泥浆越稠,混凝土拌合物黏聚性和保水性越好,流动性越差,但是当水灰(胶)比过小时,混凝土拌合物过于干稠,会使施工捣实困难,采用一般的施工捣实方法将很难使混凝土浇筑密实。因此,水灰(胶)比的大小必须选取合适的值,一般应根据混凝土拌合物的和易性要求以及硬化混凝土的强度和耐久性要求综合确定。

综上可知,改变水泥浆的数量或水灰(胶)比的大小,最终都将表现为改变混凝土的单位用水量,因此不论是水泥浆的数量,还是水泥浆的稠度,对混凝土拌合物的流动性起决定作用的都是单位用水量大小。

(6)砂率

砂率是指混凝土中砂的质量占砂、石总质量的百分率。它是表征混凝土中砂、石用量的相对比例关系。

在集料总量一定的情况下,砂率的变化会改变集料的总表面积和空隙率,从而影响混凝土拌合物的流动性。当砂率过大时,集料的总表面积和空隙率增大,水泥浆的用量变少,减少了颗粒表面具有的润滑层,增加了集料颗粒间的摩擦力,从而降低了混凝土拌合物的流动性;砂率过小时,虽然集料的总表面积减小了,但是由于砂浆量的不足,在粗集料周围不能形成足够的砂浆润滑层,也减小了混凝土拌合物的流动性,严重的还会影响混凝土拌合物的黏聚性和保水性,使粗集料产生离析现象,水泥浆流失甚至出现崩散现象。所以,砂率过大或过小都不好,必须选取一个合理的值,该值称为合理砂率(也称最佳砂率)。

(7)掺合料和外加剂

掺合料的品种、性质及掺量等对混凝土拌合物的和易性有较大的影响。近几十年来,混凝土外加剂有了飞速发展,在拌制混凝土时,掺入少量合适的外加剂,可以在不增加水泥浆用量的前提下,使混凝土拌合物获得较好的和易性。另外,外加剂的掺入还能改善混凝土的微观结构,提高混凝土的强度和耐久性,和掺合料一样,外加剂的品种、性质及掺量等对混凝土拌合物的和易性也有较大的影响。

2)环境条件

大量试验研究表明,影响混凝土拌合物和易性的环境条件主要有温度、湿度和风速等。水分的蒸发会减少单位体积混凝土拌合物中水的含量,降低混凝土拌合物的流动性。随着温度的升高,水泥的水化速度加快,同时水分的蒸发速度也变快,使混凝土拌合物较快地变稠,降低了混凝土拌合物的流动性,所以提高温度会使混凝土拌合物的坍落度减小。研究表明,在一定范围内温度每增高10℃,坍落度减少20~40mm。同样,湿度和风速会影响混凝土拌合物中水分的蒸发速率,从而影响其流动性。

3) 搅拌工艺

在组成材料和配比一定的情况下,混凝土拌合物的搅拌工艺对其和易性也有较大的影响。一般来说,在较短的时间内,混凝土拌合物搅拌的越完全,其和易性越好。采用机械拌和的混凝土拌合物比人工拌和的和易性要好;搅拌机型不同,混凝土拌合物获得的流动性也不同,采用强制式搅拌机的效果要好于自落式搅拌机,而采用高频搅拌机比低频搅拌机的效果好;采用同一搅拌方式,适当延长搅拌时间,可以获得较好的和易性。

4) 放置时间

混凝土拌合物从拌和到捣实的这段时间里,随着时间的推移,混凝土拌合物逐渐变稠,坍落度将逐渐减小,称为坍落度损失。从搅拌站加水拌和到浇灌所需的时间主要取决于施工条件,如搅拌站到施工现场的距离、现场的生产过程和管理水平等。在这段时间内,混凝土拌合物由于一部分水分与水泥发生了水化反应,一部分水分蒸发,一部分水分被集料所吸收,会随时间的推移逐渐干稠。如果这段时间过长,温度过高,湿度又过低,坍落度损失可能过大,将增加混凝土的运输、浇筑和捣实的困难,并会降低混凝土的质量,或者施工现场为了施工方便,随意加水,从而对混凝土的强度和耐久性造成影响。

当施工中确实存在坍落度损失造成施工困难的问题时,可采取下列措施予以解决:

(1) 进行混凝土配合比设计时,考虑采用矿渣水泥来代替硅酸盐水泥。
(2) 生产混凝土时掺入合适的矿物外加剂如粉煤灰,或化学外加剂如缓凝剂、引气剂。
(3) 在温度较高的条件下拌和混凝土时,应采取措施降低原材料的温度。
(4) 在湿度较低条件下拌和混凝土时,应采取措施防止水分过快蒸发。
(5) 商品混凝土在远距离运输时,可采用二次加水法,即搅拌站拌和时只加入大部分水,快到施工现场时将剩下的水全部加入,然后迅速搅拌。

4.6.1.4 和易性的改善措施

为使混凝土拌合物适应具体的结构和施工条件,往往需要调整其和易性,在调整的同时必须考虑对混凝土其他技术性质的影响,如强度、耐久性等。

调整混凝土拌合物的和易性可采取如下措施:

(1) 调整原材料的组成和配比。在保证混凝土强度、耐久性和经济性的条件下,适当调整原材料的组成、配比以提高拌合物的和易性。

① 尽量采用粒径较大的砂、石,降低集料的比表面积。
② 改善集料的颗粒级配,不仅能提高混凝土拌合物的流动性,而且能改善其黏聚性和保水性。
③ 尽可能降低砂率。试验表明,采用合理砂率(最佳砂率),有利于提高混凝土的质量,并能减少水泥的用量。

④当混凝土拌合物的流动性小于设计要求时,应保持水灰(胶)比不变,适当增加水泥和水的用量;当混凝土拌合物的流动性大于设计要求,但黏聚性良好时,可保持砂率不变,适当增加砂、石的用量。

⑤掺加各种外加剂,如减水剂、引气剂等。

(2)改进拌合物的施工和振捣工艺。

①采用高效强制式搅拌机,可提高水的润滑程度。

②采用高效振捣设备,可以使较低流动性的混凝土拌合物获得较高的密实性。

(3)加快施工速度。采取可行的措施尽可能减少运输距离,提高现场管理水平,加快施工速度,以降低坍落度损失,使混凝土拌合物在施工时具有良好的和易性。

4.6.2 混凝土拌合物的凝结时间

混凝土拌合物逐渐变硬,称为凝结。与水泥一样,混凝土的凝结时间分为初凝时间和终凝时间。水灰(胶)比的大小对混凝土拌合物的凝结时间的影响很大,水灰(胶)比越小,凝结时间越短。水泥的凝结时间是标准稠度水泥净浆在规定的温度和湿度的条件下测得的,而一般配制混凝土时所用的水灰(胶)比与所用水泥的标准稠度是不相同的。另外,混凝土的凝结时间还会受到其他因素的影响,如混凝土拌合物所处环境温度和湿度的变化、混凝土中掺入矿物外加剂和化学外加剂等。

4.6.2.1 混凝土拌合物凝结时间的测定

混凝土拌合物凝结时间的测定一般采用贯入阻力法。根据现行《普通混凝土拌合物性能试验方法标准》(GB/T 50080)的规定,采用5mm的标准筛筛出砂浆,按规定的方法装入试样筒中,然后每隔一段时间测定测针贯入砂浆一定深度处的贯入压力,在整个测试过程中,环境温度应始终保持(20 ± 2)℃。贯入阻力按式(4-29)计算:

$$f_{PR} = \frac{P}{A} \tag{4-29}$$

式中:f_{PR}——贯入阻力,MPa;

P——贯入压力,N;

A——测针面积,mm^2。

凝结时间宜通过线性回归方法确定,将贯入阻力 f_{PR} 和时间 t 分别取自然对数 $\ln(f_{PR})$ 和 $\ln(t)$,然后将 $\ln(f_{PR})$ 当作自变量,将 $\ln(t)$ 当作应变量,作线性回归得到回归方程式:

$$\ln(t) = A + B\ln(f_{PR}) \tag{4-30}$$

式中:t——时间,min;

f_{PR}——贯入阻力,MPa;

A、B——线性回归系数。

根据式(4-30)求得贯入阻力为3.5MPa时的时间为初凝时间 t_s,贯入阻力为28MPa时的时间为终凝时间 t_e,即

$$\begin{cases} t_s = e^{A+B\ln 3.5} \\ t_e = e^{A+B\ln 28} \end{cases} \tag{4-31}$$

式中：t_s——初凝时间，min；

t_e——终凝时间，min。

4.6.2.2 凝结时间的主要影响因素

影响混凝土拌合物凝结时间的主要因素有水泥品种、水灰(胶)比、环境条件(温度和湿度)以及外加剂。

1) 水泥品种

一般来说，水泥凝结时间越快，混凝土拌合物的凝结时间就越短。例如，粉煤灰水泥、火山灰水泥以及矿渣水泥的凝结硬化比较缓慢，所以在其他条件相同的情况下，采用这些水泥配制的混凝土的凝结时间比较长。

2) 水灰(胶)比

在水泥品种等原材料一定的情况下，水灰(胶)比越小，通常混凝土拌合物的凝结时间就越短。

3) 环境条件(温度和湿度)

环境温度越高，水泥的水化反应速度越快，混凝土拌合物的凝结时间就越短；而环境湿度主要影响到混凝土中水分的蒸发速度，干燥环境下，混凝土拌合物的水分蒸发较快，凝结时间也较短。

4) 外加剂

在混凝土中掺入缓凝剂，可延缓混凝土拌合物的凝结时间；而如果掺入速凝剂，则使混凝土拌合物在几分钟之内达到初凝，也缩短了终凝时间。

4.6.2.3 调节措施

根据影响混凝土拌合物凝结时间的主要因素，对调节凝结时间采取了以下措施：

(1) 选用合适的水泥品种。根据实际工程的要求，如果需要延长混凝土拌合物的凝结时间，可选用凝结时间较长的水泥；相反，应选用凝结时间较短的水泥。

(2) 合理改变环境条件。提高养护温度可缩短混凝土拌合物的凝结时间，而采取一些喷雾等保湿措施，可防止水分过快蒸发，延缓凝结时间。

(3) 掺用外加剂。对于大体积混凝土，尤其是温度较高的地区和季节，可掺用缓凝剂来延缓混凝土拌合物的凝结时间，而对于一些紧急抢修的工程则需要掺入一些速凝剂。

4.6.2.4 反常的凝结行为

混凝土拌合物的反常凝结主要有假凝结和瞬间凝结(闪凝)两种。假凝结是指混凝土拌合物在开始搅拌的短时间内固化，但重新搅拌又恢复流动性，主要原因是石膏的结晶或在混合完成不久后形成过量的钙矾石。如果水泥中 C_3A 的活性很高就可能会发生瞬间凝结(闪凝)，这主要是由单硫型铝酸钙的大量形成和其他铝酸钙的水化引起的，在凝结后混凝土已产生了一定的强度，因此，瞬间凝结(闪凝)是一种比假凝结更严重的情况。

4.6.3 混凝土拌合物的离析和泌水

混凝土拌合物中各种组成材料由于其本身的质量和颗粒大小各不相同,在重力或外力(如振动)作用下会产生相互分离,而造成拌合物各组分分布不均匀的现象,即混凝土拌合物的离析。它是与黏聚性相对立的概念。离析有两种表现形式:一种是粗集料颗粒从拌合物中分离出去,因为粗集料比细集料更容易沉降和沿斜面滑动;另一种是水泥浆(或水)从拌合物中分离出去,即泌水。混凝土的泌水是自上而下迁移的,在此过程中,如遇到集料,将会在集料下形成较大的宏观缺陷。

混凝土拌合物在浇筑过程中产生离析和泌水,将会对混凝土的性能造成较大的影响。混凝土拌合物离析,会使混凝土各处的力学性能不相同,强度高低不一,而混凝土的力学性能常常取决于强度较低的部位,所以这种不均匀性将会降低混凝土的力学性能。另外,混凝土拌合物的离析和泌水还会影响混凝土的其他性能,所以,应采取一些措施防止混凝土拌合物离析和泌水现象的发生,具体如下:

(1)改善砂、石级配,适当增加砂的用量,或采用一些颗粒较细的砂。
(2)在保持水灰(胶)比一定的情况下,适当增加一些水泥用量。
(3)掺入合适的矿物外加剂,如较细的粉煤灰、硅灰等。
(4)掺入适量引气剂。

4.7 混凝土强度

4.7.1 抗压(拉)强度试验方法

4.7.1.1 抗压强度试验方法

1)立方体抗压强度

现行《混凝土物理力学性能试验方法标准》(GB/T 50081)中规定:以边长为150mm的立方体试件为标准试件,按标准方法成型,在标准养护条件(20±2)℃,相对湿度≥95%下,养护到28d龄期,用标准试验方法测得的极限抗压强度,称为混凝土立方体抗压强度。标准试验方法:取出后擦干表面水,置于试验机工作平台,承压面为注模的侧面,以规定的加载速度连续而均匀地加压,直至试件破坏。破坏荷载除以试件承压面积即得混凝土立方体抗压强度(f_{cc},MPa)。

2)棱柱体抗压强度

现行《混凝土物理力学性能试验方法标准》(GB/T 50081)中规定,采用150mm×150mm×300mm的棱柱体作为标准试件,按照标准试验方法(同立方体试验)测得的强度,称为混凝土的轴心抗压强度(f_{cp},MPa)。一般以此值代表混凝土的均匀、单轴抗压强度。在结构设计规范中,计算构件承载力所取的混凝土抗压强度,即相应于此值。不同的原材料和强度等级的混凝土,其棱柱体抗压强度和立方体强度的比值在一定范围内波动,即

$$f_{cp} = (0.7 - 0.8)f_{cc} \tag{4-32}$$

其代表值可取 $f_{cp} = 0.76 f_{cc}$。

3) 圆柱体抗压强度

立方体试件抗压强度在中国以及德国、英国等欧洲国家常用,而美国、日本等国家常用直径为150mm、高度为300mm的圆柱体试件按照 ASTM C39 进行抗压强度试验测定。当混凝土拌合物中粗集料最大粒径不同时,其圆柱体的直径也不尽相同,但是试件始终保持高/径比为2。同立方体试件抗压强度一样,在进行抗压强度试验时,直径越大,强度越低。

4.7.1.2 抗拉强度试验方法

1) 劈裂抗拉试验

现行《混凝土物理力学性能试验方法标准》(GB/T 50081)中劈裂抗拉强度试验采用的是150mm 立方体标准试件,试验过程中需要直径150mm的钢制弧形垫条,并且在垫条与试件之间应垫以宽20mm、厚4mm的木质三合板。试件应受到连续而均匀的加荷,当混凝土强度等级 = C30时,取0.02~0.05MPa/s的加载速率;当强度等级≥C30且<C60时,取0.05~0.08MPa/s的加载速率;当混凝土强度等级≥C60时,取0.08~0.10MPa/s的加载速率。当试件接近破坏时,应停止调整试验机油门,直至试件破坏,然后记下破坏荷载。劈裂抗拉强度按照下式计算:

$$f_{ts} = \frac{2P}{\pi A} = 0.637 \frac{P}{A} \tag{4-33}$$

式中:f_{ts}——混凝土劈裂抗拉强度;
  P——破坏荷载;
  A——试件劈裂面面积。

2) 四点弯曲试验

混凝土的四点弯曲试验(三分点抗折试验)可以按《混凝土横梁的弯曲强度》(ASTM C78)的规定测定。试件为150mm×150mm×500mm混凝土梁,梁按标准方法养护,然后进行三分点加载抗折试验。试件加载的两个平面需光滑且平行,并以860~1200kPa/min的速率加载。理论最大抗拉强度可用三分点加载的简支梁弯曲公式计算:

$$f_w = \frac{Pl}{bd^2} \tag{4-34}$$

式中:f_w——理论最大抗拉强度;
  P——最大总荷载;
  l——跨度;
  b——试件宽度;
  d——试件高度。

式(4-34)只适用于梁是在两个内部加载点之间(在梁的1/3部分)破坏时。若梁在此点之外不超过跨度的5%处破坏,可用下式计算:

$$R = \frac{3Pa}{bd^2} \tag{4-35}$$

式中:a——断裂点与最近的支座之间的平均距离。

在更靠近支座处发生破坏的试验结果都应舍弃。

3)轴向拉伸试验

可以按照我国现行《水工混凝土试验规程》(DL/T 5150)中给出的混凝土轴向拉伸试验方法测定混凝土轴心抗拉强度、极限拉伸值以及抗拉弹性模量。

试件可以采用哑铃型,可以采用在150mm×150mm×550mm试件两端内埋带螺纹的组合钢拉杆,也可以将混凝土试件两端用环氧树脂黏结到试验机上进行轴向拉伸试验。在标距内用千分表、电阻应变片或位移传感器等来测定试件的变形。到达试验龄期后进行轴向拉伸试验。试验开始时,首先进行两次预拉,预拉荷载约相当于破坏荷载的15%~20%。预拉时,测读应变值,需要时调整荷载装置使偏心率不大于15%。偏心率按下式计算:

$$e(\%) = \left|\frac{\varepsilon_1 - \varepsilon_2}{\varepsilon_1 + \varepsilon_2}\right| \times 100 \tag{4-36}$$

式中:ε_1、ε_2——试件两侧的应变值。

预拉结束后,重新调整测量仪器,进行正式测试,拉伸时荷载速度控制在0.4MPa/min,每加荷500N或1000N测读并记录变形值,直至试件破坏。轴心抗拉强度按下式计算:

$$f_t = \frac{P}{A} \tag{4-37}$$

式中:f_t——轴心抗拉强度,MPa;

P——破坏荷载,N;

A——试件断面面积,mm^2。

抗拉弹性模量按照下式计算:

$$E_t = \frac{\sigma_{0.5}}{\varepsilon_{0.5}} \tag{4-38}$$

式中:E_t——轴心抗拉弹性模量,MPa;

$\sigma_{0.5}$——50%的破坏应力,MPa;

$\varepsilon_{0.5}$——$\sigma_{0.5}$所对应的应变值($\times 10^{-6}$)。

轴向拉伸试验比较麻烦,且试件缺陷或加荷时很小的偏心就会严重影响试验结果,致使试验结果离散型较大,故一般多采用劈裂法。

4.7.2 强度影响因素

4.7.2.1 抗压强度影响因素

影响混凝土抗压强度的因素主要包括三个方面,即混凝土组成各相的特性和比例、养护试验参数。

1)混凝土组成各相的特性和比例对整体抗压强度的影响

(1)水灰(胶)比/水胶比

混凝土的水灰(胶)比强度关系可以解释为孔隙率随着水灰(胶)比增加而增加造成基体逐渐变弱的自然结果。但是这种解释并没有考虑到水灰(胶)比对过渡区强度的影响。以普通集料配制的低强和中强混凝土中,过渡区孔隙率和基体孔隙率两者决定着材料的整体强度,而水灰(胶)比则直接控制着基体的强度和孔隙率,因此可以在混凝土和水灰(胶)比之间建立直接关系。但是对于高强混凝土而言,当水灰(胶)比低于0.3时,其微弱的降低就可以使得混凝土的抗压强度大幅度提高。这一现象主要归之于在水灰(胶)比非常低时,过渡区的强度明显提高。其原因之一就是随着水灰(胶)比的降低,生成的氢氧化钙等晶体的尺寸变小,过渡区的结构得到改善,从而提高过渡区强度和减小过渡厚度。

(2)化学外加剂

化学外加剂本身对混凝土的极限强度影响甚微,除非它们影响到水灰比(W/C)或者混凝土的孔隙率。在大多数情况下,一定水化程度时,水灰(胶)比决定水泥浆基体的孔隙率;但是引气剂的加入会使气孔混入系统中,同样具有增加孔隙率和降低系统强度的作用。

引气剂的加入相当于增加了水泥基体中的孔隙率,从而造成强度的大幅度下降,但是引气剂的加入也有两方面的作用:一方面,降低了基体的强度;另一方面,由于引气剂的加入可以改善新拌混凝土的工作性和振捣性能。引气剂有利于改善过渡区的强度(特别是针对低用水量和低水泥用量的拌合物),从而提高混凝土的强度,而当低水泥用量的混凝土引气并大量降低用水量时,引气剂对基体强度的副作用反而会被对过渡区的有利作用所补偿。

在同一水灰比(W/C)情况下,减水剂尤其是超塑化剂,由于改善了水泥颗粒的分散,将导致更多水泥水化和排除内部有缺陷作用的大孔,从而使强度增加。

(3)胶凝材料

这里所说的胶凝材料包括水泥和矿物掺合料。水泥对混凝土强度的影响取决于水泥的化学成分及其细度。影响硬化水泥浆体强度的主要是C_3S(早期强度)及C_2S(后期强度),而且这些影响贯穿于混凝土中。用C_3S含量较高的水泥配制的混凝土,其强度增长较迅速,但是在后期可能以较低的强度而告终。水泥细度对混凝土强度也有很大影响,因为随着细度的增加,水化速率增大,导致较高的强度增长速率。

(4)集料

对于普通强度混凝土,集料本身的强度不太重要。而对于轻集料混凝土或者高强混凝土,由于这些混凝土的水泥浆体组分相对于集料强度而言有相对较高的强度,集料强度可能起相当大的作用。

集料除强度之外还具有其他特性,如集料的形状、织构、最大尺寸、级配以及矿物成分等,这些特性都会在不同程度上影响混凝土的强度。集料特性对混凝土强度的影响通常都可以追溯到水灰(胶)比的改变。当水泥用量和稠度相同时,含较大集料粒径的混凝土拌合物比含较小集料粒径所需拌和水较少,因此可以提高混凝土强度。然而,较大集料粒径的混凝土拌合物趋于形成含较多微裂纹的弱过渡区从而降低了混凝土强度。两者交互作用的结果取决于混凝土水灰(胶)比和所加的应力。

(5)拌和水

如果用于拌制混凝土的水中杂质过量,不仅将影响混凝土强度,而且影响凝结时间,导致盐霜(白色盐类在混凝土表面沉积)出现,并腐蚀钢筋以及预应力钢筋。通常,混凝土拌和水对混凝土强度在极少数情况下是一个影响因素,在较多的规范中,混凝土拌和水一般都规定为饮用水。

2)养护

混凝土的养护主要是改善水泥水化步骤,其中包括混凝土拌合物浇注入模板后立即控制时间、温度和湿度条件等。在常温条件下,波特兰水泥的一些组成化合物加水时立即水化,但是当水化产物包裹着未水化水泥颗粒时,其水化反应大大减慢。当毛细管中水蒸气压力降至饱和湿度的80%时,水化几乎停止。因此,时间和湿度控制着混凝土中水分扩散,从而控制着水化过程。同样,与所有的化学反应一样,温度对水化反应有加速作用。

4.7.2.2 抗拉强度影响因素

相比抗压强度而言,抗拉强度对混凝土中材质的薄弱环节更苛刻,因此影响混凝土抗压强度的因素对混凝土抗拉强度均有影响,包括混凝土本身材质的因素、养护条件以及测试参数等。

无论是抗压强度还是抗拉强度,试件的尺寸对其最终结果的影响都是不可忽略的,而抗拉试验对其中的薄弱环节更为敏感,因此试件的尺寸对抗拉强度的影响更大。因为混凝土未承受荷载以前就已存在微裂缝和缺陷,即薄弱环节。从统计强度理论来看,随着试件尺寸增大,"薄弱环节"出现的概率增加,相应的抗拉强度下降。

抗拉强度随着试件尺寸的增大而逐渐减弱。当试件端面大于 $300cm^2$ 时,抗拉强度已趋平缓,约比基准试件抗拉强度低20%。这也说明尺寸效应只受截面面积影响,而与试件断面形状无关。

4.8 混凝土的变形性能

4.8.1 混凝土的非荷载变形

混凝土不仅在荷载作用下会产生变形,而且由于内部水分的改变、化学反应以及温度、湿度的变化,也会发生体积变化,如沉降收缩(简称沉缩)、自生体积变形、碳化收缩、温度变形以及干湿变形等。其中,以干燥收缩、温度变形和自生体积变形最为主要。这些变形统称为非荷载变形(又称体积变形)。

非荷载变形,随混凝土约束状态不同而产生不同的后果,在无约束的情况下,自由膨胀会导致开裂。因为自由膨胀使混凝土内部质点间的距离加大,产生背向变形,混凝土的结构会变得疏松,当膨胀超过某一限值时,混凝土就会开裂。相反,自由收缩则不会引起裂缝。因为自由收缩使混凝土内部质点间的距离缩小,产生相向变形,混凝土的结构会变得紧密。在有约束的情况下,上述情况则正相反。

在工程实际应用中,自由变形几乎是不存在的。混凝土的体积变形会受到基础、配筋或相邻部位的约束,往往会引起温度或收缩裂缝,进而导致渗漏、钢筋锈蚀等病害,使混凝土结构的整体性、承载力特别是耐久性显著降低。因此,如何减少混凝土的体积变形,提高混凝土的体积稳定性,进而提高混凝土的抗裂性,一直是混凝土科技中的一项重大课题。

4.8.1.1 混凝土的沉缩

混凝土的沉缩是指混凝土拌合物在浇筑成型过程中和在凝结以前,由混凝土拌合物沉降、泌水而引起的体积缩减。混凝土拌合物在浇筑成型到开始凝结期间,由于混凝土拌合物的离析现象,固体颗粒下沉,水分上升,泌水聚集在表层,产生沉降现象,特别是对于黏聚性和保水性差的拌合物,情况更为严重。密度大的粗颗粒沉降后形成骨架,砂和水泥等沉降后填充在骨架的空隙,而水分则部分被分泌出来,或积聚在大颗粒集料、水平钢筋的底部,或绕过集料的侧面渗透到表面(图4-20)。混凝土拌合物的沉降、泌水会破坏内部结构的均匀性和密实性,随着水分的蒸发,会引起收缩,使硬化后混凝土的体积比刚浇筑成型后的体积有所减少,即混凝土的沉缩。

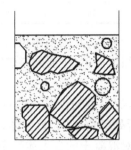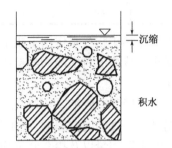

图4-20 混凝土拌合物的沉降收缩

在混凝土拌合物的沉降过程中,如果碰到钢筋或其他埋入物的局部阻碍,该处就会产生拉应力或剪应力。如果此时混凝土还不足以抵抗这种拉应力或剪应力,在这些障碍物的上部就会产生裂缝,这种裂缝称为沉降裂缝,如图4-21所示。基础不均匀沉降、模板移动以及斜面浇筑时,也会出现类似的裂缝。这类裂缝的主要特征是顺筋方向表面开裂,裂缝宽度较大,通常在混凝土浇筑后1~3h发生。这种裂缝可通过在沉降基本结束后的重新抹面而闭合。但重新抹面的时间需严格掌握,夏季一般在浇筑后的60~90min内完成,其他季节在90~180min内完成。

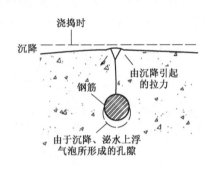

图4-21 沉降裂缝

在混凝土拌合物的沉降过程中,如果混凝土的表面蒸发速度比泌水的速度快,或由于地基、模板、集料等吸水造成脱水现象,这些部位会发生收缩,进而产生微细的裂缝,这种裂缝称为塑性收缩裂缝。

沉降裂缝和塑性收缩裂缝统称为混凝土的早期裂缝。近年来,混凝土工程中相当普遍地出现了早期开裂的现象。混凝土的早期裂缝主要与混凝土内部温度和湿度的分布梯度、收缩值及弹性模量与抗拉强度的比值等有关。防治早期裂缝的主要措施如下:①加强养护,合理选用水泥、控制水泥用量,高早强水泥、过高的水泥用量均会增加混凝土早期开裂的风险;②掺入矿物外加剂、掺入纤维、掺减缩剂。

4.8.1.2 混凝土的自生体积变形

混凝土的自生体积变形是混凝土在凝结硬化过程中由水泥水化而引起的体积变化。混凝土的自生体积变形是不能恢复的。普通水泥混凝土中,水泥水化生成物的体积较反应前物质的体积小,混凝土的自生体积变形表现为收缩,这种收缩称为化学收缩。混凝土的化学收缩随龄期的延长而增长,一般在混凝土成型后40天内增长较快,以后逐渐稳定。表4-21为硅酸盐水泥几种主要熟料矿物-水体系的体积变化。

几种熟料矿物—水体系中体积的变化 表4-21

矿物	体系体积		固相体积		体积变化(%)	
	反应前	反应后	反应前	反应后	体系	固相
C_2S	177.8	159.6	105.7	159.6	-10.20	+50.99
C_3S	253.1	226.1	145.0	226.1	-10.67	+55.93
C_3A	197.0	250.1	88.9	150.1	-23.79	+68.89
C_3A+石膏	761.9	691.1	311.5	681.1	-9.29	+121.86

硅酸盐水泥的主要熟料矿物与水作用生成水化产物后,其固相体积比水化前要大得多,但体系的总体积却会减小。减缩值与水泥的熟料矿物组成有关,主要熟料矿物的减缩顺序如下：$C_3A > C_4AF > C_3S > C_2S$。

混凝土的自生体积变形既有收缩,也有膨胀。水泥品种对混凝土的自生体积变形有显著的影响。受到不同温湿度条件的间接影响,混凝土所处部位不同,自生体积变形值相差较大。此外,混凝土的配合比、水泥用量以及掺合料等均会对混凝土的自生体积变形值产生影响。温度较高、水泥用量较大及水泥细度较细,自生体积变形值趋于增大。普通混凝土的自生体积变形值一般在 $-50 \times 10^{-6} \sim +50 \times 10^{-6}$ 范围内,相当于温度变化10℃引起的变形。因此,对混凝土的自生体积变形必须引起足够的重视。

4.8.1.3 混凝土的干湿变形

混凝土失水干燥时会引起收缩(干缩),已经干燥的混凝土再置于水中,便会重新发生膨胀(湿胀),但混凝土的干燥收缩是不能完全恢复的(图4-22)。普通混凝土的不可逆收缩为收缩量的30%~60%。由湿变化引起的体积变化称为混凝土的干湿变形。

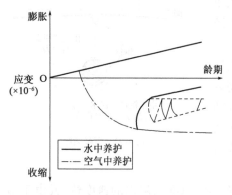

图 4-22 混凝土的干湿变形

混凝土的干湿变形(湿胀干缩)是由混凝土中的水分变化引起的。混凝土中的水分存在于硬化水泥浆体、集料以及集料与硬化水泥浆体界面的孔隙中。与混凝土湿胀干缩关系密切的是毛细孔水和胶孔水。液体和其蒸汽平衡时的蒸汽压力叫作饱和蒸汽压。液面上的蒸汽压低于饱和蒸汽压时会发生蒸发;高于饱和蒸汽压时会发生凝结。

湿度降低时,吸附水膜的厚度减小,吸附水对固体粒子的推力就减小,毛细孔水开始蒸发,使毛细孔内的水面后退,弯液面的曲率增大,在表面张力的作用下,毛细孔水内部压力小于外部压力,产生压力差 ΔP,相应地在周围固体结构中产生压应力。推力的减小和压应力的增加引起混凝土的收缩,即干缩现象。毛细孔越多,压应力就越大,收缩也越大。当相对湿度降到40%以下时,固体粒子表面的吸附水膜厚度不到2个水分子的直径,胶孔中就不饱含水分,吸附水对固体粒子就不再产生推力,混凝土的体积收缩就更大。

当毛细孔液面呈半径为 r 的球形时:

$$\Delta P = \frac{2\sigma}{r} \tag{4-39}$$

式中:σ——水的表面张力,与温度有关;

r——水面的曲率半径。

从式(4-39)可以看出,毛细孔含量越多,孔径越小,压力差就越大,干缩率也越大。水面的曲率半径和饱和蒸汽压之间有如下热力学平衡关系:

$$\ln\frac{P}{P_0} = \frac{2\sigma M}{RT\rho r} \tag{4-40}$$

式中：P——曲面水的饱和蒸汽压力;

P_0——平面水的饱和蒸汽压力;

M——水的摩尔质量;

R——气体常数;

T——绝对温度;

ρ——水的密度。

式(4-40)可写为

$$\Delta P = \frac{RT\rho}{M}\ln\frac{P}{P_0} \tag{4-41}$$

由式(4-41)可以看出,随着空气湿度的降低,毛细孔中的压力差(负压)增大,产生收缩力,使混凝土的体积收缩。

在毛细孔中的水全部蒸发完后,如继续干燥,则凝胶体颗粒的吸附水也发生部分蒸发。失去水膜的凝胶体颗粒在分子引力的作用下,其粒子间的距离变小甚至发生新的化学结合,混凝土则进一步收缩。混凝土的干湿变形(湿胀干缩)是个十分复杂的现象,涉及物理、化学和力学等过程,迄今尚未完全搞清楚。

4.8.1.4 混凝土的碳化收缩

混凝土在二氧化碳的作用下会产生收缩。其原因是空气中的二氧化碳与硬化水泥浆体中体的水化产物(特别是氢氧化钙)发生化学反应,产生碳酸钙、硅胶、铝胶和游离水等,进而引起体积收缩。

碳化作用由混凝土的表面向内部深入,过程极其缓慢。在适中的湿度下,如相对湿度在50%左右,碳化作用会较快地进行(图4-23)。如果湿度过高,二氧化碳不易扩散到硬化水泥浆体中去,使碳化作用不易进行。如果湿度过低,硬化水泥浆体的孔隙中没有足够的水分吸收二氧化碳,而形成碳酸,碳化作用同样不易进行。干燥和碳化的次序对总收缩量有很大影响。先干燥后碳化比干燥与碳化同时进行的总收缩量要大得多。这是因为后者的大部分碳化作用发生在相对湿度高于50%的条件下,故其碳化收缩大大减少。

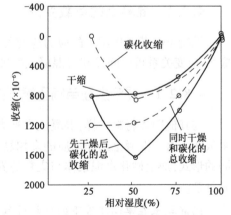

图4-23 相对湿度对干燥收缩和碳化收缩的影响

碳化可增加混凝土的强度和抗渗性,但碳化收缩会增加不可逆的收缩,并可能使混凝土表面产生裂纹,进而影响混凝土的耐久性。

4.8.1.5 混凝土的温度变形

与其他材料一样,混凝土也具有热胀冷缩的性能。混凝土的导热能力很低。根据热传导规律,物质的热量散失与其最小尺寸的平方成反比。大体积混凝土由于水泥的水化热,加上混凝土的导热性差,可使内部温度升高 20~30℃,甚至高达 50℃ 及以上,并将积聚相当时日。随后,由于不断散热,内部温度下降,直至稳定温度。图 4-24 为大体积混凝土的温度变化过程,其间要经历升温期、冷却期和稳定期三个阶段。

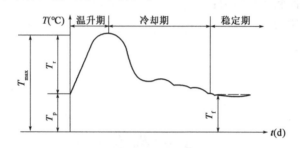

图 4-24 大体积混凝土的温度变化过程

在温升期,由于内部升温,大体积混凝土的内外形成温差,冷缩的外部因受到内部热膨胀约束而处于受拉状态,如果拉应力超过混凝土的抗拉强度,混凝土就会开裂(表层裂缝)。在降温开始的冷却期,由于受到基础或相邻部件或钢筋的约束,当冷缩变形超过混凝土的极限拉伸值时,也会产生混凝土的开裂(内部裂缝)。浇筑块处于约束状态,温升膨胀引起相向变形,产生压应力;但在硬化初期,混凝土的弹性模量较小,而徐变较大,由热膨胀引起的压应力大部分会抵消,不会引起受压破坏;若内外温差过大,则会引起表面裂缝。

在冷却期,混凝土从约束下的膨胀转变为约束下的收缩,产生背向变形;随着混凝土龄期的增长,弹性模量增大,徐变减小,当冷缩变形超过混凝土的极限拉伸值(或冷缩引起的拉应力大于混凝土的抗拉强度)时,混凝土会产生裂缝。

在稳定期,混凝土的温度变化与变形趋于稳定。

4.8.2 混凝土的荷载变形

混凝土在荷载作用下的应力应变关系是混凝土力学性能的一个重要方面。通过混凝土的应力-应变关系可以间接获得混凝土的破坏机理及混凝土的内部结构变化情况。

4.8.2.1 混凝土在单向压缩下的破坏

与其他固体材料一样,混凝土在外力作用下会产生变形,当外力超过某一极限时,就会发生破坏。由于混凝土是非均质的多相复合材料,其破坏过程随外力作用性质差异而表现出不同的形式,加上硬化水泥浆体与集料的界面上在加荷前就存在微细裂纹,混凝土的破坏机理十分复杂。

1) 混凝土在单向压缩下的破坏过程

为探明混凝土在单向压缩下的破坏过程,许多研究者通过混凝土试件的单向压缩试验,结合超声波探测、显微观察以及 X 射线摄影等现代量测技术,对混凝土的破坏过程进行直接或间接的观测,发现混凝土的破坏是其内部裂缝逐渐扩展的结果。这里的扩展包括裂缝数量的增多和裂缝的扩大。

当单向压缩荷载(应力)不大时,产生的裂缝较少,混凝土在受荷前原有的孔隙和干缩裂缝,在荷载作用下可以被压缩闭合,以致纵向应力-应变曲线在开始时出现了略呈向上凹的弯曲,然后变成直线变化,直至受压荷载增加到极限荷载的30%～50%为止。在这一阶段内,一方面,由于混凝土内应力集中,硬化水泥浆体与集料界面等局部应力集中处产生的拉应力超过其抗拉强度,而不断产生新的裂缝;另一方面,由于受压,原有孔、缝继续压缩。纵横向应力-应变曲线都表现为线性,但体积变形以压缩为主。结合X射线的观察结果,单向压缩下混凝土内部微裂缝的产生、发展直至破坏的过程如图4-25所示。

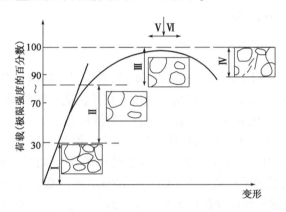

图4-25 单向压缩下混凝土的荷载-变形与裂缝发展过程示意图

Ⅰ-界面裂缝无明显变化;Ⅱ-界面裂缝扩展;Ⅲ-出现砂浆裂缝和连续裂缝;Ⅳ-连续裂缝迅速扩展;Ⅴ-裂缝缓慢扩展;Ⅵ-裂缝迅速扩展

2)混凝土的裂缝扩展

由混凝土的单向压缩试验过程可以看出:当荷载加至极限荷载的40%～60%以前,混凝土没有明显的破坏征兆,高于这一应力水平后,可以听到内部破裂的声音;当荷载加至极限荷载的70%～90%时,出现表面裂缝;荷载继续增加,裂缝进一步扩展并相互连通;荷载加至极限荷载时,混凝土试件裂成碎块,呈脆性破坏。混凝土单向压缩试验过程中内部裂缝的扩展可分成下列四个阶段:

(1)原生裂缝部分闭合及极少新生微裂缝产生。由于沉降、干缩等作用,混凝土试件在加载前内部(通常在较大粗集料的表面)一般会存在原生裂缝。加载初期,荷载作用会使原生裂缝部分闭合,混凝土变得密实,同时局部拉应力引发极少的新生微裂缝。在应力-应变曲线的原点附近可观察到一小段曲线向上弯曲。此阶段混凝土的弹性模量和超声脉冲速度有所提高。

(2)稳定裂缝产生。荷载在极限荷载30%～50%以下时,应力-应变曲线表现为直线变化。此阶段主要在较高局部拉应力或拉应变的各点上出现新的微裂缝,以新的黏结裂缝为主。随荷载增加,新增裂缝的数量会发生变化。此阶段裂缝的特点是,荷载不增加或卸载时,不产生新的裂缝,混凝土基本处于弹性工作阶段,裂缝为分散的局部断裂的细小裂缝,没有连成长缝。

(3)稳定裂缝扩展。随着荷载的增加,应力-应变曲线逐渐偏离直线变化阶段。此时,已有的裂缝随荷载增加而传播延伸,裂缝的长度和宽度增加,黏结裂缝向砂浆内延伸传播,形成与砂浆内增长的砂浆裂缝联结的趋势。但只要荷载不超过极限荷载的 70% ~ 90%,即不超过上述的临界荷载,则荷载不增加,裂缝就停止扩展。稳定裂缝的扩展对混凝土的强度有一定影响。

(4)不稳定裂缝扩展。荷载超过临界荷载(极限荷载)的 70% ~ 90% 以后,砂浆裂缝急剧增加扩展,并与邻近向砂浆内伸展的黏结裂缝联成通缝,导致在荷载不变的情况下,裂缝可自行继续扩展,成为不稳定裂缝。此时,不管荷载是否增加或保持不变,裂缝都会自行扩展,最终导致混凝土的破坏。此阶段,混凝土试件的体积变形随应力的增加或裂缝的扩展而不断地膨胀增大,不稳定裂缝的扩展,促进了混凝土的破坏,任何长期荷载都不应大于开始产生不稳定裂缝扩展的界限值,即临界荷载值。

4.8.2.2 混凝土的极限拉伸变形

混凝土在拉应力作用下断裂时的极限拉应变,称为极限拉伸值。混凝土的极限拉伸变形性能以极限拉伸值(ε_p)来表示。由于混凝土的极限拉伸值能反映混凝土的抗裂性,在一些要求混凝土抗裂的设计中,常用 ε_p 作为混凝土抗裂性的指标之一。

由于测试方法不同,混凝土的极限拉伸值相差很大。例如,用混凝土梁弯曲受拉边缘测得的极限拉伸值可达 $1.4 \times 10^{-4} \sim 2.4 \times 10^{-4}$,而轴心受拉混凝土试件断裂时的极限拉伸值一般小于 1.0×10^{-4}。目前,我国采用截面为 $100\text{mm} \times 100\text{mm}$ 的混凝土轴心受拉试件,在静力短期荷载作用下断裂时的极限拉伸应变值作为极限拉伸值。一般认为,大坝内部混凝土的 ε_p 应在 0.7×10^{-4} 以上,外部混凝土的 ε_p 应在 0.85×10^{-4} 以上。

试验研究表明,混凝土的极限拉伸值与轴向抗拉强度、劈裂抗拉强度及弹性模量之间存在一定的相关关系,其表达式如下:

$$\varepsilon_p = \frac{1.3f_t}{E_h} \tag{4-42}$$

$$\varepsilon_p = \frac{1.28f_{pl}}{E_h} \tag{4-43}$$

$$\varepsilon_p = (a + bf_1) \times 10^{-4} \tag{4-44}$$

式中:f_t——轴向抗拉强度;
f_{pl}——劈裂抗拉强度;
E_h——弹性模量;
a、b——试验常数。

影响混凝土极限拉伸值的主要因素包括如下:

(1)混凝土的抗拉强度。由式(4-43)、式(4-44)可以看出,极限拉伸值随混凝土抗拉强度的增加而增加。但极限拉伸值的增长率低于抗拉强度的增长率,如图 4-26 所示。其原因是随着混凝土抗拉强度的增加,混凝土的抗拉弹性模量也有所增加。

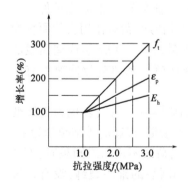

图 4-26 混凝土参数增长速率

(2)集料的品种和弹性模量。采用粗糙的砂子、碎石等黏结力好的集料以及低弹性模量的集料可提高混凝土的极限拉伸值。

（3）胶凝材料用量。在抗拉强度相同时，混凝土中胶凝材料用量越高，极限拉伸值越大。

（4）养护条件及龄期。潮湿养护试件比干燥存放试件的极限拉伸值要大20%～50%。极限拉伸值随养护龄期的增加而增大，在前28d增长较快，以后增长较小。

4.8.2.3 混凝土的徐变

混凝土在荷载作用下，变形随荷载作用时间的延长而逐渐增大。这种随时间增长的变形称为混凝土的徐变。混凝土的徐变也可被定义为在持续应力下的应变增长。这种增长可达到短期荷载作用下应变的几倍，因此徐变对混凝土结构有重要的意义。若在恒定荷载持续作用下，混凝土保持变形不变，则随着时间的延长，混凝土内的应力将逐渐降低，这种现象称为应力松弛。

混凝土的徐变一般包括基本徐变和干燥徐变。通常把混凝土在水中或相对湿度为100%环境中的体积微小改变，称为基本徐变。它与加荷龄期、作用应力水平及荷载持续时间有关。在无水情况下，混凝土材料随时间的推移而产生的变形，如因干燥而增加的徐变，称为干燥徐变。

混凝土的徐变对建筑物既有有利的影响，也有不利的影响。有利的影响包括：可使建筑物的内力和变形不断发生重分布，可缓和局部的应力集中；对大体积混凝土，可消除一部分温度变化引起的破坏应力。不利的影响包括会引起预应力钢筋混凝土结构的预应力损失。

1）混凝土徐变的特性

混凝土在一定荷载（不超过使用荷载）的长期作用下，其变形与持荷时间的关系如图4-27所示。

从图4-27可以看出，在加荷的瞬间，有一段瞬时应变（主要是弹性应变）。而后，有一部分随荷载持续时间增长而增加的应变，此即徐变应变。它在载荷初期，增长较快，以后逐渐减慢，一般要延续2～3年才逐渐趋于稳定。一般情况下，持荷3个月的变形可达最终变形的50%左右；持荷1年，可达80%左右。最终的徐变可达瞬时变形的2～3倍。为方便起见，可假定极限徐变为持荷1年徐变的4/3。

试验显示，对于同一种混凝土，在作用应力与养护条件相同的情况下，不同加荷龄期的徐变过程线相互平行，如图4-28所示。徐变过程线相互平行表明，徐变的增长速率与混凝土的加荷龄期无关。这一特性具有很大的实用价值。

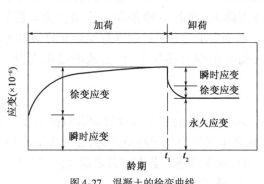

图4-27 混凝土的徐变曲线

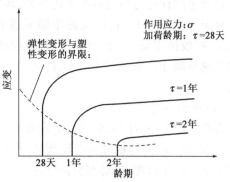

图4-28 加荷龄期对弹性变形和徐变变形的影响

2) 混凝土徐变的估算

为估算混凝土的徐变,国内外许多研究者提出了有关混凝土徐变与时间关系的表达式,其中最方便、最适用的是双曲线型表达式,即

$$\varepsilon_{徐} = \frac{t}{A + Bt} \tag{4-45}$$

式中:$\varepsilon_{徐}$——混凝土的徐变应变;

t——荷载持续时间;

A、B——试验常数。

3) 影响混凝土徐变的因素

(1) 集料的体积率和品种

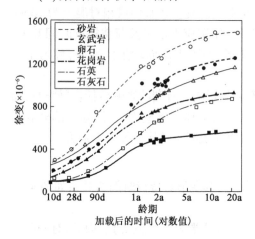

图 4-29 集料品种对混凝土徐变的影响

在正常的应力条件下,混凝土中普通集料不易发生徐变,发生徐变的是硬化水泥浆体,加上集料的弹性模量比硬化水泥浆体大 10~20 倍,所以集料在混凝土中主要起抑制徐变的作用。

研究表明,混凝土的徐变是混凝土中浆体体积率(集料体积率)和集料品种的函数。混凝土中集料体积率越多,集料的弹性模量越大,混凝土的徐变越小。图 4-29 为集料品种对混凝土徐变的影响。

(2) 应力-强度比

混凝土的徐变与应力-强度比成正比。一般而言,在强度相同的条件下,作用应力越大,徐变越大;在作用应力一定的情况下,加荷时混凝土的强度越高,混凝土的徐变越小,即徐变与加载时混凝土的强度成反比;在应力-强度比相同的情况下,徐变与强度无关。当应力-强度比超过 30% 时,随着应力-强度比的增加,徐变的增加速率较快;当应力-强度比超过 70% 时,混凝土将由于变形的不断增加而破坏。持荷时间越长,破坏应力越低。

(3) 环境温度

混凝土的徐变与环境温度密切有关,环境温度为 50~70℃,徐变速率随温度升高而提高,当环境温度超过 70℃后,徐变速率随温度升高而降低,如图 4-30 所示。这是因为温度超过 70℃后,凝胶体表面水分的解吸作用使凝胶体逐渐变为承受分子扩散和剪切流变的单相物质,使徐变速率减小。对于预先干燥过的混凝土,则不出现上述现象,徐变速率随温度升高而增大。

(4) 环境湿度

混凝土周围空气的相对湿度对徐变有一定影响。较低的相对湿度对应有较高的徐变,如图 4-31 所示。原因是相对湿度较低时,混凝土内部水气压力高于环境压力,在外力的作用下,混凝土本身产生收缩,内部水分向外迁移,从而增加徐变速率。若在加荷之前就使试件与周围环境达到湿度平衡,则相对湿度对徐变的影响较小,或者没有影响。

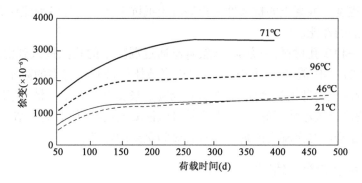

图 4-30 温度对徐变的影响(应力-强度比为70%)

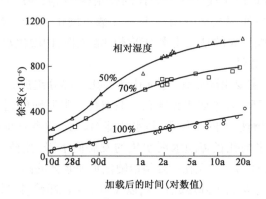

图 4-31 相对湿度对徐变的影响

(5) 试件尺寸

试验发现,徐变随试件尺寸的增大而减小。大尺寸试件增加了内部水分迁移的阻力,减少了水分的渗出。此外,干缩使表面徐变较试件中心大,当干燥深入到试件内部时,内部混凝土已充分硬化,强度较高,因而徐变较低。

除了上述因素影响徐变外,外加剂、水泥品种、混凝土龄期等也对混凝土徐变产生影响。一般情况下,掺少量减水剂会减小混凝土徐变;掺引气剂可增大混凝土徐变;在水泥中掺矿渣或火山灰质混合材料,或采用掺混合材料硅酸盐水泥时可增大混凝土徐变;充分养护,特别是水中养护可减小混凝土徐变;强度较低的混凝土,其徐变较大。

4.9 混凝土的耐久性

混凝土的耐久性是指混凝土在所处的自然环境及使用条件下经久耐用的性能。其常见的破坏作用有冻融循环、海水侵蚀、碳酸侵蚀、钢筋锈蚀,以及碱-集料反应等多因素的综合作用。混凝土耐久性是一项综合技术性质,主要包括抗渗性、抗冻性、抗侵蚀性、碱-集料反应、碳化、氯离子侵蚀等。

4.9.1 混凝土的抗渗性

混凝土的渗透性是指液体、气体或离子受压力、化学势或电场作用在混凝土中的渗透、扩散或迁徙的难易程度。混凝土的抗渗性是指混凝土抵抗水、油、气等各种流体介质及化学物质在压力作用下渗透的性能。

混凝土作为一种多孔材料,一方面,水很容易通过混凝土的孔隙进入到混凝土内部,降低混凝土孔隙水溶液的 pH 值;另一方面,水可以充当载体携带其他有害的离子(Cl^- 等)进入混凝土内部,导致混凝土内部钢筋锈蚀,最终引起混凝土胀裂直至破坏。北方寒冷地区的水中混凝土结构,如果混凝土抗渗性不好,水将很容易进入混凝土内部,使混凝土结构发生冻融破坏。所以说混凝土的渗透性对混凝土的耐久性有着极为重要的意义。

4.9.1.1 混凝土的孔结构与抗渗性

混凝土的渗透性主要取决于硬化水泥浆体的孔结构(孔隙的尺寸、孔径分布及连通孔的比例)和集料的性能。在密实混凝土中,由于集料多数被硬化水泥浆体包裹,集料本身的渗透性一般不大,对渗透性影响最大的是硬化水泥浆体的渗透性,即硬化水泥浆体的孔结构在很大程度上决定了混凝土的渗透性。

硬化水泥浆体的孔隙主要由凝胶孔、毛细孔和大孔三部分组成。凝胶孔由于其孔径一般都在 10nm 以下,多为封闭型,基本属于无害孔。毛细孔是水泥硬化到一定阶段后出现的一种对硬化水泥浆体渗透性影响最大的一种孔,是水迁徙的通道,这些迁徙的水是对混凝土诸多破坏因素的载体,其数量和平均孔径将随水泥水化的发展而下降,孔径一般在 $0.1 \sim 10\mu m$,体积约占硬化水泥浆体总体积的 40%。大孔主要是指硬化水泥浆体的内部缺陷和微细裂缝,在混凝土拌合物凝结硬化的过程中集料沉降形成孔洞,以及由于水泥净浆、集料变形不一致或集料表面水膜蒸发而形成的接触孔往往是连通的,孔径比毛细孔大,是造成混凝土渗水的主要原因。

4.9.1.2 抗渗性的表征

现行《普通混凝土长期性能和耐久性能试验方法标准》(GB/T 50082)规定采用抗渗等级来表征混凝土的抗渗性。抗渗等级按式(4-46)计算:

$$S = 10H - 1 \tag{4-46}$$

式中:S——混凝土抗渗等级;

H——6 个试件中有 3 个渗水时的水压力,MPa。

采用抗渗等级来表征混凝土的抗渗性,方法简单、直观,但对长龄期抗渗性较高的混凝土不适用,没有时间的概念,有时容易产生误会。例如,抗渗等级为 S_{10} 的混凝土,并不代表在 1.0MPa 的水压作用下长期不透水,当结构物的尺寸不大且水压力作用时间较长时,还是会透水。

因此,我国现行《水工混凝土试验规程》(DL/T 5150)中除规定采用抗渗等级外,还推荐使用一种一次加压法测定相对渗透系数来表征混凝土的抗渗性。试件的成型、养护、密封等都与测定抗渗等级的方法一样,但加压是将抗渗仪水压力一次加压到 0.8MPa,恒定 24h。在恒压过程中,如有试件端面出现渗水,此时该试件的渗水高度即为试件的高度(150mm),但是当混凝土试件较密实时,可将水压力改用 1.0MPa 或 1.2MPa。从试模中取出试件后,用压力机将试件劈开,将劈开面 10 等分,在各等分点处量出渗水高度,以各等分点渗水高度的平均值作为该试件的渗水高度。相对渗透系数按式(4-47)计算:

$$K_r = \frac{aD_m^2}{2TH} \tag{4-47}$$

式中：K_r——相对渗透系数，cm/s；

D_m——平均渗水高度，cm；

H——水压力，以水柱高度表示(1MPa水压力以水柱高度表示为10200cm)，cm；

T——恒压时间，h；

a——混凝土的吸水率，一般为0.03。

一般来说，混凝土的相对渗透系数越小，抗渗等级越高，抗渗性越强。

此外，还可用渗透系数来评定混凝土的抗渗性。具体方法为：将混凝土试件各侧面密封，从一面施加压力水，当达到稳定后，测定指定时间内透过特定厚度混凝土的渗水量，然后根据Darcy(达西)定律来求得混凝土的渗透系数，具体按式(4-48)计算：

$$\frac{d_q}{d_1} = K_q \frac{\Delta H A}{L \mu} \tag{4-48}$$

式中：$\frac{d_q}{d_1}$——流体流动速率；

K_q——渗透系数，m/s；

ΔH——试件横截面面积，m^3；

A——时间横截面面积，m^3；

L——试件厚度，m；

μ——液体的黏度。

上述方法主要用于室内混凝土抗渗性的测定，对于实际工程中混凝土的抗渗性，国内外常采用钻孔压水法。钻孔压水法是用栓塞将钻孔隔离出一定长度的孔段，向该孔段压水，根据压力和流量之间的关系来确定混凝土的渗透性能。当试段位于地下水位以下，透水性较小（$q<10L\mu$）、P-Q曲线为A(层流)型时，可按式(4-49)计算混凝土的渗透系数：

$$K = \frac{Q}{2\pi H L} \ln \frac{L}{r_0} \tag{4-49}$$

式中：K——混凝土渗透系数，m/d；

Q——压入流量，m^3/d；

H——试验水头，m；

L——试段长度，m；

r_0——钻孔半径，m。

当试段位于地下水位以下，透水性较小，P-Q曲线为B(紊流)型时，可用第一阶段的压力P_1(换算成水头值，以m计)和流量Q_1代入式(4-49)近似地计算渗透系数。而当透水性较大时，宜采用其他试验方法测定混凝土的渗透系数。

4.9.1.3 抗渗性的影响因素

影响混凝土抗渗性的因素很多，主要有水灰(胶)比、集料品种、水泥品种、施工因素、养护条件等。

1) 水灰(胶)比

水灰(胶)比的大小对混凝土抗渗性的影响最大，起决定性的作用。水灰(胶)比越大，包围水泥颗粒的水层也就越大,水在硬化水泥浆体中形成相互连通的、无规则的毛细孔系统,使硬化水泥浆体的孔隙率增加,导致混凝土的抗渗性变差。

2) 集料品种

集料,尤其是粗集料对混凝土的孔结构有一定的影响。粗集料的最大粒径越大,在集料与水泥浆的界面处越易产生裂隙,而且较大集料的下方更易形成孔洞,降低混凝土的抗渗性。采用不同种类的集料配制的混凝土,抗渗性变化较大。

3) 水泥品种

膨胀水泥和自应力水泥在硬化过程中,形成比较密实的硬化水泥浆体结构,混凝土的抗渗性较高。普通硅酸盐水泥次之,而矿渣水泥和火山灰水泥较差。另外,水泥的细度也会对硬化水泥浆体的孔结构造成很大的影响。

4) 施工因素

混凝土的施工因素对混凝土的孔隙率和孔结构也会造成很大的影响。在施工过程中若混凝土搅拌不均匀、振捣不密实等,均会降低混凝土的密实度,提高混凝土的渗透性。混凝土拌合物的搅拌有人工拌和和机械搅拌两种方式。机械搅拌与人工拌和相比能使拌合物拌和得更均匀,从而可以降低混凝土的孔隙率,提高混凝土的密实度,使混凝土的抗渗性变得更好,尤其是对于掺有减水剂或引气剂的混凝土效果更明显。混凝土拌合物的振捣同样有人工振捣和机械振捣两种方式。采用机械振捣浇筑的混凝土比人工振捣的更密实,抗渗性较高。

5) 养护条件

采用潮湿环境或水中养护的混凝土,水泥的水化比较充分,使混凝土中的大毛细孔减少,总孔隙率下降,混凝土的抗渗性较高,而且随着龄期的增加,水泥的水化越充分,使混凝土的总孔体积减小,降低混凝土的渗透性。升温或降温速度太快等都会降低混凝土的抗渗性。

4.9.1.4 抗渗性的控制

提高混凝土抗渗性的措施主要可以从以下几方面考虑:

(1) 合理选用原材料。选用强度等级为 32.5 以上的抗水性好、泌水性小、水化热低以及抗侵蚀性好的水泥,选用级配良好的砂、石集料,对其清洁程度特别是含泥量必须加以限制。

(2) 合理设计混凝土的配合比,严格控制水灰(胶)比和水泥用量。

(3) 在混凝土中掺入粉煤灰、减水剂、引气剂等外加剂。

(4) 采用机械振捣和机械搅拌方式,提高混凝土的密实度。

4.9.2 抗冻性

混凝土在饱水状态下因为冻融循环而产生的破坏作用称为冻融破坏。混凝土的抗冻性是表示其抵抗冻融循环作用的能力,是评价严寒地区混凝土及钢筋混凝土结构耐久性的重要指标之一。

4.9.2.1 混凝土抗冻性的表征

快冻法和慢冻法是目前两种主流的混凝土抗冻性检测方法。

1) 快冻法

快冻法以美国 ASTM 法为基础,具体分为两种方法:一种方法是饱水混凝土在水中冻结和融化,适用于自动化的冻融设备;另一种方法是在冷冻室的空气中冻结,然后移到室内的水池中融化。相比较而言,水中冻结比空气中冻结的受冻害程度更为严酷,效果更加明显。我国现行《普通混凝土长期性能和耐久性能试验方法标准》(GB/T 50082)中也列入了快冻法,该方法适用于在水中经快速冻融来测定混凝土的抗冻性能,其抗冻性能指标可以用能经受快速冻融循环的次数或耐久性指数来表示,特别适用于抗冻性要求高的混凝土。

快冻法国际通用的评价指标是动弹模量的变化,以耐久性指数 DF 表示。DF 是冻融循环 300 次后试件的动弹模量与初始动弹模量之比值,若循环次数不足 300 次,动弹模量减小 40% 或质量损失达 5%,则按式(4-50)计算:

$$\mathrm{DF} = P \times \frac{N}{300} = \frac{f_n}{f_0} \times \frac{N}{300} \tag{4-50}$$

式中:DF——混凝土的耐久性指数;
N——终止试验时的冻融循环次数;
P——N 次冻融循环后试件的相对动弹模量,%;
f_n——N 次冻融循环后试件的横向基频,Hz;
f_0——冻融循环试验前测得的试件横向基频初始值,Hz。

一般认为,当 DF 值小于 0.4 时,混凝土的抗冻性不好,不能用于与水直接接触和遭受冻融的部位;当 DF 值为 0.4~0.6 时,混凝土的抗冻性被认为尚可使用;当 DF 值大于 0.6 时,混凝土的抗冻性被认为抗冻性较好。

快冻法是评价混凝土抗冻性的另一个指标。抗冻强度等级是指混凝土能够同时满足相对动弹模量值不小于 60% 和质量损失率不超过 5% 时的最大冻融循环次数。混凝土试件的相对动弹性模量可按式(4-51)计算:

$$P = \frac{f_n}{f_0} \times 100 \tag{4-51}$$

式中:P——N 次冻融循环后试件的相对动弹模量,以 3 个试件的平均值计算,%;
f_n——N 次冻融循环后试件的横向基频,Hz;
f_0——冻融循环试验前测得的试件横向基频初始值,Hz;

混凝土试件冻融后的质量损失率可按式(4-52)计算:

$$\Delta W_n = \frac{G_0 - G_n}{G_0} \times 100 \tag{4-52}$$

式中:ΔW_n——N 次冻融循环后试件的质量损失率,以 3 个试件的平均值计算,%;
G_0——冻融循环试验前的试件质量,kg;
G_n——N 次冻融循环后的试件质量,kg。

2)慢冻法

我国现行《普通混凝土长期性能和耐久性能试验方法标准》(GB/T 50082)中也列入了慢冻法,该方法适用于检验以混凝土试件所能经受的冻融循环次数为指标的抗冻强度等级。慢冻法混凝土抗冻性能试验应采用立方体试件,试件尺寸应根据混凝土中集料的最大粒径按表 4-22 选用。每次试验所需的试件组数应符合表 4-23 的规定,每组 3 个试件。

慢冻法所用尺寸选用表 表4-22

试件尺寸(mm)	集料最大粒径(mm)
100×100×100	30
150×150×150	40
200×200×200	60

慢冻法试验所需的试件组数 表4-23

设计抗冻强度等级	D25	D25	D25	D25	D25	D25	D25
检查强度时的冻融循环次数	25	50	50及100	100及150	100及150	100及150	100及150
鉴定28d强度所需试件组数	1	1	1	1	1	1	1
冻融试件组数	1	1	2	2	2	2	2
对比试件组数	1	1	2	2	2	2	2
总试件组数	3	3	5	5	5	5	5

慢冻法也是评价混凝土抗冻性的一个指标。抗冻强度等级是指混凝土能够同时满足强度损失率不超过25%和质量损失率不超过5%时的最大冻融循环次数。混凝土冻融循环试验后应按式(4-53)计算其强度损失率：

$$\Delta f_c = \frac{f_{c0} - f_{cn}}{f_{c0}} \times 100 \tag{4-53}$$

式中：Δf_c——N 次冻融循环后的混凝土强度损失率，以3个试件的平均值计算，%；

f_{c0}——对比试件的抗压强度平均值，MPa；

f_{cn}——经 N 次冻融循环后的3个试件抗压强度平均值，MPa。

混凝土试件冻融后的质量损失率可按式(4-54)计算：

$$\Delta W_n = \frac{G_0 - G_n}{G_0} \times 100 \tag{4-54}$$

式中：ΔW_n——N 次冻融循环后试件的质量损失率，以3个试件的平均值计算，%；

G_0——冻融循环试验前的试件质量，kg；

G_n——N 次冻融循环后的试件质量，kg。

4.9.2.2 影响混凝土抗冻性的因素

如前所述，空气气泡间距和饱水程度是影响混凝土抗冻性的两个主要因素。另外，影响混凝土抗冻性的因素还有水泥品种、集料、水灰(胶)比、化学外加剂、矿物外加剂等。集料对混凝土抗冻性的影响相对来说比较小，但是对于轻集料混凝土，其抗冻性与集料的性质有很大的关系。集料可能成为冻融破坏的薄弱环节。集料对混凝土抗冻性的影响主要体现在集料吸水率、集料尺寸和集料本身的抗冻性。

水灰(胶)比直接影响到混凝土的可冻水含量、平均气泡间距以及孔隙率和孔结构等，从而影响混凝土的抗冻性。有资料表明：当水灰(胶)比在0.45~0.85范围内变化时，不掺引气剂混凝土的抗冻性变化不大；只有当水灰(胶)比小于0.45时，混凝土的抗冻性才随水灰(胶)比的降低而明显提高。我国有关规范对有抗冻性要求的混凝土规定了水灰(胶)比的最大允许值,其他国家的规范也有类似规定。

4.9.2.3 混凝土抗冻性的控制

提高混凝土抗冻性的措施主要可以从以下几方面考虑:
(1)根据环境条件,严格控制水灰(胶)比,提高混凝土的密实度。
(2)合理选用水泥品种和集料。
(3)在混凝土中掺用减水剂、引气剂和引气减水剂等化学外加剂。
(4)加强早期养护或掺入防冻剂。

4.9.3 抗侵蚀性

混凝土在侵蚀性环境和介质中,可能遭受化学侵蚀而破坏。混凝土的化学侵蚀破坏,不仅取决于侵蚀介质的化学性质,还取决于接触条件。在不同的情况下,侵蚀作用的机理也不尽相同。混凝土被侵蚀的原因,就其本身而言,是由于水泥熟料水化后生成有氢氧化钙、水化硅酸钙、水化铝酸钙、水化铁铝酸钙等水化产物。在一般情况下这些水化产物是稳定的,但在某些特殊的环境中,也会发生化学变化,从而破坏混凝土结构。

4.9.3.1 侵蚀性环境介质

环境介质的特征对混凝土的侵蚀作用差异较大,侵蚀性环境介质按物理状态可分为侵蚀性固态介质、侵蚀性液态介质和侵蚀性气态介质三类。

1)侵蚀性固体介质

常见的侵蚀性固体介质有干燥含盐土层、颜料、肥料、杀虫剂及其他松散的化学制品等。粉状固体介质对混凝土结构的侵蚀程度与介质的湿度有关。在工业生产中,固体介质常常以粉尘的形式排放,并散落在混凝土结构物的表面,由于蒸汽冷凝,在粉尘层的下层会产生粉尘水溶液薄膜,溶解的粉尘将与混凝土发生作用,导致化学侵蚀的发生。所以,侵蚀性固体介质只有变成液相或吸收大气中的水分并产生溶液时,才会产生侵蚀作用。

2)侵蚀性液体介质

侵蚀性液体介质包括天然水、含各种溶解物质的工业水溶液和某些有机溶剂等。天然水有大气降水、河水和地下水等。大气降水一般含有微量的盐,特别是污染严重的城市地区,其中硫酸盐的含量比其他地区要高很多。在沿海和干旱的盐碱地区,由于盐的迁移受风的影响,大气降水中的含盐量也较高。河水的化学成分与河流的源头及河流穿过岩石的种类和河床的岩质等因素有关。如果河水主要依靠大气降水来补充,那么其中盐的含量就较低,但若河水由地下水来补给,则盐的含量就较高。地下水常含有SO_4^{2-}、Cl^-、Ca^{2+}等离子,其化学成分主要取决于岩石成分和土壤特性、补充水的成分、距河水与地表水的距离及当地的气候条件。工业生产过程中产生的侵蚀性液体介质主要是酸、碱、盐的液体。

3)侵蚀性气体介质

侵蚀性气体介质对混凝土的侵蚀程度主要取决于气体的种类、浓度、湿度等。根据侵蚀混凝土后生成物的情况,侵蚀性气体介质可分为三类:第一类是生成易溶性盐的吸湿性气体,即在潮湿的空气中,该类气体吸收水蒸气变成溶液,渗透到混凝土的内部,由于钙盐的溶解和结晶作用,固相体积发生膨胀,造成混凝土逐层破坏,如 HCl、Cl_2、NO_2 等;第二类是生成低溶性盐的气体,即生成的盐中含有一部分结晶水,使混凝土固相体积膨胀,从而在混凝土内部产生较大的内应力,使混凝土逐层破坏,如 SO_2、SO_3、H_2S 等;第三类是生成不溶性盐的气体,即生成的盐中不含结晶水或含少量结晶水,混凝土的固相体积在大多数情况下都是膨胀的,且渗透性很低。

4.9.3.2 侵蚀的过程

根据侵蚀过程的特征和环境介质所含各种物质对混凝土的侵蚀程度,混凝土的化学侵蚀可以分为三类:

(1)某些水化产物被水溶解、流失。
(2)某些水化产物与介质发生化学反应,生成易溶于水或没有胶结力的物质。
(3)某些水化产物与介质发生化学反应,生成膨胀性的物质。

4.9.4 碱-集料反应

碱-集料反应(Alkali-Aggregate Reaction,AAR)是指混凝土中的碱与集料中的活性组分发生的膨胀性反应。这种反应往往引起混凝土的膨胀、开裂,而且开裂是整体性的,且目前尚无有效的修补方法。

4.9.4.1 碱-集料反应的种类

根据集料中活性成分的不同,碱-集料反应可分为碱-硅酸反应(Alkali-Silica Reaction,ASR)、碱-硅酸盐反应(Alkali-Silicate Reaction,ASR)和碱-碳酸盐反应(Alkali-Carbonate Reaction,ACR)。

(1)碱-硅酸反应——混凝土中的碱与集料中的活性二氧化硅之间发生的反应。反应产物硅胶体遇水后体积膨胀,产生较大的膨胀压力,引起混凝土开裂。

(2)碱-硅酸盐反应——混凝土中的碱与某些硅酸盐矿物之间发生的反应。这种反应引起缓慢的体积膨胀,也能造成混凝土的开裂。碱-硅酸盐反应是最新提出的,研究还不够充分,还未得到普遍公认。一般认为碱-硅酸盐反应是一种慢膨胀型碱-硅酸反应,常归入碱-硅酸反应。

(3)碱-碳酸盐反应——混凝土中的碱与某些碳酸盐矿物之间发生的反应。

4.9.4.2 碱-集料反应的发生条件

发生碱-集料反应的必要条件:

(1)混凝土中含有一定量的碱(Na_2O、K_2O):混凝土中的碱主要来自配制混凝土时带入的碱,也可以是工程使用过程中周围环境侵入的碱。

(2)混凝土中含有相当量的活性集料:碱-硅酸反应是碱与微晶或无定形的 SiO_2 之间的反应。

(3)潮湿环境:碱-集料反应只有在空气相对湿度大于80%,或直接与水接触时,才可能发生。

4.9.4.3 碱-集料反应的机理

1) 碱-硅酸反应

碱-硅酸反应是由 SiO_2 在集料颗粒表面的溶解开始的。首先集料表面的氧原子被羟基化,在高碱溶液(pH 值较高)中,羟基化继续加剧:

$$Si—O—Si + H_2O \longrightarrow Si—OH\cdots OH—Si$$
$$Si—OH + OH^- \longrightarrow SiO^- + H_2O$$

水泥中的碱(Na_2O、K_2O)在水化过程中溶解于孔溶液,以 Na^+、K^+、OH^- 等离子的形式存在。水泥的水化产物 $Ca(OH)_2$ 也在孔溶液中溶解,但由于 Na^+、K^+、OH^- 等离子的存在,$Ca(OH)_2$ 变得难溶解,孔溶液的 pH 值远高于 $Ca(OH)_2$ 饱和溶液,OH^- 的浓度较高。混凝土中孔溶液的碱度(pH 值)对 SiO_2 的溶解度有很大影响,见表 4-24。

pH 值对 SiO_2 的溶解度的影响 表 4-24

介质	pH 值	SiO_2 的近似溶解度($\times 10^{-6}$)
天然水	7~8	100~150
中等碱性的水	10	<500
$Ca(OH)_2$ 饱和溶液	12	90000
低碱水泥浆	<12.5	500000
高碱水泥浆	>13	没有限量

当更多的 Si—O—Si 被打开时,在集料表面就会逐步形成凝胶(以 Na 为例)。带负电的凝胶会吸引 Na^+、K^+ 和 Ca^{2+},使其向集料表面的凝胶扩散。上述反应可能在集料颗粒表面进行,也可能贯穿颗粒,这取决于集料的缺陷。在低碱水泥中,Ca^{2+} 较多,而 Na^+、K^+ 较少,则生成的 C—S—H 凝胶会转化成稳定的固态结构,类似于混凝土的硬化过程,不足以引起混凝土的破坏。但在高碱水泥中,Na^+、K^+ 较多,而 Ca^{2+} 较少,生成的硅酸盐凝胶更具黏性,能吸收大量的水,并伴有体积膨胀,引起集料颗粒的崩坏或周围水泥浆体的开裂。

$$NaOH + nSiO_2 \rightarrow Na_2O \cdot nSiO_2 \cdot H_2O$$

上述机制认为膨胀是由胶体吸水引起的,即所谓的肿胀理论,而 Hansen 提出了另外一种理论——渗透理论:集料周围的水泥水化生成的硬化水泥浆体起半渗透膜的作用,允许 NaOH、KOH 和水扩散至集料表面而阻止碱-硅酸反应生成的硅酸离子向外渗透,从而产生渗透压,导致混凝土膨胀、开裂。

从热力学角度讲,形成肿胀压和渗透压是因为系统中胶体吸附水与孔溶液中水的自由能有差别,或者说两种水蒸气压的差别是推动水向颗粒流动的动力,两者都可用热力学公式来描述,即

$$\Delta P = \frac{RT}{V} \cdot \lg \frac{P}{P_0} \qquad (4\text{-}55)$$

式中:ΔP——肿胀压或渗透压,Pa;

R——气体常数;

T——温度,℃;

V——摩尔体积,L/mol;

P——硅酸钠(钾)体系中水的蒸气压,Pa;

P_0——T 温度下的饱和蒸气压,Pa。

2) 碱-硅酸盐反应

一般认为碱-硅酸盐反应的机理与碱-硅酸反应类似,只是反应速度比较缓慢。

3) 碱-碳酸盐反应

碱-碳酸盐反应的机理与碱-硅酸反应完全不同。首先认为碱与白云石之间发生如下的去白云石化反应(以 Na 为例):

$$CaCO_3 \cdot MgCO_3 + 2NaOH \rightarrow Mg(OH)_2 + CaCO_3 + NaCO_3$$

进而反应生成物与水化产物继续反应:

$$Na_2CO_3 + 2Ca(OH)_2 \rightarrow CaCO_3 + 2NaOH$$

这样 NaOH 继续与白云石反应,不断被循环使用。由于上述去白云石化反应是一个固相体积减小的过程,即反应生成物的体积要小于反应物的体积,因此反应本身不会引起体积膨胀。但是,白云石中包裹有黏土,去白云石化反应破坏了白云石晶体,使基体中的黏土暴露出来,黏土吸水后导致体积膨胀,破坏混凝土结构。所以碱-碳酸盐反应产生破坏的本质是黏土吸水膨胀,而去白云石化反应为其提供了前提条件。

4.9.4.4 碱-集料反应的主要影响因素

混凝土中含有的一定量的碱、碱活性集料以及潮湿环境是发生碱-集料反应的三个必要条件,除此以外,影响碱-集料反应的因素还有水灰(胶)比、活性集料的粒度和孔隙率、混凝土的孔隙率、环境温度等。

1) 水灰(胶)比

水灰(胶)比越大,混凝土中的孔隙体积越大,各种离子的扩散和水的移动速度越快,会促进碱-集料反应的发生,但孔隙体积增大,又降低了孔溶液中的碱度,减缓碱-集料反应。在通常水灰(胶)比的范围内,随着水灰(胶)比减小,碱-集料反应的膨胀量有增大的趋势。

2) 活性集料的粒度和孔隙率

活性集料的粒度过大或过小都会使碱-集料反应的膨胀量减小,如当集料颗粒很细($\leq 75\mu m$)时,虽有明显的碱-硅酸反应,但膨胀甚微,中间粒度($0.15 \sim 0.6mm$)的集料引起碱-集料反应的膨胀量最大,因为此时活性集料的总表面积最大。

活性集料的孔隙率对其反应膨胀量也有一定的影响,多孔集料能缓解膨胀压力,从而减缓碱-集料反应。

3) 混凝土的孔隙率

混凝土的孔隙能减缓碱-集料反应反应时胶体吸水产生的膨胀压力,所以随着孔隙率的增加,反应膨胀量减小,特别是细小的孔隙减缓效果更好。

4) 环境温度

每一种集料都有一个温度限值,在该温度以下,碱-集料反应产生的膨胀量随温度的升高而增大;当超过温度限值时,膨胀量迅速下降,原因是高温下碱-集料反应加快,在混凝土未凝结之前已完成了膨胀,而塑性状态的混凝土仍能吸收膨胀压力。

4.9.4.5 碱-集料反应的抑制措施

根据碱-集料反应的发生条件、机理及其影响因素,抑制措施如下。

1) 控制水泥及混凝土中的碱含量

我国《混凝土结构设计标准(2024 年版)》(GB/T 5001—2010)规定的碱含量限值为 $3kg/m^3$,但使用非活性集料或在一类环境下时可不受限制。

2) 使用非活性集料

使用非活性集料是抑制碱-集料反应有效和安全可靠的措施。因此,为防止碱-集料反应,应注意采取这一措施,特别是重点工程更应注意选用非活性集料。

3) 掺加矿物外加剂

在混凝土中掺加粉煤灰、矿渣、硅灰等矿物外加剂,这些矿物外加剂本身含有的大量的活性 SiO_2 颗粒较细,能吸收较多的碱,降低混凝土的碱性,从而控制碱-集料反应。例如,在混凝土中掺入水泥质量 20%~25%的粉煤灰可有效控制碱-集料反应及由此引起的膨胀与损坏。

4) 掺加化学外加剂

使用某些化学外加剂可抑制碱-集料反应膨胀,如在混凝土中掺加引气剂,引入的空气泡提供了硅酸钠凝胶吸水膨胀释放能量的空间。

5) 控制相对湿度

研究表明,相对湿度减小可抑制碱-集料反应膨胀。从使用条件来看,应尽量使混凝土结构处于干燥状态,特别是防止经常受干湿交替作用。

4.9.5 混凝土的碳化

大气环境中的 CO_2 引起的中性化过程称为混凝土的碳化,它是混凝土中性化常见的一种形式。

4.9.5.1 混凝土的碳化机理

空气中的二氧化碳(CO_2)渗透到混凝土内部时,溶解于毛细管中的液相,并与水泥水化过程中所产生的 $Ca(OH)_2$ 和 C—S—H 等水化产物相互作用,形成碳酸钙。碳化过程是二氧化碳(CO_2)由表及里向混凝土内部逐渐扩散,主要的反应如下:

$$CO_2 + H_2O \longrightarrow H_2CO_3$$
$$Ca(OH)_2 + H_2CO_3 \longrightarrow CaCO_3 + H_2O$$
$$CaO_2 \cdot SiO_2 \cdot 3H_2O + 3CO_2 \longrightarrow CaCO_3 \cdot 2SiO_2 \cdot 3H_2O$$

可以看出,混凝土的碳化是在气相、液相和固相中进行的一个十分复杂的多相物理化学连续过程。大量试验研究表明,在混凝土中存在完全碳化区、碳化反应区(部分碳化区)和未碳化区三个区域。完全碳化区内,$Ca(OH)_2$ 已完全反应;未碳化反应区内,$Ca(OH)_2$ 还没有反应;而碳化反应区内,碳化正在进行,$Ca(OH)_2$ 与 $CaCO_3$ 相互转化。

混凝土碳化反应的结果:一方面,生成的 $CaCO_3$ 及其他固态物质堵塞在孔隙中,降低了混凝土的总孔隙率,从而提高了混凝土的密实度和强度;另一方面,碳化使混凝土的脆性变大。由于一般情况下混凝土的碳化深度较浅,大致与钢筋保护层厚度相当,故碳化引起的混凝土强度、脆性变化对混凝土的力学性能及构件受力性能的影响并不大。混凝土碳化的最大危害在于引起钢筋锈蚀。

在混凝土硬化过程中,大约 1/3 水泥用量将生成 $Ca(OH)_2$,生成的 $Ca(OH)_2$ 在硬化水泥浆体中结晶,或在其孔隙中以饱和水溶液的形式存在。由于 $Ca(OH)_2$ 饱和水溶液的 pH 值约为 12.6,因此新鲜的混凝土呈高碱性,pH 值一般大于 12.5。在这样高的碱性环境下,钢筋容易发生钝化作用,在表面产生一层钝化膜,从而阻止钢筋锈蚀的发生。但当碳化现象发生时,CO_2 会中和混凝土中的碱性物质反应,导致混凝土的 pH 值下降。当混凝土被完全碳化后,就会出现 pH < 9 的情况,在这种环境下,钢筋表面的钝化膜会逐渐破坏,引起钢筋锈蚀。

4.9.5.2 影响混凝土碳化的主要因素

根据混凝土的碳化机理及预测公式可知,混凝土的碳化速度主要取决于 CO_2 的扩散速度以及 CO_2 与混凝土中可碳化物质的反应性。CO_2 的扩散速度与混凝土本身的密实性、CO_2 的浓度、环境湿度等因素有关,而 CO_2 与混凝土中可碳化物质的反应又与混凝土中 $Ca(OH)_2$ 的含量、水化产物的形态及环境的温湿度有关。这些影响因素可归结为混凝土自身内部因素与外部环境因素。

1)混凝土自身内部因素

(1)水泥品种和用量

如前所述,碳化是混凝土中的碱性物质与 CO_2 之间发生的反应。水泥品种决定了各种矿物成分在水泥中的含量,而水泥用量则决定着单位体积混凝土中水泥熟料的多少,两者共同决定水泥水化后单位体积混凝土中可碳化物质的含量。在水泥用量及其他条件相同时,掺矿物外加剂的水泥水化后,单位体积混凝土中可碳化物质的含量减少,而且一般的活性矿物外加剂由于"二次水化"还要消耗一部分 $Ca(OH)_2$,使可碳化物质更少,因此碳化速度加快。

表 4-25 列出了不同品种水泥混凝土的相对碳化速度系数。水泥用量直接影响混凝土吸收 CO_2 的量,水泥用量越大,单位体积混凝土内可碳化物质的含量越多,碳化消耗 CO_2 的量也越多,减缓混凝土的碳化速度。

不同品种水泥混凝土的相对碳化速度系数 表 4-25

水泥品种	相对碳化速度系数		
	无外加剂	掺引气剂	掺减水剂
普通硅酸盐水泥	1.0	0.6	0.4
早强硅酸盐水泥	0.6	0.4	0.2
矿渣水泥(掺量 30%~40%)	1.4	0.8	0.6
矿渣水泥(掺量 60% 左右)	2.2	1.3	0.9
混合水泥	1.7	1.0	0.8
粉煤灰水泥	1.8	1.1	0.7

注:相对碳化速度系数是指各种品种水泥混凝土的碳化速度与同条件下无外加剂的普通硅酸盐水泥混凝土的碳化速度的比值。

(2)水灰(胶)比

CO_2 是通过毛细孔组织等孔隙由表及里向内扩散的,而混凝土微观结构的形成受水灰

(胶)比的影响较大。在通常范围内,水灰(胶)比增加,混凝土的孔隙率也加大,CO_2 的有效扩散系数变大,混凝土的碳化速度也加快。

(3)集料品种与粒径

某些天然或人造的轻集料中的火山灰在加热养护过程中会与 $Ca(OH)_2$ 结合,另外硅质集料发生碱-集料反应时也会消耗 $Ca(OH)_2$,降低混凝土中可碳化物质的含量,加速碳化。集料的粒径对水泥浆-集料的黏结有很大影响,在水灰(胶)比相同时粒径越大,与水泥浆的黏结越差,混凝土越容易碳化。

(4)施工与养护

施工中振捣不密实而出现蜂窝、裂纹会加快碳化速度。混凝土早期养护不良,水泥水化不充分,不仅降低了混凝土的密实度,还会使混凝土中可碳化物质的生成量下降,从而使混凝土的碳化速度变快。

2)外部环境因素

(1)CO_2 浓度

一般来说,混凝土的碳化速度与 CO_2 浓度的平方根近似成正比。环境中 CO_2 的浓度越高,混凝土内外 CO_2 浓度梯度就越大,CO_2 就越容易扩散进入混凝土内部,加快混凝土的碳化。一般农村室外大气中 CO_2 的浓度为0.03%,城市为0.04%,而室内可达0.1%,室内混凝土构件的碳化速度为室外的2~3倍。研究表明,CO_2 浓度在一定范围内,碳化深度与其平方根成正比,而当 CO_2 浓度超过某个值后,碳化深度的发展不再遵循此关系。

(2)环境温湿度

温度升高加快了碳化反应速度,更加快了 CO_2 的扩散速度。另外,温度的交替变化也有利于 CO_2 的扩散。环境相对湿度决定着混凝土孔隙的水饱和程度。当环境相对湿度较小,即混凝土处于较为干燥或含水率较低的状态时,虽然 CO_2 的扩散速度较快,但由于缺少碳化反应所需的水分,碳化难以发展;相反,当环境相对湿度较高时,混凝土含水率较高,接近水饱和状态,这减缓了 CO_2 的扩散速度,碳化速度也较慢。研究表明,环境相对湿度在70%~80%时,碳化速度最快。

4.9.6 抗氯离子侵蚀性

我国沿海地区的混凝土工程,由于长期受氯离子侵蚀,混凝土中的钢筋锈蚀现象严重。北方地区冬天为保证交通畅行,常会向道路、桥梁等撒除冰盐如 $CaCl_2$ 等,使 Cl^- 渗入混凝土,引起钢筋锈蚀。混凝土中钢筋锈蚀是导致混凝土损坏的一种主要形式,且发生较普遍,修补成本也很高。所以氯盐是一种最有害的侵蚀性化合物,能导致混凝土迅速被侵蚀损坏。氯离子被认为是产生钢筋锈蚀的主要因素,但在不含有氯离子的条件下也可能产生钢筋锈蚀。应注意的是,氯离子广泛存在于自然环境中,有时还被无意混到混凝土组分中,如氯盐离子被用作促凝剂而加到混凝土组分中;当暴露于海洋环境、以氯离子为主的腐蚀环境或是采用除冰剂时,溶解的氯离子可以侵入未受保护的硬化混凝土基体。

4.9.6.1 氯离子引起钢筋锈蚀的机理

对氯离子引起钢筋锈蚀的理论主要有三种:氧化膜理论、吸附理论和过渡络合理论。

1)氧化膜理论

钢筋在高碱环境下形成起钝化作用的氧化膜,保护钢筋,防止锈蚀。Cl^- 比其他离子(如

SO_4^{2-})更容易通过膜上的缺陷或孔隙穿过氧化膜,或者 Cl^- 分散氧化膜使之更易穿透,从而引起钢筋锈蚀。

2) 吸附理论

Cl^- 与溶解的 O_2 或 OH^- 竞争,吸附于钢筋表面,促进金属离子的水化,因而使金属更容易溶解。

3) 过渡络合理论

Cl^- 与 OH^- 相互争夺由锈蚀产生二价铁离子,并形成可溶的铁氯盐络合物,该络合物自阳极扩散,从而破坏 $Fe(OH)_2$ 保护层,使锈蚀持续进行。络合物在离开电极一段距离后转化为 $Fe(OH)_3$ 沉淀,Cl^- 又可以自由地从阳极处输送更多的 Fe^{2+}。由于锈蚀作用得不到抑制,更多的 Fe^{2+} 会从锈蚀区域向混凝土内迁移,并与氧气反应生成高氧化物($Fe_3O_4 \cdot 4H_2O$、$Fe_2O_3 \cdot 3H_2O$),体积急剧膨胀,最终导致混凝土开裂。

4.9.6.2 氯离子侵蚀的表征

目前国内外水泥基材料氯离子渗透扩散性常用的测试方法有扩散方法、电迁移方法[氯离子渗透性方法(ASTM C1202),稳态方法、非稳态方法]、电导方法等。近年来,相关人员在开发有关水泥基材料氯离子渗透扩散性测试方法方面做了许多工作,但要获得一个可靠的氯离子渗透扩散性十分困难,能够得到公认并为大家接受的测试技术几乎没有。ASTM C1202 和一些与之相关的快速试验方法在多数情况下是适用的。

氯离子渗透性试验方法量测通过水泥基材料圆柱体试件的电量,以此来评价混凝土的抗氯离子渗透性能。采用直径 100mm、厚 60mm 的圆盘形混凝土试件,3 个 1 组,成型后,表面用湿麻袋在室温为(20±5)℃条件下养护 24h 后拆模(保留与试件紧贴的钢圈),然后置于(20±3)℃饱和 $Ca(OH)_2$ 溶液塑料桶中养护 24h 后取出,拆除钢圈,再在(20±3)℃饱和 $Ca(OH)_2$ 溶液中养护 26d,进行氯离子渗透性评价(表 4-26)。

基于通过的电量的氯离子渗透性 表 4-26

通过的电量(C)	氯离子渗透性
>4000	高
2000~4000	中等
1000~2000	低
100~1000	很低
<100	可忽略

4.9.6.3 氯离子侵蚀的影响因素

氯离子侵蚀的影响因素可归结为混凝土自身内部因素[水灰(胶)比、养护条件、保护层厚度及其与集料最大粒径之间的关系]和外部环境因素(表面 Cl^- 浓度、温度)。

1) 混凝土自身内部因素

(1) 水灰(胶)比

Cl^- 是通过毛细孔组织等孔隙由表及里向内扩散的,而混凝土微观结构的形成,受水灰

(胶)比的影响较大。在通常范围内,水灰(胶)比增加,混凝土的孔隙率加大,Cl^-的有效扩散系数变大,Cl^-侵蚀速度加快。

(2)养护条件

混凝土早期养护不良,水泥及一些矿物外加剂水化尚不充分,混凝土内部孔隙率较大,不利于抵抗 Cl^- 的侵蚀。

(3)保护层厚度

保护层厚度为保护钢筋免于腐蚀提供了一道坚实的屏障。混凝土保护层越大,则 Cl^- 到达钢筋表面所需的时间也就越长,从而减缓了 Cl^- 对混凝土的侵蚀。一般情况下,保护层厚度不应超过 100mm。

(4)保护层厚度与集料最大粒径之间的关系

由于粗集料表面容易形成积水层,水分蒸发后形成裂缝。另外,在水化过程中水泥浆与集料的收缩不相同,导致砂浆与粗集料界面产生微裂缝。如果粗集料粒径大于保护层厚度,那么一端在暴露面,另一端与钢筋接触,则 Cl^- 和水很容易沿粗集料周围产生的裂缝渗到钢筋周围引起锈蚀。研究表明,当粗集料的最大粒径与保护层厚度之比大于 3/5 时,钢筋锈蚀的失重率将随比值的增大明显增加。

2)外部环境因素

(1)表面 Cl^- 浓度

表面 Cl^- 浓度越高,混凝土内外部的 Cl^- 浓度差就越大,扩散至混凝土内部的 Cl^- 就会越多,加快 Cl^- 侵蚀混凝土的速度。

(2)温度

温度升高一方面会加快水分蒸发,使混凝土的表面孔隙率增大;另一方面会加快水泥的水化速度,提高混凝土的致密程度。所以,只有当胶凝材料的水化趋于稳定时,温度升高才会加速 Cl^- 的侵蚀。

4.10 混凝土材料的修复

4.10.1 被动修复

4.10.1.1 表面处理法

1)适用范围

表面处理法适用于轻微裂缝的处理。轻微裂缝也称为无害裂缝,一般宽度较小,深度也有限,除影响观瞻以外,对于结构使用功能、承载安全和耐久性基本上不造成影响,无须采用特别的处理手段,简单进行表面处理即可。

2)处理方法

(1)结构表面涂刷

混凝土表面的浅层裂缝(龟裂或细小的表层裂纹,一般宽度小于 0.2mm)或宽度不超过限值的正常受力裂缝,待其稳定后可以用涂刷水泥浆、其他涂料(如弹性涂膜防水材料、聚合物水泥膏等)或者外加抹灰层(混凝土结构)的方式加以掩盖,确保其不再显现而造成观感缺陷。

(2)后浇混凝土掩盖

对于有找平层、后浇层、叠合层等混凝土后续施工的情况,可以对开裂的混凝土表面打毛或剔凿成粗糙面,经清扫、冲水、润湿后,利用后浇混凝土振捣时水泥浆的渗入弥合裂缝。

(3)对表面抹灰装修

对于有抹面层、装饰层、粘贴层的混水构件表面,则无须特别处理。在后续施工前,浇水湿润或涂刷界面黏结材料(如水泥浆等),再进行表面装饰层施工而将其掩盖,即可消除裂缝的影响。

(4)清水表面处理

对于清水混凝土构件的表面,可以通过涂刷水泥浆或其他装饰性材料而掩盖微细裂缝。如果裂缝较宽,则可以用刮腻子的方法将宽度较大的裂缝填塞,然后涂刷面层材料加以掩饰。

4.10.1.2 灌浆法

1)适用范围

对于已经构成严重缺陷的裂缝,如渗水、漏雨而影响使用功能的裂缝,或宽度很大超过限制,表明抗力消耗较大但尚没有构成安全性问题的受力裂缝,则应进行封闭,对其进行比较彻底的处理。

2)处理方法

(1)压力灌浆

压力灌浆是指利用压力将修补材料的浆液灌入裂缝内部,从而消除裂缝。这是一种无损的方法,适用于宽度较大且较深的裂缝。其具有工艺简单、无须钻孔、处理裂缝的针对性强等特点。灌浆材料可为水泥浆或环氧树脂、甲基丙烯酸酯、聚合物水泥等,一般应具有黏度小、黏结性能好、收缩性小、抗渗性好、抗拉强度高、无毒或低毒等特点。有时,为了满足灌注工艺的要求,还须添加稀释剂、增加剂。修补浆液的配制需要有一定的经验和严格的操作工艺。压浆泵的配置、压力的选择、压浆嘴的间距等工艺参数,应根据裂缝检测结果经估算确定。

(2)抽吸灌浆

图4-32为抽吸灌浆封闭裂缝的示意图。抽吸灌浆是利用抽吸真空造成的负压,将修补材料的浆液吸入裂缝内部,从而消除裂缝。其工艺原理为:封闭裂缝后,利用抽吸管的吸盘对裂缝内抽气造成负压,将涂布在裂缝表面的浆液吸入裂缝内,从而达到封闭裂缝的目的。常用的浆液包括环氧树脂、丙烯酸酯以及其他专用的混凝土胶黏剂。

(3)浸渍混凝土

当混凝土范围较广且宽度和深度也很大时,靠压力或抽吸灌浆已很难解决问题,可以通过钻孔后的高压灌浆形成浸渍混凝土,以恢复混凝土的抗力。具体方法是:在需处理的混凝土区域内钻孔,并高压注入修补材料,使其沿裂缝和缺陷渗入材料内部,填补所有的缝隙,从而增强混凝土的密实性(图4-33)。

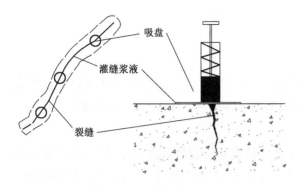

图 4-32 抽吸灌浆封闭裂缝

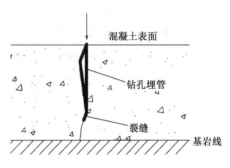

图 4-33 浸渍混凝土

(4) 钻孔灌浆

钻孔灌浆法一般可分为骑缝钻孔法和斜孔处理法两种。

①骑缝钻孔法。骑缝钻孔法是在混凝土表面不开槽而直接进行钻孔。沿裂缝中心钻孔,直径一般为 50~75mm。孔必须足够大,并沿裂缝的整个长度与裂缝相交。由于裂缝的发展不会是一个平面,以线找面的做法使部分钻孔可能不与裂缝相交,造成盲孔,灌浆材料无法充填到裂缝中,形成了盲段而影响灌浆效果(图4-34)。

图 4-34 骑缝钻孔法

②斜孔处理法。斜孔处理法采用以点找面的办法,解决了骑缝钻孔难以找准裂缝的问题。浆液在灌浆压力下可以畅通地充填到裂缝中,提高了灌浆质量,加强了防渗能力。该方法由于工序较少,施工简单而被普遍采用。但其仍存在钻孔时微细粉尘容易堵塞缝口的可能,从而造成灌浆通道堵塞,影响灌浆质量。斜孔处理法如图 4-35 所示。

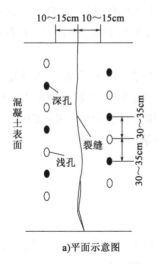

a) 平面示意图

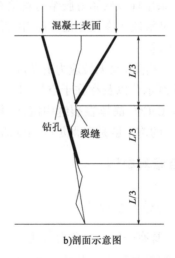

b) 剖面示意图

图 4-35 斜孔处理法

4.10.1.3 填充法

1）适用范围

填充法适用于不影响安全和使用功能的较宽裂缝。实际工程中，混凝土不可避免地因收缩、温度变化或基础沉降而开裂。绝大多数可见裂缝均属此类。对这类裂缝，仅做修补即可。

2）处理方法

①凿槽嵌补。凿槽嵌补是指在开裂混凝土结构的表面沿裂缝剔凿凹槽，然后嵌填修补材料，以消除结构表面的可见裂缝（图4-36）。凹槽可为V形、梯形或U形，宽度和深度为40～60mm。凹槽凿成后，可用压缩空气清扫槽内残渣并用高压水冲洗干净。接着用环氧树脂、环氧胶泥、聚氯乙烯（PVC）胶泥、沥青膏等材料嵌补、填平，或再用水泥砂浆等修补材料按规定的工艺填塞、抹平。凿槽嵌补是一种消除结构表面可见裂缝的方法，其并不能填补混凝土内部的裂缝，故结构中仍可能残存裂缝。但这些内部裂缝对于结构安全和使用功能并不构成威胁。

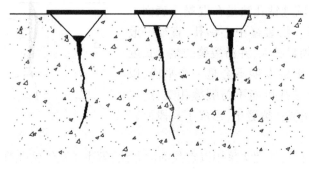

图4-36 凿槽嵌补法修复裂缝

②扒钉控制裂缝。对尚处于发展期的宽大而且不稳定的裂缝，有时为了避免裂缝的继续延伸和发展加宽，可以跨裂缝采用扒钉加以控制：需沿裂缝以一定间距和跨度预先钻孔，然后跨缝钉入扒钉，并采用环氧树脂等胶结材料填充钻孔，固定扒钉。这种方法可以增强裂缝区域的抗力，但可能会使混凝土在其他地方（如附近区域）产生裂缝，因此，应考虑对相邻区域的混凝土进行监测或处理。

③自行愈合。在潮湿及无拉应力的情况下，一种称为自愈合的自然修复方法可能比较有效：通过水泥的连续水化以及存在于空气和水中的 CO_2 将水泥浆体中的 $Ca(OH)_2$ 碳化，从而产生 $CaCO_3$ 晶体，$CaCO_3$ 晶体在裂缝中沉淀、聚集和生长，从内部密封裂缝。在愈合过程中，裂缝和邻近混凝土的饱水度是获得足够强度的必要条件。

4.10.2 自修复材料

4.10.2.1 自愈合混凝土

水泥基材料本身有一定的自愈合能力，但是混凝土结构所处的环境包括水、CO_2、各种阴阳离子等化学环境和温度、水压及其流速、所受荷载等物理环境，会对混凝土的自愈合能力造成一定的影响。为了提高混凝土本身自愈合能力，减少外部环境对其造成的不良影响，一些针对激活或者提高混凝土自愈合能力的研究不断出现。

1) 纤维增强混凝土

当基体发生裂缝时,纤维提供的桥联效应使得每条裂缝的开口都能得到有效控制和抑制。所以,不连续的和随机分布的纤维可以用于缩小混凝土裂缝宽度,从而为任何形式的自愈合过程提供足够的支持。当前用于缩小混凝土裂缝的纤维通常有玻璃纤维、金属钢纤维、天然植物纤维和聚合物有机纤维。其中,玻璃纤维可以提高混凝土的抗拉强度和抗冲击强度,但水泥的高碱度会导致纤维脆化,这是玻璃纤维在混凝土中应用的局限性;金属钢纤维增强了混凝土的延性、抗弯强度和断裂韧性,然而暴露在高硫酸盐和氯化物的环境中,其耐久性会大大降低。

混凝土中最常用聚合物有机纤维是聚丙烯(PP)、聚乙烯(PE)、聚乙烯醇(PVA)等,它们具有较高的抗冲击性、环境稳定性和较低的生产成本等特点,然而,它们的弹性模量较小,抗拉强度并不显著。

2) 微生物作用

在混凝土结构中使用细菌来诱导碳酸钙沉淀。微生物诱导碳酸钙沉淀(MICCP)是微生物通过代谢活动在细胞外形成碳酸钙的能力。生物体代谢产物与周围环境发生反应而形成矿物的现象称为生物矿化。与微生物相关的生物矿化过程大致涉及两种不同的代谢途径:①自养介导;②异养介导。在自养介导途径中,碳酸钙沉淀是由微生物在其直接环境中有钙离子存在的情况下,通过二氧化碳的转化而引起的。在异养介导途径中,碳酸盐的析出可能是通过硫循环或氮循环进行的。关于微生物在混凝土中修复裂缝的研究,表4-27列出了一些利用细菌作为混凝土裂缝修复剂的研究。

利用细菌作为混凝土裂缝修复剂的研究 表4-27

微生物	载体	孵化措施	愈合裂缝概况
巴氏芽孢杆菌	混砂细胞	微生物封堵砂浆块在尿素-$CaCl_2$培养基中浸泡28d	裂缝深度3.175mm
	聚氨酯固定化细化	在尿素-$CaCl_2$培养基中浸泡28d	裂缝宽度3.18mm 深度25.4mm
球形芽孢杆菌	硅胶固定化细胞	在尿素和钙源溶液中浸泡3d	裂缝宽度0.3mm 深度10.0mm 和20.0mm
Alkalinitrilicus 芽孢杆菌	含乳酸钙膨胀黏土中的孢子	在水中浸泡100d	裂缝宽度由0.05mm至1.0mm不等
Sp. CT-5 芽孢杆菌	混砂细胞	在尿素-$CaCl_2$培养基中浸泡28d	裂缝宽度3.0mm 深度13.4mm、18.8mm、27.2mm
球形芽孢杆菌	营养钙源水凝胶包埋孢子	浸水干湿循环4周	裂缝宽度0.5mm
科氏芽孢杆菌	外表处理	浸泡在含有细菌孢子、酵母提取物和钙源的培养基中	裂缝宽度0.1~0.4mm

续上表

微生物	载体	孵化措施	愈合裂缝概况
球形芽孢杆菌	微胶囊包埋孢子	浸水干湿循环8周	愈合的最大裂缝宽度为0.97m
无菌溶脲孢子	含环丰富的解脲粉	浸于尿素和去矿化水中4周	裂缝愈合宽度0.45mm
球形芽孢杆菌	改性海藻酸钠水凝胶包裹孢子	完全浸于水中	NA

4.10.2.2 自修复混凝土

混凝土的自修复包括主动式修复和被动式修复。主动式修复为水泥基体中预埋有裂纹感知系统和修复体,当混凝土在外部荷载或温度等作用下损伤时,传感器将信号传送给外部控制系统,外部控制系统激发修复体系,释放修复剂对损伤部位进行修复,如形状记忆合金、空芯光纤修复技术。被动式修复为混凝土损伤变形时,界面黏结力作用下将预埋于内部的修复体系撕裂,修复剂流出封堵裂纹,如微胶囊技术、中空纤维技术等,前者较复杂,后者较简单[12]。

1) 形状记忆合金

形状记忆合金是智能结构中的一种驱动元件,其特点是具有形状记忆效应和超弹性效应,可以实现长期、在线、实时监测,并进一步实现结构的自修复功能[13]。将形状记忆合金材料在高温下定形,冷却到低温,并施加变形,使它存在残余变形。如果对形状记忆合金进行加热,就可以使低温状态所存在的残余变形消失,形状记忆合金将恢复到高温下所固有的形状,随后再进行冷却或加热,形状将保持不变。形状记忆合金可恢复的应变量高达7%~8%。形状记忆合金具有双程记忆效应和全程记忆效应[14-16]。

把经过预拉伸的形状记忆合金丝埋入混凝土构件的受拉区,当构件或结构在工作中出现了不允许的裂纹或裂纹宽度时,对处于裂纹处或裂纹附近的形状记忆合金丝通电加热激励,使其收缩变形,从而使裂纹闭合或限制裂纹的进一步发展,这样构件就成了具有自诊断、自修复功能的智能混凝土构件。形状记忆合金在混凝土结构损伤自诊断、裂纹自闭合、实现结构构件的紧急自修复应用方面具有很大优势,但是其电阻变化率敏感性和驱动性受形状记忆合金丝与混凝土的锚固、黏结和预张拉等因素的影响,目前尚在深入研究中。

2) 空芯光纤和中空纤维

空芯光纤是由纤芯、包层和涂敷层等多层介质组成的结构对称圆柱体。将纤芯含修复剂的空芯光纤网络埋于混凝土结构中,混凝土结构在外部荷载或温度变化时产生内部变形或损伤,导致光纤受到拉压、弯曲,光纤中的光损耗会迅速加大,使输出的光强度、相位、波长及偏振等发生变化。通过监控系统可及时监测到基体损伤,并精确判断损伤的具体位置。在注胶系统加压作用下,纤芯内的修复剂从破裂的空芯光纤管内迅速流出,对损伤处进行修复。

注入纤芯空芯中的介质不同,光的传播也不同。一般认为,空芯光纤与混凝土结构的匹配特性归结起来有以下两种情况:①光纤与混凝土不能完全结合,使混凝土结构出现缺陷,从而降低了混凝土结构的强度,并使空芯光纤应变传感的能力下降;②光纤与混凝土结合过紧,导致空芯光纤与混凝土结构的界面处产生很大的应力集中,从而使埋入混凝土结构的空芯光纤的传输性能下降,并使空芯光纤因应力集中而产生损伤,甚至出现断裂。

基于中空纤维的损伤自修复方法与空芯光纤方法类似,即将胶黏剂注入中空玻璃纤维并埋入混凝土,从而形成智能仿生自愈合网络系统。当混凝土结构在外部荷载和环境作用下出现损伤和裂缝时,纤维内胶黏剂流出渗入裂缝,在化学作用下胶黏剂发生固结,从而抑制开裂,进一步修复裂缝。

3) 微胶囊

微胶囊是通过成膜材料包覆分散性的固体、液体或气体而形成的具有核-壳结构的微小容器。混凝土微胶囊自修复的基本原理:①含修复剂的微胶囊和固化剂均匀分布在基体材料中;②当有裂缝产生时,裂缝尖端的微胶囊在集中应力的作用下破裂,修复剂流出,通过毛细作用渗到裂缝中;③渗入裂缝中的修复剂与附近固化剂相遇,修复剂固化并将裂缝修复。

微胶囊必须拥有足够的强度,在聚合物加工过程中保持完整无损,且拥有足够的外力灵敏性,在聚合物发生破坏时能够迅速破裂。这就要求包覆修复剂的囊壁与基体有高黏结强度。同时,修复剂的黏度要小,具备良好的流动性,在环境温度和压力下可以长期储存,发生聚合时体积收缩率低。为了保证有足够长的存放寿命,囊的密封性要好,保证修复剂不能渗透和扩散到囊壁外。图 4-37 为微胶囊技术基本修复模式。

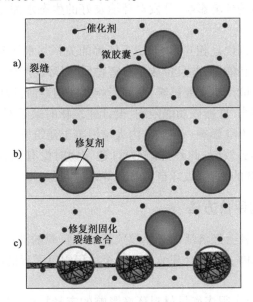

图 4-37 微胶囊技术基本修复模式[17]

4.11 水泥基材料与生态环境

随着环境意识的提高,人们在注重环境保护上取得了广泛的一致。在材料领域,各国也正在兴起材料环境设计的研究,特别是在塑料、钢铁等材料方面的环境设计取得了可喜的成就,但是,很少对水泥基材料的环境影响进行研究。水泥基材料一直是使用广泛的建筑材料,其特点是使用量大,资源和能源消耗多,排放出大量的 CO_2,而且拆除后留下大量废弃物,对生态环境产生了巨大的影响。因此,研究水泥基材料的环境协调性显得非常必要。

4.11.1 水泥基材料的环境影响

环境问题是一个非常复杂的问题,涉及各个不同的层面,可以简单归结为两个方面:一方面,人类活动对自然环境、生存系统的影响;另一方面,人造物质和材料的滥用对人类活动和社会环境影响。由于环境容量的有限性和维持社会经济增长的可持续性原因,考虑环境平衡的一切人类活动显得非常重要。

水泥基材料作为广泛使用的建筑材料,在国民经济中占有重要的地位。水泥基材料的生产、使用到废弃等各个环节无不与人类生活、工作息息相关。同时,在其全生命周期的各个过程,从原材料的开采、选择到产品制作、使用、废弃以及回收利用无不显示出水泥基材料与自然资源、能源和社会环境的密切联系。因此,水泥基材料很容易对人类生存环境、健康安全造成威胁和损害。长期以来,包括水泥基材料在内的建筑材料主要是依据建筑物及其具体部位对材料提出的力学性能与功能方面的要求进行研究开发的。也就是说,结构材料主要追求高强度、高耐腐蚀性等,而外部装饰材料则追求其高功能性和设计图案的美观性等。但是,随着地球环境问题变得越来越严重,建筑材料不仅要求高强度、高功能性,而且必须具有与环境相容的特点。研究水泥基材料的环境影响,开发对环境友好的生态水泥基材料成为当前水泥基材料的重要发展方向。

水泥基材料与环境可以说是相互影响、相互依赖的关系。水泥基材料及其产品在整个生命周期中消耗了自然资源和能源,并且排放了有害物质,对环境产生不利的影响;同时,环境的恶化会对水泥基材料的性能产生重要影响,从而影响其使用寿命,形成恶性循环。

水泥基材料的使用不当、性能或功能限制、设计建筑物时缺乏对生态环境的考虑,这些均可能对人类居住环境产生不良影响。在城市内大量混凝土建筑群集中的地方因空调装备排放出来的热量影响而产生热岛效应;此外,由于设计建筑物时没有充分考虑与周围环境的协调性,还可能产生影响动植物的生存、破坏自然景观等环境问题。

4.11.2 环境影响评价方法

物质的生产、使用及社会经济活动必然导致能量和资源的消耗,同时会遗弃给环境大量废弃物和排放大量有害气体。如何合理地量化整个过程中诸因素造成的环境负荷成为研究者争论的焦点。

研究者经过努力,已提出很多衡量材料环境影响的定量指标,如能源和资源消耗因子、环境影响因子、环境指数、环境负荷单位及单位服务的物质投入等,但还没有形成一个大家都接受的量化指标。关于环境负担性的评价技术,除了对废气、废渣以及固态废弃物等单一影响用单因子评价方法外,用生命周期评价(Life Cycle Assessment,LCA)技术来评价材料的环境负荷已基本为研究者所接受。LCA 是一种评价某一过程、产品或事件从原材料投入、加工制备、使用到废弃的整个过程中环境负荷的定量方法。各国已对钢铁、塑料、陶瓷以及铝等几类材料进行了环境协调性研究。我国研究者对国内钢铁、铝、陶瓷以及塑料等几大类材料进行了材料环境协调性评价,取得了很大的进展。但对于使用量非常大的水泥基材料的环境影响评价却一直进展缓慢。这主要是由于水泥基材料本身的复杂性以及其生命周期跨度的难以确定。

作为一种工程材料,水泥基材料除了组成本身以及制作过程产生的环境负荷之外,其服务年限的长短也是影响环境协调性的重要因素。这就是说,提高水泥基材料的力学性能和耐久性能,延长其使用寿命对水泥基材料的环境负荷有重要影响。因此,找到一个既能综合反映材料性能又可反映材料组成及其他环节的环境影响的参数,对于评价材料的环境协调性非常重要。

针对水泥基材料技术现状,可采用单位水泥基材料的资源和能源消耗量以及 CO_2 排放量与水泥基材料的抗压强度之比评价其环境协周性,以使水泥基材料更好地向环境友好方向发展,具体可以用如下三个指数表示:

(1)单位材料的资源消耗量与抗压强度比指数[$kg/(MPa \cdot m^3)$]:α。
(2)单位材料的能源消耗量与抗压强度比指数[$kj/(MPa \cdot m^3)$]:β。
(3)单位材料的 CO_2 排放量与抗压强度比指数[$kg/(MPa \cdot m^3)$]:γ。

依据各指数的定义可知,指数的数值越小,表明该水泥基材料的环境负荷越小,环境协调性则越好。不同强度等级的混凝土的环境协调性分析见表4-28。从表4-28中的数据可以初步看到,在一定程度上提高水泥基材料的抗压强度和在水泥基材料中采用一定量的工业上产生的矿物质材料都可以减小水泥基材料的环境负荷。当然,由于目前还无法全面、系统地收集到相关资料,表中的数据计算显得有些简单,但这些结果与人们对这一问题的已有认识是吻合的。这表明,采用上述指数来评价水泥基材料的环境协调性是有效和合理的。

不同强度等级的混凝土的环境协调性分析   表4-28

混凝土强度等级(MPa)	30(纯水泥胶结料)	60(纯水泥胶结料)	60(掺30%掺合料)	80(掺30%掺合料)
资源消耗与抗压强度比指数 α	88.3	47.5	42.5	32.1
能源消耗与抗压强度比指数 $\beta(\times 10^3)$	48.0	33.3	23.3	19.2
CO_2 排放量与抗压强度比指数 γ	12.0	8.33	5.83	4.81

注:1. 表中假定抗压强度为30MPa、60MPa和80MPa的基准混凝土的水泥用量分别为360kg/m^3、500kg/m^3和550kg/m^3,掺合料等量取代水泥。
2. 资源消耗量仅考虑生产水泥和集料所需的矿物质资源;能源消耗和CO_2排放仅考虑与水泥生产有关的数量,按生产1t水泥需4GJ能量,排放1t CO_2 计算。

4.11.3 生态水泥基材料

4.11.3.1 概述

生态水泥基材料,一般指有利于保护生态环境,提高居住质量,性能优越的多功能水泥基材料,是环境材料在水泥基材料领域的延伸。从广义上讲,生态水泥基材料不是一种单独的水泥基材料品种,而是对水泥基材料"健康、环保、安全"等属性的一种要求:对原料、生产施工、使用及废弃物处理等环节贯彻环保意识并实施环保技术,保证社会经济的可持续发展。

4.11.3.2 生态水泥和混凝土研究现状

1)生态水泥

(1)低环境负荷水泥添加料

用矿渣、火山灰等做原材料烧制水泥熟料,或者以粉煤灰、石灰石微粉、矿渣做混合料磨制混合水泥,并扩大用量。这样可以减少普通硅酸盐水泥用量,减少石灰石等天然资源用量,节省烧制水泥所消耗能量,降低 CO_2 排放量。

(2)生态水泥生产技术

生态水泥主要指在生产和使用过程中尽量减少对环境影响的水泥。生态水泥技术除对成分进行友好改性外,在水泥生产过程中也尽量减少能源消耗,降低水泥的烧成温度等。

(3)降低能耗的新工艺

在烧成工艺方面,最近日本水泥协会和煤炭综合利用中心共同开展沸腾炉煅烧水泥熟料新技术的研究,并获得成功。这种新技术将以前的回转窑和熟料冷却机改成沸腾炉,没有运动部件,目前在日产200t的试验厂使用。据介绍,采用这种新技术可节能10%～15%,降低 NO_x 的排放量,取得了明显节能和环境保护效果。

(4)废弃物再生利用技术

水泥厂是不需要投资的废弃物处理工厂。其他行业排放的矿渣、锅渣、粉煤灰、尾矿、煤矸石、硅锰渣、化学副产石膏、拆除水泥基材料等均可用作水泥的代用原料,废机油、废轮胎、废橡胶、废纸、废木材、城市垃圾等都可以用作代用燃料。

2)生态混凝土

目前,生态混凝土可分为环境友好型生态混凝土和生物相容型生态混凝土两大类。

(1)环境友好型生态混凝土

环境友好型生态混凝土是指可降低环境负担的混凝土。目前,降低混凝土生产和使用过程中环境负担的技术途径主要有以下三条:

①降低混凝土生产过程中的环境负担:主要通过固体废弃物的再生利用来实现,如采用城市垃圾焚烧灰、下水道污泥和工业废弃物作为原料生产的水泥来制备混凝土;也可以通过火山灰、高炉矿渣等工业副产物进行混合等途径来生产混凝土;还可以将用过的废弃混凝土粉碎作为集料再生使用。

②降低使用过程中的环境负荷:主要通过使用技术和方法降低混凝土的环境负担,如延长混凝土建筑物的使用寿命,从而节省了资源和能源,减少了 CO_2 排放量。

③通过提高性能来改善混凝土的环境影响:通过提高混凝土的性能来降低其环境负担,如开发出具有吸音性、能够吸收有害气体、具有调湿功能以及能储蓄热量的混凝土。

(2)生物相容型生态混凝土

生物相容型混凝土是指能与动物、植物等生物和谐共存的混凝土。根据用途,这类混凝土可分为植物相容型生态混凝土、海洋生物相容型生态混凝土、淡水生物相容型生态混凝土以及净化水质用混凝土等。生物相容型生态混凝土主要是利用混凝土的多孔特性和表面吸附特性。

本章参考文献

[1] 杨飞,刘贤萍,赵永娟,等.连续切片扫描电子显微镜在硅酸三钙研究中的初步应用[J].电子显微学报,2018,37(4):355-360.

[2] 钱强.多种处理方式下转炉钢渣岩相结构分析[J].四川冶金,2019,41(2):48-51.

[3] 王涛,胡建安,王丽娜,等.聚羧酸系减水剂对铝酸三钙水化过程的影响[J].混凝土与水

泥制品,2018(10):5-8.

[4] 田键,徐海军,危涛,等.利用 EBSD 研究 C_4AF 的晶体结构[J].硅酸盐通报,2012,31(5):1328-1331.

[5] KURDOWSKI W. Cement and concrete chemistry[M]. Springer,Dordrecht,2014.

[6] ATKINS P, PAULA J D. Atkins' Physical Chemistry [M]. Oxford: Oxford University Press,2006.

[7] Gosh S. N. Advances in cement technology[M]. Pergamon Press, Oxford, 1983.

[8] Locher F. W. Cement: principles of production and use [M]. Verlag Bau + Technik GmbH, Düsseldorf, 2006.

[9] Scrivener K L, Pratt P. L. Microstructural studies of the hydration of C_3A and C_4AF independently and in cement paste[J]. Proceedings of the British Ceramic Society, 1984, 35: 207-220.

[10] Proceedings of the fifth international symposium on the chemistry of cement-tokyo[J]. Properties of Cement Paste and Concrete,1968.

[11] 王露,刘数华.钙矾石相的研究综述[J].混凝土,2013(8):83-86,90.

[12] 邢锋,倪卓,汤皎宁,等.自修复混凝土系统的研究进展[J].深圳大学学报(理工版),2013,30(5):486-494.

[13] 袁慎芳.结构健康监控[M].北京:国防工业出版社,2007.

[14] 陶宝祺,熊克,袁慎芳,等.智能材料结构[M].北京:国防工业出版社,1997.

[15] 吴波,李惠,孙科学.形状记忆合金在土木工程中的应用[J].世界地震工程,1999(3):1-13.

[16] ZHOU B,LIU Y J,LENG J S,et al. A macro-mechanical constitutive model of shape memory alloys[J]. Science in China Series G: Physics, Mechanics and Astronomy,2009,52(9):1382-1391.

[17] THERRIAULT D, BROWN E, KESSLER M, et al. Autonomic healing of polymeh composite [C]//Canada-US CanSmart workshop smart materials & structures. Department of Aeronautical and Astronautical Engineering, University of Illinois, Urbana, IL 61801, 2001.

第 5 章
固体废弃物在铺面工程中的应用

随着我国工业化进程的加快,工业生产与建造过程中产生的大量固体废弃物需要进行填埋与处理,由此产生了巨大的经济投入。近年来,自然资源的过度开采与可用弃置土地面积的急剧缩减催生出废弃物资源循环利用的理念。该理念提出,充分挖掘固体废弃物的资源化利用属性,开发固体废弃物的功能性与结构性潜能,并提出固体废弃物二次循环再生的关键指标与关键方法。本章基于该理念和国内外研究,系统介绍了再生集料、废旧沥青混凝土、钢渣、废旧橡胶、废旧塑料五种固体废弃物的物理化学特性、微观结构、再生利用方法,以及在铺面设计与施工过程中的实际应用案例,旨在为相关人员进行科学研究提供借鉴与参考。

5.1 混凝土再生集料的回收利用

5.1.1 再生集料的物理化学性质

5.1.1.1 再生集料形状及表面结构

再生粗集料颗粒通常由一小部分完全从混凝土中脱离的天然集料和部分砂浆颗粒组成,大多数表面还裹着水泥砂浆的颗粒。如图 5-1 所示,再生集料表面包裹着一层水泥砂浆,比较粗糙,有原混凝土中水泥水化产生的网络状 C—S—H 凝胶存在,同时有许多微裂纹存在[1]。

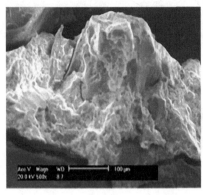
a)500倍

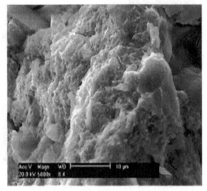
b)2000倍

图 5-1 再生集料的 SEM 图片

本书采用针片状颗粒含量来表征集料颗粒形状,针片状指粗集料颗粒的最小厚度比最大长度小于 0.4mm,采用针片状规准仪检测。不同粒径集料针片状含量见表 5-1。由表 5-1 中可看出,再生集料高强度等级组 1、低强度等级组 2 针片状颗粒含量均 <10%,满足我国采用的国家产品标准《混凝土用再生粗骨料》(GB/T 25177—2010):针片状颗粒含量分别为 8.55%、9.1%,小于天然破碎石针片状颗粒含量 9.95%。这是由于再生集料由原粗集料、附着砂浆集料组成,表面粒形优于原粗集料,粗集料粒形越好,三维尺寸越接近,从而得出再生集料粒形不会对混凝土性能产生影响。

不同粒径集料针片状含量表 表 5-1

集料分类	总量 M_0 (kg)	颗粒片状含量(%)				针片状颗粒 M_1(kg)	针片状颗粒含量 Q_e(%)
		4.75~9.5	9.5~16.0	16.0~19.0	19.0~26.5		
再生 1(RA1)	2000	25.3	46.5	19.4	20.1	108.3	8.55
再生 2(RA2)	2000	25.6	44.2	17.5	21.2	105.5	9.1
天然 3(NUA)	2000	24.8	47.4	23.2	19.9	115.3	9.95

如图 5-2 所示,再生集料表面由于附着砂浆,表面粗糙度大于天然碎石,表面附着砂浆量的多少与原生混凝土集料类型、强度等级有关,原生混凝土中粗集料碎石比卵石附着砂浆多,原生混凝土强度越高,附着量越大,而且在破碎过程中石子、砂浆界面因受力在内部或相交界面处产生大量微裂缝,使得再生集料表面积增大,同时产生棱角效应,导致再生粗集料比表面积大于天然粗集料,表面粗糙度大于碎石 10%~15%。因此在拌制新的再生混凝土时需要考虑将砂率适当提高。

5.1.1.2 再生粗集料的密度、孔隙率

再生粗集料由于表面被砂浆部分或全部包裹,表面粗糙,棱角较多,还有微裂纹存在,这导致再生集料的表观与堆积密度均低于天然集料,孔隙率增加。不同粒径集料密度、孔隙率测试结果见表 5-2。

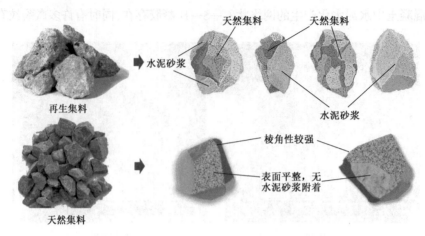

图 5-2 再生粗集料与天然集料

不同粒径集料密度、孔隙率测试结果 表 5-2

粒径(mm)		4.75~9.5	9.5~16.0	16.0~19.0	19.0~26.5	26.5~31.5
表观密度 (kg/m³)	再生1	2213	2269	2324	2379	2431
	再生2	2345	2371	2399	2430	2487
	天然3	2507	2533	2559	2592	2684
堆积密度 (kg/m³)	再生1	1091	1223	1261	1279	1286
	再生2	1219	1341	1425	1468	1497
	天然3	1284	1439	1483	1505	1513
孔隙率 (%)	再生1	56.8	52.7	51.2	50.4	51.1
	再生2	55.7	48.9	46.3	43.6	46
	天然3	45.8	43.9	42.4	41.1	40

注：表中"再生"表示再生粗集料 RC，"天然"表示天然集料 NUA。

再生粗集料 RC1、RC2 随着粒径增大表观密度分别由 2213kg/m³、2345kg/m³ 增加到 2431kg/m³、2487kg/m³，天然集料 NUA3 由 2507kg/m³ 增加到 2614kg/m³，由以上结果可得：再生粗集料表观密度远小于天然粗集料，粒径大小相同的再生粗集料表观密度随强度增大而加大。

再生粗集料 RC1、RC2 堆积密度随着粒径增大而增加，分别由 1091kg/m³、1219kg/m³ 增加到 1286kg/m³、1497kg/m³，天然集料 NUA3 由 1284kg/m³ 增加到 1513kg/m³，再生集料与天然集料堆积密度比值为 85% 左右，同粒径再生粗集料随着强度增大堆积密度增大，再生粗集料堆积密度比天然粗集料小，比例大约是 84%。

再生粗集料孔隙率总体上随着粒径增大而减小，同粒径再生粗集料随强度增大孔隙率减小，再生粗集料孔隙率大于天然集料。

5.1.1.3 再生粗集料的吸水性

再生集料颗粒的边缘粗糙，包裹的砂浆本身孔隙率和吸水率都大于天然粗集料，另外，制作、破碎、长期使用过程中内部必然有微裂缝及损伤存在，导致再生粗集料的孔隙率、吸水率和吸水速率相对较大(图 5-3)。此外,吸水率也取决于集料表面的水泥砂浆附着率、原生混凝土强度等级和再生集料的加工工艺等因素。

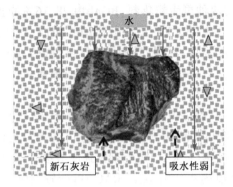 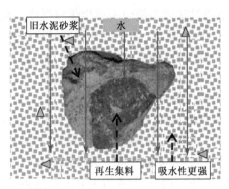

图 5-3　再生集料吸水性特征[2]

将再生粗集料按粒径大小不同分类做吸水试验,检测在不同时间长度内(0.5h、1h、2h、24h)这些集料的吸水率,结果见表 5-3。试验结果表明,再生粗集料的吸水率最大值达到 7.99%。研究结果还反映了再生粗集料吸水速率快于天然集料,其半小时吸水率可达天然集料一昼夜吸水率的 84%~93%,而且粒径越小,吸水速率越快,分析原因为集料表面附着砂浆颗粒较多,导致吸水率依次增大。

不同粒径集料吸水率测试表(单位:%)　　表 5-3

集料粒径(mm)		4.75~9.50	9.50~16.00	16.00~19.00	19.00~26.50	26.50~31.50
0.5h	再生 1	7.35	6.62	5.97	5.06	4.41
	再生 2	4.99	3.38	2.61	1.89	2.01
	天然 3	0.35	0.33	0.31	0.29	0.27
1h	再生 1	7.57	6.78	6.04	5.20	4.69
	再生 2	5.38	3.41	2.92	2.01	2.19
	天然 3	0.40	0.37	0.34	0.31	0.30
2h	再生 1	7.68	6.92	6.29	5.31	5.11
	再生 2	5.49	3.52	3.02	2.17	2.23
	天然 3	0.44	0.4	0.38	0.34	0.33
24h	再生 1	7.99	7.11	6.42	5.64	5.67
	再生 2	5.94	3.88	1.18	2.53	2.47
	天然 3	0.49	0.44	0.41	0.38	0.35

注:表中"再生"表示再生粗集料 RC,"天然"表示天然集料 NUA。

5.1.1.4　再生粗集料的强度等级

对于再生粗集料强度等级,本书主要采用压碎指标和坚固性表示。再生粗集料组成有部分裹浆集料,少量水泥砂浆,且在内部有大量微裂缝存在,强度等级小于天然集料。《混凝土用再生粗骨料》(GB/T 25177—2010)规定:可配制高强度等级再生混凝土的再生粗集料压碎指标需小于 12%,属Ⅰ级再生粗集料,才能满足配置混凝土时强度级无限制要求;压碎指标小于20%，属Ⅱ级再生粗集料，可配置C25～C40以内再生混凝土；压碎指标小于30%，属Ⅲ级再生粗集料，只可配置C25以下再生混凝土。

本节通过提供实例说明再生集料强度。采用两种再生粗集料：RCA1由28.16%原拆除建筑梁C25～C30及71.14%试验室原试块强度为C25～C45的试块分离破碎而成；RCA2是由试验室45.98%的C55和54.02%的C60原高强度等级、不同养护时间试件经破碎而成，粒径均为5～25mm；对比组NUA选用破碎石天然集料。三种不同来源、不同组成粗集料压碎指标分别为8.9%、18.42%、9.78%。

根据我国《混凝土用再生粗骨料》(GB/T 25177—2010)和《建筑用卵石、碎石》(GB/T 14685—2022)两个标准对照结果发现：本试验所选再生粗集料的压碎指标可满足以上标准要求；再生粗集料强度等级低于天然粗集料，压碎指标明显大；原生混凝土强度等级越低，压碎指标越高。另外，对照标准可得RAC1可配置C40以内再生混凝土，RAC2可配置高强度等级、高性能再生混凝土。

根据集料在饱和硫酸钠溶液中的抗分解能力表征坚固性，判断当外部温度、湿度、固液侵蚀条件发生改变后粗集料抵抗破坏力。根据之前选定我国石料标准和再生粗集料标准，以质量损失率来衡量，以再生集料标准对比发现本试验用两组集料均为Ⅱ级，RAC1损失率为9.18%，RAC2损失率为7.54%，均大于天然粗集料NUA的损失率3.19%，即再生粗集料坚固性均弱于天然粗集料。

5.1.2 再生集料的微观结构

再生混凝土的微观性能研究与普通混凝土相似，主要以水泥石、集料、界面过渡区三相来表征，但考虑到再生混凝土由于来源构成不同，内部结构相对复杂，宏观性能表现随机性较大，界面过渡区的构成较复杂，内部微观结构的复杂性、随机性较大，这些都对材料外部宏观性能有着直接影响。因此，需要进一步研究再生粗集料混凝土的微观结构组成并结合劈裂和抗压强度破坏特征，初步了解再生混凝土损伤演化过程。

本节利用电镜扫描首先找出再生、天然粗集料本身强度、密实程度的微观特征，寻找再生混凝土中水泥石、集料、界面过渡区的构成、界面特征、孔隙密实度等微观形态，从微观角度寻找辅助性材料粉煤灰、矿粉及引气剂K12烷基硫酸钠对再生粗集料混凝土水泥浆体、界面过渡区的影响及调节效应，将再生与天然混凝土做对比分析，然后结合劈裂和抗压强度试验结果总结损伤破坏特征，初步从宏观、微观形貌特征上了解再生混凝土损伤演化过程。

5.1.2.1 再生集料的微观组成

天然集料与再生集料宏观与微观形貌构成如图5-4所示。从图5-4a)中可以看出，天然粗集料组成单一，表面平整，界面无杂质；图5-4b)为再生粗集料宏观形貌，从中可看到它由天然集料、砂浆等组成，成分复杂，表面积大；图5-4c)为天然粗集料放大至1000倍微观形貌，从中可看到天然集料由排列均匀、形状规则的晶体构成，密实度高；图5-4d)为再生粗集料1000倍微观形貌，从中可看到再生集料由不同材料构成，内部存在大量微裂缝，微观整体形貌无天然集料规则密实。

与天然集料不同，再生粗集料是将废弃混凝土分离破碎而成，由水泥砂浆及集料共同组成，在分离过程中有集料全部脱离、部分脱离现象。再生粗集料在分离破碎时表面水泥浆体附着程度直接影响其界面构成,全部脱离的集料在分离破碎中完全被分离出来,无水泥沙浆附着,这部分集料性能和界面结构与天然集料基本相同;部分脱离集料指大部分再生集料,在分离破碎过程中表面附着大量水泥砂浆,在这类集料中已存在老的界面过渡区,即原始集料与老的水泥石基体之间的界面过渡区,在做再生混凝土时会与新的砂浆形成新的界面,老的界面过渡区被新的界面包裹;还有少量集料在分离破碎中完全由水泥砂浆组成,这部分在使用过程中属强度最低、最易进一步碎裂部分。

a)天然粗集料　　　　　　　　　　b)再生粗集料

c)1000倍天然粗集料　　　　　　　d)1000倍再生粗集料

图 5-4　天然集料与再生集料宏观与微观形貌构成

再生集料在分离剥落过程中由于受力破坏内部会产生大量微裂缝,即在微观上集料内部已存在老的界面过渡区及微裂缝,在宏观上直接表现为吸水率大、强度低,单从集料本身来说已是多相非匀质材料,这与天然集料存在较大差异。

5.1.2.2　再生集料混凝土的微观结构及形成机理

目前对混凝土的微观研究主要集中于水泥石、集料、界面过渡区。大量研究表明,普通混凝土的破坏由界面过渡区处生成,由于再生集料存在再生混凝土,较普通混凝土构成复杂,界面过渡区的构成也相对复杂(图 5-5)。尤其在再生粗集料内,原有集料与水泥浆体界面及微裂缝的存在以及混凝土制作过程中作为新的集料与水泥浆体结合处所形成的新的界面过渡区也是产生强度破坏最主要的地方。而再生粗集料混凝土界面过渡区尤为复杂,它的内部不仅存在集料与水泥浆体产生的新生界面过渡区,而且存在再生粗集料原始集料与老的水泥石基体之间的老界面过渡区,界面上孔隙的密实程度、孔径大小、界面密实度及所处位置都会对再生混凝土力学及耐久性产生不同程度的影响[3-5]。

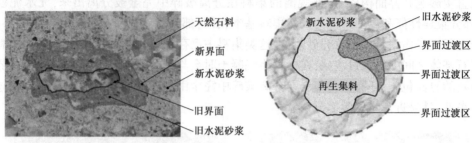

图 5-5 再生集料混凝土界面过渡区

混凝土在拌制养护过程中,其内部各种颗粒在自然力作用下会产生不均匀沉降,在重力作用下,集料、水泥浆体由于水泥颗粒密度大于水密度而下沉,水呈反向运动,此时集料在其中起阻挡作用,因而水在集料下聚集形成水囊毛细孔,这些毛细孔使得水泥石与集料接触面减小,水灰比变大,粘接强度被弱化,这样形成的界面过渡区厚度基本在 $0\sim100\mu m$ 范围内。混凝土中界面过渡区的存在使得水泥浆体和集料完全结合为整体,但界面过渡区的密实程度、颗粒排列分布均匀程度、水泥石与集料间凝胶量多少、粘接强度甚至粗集料上粉尘粘接量都影响着界面过渡区性能,从而也对再生混凝土宏观力学耐久性产生直接影响。

1)不同掺量再生集料对再生混凝土微观结构的影响

图 5-6 为掺量分别为 40%、70%、100% 再生粗集料混凝土微观状态放大至 40 倍、1000 倍和 5000 倍水泥石及界面微观结构。在电镜扫描中可以观察到不同掺量的混凝土水泥石结构密实度逐渐下降,低界面过渡区随着再生粗集料掺入量的增加呈现孔隙变大,结构疏松,裂缝增多,针棒状氢氧化钙结晶和钙矾石晶体不断增多的现象,氢氧化钙晶体在再生粗集料表面聚集,大多与集料垂直向外排列,这是由于再生混凝土本身具有非匀质性,界面过渡区处水胶比较大,界面过渡区的结构和再生粗集料会影响晶粒尺寸和形态,再生粗集料附近容易集中针片状 $Ca(OH)_2$,如果再生粗集料附近的空间足够,或者胶凝材料体系单一,容易导致 $Ca(OH)_2$ 在集料附近定向排列,且容易生成粗大的晶粒,使得结构不密实,孔隙较大,对强度及耐久性不利。

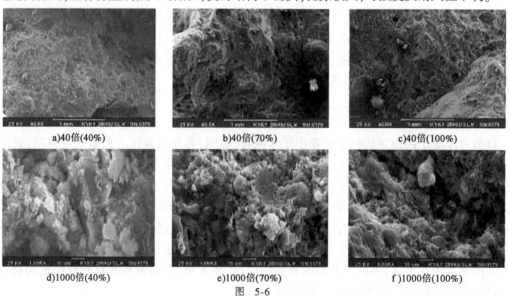

a)40倍(40%)　　　b)40倍(70%)　　　c)40倍(100%)

d)1000倍(40%)　　　e)1000倍(70%)　　　f)1000倍(100%)

图 5-6

g)5000倍(40%)　　　　　　h)5000倍(70%)　　　　　　i)5000倍(100%)

图 5-6　不同掺量再生粗集料混凝土微观形态构成

2）不同辅助性材料对再生混凝土微观结构的影响

（1）粉煤灰

粉煤灰具有显著的减水效果，矿粉可有效提高再生粗集料混凝土的劈拉强度，辅助性材料的添加可有效改善再生混凝土性能。

图 5-7 为单独添加辅助性材料粉煤灰掺量 10%、20% 放大 1000 倍微观结构图，可发现辅助性材料粉煤灰的添加对水泥石结构中水泥颗粒进行了干扰填充：球状粉煤灰颗粒有些保持表面光滑，填充在孔隙之间，有些由于二次水化反应生成水化硅酸钙产物使表面平整度降低、孔隙密实度增加，从而使得粗集料周围界面过渡区生成无定型 $Ca(OH)_2$。粉煤灰呈大小不同的球形颗粒，这些颗粒可有效填充在水泥浆体孔隙中。同时，粉煤灰在水化过程中可进行二次水化，增加凝胶数量。在再生混凝土中粉煤灰微观表面不断被侵蚀，孔隙减少，周围水化产物比未掺粉煤灰的再生混凝土密实。

a)1000倍(10%)　　　　　　　　　　　b)1000倍(20%)

图 5-7　单独掺加粉煤灰时再生混凝土的微观结构图

（2）矿粉

图 5-8 为单独添加辅助性材料矿粉掺量 10%、20% 放大 1000 倍微观结构图，可发现辅助性材料矿粉的添加同样对再生混凝土具有调节作用。水泥石结构中矿粉颗粒呈不规则状，参与水化反应，分析原因为水泥浆体水化过程中矿粉颗粒可发生火山灰反应，已完全反应为水泥石，减少了 $Ca(OH)_2$ 晶体数量，一旦减弱受力，破坏从界面过渡区与晶体结合处向内延伸，从而调节界面过渡区性能，使混凝土密实度增加。从图 5-8 中可知，矿粉颗粒完全与水泥砂

浆反应，一些矿粉颗粒填充于集料、界面过渡区之间，减少了混凝土内的孔隙，使得孔隙结构得到改善。

a)1000倍(10%)   b)1000倍(20%)

图 5-8 　单独掺加矿粉时再生混凝土的微观结构图

（3）粉煤灰＋矿粉

图 5-9 为同时添加辅助性材料 20%粉煤灰、10%矿粉放大 3000 倍 28d、120d 微观结构图。由于掺入了粉煤灰、矿粉，从图中可看出粉煤灰、矿粉同时作用，使再生粗集料水泥石、混凝土界面过渡区的密实度、孔隙有较大改变。28d 粉煤灰矿粉颗粒清晰可见，孔隙明显；120d 结构密实，水化反应状态明显，粉煤灰表面粗糙，矿粉颗粒几乎不明显，絮状、网状晶体清晰可见。分析原因为：细度极小的矿粉能够在水泥浆体水化过程中发生火山灰反应，使得 $Ca(OH)_2$ 晶粒颗粒变小，从而降低了晶体颗粒在界面过渡区的大量积聚现象；粉煤灰二次水化作用增加了 C—S—H 凝胶量，减少了 $Ca(OH)_2$ 晶体的形成，从而减少了晶体积聚和孔隙率大的问题，提高并大大改善了再生粗集料混凝土种界面过渡区性能及均衡性。

a)3000倍(20%F10%K28d)   b)3000倍(20%F10%K120d)

图 5-9 　同时掺加粉煤灰和矿粉时再生混凝土的微观结构图

5.1.3 　再生集料的强化

与天然集料相比，再生集料由于表层裹覆大量水泥砂浆而拥有多孔薄弱的表面，这将导致再生集料拥有较小的压碎值、较低的强度。再生集料的强化集中于改善再生集料表面多孔结构，具体有预裹覆方法、预浸泡法、微生物处理法和碳化反应处理法[6-7]。

5.1.3.1 预裹覆法

预裹覆法的主要目的是处理再生集料表面的水泥砂浆。这些水泥砂浆可以通过裹覆的方法或是采用其他裹覆材料进行增强。常见的裹覆材料有以下种类[8]。

1）硅脂

硅脂是由硅油无机稠化后精制得到的，其自身具有较好的防水性与密封性，不侵蚀集料表面。硅脂作为一种常见的裹覆材料，可以有效填补再生集料表面的孔隙，增强再生集料表面水泥砂浆的强度。

2）乳化沥青

利用乳化沥青的流动性和渗透性，可以对再生集料表面的孔隙进行充分渗透及裹覆。待乳化沥青破乳后，水分蒸发，沥青胶结料便可以对再生集料表面水泥砂浆的孔隙进行填充和增强。

3）钢渣水泥浆＋丙烯酸基沥青胶结料

双层裹覆技术中，首先用钢渣水泥浆进行第一层裹覆，这样可以利用钢渣水泥浆的水化反应，增强再生集料表面强度；然后，采用丙烯酸基沥青对再生集料进行裹覆，主要目的是增强再生集料的水稳定性，如图 5-10 所示。结果表明，经过钢渣水泥浆＋丙烯酸基沥青双层裹覆的再生集料具有与天然花岗岩一样的稳定性与力学性能，能够较好地提高再生集料的表面强度与水稳定性能。

a)未处理的再生集料　　　b)钢渣水泥浆处理的再生集料　　　c)丙烯酸基沥青处理的再生集料

图 5-10　不同处理的再生集料

5.1.3.2 预浸泡法

预浸泡法是采用水或者其他溶剂对再生集料进行处理，达到增强再生集料性能或者去除再生集料表面水泥砂浆的目的的一种方法。表 5-4 列举了常用预浸泡法处理再生集料选用的溶剂及其改善后的性能。

预浸泡法常用溶剂及其改善再生集料的性能　　表 5-4

溶剂	用途	效果
水	加速水泥砂浆中水泥的水化	减弱再生集料的吸水性，增强再生集料与胶结料的黏附性
HCl	去除水泥砂浆	去除再生集料表面的水泥砂浆，效果好于 Na_2SO_4；再生集料的吸水性显著下降且比度最大
Na_2SO_4	去除水泥砂浆	去除再生集料表面的水泥砂浆，效果一般
HCl + Na_2SO_4	去除水泥砂浆	去除再生集料表面的水泥砂浆，效果最好；不仅显著提高了再生集料的工作性能，还增大了其抗压强度
磷酸二铵	生成羟基磷灰石，填补水泥砂浆中的孔隙	有效增大了再生集料混凝土的抗压强度

5.1.3.3 微生物处理法

生物控制和生物诱导是微生物处理的两种主要机理。前者充分利用生物的呼吸与代谢等生理活动进行控制，这个过程不依赖于周围环境；后者通过生物的活动先影响溶液环境，再通过改变物理化学条件，诱发矿化过程，具有代表性的应用是微生物诱导碳酸钙沉积。碳酸盐生物矿化过程是微生物生化反应的过程，通常由以下三种不同类型的微生物诱导[9]。

1）好氧型微生物

好氧型微生物进行有氧呼吸分解有机物，并在有氧呼吸的过程中释放 CO_2 和 NH_3，CO_2 与环境中的水分子发生水合反应，生成 CO_3^{2-}，而 NH_3 的水合反应会生成 OH^-，导致环境向碱性转变。在碱性环境下，先前生成的 CO_3^{2-} 会与混凝土中的 Ca^{2+} 结合生成 $CaCO_3$ 沉淀，进一步致密空隙，完成对材料界面的强化。这一过程的化学反应方程式是式(5-1)~式(5-4)。

$$R-CH(NH_2)-COOH + O_2 \xrightarrow{\text{呼吸作用}} NH_3 + CO_2 + R-COOH \tag{5-1}$$

$$CO_2 + H_2O \longleftrightarrow H^+ + HCO_3^- \longleftrightarrow 2H^+ + CO_3^{2-} \tag{5-2}$$

$$NH_3 + H_2O \longleftrightarrow NN_4^+ + OH^- \tag{5-3}$$

$$Bacteria-Ca^{2+} + CO_3^{2-} \longrightarrow Bacteria-CaCO_3 \tag{5-4}$$

2）硫酸盐还原型微生物

当环境中的氧气含量较低时，硫酸盐还原型微生物能够对硫酸盐进行分解，并进一步与有机物反应生成 HCO_3^{2-}。在碱性环境下，CO_3^{2-} 与 Ca^{2+} 结合生成 $CaCO_3$ 沉淀。这一过程的关键化学反应方程式为式(5-5)~式(5-7)。

$$CaSO_4 \cdot 2H_2O \xrightarrow{\text{Bacteria}} Ca^{2+} + SO_4^{2-} + 2H_2O \tag{5-5}$$

$$2(CH_2O) + SO_4^{2-} \longrightarrow HS^- + HCO_3^- + CO_2 + H_2O \tag{5-6}$$

$$Bacteria-Ca^{2+} + HCO_3^- + OH^- \longrightarrow Bacteria-CaCO_3 + H_2O \tag{5-7}$$

3）脲解型微生物

脲解型微生物能够分解尿素，生成 NH_3 和 CO_2，其中 NH_3 能够通过水合反应生成 OH^-，从而影响环境的酸碱度。细胞表面负电荷基团则会进一步牵引混凝土中的 Ca^{2+} 与 CO_3^{2-} 结合形成 $CaCO_3$，如图 5-11 所示。

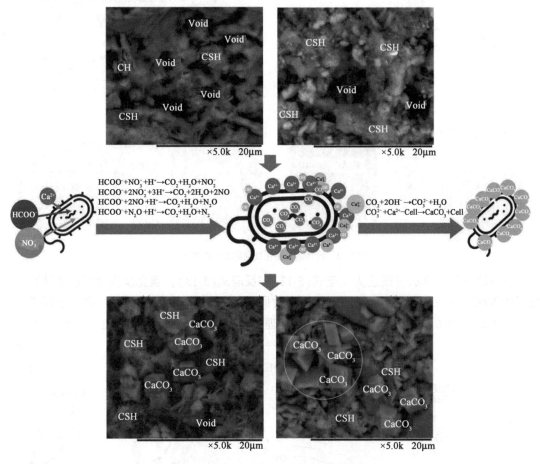

图 5-11　碳化处理再生集料前后微观结构图

这一过程的关键化学反应方程式为式(5-8) ~ 式(5-11)[10]。

$$NH_2-CO-NH_2 + H_2O \xrightarrow{\text{酶}} 2NH_3 + 2CO_2 \qquad (5\text{-}8)$$

$$NH_3 + H_2O \longleftrightarrow NN_4^+ + OH^- \qquad (5\text{-}9)$$

$$CO_2 + OH^- \longrightarrow HCO_3^- \qquad (5\text{-}10)$$

$$Bacteria-Ca^{2+} + HCO_3^- + OH^- \longrightarrow Bacteria-CaCO_3 + H_2O \qquad (5\text{-}11)$$

5.1.3.4　碳化反应处理法

碳化反应处理法是利用再生集料表面残留的 $Ca(OH)_2$ 以及水化反应生成的 C—S—H，与自然环境或特殊环境中的 CO_2 反应生成 $CaCO_3$ 晶体和硅酸凝胶，进一步对集料内部微裂纹进行填充，使再生集料的整体结构更加致密，增大再生集料的强度。再生集料碳化处理的增强机理如图 5-12 所示。

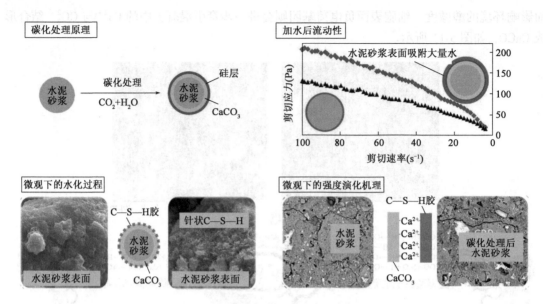

图 5-12 再生集料碳化处理的增强机理[11]

这种改性处理方法可描述为反应式(5-12)和反应式(5-13)。碳化反应处理能够使得再生集料的界面 C—S—H 胶凝层更加密实,从而对原有的界面进行增强与保护,进一步增强再生集料的界面抗剪切性能。具体地,碳化反应处理对再生集料界面的增强机理如图 5-13 所示。

$$Ca(OH)_2 + CO_2 \longrightarrow CaCO_3 + H_2O \tag{5-12}$$

$$C\text{—}S\text{—}H + CO_2 \longrightarrow CaCO_3 + SiO_2 \cdot nH_2O \tag{5-13}$$

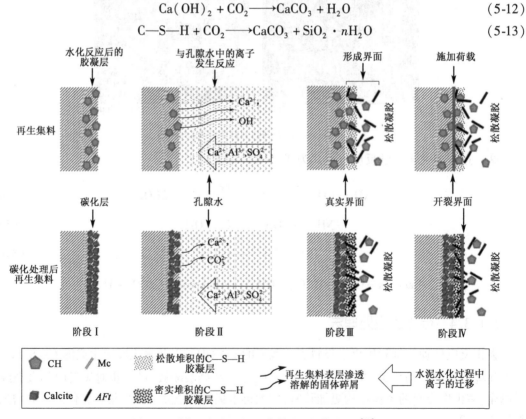

图 5-13 碳化反应处理对再生集料界面的增强机理[11]

5.1.4 再生集料在道路基层中的应用

目前,再生集料在道路基层中的主要应用为配合粉煤灰与石灰制备二灰稳定半刚性基层,这种半刚性基层具有良好的力学性能、抗冻性能以及水稳定性能,能够作为高等级路面的基层材料。为了考察并找出二灰稳定再生集料的最佳性能,我们进行了二灰稳定再生集料(RSLF)的配合比设计优化研究,配合比见表5-5[12]。

RSLF 配合比　　　　　　　　　　　表 5-5

类型	试验组	配合比
石灰:粉煤灰:再生集料 (L:F:R)	A1	3:7:90
	A2	4:6:90
	A3	5:5:90
	B1	5:10:85
	B2	4:11:85
	B3	3:12:85
	C1	6:14:80
	C2	5:15:80
	C3	4:16:80
水泥:石灰:粉煤灰:再生集料 (C:L:F:R)	D1	3:4:11:82
	D2	4:5:15:76
	D3	3:7:18:72

表5-6给出了不同试验组配合比经过重型击实后的物理性能以及关键力学性能,其中抗压强度为养护28d龄期后测试得到。

RSLF 的性能指标　　　　　　　　　表 5-6

试验组	最大干密度 (kg/m)	最佳水灰比 (%)	抗压强度 (MPa)	劈裂强度 (MPa)	30d 回弹模量 (MPa)
A1	1.982	10.64	1.82	0.12	461
A2	2.013	11.91	2.94	0.15	486
A3	2.007	11.20	2.54	0.09	473
B1	1.943	11.80	1.93	0.15	495
B2	1.958	12.01	2.28	0.19	498
B3	1.936	11.96	1.96	0.17	469
C1	1.892	11.90	1.84	0.19	392
C2	1.920	12.30	2.02	0.23	397
C3	1.887	12.16	1.76	0.17	366
D1	2.110	11.84	4.92	1.33	401
D2	1.954	11.92	4.76	1.28	387
D3	1.908	12.08	3.87	1.22	381

通过测试结果得知,二灰的含量越大,混合料的最佳含水率越高。在粉煤灰与石灰中,粉煤灰对混合料的影响较大。这是由于粉煤灰对水的适应性强,蓄水伸缩性强,因此 RSLF 有较强的保水性和黏聚性。另外,在 D 组别中,水泥部分代替石灰时最大干密度比未掺水泥时的变化明显,而最佳含水率变化不大;RSLF 的 28d 抗压强度和劈裂强度均有大幅度的提高,但对回弹模量的影响不大。

5.1.5 再生集料在水泥混凝土面层中的应用

水泥混凝土是由优质集料、砂和水泥混合并固化而成的复合材料。经过多年的使用,虽然砂浆部分由于自然环境和荷载的作用而出现性能上的变化,但所含集料的性能基本没有大的变化。所以,废弃混凝土含有大量优质的集料,具有良好的性能和巨大的使用价值。前面探讨了旧混凝土路面板作为道路基层材料的再生利用方法,创造了良好的经济效益。但从资源再生利用角度讲,该方法中优质集料没有发挥其应有的作用,对集料资源没有实现有效的再生利用。

本节通过再生集料的制备、配合比设计及性能测试来讨论再生集料在水泥混凝土面层资源化利用中的有效性。

5.1.5.1 再生集料的制备及基本性能

1) 再生集料的制备

该试验所使用的再生集料来源于某公路大修工程拆除的旧水泥混凝土路面板,经破碎、筛分后得到,其生产流程如图 5-14 所示。将由工地运回的旧水泥混凝土路面板,用长臂挖掘破碎机破碎成 40cm×40cm 左右的混凝土块,剔除钢筋等杂质,再通过大型颚式破碎机破碎,控制破碎最大粒径小于 31mm。破碎后的粗集料经过传送带送到电动筛,筛分得到所需的再生集料。

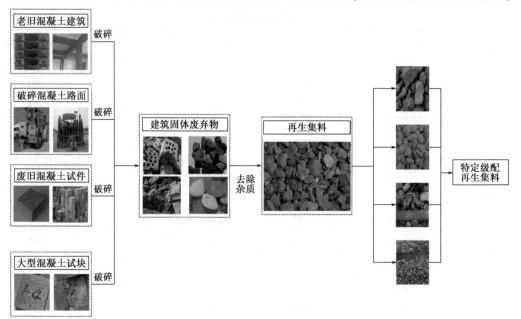

图 5-14 再生集料的生产流程

2）再生集料的基本性能

再生集料的基本性能见表 5-7。由表 5-7 可以看出，再生集料由于附着有砂浆，其吸水率较高、密度较低，压碎值指标基本满足规范要求。

再生集料的基本性能　　　　　　　　　表 5-7

性能指标	堆积密度（t/m³）	表观密度（t/m³）	表干密度（t/m³）	含泥率（%）	针片状颗粒含量（%）	压碎值指标（%）	吸水率（%）
再生集料	1.327	2.545	2.459	0.5	1.73	12.8	5.40
规范规定	>1.350	>2.50	—	<1.0	<15	<15	<2.0

5.1.5.2　再生集料混凝土的配合比设计

该试验路段中，将普通水泥混凝土中的部分粗集料替换为再生集料，再生集料和天然集料混合后的级配应满足规范要求。根据该路段的设计标准，水泥混凝土的技术性能如下：①设计强度等级为 C35；②28d 龄期抗折强度≥4.5MPa；③试验室新拌混凝土的坍落度在 30～50mm 范围内。

为选择最佳再生集料掺量，首先按再生集料不同掺入比例进行了室内试验，测定了不同配合比情况下的再生混凝土性能。四种再生混凝土的设计配合比见表 5-8（P0、P1、P2、P3 的再生集料替代率分别为 0、40%、60%、100%），坍落度、抗压强度、抗折强度如图 5-15 所示。可以看出，各配合比的坍落度、抗压抗折强度等指标均满足设计要求，但 P2（再生集料替代率 60%）配合比的强度指标，特别是抗折强度优于普通混凝土，在 4 个配合比中是最好的。因此，试验工程按该配合比进行施工。

四种再生混凝土的设计配合比　　　　　　表 5-8

编号	水（kg）	水泥（kg）	天然砂（kg）	5～10mm 碎石（kg）	10～30mm 碎石（kg）	再生粗集料（kg）	减水剂（kg）
P0	150	333	694	740	493	0	5
P1	150	333	694	444	296	493	5.66
P2	150	333	694	296	197	740	7.8
P3	160	343	757	0	0	1135	6.96

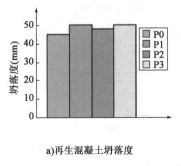
a）再生混凝土坍落度

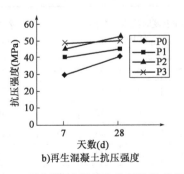
b）再生混凝土抗压强度

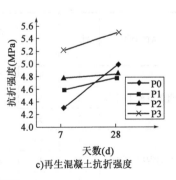
c）再生混凝土抗折强度

图 5-15　再生混凝土坍落度、抗压强度、抗折强度

5.1.5.3 施工及路面检测

1) 再生混凝土的强度

在摊铺混凝土过程中,对现场混凝土进行取样检测,检测结果见表5-9。由表5-9可以看出,再生混凝土具有优异的抗折强度,适合在道路工程中应用。但需注意施工环境的影响,在大风、寒冷季节施工时,要采取相应的保温措施,以确保再生混凝土强度达到设计要求。

再生混凝土与新制混凝土的强度　　表5-9

混凝土类型	龄期(d)	试件养生条件	抗压强度(MPa)	抗折强度(MPa)
再生混凝土	7	现场水池养护	29.9	3.95
	28	现场水池养护	38.0	5.38
新制混凝土	7	现场水池养护	35.8	7.89
	28	现场水池养护	42.5	8.95

2) 路面检测

施工完成后开放交通并经过一个冬季(11月至次年的5月)的使用,依据规范规定,对再生混凝土路面性能进行了检测,测试内容包括路表面外观、路面平整度、构造深度和摩擦系数等。为了与普通路面进行对比,同时测定了同期铺筑的普通混凝土路面性能,见表5-10和表5-11。

构造深度测定结果　　表5-10

路面类型	测点	摊平砂的平均直径 D(mm)	构造深度 TD(mm)	平均值(mm)
再生混凝土路面	1	252.5	0.5	0.5
	2	275.0	0.4	
	3	262.5	0.5	
普通混凝土路面	1	282.5	0.4	0.3
	2	317.5	0.3	
	3	306.0	0.3	

注:$\mathrm{TD} = \dfrac{1000V}{\dfrac{\pi D^2}{4}} = \dfrac{31831}{D^2}$。

摩擦系数测定结果　　表5-11

路面类型	测点	路面温度时测得的摆值 F_{BT}(BPN)					平均值(BPN)	温度修正后的摆值 F_{B20}(BPN)	总平均值(BPN)
再生混凝土路面	1	54	55	54	54	54	54	54	54
	2	54	52	53	55	55	54	54	
	3	55	55	54	53	54	54	54	
普通混凝土路面	1	46	48	45	46	46	46	46	46
	2	45	46	46	44	44	45	45	
	3	45	46	46	45	45	46	46	

检测结果显示,再生集料混凝土路面与普通混凝土路面具有相似的路面性能,某些性能甚至优于普通混凝土路面,因此具有推广应用的可能性。

5.2 废旧沥青混凝土的回收利用

5.2.1 再生利用方法概述

沥青混凝土的再生利用是指将已经服役到期的旧沥青混凝土路面铣刨、破碎、回收处理后,与再生剂和新沥青材料按比例重新拌和形成新沥青混凝土的全套工艺。按照施工过程的温度,沥青再生技术主要分为厂拌热再生、现场热再生、厂拌冷再生与现场冷再生[13]。

5.2.1.1 厂拌热再生技术

以厂拌热再生设备(图5-16)为例,厂拌热再生技术是先将旧沥青混凝土路面铣刨后运回工厂,在工厂内通过大型机械破碎、筛分归类,并依旧沥青混凝土中沥青含量、碎石级配等指标,掺入一定比例的新集料、新沥青和再生剂拌和,使再生混凝土满足规定的技术指标,按照铺筑新路面的方法进行铺筑。国内外的经验证明,厂拌热再生方法适用于废旧沥青混凝土品质较好条件下的旧沥青路面的再生利用,它充分利用了废旧沥青混凝土的集料和所含有的老化沥青,在沥青再生技术中具有良好的经济效益和社会效益[14-15]。

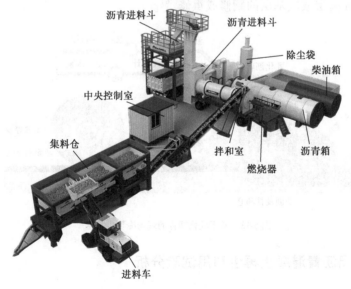

图5-16 厂拌热再生沥青混合料设备

5.2.1.2 现场热再生技术

现场热再生技术是利用专用的现场热再生机组(图5-17),通过对旧沥青混凝土路进行加热、铣刨、混拌、摊铺、碾压等工艺,一次性对旧沥青混凝土路面进行再生。由于采用机组进场的方式,现场热再生无须运输,工效高,主要用于修复沥青路面的表面病害。

图 5-17 现场热再生施工车队

5.2.1.3 厂拌冷再生技术

厂拌冷再生技术与厂拌热再生技术相同,都是将旧沥青路面材料运回搅拌厂,经过破碎处理,再加入水泥或石灰、粉煤灰、乳化沥青等稳定剂或新料进行搅拌。厂拌冷再生技术与厂拌热再生技术的区别在于,厂拌冷再生技术通过乳化沥青技术,实现在较低温度下对混合料进行成型与拌和。乳化沥青的最佳含量需要根据马歇尔稳定度、流值、空隙率等技术指标确定。相比厂拌热再生技术,厂拌冷再生技术能耗低、环境影响小、烟尘少。由厂拌冷再生技术生产的混凝土主要用于铺筑道路的基层和底基层[13]。

5.2.1.4 现场冷再生技术

现场冷再生技术是指将旧路面沥青面层或部分基层材料破碎加工后,作为新结构的基层(底基层)重新利用的再生技术。利用再生机械在现场进行铣刨与破碎,加入适当新集料、细集料、外掺剂(如水泥、石灰、粉煤灰等)进行拌和、摊铺、整平和预压,再由压路机进一步压实。以乳化沥青现场冷再生为例,图 5-18 展示了现场冷再生技术的细节。现场冷再生技术主要用于高等级公路路面基层或底基层的翻修或重修[16]。

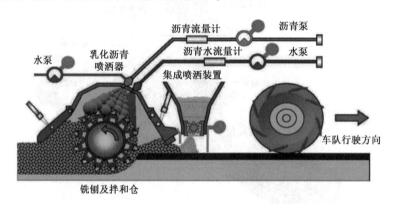

图 5-18 基于乳化沥青的现场冷再生技术

5.2.2 废旧沥青混凝土再生利用试验分析

5.2.2.1 旧料的破碎与筛分及旧沥青的抽提与指标测定

1)旧料的破碎与筛分

由于回收路段、铣刨设备、机组状况的不同,回收的旧沥青混合料级配变异很大,较大的级配变异会对再生沥青混合料的路用性能产生影响。对废旧沥青混凝土进行破碎加工,可以减少废旧沥青混凝土变异。

美国一些技术手册推荐破碎后旧沥青混合料38mm筛孔的通过率为100%,25mm筛孔的通过率为90%。美国沥青协会提出,如果旧沥青路面材料中集料的最大粒径大于再生沥青混合料级配设计的最大粒径,旧沥青路面材料需要用再生混合料设计的最大粒径尺寸破碎筛分,或者采用再生混合料级配设计的最大粒径的下一筛孔尺寸破碎。

2) 废旧沥青混凝土混合料级配试验方法

根据《公路沥青路面再生技术规范》(JTG/T 5521—2019),回收沥青路面材料的矿料级配和沥青含量可以采用抽提法或燃烧法进行检测。

(1) 抽提法和燃烧法的优缺点

抽提法通过三氯乙烯溶解老化沥青,分离矿料与沥青,再借助离心器分离矿粉和老化沥青溶液,通过抽提法获得老化沥青溶液中的沥青胶结料。然而,抽提法无法在离心过程中有效分离矿粉,从而产生误差。通常用抽提法得到的矿料级配细集料与矿粉含量偏低,老化沥青含量偏高。

燃烧法只需要将旧沥青混合料放入燃烧炉燃烧至恒重后,通过计算质量差获得老化沥青含量,再通过对矿料筛分得到级配。但是燃烧法可能会使有些石料在燃烧试验中崩解破碎而影响矿料级配。

(2) 抽提法和燃烧法对同种旧沥青混合料试验对比分析

对于铣刨回收的旧沥青混合料面层料,采用专用设备进行破碎筛分,并将破碎筛分后的旧沥青混合料分为0~5mm、5~10mm、10~16mm三档。对这三档旧沥青混合料分别采用燃烧法和抽提法进行级配通过率对比测试,测试结果如图5-19所示[17]。

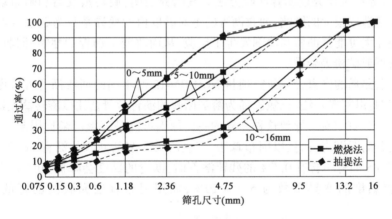

图5-19 抽提法和燃烧法级配通过率对比

由图5-19可以看出,燃烧法和抽提法确定出的级配差别不大,在0~5mm档燃烧法和抽提法确定的级配基本一致,但5~10mm、10~16mm档的燃烧法级配略高于抽提法,造成该现象的原因可能是燃烧法能使沥青充分燃烧,甚至把集料烧到崩离破碎;抽提法可能由于抽提不完全,少量矿粉残留在沥青中。两种试验方法对RAP级配变异性的影响如图5-20所示。

由图5-20可以看出,0~5mm和5~10mm这两档RAP抽提法的变异性大于燃烧法,而在10~16mm这一档RAP燃烧法的变异性大于抽提法,燃烧法和抽提法所确定的级配变异效果不显著。

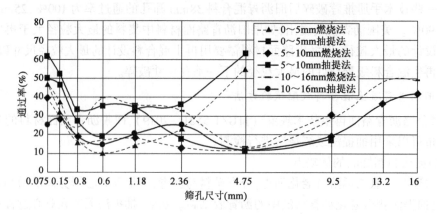

图 5-20　燃烧法和抽提法对 RAP 变异性的影响

3) 室内回收废旧沥青方法

在进行沥青路面回收再生时,必须确定旧沥青路面中沥青的性能,根据回收的沥青性能选择新沥青的强度等级以及再生剂。试验回收老化沥青,普遍采用抽提法。

目前的沥青回收试验方法很多,包括离心分离抽提法、回流式抽提仪法和 SHRP 计划抽提法等。国内常用的是离心分离抽提法,这种方法操作比较容易且回收过程不会对沥青造成二次老化。采用离心分离抽提法的溶剂主要有三种:三氯乙烯、甲苯和甲苯与乙醇混合液。但有研究表明,沥青在三氯乙烯中最容易溶解而且沸点很低更加蒸馏。

SHRP 曾经系统地研究过沥青回收方法。其研究表明:旋转蒸发器和阿布森法回收沥青会对沥青的性能造成很大的影响,回收沥青的绝对黏度值的变异系数为 25% ~ 42%。造成这些误差的主要原因可能是沥青与溶剂发生了反应,从而改变了沥青的性能,回收不彻底,回收沥青中含有溶剂或矿粉等杂质。

美国联邦公路局的国家合作研究项目 NCHRP9-12 对不同的回收沥青方法做过详细的试验。其研究表明:以阿布森法、三氯乙烯为溶剂回收的沥青含量会比以旋转蒸发器法、甲苯/乙醇为溶剂高 0.2% ~ 0.5%。导致这种差异的主要原因可能是三氯乙烯比甲苯/乙醇混合溶剂能更加彻底地分离旧沥青,而且以阿布森法、三氯乙烯为溶剂回收的沥青 PG 等级高,性能较低。研究表明:B5 沥青中含有 0.5% 的残留溶剂时,沥青的黏度会降低 50%。用旋转蒸发器法回收的沥青黏度的变异系数为 5% ~ 20%,而用阿布森法回收的沥青的变异系数为 38% ~ 69%。

4) 再生沥青混凝土配合比设计

(1) 美国的配合比设计方法

步骤一:对旧沥青混合料的评价。

① 集料级配(根据 ASTM C177 和 C136)。

② 沥青含量(根据抽提试验 ASTM D2172)。

③ 沥青在 60℃ 下的黏度(ASTM D2171)。

步骤二:根据 ASTMD3515 对集料的级配要求预估旧沥青混合料中的集料和新加集料之间的掺配比例。

步骤三:预估整个混合料所需的沥青百分量。

由离心煤油当量试验求得或由下列计算公式求得

$$P = 0.035a + 0.045b + kc + f \tag{5-14}$$

式中：P——再生混合料中所需沥青的预计百分量；
a——集料中留在 2.36mm 筛上的余百分量；
b——集料中通过 2.36mm 筛而留在 75μm 筛上的百分量；
c——通过 75μm 筛的百分量；
k——0.15(75μm 筛通过量为 11%～15% 时)，0.18(75μm 筛通过量为 6%～10% 时)，0.20(75μm 筛通过量 <5% 时)；
f——0～2.0%，由集料的吸油能力确定，如果缺乏这方面的数据，推荐值为 0.7%。

步骤四：预估混合料中新加沥青(含再生剂)的百分量。

由下列公式计算：

$$P_{nb} = \frac{100^2 - rP_b}{100(100 - P_{sb})} - \frac{(100 - r)P_{sb}}{100 - P_{sb}} \tag{5-15}$$

式中：P_{nb}——混合料中新加沥青的百分量；
r——集料中新加集料所占的百分量；
P_b——由上一步得到的 P 值；
P_{sb}——旧集料中沥青含量。

步骤五：选择新加沥青的等级。

先算出新加沥青在整个混合料沥青中的百分量，由公式 $R = 100P_{nb}/P_b \times 100\%$ 求得。选择新加沥青等级时根据图 5-21 确定。如图 5-21 所示，横坐标表示新加沥青占整个混合料沥青中的百分量，纵坐标表示黏度(对数)值，A 点纵坐标值表示旧沥青的黏度，B 点由目标黏度(其值根据路面结构、气候条件、交通量、交通性质等方面综合来选择)和 R 决定，过 A 点和 B 点作直线 AB 与直线 $R = 100$ 的交点即为 C 点，C 点所对应的纵坐标即为新加沥青的黏度值。据此来选择沥青等级，必要时可添加适当的再生剂来调节黏度。

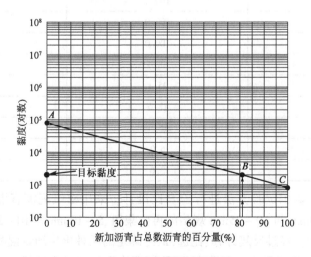

图 5-21 根据黏度确定新加沥青量

步骤六:确定最佳沥青用量。

根据第二步的集料掺配比例选择不同的沥青用量(0.5%的间距),进行马歇尔试验或维姆试验来确定最佳沥青用量。

步骤七:施工配合比的确定。

由以上结果算出旧混合料、新加沥青和集料及再生剂的用量。

(2)我国的配合比设计方法

步骤一:基础试验。

掌握旧混合料的含油量、旧沥青的常规指标、旧集料的级配等几个基本数据。

步骤二:选定旧料掺配率。

根据基础试验指标、路段交通量及再生混合料使用层位、旧料可供数量与拟定铺筑面积的需要量,初定可供对照的比例,通过物理力学试验,最后选优确定。

步骤三:确定新集料级配。

参照规范对沥青混合料的集料级配要求和旧集料级配来确定。

步骤四:确定外掺剂的用量。

外掺剂(包括再生剂和新沥青)的选择视旧沥青的品质而定,确定掺量系以地区常用针入度为控制指标,通过掺配试验最后选定掺配比例。

步骤五:参照规范及该地区施工经验,选择油石比,经马歇尔试验确定最佳油石比。

步骤六:按上述各项设计,计算再生混合料组成所需各种材料(数量、规格),为备料施工提供依据。

5)再生沥青混凝土配合比设计案例

针对沥青的性能和国内外的经验,选择再生集料占再生混凝土比例的30%和50%两种情况进行试验。首先进行两种再生集料的级配分析,试验结果见表5-12。

再生集料级配试验结果 表5-12

孔径(mm)	再生集料1(10~25mm)通过率(%)	再生集料2(0~10mm)通过率(%)
26.50	100.0	100.0
19.00	100.0	94.1
13.20	100.0	63.0
4.75	48.4	26.0
2.36	25.1	18.1
1.18	18.6	14.6
0.60	15.4	12.4
0.15	6.0	5.2
0.075	3.6	4.1

本书案例采用马歇尔试验方法进行配合比设计。采用密级配沥青混凝土中粒式AC-20型。集料包含0~10mm和10~25mm规格的再生集料、5~10mm和10~25mm规格的石灰岩集料及机制砂和矿粉。经过反复计算、比选,最终确定的两种再生沥青混凝土的级配如图5-22和图5-23所示。再生沥青混凝土的集料级配曲线处于规定级配范围内,符合规范的级配要求。马歇尔试验得到的再生沥青混凝土基本性能见表5-13。

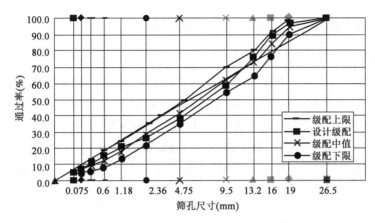

图 5-22 再生集料占再生沥青混凝土 30% 配合比的级配曲线

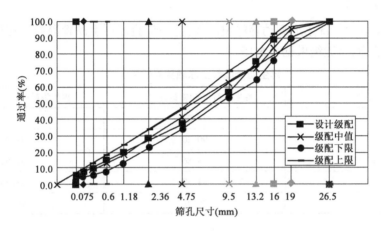

图 5-23 再生集料占再生沥青混凝土 50% 配合比的级配曲线

再生沥青混凝土基本性能　　　　表 5-13

试验项目	再生集料占 30(%)	再生集料占 50%	标准要求
击实次数(双面)(次)	75	75	75
毛体积相对密度	2.526	2.530	—
混凝土最大相对密度	2.580	2.582	—
空隙率(%)	2.1	2.0	2~4
矿料间隙率(%)	12.4	12.3	不小于 11
沥青饱和度(%)	83.1	83.7	70~85
稳定度(kN)	11.4	10.8	不小于 8
流值(mm)	3.1	2.8	2~4.5

由表 5-13 可以看出,使用 30% 和 50% 两种掺量的混合料均满足规范要求。同时,加入再生集料后使用的新沥青比新拌沥青混凝土低 1%~2%,可以节约大量新沥青,这正是废旧沥青混凝土再生利用的重大优点之一。

5.2.2.2 再生沥青混凝土路用性能的试验验证

1) 车辙试验

在最佳沥青含量情况下对再生沥青混凝土开展动稳定度试验,试验结果见表 5-14。由测试结果得知,动稳定度符合规范要求且优于普通沥青混凝土,表明再生沥青混凝土相比普通混凝土具有更好的高温稳定性能。这对夏季高温、极易形成车辙的地区来说有很好的应用价值。

再生沥青动稳定度试验结果　　　　　　表 5-14

试验结果	再生集料占 30%	再生集料占 50%
动稳定度(次/mm)	1800	2165
变形(mm)	3.750	2.985

2) 冻融劈裂试验

在最佳沥青含量情况下成型动容劈裂试件,进一步验证再生沥青混凝土在低温下抗冻性能及抗水损害能力,试验结果见表 5-15。

再生沥青混凝土冻融劈裂试验结果　　　　　　表 5-15

试验结果	再生集料占 30% 试件(%)	再生集料占 50% 试件(%)
1	78.03	91.04
2	90.20	91.20
3	78.86	89.62
4	94.58	91.36
平均值	85.43	90.80

3) 浸水马歇尔试验

浸水马歇尔试验反映沥青混凝土的抗水损坏能力,要求浸水马歇尔残留稳定度不小于80%,试验结果见表 5-16。结果表明,两种再生沥青混凝土具有较好的抗水损坏能力满足路用性能要求。

再生沥青混凝土浸水马歇尔试验残留稳定度试验结果　　　　　　表 5-16

试验结果	再生集料占 30% 试件(%)	再生集料占 50% 试件(%)
1	90.48	94.85
2	90.28	104.28
3	96.11	94.36
4	91.59	87.92
平均值	93.61	95.36

5.2.3 再生沥青混凝土再生剂

通过加入再生剂,可以补充老化沥青中的轻质组分,恢复再生沥青材料应有的化学性能,提高沥青与集料之间的黏附性。目前,国内外都很重视再生剂的开发研究,再生剂的品种也非常多。国内外再生剂的情况如下。

5.2.3.1 一般再生剂成分及基本性能

我国再生剂的开发截至目前可分为两个阶段:

第一阶段从20世纪80年代开始,再生剂的主要成分是轻质油,如润滑油、柴油、减五油及其混合物。这类轻质油对沥青具有较强的溶解能力,容易将旧集料上的旧沥青剥离下来并转移到新集料上去,但是这种再生剂闪点很低、易挥发,导致再生沥青抗老化性差。

第二阶段从21世纪初开始,本阶段开发的再生剂与20世纪80年代开发的再生剂的不同之处在于,大多数再生剂产品改轻质油为重质油分,并且添加一些增黏树脂和抗老化或抗剥落组分。重质油主要是石油渣油、煤焦油、糠醛抽出油,环烷基原油的馏分油等,树脂主要是天然橡胶、丁苯橡胶、氯丁橡胶、丁二烯橡胶、乙丙橡胶、苯乙烯-丁二烯、焦油提取物和石油树脂提取物等。

目前已有多种国内外开发的再生剂应用于再生工程,为使本书的分析更具普遍性和代表性,我们选择了四种热再生剂进行分析,编号为A、B、C、D。根据再生剂的性能要求,参考《公路工程沥青及沥青混合料试验规程》(JTG E20—2011)中的 T 0633,《公路沥青路面再生技术规范》(JTG 5527—2019)中的 T 0619 与 T 0610,对所选再生剂的闪点与燃点、黏度、残留黏度比与质量变化率进行测试,测试结果见表5-17。

四种再生剂的基本性能对比 表5-17

名称	闪点	60℃黏度	TFOT老化	
			残留黏度比	质量变化率
	℃	cSt	%	%
再生剂A	197	32.15	1.52	-4.07
再生剂B	208	107.52	1.25	-1.21
再生剂C	208	109.10	1.28	-1.60
再生剂D	210	29.41	4.5	-6.76
规范要求	≥220	50~60000	—	—

5.2.3.2 再生剂的改善机理

再生剂的渗透过程如图5-24所示。具体而言,国内外研究关于再生剂对老化沥青性能的改善机理结果主要分为组分调节理论与相容性理论两种。

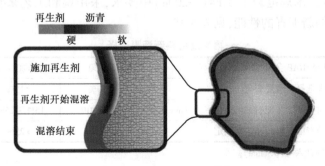

图5-24 再生剂渗透过程[18]

1)组分调节理论

组分调节理论是根据材料符合理论演变而来的。材料复合理论将复合材料视为一个多相系统,复合材料性能遵循一定的混合物定律方程,如复合法则:

$$K_c^n = \sum K_i^n \varphi_i \tag{5-16}$$

式中:K_c——符合材料的性能;

K_i——组分材料 i 与 K_c 对应的性能;

φ_i——组分材料 i 的体积参数;

n——符合效应常数。

根据材料复合理论,针对两相液体的混融,Arrhenius 在1887年提出以下模型:

$$\ln\eta = v_1 \ln\eta_1 + v_2 \ln\eta_2 \tag{5-17}$$

式中:v_1、v_2——混合液体的体积比例;

η_1、η_2、η——两种液体及其混融后液体的黏度,mPa·s。

Chaffin 提出用 Grunberg 方程对相容理论进行表达:

$$\ln\eta = x_1 \ln\eta_1 + x_2 \ln\eta_2 + x_1 x_2 G_{12} \tag{5-18}$$

式中:x_1、x_2——质量比或体积比;

G_{12}——修正系数,是两种液体黏度差值的函数。

将两种不同黏度的沥青调配成预期黏度的沥青,称为沥青黏度的调和。研究表明,计算调合沥青的黏度时,可使用如下公式:

$$\lg\eta^{mix} = a\lg\eta^A + b\lg\eta^B \tag{5-19}$$

式中:η^{mix}——混融后的沥青黏度,mPa·s;

η^A——A 沥青的黏度,mPa·s;

η^B——B 沥青的黏度,mPa·s;

a——A 沥青的重量百分比,%;

b——B 沥青的重量百分比,%。

沥青黏度的调合符合材料复合理论,因此,再生剂在研制之初的首要目的就是降低老化沥青黏度,使再生沥青的黏度降低到一定程度以恢复其路用性能,这也是目前再生剂选择时比较重视黏度指标,而在用量确定时将再生沥青针入度恢复作为第一评价指标的一个重要原因。

调和工艺是指采用两种不同性能的沥青经搅拌均匀后形成一种全新性能的沥青。我国《公路沥青路面再生技术规范》(JTG F41—2008)中要求,采用调和工艺来确定在老化沥青再生过程中所需添加的新沥青的性能,见表5-18。

再生混合料新沥青选择 表5-18

建议新沥青等级/RAP 含量/回收沥青等级	$P \geqslant 30$	$P = 20 \sim 30$	$P = 10 \sim 20$
沥青选择不需要变化	<20%	<15%	<10%
选择新沥青标号比正常高半个等级,即针入度10(0.1mm)	20%~30%	15%~25%	10%~15%
根据新旧沥青混合料调和法则确定	>30%	>25%	>15%

注:表中 P 代表25℃的针入度(0.1mm)。

在新沥青与旧沥青混合后再生沥青的针入度指标方面,比利时和荷兰采用下面公式:

$$\lg P_{\text{mix}} = a\lg P_{\text{Rccy}} + (1-a)\lg P_{\text{Virgin}} \tag{5-20}$$

式中：a——旧沥青占新沥青总量的小数比，%；

P_{mix}——再生沥青针入度，0.1mm；

P_{Rccy}——回收沥青针入度，0.1mm；

P_{Virgin}——新沥青针入度，0.1mm。

再生沥青软化点的复核采用下面的公式：

$$T_{\text{mix}} = aT_{\text{Rccy}} + (1-a)T_{\text{Virgin}} \tag{5-21}$$

在瑞典、挪威和芬兰等采用黏度等级的国家，其复合沥青黏度的计算公式为

$$\lg\lg\eta_{\text{mix}} = a\lg\lg\eta_{\text{Rccy}} + (1-a)T_{\text{Virgin}} \tag{5-22}$$

在室内对 70 号沥青进行旋转式薄膜烘箱试验（RTFOT）和压力老化试验（PAV），然后按不同掺配比例与 130（L130 号）基质沥青混溶，测试混溶后再生沥青的常规指标，见表 5-19。

老化 70 号沥青与 130 号基质沥青的复合结果　　　　表 5-19

复合组分	老化沥青掺配比例（%）	针入度(25℃)(0.1mm)		软化点(℃)		延度(15℃)(cm)
		实测结果	式(5-20)计算结果	实测结果	式(5-21)计算结果	
70 号（RTFOT+PAV）外掺 130 号	100.0	21	21.0	66	66.0	4
	90.9	25	24.8	63	64.0	8
	83.3	28	28.5	61	62.3	8
	66.7	39	38.5	59	58.6	10
	50.0	50	52.2	54	55.0	13
	33.3	—	—	—	—	20
	25.0	—	—	—	—	24
	20.0	—	—	—	—	29
	16.7	—	—	—	—	29
130 号		130	130.0	43.9	43.9	132

将表 5-19 中的数据和式(5-21)、式(5-22)的计算结果绘于图 5-25 中，可以看出，老化沥青和软沥青经调和后，其混合沥青的性能较好地吻合了沥青调和公式。

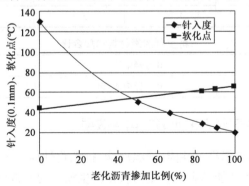

图 5-25　新旧沥青针入度复合对数线性关系的试验验证

但在低温延度方面,测试结果表明,该指标复合规律性较差,这说明满足再生沥青低温延度指标仅靠新沥青调节程度有限,应设计添加再生剂进行调节。沥青中沥青质含量过多,会导致沥青的延度降低。因此,旧沥青的延度衰减很快。由于沥青低温延度与低温开裂性能关系密切,因此应对新旧沥青复合后的低温延度性能予以重视,尤其是在较寒冷地区。但通过上面测试发现,仅通过新旧沥青的延度复合,即使旧沥青料掺量较低,延度恢复程度仍有限。因此,单纯靠软沥青的调和难以完全恢复老化沥青性能。

2)相容性理论

相容性理论将沥青视作一种以沥青质为溶质,以软沥青质为溶剂的高分子溶液。沥青溶液的稳定性由沥青质与软沥青质之间的相容性决定。有学者认为,当沥青质与软沥青质的溶解度参数接近或相等时,沥青能被视作稳定的溶液,展现出良好的路用性能。

沥青老化后,各个化学组分的溶解度随化学结构的变化而改变,特别是沥青质的溶解度参数的变化远远大于软沥青质,导致老化沥青中沥青质与软沥青质之间的溶解度参数差异逐渐显著,软沥青质相对沥青质的溶解分散变差,因此老化沥青高分子溶液的稳定性变差,导致沥青路用性能的恶化。

相容性理论认为,再生剂能够缩小沥青质与软沥青质之间的溶解度差异,增益软沥青质对沥青质的溶解分散性,促使沥青形成稳定的高分子溶液,恢复沥青的路用性能。在软沥青质中,芳香分的溶解度参数和沥青质更为接近,因此质量较好的再生剂中应含有较多芳香分。

5.2.3.3 常用再生剂及其技术指标

关于再生剂国内各省多因地制宜,从省内材料来源和成本的实际出发,并考虑掺和难易程度、旧油类别等因素,开发出适合本省的再生剂。再生剂技术指标应符合《公路沥青路面再生技术规范》(JTG/T 5521—2019)的要求。几种常用再生剂的技术指标原材料和配合比见表5-20和表5-21。

几种常用再生剂的技术指标　　　　　　表5-20

再生剂种类	黏度(25℃)(Pa·s)	流变指数(25℃)	芳香分含量(%)	表面张力(25℃)(10^3N/m)	薄膜烘箱试验黏度比
减五线抽出油	17.3	1.048	46.6	49	<3
润滑油	0.248	1.044	10.2	35	<3
机油	0.037	1.10	7.5	32	<3
玉米油	0.030	1.092	3.2	34	<3

再生剂的原材料和配合比　　　　　　表5-21

A	0号轻柴油60%	30号机械油40%
A_W	0号轻柴油60%	15号汽油机润滑油40%

5.2.3.4 一般再生剂对老化沥青的再生效果

道路沥青的路用性能包括高温性能、低温性能、抗老化性能及温度敏感性等,下面分别进行研究,分析沥青再生对各性能的影响。室内获得再生沥青的通常做法是,向老化沥青中添加不同比例的再生剂,借助针入度、软化点、延度、黏度等指标评价再生沥青各项性能随再生剂剂量的变化规律,当各指标满足规范规定的再生剂用量时即为适宜的再生剂添加量。

本研究使用的老化沥青的性能指标见表 5-22。

原样及老化沥青性能 表 5-22

项目	软化点（℃）	10℃延度（cm）	60℃黏度（Pa·s）	针入度(0.1mm)			PI	当量软化点（℃）	当量脆点（℃）
				15℃	25℃	30℃			
原样	49.1	41.8	211.3	22.3	67.2	104.7	-0.798	49.3	-13.2
老化后	55.4	6.3	530.3	14.9	39.0	64.2	-0.359	56.0	-10.9
规范	不小于44	—	—	—	60~80	—	-1~1	—	—

不论以哪种指标评价,随着再生剂的添加,沥青温度敏感性都会逐渐增强,但两种指标表征的再生沥青温度敏感性排序截然不同,除针入度试验受温度影响较大外,还可能是两种指标所反映的温度区间不同造成的。在较低温度条件下,低分子的再生剂仅在沥青分子间起到填充作用,沥青的流变性能主要由沥青胶团起主导作用,针入度指数 PI 更侧重于反映沥青胶团的作用。而在较高温度条件下,这些小分子物质变得较为活跃,对沥青流变性能的贡献占有优势,从而表现为更大的温度敏感性。路面车辙病害多出现在温度较高的夏季,此时路面温度接近 60℃,因此使用 25℃ 针入度及 60℃ 黏度指标更符合需求。

1) 再生沥青的高温性能

高温下沥青路面的蠕动变形导致的车辙是主要路面损坏形式之一。在夏季高温条件下,沥青由弹性体向塑性体转化,劲度模量大幅下降,抗变形能力急剧衰减,因此其高温稳定性备受关注,各国沥青技术标准也都无一例外地设定了反映沥青高温性能的指标。常用的表征沥青高温性能的指标主要有两个,即软化点和 60℃ 黏度。

沥青老化过程中因组分迁移,产生较多的沥青质,具有较高的软化点。通过加入再生剂,沥青质能够被进一步溶解和分散,但是会影响旧沥青的高温性能。测定不同再生剂掺量下再生沥青的软化点 $T_{R\&B}$,并根据针入度温度指数 A 及回归直线截距 K,按式(5-23)计算其当量软化点 T_{800},结果见表 5-23。

$$T_{800} = \frac{\lg 800 - K}{A} \quad (5-23)$$

再生沥青的软化点及当量软化点(℃) 表 5-23

掺配比例（%）	再生剂 A		再生剂 B		再生剂 C		再生剂 D	
	$T_{R\&B}$	T_{800}	$T_{R\&B}$	T_{800}	$T_{R\&B}$	T_{800}	$T_{R\&B}$	T_{800}
0	55.4	56.0	55.4	56.0	55.4	56.0	55.4	56.0
2	52.9	51.4	53.8	53.0	52.7	51.9	51.6	52.3
4	49.3	48.6	52.1	50.4	51.1	49.3	49.3	49.3
6	47.1	44.4	49.9	47.3	49.4	47.2	47.0	46.6
8	44.2	41.8	47.7	45.3	47.7	45.1	44.8	43.9

2) 再生沥青的低温流变性能

尽管老化有助于提高沥青的高温稳定性,但是沥青流变性能的严重衰减容易造成路面的低温开裂。沥青混合料中集料部分不具有任何抗拉伸能力,其低温抗裂性能主要取决于沥青胶结料的低温抗变形能力。老化后沥青劲度模量增大,应力松弛性能降低,在温度应力和车辆荷载作用下沥青路面很容易开裂。从某种程度上讲,沥青的再生主要在于提高沥青的低温延性,特别是一些老化较为严重、出现大量疲劳开裂的沥青路面。因此,评价再生剂对旧沥青低温抗裂性能的恢复程度也是一个重要方面。

评价沥青低温抗裂性能的指标很多,比较常用的有沥青劲度、弗拉斯脆点、低温延度等。其中,弗拉斯脆点实际上是一种等劲度温度。本书采用当量脆点及10℃延度评价再生沥青的低温性能。

(1)当量脆点 $T_{1.2}$

根据不同再生剂掺量下再生沥青的15℃、25℃和30℃针入度值,对所获数据进行半对数线性回归,获得针入度温度指数 A 及截距 K,按式(5-24)计算当量脆点,结果见表5-24。

$$T_{1.2} = \frac{\lg 1.2 - K}{A} \tag{5-24}$$

不同再生剂掺量下再生沥青的当量脆点(℃)　　　　表5-24

再生剂掺量(%)	0	2	4	6	8
再生剂 A	-10.9	-12.4	-14.3	-14.9	-16.4
再生剂 B	-10.9	-9.7	-10.0	-10.4	-11.3
再生剂 C	-10.9	-10.3	-10.9	-11.8	-12.1
再生剂 D	-10.9	-13.0	-14.3	-16.4	-18.5

计算结果表明,再生剂对旧沥青的低温脆点有一定改善作用,随着再生剂掺量增加,当量脆点呈下降趋势,但改良幅度很小。黏度较大的再生剂 B、C 添加8%时,再生沥青的当量脆点仅降低1℃左右,基本没有改善其低温开裂性能;黏度较低的再生剂 A、D 掺加8%时也仅仅降低了5~7℃。

(2)低温延度

低温延度是反映沥青路用性能的一个重要指标,它表示沥青的塑性变形能力,与路面低温开裂关系密切:延度好的沥青在低温条件下变形能力相对较强,不容易产生开裂。根据流变学温度时间换算,常温15℃或10℃下的延度可以较好地反映更低温度的抗开裂性能。本书采用10℃延度研究再生剂对旧沥青低温延性的改善情况,结果见表5-25。

不同掺配比例下沥青10℃延度(cm)　　　　表5-25

再生剂掺量(%)	0	2	4	6	8
再生剂 A	6.3	8.1	15.8	32.1	71.2
再生剂 B	6.3	7.2	9.6	16.4	22.5
再生剂 C	6.3	7.9	9.6	16.9	28.7
再生剂 D	6.3	8.5	14.1	35.6	80.7

再生剂中含有相当多的芳香族组分,对沥青质具有良好的分散溶解作用,包括:①芳香族组分分子质量较小,能够渗入沥青质胶团内,阻断沥青质分子长链;②芳香族组分与沥青质的亲和能力较强,是沥青质的分散剂。因此,再生剂的添加可缓解沥青因老化造成的流变性能衰减。从沥青低温延度随再生剂添量变化规律可以更直观地看出,随着再生剂掺量的增加,再生沥青的低温延度在逐渐增大,且两者之间呈现指数关系。

对比原沥青的延度,再生剂 A、D 添加 6% 左右基本可恢复到原来水平;添加 8% 后,沥青的延度接近新沥青的两倍,具有良好的改善效果。但兼顾沥青针入度、软化点的要求,其工程用量宜取 4%,此时的延度严重不足。再生剂 B、C 改善效果稍差,添加 8% 以后尚达不到原来水平。沥青延度与其内在化学组成,尤其是胶体结构有很大关系。沥青延度恢复较差也就表明再生剂的机械添加并没有从根本上改善沥青胶体结构。

5.2.4 现场热再生工艺

沥青路面的再生技术不仅与材料和级配有关,也受再生设备及工艺(机组工艺、机组效率、再生工序)的影响。再生过程的掺料工序、拌和时间以及拌和料温度、水分的多少等都会显著影响再生混合料的质量;成型时的温度与湿度、压实工序以及接缝处置、后续工序衔接等都关联再生沥青路面的服务质量和长期使用性能。本节重点从现场热再生的工艺原理出发,对现场热再生的关键工艺进行分析和探讨。

5.2.4.1 现场热再生的工艺组成

1) 现场热再生的工序

完整的现场热再生工艺流程如图 5-26 所示。现场热再生工艺主要由三个主体部分组成:路面预热工艺、翻松拌和工艺与摊铺碾压工艺。首先通过如前所示的加热机组,将旧沥青青路面加热软化;紧接着通过翻松(铣刨)机对旧路面进行翻松(铣刨)破碎,通过再生主机将松散在路面上的热旧料收集到搅拌器中,视需要添加再生剂与新集料,搅拌均匀进行摊铺;最后通过压路机压实成型,一次性完成路面的再生维护。

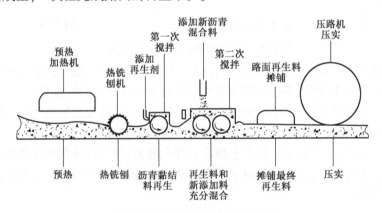

图 5-26 完整的现场热再生工艺流程

根据不同工程的实际需求,利用现场热再生机组,可实现不同沥青路面再生方式,其中比较典型的包括整形再生、复拌再生和复拌加铺再生三种。

(1) 整形再生适用于沥青面层小程度的平整度病害,通过对旧路表面加热再压实(通常不添加新的材料),恢复沥青路面的平整度等功能,如图 5-27 所示。

(2) 复拌再生的目的是恢复路表功能和改善面层的路用性能。通常在复拌再生过程中,需要添加一定量的新料和再生剂,新料的加入会增加路面厚度。因此,倘若不是全幅再生,应控制再生后的路面高程超出相邻车道不大于 5mm,以确保行车安全及路表排水通畅。沥青路面的复拌再生如图 5-28 所示。

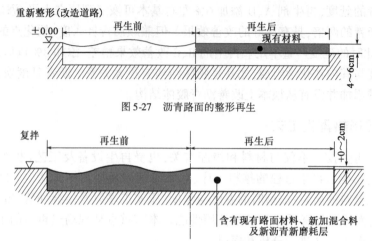

图5-27 沥青路面的整形再生

图5-28 沥青路面的复拌再生

(3)复拌加铺再生工艺流程见图5-29。

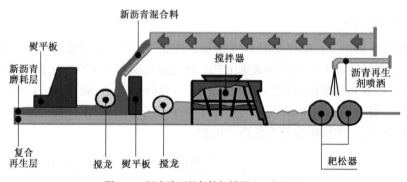

图5-29 沥青路面的复拌加铺再生工艺流程

目前的现场热再生设备和工艺都还处在进一步的完善之中,因此还没有形成较为统一的使用设备。不同的再生设备,不仅预热机采取了烘烤加热、热风加热、红外加热、微波加热等不同的加热工艺,其拌和设备也各不相同,如有的现场热再生设备仅是耙松原路面旧料后直接加铺新料层,有的再生设备采用了再生剂和新料的两级添加和拌和程序以提高再生混合料的拌和效果,有的设备设置了类似于厂拌的小型滚筒拌和装置,将旧料收集至拌和滚筒中拌和以提高保温效果和拌和效果。总体而言,目前的现场热再生设备水平参差不齐,操作过程及使用性能大多基于使用经验。

2)现场热再生的分类

根据加热机组加热方式的不同,现场热再生可分为明火加热式、热风加热式、红外加热式和微波加热式。

(1)明火加热式

明火加热式主要是通过在加热器内点燃燃油,形成明火,并将加热器接近沥青路面表面,通过明火的热辐射及空气传导,对沥青路面进行加热。明火加热式的优点是结构简单、加热功率较大(图5-30),但由于采用明火加热,对火焰强度的控制就尤为重要,特别是在刚起步时。如果火焰强度控制不好,会造成火焰直接与沥青路面接触,使沥青路面出现焦糊等现象(图5-31),影响再生效果。

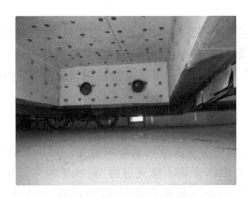
图 5-30　再生机组的明火加热器

图 5-31　明火加热时火焰过强

(2) 热风加热式

如图 5-32 所示,热风加热式利用燃油或燃气的燃烧形成高温气体吹向路表,在热风与路表进行热交换后将冷却的气体回收到燃烧室进行二次燃烧。热风加热式通过空气媒介接触路表,有效避免了路表因过热产生的焦糊现象。但由于缺少了火焰的红外辐射加热,热风加热式加热效率略低。

图 5-32　沥青路面现场热再生的热风加热式

(3) 红外加热式

红外加热式是将燃气通入红外发生器进行燃烧,并形成大量的红外辐射,利用红外辐射的高能量和高穿透性,对沥青路面进行加热(图 5-33)。红外加热式既具有较高的能量传递效率,又避免了路表与高温火焰相接触,是一种高效的加热方式。

图 5-33　沥青路面现场热再生的红外加热机组及红外发生器

(4) 微波加热式

微波加热式具有较强的穿透性,可使加热范围内的路面形成较为均匀的温度场,避免上述加热方式热量单向传递导致的路表温度过高而低温温度不足的现象。微波加热方式是一种非常有前途的加热方式,但由于能量转换效率较低,现有的微波加热设备只能适应局部修补的加热,还无法进行大面积的现场热再生。

5.2.4.2 现场热再生关键工艺特征

与普通厂拌沥青混合料比较,再生沥青混合料质量受温度因素影响更大。如果 RAP 受热温度不足,则加入的再生剂和新沥青与 RAP 中的旧沥青则不能充分混溶,在矿料表面形成的沥青膜厚度不均匀,黏稠度也不一致,再生沥青混合料性能很难满足要求;同时,如果 RAP 受热温度过高,那么其中的旧沥青则会焦化、变质,这样既不能再生利用旧沥青,也会污染环境。因此,以温度为核心,对厂拌热再生的拌和工艺条件进行重点分析。

5.2.5 WMA 混合料再生技术

5.2.5.1 WMA 技术的优势

WMA 技术是指在制备沥青混合料的过程中通过材料和工艺降低拌和成型温度。HMA 的生产过程会排放大量温室气体,随着减排目标的不断落实,为了减少道路行业造成的环境污染,WMA 技术逐渐进入大众视野。传统的 HMA 是在 140~180℃ 环境下生产和压实的,而使用 WMA 技术可将混合和压实温度降低 20~60℃。根据美国国家沥青技术中心(NCAT)的一般规范要求,WMA 混合料一般控制在 115~135℃ 的范围内进行制备。自 2004 年美国铺筑第一条 WMA 道路后,NCAT 分别于 2009 年、2010 年和 2011 年进行了现场调查,以确定美国境内使用 WMA 技术的道路路段的现场性能,通过分析密度、间接拉伸强度、沥青含量和沥青强度等级等指标认为,WMA 混合料总体路用性能良好。

此外,使用 WMA 技术有许多直接和间接的优势,具体如下。

1) 减少沥青混合料加热过程的能源需求

WMA 技术不仅能够节省化工燃料的消耗,还能够降低能源生产中涉及的生产成本。温拌沥青技术的能源消耗与需求如图 5-34 所示。研究表明,与传统的 HMA 相比,使用 WMA 技术可以节约 18%~30% 的能量。此外,生命周期成本评估研究表明,使用 WMA 技术可以将成本降低 10%~30%。

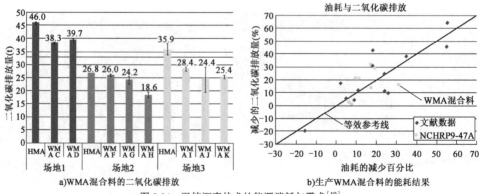

a) WMA 混合料的二氧化碳排放　　　b) 生产 WMA 混合料的能耗结果

图 5-34　温拌沥青技术的能源消耗与需求[19]

2) 减少温室气体排放

WMA 技术减少温室气体排放可分为两个阶段:第一阶段是减少燃料消耗而减少温室气体排放,第二阶段是减少沥青加热产生的温室气体。根据研究,每吨 WMA 混合料可减少 4.1~5.5kg 的温室气体,使用 WMA 技术可以减少 24% 的空气污染。

3) 烟尘污染小

与 HMA 相比,在使用 WMA 混合料的施工现场,沥青烟雾和粉尘的排放量非常低。根据研究,摊铺机后的沥青烟气减少了 30%~90%。图 5-35 显示了摊铺机后 HMA 和 WMA 混合料之间的沥青烟气排放情况。

a)HMA　　　　　　　　　b)WMA混合料

图 5-35　摊铺机后沥青烟气排放比较

4) 施工和易性好

WMA 技术降低了沥青在较低温度下的黏度,因此沥青混合料的可压实性和可加工性优于 HMA,该特性对铺筑和压实沥青混合料非常有帮助。某些温拌剂还具有润滑作用,改善了沥青的流动特性,在寒冷和大风条件下也可轻松将沥青混合料压实。

5) 适应更长距离的运输及更广的施工温度范围

HMA 的主要问题之一是运输造成的热量损失,过长的运距导致 HMA 达不到所需的压实温度。由于 WMA 混合料具有较低的压实温度,热损失率较低,它易于运输更长的距离而不会损失所需的压实温度。

6) 能够再生高掺量 RAP

一方面,WMA 技术通过使用温拌添加剂降低拌和压实温度来降低生产成本和环境污染;另一方面,RAP 通过使用再生材料来降低生产成本和环境污染。WMA 技术和再生沥青技术的结合使用在提高性能的同时进一步降低生产成本和环境污染。在 WMA 混合料中使用的较低温度可以防止 RAP 在拌和过程中二次老化,它通过改善老化沥青的柔韧性来减少路面的疲劳裂缝和温度裂缝,使其更具弹性以防止早期开裂。

许多研究人员已经对 WMA 混合料的适用性进行了研究,对各种温拌技术和添加剂进行了评估,以确定 RAP 在 WMA 技术中的优缺点;同时,研究了 WMA 混合料的性能,以尽可能多地掺入 RAP,掺量基本上可以达到 60% 及以上。以下从温拌剂、WMA 胶结料及混合料三方面详细讨论 WMA 技术的特性。

5.2.5.2 温拌剂的类型、性能及对路用性能的影响

WMA 技术通过使用不同的温拌剂和温拌工艺降低沥青混合料的制备和摊铺温度。尽管这些温拌材料和工艺在原理上有很大的不同,但它们都针对降低沥青黏度、改善沥青混合料的施工和易性以及减少烟气排放。根据降低的温度范围,WMA 技术可分为 WMA 技术和半 WMA 技术,而根据温拌原理可将 WMA 技术分为发泡沥青技术(细分为沸石发泡工艺和添加剂发泡工艺)、有机添加剂(如 Fischer-Tropsch 合成蜡、脂肪酸酰胺蜡和 Montan 蜡)和化学添加剂(通常是乳化剂或聚合物)。温拌剂的原理示意图如图 5-36 所示。

WMA 技术通过发泡技术、降黏材料和表面活性材料等来降低沥青混合料的拌和和压实温度,进而在保证沥青混合料性能的同时提高施工和易性。然而,众多 WMA 产品使得研究者很难得到统一的结论来描述 WMA 混合料的性能特征,因为每种 WMA 技术都有各自的优势和局限性。表 5-26 总结了目前常用的 12 种不同 WMA 技术对沥青路面路用性能的影响。

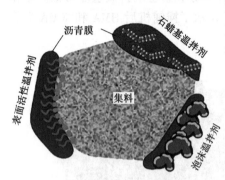

图 5-36 温拌剂的原理示意图

目前常用的 12 种不同 WMA 技术对沥青路面路用性能的影响　　　表 5-26

温拌剂	技术分类	抗车辙性能	疲劳性能	水稳定性	低温抗裂性	压实效果
Aspha-Min	发泡技术	-	+	=	-	+
Advera		-	+	-	+	+
Double barrel green		= -	= -	=	+	+
Ultrafoam GX		-	-	-	+	+
WAM-Foam		+	+	-	-	+
Aquablack		=	=	=	=	+
Rediset WMX	有机添加剂	-	+	+	+	+
Sasobit		+	=	=	-	+
Asphaltan B		+	-	+	=	+
Licomont BS 100		+	-	+	=	+
Evotherm	化学添加剂	+	-	-	+	+
Cesabase RT		-	-	-	-	+

注:"+"表示性能提升,"-"表示性能下降,"="表示性能均等,"= +"表示性能略好,"= -"表示性能略差(与对照样品或者 HMA 相比)。

基于表 5-26 可以得出结果:①不管采用哪种技术生产温拌沥青混合料,其压实效果和施工和易性均得到明显改善;②有机添加剂在路用性能方面表现优异,尤其是水稳定性,而沥青发泡技术和化学添加剂的效果相同或略微下降;大部分采用 WMA 技术的混合料疲劳性能优于 HMA;③Ultrafoam GX、Sasobit 和 Evotherm 分别在各自类别的温拌技术(发泡技术、有机添加剂和化学添加剂)中均表现更好。

5.2.5.3 泡沫沥青发泡技术

为衡量泡沫沥青发泡效果,通常采用膨胀率与半衰期这两个指标。膨胀率指泡沫沥青发泡过程中测量到的最大体积与发泡之前的原始状态体积之比。半衰期则是指从发泡到最大体积时算起,泡沫沥青从最大发泡体积缩小到一半的用时。确定最佳发泡条件的方法如图5-37所示[20]。

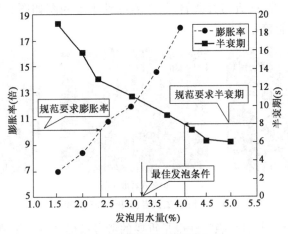

图5-37　确定最佳发泡条件的方法

5.3　钢渣的回收利用

5.3.1　钢渣沥青混凝土

钢渣相比碎石具有优良的耐磨性能、颗粒形状以及与沥青之间的黏附性能。由于钢渣中富含铁,钢渣的压缩空隙结构使之成为较为密实的集料。同时,拥有较多闭合空隙的钢渣具有优良的隔热性,是一种极具潜力的低成本、高附加值、环境友好的工程材料。

5.3.1.1　钢渣集料

经过稳定处理的钢渣在陈化一年以上后其性能基本稳定。表5-27、表5-28分别为某企业的钢渣化学成分分析与物理性能试验结果。通常钢渣的化学成分较为稳定,游离CaO、MgO含量较低,并且随存放时间的推移,游离CaO、MgO含量会降低。由表5-28中可知,钢渣的吸水率达到3.06%,大于规范中2%的吸水率要求。这反映了钢渣多孔材料的特性,特别是与沥青裹覆时,有效沥青含量较常规沥青混凝土低,这会大大增加沥青用量,提高成本。除此以外,钢渣的压碎值、黏附性、磨光值、抗冻性能均满足规范要求。

钢渣化学成分分析结果　　　　　　表5-27

成分	SiO_2	Al_2O_3	CaO	MgO	MnO	Fe_2O_3	f-CaO	Loss
含量(%)	13.68	3.46	39.96	6.45	1.39	21.49	2.10	9.58

钢渣物理性能试验结果　　　　　　　　　　　　　　　　　　表5-28

试验项目	压碎值（%）	吸水率（%）	洛杉矶磨耗值（%）	软石含量（%）	黏附性	磨光值（%）	MgSO$_4$稳定性（%）	极限饱水抗压强度（MPa）
技术要求	≤26	≤2	≤28	≤3	≥4级	>60	≤12	—
试验结果	16.3	3.06	11	1.8	4级	67	0～1.5	153

从微观形貌的角度看，钢渣与玄武岩、石灰岩的外观形貌图如图5-38所示。由图可以看出，钢渣与沥青黏附性能较好[21]。

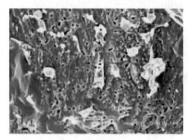
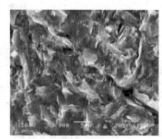
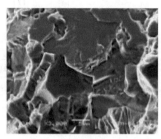

a)钢渣形貌图　　　　　　　　b)玄武岩形貌图　　　　　　　　c)石灰岩形貌图

图5-38　钢渣、玄武岩、石灰岩外观形貌图

钢渣集料及沥青混凝土的水稳定性也是重要的考量指标之一。钢渣沥青碎石混合料的水稳定性能影响因素很多，主要包括天气（夏季多雨，冬季温差大）、交通量的增加，特别是重载、超载交通的不合理控制等，这些因素都会导致沥青路面出现大面积的水损害。此外，影响钢渣碎石沥青混合料水稳定性的因素还包括材料的特性、混合料的性质等，具体影响因素分类见表5-29。

影响钢渣碎石沥青混合料水稳定性的因素　　　　　　　　　　　表5-29

	因素	期望性质
集料层面	表面构造	集料表面粗糙，有一定构造深度
	孔隙率	孔隙均匀，避免出现较大的蜂窝状孔隙
	矿物成分	集料呈现碱性
	尘土覆盖	表面洁净，没有尘土与杂质
	表面化学成分	能从氢结合中夺取电子
	矿物填充	有一定的碱性矿物，适当增加沥青黏性
沥青	黏附性	黏附等级较高
	化学性质	氮基和苯酚
	膜厚	沥青膜需要较高
混合料	空隙	需要保证沥青混合料的孔隙较低（密集配）或透水沥青混合料（开级配）
	级配	很密或很开
	沥青含量	沥青含量较高
气候条件	温度	需要保证施工环境温度较高，在夏季进行施工
	施工期降雨	避免出现降雨
	施工后降雨	如果出现降雨，需要尽快排水
	施工后冻融作用	避免施工后出现冻融，因此避免冬天施工

由表 5-29 中可以看出,对于钢渣碎石沥青混合料而言,其中的部分影响因素能够满足期望性质,如钢渣的表面十分粗糙,具有丰富的纹理结构,细料的洁净程度良好,试验用钢渣属强碱性材料,更利于抗剥落,矿粉能增加沥青黏性,沥青的针入度大,黏附性较高等;在气候条件方面,它是一个没有规律的随机因素,无法用试验室手段来进行干预,因此这方面的期望性质是不容易达到的。

钢渣碎石沥青混合料水稳定性的试验一般分为两个阶段:第一阶段是沥青与矿质集料的黏附性检测,本书采用水煮法来评价钢渣和石灰岩碎石与沥青的黏附性;第二阶段是钢渣碎石沥青混合料水稳定性检测,其试验原理是用浸水条件下的混合料物理力学性质降低的程度来表征。本书选择浸水马歇尔试验和冻融劈裂试验来评价钢渣碎石沥青路面抗水损害能力。

5.3.1.2 钢渣沥青玛蹄脂碎石混凝土

路面的抗磨耗性能直接影响路面抗滑特性。国外在 20 世纪早期就开始关注路面磨耗所带来的安全问题,并提出了多种抗滑表层结构形式,最具代表性的是沥青玛蹄脂碎石混凝土(SMA)路面。有学者提出,沥青抗滑表层采用钢渣替换细集料,并且充分利用粗细集料磨光性能差异,构造分异磨耗面层,提高路面的耐久性。

对于钢渣这种工业废弃物,目前将其作为路用集料的深层研究还比较少,英国 TRL 机构做了钢渣耐磨路面的相关研究工作。研究结果表明,以钢渣为集料的沥青路面摩擦性能在同等服役条件下比玄武岩沥青路面要优异,表现出较慢的衰退速率。某些国家(如德国)已经铺筑了钢渣沥青路面试验段或低等级路面。后期服役性能监测结果表明,钢渣沥青路面与同等级的普通石料路面相比具有更好的路面承载力、更强的抵抗路面变形的能力、更好的抗磨损抗滑性能。

综上所述,钢渣沥青玛蹄脂碎石混凝土具有良好的耐磨性能。由于 SMA 具有优异的抗磨耗性能,本书选 SMA 为钢渣耐磨沥青混凝土的设计类型,旨在开发适合钢渣磨耗层沥青混合料组成设计方法,并针对其性能特征研究施工技术。通过开发钢渣磨耗层沥青混凝土新产品促进钢渣在道路建设中的使用。

5.3.1.3 OGFC 钢渣沥青混凝土研究

下面对 OGFC 钢渣沥青混凝土进行设计,主要内容是钢渣、天然石料、矿粉以及沥青胶结料的级配研究,在分析各原材料作用的基础上,通过级配设计研究原材料不同掺配比例下 OGFC 钢渣沥青混凝土的性能,优化级配确定 OGFC 钢渣沥青混凝土的矿质混合料组成配比。

1)原材料的选择及其作用

本书中粗集料使用钢渣与石灰岩,细集料选择石灰岩石屑,矿粉为石灰岩矿粉,胶结料为 SBS 改性沥青,另外还使用少量聚酯纤维。

(1)粗集料

OGFC 中粗集料的嵌挤作用使之具备较好的高温稳定性。集料嵌挤作用的强弱取决于集料石质的坚韧性、颗粒形状和棱角性。棱角分明、质地坚硬的钢渣粗集料适用于制备 OGFC。

(2)细集料

在 OGFC 中细集料使用较少,但其对于维持粗集料骨架的稳定性具有重要的作用。石灰岩石屑具有相当好的粗糙度,可有效保证混合料抗车辙能力。

(3)矿粉与纤维

矿粉在沥青混合料中的作用至关重要,其与沥青胶结料形成胶浆,从而对其他粗细集料产生黏附作用,所以沥青胶浆算是真正的沥青结合料。石灰岩矿粉的亲水系数小于1,与沥青的黏附性良好,是常用的填料种类。纤维主要起增强 OGFC 沥青混凝土的作用,提高 OGFC 的耐久性。

(4)SBS 改性沥青

OGFC 因为主要通过粗集料形成骨架形结构,具有大孔隙。OGFC 沥青混凝土需抵抗行车产生的动水作用对其造成的剥离,因此要求颗粒间具有较强的黏结能力,使 OGFC 混凝土具有较强的稳定性和耐久性,所以需要采用 SBS 改性沥青来增强颗粒间的胶结强度。

通过上述分析,可见钢渣、石灰岩、石灰岩矿粉、聚酯纤维、SBS 都是适用于制备 OGFC 的原材料。

2)钢渣沥青混凝土性能

下面主要对 OGFC 钢渣沥青混凝土的动稳定度、水稳定性进行测试。

(1)动稳定度

动稳定度反映沥青混凝土抵抗高温变形的能力,通过车辙试验测得。车辙试验是在60℃环境下,通过钢轮对轮碾成型的试件持续碾压 1h 获得不同时间试件竖直方向的变形量(mm),从而计算出动稳定度。四种类型的动稳定度试验结果如图 5-39 所示,可见各个级配下的 OGFC 动稳定度均满足规范大于 3000 次/mm 的要求。OGFC 钢渣沥青混凝土高温抗变形性能优良。

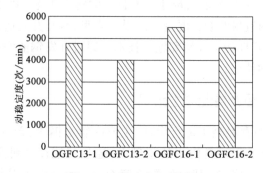

图 5-39　动稳定度试验结果

(2)水稳定性

沥青混凝土的水稳定性主要使用浸水马歇尔试验和冻融劈裂强度比试验来评价。冻融劈裂强度比试验中需要对试件进行冻融循环处理,一个冻融循环周期为:经真空饱水的马歇尔试件在 -18℃ 环境下保存 16h,紧接着在 60℃ 水浴中保存 24h。不同配比 OGFC 钢渣沥青混凝土的试验结果如图 5-40 和图 5-41 所示。两项指标均满足规范要求,说明 OGFC 钢渣沥青混凝土稳定性优良。

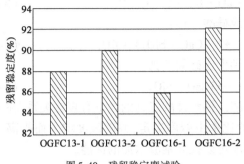
图 5-40　残留稳定度试验

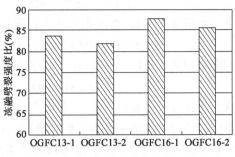
图 5-41　冻融劈裂强度比试验

5.3.2　钢渣水泥

钢渣水泥的 X 射线衍射(X-ray Diffraction,XRD)图如图 5-42 所示。由图可推测出含量最高的组分为 CaO,其次为 Fe_2O_3、SiO_2、FeO 与 MgO[22]。作为一种低活性矿物掺合料,钢渣水泥遇水可发生如下反应:

$$CaO \cdot SiO_2 + H_2O \longrightarrow Ca(OH)_2 + CaO \cdot 2SiO_2 \cdot 3H_2O \tag{5-25}$$

$$2CaO \cdot SiO_2 + H_2O \longrightarrow Ca(OH)_2 + CaO \cdot 2SiO_2 \cdot 3H_2O \tag{5-26}$$

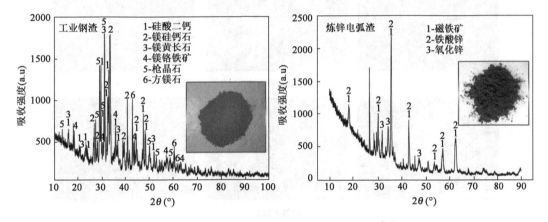
图 5-42　工业钢渣(左)与炼锌电弧渣(右)XRD 图[23]

因此水化产物 $Ca(OH)_2$ 含量可在一定程度上反映钢渣水泥等胶凝材料的水化程度。钢渣与水泥两者含有的矿物组分相似,两者主要凝胶活性物质是 C_3S 和 C_2S,还含有部分 C_3S 的固溶体,即 $54CaO \cdot 16SiO_2 \cdot Al_2O_3 \cdot MgO$。钢渣在 1600℃ 左右的环境下冷却,其 C_3S 和 C_2S 水化活性大幅度低于水泥中的 C_3S 和 C_2S。水化 1d、3d 与 28d 后,钢渣水泥浆硬化浆体形貌如图 5-43 所示。

为增强钢渣的胶凝性能,可以提高钢渣的碱度。将钢渣加入 4% 煅烧石膏进行强度试验,结果见表 5-30。由表 5-30 中可以看出,钢渣的碱度越高,水泥强度越高,碱度对 7d 强度的影响比 28d 强度的影响大。这是因为碱度增大,钢渣中硅酸三钙含量增多,硅酸三钙水化较快,可以增强水泥早期强度。碱度和硅酸钙的关系与钢渣中硅酸盐矿物形成过程密切相关。炼钢初期渣中碱度较低,相组成主要为橄榄石($CaO \cdot SiO_2 \cdot MgO \cdot FeO \cdot MnO$ 或 $CaO \cdot RO \cdot SiO_2$),橄榄石结合 CaO 变成蔷薇辉石,并释放出 RO 相:

$$2(CaO \cdot RO \cdot SiO_2) \longrightarrow 3CaO \cdot RO \cdot 2SiO_2 + RO \tag{5-27}$$

进一步增加石灰石,蔷薇辉石结合石灰石生成硅酸二钙:

$$3CaO \cdot RO \cdot 2SiO_2 + CaO \longrightarrow 2(2CaO \cdot SiO_2) + RO \tag{5-28}$$

碱度增加到3及以上时,硅酸二钙结合氧化钙生成硅酸三钙:

$$2CaO \cdot SiO_2 + CaO \longrightarrow 3CaO \cdot SiO_2 \tag{5-29}$$

从上述过程可以看出,碱度高低与钢渣中硅酸二钙和硅酸三钙的含量有直接关系,在其他条件不变的情况下钢渣中硅酸二钙和硅酸三钙的比率由碱度决定,并随碱度增大而提高。硅酸三钙是水泥强度的主要贡献相,调节适当的碱度可以提高钢渣水泥的性能。

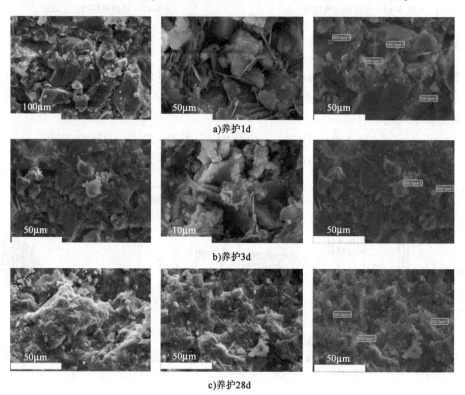

图 5-43 钢渣水泥浆养护1d、3d、28d的扫描电镜形貌图

碱度对钢渣胶凝性能的影响　　　　　　　　　　　　表 5-30

钢渣种类	钢渣细度(cm^2/g)	钢渣碱度	7d强度(MPa)	28d强度(MPa)
1号	3854	3.37	19.5	43.7
2号	3781	3.10	14.5	39.2
3号	3785	2.89	10..2	38.3
4号	3910	2.64	8.9	32.6
5号	3839	2.33	5.6	26.4

5.3.3 钢渣微表处混合料

作为一种重要的养护材料,钢渣微表处混合料目前有如下缺点:①经济成本高,价格昂贵。

例如,主集料玄武岩储量低,造价成本高。②强度不足。根据现有工程经验,微表处容易出现车辙、散粒、与沥青底层错位等病害,如果能将钢渣作为微表处混合料的主集料,充分发挥钢渣高硬度、高耐磨性、高黏附性的优点,在保证路面养护材料性能的同时,能降低路面养护的经济成本。

大量实践表明,钢渣微表处混合料的可拌和时间超过了规定的120s的最低限度,证明钢渣微表处混合料满足施工应用的要求。抗磨性能方面,钢渣微表处混合料1h湿轮磨耗值小于规定的540g/cm^2,60min黏聚力的值均大于2N·m,证明钢渣微表处混合料路用性能优越,是一种极具潜力的沥青路面养护材料。另外,钢渣微表处混合料具有高耐磨、强黏附性,能充分应用钢渣提高微表处混合料的路用性能,是一种廉价优质的路用养护材料[12]。

5.3.4 钢渣的生态安全及无害化应用

钢渣的主要化学成分有 CaO、SiO_2、Al_2O_3、FeO、Fe_2O_3、MgO、MnO、P_2O_5、$f-CaO$,有的还含有 V_2O_5、TiO_2 等。从生态安全角度讲,钢渣含有微量重金属离子(主要有 Pb、Hg、Cd、Cr、As、Ni、Cu、Mn、Zn 等),不同产地不同种类的钢渣含有的重金属种类和含量不同。当钢渣用作建筑材料、道路材料等时,在长期雨水的冲刷下,重金属离子会伴随水流浸出,对地下水和周边土地造成重金属污染,对人类身体健康构成威胁[24]。

针对钢渣在雨水冲刷下重金属析出的问题,常用的安全处理方法包括固化法(水泥固化、药剂固化、石灰固化法、熔融固化和烧结固化等)、分离法(酸碱浸提法、电化学分离法等)、稳定化处理(水预热处理、陈化处理、碳酸化处理等)。

5.4 废旧橡胶的回收利用

本节主要介绍将废旧橡胶加工成胶粉的方式。在铺面工程中,将废旧橡胶加工成胶粉进行资源化利用是主导方向,具有较高的经济效益和社会效益。相比再生胶,生产废旧胶粉方法简单、能耗少、成本低、化工原料需求低,对环境的污染小。胶粉在发达国家已经获得广泛应用。

5.4.1 胶粉的基本性质

胶粉是指硫化橡胶在一定温度条件下,通过机械方式粉碎后变成的粉末状物质,是具有弹性特征的粉体材料,有其基本特征。据估计,生产胶粉比生产同样质量或体积的再生胶能够节能40%左右,相比生产合成橡胶与炭黑等有更客观的节能效果;此外,还可节约大量生产用水,这对节能、节水和减少对环境的污染具有重要的意义。

5.4.1.1 胶粉的粒径和分布

胶粉的形状、粒径和表面状态取决于胶粉的生产方式。一般情况下,采用常温法生产的胶粉其粒径最大,为0.3~1.4mm(12~47目);采用低温法生产的胶粉其粒径居中,为0.075~0.3mm(47~200目);采用湿法生产的胶粉其粒径最小,在0.075mm以下(200目以上比)。图5-44给出了不同粒径橡胶粉的状态,不同粒径的胶粉用途各不相同。表5-31为不同粒径胶粉应用范围。胶粉的粒径分布因粉碎机、筛分设备的种类以及工艺不同而不同,而且具有一定的粒径分布范围。作为胶粉或再生胶生产使用时,粒径分布范围越小越好,所以在设计筛分设备时,必须保证胶粉的粒径分布范围尽可能小些。

a) 0.6mm   b) 1~3mm   c) 3~5mm

图 5-44　不同尺寸橡胶粉的外观

不同粒径胶粉应用范围　　　　　　　　　　　　　表 5-31

粒径(mm)		应用范围
粗胶粉	1.0~6.0	与聚氨酯混合用于运动场、网球场、健身房地坪和学校操场等的铺设,制造地砖及隔音、隔热材料
	0.5~1.0	做再生胶原料及铺路沥青改性混合材料
细胶粉	0.3~0.5	直接与生胶掺用,用量可在10%~20%
精细胶粉	<0.3	可以100%配合量用于制造实心轮胎和减振橡胶制品等
超细胶粉	<0.075	可以30%配合量用于轮胎胎面而不影响力学性能

5.4.1.2　胶粉的形状与表面状态

生产温度及生产方法不同,胶粉的表面形状与状态会有较大差异。在图 5-45 中,采用低温法粉碎得到的胶粉表面较为平滑平整,呈锐角状态;而采用常温粉碎法得到的胶粉表面有较多毛刺与凹凸。这种差异是由于常温粉碎法由剪切力主导,而低温粉碎法由冲击力主导完成破碎。一般在目数相同的情况下,湿法或溶液法生产胶粉表面积比常温法或低温法生产胶粉得到的表面积更大。

a) 低温粉碎胶粉   b) 常温粉碎胶粉

图 5-45　胶粉表面形貌

5.4.1.3　胶粉的物理与化学性质

胶粉的性质主要取决于废旧橡胶材料和粉碎方法。以废旧轮胎为例,表 5-32 对比了固态天然橡胶与工业胶粉的化学成分。表 5-33 为载重汽车和公共汽车等轮胎胶粉的典型化学成分组成。根据构成胶粉材料的不同,其性能有所差异,并进一步影响胶粉配合物的性能[7]。

固态天然橡胶与工业胶粉的材料组成(%)　　　　表5-32

化学成分	固态天然橡胶	工业胶粉
二氧化硅	0.90	5.70
三氧化硫	16.00	17.00
氧化钾	0.45	0.48
氧化钙	11.80	7.88
氧化钛	0.23	0.30
三氧化二铁	3.10	1.07
氧化铜	0.19	0.20
氧化锌	54.40	51.00
氧化钼	11.00	15.00
三氧化二镱	0.65	0.71

各种轮胎胶粉的典型化学组成(%)　　　　表5-33

化学组成	乘用车轮胎胶粉	乘用车、轻卡车轮胎胶粉	载重车、大型乘用车轮胎胶粉
天然橡胶	20.00	40.00	70.00
丁苯橡胶	80.00	45.00	20.00
顺丁橡胶	—	15.00	10.00
橡胶烃含量	47.60	44.60	54.10
丙酮抽提物	19.40	16.90	12.50
相对密度	1.16	1.15	1.14
硫磺	—	1.70	1.70
游离硫	—	0.02	0.03
无机硫	—	0.50	0.70
灰分	3.10	4.20	3.80
炭黑	—	30.70	26.30
SiO_2	—	0.50	0.40
TiO_2	—	0.10	—
ZnO	—	1.60	1.20
CaO	—	0.60	0.40
$Fe_2O_3 + Al_2O_3$	—	0.30	0.10

由于低温粉碎胶粉的生产温度较低,低温粉碎胶粉的热老化和氧化程度较常温粉碎低。而常温粉碎法获得的胶粉由于表面呈毛刺状,其比表面积一般大于低温法生产的胶粉,在制造生胶时吸油快,易接受热和氧的作用,氧化降解效果较好;同时,常温粉碎法的表面特性有利于表面处理和活化。

5.4.2 胶粉的表面改性

5.4.2.1 胶粉的表面改性及基本方法

硫化橡胶表面呈惰性，通常在与沥青胶结料拌和使用时，与沥青组分之间的化学反应弱，无法形成有效的界面黏结。如图 5-46 所示，硫化胶粉内部具有三维交联网状结构，沥青组分难以渗透到胶粉内部并将其溶解。

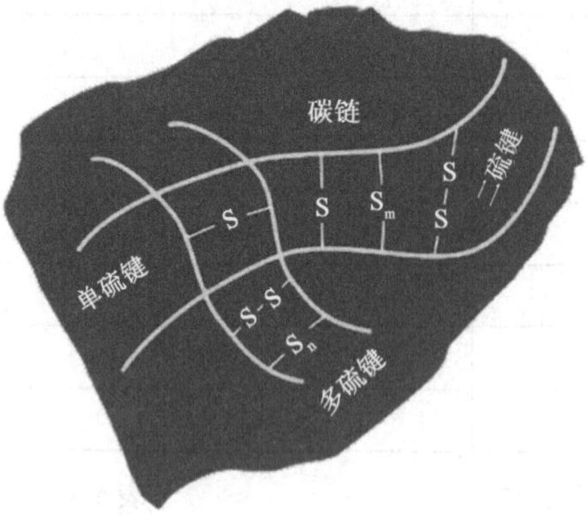

在铺面工程中，胶粉通常用于改性沥青胶结料，而胶粉改性沥青因为相容性问题容易产生胶粉相与沥青相的分离，进一步导致胶粉改性沥青的存储稳定性问题。胶粉的表面处理是解决胶粉与沥青相容性问题的有效手段。胶粉的表面改性是指用物理、化学、机械和生物等方法对胶粉表面进行加工处理，根据需要改变或提升胶粉表面的物理化学性质（如表面结构、表面官能团、表面能、润湿性、电性等），以满足新工艺和新技术的需要。图 5-47 与表 5-34 展示了现有的胶粉改性主要方法与应用范围。

图 5-46 胶粉内部三维交联网状结构

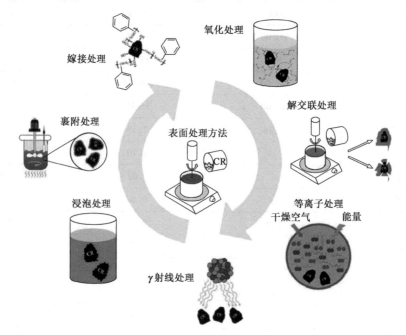

图 5-47 胶粉改性的主要方法

胶粉改性的主要方法和应用范围　　　　表 5-34

改性类别	改性方法	应用范围
机械力化学改性	用机械力化学反应处理胶粉	作为胶料的活性填充剂
聚合物图层改性	用聚合物及其他配合剂处理胶粉	改进掺用胶料或塑料的物理性能
再生脱硫改性	用再生活化剂和微生物等处理胶粉	与生胶、再生胶配合

续上表

改性类别	改性方法	应用范围
接枝或互穿聚合物网络改性	用苯乙烯、乙烯基聚合物等接枝胶粉,用聚氨酯、苯乙烯引发剂等使胶粉互穿聚合物网络	改进聚苯乙烯物的物理性能,提高胶粉与塑料或胶粉的相容性
气体改性	用活性气体（F_2、Cl_2、O_2、Br_2 及 SO_2）等处理胶粉	改善与橡胶（如丁腈橡胶）和塑料（如聚氨酯）的黏着性、相容性
核-壳改性	用特殊核-壳改性剂处理胶粉	改善胶料和塑料的物理性能
物理辐射改性	用微波、γ射线等处理胶粉	改善胶料和塑料的相容性
硫磺与氯化反应改性	用硫化合氯化反应进行处理	做离子交换剂或与橡胶配合使用

胶粉是废旧橡胶经粉碎机断裂交联网状结构,产生的大量分子碎片颗粒,其表面呈惰性,是一种由橡胶、炭黑、软化剂及硫化促进剂等多种材料组成的含交联结构的材料。由于表面性质不同,其与主体材料橡胶或塑料之间相容性较差,直接掺用在橡胶或塑料中,难以形成较好的粘接界面。因此,采用一定的方法对胶粉表面改性,可以提高胶粉与高分子材料的界面结合。

胶粉在高分子复合材料中可起增韧、增强或赋予新功能等作用。近年来,随着高分子复合材料的发展和胶粉生产技术的进步,从环境保护和资源利用的角度考虑,胶粉尤其是改性胶粉在高分子复合材料中的应用发展很快。据介绍,胶粉(精细胶粉)在胶料中的掺用量一般在10%以下,而经过改性处理,掺用量可提高到25%~50%,在塑料中的掺用量则更大,可达100%。如果以此推算,那么中国每年的废旧橡胶即使全部粉碎制成胶粉,也远远满足不了中国高分子材料加工业的需要。因此,有关胶粉表面改性的研究与开发工作就显得尤为重要。

5.4.2.2 再生脱硫改性

胶粉的再生脱硫是通过在胶粉中加入再生活化剂或者通过热或其他作用来打断硫化胶中的硫交联键,从而破坏其三维网状结构的改性方法。例如,用高温处理胶粉,胶粉中的硫交联键在再生活化剂、热、氧的作用下被破坏,表面产生较多的活性基团,有利于同胶料的化学键结合,使胶粉在胶料中的分散性和硫化性得到改善。表5-35为胶粉高温再生脱硫处理时间对胶料性能的影响。与未改性的含胶粉的胶料相比,胶料的拉伸强度、扯断伸长率等物理性能均有较大的提高。

胶粉处理时间对胶料性能的影响 表5-35

处理时间(min)	0	15	30	45	60	75	90
拉伸强度(MPa)	5.3	10.0	10.1	10.5	11.7	12.5	13.2
拉断伸长率(%)	430	580	590	600	600	580	590
永久变形(%)	4	8	12	10	10	12	12
300%定伸应力(MPa)	2.5	2.2	2.2	2.3	2.3	2.4	2.2
硬度(邵尔A型)(°)	44	46	46	46	46	43	46

5.4.3 废旧橡胶在铺面工程中的应用

5.4.3.1 橡胶沥青混合料

橡胶沥青是一种重复利用废旧轮胎的环保材料,于20世纪60年代在美国兴起。其混合料与SBS改性沥青混合料有相近的路用性能,但由于废旧胶粉是回收品,故其成本低廉,生产1t橡胶沥青可比SBS改性沥青节约大量成本。同时,橡胶沥青面层有着很好的降噪效果和低温力学性能,在闹市区的铺面建设和高寒地区都有着广泛的应用潜能。橡胶沥青在我国已经有一定程度的应用,但其设计主要参考美国标准。下面就橡胶沥青以及橡胶沥青混合料对废旧橡胶在沥青混合料中的使用进行介绍。

1) 橡胶沥青

橡胶沥青中最主要的两种成分即沥青与胶粉。胶粉中的天然橡胶和合成橡胶(如丁苯橡胶和顺丁橡胶),以及硫、炭黑、氧化硅、氧化铁等物质对沥青的改性起着积极的作用。胶粉颗粒在高温环境下加入沥青,会产生物理共混合网络填充,这两种反应的程度决定了橡胶沥青的性质。橡胶粉掺量对橡胶沥青各项指标影响很大,应根据实际的使用要求确定。试验表明,橡胶粉掺量与橡胶沥青黏度具有很好的正相关性。

美国的橡胶沥青规范推荐的黏度范围为 $1.5 \sim 4.0 Pa \cdot s$,而施工中要求的黏度范围限制了橡胶沥青中的胶粉掺量,通过试验可以得出基于此黏度范围的胶粉掺量范围。通常,胶粉掺量在15%~25%(内掺,即胶粉占橡胶沥青的质量比),胶粉内掺高于25%通常会导致黏度过高从而无法泵送和拌和。肉眼可以看到过多的胶粉颗粒缺少足量的沥青将其熔胀而堆积在混合物中,稠度过高。

从经济性的角度来分析,目前基质沥青价格较高,胶粉的价格较低,故采用较高掺量会降低橡胶沥青的成本,最终产出的热拌橡胶沥青混合料成本为基质沥青混合料的1.2~2倍。

研究表明:当胶粉的掺量在20%以下时,橡胶沥青的软化点和弹性恢复率增长较快,与胶粉大致呈线性关系;当胶粉含量超过20%时,两个指标变化很小,变化趋于平稳[25,26]。这也说明随着胶粉掺量的升高,胶粉改性类沥青的高、低温等性能会得到很快的提升,但过了某个临界点,提升效果就不再如此明显了,此现象表明橡胶沥青存在一个最佳掺量的问题,对于研究中所采用的胶粉与沥青,掺量为20%左右时达到最佳。

2) Terminal Blend 胶粉改性沥青

Terminal Blend(TB)胶粉改性沥青是一种克服了橡胶沥青存在的存储稳定问题,具有优异的抗疲劳性能的新型改性沥青。如图5-48所示,从外观上看,TB胶粉改性沥青与基质沥青以及优质的SBS改性沥青类似,表面光滑,沥青膜厚度均匀,易存储和运输[27]。

TB胶粉改性沥青的制作工艺与一般改性沥青相似,最初起源于20世纪80年代,美国一些州有过许多次成功的此类改性沥青的试验。

美国加利福尼亚大学伯克利分校的加速加载试验表明,TB胶粉改性沥展现出很好的防反射裂缝能力,美国联邦公路局的加速加载试验对TB胶粉改性沥青的抗反射裂缝能力进行了评价,其评价结果如图5-49所示。

 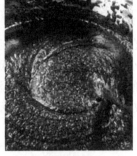

a)TB胶粉改性沥青　　　　　　b)橡胶沥青

图5-48　TB胶粉改性沥青与橡胶沥青对比

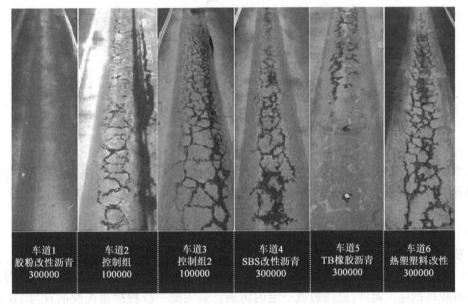

| 车道1
胶粉改性沥青
300000 | 车道2
控制组
100000 | 车道3
控制组2
100000 | 车道4
SBS改性沥青
300000 | 车道5
TB橡胶沥青
300000 | 车道6
热塑塑料改性
300000 |

图5-49　加速加载试验后TB胶粉改性沥青的评价结果

TB胶粉改性沥青经过高温高压处理,胶粉与沥青都存在不同程度的老化,而老化后的沥青抗疲劳性能是路用性能的薄弱点,虽然在TB胶粉改性沥青中能够适当提高混合料的沥青含量,使混合料获得更小的空隙率,进一步提高其抗疲劳性能,但在抗疲劳性能与上涨的成本中取得适当的平衡依旧很重要。TB沥青混合料在提高沥青混合料用量的同时能提高沥青混合料的抗水损害和层间黏结性能,因此有广阔的应用前景。

3)TB胶粉改性沥青与普通橡胶沥青的区别

(1)定义不同

ASTM将橡胶沥青定义为:"沥青、回收轮胎橡胶和某些添加剂混合而成的胶结料,橡胶成分至少占到总量的15%,在生产过程种橡胶颗粒在热沥青中发生熔胀反应。"ASTM将橡胶沥青(AR)定义为一种至少含有15%再生轮胎橡胶的材料。

TB胶粉改性沥青主要由40目或者更细的胶粉颗粒进行改性,通过控制制备温度不低于200℃,让胶粉在沥青中脱硫并可以较快地分解与融合。制备的改性沥青正常环境下在储油罐中无须专门搅拌即可保持均匀分散,这些脱硫并存储稳定的橡胶粉改性沥青在美国统称为 TB 胶粉改性沥青。

(2)胶粉颗粒大小不同

TB 胶粉改性沥青在制备的过程中,解聚反应发生得比较彻底,因此胶粉基本上都已经完全熔解,胶粉颗粒比较小。橡胶沥青中,胶粉颗粒则比较明显,通过采用显微镜观察可以发现,TB 胶粉改性沥青胶粉颗粒粒径明显小于橡胶沥青。显微镜观察图片如图 5-50 所示,其中 TB 胶粉改性沥青放大倍数为 100 倍(用 $100X$ 表示),橡胶沥青放大倍数为 40 倍(用 $40X$ 表示),表示方法下同。

a)20%掺量TB胶粉改性沥青($100X$)　　b)20%胶粉掺量橡胶沥青($40X$)

图 5-50　显微镜观察图片

由图 5-50 可以看出,TB 胶粉改性沥青颗粒明显比橡胶沥青中胶粉颗粒要小很多,说明在搅拌过程中,TB 胶粉改性沥青的解聚反应发生得比较彻底,胶粉颗粒比较小,且分布更加均匀。

(3)黏度不同

一般来说,橡胶沥青的黏度为 $1.5 \sim 4.0 \mathrm{Pa \cdot s}$。由于橡胶沥青本身高黏性的特点,其在用于 HMA 的过程中,对拌和设备的要求比较高,这在一定程度上限制了橡胶沥青的使用;同时,它要求有较高的施工温度,进而造成一定的污染。采用统一胶粉掺量橡胶沥青与 TB 改性沥青,通过对比发现,TB 胶粉改性沥青布氏旋转黏度比较小,仅为 $0.83 \mathrm{Pa \cdot s}$,与基质沥青接近,因此在应用上,基本没什么限制。

5.4.3.2　橡胶水泥混凝土

1)橡胶颗粒掺入方法、尺寸

研究所使用的橡胶颗粒通常是在普通混凝土或砂浆配比基础上取代细集料、粗集料或同时取代粗、细集料,还有一些研究直接将橡胶颗粒外掺入混凝土(图 5-51)。研究所使用的橡胶颗粒尺寸各有不同,通常为 $0.1 \sim 5 \mathrm{mm}$,也有研究使用 10mm 以上的橡胶颗粒。无论何种掺入方式,橡胶颗粒掺入量通常都在集料体积的 50% 以下,少数研究等体积取代粗集料量达到 100%。

由于橡胶颗粒能够明显降低混凝土的强度,目前研究者在橡胶混凝土各种性能的研究中所使用的橡胶颗粒掺量通常较低,而且由于所使用的橡胶颗粒尺寸较小,用橡胶颗粒取代混凝土细集料的研究更多一些。

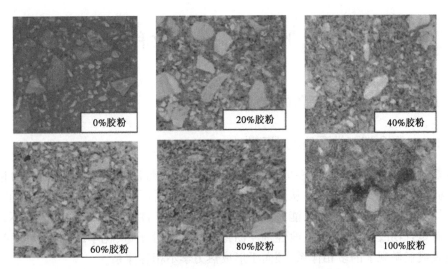

图5-51　不同胶粉掺量下橡胶混凝土试件界面图[28]

2）橡胶颗粒对混凝土性能的改善作用

（1）橡胶颗粒降低了混凝土的密度

由于橡胶颗粒本身密度通常为$1.0 \times 10^3 \sim 1.3 \times 10^3 \text{kg/m}^3$，小于普通混凝土的密度，掺入橡胶颗粒的混凝土密度必然降低。当橡胶颗粒等体积取代混凝土中细集料砂子的量达到40%时，橡胶混凝土表观密度降低59%，而且橡胶颗粒粒径越小，橡胶混凝土的表观密度降低越多。当橡胶颗粒等体积取代混凝土中所有集料的50%时，橡胶混凝土干密度降低到75%，而当仅取代细集料时，橡胶混凝土干密度降低10%~30%。也有学者认为，橡胶颗粒的粗糙表面包裹的空气进一步降低了橡胶混凝土的密度[29]。

（2）橡胶颗粒提高了混凝土抗收缩开裂性

5%质量分数掺量的橡胶颗粒可以减小砂浆的塑性收缩，而且可以将开裂宽度从空白试样的0.9mm减小到0.4mm，开裂时间从空白试样的30min增加到15%（质量分数）橡胶颗粒掺量的1h。研究还发现橡胶颗粒的掺入能够有效减小试件的裂缝总长度，并且认为在一定细度及掺量范围内的橡胶颗粒对水泥基材的干缩性能是有利的；另外，发现橡胶颗粒会增加混凝土的收缩性能。

（3）橡胶颗粒改善了混凝土的吸声降噪以及隔热性能

橡胶材料作为一种弹性材料，声波传播速度小，能量损耗大，因而具有良好的吸声隔音效果。许多学者开展了关于橡胶混凝土的吸声降噪性能研究，发现随着橡胶颗粒掺量的增加，混凝土的动弹模量和固有频率均降低，超声波传播速度下降，表现出良好的吸声降噪性能。

橡胶颗粒本身具有良好的隔热性能，同时在掺入混凝土后会引入较多气泡，对混凝土的隔热性能起到改善作用。随着橡胶颗粒掺量的增加，试样导热系数减小，当橡胶体积含量为50%时，热导率由纯水泥浆体的1.16W/(m·K)降低为0.47W/(m·K)，降低了近60%。

5.5 废旧塑料的回收利用

5.5.1 废旧塑料改性沥青的存储稳定性

5.5.1.1 聚合物改性沥青的相容性

聚合物改性沥青的存储稳定性由聚合物与沥青的相容性决定,聚合物与沥青的相容性越好,改性沥青的存储稳定性越好。从热力学角度分析,相容性是指两种或两种以上的物质混合后能形成均匀体系的能力。然而,能完全满足热力学混溶条件的材料极少,热力学不相容是常见情况。对聚合物改性沥青来讲,改性剂与沥青之间存在分子量、化学结构、溶解度参数等差异,是微观或亚微观上的多相体系,倾向于形成热力学不相容体系。

聚合物改性沥青的相容性有其独特的定义,是指改性剂以微细的颗粒均匀、稳定地分布在沥青介质中,不发生分层、凝聚或者互相分离的现象,这并不是热力学意义上的完全相容。它取决于改性剂和沥青的溶解度参数、两种不同相界面上的相互作用、体系的胶体结构,相容性的好坏直接关系着沥青改性效果的优劣[30]。

同一种改性剂与不同的基质沥青相容性不同,同一种基质沥青选择不同的改性剂相容性也有所区别。改性剂与沥青之间存在一定的配伍作用。总之,改性沥青的相容性取决于改性剂的性质、基质沥青性质、两者的配伍性,以及改性沥青加工工艺。

在进行改性沥青设计时,改性体系应满足相容性的要求。一种聚合物用作改性剂,要满足以下条件:①与沥青的相容性程度较高;②在改性混合温度条件下具备分解性;③能批量加工与生产;④使用过程中性能稳定;⑤经济合理,不显著增加工程投资。

在上述要求中,相容性是改性沥青的首要条件,也是影响改性沥青性能的主要因素。改性效果在很大程度上取决于聚合物的掺量、分子质量、化学成分、分子排列和所采用的基质沥青。聚合物与沥青的相容性是决定聚合物改性沥青性能的关键因素,当一种聚合物加入两种不同的基质沥青时,改性的效果可能会差别很大,聚合物在沥青中呈连续网状结构时改性效果最为明显[31]。

5.5.1.2 影响聚合物与沥青相容性的因素

1)基质沥青的影响

(1)基质沥青组分的影响

沥青的组成与聚合物改性沥青的相容性有很大关系。有关文献认为,沥青中芳香分含量很小时可以溶解聚合物。同时,饱和分对改性沥青的影响很大,沥青质含量较多的沥青与聚合物的相容性较差。芳香分、饱和分等轻质组分含量高的基质沥青有利于PE微粒的溶胀、分散。

另外,沥青中蜡的存在对道路沥青的性能有不利影响,它使沥青高温变软低温变脆。但普遍认为石蜡基原油生产的沥青与PE相容性较好[12]。

(2)基质沥青结构的影响

对于PE改性沥青,沥青质含量低、芳香分与饱和分含量高的基质沥青更有利于PE颗粒的溶胀与分散,溶胶结构沥青最适宜用作被改性沥青,溶-凝胶结构沥青其次,凝胶结构沥青最不适合用于改性。沥青的溶胶结构、溶-凝胶结构和凝胶结构如图 5-52 所示[32]。

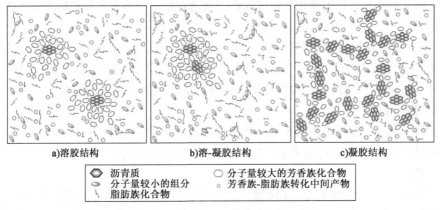

图 5-52　沥青胶体结构示意图

高分子溶液理论认为,沥青是一种以高分子量沥青质为溶质,以低分子量软沥青质为溶剂的高分子溶液。溶液的稳定性取决于沥青质的含量、沥青质与软沥青质之间溶解度参数的差异。改性剂的溶解度参数 δ 与基质沥青中的软沥青质溶解度参数 σ 越接近,两者的相容性就越好。

高分子聚合物的溶解度参数 δ 可按 Small 公式计算:

$$\sigma = \frac{\sum F}{V} = \frac{\sum F \times \rho}{M} \tag{5-30}$$

式中:F——化学分子团的引力常数;

V——分子容积,$Cal^{0.5} \cdot cm^3$;

ρ——密度,g/cm^3;

M——分子量,g/mol。

高分子溶液理论可用石蜡基沥青与 PE 相容性好这一点来证实。当温度超过 70℃ 时,PE 可溶于蜡中,PE 的溶解度参数为 7.9,沥青中蜡的溶解度参数为 7.24,两者的溶解度参数接近,故相容性较好。

2)改性剂的影响

(1)改性剂结构和性质的影响

从化学键角度考虑,若改性剂分子链上具有活性官能团,能与沥青中的某些组分发生化学反应而形成稳定的化学结构,则储存稳定性会由于化学键的存在而大幅度提高。从物理结构角度考虑,改性剂的分子结构越致密,沥青小分子则越不易向改性剂分子链内渗透,两者的相容性较差,因此,改性剂的结构越疏松越有利于提高储存稳定性。

(2)改性剂的剂量与粒度的影响

一般来说,改性剂的剂量越少,粒度越小,越有利于提高储存稳定性。为了追求良好的改性效果,改性剂的剂量不能过小,随着剂量的增加,改性效果逐渐提升,而当剂量达到某一临界值时,沥青的高、低温性能将随之大幅度改善,进一步增加剂量后改性效果又将降低。然而,剂量越大越不经济,通常改性剂的剂掺量均通过技术经济比较来确定。

（3）改性剂与沥青的配伍性影响

要使改性沥青达到良好的相容性，改性剂与基质沥青之间必须具有较好的配伍性，使不同组分的特性能够互相补充。目前常用于描述改性剂与沥青配伍性的有界面理论和溶解度理论。

① 界面理论

界面理论认为，改性沥青的存储稳定性除与改性剂和沥青的相容性有关以外，还取决于改性剂与沥青两相界面的性质，界面性质又取决于两相界面局部扩散的深度及两相的相互作用能。只有在改性剂与基质沥青之间形成良好的界面层才能保证体系的稳定。

② 溶解度理论

溶解度理论认为，溶解度参数 δ 与基质沥青接近的聚合物与其相容性较好。采用溶解度参数与沥青接近的改性剂有可能形成稳定的胶溶体系，达到良好的改性效果。

③ 其他理论

改性剂与沥青的密度差越小，存储稳定性越好。根据 Stokes 沉降原理，沉降速度与密度差、颗粒半径的平方成正比。改性剂与沥青的密度差别越小，沉降速度越小，越不易离析。

$$v = \frac{2(\rho_o - \rho_I)gr^2}{9\eta} \tag{5-31}$$

式中：ρ_o——沥青密度，g/cm^3；

ρ_I——聚合物颗粒密度，g/cm^3；

r——聚合物颗粒半径，cm；

η——改性沥青黏度，$Pa \cdot s$。

5.5.1.3 改性沥青储存稳定性试验方法及评价指标

一般情况下，聚合物改性沥青在生产后并不立即与集料拌和使用，而是要先打入存储罐，或经过存储运输运到搅拌站的存储罐等待使用，或经过冷却、存储、运输、加热等过程再应用。若改性沥青的存储稳定性差，在长时间的储存、运输过程中将发生离析，影响改性沥青的使用与技术性能。

为了控制改性沥青离析程度，保证改性沥青质量，通常采用离析试验评价聚合物改性沥青的储存稳定性。我国制定了《聚合物改性沥青离析试验法》（T 0661—2000），并且在聚合物改性沥青的技术要求中确定了离析试验的指标要求，其中 SBS、丁苯橡胶（SBR）类与 PE、EVA 类聚合物改性沥青分别采用不同的离析试验方法。

以 PE 类聚合物改性沥青的离析试验方法及指标要求为例，"聚合物改性沥青离析试验方法（T 0661—2000）"对 PE、EVA 类聚合物改性沥青的离析试验方法进行了规定，结果见表 5-36。

PE、EVA 类聚合物改性沥青离析试验及评价　　　　表 5-36

记述	报告
均匀的，无结皮和沉淀	均匀
在杯边缘有轻微的聚合物结皮	边缘轻微结皮
在整个表面有薄的聚合物结皮	薄的全面结皮
在整个表面有厚的聚合物结皮（大于 0.8mm）	厚的全面结皮
无表面结皮但容器底部有薄的沉淀	薄的底部沉淀
无表面结皮但容器底部有厚的沉淀（大于 0.6mm）	厚的底部沉淀

我国《公路沥青路面施工技术规范》(JTG F40—2004)对 PE、EVA 类(Ⅲ类)聚合物改性沥青离析情况的要求是"无改性剂明显析出、凝聚"。

因此,《聚合物改性沥青离析试验法》(T 0667—2000)中,SBR、SBS 类与 PE、EVA 类聚合物改性沥青离析试验的差别主要体现在盛样容器,在烘箱中的加热温度、时间,以及评价指标等方面,见表 5-37。

SBR、SBS 类与 PE、EVA 类聚合物改性沥青离析试验方法对比　　表 5-37

对比项目	SBR、SBS 类	PE、EVA 类
盛样容器	玻璃试管(铝管),直径约 25mm,长约 200nm,一端开口,带塞	针入度试样,内径 55mm,深 35mm
烘箱加热温度	(163±5)℃	135℃
烘箱加热时间	(48±1)h,随后在冰箱中冷冻 4h	(24±1)h,无须冷冻
评价指标	上下部软化点之差	观察、探测试样状态

5.5.2 废旧塑料改性沥青的性能及老化机理

5.5.2.1 废旧塑料改性沥青针入度、软化点和延度

废旧塑料改性沥青的制作方法、采用的基质沥青与离析试验的改性沥青相同。四种废旧塑料裂化前后改性沥青的基本性能及其与 SBS 改性沥青的对比测试结果见表 5-38 和表 5-39[32]。

改性沥青的基本性能指标测试结果　　表 5-38

改性剂类型及代号	添加比例(%)	中海油 70 号基质沥青			茂名 90 号基质沥青		
		针入度(25℃,5s,100g)(0.1mm)	软化点(℃)	延度(15℃)(cm)	针入度(25℃,5s,100g)(0.1mm)	软化点(℃)	延度(15℃)(cm)
基质沥青	0	76.0	48.7	118.7	89	47.2	137.3
废旧塑料 Ⅰ	6	57	61.7	48.5	63	60.2	50.7
	8	48	67.8	33.5	57	62.5	46.6
废旧塑料 Ⅱ	6	62	57.8	54.3	65	58.3	53.9
	8	54	61.3	42.7	59	60.1	50.1
废旧塑料 Ⅲ	6	47	80.4	33.1	57	>90.0	27.0
	8	44	>90.0	21.1	53	>90.0	21.3
废旧塑料 Ⅳ	6	47	80.4	33.1	51	68.3	39.7
	8	41	>90.0	21.1	48	73.4	26.8
改性剂 Ⅰ	6	38	61.0	17.5	—	—	—
改性剂 Ⅱ	6	42	59.4	20.0	—	—	—
改性剂 Ⅲ	6	40	74.9	11.4	—	—	—
改性剂 Ⅳ	6	43	69.8	14.9	—	—	—
沥青路面施工技术规范的指标要求		40~60	≥56	—			

废旧塑料与 SBS 改性沥青的基本性能指标对比 表 5-39

指标	基质沥青	废旧塑料改性沥青				SBS 改性沥青			
		掺量(%)				掺量(%)			
		4	5	6	7	3	4	5	6
针入度(0.1mm)	64	38	37	35	34	40	42	38	35
软化点(℃)(cm)	53.8	69.4	76.7	89.0	≥90.0	70.7	74.6	79.4	83.9
延度(15℃)	>120.0	80.8	32.0	30.0	22.0	22.0	20.0	12.0	9.0
135℃旋转黏度(Pa·s)	0.415	2.882	2.850	6.582	15.186	—	—	—	—

由表 5-38 和表 5-39 可以看出[32]:

(1)在 6% 掺量条件下,废旧塑料提高沥青软化点的效果总体上好于 SBS 改性沥青,并且与塑料组分有关。以 PE(废旧塑料Ⅰ和Ⅱ)为主的几种改性沥青的软化点相近,无论裂化与否,以 PP(废旧塑料Ⅲ和Ⅳ)为主的改性沥青的软化点都显著高于 PE。废旧塑料 PP 的改性效果好于 PE,而裂化处理后的 PP 改性效果最好,软化点达 80℃ 及以上。因此,采用废旧塑料改性沥青时,最好采用裂化处理的 PP 废旧塑料。

(2)废旧塑料改性沥青提高沥青软化点的效果与沥青标号和废旧塑料类型有关,改性 70 号沥青的效果好于 90 号沥青,PP 废旧塑料改性 90 号沥青的效果与改性 70 号沥青相同,进一步证明裂化 PP 废旧塑料改性沥青的效果最好。

(3)废旧塑料颗粒改性沥青的针入度和延度低于裂化废旧塑料改性沥青,这主要是由于废旧塑料颗粒改性沥青严重离析,改性剂分散不均匀,沥青的均匀性差。

(4)在掺量相同的条件下,废旧塑料改性沥青的软化点略低于 SBS 改性沥青,要使废旧塑料改性沥青性能与 SBS 相当,废旧塑料改性剂的掺量应比 SBS 掺量大 0.5%~1.0%。

5.5.2.2 废旧塑料改性沥青的低温性能

废旧塑料改性沥青的低温性能受温度、改性剂分子量、分子结构、分子间相互作用力、沥青组分、改性沥青胶体结构、网络结构、离析等因素的影响。其中,温度是影响低温形变能力的主要因素。

5.5.2.3 废旧塑料改性沥青的老化性能

1)废旧塑料改性沥青的 RTFOT 试验

采用 RTFOT 与 PAV 分别模拟沥青的长期及短期老化性能。通过测定沥青的质量损失、针入度、软化点等各种指标的变化程度来表示老化程度。

(1)老化后沥青的质量减小,说明加热老化后沥青的轻质组分挥发,质量大于沥青氧化增重质量,沥青轻质油分挥发老化,质量损失越大,老化越严重。塑料类型和沥青标号对废旧塑料改性沥青的质量损失影响不大。就质量损失而言,改性沥青更易老化。

(2)残留针入度比越小,老化越严重。基质沥青比废旧塑料改性沥青更容易老化,塑料改性剂有利于减缓沥青的老化,或者说可以降低沥青加热过程中轻质油分的挥发,从而抑制老化。塑料类型和沥青标号对塑料改性沥青的老化程度有一定影响,由于影响因素较少,残留针入度比是评价沥青老化程度的主要判据。

(3)软化点增值越大,沥青老化越严重。基质沥青标号和塑料类型对改性沥青的软化点增值影响明显。

(4)沥青的老化是由于沥青中的轻质油分挥发,沥青质增加,老化后的质量减小,黏度提高,软化点增加。不同类型废旧塑料改性沥青老化的质量损失、软化点增值和残留针入度比变化表明,塑料类型和沥青标号是影响塑料改性沥青老化程度的重要因素。

2)废旧塑料改性沥青老化机理

沥青的老化是由轻质组分的挥发和沥青氧化聚合所造成的,但废旧塑料改性剂的加入改变了基质沥青的理化性质,使沥青在同等条件下表现出不同的老化性能,其机理可以从以下几方面进行分析。

(1)改性剂对轻质油分挥发的影响

改性剂的加入使轻质组分被吸收,并在沥青中形成稳定的胶团;被吸收的轻质组分不易从胶团中脱出,沥青黏度变大,分子运动速度降低,沥青分子不易从表面逸出,减少或降低了改性沥青中轻质组分的挥发,提高了沥青抵抗轻质组分挥发引起的老化。

(2)沥青氧化反应

沥青的老化过程是在温度和空气中氧的作用下,渣油中的芳香分、胶质和沥青质产生部分氧化脱水生成水,而余下重油组分的活性基团相互聚合或缩合生成更高分子量物质的过程,即芳香分→胶质→沥青质→碳青质→焦炭。有学者对沥青四组分的吸氧特性进行了研究,结果表明:饱和分基本不吸氧,芳香分具有一定的吸氧性,胶质、沥青质的吸氧量最大,是沥青中最不稳定的组分。沥青氧化的结果使沥青组分发生变化,饱和分、芳香分、胶质减少,沥青质增加。氧化也使沥青胶体结构发生变化,由于沥青质增加,分散相相对增多,饱和分、芳香分和胶质减少,分散介质的溶解能力不足,沥青由溶胶型逐步向凝胶型转化,最终使得软化点升高、针入度降低。

受上述各因素的影响,RTFOT 后质量损失主要取决于沥青轻质组分挥发,RTFOT 后残留针入度比和软化点增值主要取决于沥青轻质组分挥发与氧化反应的共同作用。

5.5.3 废旧塑料改性沥青的机理

基于废旧塑料成分的复杂性及目前对废旧塑料改性沥青机理的研究并不多见,这里采用红外光谱对废旧塑料改性沥青进行分析,以探讨废旧塑料改性沥青的机理和影响其改性效果的因素。

5.5.3.1 废旧塑料改性沥青红外光谱分析

试验选择以 PE 和 PP 为主的原状废旧塑料 RPⅠ、RPⅡ和裂化处理废旧塑料 CRPⅠ、CRPⅡ改性 70 号沥青进行红外光谱分析,废旧塑料的掺量为 6%。由于原样沥青浓度极大,对红外光具有强吸收性,因此对几种沥青试样采用溶剂法制样:先用二甲苯将沥青溶解,降低沥青浓度,增加试样透光度,再进行红外光谱测试,因此在红外谱图中难免有二甲苯特征峰的影响。图 5-53 为 RP 和 CRP 改性沥青的红外光谱分析图[32]。

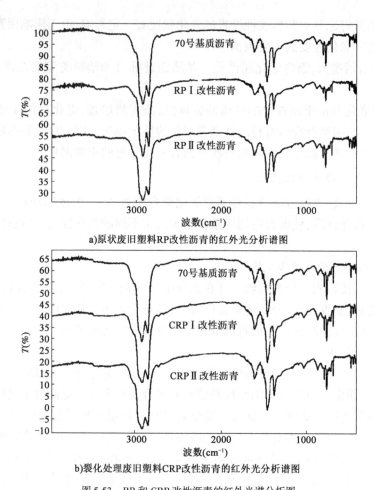

图 5-53 　RP 和 CRP 改性沥青的红外光谱分析图

由图 5-53 可以看出：

(1) RP 和 CRP 改性沥青的谱图与基质沥青的红外光谱图几乎完全一样，表明 RP 和 CRP 改性沥青中没有生成与基质沥青不同的官能团，废旧塑料并没有与沥青发生化学反应，废旧塑料对沥青的改性是物理改性。

(2) 虽然 RP 和 CRP 对沥青的改性都是物理改性，但是 CRP 在经过裂化以后，分子链长度降低，支链增多，生成了—OH 基团并形成了氢键，分子间聚合的能量降低，使得裂化处理废旧塑料在机械力和分子间的范德华力作用下更容易分散在沥青相中而不易产生离析，这就是 CRP 改性沥青储存稳定性和高温性能与原状废旧塑料改性沥青不同的机理。通过红外光谱分析可知，两种生活废旧塑料改性沥青均是以物理改性为主，改性沥青仍是多相的复合体系，通过各相间的协同作用体现出改性沥青的各种性质。这些性质将受到改性剂在沥青中的分散、吸附、溶胀、溶解、交联的直接影响。

5.5.3.2　废旧塑料改性沥青的溶胀机理

要使改性沥青性能良好，必须使改性剂均匀地分散到沥青中，并形成稳定的胶体，改性剂的溶胀程度直接关系到改性沥青在其他各方面的性能。由于高聚物的结构十分复杂，因此它在沥青中的溶解过程十分缓慢,需要几小时、几天乃至几个星期。不管晶态高聚物还是非晶态高聚物,都必须经过溶胀和溶解两个阶段。溶胀时,溶剂分子渗透到高聚物中,使其体积膨胀,然后高分子逐渐分散到溶剂中使其溶解,如图5-54所示。只有在高分子的溶剂化程度达到能摆脱高分子间的相互作用之后,高分子才向溶剂中扩散,进而进入溶解阶段。

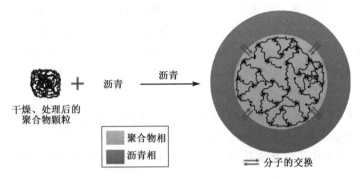

图5-54 聚合物溶胀示意图

从前述塑料的红外光谱分析和综合热分析可知,废旧塑料改性剂均是结晶性高聚物,它们的非晶区与晶区是同时存在的。溶胀时非晶区由于分子堆砌较为疏松、分子间的相互作用力较弱而首先被溶胀。晶区的溶胀要比非晶区困难得多,尤其是非极性高聚物的晶区在室温下几乎不溶,只有当温度升高至熔点附近,晶态转变为非晶态后,溶剂才有可能进入高聚物内部使其溶胀。由于热传导时间与晶粒厚度有关,因此结晶度越高,溶胀越困难,在制备废旧塑料改性沥青的过程中,废旧塑料改性剂首先在160~180°C的基质沥青中静态溶胀40min左右,直至塑料颗粒变软。在溶胀过程中,废旧塑料的非晶区首先被溶胀,此时沥青中分子尺寸较小的轻质组分由于相对运动速度较大而率先进入废旧塑料非晶区,而废旧塑料晶区只能在113°C以上的环境中才能够被逐渐溶胀。废旧塑料经过40min的静态溶胀后,结晶几乎完全遭到破坏。但由于溶胀需要相当长的时间,静态溶胀过程中废旧塑料并没有被完全溶胀。

此后,把废旧塑料与沥青用高速剪切仪剪切30min,直到沥青表面无层状漂浮物,用玻璃棒蘸取样品,直到玻璃板表面不再出现颗粒状改性剂为止,剪切温度保持160~170°C。该过程中,废旧塑料颗粒被外力破碎为肉眼观察不到的小颗粒,增加了改性剂与沥青的接触面积,使能够进入高聚物内部的界面面积更大。在温度与搅拌的共同作用下,高分子的热运动加快,促进了沥青与废旧塑料之间的传热传质,溶胀速度加快,溶胀程度进一步加深,此时分子量相对更高的沥青物质可以进入废旧塑料内部。剪切过程中,废旧塑料溶胀程度比静态溶胀时大幅度加大。

废旧塑料分子为线性高分子,分子链段间的作用能较大,只有部分与废旧塑料分子相互作用能较大的沥青分子可以帮助其摆脱自身链段间的作用能向沥青中扩散。该部分沥青组分即与废旧塑料分子量相近、分子尺寸相仿、分子结构相似、溶解度参数相近的物质。因此,废旧塑料只能与沥青产生有限溶胀,并部分溶解。

本章参考文献

[1] 易超.建筑垃圾资源化制备再生骨料混凝土的研究[D].广州:暨南大学,2014.

[2] RATTANACHU P,TANGCHIRAPAT W,JATURAPITAKKUL C. Water permeability and sulfate resistance of eco-friendly high-strength concrete composed of ground bagasse ash and recycled concrete aggregate[J]. Journal of Materials in Civil Engineering,2019,31(6):04019093.

[3] 古松.再生混凝土基本性能与工程应用[M].武汉:武汉大学出版社,2019.

[4] 郭远臣,王雪.建筑垃圾资源化与再生混凝土[M].南京:东南大学出版社,2015.

[5] 陈爱玖,章青,王静.再生混凝土技术[M].北京:中国水利水电出版社,2013.

[6] 刘数华,冷发光.再生混凝土技术[M].北京:中国建材工业出版社,2007.

[7] 李秋义,全洪珠,秦原.再生混凝土性能与应用技术[M].北京:中国建材工业出版社,2010.

[8] ZIFENG Z,FEIPENG X,AMIRKHANIAN SERJI. Recent applications of waste solid materials in pavement engineering[J]. Waste Management,2020,108:78-105.

[9] 许婉钰.微生物矿化沉积技术改性再生骨料及其对混凝土性能的影响[D].安徽建筑大学,2018.

[10] DEJONG J T,MORTENSEN B M,MARTINEZ B C,et al. Bio-mediated Soil Improvement[J]. Ecological Engineering,2010,36(2):197-210.

[11] OUYANG X,WANG L,XU S,et al. Surface characterization of carbonated recycled concrete fines and its effect on the rheology,hydration and strength development of cement paste[J]. Cement and Concrete Composites,2020,114:103809.

[12] 朱平华,耿犟.再生混凝土概论[M].北京:北京理工大学出版社,2017.

[13] 张金喜.道路工程材料资源循环利用技术[M].北京:科学出版社,2008.

[14] 袁芮.沥青路面高掺量厂拌热再生技术研究[D].南京:东南大学,2015.

[15] 蔡全辉.废旧沥青混合料厂拌热再生应用问题研究[D].哈尔滨:哈尔滨工业大学,2013.

[16] 肖飞鹏.沥青材料再生利用的理论与方法[M].上海:同济大学出版社,2021.

[17] 刘振丘.RAP回收工艺及热再生沥青混合料路用性能关键影响因素研究[D].重庆交通大学,2015.

[18] ZAUMANIS M,MALLICK R,FRANK R. 100% recycled hot mix asphalt:A review and analysis[J]. Resources,Conservation and Recycling,2014,92:230-245.

[19] FRANK B,PROWELL D,HURLEY C,et al. Warm mix asphalt(WMA) emission reductions and energy savings[C]. Proc. of the 2nd International Conference on Warm Mix Asphalt:Papers and Speakers Presentation. 2011:11-13.

[20] XIAO F,YAO S,WANG J,et al. A literature review on cold recycling technology of asphalt pavement[J]. Construction and Building Materials,2018,180:579-604.

[21] JING W,JIANG J,DING S,et al. Hydration and microstructure of steel slag as cementitious material and fine aggregate in mortar[J]. Molecules,2020,25(19):4456.

[22] JING W,JIANG J,DING S,et al. Hydration and microstructure of steel slag as cementitious material and fine aggregate in mortar[J]. Molecules,2020,25(19):4456.

[23] LIN Y,YAN B,FABRITIUS T,et al. Immobilization of chromium in stainless steel slag using low zinc electric arc furnace dusts[J]. Metallurgical and Materials Transactions B,2020,51:763-775.

[24] 韩凤兰,吴澜尔,等.工业固废循环利用[M].北京:科学出版社,2017.

[25] GUOQIANG W,XINGQIANG W,LV Songtao,et al. Laboratory Investigation of Rubberized Asphalt Using High-Content Rubber Powder[J]. Materials,2020.

[26] XIAO F,ZONG Q,WANG J,et al. Storage stability characterization and improvement of SBS and crumb rubber composite modified asphalt[J]. Road Materials and Pavement Design, 2022,23(3):509-526.

[27] XIAO F,AMIRKHANIAN S,SHWN J,et al. Influences of crumb rubber size and type on reclaimed asphalt pavement (RAP) mixtures[J]. Construction and Building Materials,2009, 23(2):1028-1034.

[28] MARIE I. Zones of weakness of rubberized concrete behavior using the UPV[J]. Journal of Cleaner Production,2016,116:217-222.

[29] 张海波.废旧橡胶水泥混凝土界面与性能[M].北京:冶金工业出版社,2018.

[30] 齐贵亮,梁振河,宋秀敏,等.废旧塑料回收利用实用技术[M].北京:机械工业出版社,2011.

[31] 梁刚,马运开,凌新勇,等.废旧塑料的回收及利用[M].广州:广东科技出版社,1993.

[32] 杨锡武.生活废旧塑料改性沥青技术及工程应用[M].北京:科学出版社,2016.

第 6 章
聚合物材料

随着材料学科的高速发展,越来越多的聚合物材料在铺面工程中得到了广泛应用。聚合物材料又称高分子材料,是由聚合物作为基体和其他添加剂(辅助物)组成的材料。本章首先从聚合物的基本概念出发,总结了沥青路面常用的聚合物材料,包括橡胶类改性沥青、热塑性橡胶类改性沥青、热塑性树脂类改性沥青、热固性树脂类改性沥青,并归纳了聚合物与沥青的相容性,为设计与制备新型聚合物改性沥青提供了机理与研究方法的指导。随后,本章从聚合物水泥的基本概念与聚合物对水泥的改性机理出发,概述与总结了多种常见的聚合物水泥混凝土,包括合成橡胶水泥混凝土、热塑性树脂水泥混凝土、环氧水泥混凝土、成纤聚合物水泥混凝土等。接着,本章对聚合物的制备进行了介绍,涉及聚合物水泥混凝土的稳定、拌和与硬化。最后,本章介绍了聚合物水泥混凝土的性能评价,包括施工和易性、凝结时间、体积参数、力学强度、抗冻性和耐久性、变形特性、黏结性、热稳定性等工程性能,为聚合物水泥混凝土的性能检验提供了参考。

6.1 聚合物基本概念与介绍

6.1.1 聚合物基本概念

聚合物与其他化学品的本质区别在于其分子链中原子间的化学键类型,即聚合物原子间的共价键。另外,按分子链中原子(或原子基团)的数量,即聚合度(n),可区别聚合物与低分子量化合物。一般认为,分子链中原子数为 100 及 100 以上的化合物为聚合物。为强调起见,可称分子链中原子数很大(10 万以上)的化合物为高聚物(高分子化合物或大分子化合物)。

对于单体,$n=1$。对于聚合物(包括高聚物),n 值可以非常之大。分子尺寸在单体与聚合物之间时,可称为低聚物。一般认为,对低聚物,n 值为 2~8,这已为流变学的研究所证实。所述的 n 值都是指聚合度的统计平均值。聚合物分子的尺寸与其分子量 M(对聚合物而言也是统计平均值)有关。M 与 n 是相互关联的:聚合物分子量等于聚合度与单体链节(原子)分子量之积。有时还是以 n 值表示聚合物分子的尺寸更方便些(如电离度不定的聚电解质)。

大多数有机聚合物的分子链只由碳原子组成,有时也有氧和氮原子。通常,氢原子存在于聚合物链周围的有机聚合物中。有时称 H、N、O 为有机原子。能形成无机聚合物的元素有硼、硅、磷、硫、砷、硒、锡、铋,而且主要是与其他元素(特别是氧、硫、氮原子)一起。因此,无机聚合物链是由上述元素的原子构成的。元素是有机的,但聚合物链是无机的,它被有机原子或原子基团所环绕,由于这种情况,将其列为单独一类聚合物。有时还划分出人造聚合物,这是以化学改性法由天然聚合物制得的一类聚合物,如用氯甲基化方法由纤维素制得的甲基纤维素。

按照聚合物链的化学结构分类,聚合物可分为如下两类:一类是均链聚合物,其分子链仅由一种原子构成;另一类是杂链聚合物,其分子链由不同元素的原子构成(常常是主链原子通过氧桥构成分子链)。这类聚合物可定义为杂链聚合物,它又分为单杂链聚合物和多杂链聚合物。例如,由两种或两种以上元素的原子构成分子链,形成二杂或三杂链的聚合物。在这类链中,不同元素的原子排列可以是规则的,也可以是不规则的。

能够参加某种化学反应或物理化学过程的原子(原子基团)称为官能团。赋予聚合物以亲水能力(亲水性)的官能团称为亲水基团。与之相对的是憎水基团(注意:不含任何官能团的 PE 是极端憎水的)。

亲水基团可以位于聚合物分子的主链上,直接参与分子链的形成,也可以以某种方式排列在聚合物链的一侧(图 6-1)[1]。

结果,聚合物分子(未电离)转化为聚合物离子,在聚合物链上产生电离基团(在这种情况下为酸性基团)。上述聚合物的酸性取决于电离常数(K)的大小:$pH = -\lg K$;电离常数越小,酸电离就越强烈,酸性就越大。乙醇、苯酚、醋酸、丙酸及丙烯酸的 pH 值分别为 15.9、10、4.76、4.87 及 4.2。pH 值为 10 及更高的有机酸实际上不会形成盐(聚乙烯醇属此类化合物),若在酸性官能团附近出现其他极性官能团,则其 pH 值会增大。

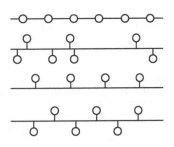

图 6-1 含有亲水基(以圆圈表示)的聚合物链的结构示意图

6.1.2 沥青路面中的常用聚合物

从广义上讲,带有改善性能或性能的某一方面的添加剂的沥青称为改性沥青。狭义的道路改性沥青一般是指聚合物改性沥青,缩写为 PMA 或 PMB。用于改性的聚合物有很多类型,主要有以下实例[2,3],见表 6-1 ~ 表 6-6。

天然胶乳改性沥青

表 6-1

改性剂类型	适用场合	改性方法	性能	设备要求	施工要求
天然胶乳	石屑罩面 快凝沥青 砂浆表处	双相乳液（沥青-胶乳）	提高集料的集体性 提高混合料黏附性 降低感温性	胶乳存储和搅拌设施	沥青砂浆表面处治撒布机

合成胶乳改性沥青

表 6-2

改性剂类型	适用场合	改性方法	性能	设备要求	施工要求
氯丁橡胶	石屑罩面混凝土磨耗层	乳化沥青 HMA	增加弹性 降低感温性	胶乳存储和搅拌设施	无
SBR			改善柔性及黏附性		

嵌段共聚物改性沥青

表 6-3

改性剂类型	适用场合	改性方法	性能	设备要求	施工要求
SBS	沥青混凝土 开级配磨耗层 石屑罩面	高速剪切机	改善柔性 增加抗永久变形能力 降低感温性	搅拌聚合物与沥青的设施	无

塑料改性沥青

表 6-4

改性剂类型	适用场合	改性方法	性能	设备要求	施工要求
PE PP	沥青混凝土	高速剪切设备	提高稳定性，增加劲度模量 增强抗永久变形能力	在拌和厂增加特殊设备	提高碾压温度
EVA	热碾沥青 沥青混凝土 开级配磨耗层		增强抗永久变形能力 增加模量	增加搅拌设备	无
乙丙橡胶（EPOM）	沥青混凝土		增加抗永久变形能力 降低感温性	在提炼厂进行搅拌	无

废胶粉改性沥青

表 6-5

改性剂类型	适用场合	改性方法	性能	设备要求	施工要求
废胶粉	沥青混凝土 应力吸收薄膜	将橡胶粉加入沥青 将橡胶加入沥青	增加柔性和黏结性	增加特殊搅拌器	无
		用橡胶颗粒取代部分矿料	提高抗滑、抗疲劳特性	无	无
		在拌和过程中将橡胶粒子加入混合料	增加柔性 在孔隙量很小的情况下也能保持混合料稳定性 延缓反射裂缝的出现		

纤维改性沥青 表6-6

改性剂类型	适用场合	改性方法	性能	设备要求	施工要求
石棉	沥青混凝土薄面层	用纤维增强结构整体性和强度	防止反射裂缝抵抗翘曲变形	增加加入纤维的设施	无
聚酯	沥青混凝土罩面				
PP	沥青混凝土罩面 沥青砂浆罩面				
石棉石毛	开级配磨耗层	在拌和过程中将纤维加入混合料	防止反射裂缝抵抗翘曲变形 提高抗松散能力		
钢纤维	沥青混凝土罩面及薄面层		提高稳定性和抗压强度		

6.1.3 水泥路面中的常用聚合物

广泛用于聚合物水泥中的某些聚合物见表6-7[4]。其中,大多数为均链聚合物,仅聚酯、聚环氧、聚乙烯亚胺及聚氧化乙烯为杂链聚合物。按空间排列,聚合物链可分为如下的不同构型:线形(无规、同规、间规))链、异构链、梯形链、支化链以及空间(三向)交联链。还应当考虑聚合物的构象特征。聚合物的大分子链可是球状线团、螺旋形等。构象的变化可引起聚合物物理与化学性质的重大改变。

水泥中常用聚合物 表6-7

均聚物	共聚物	聚电解质
聚乙烯	丁二烯与丙乙烯共聚物	聚丙烯酸
聚丙烯	醋酸乙烯与乙烯共聚物	聚乙烯醇
聚苯乙烯		聚乙烯亚胺
聚醋酸乙烯酯		聚氧化乙烯
聚丁二烯		
聚氯乙烯		
聚偏氯乙烯		
聚丙酸乙烯酯		

6.2 橡胶类改性沥青

橡胶与沥青混合而成的混合物称为橡胶改性沥青(简称橡胶沥青)。橡胶是一种高弹性的聚合物化合物,具有其他材料不具备的高弹性,也称为弹性体。它的主要特点是其巨大的分子量一般在几十万,甚至高达百万,分子大小不一,具有多分散性[1]。最常用的橡胶改性沥青类型是丁苯橡胶(SBR)和氯丁橡胶(CR)。它们不仅是世界上最早和广泛使用的改性剂类型,也是我国研究和推广较早的改性剂[2]。

6.2.1 丁苯橡胶

丁苯橡胶是一种由丁二烯和苯乙烯共聚而成的合成橡胶。根据合成方法,丁苯橡胶可以分为乳液聚合丁苯橡胶和溶液聚合丁苯橡胶。乳液聚合丁苯橡胶或丁苯胶乳用作筑路材料。

丁苯橡胶为浅褐色,具有苯乙烯的气味。苯乙烯结合量在 4% ~ 40%,分子量为 10 万 ~ 150 万,玻璃化温度(T_g)为 -60 ~ -50℃,溶解度参数为 16.6 ~ 17.7 (J/cm^3)$^{1/2}$。丁苯橡胶技术性能见表 6-8[1]。

丁苯橡胶技术性能 表 6-8

品种	Ⅰ类	Ⅱ类	Ⅲ类	Ⅳ类
挥发分(%)	0.1 ~ 1.0	0.1 ~ 1.0	0.1 ~ 1.0	0.1
总灰分(%)	0.8 ~ 1.5	0.8 ~ 1.5	0.7 ~ 1.5	0.7
有机酸含量(%)	5 ~ 7	4 ~ 7	4 ~ 6	4.8
皂含量(%)	0.02 ~ 0.5	0.02 ~ 0.5	0.02 ~ 0.5	0.06
结合苯乙烯含量(%)	22 ~ 25	22 ~ 25	22 ~ 25	—
300%定伸拉力(MPa)	10 ~ 16	13 ~ 18	7	—
拉伸强度(MPa)	21 ~ 31	24 ~ 31	20 ~ 25	24
拉断伸长率(%)	480 ~ 550	430 ~ 450	330 ~ 370	520
生胶门尼黏度 100(℃)	45 ~ 60	45 ~ 56	42 ~ 58	48
混炼胶门尼黏度 100(℃)	76 ~ 85	76 ~ 83	60	61

丁苯乳胶通过苯乙烯和丁二烯液以不同比例进行共聚。随着苯乙烯含量的增加,凝固过程中苯乙烯丁二烯乳胶颗粒的沉积更加困难,拉伸强度增大,伸长率下降。丁苯胶乳的技术性能见表 6-9[1]。

丁苯胶乳的技术性能 表 6-9

项目	浓缩丁苯-30	丁苯-50	丁苯-60
苯乙烯含量(%)	30	46 ~ 47	60
总固体含量(%)	>50	43 ~ 48	43 ~ 48
pH 值	9	11 ~ 12	11 ~ 12
密度(g/cm^3)	—	0.99 ~ 1.0	0.99 ~ 1.0
表面张力(10^{-3}N/m)	—	47.08 ~ 55	47.08 ~ 55

由沥青和丁基乳胶组成的混合物称为丁苯橡胶沥青,其缩写为 SBR 沥青。这里所指的丁苯橡胶是非热塑性丁苯橡胶,不能直接熔化成沥青,只有经过硫化才能更好地表现出橡胶特性。非硫化丁苯橡胶或硫化共混丁苯橡胶在筑路材料和建筑防水材料中应用最广。与基准沥青相比,丁苯橡胶沥青的性能有了很大提高,尤其是低温性能、高温性能、弹性、黏度和韧性。

6.2.1.1 相容性

丁苯橡胶与沥青相容时,不能以一定分子量分散在沥青中,基本呈两相,少部分沥青进入丁苯橡胶网络,呈共混结构。显微镜下,丁苯橡胶分布在沥青中,粒径为 2~5μm,形成镶嵌结构。在分散过程中,橡胶颗粒由于其大的分散性和特定的表面积而具有较高的表面能。由于沥青成分在胶体颗粒表面的选择性吸附,胶体颗粒表面形成界面吸附层,有利于胶体颗粒与沥青的结合,胶体颗粒不与沥青分离。各种橡胶颗粒的协同作用,可以确保混合物在外力作用下不会被破坏。热储存时,若胶体颗粒浮起,稍加搅拌即可均匀分散于沥青中。

6.2.1.2 丁苯胶乳沥青性能

采用胶乳熔融法生产的丁苯胶乳沥青,其胶乳颗粒较小,且分布比较均匀,性能比较好。例如,在沥青中掺入干胶为3%的丁苯胶乳沥青其性能见表6-10[1]。

干胶为3%的丁苯胶乳沥青　　　　表6-10

技术性能	基质沥青	SBR 沥青-1	SBR 沥青-2
掺胶量(%)	0	3	3
软化点(℃)	46.6	52.2	50.6
针入度(10^{-1}mm)	75	70	54
延伸度4℃(5cm/min)	8	100	15
韧度(cm)	46	150	—
流动性(38℃,1h)(cm)	1.3	0.4	0.3

由表6-10可以看出,加入丁苯胶乳以后软化点提高,针入度降低,低温延伸度增大,流动度减小,韧性增大,说明丁苯胶乳沥青耐热性和低温柔性明显提高。

6.2.2 氯丁橡胶

氯丁橡胶的极性较强,可以制成氯丁橡胶石油沥青和氯丁橡胶煤焦油沥青,建筑防水材料行业应用最多的是氯丁橡胶沥青防水涂料。氯丁橡胶是由氯丁二烯乳液聚合而成的均聚物,亦称氯丁二烯橡胶,代号为CR。

氯丁橡胶分子有一个规则的分子结构。该分子链包含大量氯原子,所以它是极性的,容易形成紧密而有规律的排列。具有较高的拉伸强度和伸长率,机械性能优良,耐老化性能优异,特别是耐候和耐臭氧老化,属于自补强橡胶。

由于氯苯橡胶分子结构的规律性,生橡胶和硫化物在低温下都有明显的结晶趋势,属于可逆结晶。结晶度在高温环境下消失,变成柔软的弹性体;在常温和低温环境下,结晶恢复,成为刚性固体,不影响使用性能。氯丁橡胶在80~95℃的温度下可连续使用且具有优良的物理特性,能抵抗长期的热降解;能耐 -25~ -20℃低温。氯丁橡胶在室温下固化,主要缘于氯丁橡胶的结晶性,结晶速度越快,黏力越强,结晶度越高黏结强度越高,耐热性越好。在储存或使用过程中,由于受光的作用,氯丁橡胶易转变为具有空间体形结构的聚合体。通用型氯丁橡胶生胶物理性能见表6-11[1]。

通用型氯丁橡胶生胶物理性能 表 6-11

性能	指标
外观	浅黄色或棕色弹性物质
分子量	约 1000000
密度(g/cm^3)	1.15 ~ 1.25
软化温度(℃)	80
耐热温度(℃)	100 ~ 150
分解温度(℃)	233 ~ 258
脆性温度(℃)	-55 ~ -35
威氏可塑度	2

对氯丁橡胶进行胶乳化可以获得氯丁胶乳,氯丁胶乳也是常用的沥青改性材料,它是由 2-氯丁二烯乳液聚合而成的。氯丁胶乳的颗粒比天然胶乳小,胶乳粒子约为 $0.1\mu m$,干胶密度大($1.25g/cm^3$)。长期储存后,其化学结构发生水解放出 HCl 而导致胶乳 pH 降低以致凝固,常用的氯丁胶乳性能见表 6-12[1]。

常用的氯丁胶乳性能 表 6-12

技术性能	通用型	浓缩型	二元(氯苯)型
总固体含量(%)	>48	>58	>48
pH 值	11 ~ 12	11	11 ~ 12
黏度($\times 10^3 Pa \cdot s$)	<23	60 ~ 120	<23
表面张力($\times 10^{-6} N/cm$)	35 ~ 58	32 ~ 40	34 ~ 37

此外,还有由氯丁二烯二羧基化合物共聚而得的羧基氯丁胶乳。该胶乳不用硫黄硫化,有自硫化特点,其抗拉强度更大,弹性更好。

6.2.2.1 助剂

常用的氯丁橡胶的添加剂包括软化剂、标记剂、抗氧化剂、硫化剂和硫化加速剂。软化剂主要包括三类:石油类软化剂,如机油、变压器油、沉积油等;煤焦油软化剂,如煤焦油、古马隆树脂等;植物油软化剂,如松香、松油和高油等。这些添加剂可以提高氯丁橡胶沥青的可塑性和黏结性。

常用的增黏剂有古马隆、重松焦油、松油等,可以改善氯丁橡胶的压延工艺性能。硫化剂主要有氧化锌和氧化镁等金属氧化物。在建筑防水材料中,较少采用硫化剂和硫化促进剂,一般在氧的作用下,它们自行交联而进行自硫化,以提高其弹性性能。

氯丁橡胶沥青使沥青具有了氯丁橡胶的某些特性,同时具有很大的抗张强度和伸长率,优良的耐候性等。

6.2.2.2 常规性能

氯丁橡胶沥青的物理性能包括针入度、软化点、延伸度、黏韧性等。在沥青中加入 3%的氯丁橡胶制得的氯丁橡胶沥青性能见表 6-13[1]。

掺加3%氯丁橡胶的沥青性能　　　　　　　　　　　　　表6-13

物理性能	石油沥青	氯丁橡胶沥青
软化点(℃)	47	32.2
针入度(0.1mm)	75	66
延伸度4℃(cm)	8	60
流动度(38℃,1h)(cm)	1.3	0.5
黏韧度(N·cm)	46	2250

由表6-13中可以看出，氯丁橡胶沥青较其基准沥青的软化点提高，针入度降低，延伸度增大，尤其是低温延伸度、黏韧性提高更多，说明氯丁橡胶沥青有较好的感温性、耐热性和耐温抗裂性。

6.2.3　天然橡胶

天然橡胶(NR)，是一种天然的高弹性聚合物化合物。天然橡胶是从橡胶树(主要是三叶栎树)上割下的胶乳，经稀释、过滤、混凝、碾压干燥而成的，俗称生胶。它的主要成分是异丙烯，是一种异丙烯的聚合物。

商品天然橡胶含有91%~94%的橡胶碳氢化合物，其余为蛋白质、脂肪酸、灰分和糖等非橡胶成分。橡胶烃中顺式1,4-异戊二烯占98%~100%，顺式3,4-异戊二烯占0~2%，不饱和度为95%~98.5%。

天然橡胶是一种非极性物质，可溶于苯、溶剂汽油、二硫化碳、氯仿、松油等。它在乙醇和丙酮中是不溶的。溶解后，它首先膨胀，然后形成一种具有高黏度的黏性胶体溶液。天然橡胶在低温下容易结晶和硬化，在0℃以下弹性大大降低，在-70℃左右变得很脆。当加热到130~140℃时，它完全软化为熔融状态，在200℃时开始分解，在270℃时迅速分解。

天然橡胶弹性极佳，弹性模量为3~6MPa，弹性伸长率可达1000%。天然橡胶含有不饱和双键，每个双键形成一个具有高化学活性的激活点，分布在整个橡胶上，支配着橡胶的变化，可与卤素、氧、过氧化物、硫等物质发生加成、取代、裂解等化学反应。天然橡胶耐老化性能差。

天然橡胶的主要物理性能见表6-14[1]。

天然橡胶的主要物理性能　　　　　　　　　　　　　表6-14

物理性能	性能指标	物理性能	性能指标
密度(g/cm^3)	0.90~0.93	抗张强度(MPa)	1.02
分子量	10万~180万	弹性伸长率(%)	1000
脆化温度(℃)	-70	回弹率(%)	70~80

天然乳胶是从橡胶植物中提取的乳白色液体，密度为0.974~0.980g/cm^3，pH值为6.5~7.0，表面张力为$(4~4.5)\times10^{-2}$N/m。乳胶粒子的粒径为20~2000nm。天然乳胶含有蛋白质，很容易被细菌和酶破坏，固含量36%，橡胶烃含量约33%。天然乳胶经离心或蒸发可浓缩至60%及以上，称为浓缩乳胶。

由沥青材料和天然橡胶组成的共混物称为天然橡胶沥青(简称NR沥青)。根据所用基质沥青的不同，天然橡胶沥青可分为天然橡胶石油沥青和天然橡胶煤焦油沥青。在石油沥青中掺入天然橡胶以后，其低温弹性、柔韧性和脆裂温度明显改善。天然橡胶石油沥青性能见表6-15[1]。

天然橡胶石油沥青性能　　　　　　　　　　表6-15

技术性能	石油沥青	5%天然橡胶+沥青	10%天然橡胶+沥青
软化点(℃)	47.8	61.2	77.8
针入度(0.1mm)	87	66	51
流动性(60℃,1h)(cm)	12.3	3.7	1.1
延伸度(cm)	195	28	8
回弹性(%)	—	63	63
薄膜烘箱损失(%)	0.25	0.19	—
残留物针入度(0.1mm)	51	65	67
残留物软化点(℃)	55	58	62
CS_2中溶解度(%)	99.9	97.6	96.5

由表6-15中可以看出,天然橡胶沥青的软化点、回弹性随天然橡胶含量的增加而增大,针入度、延伸度、流动性随天然橡胶的增加而减小。天然橡胶沥青的针入度指数(PI)随其天然橡胶含量的增加而增大,说明天然橡胶沥青的感温性降低,热稳定性提高。将天然胶乳熔融于石油沥青形成的天然橡胶石油沥青,由于胶乳颗粒细微又分散均匀,性能更为优越。天然胶乳石油沥青性能见表6-16[1]。

天然胶乳石油沥青性能　　　　　　　　　　表6-16

技术性能	石油沥青	3%天然橡胶+沥青
软化点(℃)	46.8	48.2
针入度(0.1mm)	75	50
流动度(37.8℃,1h)(cm)	1.3	0.5
延伸度(4℃)(cm)	8	10

为了改善天然橡胶石油沥青性能,可在天然橡胶上进行部分交联和接枝。常用的接枝化合物有甲基丙烯酸甲酯、苯乙烯、丙烯酰胺、顺丁烯二酸酐等。

6.3　热塑性橡胶类改性沥青

热塑性橡胶也称热塑性弹性体(TPE),其改性剂主要包括聚氨酯、聚乙醚聚酯共聚物、聚烯烃和苯乙烯块状共聚物。其中,苯乙烯块状共聚物已被证明具有作为道路沥青改性剂的最大潜力[1]。其代表产品有SBS、苯乙烯-异戊二烯-苯乙烯嵌段共聚物(SIS)、苯乙烯(S)-氢化丁二烯(EB)-苯乙烯(S)三嵌段共聚物(SEBS)改性沥青,通常称为热塑性橡胶改性沥青。SBS的分子结构是带状的,通常用于路面沥青改造。目前,SBS改性沥青是世界上广泛使用的道路沥青改性材料。SIS主要用于热熔胶;SEBS适用于道路和屋顶,对氧化阻力和高温变形阻力的要求很高[2,3]。

添加到沥青中的橡胶通常包括未硫化橡胶和热塑性橡胶。热塑性橡胶的种类很多,包括嵌段共聚物热塑性橡胶、硫化共混热塑性橡胶(TPV)、接枝共聚热塑性橡胶、离聚物热塑性橡胶、增容共混热塑性橡胶等。

热塑性橡胶根据其主要成分可分为苯乙烯热塑性橡胶(TPS)、聚氨酯热塑性橡胶(TPU)、聚烯烃热塑性橡胶(TPO)、聚酯热塑性橡胶(TPEE)、聚酰胺热塑性橡胶(TPAE)、卤素含聚烯烃热塑性橡胶(TPHO)、聚丙烯酸酯热塑性橡胶(TPAA)等[6]。

目前应用广泛的是嵌段共聚热塑性橡胶和硫化共混热塑性橡胶。嵌段共聚物热塑性橡胶是一种结构,其中两个或更多的单体可以形成长的链段,并将它们安排在主轴的间隔上;或者,一个单体首先均匀地聚集成长链段,然后聚合成另一个单体,形成嵌段共聚物,如 SBS、SIS、SEBS、苯乙烯(S)-乙烯/丙烯(E/P)-苯乙烯(S)三段共聚三嵌段共聚物(SEPS)等。其弹性嵌段分别为聚丁二烯、聚异戊二烯、乙烯-丁烯无规共聚物和乙烯-丙烯共聚物。在嵌段共聚物热塑性橡胶中,SBS 热塑性橡胶应用最为广泛,可制成 SBS 沥青[7]。

在硫化共混型热塑性橡胶中,应用最多的为橡胶与塑料组成的硫化共混型热塑性橡胶及其沥青,这是有待开发的领域。

6.3.1 SBS 改性剂

SBS 属于嵌段共聚物热塑性橡胶的范畴。它使用 1,3-丁二烯和苯作为单体,并使用阴离子聚合法制备线形或星形的块状共聚物。如果加入油,它就变成充油 SBS。中国石化行业标准将 SBS 正式命名为热塑性丁苯橡胶。

SBS 聚合物链有不同的块状、塑料和橡胶链段串联,形成类似于合金的"金属学组合"结构,如图 6-2、图 6-3 所示。其中,聚苯乙烯链段(S 链段)在两端聚集,形成一个物理交联区,这是一个称为域的硬链段,也称为约束相(分散相、聚集相)和岛相;聚丁二烯链段(B 链段)形成一个软段,也称为连续相(海洋相),具有高弹性。软链段(B 链段)和硬链段(S 链段)互不相容,聚苯乙烯硬链段分子结合形成小范围的刚性端基。

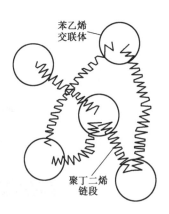

图 6-2 SBS 的相位结构[1]

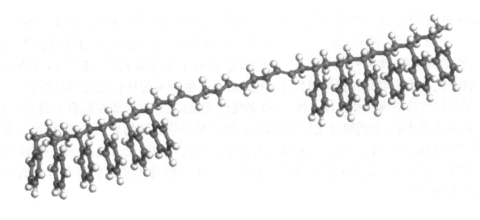

图 6-3 SBS 的典型分子结构

聚丁二烯和聚苯乙烯之间的电子密度差异可以用来显示两相结构的形态。在显微镜下,可以看到聚苯乙烯通常被卷成球形。SBS 有线形和星形两种,我国岳阳、燕山等石化企业已生产。

如图 6-4 所示,线形聚合物的特征在于两个聚丁二烯嵌段相连,而在径向结构中,聚苯乙烯嵌段在聚丁二烯嵌段周围形成径向结构。这种结构差异是决定性的,因为它表征了共混物的最终性能。人们已经注意到,径向结构提供了更好的系统稳定性和更好的再分配弹性及黏性沥青成分。苯乙烯橡胶的弹性和坚固性是由于分子之间的物理联锁而形成的三维晶格。晶格的三维顶点由聚丁二烯单元形成的橡胶基体中的聚丁二烯块组成。SBS 形态示意图如图 6-5 所示。

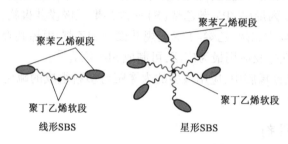

图 6-4　线形和星形 SBS 的表示[6]

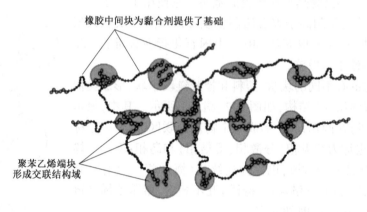

图 6-5　SBS 形态示意图[6]

SBS 的两相分离结构决定了它有两个玻璃转变温度:T_1 为 -80℃(聚丁二烯),T_2 为 80℃(聚苯乙烯),也有说是 100℃。当温度升至 SBS 末端苯乙烯的玻璃化转变温度(T_2)以上时,网络结构消失,塑料链段开始软化流动,这有利于混合和施工。但在路面使用温度下,它为固体,起到物理交联和增强作用,在高温下产生较大的抗拉强度和抗剪强度;中间段丁二烯提供良好的弹性和抗疲劳性,其玻璃化转变温度极低,因此在低温下具有柔韧性。当 SBS 溶解成沥青时,末端组发生转变和流动,中间组吸收沥青的软沥青成分,形成海绵状物质,使其体积增大数倍。冷却后,末端组再次变硬并进行物理交叉连接,使中间段进入弹性三维网络。正常加工温度下的塑性流动特性和室温下的橡胶特性使得 SBS 作为道路沥青改性剂非常出色。

6.3.1.1　物理性能

SBS 为白色或淡黄色多孔颗粒状、条状或粉末状,国内多为条状或粒状。一般晶粒长度小于 10mm,10~30mm 的晶粒长度允许小于 5%。无机械杂质,分子量为 5000~16000,远低于丁苯橡胶。密度为 0.94~1.13g/cm³,加工温度为 150~230℃。若温度高于 230℃,会引起氧化分解。型号很多,其中以 SBS1301(YH-791)、SBS1401(YH-792)和 SBS4303(YH-801)在沥青防水材料和道路建设部门应用最为广泛。热塑性橡胶 SBS 牌号及性能见表 6-17[1]。

热塑性橡胶 SBS 牌号及性能　　　　　表 6-17

项目	SBS3101	SBS1401	SBS4303	SBS4402	SBS1551	SBS4452
结构	线形	线形	星形	星形	线形	线形
嵌段比 S/B	30/70	40/60	30/70	40/60	48/52	40/60
充油率(%)	0	0	0	0	33	33
拉伸强度(MPa)	18.00	20.00	12	21.60	11.80	13.70
300%定伸应力(MPa)	1.90	2.30	1.50	2.90	1.37	1.00
伸长率(%)	700	500	590	850	950	900
永久变形(%)	45	65	45	65	80	33
硬度(邵氏 A)	60	82	65	80	60	55
总灰分(%)	0.2	0.2	0.2	0.2	0.2	0.2
挥发分(%)	2	2	2	2	3	3
防老剂	非污染	非污染	非污染	非污染	非污染	非污染
熔体流动速率(g/10min)	0.4~10.0	0.15~10.0	0.6~1.0	0.1~5.5	3.5~25	0.5~10.0

SBS 的溶解度参数约为 17.6$(J/cm^3)^{1/2}$时,其特性黏度数达最大值,具有不需硫化、节能的特点,被誉为第三代橡胶。其低温脆化点约为 -100℃,交联点是可逆的。130℃以上显示线形聚合物行为,常温时具有交联橡胶的特性。

SBS 可分为星形和线形结构。一般来说,星形 SBS 改性沥青的效果要好于线形 SBS。但在加工性能上,线形 SBS 要容易得多,星形 SBS 稍微难一些,对设备的剪切力和磨削力要求比较高。如果预先用柔软剂处理 SBS,其加工性能将得到明显改善。

6.3.1.2　特性

SBS 是 20 世纪 60 年代开发的一种新型聚合物材料,它在室温下具有橡胶弹性,在高温下可以像塑料一样融化和流动。它是一种热塑性橡胶,这意味着它具有橡胶和塑料的双重特性,这与它的化学结构有关。SBS 的相态结构如图 6-6 所示[1]。

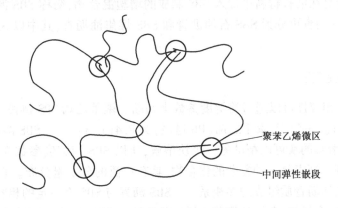

图 6-6　SBS 的相态结构

在 SBS 的化学结构中,聚苯乙烯相(PS 链段)坚硬,而聚丁二烯相(PB 链段)柔软且富有弹性。如果聚苯乙烯相只占总体积的一小部分,则聚苯乙烯块相互聚合形成微区域(相域),每个聚丁二烯链的两端被聚苯乙烯段密封。在室温下,这种块状共聚物表现出硫化橡胶的许多特性。加热后,聚苯乙烯相域变软,交联网络的强度下降,最终导致块状共聚物流动。当加热的块状共聚物冷却后,聚苯乙烯相域再次变硬,恢复了其原有的特性。这种网络结构用聚苯乙烯相域代替硫化橡胶中的化学交联键,形成热塑性橡胶特有的物理交联作用,从而使沥青成为一种高弹性物质。这种嵌段聚苯乙烯相域结构是与硫化橡胶交联结构的唯一区别。

在拉伸性能方面,SBS 的拉伸强度高达 30MPa,伸长率为 800%,远远优于未强化的硫化苯乙烯丁二烯橡胶或顺式 1,4-聚丁二烯橡胶。这是因为在 SBS 橡胶分子中,韧链段的聚苯乙烯相域所起的作用与传统的硫化橡胶加固填充物(如炭黑)相似。聚苯乙烯相域大小(约 3×10^{-8} m)与典型的强化填充颗粒相同,很好地分散在橡胶中,并与橡胶紧密结合。有人认为,纠缠的聚合物链的滑动会导致强度的增大。

SBS 的弹性模量极高,且不随分子量的变化而变化,这主要是聚丁二烯弹性链段之间的交联所致。在 SBS 橡胶的微观结构中,由于末端聚苯乙烯的形成,没有化学交联。但由于聚苯乙烯与聚丁二烯的不相容性,共聚物分为两个阶段,即聚苯乙烯阶段和聚丁二烯阶段。在化学结构方面,它们是松散的交叉连接,形成一个三维的网络结构。

由于 SBS 是两相结构,它有两个玻璃化转变温度:-100℃ 和 105℃。其中,-100 ℃ 相当于聚丁二烯的玻璃转变温度,105 ℃ 相当于聚苯乙烯的玻璃转变温度。在这个温度范围内,SBS 表现出良好的橡胶特性。在聚苯乙烯的玻璃转变温度以下,由于分子间力的作用,分子交织并形成聚苯乙烯相域,成为聚丁二烯相网络的节点。多丁二烯可以赋予 SBS 共聚物以灵活性,从而确保其弹性和低温性能。

在 SBS 分子中,随着聚苯乙烯含量的增加,两相的形状发生变化。因此,选择 SBS 时,应选择聚苯乙烯含量低的三嵌段共聚物,一般聚苯乙烯含量应在 35% 左右。聚苯乙烯含量太低会影响 SBS 的橡胶性能,如拉伸强度。要求聚苯乙烯嵌段的相对分子量为 10000~15000,聚丁二烯嵌段的相对分子量为 50000~70000。

6.3.2　SBS 改性沥青

SBS 改性沥青是在沥青材料中加入 SBS 制成的增塑混合物,简称 SBS 沥青。根据所用沥青材料的不同,SBS 沥青可分为 SBS 石油沥青和 SBS 煤焦油沥青,其中以 SBS 石油沥青应用最为广泛。

6.3.2.1　相容性

SBS 与沥青的相容性可以通过溶解度参数来判断。聚苯乙烯(PS 链段)在 SBS 分子中的溶解度参数为 $9.1(J/cm^3)^{1/2}$,聚丁二烯(PB 链段)为 $8.4(J/cm^3)^{1/2}$。SBS 溶解在沥青中时,其中一个块被溶解,溶解的块可以帮助另一个块溶解,所以 SBS 溶解度参数为 $7 \sim 11(J/cm^3)^{1/2}$ 是一种很好的溶剂。沥青是一种复杂的化合物,具有广泛的分子量分布。它是一个由饱和组分、芳香组分、树脂和沥青质组成的多相系统。SBS 沥青与 SBS 有一定的相容性。从沥青的组成来看,沥青中芳烃含量高,会导致聚苯乙烯链段溶解在 SBS 中,与 SBS 相容性好。从沥青品种来看,环烷烃沥青相容性较好,环烷烃中间体沥青次之,石蜡基沥青最差。沥青质含量高的沥青不利于 SBS 在沥青中的分散和相容。从分子结构上看,线形 SBS 比星形 SBS 具有更好的相容性和储存稳定性。沥青中芳烃含量低,沥青质量高,与 SBS 橡胶相容性差,易发生离析。为了增强 SBS 与沥青的相容性,可在沥青中加入增溶化合物,如苯乙烯单体或芳香族物质。

SBS 与沥青是否相容,可通过试验加以验证。尽管 SBS 共聚物用于沥青改性有许多已被证实的优点,但它们还远远不够完善。例如,沥青和 SBS 之间的相容性并不总是那么好,甚至对于含有少量聚合物的沥青,也有报道称 SBS 改性沥青的储存不稳定。图 6-7 所示为不同的基质沥青可能无法获得相同的相容性水平[6]。

 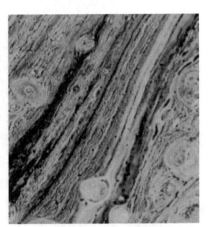

a) SBS 含量为 4% 的兼容系统　　　　b) SBS 含量为 4% 的不兼容系统

图 6-7　不同的基质沥青的相容性示例

6.3.2.2　微观结构

Gerard Kraus 在 1981 年研究 SBS 沥青微观结构时指出,当 SBS 含量为 6% ~ 8% 时,连续相开始形成;当 SBS 含量为 10% ~ 14% 时,可形成完整的连续相,其性能接近一个定值。这种临界结构取决于 SBS 渗透后软质沥青的溶胀度和各种沥青性能的变化;它还取决于 SBS 与沥青的比例。如果 SBS 的含量继续增加,可以形成反结构,SBS 沥青具有更好的性能和更大的橡胶特性。

SBS 浓度对聚合物沥青性能起着基础性的作用。沥青改性可以通过添加高达 7% 的橡胶来完成,在某些情况下,可以同时使用不同的聚合物。对于软改性剂和中等改性剂,聚合物用量小于 4.5% (软改性约为 3%,中改性约为 4.2%);对于硬改性剂,添加量大于 5%,而在低浓度下,SBS 作为离散相分散在沥青中,增大 SBS 浓度会导致相反转,并得到两个互锁的连续相:富沥青相和富 SBS 相,通常如图 6-8 所示[6]。

6.3.2.3　力学性能

SBS 沥青的力学性能包括黏韧性与韧性、回弹性等。

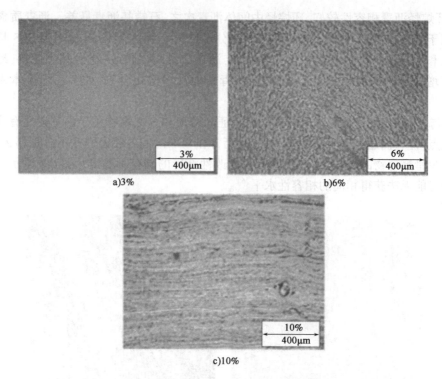

图 6-8 荧光显微术得到的线形 SBS 的分散度

6.3.2.3.1 黏韧性与韧性

SBS 沥青的黏韧性与韧性较基质沥青有较大的提高。例如,含 5% 的 SBS 沥青同其基质沥青相比,其黏韧性和韧性性能更高。100 号沥青与 SBS 沥青的黏韧性和韧性比较见表 6-18[1]。

100 号沥青与 SBS 沥青的黏韧性和韧性比较　　　　表 6-18

项目	100 号沥青	5%SBS + 100 号沥青
针入度(0.1mm)	109	88
软化点(℃)	46.3	48.1
延伸度(cm)	39	29
黏韧性(Ncm)	218	553
韧性(Ncm)	72	340

由表 6-18 两种沥青的对比可知,SBS 沥青的黏韧值比基质沥青提高了 1.5 倍,韧性值提高了 3.8 倍,表明 SBS 沥青黏韧度或韧性大大提高,它比基质沥青具有更好的抗冲击性和黏结力。

6.3.2.3.2 回弹性

SBS 沥青的回弹性可用弹性恢复率表示。在基准沥青中掺入 SBS 以后,其回弹性有很大改善。图 6-9 为 SBS 沥青的 SBS 掺量与其回弹性的关系[1]。由图 6-9 可以看出,随着 SBS 含量的增加,SBS 沥青弹性大大改善。当 SBS 的掺量为 1% ~ 6% 时,增长支持度更高。由低黏度沥青制成的 SBS 沥青比由高黏度沥青制成的 SBS 沥青具有更好的弹性,并有加速回弹的倾向。

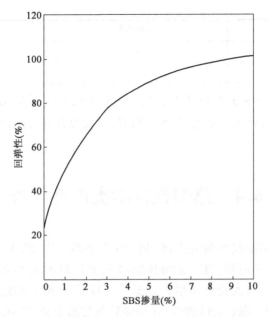

图 6-9 SBS 沥青的 SBS 掺量与其回弹性的关系

6.3.3 SIS 改性剂

SIS 沥青是 SIS 和沥青材料的混合物。SIS 是一种热塑性弹性体。由于各聚异戊二烯分子链的两端被聚苯乙烯链段阻断,聚苯乙烯相域形成交联网络结构作为多功能连接点,使 SIS 具有橡胶的特性,表现出高拉伸强度、高伸长率和良好的回弹性。这种交联结构是通过物理过程而非化学过程形成的,属于不稳定的交联结构。加热后,聚苯乙烯相域软化,交联网络结构强度降低,最终可流动,具有塑料的特性。冷却后聚苯乙烯相域重新形成,橡胶性能恢复。SIS 热塑性橡胶拉伸强度的破坏本质上是聚苯乙烯相域的破坏,这是决定 SIS 三嵌段共聚物拉伸强度的关键因素。一般苯乙烯含量小于 20%,聚苯乙烯为球相域。

6.3.4 SIS 沥青

SIS 改性沥青是 SIS 与沥青材料组成的共混物,简称 SIS 沥青。在沥青中掺入 SIS 三嵌段聚合物以后,可制成热塑性 SIS 沥青,可用熔融共混法生产。掺 5% SIS 的 SIS 沥青与石油沥青性能比较见表 6-19[1]。

掺 5% SIS 的 SIS 沥青与石油沥青性能比较　　　　表 6-19

技术性能	石油沥青	SIS 沥青
SIS 掺量(%)	0	5
针入度(0.1mm)	78	70
软化点(℃)	46.5	61.0
延伸度(7℃)(cm)	>100	>35
黏韧性(25℃)(Ncm)	290	670
韧性(25℃)(Ncm)	270	670

续上表

技术性能	石油沥青	SIS 沥青
黏度(180℃)(Pa·s)	32	101
针入度指数 PI	-1.05	+2.50

由表 6-19 可以看出,SIS 沥青较基质沥青的韧性提高较大,说明 SIS 沥青较基质沥青的低温性能提高,黏结力增大,针入度降低,延伸度降低,软化点提高,针入度指数增大,说明感温性得到改善。

6.4 热塑性树脂类改性沥青

目前常用的热塑性树脂改性剂包括 PE、PP、PVC、聚苯乙烯、EVA、聚醋酸乙烯酯(PVAC)、无规聚丙烯(APAO)、酚醛树脂(PF)、脲醛树脂(VF)和乙烯-丙烯酸共聚物(EEA)[1-3]。

热塑性树脂改性剂的最大特点是增大室温下沥青黏合剂的黏度,从而提高高温稳定性。遗憾的是,它不能增加沥青混合物的弹性,在加热后很容易分离,并在再次冷却时产生许多分散的物质。它们都用于改性道路沥青。这种类型的热塑性树脂的共同特点是,在加热时变软,在冷却时变硬。下面详细介绍几种常用改性剂的基本特性。

6.4.1 PE

PE 是由乙烯聚合而成的高分子化合物,其分子结构式为—CH_2—CH_2—。

根据反应压力分类,PE 可分为高压聚乙烯、中压聚乙烯和低压聚乙烯;根据产品密度分类,PE 可以分为高密度聚乙烯(HDPE)、中密度聚乙烯(MDPE)和低密度聚乙烯(LDPE)。低密度聚乙烯常用于道路材料。

沥青用聚乙烯树脂的性能见表 6-20[1]。

沥青用聚乙烯树脂的性能　　　　表 6-20

项目	低密度聚乙烯	中密度聚乙烯	高密度聚乙烯
密度(g/cm³)	0.910~0.925	0.926~0.940	0.941~0.965
熔融指数(g/10min)	0.2~3.0	0.1~4.0	0.1~4.0
断裂伸长率(%)	90~800	50~600	15~100
硬度(邵氏 D)	41~50	50~60	60~70
拉伸强度(MPa)	6.9~15.9	8.3~24.1	21.4~37.9
连续耐热温度(℃)	82~100	104~121	121
脆化温度(℃)	-80~-55	—	-140~-100
熔融温度(℃)	105~115	—	124~135
维卡软化点(℃)	100~120	—	—

注:维卡软化点也称维卡耐热性,是表示塑料耐热性的一种指标。

高密度聚乙烯是一种油溶性支链高分子化合物,其基本链段为石蜡结构,当加入少量沥青时,可使整个沥青形成网络结构,沥青中的蜡质吸附在网络上,破坏了石蜡的结晶性,可明显减小颗粒体积。对于多元蜡沥青,只要加入1%~5%,即可使石油沥青中的蜡分散均匀,防止蜡晶的形成,从而改善多元蜡沥青的性能。

PE的溶解度参数为16.1~16.5,与沥青中蜡分子的极性相似。由于溶胀,聚乙烯分子的长链被拉伸,在高温和机械作用下其分子量降低,从而为聚乙烯在沥青中均匀分散和混合提供了必要条件。由于高压聚乙烯的密度与沥青接近,混合时不易分离。

PE是一种线形聚合物,分子链虽然有支链,链间距离略有增加,但毕竟分子规整性比较高,有结晶现象,极性很小,所以常温下不溶于溶剂。在高温下,分子晶格被破坏。随着温度的升高,分子振动加快,分子链距增大。这时,PE的一些良溶剂,如一些芳香族小分子化合物,可以扩散到大分子链中,使其膨胀,大分子逐渐扩散到溶剂中,但这个过程很慢。因此,在沥青中加入PE后,沥青中的芳香族物质对PE的溶胀起着非常重要的作用。芳烃含量高的沥青中,PE颗粒表面分子更易膨胀,分子链更易伸展,更易在沥青中分散,对沥青分子的流动和运动有明显的阻断作用。因此,PE在高芳烃含量的沥青中相容性好,更容易发挥其改性作用,但对低芳烃含量的沥青改性效果较差。

PE的分子量也影响沥青的相容性。一般来说,分子量小的PE易溶于沥青,简单搅拌,PE就能很快分散在沥青中。分子量大的PE在沥青中的分散状态不同,有的甚至需要用高剪切设备进行混合。但停止搅拌后,PE会在沥青中聚集,短时间悬浮在沥青表面,影响其在沥青中的分散性,与沥青的相容性差。因此,合理选择沥青的芳香度和PE的分子量对其相容性非常重要。

6.4.2 PP

PP是由PP单体聚合而成的高分子化合物。PP侧链中的甲基($—CH_3$)存在三种空间排列。等规聚丙烯主链上的甲基是一个方向排列的;间规聚丙烯主链上的甲基在链侧的两个方向上交替排列;无规聚丙烯主链上甲基的排列是任意的、随机的。

等规聚丙烯和间规聚丙烯是具有规则化学结构的结晶聚合物,简称IPP。它呈象牙色半透明,无臭、无味、无毒,是一种轻质热塑性树脂,分子量为几十万,密度为$0.90~0.91g/cm^3$。它是一种常用的轻质树脂,具有优良的机械性能。其抗拉强度为30~35MPa,压缩压力为40~50MPa,断裂伸长率大于200%;耐热性好,熔点为165~170℃,连续使用温度为110~120℃,化学稳定性好。

无规聚丙烯是生产等规聚丙烯和合成PP的副产品。它是一种从带有沸腾七烷(或乙醚)的等分PP中提取的凝胶。它是白色无定形固体,没有明显的熔点,加热到150℃软化,170℃成为黏性液体。随着温度的升高,无规聚丙烯黏度降低,可以在200℃下流动。无规聚丙烯相对密度为0.86,玻璃转变温度为-25℃,分子量为3000~10000;软化点为90~150℃,脆化温度为-6~15℃,着火点为300~330℃。不生成结晶,具有优良的化学稳定性、良好的附着力和韧性。无规聚丙烯性能见表6-21[1]。

无规聚丙烯性能　　　　表6-21

项目	聚丙烯1630	聚丙烯1730	聚丙烯2630	聚丙烯2635
拉伸强度(MPa)	26	28	25	25
断裂伸长率(%)	500	500	500	500

续上表

项目	聚丙烯 1630	聚丙烯 1730	聚丙烯 2630	聚丙烯 2635
热变形温度(℃)	105	105	—	—
脆化温度(℃)	-15	-20	—	—

等规聚丙烯的规格很多,各厂牌号略有区别,在聚合物沥青中应用最多的为注塑用PP。其流体流动速率大,维卡软化点低,在沥青中易于熔融,拉伸强度高,断裂延伸大。常用PP的性能见表6-22[1]。

常用 PP 的性能　　　　　　　　　　　　　　表 6-22

项目	性能	项目	性能
密度(g/cm³)	0.9	拉伸屈服强度(MPa)	≥28
熔融指数(g/10min)	1.9~9.8	维卡软化点(℃)	≥150
等规指数	≥96	粉末灰分(%)	≤0.05

PP 和沥青的混合物称为聚丙烯沥青,它属于热塑性沥青。它主要用于提高石油沥青的性能,而较少用于改性煤焦油沥青。无规聚丙烯沥青(简称 APP 沥青)可以使用熔体混合法制得,而普通聚丙烯沥青(简称 IPP 沥青)则使用熔体研磨法更好。提高加热温度有利于 PP 的熔融,但超过260℃时 PP 易结焦或分解。

在沥青中加入聚丙烯树脂后,聚丙烯树脂先溶胀,后进一步溶解,相互黏结连接,形成均匀分散的网络结构。冷却后,沥青分子留在原来的位置,从而增强了 PP 分子链的活动性、弹性和可塑性。聚丙烯树脂与沥青结合牢固,避免了沥青在荷载或阳光下流动或低温脆化,从而大大提高了沥青的性能。

6.4.3　EVA

EVA 是一种热塑性树脂,由乙烯和醋酸乙烯酯单体共聚而成。

根据石油化工行业标准,乙烯-醋酸乙烯酯共聚物简称 E/VAC,因其有醋味,俗称醋酸。因此,在很多文献中,习惯上写成乙烯-醋酸乙烯酯共聚物,并简称 EVA。EVA 与沥青有很好的兼容性,无须复杂的改制设备就可以生产,因此它在国际上被广泛使用。EVA 约占国外改性沥青的25%,在欧洲(主要在英国)被广泛使用。在我国,由于 EVA 价格高,其使用受到影响。

EVA 在室温下显示为透明颗粒(也是粉末状),有轻微的醋味。由于在乙烯分支链中引入了乙酸基,EVA 比 PE 更具弹性和灵活性。尤其是 EVA 能很好地溶解在沥青中,而 PE 则很难溶解在沥青中,这导致 EVA 与 PE 之间在工程加工性上存在很大差异。

EVA 为半透明或半乳状颗粒状或粉末状,无毒、易燃,具有优良的耐臭氧性、耐候性、耐低温性、弹性和加工性,密度为 0.93~0.95g/cm³,熔融指数为 50~100g/10min(含 50% VA)或 2g/10min(含 25% VA)。

根据基质沥青的不同,EVA 可分为 EVA 石油沥青和 EVA 煤焦油沥青,其中 EVA 石油沥青应用广泛。EVA 沥青的制备可采用熔融搅拌法:将沥青加热至200℃左右,加入 EVA 熔融,经过高速剪切机械搅拌,即可得到 EVA 沥青。但加热温度不宜超过250℃,否则,EVA 易分解,破坏 EVA 的性能。在沥青中加入 EVA 树脂后,其高温稳定性、低温柔韧性、温度敏感性、黏度和韧性都有很大提高。

6.5 热固性树脂类改性沥青

6.5.1 环氧树脂

环氧树脂于1947年首次投入商业生产,是常见的热固性聚合物之一,其特点是存在环氧环,如图6-10所示。环氧基可以与催化形成的高分子聚合物或某些相应的固化剂反应,从而形成致密的交联网络。尽管所有的反应性环氧基几乎都反应了,但固化后的树脂仍被称为环氧树脂。每个分子中的环氧化物和其他化学基团的数量决定了环氧树脂的功能。环氧树脂的突出特性包括强度和耐久性、低固化收缩率、黏附性、与材料的兼容性、绝缘性、抗腐蚀性和抗化学性。

图6-10 环氧或环氧乙烷环的化学结构

由于不同配方与特定固化剂的优异性能,环氧树脂及其化合物被广泛应用于各个领域。自从环氧树脂首次用于钢桥面面层以来,环氧树脂材料在道路领域得到了广泛的应用,包括环氧沥青、环氧乳化沥青和环氧混凝土。根据化学性质,未固化的环氧树脂可大致分为六类,见表6-23[8]。

环氧树脂的典型种类 表6-23

种类	名字
种类1	双酚A和环氧氯丙烷
种类2	苯酚与甲醛的反应产物(酚醛树脂)和环氧氯丙烷
种类3	环脂肪酸和过酸环氧树脂
种类4	缩水甘油酯
种类5	环氧氯丙烷与对氨基苯酚的反应产物
种类6	环氧氯丙烷与乙二醛四酚的反应产物

商业上最主要的环氧树脂——双酚A——的二缩水甘油醚(DGEBPA),是由双酚A和环氧氯丙烷在氢氧化钠的催化和中和条件下反应衍生而来,如图6-11所示[8]。

环氧树脂的通式是带有环氧基和羟基的线形聚醚,通常沿分子链的长度以一定间隔出现。图6-12示意性地显示了环氧树脂的结构和各种化学基团所贡献的性质[8]。此外,与树脂结构有关性质的关系可以陈述如下:

(1)高反应性取决于主链中间的羟基和主链两端的环氧基。
(2)环氧树脂出色的柔韧性和耐化学性主要是由于主链中包含键。
(3)苯环提供了环氧树脂优越的耐热性和耐久性。
(4)环氧树脂的良好黏合性可归因于沿主链上的仲羟基。

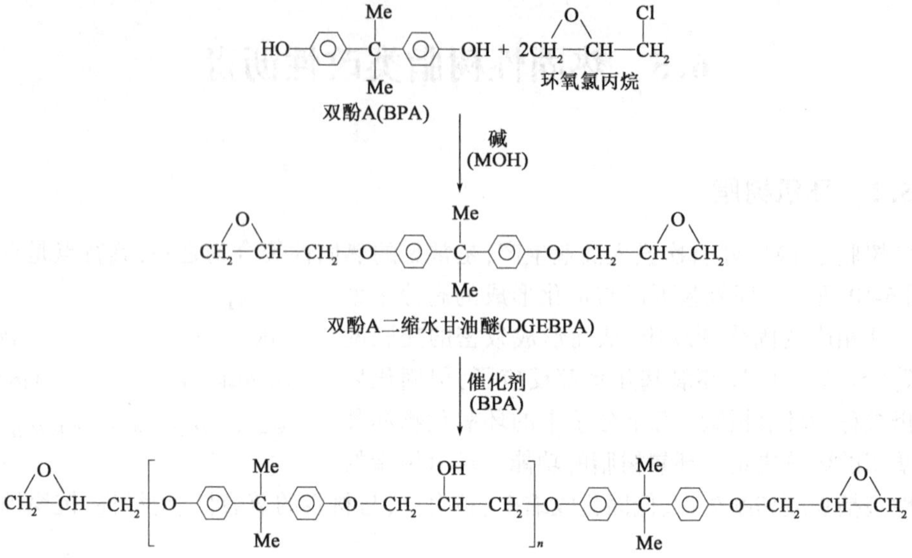

图 6-11 双酚 A 和表氯醇合成 DGEBA 的机理

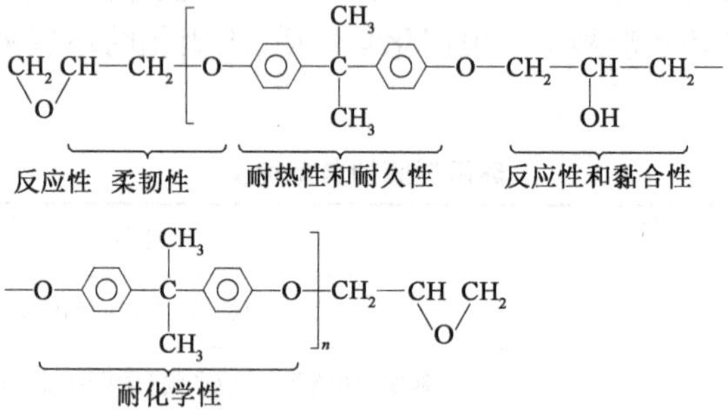

图 6-12 环氧树脂的结构和性能

6.5.1.1 固化剂、催化剂

各种固化剂和催化剂可以与环氧树脂反应生成交联网络。固化剂通常与环氧基或羟基反应，但是催化剂可以引发环氧树脂的均聚固化反应。具体固化剂或催化剂的选择取决于固化过程的要求(如黏度、适用期、使用方法、固化温度、反应性和混合比)以及最终用途的要求(如耐热性、耐化学性、剪切力、强度和韧性)。固化剂和环氧树脂共同决定化学键的类型和交联度。主要固化剂的典型结构及其优缺点见表 6-24[8]。

主要固化剂的典型结构及其优缺点　　　表 6-24

种类	典型结构	优点	缺点
脂肪胺	$H_2N-CH(CH_3)-CH_2-(OCH_2CH)_n-NH_2$（侧链 CH_3）	低黏度，常温正常固化，高温快速固化，耐化学性中等	临界配合比，使用寿命短，强烈的皮肤刺激性，坚硬，剥离和冲击性能差，黏结强度低于 80℃，高蒸气压放热

续上表

种类	典型结构	优点	缺点
芳香胺类	H_2N—C$_6$H$_4$—NH_2	中等耐热性和耐化学性	室温下为固体,高温下缓慢固化
酸酐	(邻苯二甲酸酐结构)	良好的耐热性和耐化学性	临界配合比,刚性,高温缓慢固化
聚酰胺	$-[(CH_2)_{p-1}-C(=O)-NH]_n-$	方便,低毒,良好的黏结强度和柔韧性,常温下正常固化,中等高剥离和冲击强度	高黏度,低热,耐化学腐蚀,高温慢固化
多硫化物和硫醇	$-[O-(C_3H_6O)_m-CH_2CH(OH)-CH_2-S]_n-$	防潮,灵活,快速设定时间	拉伸强度差,高温性能差
催化硬化剂和潜在硬化剂	$R-NH_2 \longrightarrow BF_3$	高耐热性,使用寿命长,催化作用	高温固化低,抗湿性差,硬

不论是单份还是两份,环氧树脂很少是表 6-25 所示的纯胶黏剂体系,而是以包含各种改性剂和添加剂的化合物的形式使用,以提高树脂性能,如流动性、强度和耐热性[8]。

环氧树脂的成分 表 6-25

组分	成分	功能
环氧树脂组分	环氧树脂	环氧树脂的性能取决于环氧树脂的类型和结构
	固化剂	固化剂可以参与树脂的反应,以建立交联结构
添加剂和改性剂	催化剂	催化剂可以促进树脂的固化和交联,但用量少
	增韧剂	增韧剂可以降低环氧树脂的脆性,减少变形,防止开裂
	稀释剂	稀释剂主要用于降低树脂的浓度、黏度,改变反应工艺条件
	增柔剂	增柔剂能使树脂具有一定的柔韧性,从而提高树脂的延伸率和阻力
	塑化剂	塑化剂可以相对降低弹性模量,降低热黏度,使聚合物链分离,使树脂容易变形
	填料	填料是在配方体系中加入的非黏性物质,它可以提高树脂的工作性能和其他质量
	触变剂	触变剂将触变性附着在树脂上,从而提高树脂的黏度和控制流动
	稳定剂	稳定剂主要用于将固化过程延迟到适当的时间段
	溶剂	有时需要使用溶剂分散树脂并降低其黏度,以使其与添加剂均匀混合
	其他添加剂	根据具体要求加入颜料、缓凝剂、偶联剂、填充剂、变形剂等

6.5.1.2 固化机理

1) 开环机理

环氧树脂可以与多种固化剂或与自身反应(通过催化剂),形成具有关键黏合性和强度的固体交联材料。这种转变通常称为硬化或固化。环氧树脂的最本质特性是能够从低黏度液体或热塑性状态转变为坚硬的热固性状态。

环氧树脂的固化主要以两种开环方式发生,包括阴离子机理和阳离子机理。环氧基可以通过两种方式反应:阴离子和阳离子。在阴离子机理中,可以以不同的方式打开环氧基团生成阴离子,这些阴离子是能够进一步反应的活性物质,如图 6-13 所示。在阳离子机理中,环氧基可被反应性氢打开,形成新的键和羟基,如图 6-14 所示。另外,决定环氧树脂与其他热固性树脂相比有较小的固化收缩率的是两种开环方式。

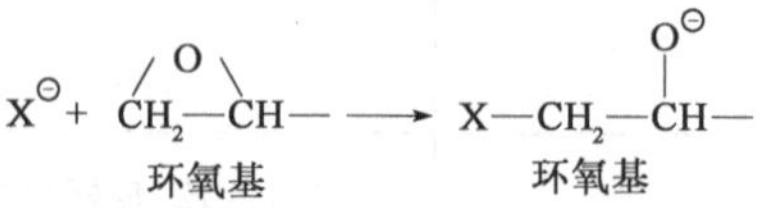

图 6-13 环氧反应的阴离子机理

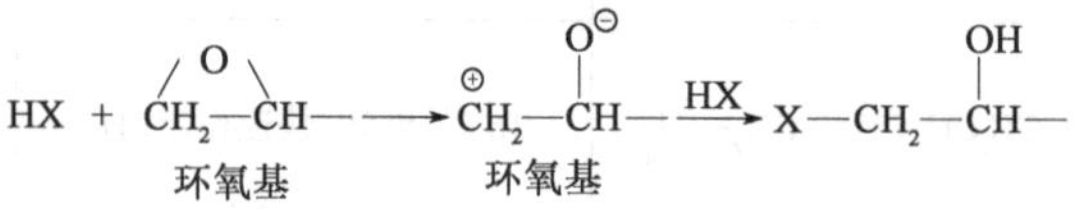

图 6-14 环氧反应的阳离子机理

2) 聚合机理

加成和均聚是导致分子量和交联度增加的主要固化反应类型。实际上,环氧树脂的交联结构可以通过羟基或环氧基进行固化,这取决于固化剂和催化剂的加成和均聚作用。从表 6-26 可以看出上述两种反应的区别,其中最大的区别在于固化后的环氧树脂结构中是否含有固化剂分子[8]。

聚合加成反应与均聚反应的区别 表 6-26

项目	聚合加成反应	均聚反应
加热条件	在环境温度下或高温下	在高温下
固化剂类别	胺、酰胺和硫醇	叔胺、路易斯酸碱和双氰胺
固化剂浓度	重量百分之几到百分之五十	重量百分之零点几到百分之五
固化剂功能	交联	催化作用
固化环氧树脂组成	原环氧分子和固化剂分子	原始环氧分子
应用	环氧树脂固化的常用方法	热固化单组分配方的一般用途

添加聚合是环氧树脂固化中广泛使用的反应类型,其中固化剂有活性氢化合物,包括酰胺、胺和硫醇。图 6-15 显示了环氧分子和氢化合物之间的广义加成反应。无论是否处于催化状态,基于环氧分子与各种反应分子反应的固化过程都是一个附加反应。固化后的最终结构是异质聚合物,主要由环氧分子和通过反应点连接的固化剂分子组成。因此,固化剂可以被看作加成反应的共聚物。

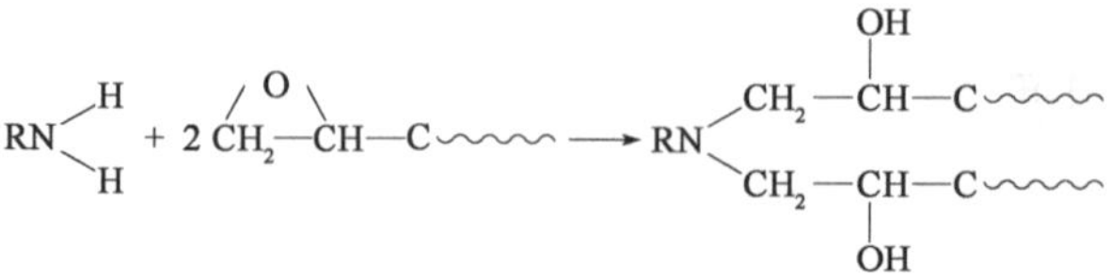

图 6-15 环氧分子与活性氢化合物的广义加成反应

然而,如图 6-16 所示,均聚是反应性环氧分子之间的固化过程。固化后的最终结构基本上由原来的环氧分子组成,它们通过各自的反应位点连接起来。催化固化剂通常用于引发均聚。与加成聚合中的固化剂不同,均聚中的催化固化剂不构成环氧树脂最终网络结构的一部分,也不会显著影响固化环氧树脂的性能。

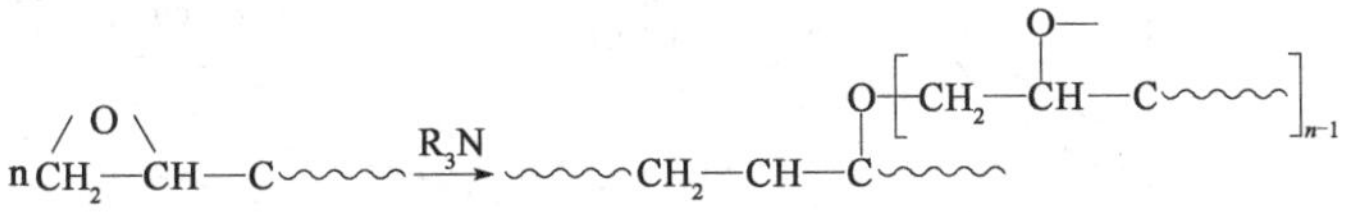

图 6-16 环氧树脂的均聚反应

6.5.2 环氧树脂改性沥青

由热塑性沥青和热固性环氧树脂融合而成的环氧树脂改性沥青(简称环氧沥青)非常具有吸引力。利用 FTIR、形貌分析、DSC 分析和分子动力学模拟很容易发现,环氧树脂在一定温度下可以与沥青中的固化剂发生反应,进而形成三维网络,限制沥青分子的运动。与基质沥青相比,环氧沥青由于具有热固性,具有更高的力学性能和良好的热稳定性。因此,环氧沥青在机械强度、耐高温、抗蠕变和抗疲劳性能等方面表现良好。

从石油中精炼出的副产品沥青是一种典型的黏弹性和热塑性材料。相反,环氧树脂广泛用于热固性材料。将两种具有相反热性能的不同材料整合到环氧沥青中是非常有吸引力的。虽然它比普通的改性沥青价格更高,但它避免了环氧树脂的脆性和沥青的热塑性,所以被广泛用于人行道。环氧沥青于 1967 年首次用于旧金山湾圣马特奥-海沃德大桥的人行道上。

6.5.2.1 改性机理

环氧沥青是在特定固化剂的存在下,将沥青和环氧树脂共混而成的两相化学体系。在环氧沥青的制备过程中,由于环氧沥青的来源不同,合成条件也不同。常见的环氧沥青及其组成条件见表 6-27[8]。对于不同的环氧沥青材料,预热温度和混合顺序以及固化温度和时间各不相同。因此,具体的合成条件可以通过产品手册或试验确定。

普通环氧沥青的组成及组成条件　　　　表 6-27

来源	成分	合成条件
美国化工公司	A 部分:环氧树脂	将 A 部分预热到(87±5)℃;
	B 部分:基层沥青、固化剂和其他添加剂	将 B 部分预热到(128±5)℃
		将 A 部分和 B 部分混合,直到均匀为止
日本化工公司	A 部分:基质沥青	将 A 部分预热到150℃
	B 部分:环氧树脂	预热 B 部分和 C 部分到60℃
	C 部分:固化剂	先将 B、C 部分混合,再将 B、C 部分与 A 部分混合,直至均匀

在环氧沥青固化后不能重新熔化的情况下,固化反应使沥青具有热塑性。确定环氧沥青特定性能的复合机理非常重要,以至于越来越受到关注。固化过程中的复合过程可以用以下几种技术来描述。

1) FTIR 分析

在固化过程中,可以通过 FTIR 研究与化学结构相关的不同官能团的变化。从不同固化时间的 FTIR 来看,917 cm^{-1},1709 cm^{-1},1735 cm^{-1} 和 1040 cm^{-1} 的峰分别为环氧基、羧基酸基、酯羰基和醚基。图 6-17 显示了主要官能团的吸收峰和峰高(吸收强度)与固化时间的关系[9]。

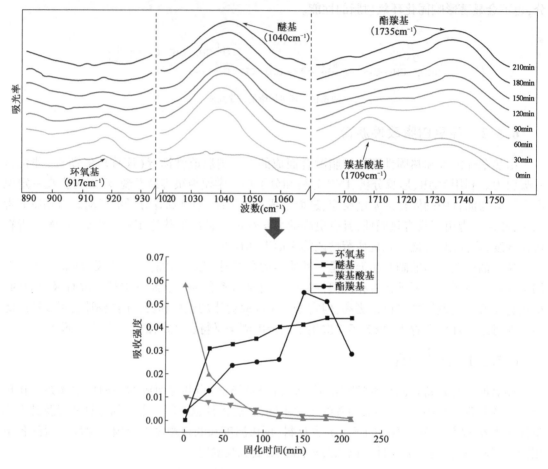

图 6-17 主要官能团的吸收峰和峰高(吸收强度)与固化时间的关系[9]

已知氧原子的电负性远远超过环氧环中碳原子的电负性,导致氧原子的电子云密度更大。由于环氧基的不稳定性,包括羧基酸基团在内的亲电基团容易攻击氧原子从而破坏环。因此,基于基团吸收的变化,可以推测反应过程如下:

(1)羧基酸基与环氧基反应生成羟基和酯羰基。
(2)生成的羟基继续与环氧基反应生成醚基。
(3)氧分子与羰基分子结合,在沥青周围形成一个交联网络。

环氧峰面积随固化时间的增加而减小,如图 6-18 所示[2]。固化的程度可以通过相对转换(a)来描述:

$$a = \frac{(A_e - A_r)_t}{(A_e - A_r)_0} \tag{6-1}$$

式中: A——基团的吸光度,无量纲单位;
　　　 e、r——环氧和参比峰面积的特征;

0、t——零和固化时间,min。

图 6-18 体现了相对转化率与固化时间、波数之间的关系。在固化过程中,环氧树脂的相对转化率随固化时间的变化在固化过程的初始阶段是不变的,但在固化结束前会降低,这归因于扩散控制现象影响并限制了主体的移动。

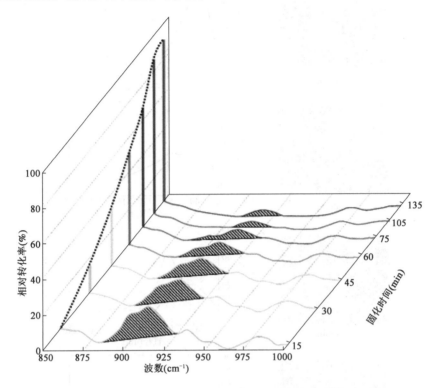

图 6-18　相对转化率与固化时间、波数之间的关系[10]

2) 形态分析

环氧沥青在不同固化时间的显微照片(120℃)如图 6-19 所示[11]。在最初的 10min 内,沥青和环氧树脂的混合物保持均匀。共连续形态发生在 20min 内,这意味着环氧沥青的相分离结构似乎归因于旋节线分解（SD）机制。同时,在一定温度下连续退火的过程中,小的沥青颗粒融合成以富环氧基为主相的大扩散富沥青颗粒。随着养护时间的延长,沥青颗粒的尺寸逐渐增大。最后,根据交联反应和相分离作用,确定环氧沥青的均相形态体系。

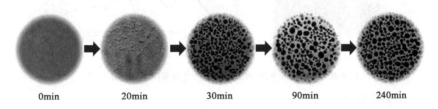

图 6-19　环氧沥青在不同固化时间的显微照片(120℃)[11]

如图 6-19 所示,在可接受的 40min 固化时间内,环氧沥青体系中的颗粒尺寸似乎从均质状态逐渐变为相分离状态。但是在 40min 后,尽管固化仍然持续,但由于固定了微观结构的化学胶凝状态,颗粒的尺寸几乎保持不变。为了直观地了解化学凝胶化的过程,图 6-20 记录了颗粒的直径和数量。随着时间的延长,凝胶颗粒的直径增大而数量逐渐减少。另外,图 6-20 所示的双峰分布与固化的环氧沥青的典型双峰网络一致[12]。

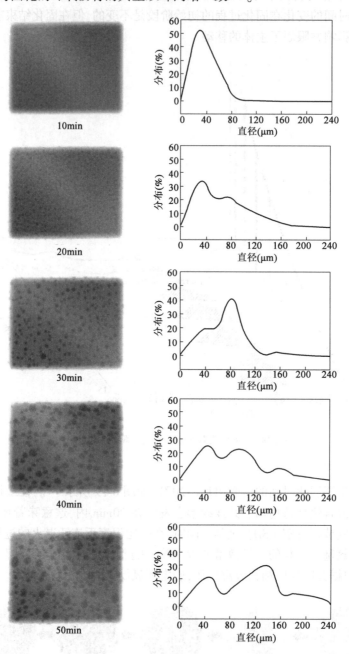

图 6-20 不同固化时间环氧沥青的荧光显微镜和颗粒分布[12]

3)分子动力学模拟

通过计算机软件进行模拟可以跟踪分子运动并建立材料性能的相关预测模型,这已经成为分析沥青材料的重要技术手段。与环氧沥青有关的主要分子包括沥青质、饱和物、芳烃和环氧树脂。通过采用一些分子模型和特定条件,可以模拟环氧沥青的分子运动。扩散系数(D)可用于评估内部结构的变化,可通过爱因斯坦公式进行计算:

$$D = \frac{|r(t) - r(0)|^2}{6T} \tag{6-2}$$

式中：$r(t)$、$r(0)$——在 t 时间和开始时间的位移，cm；
T——分子运动的总时间，s。

扩散系数值见表 6-28[1]，其中的差异表明上述主要分子结构之间的振动。

扩散系数值　　　　　　　　　　　　　　表 6-28

分子	扩散系数（cm^2/s）
沥青质	1.31×10^{-7}
饱和分	1.42×10^{-7}
芳香分	2.26×10^{-7}
环氧树脂	1.36×10^{-7}

为了表征分子的积累和分布，相关学者定义了径向分布函数（RDF），以反映环氧沥青的内部结构。如图 6-21 所示，RDF 曲线上的峰代表接近每个组分的各种分子[13]。就 RDF 曲线强度而言，环氧树脂在固化过程中很容易移动到饱和分和芳香分化合物处，因为沥青质的强度低于饱和分和芳香分化合物的强度。

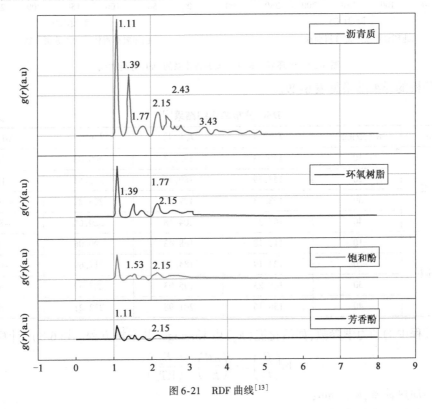

图 6-21　RDF 曲线[13]

4) DSC 分析

DSC 是一种建立几乎零温度差的技术，是一种用于测量惰性参比材料和待测试物质温度和能量的相对变化的测试方法，通常用于探索环氧树脂和与环氧相关的复合材料的固化机理和性能。因此，在初始固化阶段使用 DSC 非等温固化动力学方法，可以通过与非沥青环氧树脂的比较来进一步研究环氧沥青的固化性能。图 6-22 显示了 DSC 分析曲线,该曲线显示环氧树脂在不同加热速率下,在一定温度下发生了固化[14]。随着加热速率的提高,所有 DSC 曲线的单个放热峰变得更加尖锐,并且初始温度(T_i)、相应曲线峰的温度(T_p)和最终温度(T_e)均升高,这表明固化更快反应。与无沥青环氧树脂相比,在相同的加热速率下,环氧沥青具有较低的放热峰,与较低的焓变(ΔH)相对应,这是因为沥青不会与环氧树脂发生反应,但会阻碍环氧树脂与固化剂接触,并且固化过程中释放较少热量。

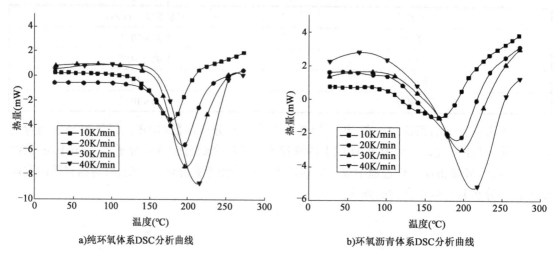

a)纯环氧体系DSC分析曲线   b)环氧沥青体系DSC分析曲线

图 6-22 纯环氧体系和环氧沥青体系的 DSC 分析曲线

DSC 分析的详细结果见表 6-29。

表 6-29 DSC 分析的详细结果[14]

固化体系	β (K/min)	T_i(℃)	T_p(℃)	T_e(℃)	ΔH(J/g)
纯环氧体系	10	140.33	175.13	200.83	-121.90
	20	153.59	189.52	215.63	-112.48
	30	158.73	197.30	223.22	-105.80
	40	166.31	204.18	229.68	-88.88
环氧沥青体系	10	112.18	168.43	190.06	-69.03
	20	123.19	184.98	217.69	-63.76
	30	148.23	195.03	225.69	-53.04
	40	156.16	201.98	232.21	-50.49

固化过程中的动力学参数,如活化能(E_a)由 Kissinger 基辛格方程[式(6-3)]计算如下:

$$\ln\left(\frac{\beta}{T_p^2}\right) = \ln\left(\frac{AR}{E_a}\right) - \left(\frac{E_a}{RT_p}\right) \tag{6-3}$$

式中:β——加热速率,K/min;
  T_p——与热流峰值相对应的温度,℃;
  A——预指数因子,s^{-1};
  R——理想气体常数,取 8.314 J/(mol·k);
  E_a——活化能,kJ/mol。

应用线性回归方法,描述 $1/T_p$ 和 $-\ln(\beta/T_p^2)$ 之间的关系,并计算 E_a,如图 6-23 所示[14]。非线性线性回归的拟合优度(R^2),环氧树脂和环氧沥青分别为 0.9987 和 0.9996,显示出极高的贴合度。环氧沥青的活化能(E_{a2} = 64.2233 kJ/mol)低于环氧树脂(E_{a1} = 77.8801 kJ/mol),这意味着环氧树脂在沥青中更容易发生固化反应。

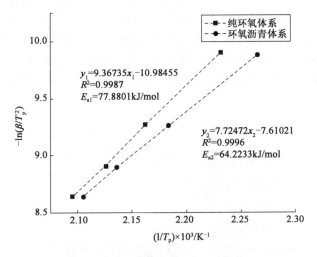

图 6-23　不同固化体系的标准线性回归方程

6.5.2.2　环氧沥青性能

1) 黏度

黏度是测量环氧沥青性能的重要参数,因为它在固化、混合、压实和使用中起着重要作用。如图 6-24 所示,当固化过程持续并且环氧含量增加时,环氧沥青黏合剂的黏度增加,这取决于环氧树脂的热固性[15]。环氧树脂的含量和温度都对黏度有重要影响,因此,在使用时,应仔细考虑铺路时间和施工温度,以确保良好的可使用性。与 SBS 沥青相似,当压实混合物时,环氧沥青的适当黏度为 2～3 Pa·s。

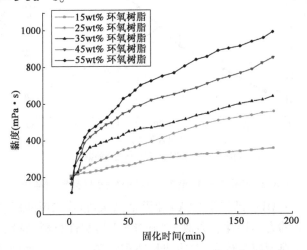

图 6-24　在 165℃ 环境下具有不同环氧含量的环氧沥青的黏度[15]

2) 强度

使用 ASTM D638 进行的拉伸测试是一项广泛的测试,旨在评估环氧沥青抵抗拉拔力的性能。通常将样品制成大小不同的哑铃状,以便固定在通用测试机(UTM)的两个手柄中。

如图 6-25 所示,环氧沥青的拉伸强度随环氧含量的增加和固化的持续而增大[8]。此外,温度和时间的组合也显著影响抗张强度,特别是当固化条件在 165℃ 3 h 和 60℃ 4d 时,抗张强度较大。相反,断裂伸长率随环氧含量的增加而降低,这归因于环氧树脂的延展性和柔韧性较低。显然,环氧沥青抗拉强度和伸长率对环氧含量的依赖性完全相反,这归因于交联速率。如果沥青与较高的环氧含量高度交联,则会发生脆性破坏,永久变形较少,这意味着伸长率较低,但强度较大。

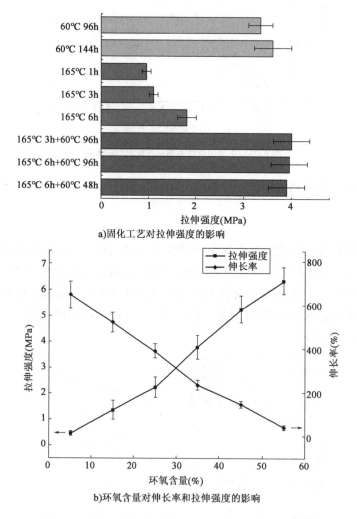

a) 固化工艺对拉伸强度的影响

b) 环氧含量对伸长率和拉伸强度的影响

图 6-25 固化工艺和环氧含量对环氧沥青机械性能的影响[8]

然而,由马来酸酐(MAH)、己二酸(AA)和甲基六氢-邻苯二甲酸酐(MeHHPA)改性的橡胶状环氧沥青具有不同的力学特性。类似于"硬弹性"热塑性材料,首次在热固性环氧沥青,如橡胶中同时观察到非典型屈服行为、大的伸长率和无颈缩现象。另外,拉伸强度、断裂伸长率和杨氏模量最初都增加,然后随着环氧含量的增加而降低。基于双峰网络理论,这一力学行为可归因于特殊的网络,该网络由马来酸酯沥青产生的短链和二羧酸产生的长链组成。

3) DSR 蠕变和恢复

与车辙因子($G^*/\sin\delta$)相比,在 DSR(动态剪切流变仪)中进行蠕变和恢复测试,以便更准确地评估沥青黏合剂的耐车辙性。因此,蠕变和恢复测试用于在 60° 和 300Pa 的条件下测量基质沥青、SBS 沥青和环氧沥青的延迟弹性及其恢复。如图 6-26 所示,根据初始和最终五个圆的应变,这三个黏合剂之间存在鲜明的对比[8]。与其他两种黏合剂相比,环氧沥青的应变在初始状态和最终状态之间几乎保持相同的水平,而其他两种黏合剂的应变从初始状态大大增加,尽管 SBS 沥青对基质沥青具有优越性。此外,如图 6-27 所示,在较高的环氧树脂含量下,环氧沥青的永久变形降低。显然,这说明环氧沥青由于其稳定的弹性而具有良好的抗车辙性能。

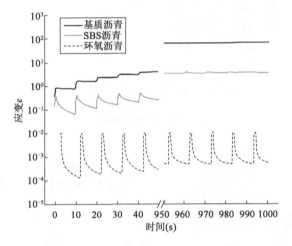

图 6-26　三种黏合剂的蠕变和恢复曲线(60℃,300Pa)

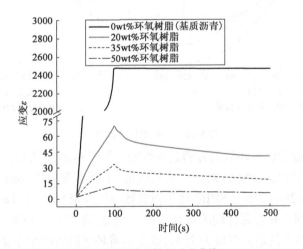

图 6-27　沥青和环氧沥青的蠕变-应变曲线(60℃,300Pa)

4) DSR 温度扫描

为了进一步研究机械性能和使用温度之间的相关性,我们通过温度扫描测试获得了温度范围为 1℃/mm 的温度谱[12]。如图 6-28 所示,在温度为 -30~120℃ 时,环氧沥青的模量

(G^*,G'和G'')与基质沥青和SBS沥青相比下降最少[2]。在弹性主导的整个温度范围内,环氧沥青的弹性模量(G')超过了其损耗模量(G''),而基质沥青和SBS沥青在0℃以上具有相反的趋势,此时损耗模量(G'')较高。上述现象表明环氧沥青在 -30~120℃ 的温度范围内具有较好的热稳定性。此外,环氧沥青具有图6-28a)所示的最高复数模量(G^*)。图6-28c)中的最低tanδ值表明环氧沥青的车辙系数($G^*/\sinδ$)最高,证明了环氧沥青在高温下的性能良好。

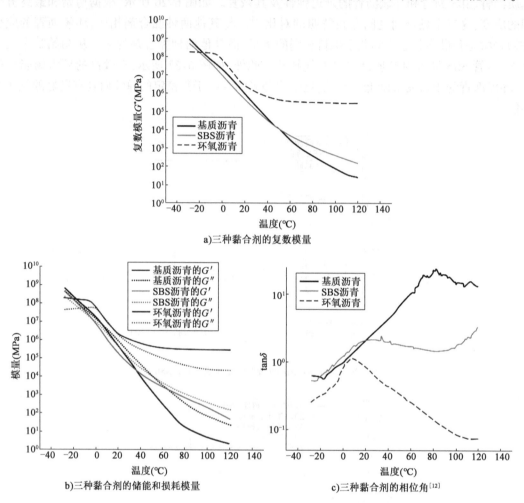

图6-28 DSR温度扫描结果

环氧树脂的用量也会影响环氧沥青的流变性能。如图6-28a)所示,随着环氧树脂含量的增加,复数模量(G^*)增大,相角(δ)减小。换句话说,车辙参数($G^*/\sinδ$)随着环氧树脂含量的增加而增大,如图6-28b)所示。SHRP将车辙参数($G^*/\sinδ$)等于1kPa的温度(短期老化黏合剂为2.2kPa)视为沥青良好黏弹性的最高温度。因此,含20wt%环氧树脂的环氧沥青最高温度为96℃,而基质沥青的最高温度为75℃,这意味着环氧沥青的耐车辙性更高[9]。

5)抗疲劳性能

如图6-29所示,在反复的正弦波和剪切应力作用下,基质沥青和SBS沥青的复数模量(G^*)几乎保持不变,分别低至(0.015±0.002)MPa和(0.023±0.002)MPa,等于65℃时的流动状态没有剪切应力,而环氧沥青则表现出不同的趋势,即复数模量(G^*)先快速增长,然后缓慢下降。值得一提的是,环氧沥青在60000kPa载荷后仍具有良好的状态。最终复数模量(G^*)的载荷循环倍数远高于初级复数模量(G^*)的50%。

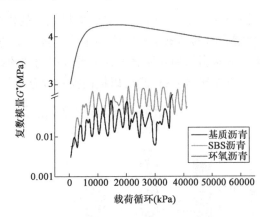

图6-29　三种黏合剂的DSR疲劳(20℃,10Hz,90kPa)[12]

6.5.2.3　环氧沥青混和料性能

除了用于沥青的改性材料中外,环氧树脂主要用于生产环氧沥青混合料。然而,因为环氧沥青性能的独特性,生产环氧沥青混合料的过程和其性能需要重点表述和说明。

1)设计方法

环氧沥青混合料的制备与常规热混合沥青混合料相似。环氧沥青混合料的共混程序会影响环氧沥青在集料表面的分布。从表6-30可以看出,将集料与A部分(基质沥青和固化剂)和B部分(环氧树脂)同时混合可以提高混合料的马歇尔稳定性,并减少空隙[9]。环氧沥青在集料表面的均匀分布可以显著增强集料的附着力,从而改善环氧沥青混合料的性能。

不同拌和程序的环氧沥青混合料性能　　表6-30

混合程序(A部分代表沥青混合料和固化剂,B部分代表环氧树脂)	空隙率(%)	矿物集料空隙率(%)	沥青填充空隙率(%)	马歇尔稳定性(kN)	流值(0.1mm)
将A、B两部分混合120s	2.6	14.8	82.4	34.7	26
将集料与A部分混合30s	2.8	15.5	81.9	28.4	31
加入B部分,搅拌90s	—	—	—	—	—
将集料与B部分混合30s	2.5	14.6	82.8	31.7	28
加入A部分并混合90s	—	—	—	—	—

混合温度影响环氧沥青的固化反应速率。随着固化反应的进行,环氧沥青的黏度增大,影响了混合料的压实效果。若共混温度过高,固化反应在运输、摊铺和压实过程中发生得太快,并且黏度增大得太快,导致混合料中出现更多的空隙。相反,若混合温度过低,在压实之前黏度会太小,导致混合料分离。因此,环氧沥青混合料的制备需要一定的工作时间,该时间定义为压实之前合适黏度的持续时间。例如,广泛使用的环氧沥青之一需要110~120℃的混合温度,允许的保留时间为57~94min。但是,一些研究人员在160~180℃的高温下制备了环氧沥

青混合料,允许的保留时间为 60～150 min。此外,冷拌环氧沥青的开发与应用,降低了大面积使用环氧沥青的障碍。

2) 马歇尔稳定度

混合料的马歇尔稳定性被广泛用于评估黏合剂和集料之间的内聚力和摩擦力。图 6-30 给出了环氧沥青和基质沥青混合料的马歇尔稳定性结果[9]。随着沥青与集料比例的增大,混合料稳定性逐渐下降。2% 环氧树脂的加入显著增强了混合料内部的结合力,从而提高了稳定性。这些结果表明,与基质沥青相比,环氧树脂可以提高沥青混合料的马歇尔稳定性。

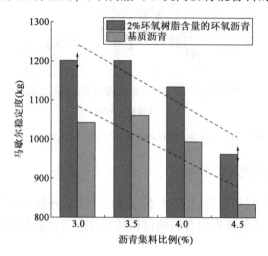

图 6-30　不同黏合剂含量纯沥青混合料和环氧沥青混合料的马歇尔稳定性[16]

3) 高温性能

图 6-31 说明了环氧树脂含量不同的沥青混合料的动态稳定性和最大车辙深度的变化[9]。随着环氧树脂添加量的增加,环氧树脂的动态稳定性迅速提高,相应的车辙深度下降,这表明环氧沥青混合料在高温下具有出色的抗永久变形性。

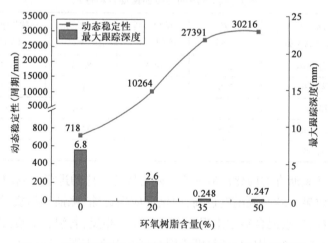

图 6-31　不同环氧树脂含量环氧沥青混合料的轮迹试验结果[17]

4)蠕变和疲劳性能

为了研究环氧沥青混合料的蠕变性能,采用静态蠕变试验测量在恒定轴向应力下的垂直变形。蠕变变形如图 6-32a)所示,蠕变刚度模量如图 6-32b)所示[9]。环氧树脂含量较高的沥青混合料通常具有较强的抗变形性和较高的蠕变刚度模量值,这可归因于环氧沥青的高内聚力和刚度。

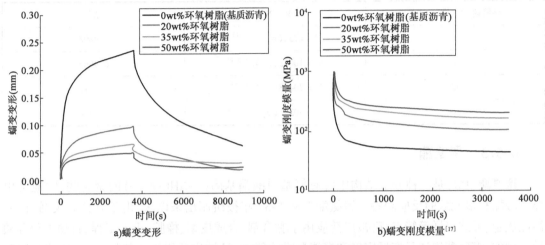

图 6-32 不同环氧树脂含量环氧沥青混合料蠕变试验结果

疲劳性能是与沥青混合料的耐久性有关的重要因素。在评估疲劳性能的测试中,间接拉伸疲劳测试是一种广泛使用的测试方法,它在重复荷载作用下测量间接拉伸强度,并将破坏的加载时间定义为疲劳寿命。图 6-33 显示了不同环氧树脂含量环氧沥青混合料的疲劳寿命[9]。随着环氧树脂含量的增加,混合料的疲劳寿命稳定地延长。另外,疲劳性能可以通过疲劳方程式(6-4)计算:

$$N_f = k(\sigma_0)^{-n} \tag{6-4}$$

式中:N_f——疲劳寿命,倍;

σ_0——原始加载应力,MPa;

k、n——从线性拟合方法得出的系数。

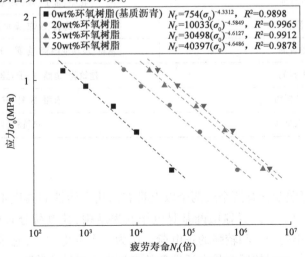

图 6-33 不同环氧树脂含量环氧沥青混合料的疲劳寿命[17]

疲劳方程及其回归常数在表 6-31 中给出[9]。从表 6-31 可以明显地发现,随着更多的环氧树脂被添加到沥青混合料中,K 和 n 的值增大。因此,可以得出结论,环氧树脂可以改善沥青混合料的疲劳性能。

不同环氧树脂含量环氧沥青混合料的疲劳方程及其回归常数　　　　表 6-31

环氧树脂含量(wt%)	疲劳方程	R^2
0	$N_f = 754(\sigma_0)^{-4.3312}$	0.9898
20	$N_f = 10033(\sigma_0)^{-4.5849}$	0.9965
35	$N_f = 30498(\sigma_0)^{-4.6127}$	0.9912
50	$N_f = 40397(\sigma_0)^{-4.6486}$	0.9878

6.5.3 聚氨酯

聚氨酯(PU)是一种分子结构中含有氨基甲酸酯基团(—NHCOO—)的聚合物,它通常由异氰酸酯和多元醇的反应制备。聚氨酯自从 1937 年被研制出来以来,由于其公式灵活、产品性能优越、形式多样等特点,已被广泛应用于黏合剂、合成皮革、橡胶、土木工程、石油工程等领域。例如,聚氨酯泡沫具有低密度和高能量吸收能力,已被广泛用于绝热板,包括墙体和屋顶的绝热材料以及在门窗周围填充的材料。聚氨酯涂料由于其独特的性能,如快速固化性(低胶凝时间)、耐腐蚀性、高光泽度,在涂料工业中也有很大的市场。另外,聚氨酯黏合剂由于具有良好的自支撑性、优异的黏合强度、快速固化性和耐候性,通常用于建筑、汽车和装饰行业。聚氨酯的主要用途见表 6-32[10]。聚氨酯由于其独特的性能,在交通运输行业中的应用越来越受到关注。

不同类型的聚氨酯及其应用[18]　　　　表 6-32

聚氨酯的类别	应用
泡沫塑料	填料、保温材料、建筑材料等
弹性体	轮胎、管子、鞋、垫、修补材料等
涂料	防腐、装饰、耐磨涂层等
黏合剂	木材、玻璃或陶瓷、金属、分子材料等的黏结
密封剂	建筑物、道路、电子元器件等的密封
皮革树脂	衣服、家具、鞋子等
防水材料	建筑材料

6.5.3.1 合成

众所周知,多异氰酸酯含有两个或两个以上具有高化学活性的高度不饱和的异氰酸酯基团(═N═C═O)。一般认为,异氰酸酯基是电子共振结构,其电荷分布如式(6-5)所示。碳原子的电子云具有较小的密度和较强的正电荷。作为一个亲电中心,它很容易被亲核试剂攻击。异氰酸酯和活性氢之间的反应是由活性氢的亲核中心对异氰酸酯基团中的碳原子的攻击引起的,反应机理如式(6-6)所示。因此,异氰酸酯基团在胺类或有机金属催化剂的作用下,可以与许多含活泼氢的物质(如醇、水、胺)发生反应,如式(6-7)~式(6-9)所示。目前,聚氨酯主要由异氰酸酯和多元醇组成[18]。

$$R-\ddot{N}-C\!=\!\ddot{O} \longleftrightarrow R-\ddot{N}\!=\!C\!=\!\ddot{O} \longleftrightarrow R-\dot{N}\!=\!C-\ddot{O} \quad (6\text{-}5)$$

$$R-\overset{\delta}{N}\!=\!\overset{\delta}{C}\!=\!\overset{\delta}{O} \longrightarrow R-\overset{\delta}{N}\!=\!C-OH \longrightarrow R-\overset{H}{N}-\overset{O}{\overset{\|}{C}}-R_1 \quad (6\text{-}6)$$
$$^+H-R_1^- \qquad\qquad R_1$$

$$n\,OCN-R-NCO + n\,HO-R'-OH \longrightarrow \!\!\!-\!\!(CONH-R-NHCOO-R'-O)_n\!\!\!- \quad (6\text{-}7)$$

$$R-NCO + R'-NH_2 \longrightarrow R-NH-\overset{O}{\overset{\|}{C}}-NH-R' \quad (6\text{-}8)$$

$$2R-NCO + H_2O \longrightarrow R-NH-\overset{O}{\overset{\|}{C}}-NH-R + CO_2 \quad (6\text{-}9)$$

注:R 是异氰酸酯基(芳基或烷基),R′是长链聚酯或聚醚。

在式(6-7)的反应中,如果异氰酸酯基团与羟基的摩尔比大于1,则形成具有异氰酸酯基团端基的聚氨酯预聚物。聚氨酯弹性体、黏合剂和涂料的制备涉及聚氨酯预聚物的制备,本书中的改性沥青也涉及预聚物。扩链剂又称固化剂,通常为低分子量的二醇、二胺、乙醇胺等,加入扩链剂后,预聚物形成聚合物链,最终形成具有机械强度的物质。

作为特殊的羟基化合物,水可以与异氰酸酯基团反应。因此,在储存异氰酸酯及含异氰酸酯基团的物质时,应避免与水或空气直接接触。异氰酸酯或预聚物与水相互作用,黏度增大并产生胶凝作用。同时,二氧化碳的释放将导致容器膨胀并最终影响储存稳定性,如式(6-9)所示。然而,运用异氰酸酯与水反应释放二氧化碳的原理可以制备聚氨酯泡沫塑料,并且水也可以用作增链剂,用于湿固化聚氨酯涂层和交联反应。

聚氨酯的合成过程主要包括两个部分:初级反应和固化反应。首先是制备在分子两端带有异氰酸酯的预聚物,反应如式(6-7)所示,异氰酸酯基与羟基的摩尔比大于1。然后预聚物与活性氢化合物(如胺)反应生成取代的脲[式(6-8)],这增加了相对分子量。固化反应是过量的异氰酸酯与主反应—NHCOO—和—NHCONH—基团中的活性氢的反应。聚合物的分子结构从线形结构变为三维网络结构。温度是制备聚氨酯的重要控制因素,当温度高于130℃时,—NHCOO—和—NHCONH—可能分解。羟基化合物与二异氰酸酯的反应温度通常控制在60~100℃范围内。

6.5.3.2 原材料

聚氨酯主要由多元醇(软链)和聚异氰酸酯(硬链)组成,通常占成分的80%以上。两种原料的性能对聚氨酯的性能影响很大。聚氨酯树脂原料种类繁多,因而使聚氨酯原料多样化,用途广泛,这是聚氨酯树脂的主要特点。例如,通过调整异氰酸酯和多元醇的种类和分子量,可以制备出不同硬度和弹性的聚氨酯材料。常用的聚氨酯原料及其基本性能见表6-33和表6-34[18]。

几种常用多异氰酸酯原料及其基本性能　　　　表 6-33

多异氰酸酯	分子结构	异氰酸酯质量分数(%)	冰点(℃)	沸点(℃)(101kPa)
TDI	H_3C-苯环-NCO,NCO	48.2	19.5~22.0	251
MDI	OCN-苯环-CH_2-苯环-NCO	33.5	38.0	196
PAPI	含NCO,NCO,NCO的多苯基结构	30.0~32.0	5.0	>358
HDI	$OCN-CH_2CH_2CH_2CH_2CH_2-NCO$	49.7~49.9	-67.0	255
IPDI	H_3C,H_3C,CH_3环己烷-NCO,CH_2NCO	37.5~37.8	-60.0	310

几种常用多元醇原料及其基本性能　　　　表 6-34

多元醇原料	多元醇	一般结构式	羟值(mgKOH/g)	熔点(℃)	应用	特性
聚醚多元醇	PPG-400	$HO-(R-O)_n-H$	265~295	<5	泡沫塑料、弹性体、热塑性聚氨酯、黏合剂、密封剂等	聚氨酯具有较好的柔韧性,较大的伸长率,良好的耐水性、耐老化性和耐低温性
	PPG-1000		108~116	—		
	PPG-2000		54~58	—		
	PEG-600		178~196	18~22		
	PEG-1000		107~118	35~39		
	PEG-1500		71~79	44~48		
	PEG-2000		51~62	49~53		
	PTMG-650		166~179	18~20		
	PTMG-1000		106~118	23~25		
	PTMG-2000		54~57	31~33		
聚酯多元醇	PDA-1000	$HO-(RO-C(=O)-R-C(=O)-O-R)_n-OH$	97~117	<5	泡沫塑料、聚氨酯弹性体、皮革树脂、鞋底、黏合剂等	聚氨酯结晶性强,强度大,吸附能力强,耐磨性好
	PDA-2000		51~61	<5		
	PEA-1000		106~118	35~45		
	PEA-2000		53~59	40~50		
	PBA-580		185~206	30~40		
	PBA-1000		106~118	35~45		
	PBA-2000		53~59	40~50		
	PHA-1000		109~115	45~50		
	PHA-2000		52~58	55~60		

1) 多异氰酸酯

考虑到原料的工业来源和产品的物理性能，用于聚氨酯工业的芳香族多异氰酸酯主要是 TDI、MDI 和 PAPI，见表 6-33。TDI 主要用于制造软质聚氨酯泡沫塑料、涂料、聚氨酯弹性体、交联剂。MDI 用于制造热塑性聚氨酯弹性体、合成皮革树脂、单一树脂、单组分溶剂型黏合剂等。PAPI 主要用于制造硬质聚氨酯泡沫塑料、交联剂等。脂肪族二异氰酸酯，如 HDI 和 IPDI，主要用于制造不泛黄的聚氨酯涂层。

TDI 和 HDI 易挥发，有毒且难以储存，这限制了它们的应用范围。PAPI 通过 MDI 聚合成的聚氨酯具有较大的交联度、较强的极性和内聚能，因此其柔韧性和脆性差。IPDI 更昂贵，生产率更低，主要用于制造高级耐光、耐候涂料和耐水解弹性体。考虑到原材料的环境保护、经济性和铺路性能，目前，聚氨酯在沥青路面工程中的应用主要是 MDI。

2) 多元醇

多元醇主要分为聚醚多元醇和聚酯多元醇，见表 6-34。从分子结构分析，聚酯多元醇中的酯基具有很大的极性并且可以形成更多的氢键。材料中存在更多的微晶区域，这些区域具有高内聚能、高强度和较差的柔韧性。相反，聚醚多元醇包含更多的柔性链段，并且醚键比酯键更耐水解，从而增强了聚氨酯的耐水、耐寒、耐老化性能，并提高了其柔韧性和伸长率。

由聚醚多元醇制造的聚氨酯弹性体具有类似于 SBS 的嵌段结构并且具有高弹性。因此，这些材料也被称为聚氨酯橡胶。需要注意的是，某些特殊的聚酯多元醇含有更柔软的链段（—CH_2—CH_2—），如蓖麻油，也可用于制造具有更好柔性和更大伸长率的聚氨酯弹性体。沥青路面受自然条件（如荷载、水、温度和紫外线）的影响，必须满足强度、刚度和耐久性的要求。聚氨酯改性沥青使用具有柔性链段的聚醚聚氨酯和聚酯聚氨酯能够展现出色的性能。

3) 结构和性能

聚氨酯是由长链分子和短链分子聚合成的嵌段共聚物。通常，以长链二醇为软链段，硬链段由异氰酸酯和扩链剂组成，如图 6-34 所示[18]。影响聚氨酯性能的基本因素包括基团极性、分子内氢键、结晶度、交联度和形态。

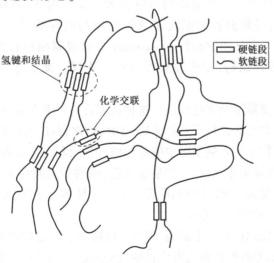

图 6-34　聚氨酯分子结构模型

聚氨酯分子中基团的极性受分子内聚能的影响。内聚能越高，分子极性越强，聚氨酯的强度、硬度和软化点也越大。氢原子、氮原子和氧原子之间存在氢键，具有很强的电负性。尽管氢键的力远小于化学键，但它仍是影响材料性质的重要因素，因为极性分子中存在大量氢键。氢键越多，分子间作用力越强，材料强度越大。结晶通常存在于具有规则结构、极性和刚性基团更多的线形聚氨酯中。如果存在更多的分子间氢键并且材料的结晶度更大，聚氨酯的强度、硬度和软化点将会更高，但是伸长率和柔韧性会降低。适当的交联可提高聚氨酯的强度、耐磨性、耐油性和耐氧性，但是如果交联过多，聚氨酯的柔韧性和拉伸强度将降低。如图 6-34 所示，PU 的交联通常是化学交联，主要是由多元醇（三元以上的醇）或高温下过量的异氰酸酯产生的。

从微观结构来看，极性强、刚性强的氨基甲酸酯具有较大的内聚能，易于形成氢键，进而聚集形成硬链段微相区。弱极性的软链段（聚醚键或聚酯键）聚集形成软链段微相区，如图 6-35 所示。由于热力学不相容性，聚氨酯在两个微区中发生相分离。聚氨酯的弹性和低温性能受软链段微相区的影响，而聚氨酯的硬度和抗拉强度受硬链段微相区的影响。聚氨酯的微相分离和分离程度直接影响其性能。

聚氨酯是主要由多元醇和多异氰酸酯组成的嵌段共聚物，多元醇组成软链段结构，多异氰酸酯形成硬链段结构。软段和硬段的类型会影响材料的柔韧性和机械强度。同时，聚氨酯原料的极性和结构中的微晶相面积也是影响其弹性和机械强度的重要因素。通常，聚醚聚氨酯具有比聚酯更好的耐水性。

软硬链段组合的特殊结构决定了聚氨酯也是一种柔性和刚性的聚合物。硬链段和软链段在热力学上是完全不兼容的，因为它们的极性和结晶度不同，这可能会发生类似于 SBS 的两相分离。从这个角度来看，聚氨酯在沥青体系中作为改性剂以提高性能，既可以提供强度，又可以带来适当的柔韧性。

6.5.4 聚氨酯改性沥青

作为黏弹性材料，沥青性能受温度的影响很大。众所周知，沥青在高温下易于流动而在低温下易破裂。如何提高沥青的温度敏感性已成为研究的重点。目前，有许多研究表明，聚氨酯可以改善沥青的温度敏感性。Carreraet 等对聚氨酯改性沥青的研究表明，如果基质沥青具有不同的胶体结构，则改性程度会有所不同。聚氨酯可以改善高温下沥青的流变性。

聚氨酯改性沥青主要采用预聚物改性。这种预聚合物对沥青的改性有望通过预聚合物中的自由异氰酸酯基团与含有活性原子（主要是—OH，通常存在于沥青烯中）的沥青侧基团的反应来实现。由于预聚物分子末端基团中的异柠檬酸基团和沥青表面的氧基团具有很强的反应性，这两个反应基团将发生化学反应，产生碳酸盐，碳酸盐之间将形成紧密的化学键。沥青改性后的表面形态发生变化，大分子链和沥青成为一个整体。最后，沥青的性能得到了改善。聚氨酯改性沥青示意图如图 6-35 所示[18]。

聚氨酯改性沥青的软化点和延度提高，但针入度降低。随着掺量的增加，改性沥青的模量和相位角增大，因而聚氨酯改性沥青具有优良的抗变形性和黏结性。另外，如图 6-36 所示，聚氨酯改性沥青在高温下具有良好的储存稳定性[19]。

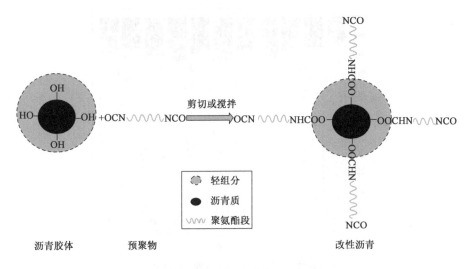

图 6-35　聚氨酯改性沥青的示意图

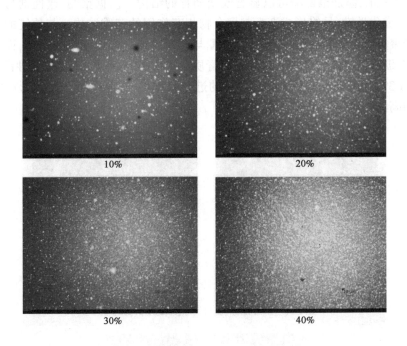

图 6-36　聚氨酯改性沥青的微观结构[19]

研究发现,2wt% 的聚氨酯改性沥青比 3wt% 的 SBS 沥青具有更大的黏度。在相同温度下,沥青的高温性能得到改善。如图 6-37 所示,加入聚氨酯后,沥青的四种成分发生变化,沥青质的含量增加[20]。同时,聚氨酯改变了沥青的结构,聚氨酯改性沥青的性能与聚氨酯的预固化工艺和固化条件有关。

高温会引起对照组样品的氧化,最终导致相分离和颗粒沉淀。然而,聚氨酯改性沥青可以在 163 ℃ 的环境下保持热稳定性和储存稳定性,这表明聚氨酯改性沥青具有良好的相容性和耐老化性。

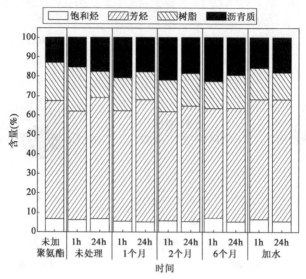

图 6-37 聚氨酯改性沥青的四种成分[20]

如图 6-38 所示,添加聚氨酯可以显著改变沥青的结构[3]。据推测,改性剂与沥青中的极性物质之间形成化学键,最终形成沥青与聚合物相互作用的三维结构。与传统的聚合物改性沥青不同,当聚氨酯含量较低时,一部分聚氨酯与沥青质结合形成稳定的结构,而另一部分则均匀地分散在沥青的轻质组分中。这就是沥青质含量增加的原因。聚氨酯改性沥青的分子溶液模型如图 6-39 所示[21]。随着聚氨酯含量的进一步增加,聚氨酯分子交织形成空间网络结构,使沥青的高温性能得到显著改善。

a) 沥青改性之前的AFM

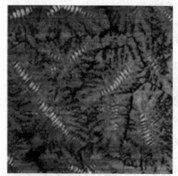
b) 沥青改性之后的AFM

图 6-38 AFM 图像(窗口尺寸:$30\mu m \times 30\mu m$)[21]

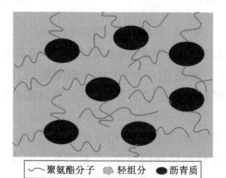

图 6-39 聚氨酯改性沥青的分子溶液模型

聚氨酯改性沥青比 SBS 沥青具有更高的 PG 等级、抗变形性和抗老化性(图 6-40)[18]。聚氨酯改性沥青混合料的高温稳定性和耐水性优于其他两种沥青。聚氨酯改性沥青的价格与 SBS 沥青的价格相当,因此具有潜在的应用价值。

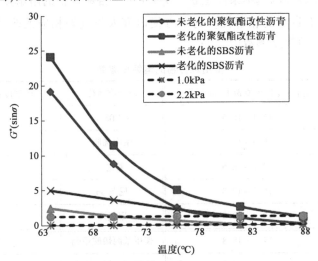

图 6-40 两种改性沥青的抗车辙系数

对改性沥青的微观结构、流变性能、短期老化和拌和性能的分析表明,聚氨酯改性沥青比基质沥青和 SBS 沥青具有更好的弹性、耐水性和抗高温变形性能。研究发现,当聚氨酯含量超过 wt3% 时,改性沥青的渗透率降低、软化点增加、高温变形阻力和性能水平得到极大的提高,但对沥青的低温性能没有明显影响。

总之,聚氨酯分子链中存在极性基团和活性基团,它们可以与沥青产生物理和化学反应,提高沥青及其混合物的性能。首先,极性基团和沥青质组分氢键吸附并增加内能。其次,活性基团与沥青质表面的活性氢反应产生更强的化学键,使沥青和改性剂形成具有一定空间结构和分子链的交织整体,并最终影响沥青的性能。最后,改性沥青及其混合物具有很强的高温抗变形性、抗疲劳性和抗老化性。需要注意的是,当聚氨酯含量低时,以沥青为分散相,聚氨酯分子可以完全溶解在沥青中,这使得聚氨酯分子的结晶度较小。如果将线形聚氨酯预聚物或热塑性弹性体用作改性剂,则可以改善改性沥青的低温性能。

6.6 聚合物与沥青的相容性

从热力学的角度来看,聚合物与沥青的兼容性是指石油沥青与一个或多个聚合物改性剂按任何比例混合时形成稳定和均匀的热力学平衡状态的能力;从加工技术的角度来看,它是指石油沥青和聚合物在混合过程中的相互分散能力和混合后各组分的相对稳定性。

6.6.1 聚合物与沥青相容技术

6.6.1.1 聚合物与沥青相容性原则

聚合物改性沥青的成分设计,包括改性剂和基质沥青的选择、改性剂的相对分子量、改性剂剂量的比例,对兼容性有不同程度的影响。这里总结了几个基本的兼容性原则。

1) 溶解度参数相近原则

聚合物与沥青相容性的基本条件是 $\delta_1 - \delta_2 < 1.5$。当聚合物的溶解度参数与沥青中的沥青烯相似时,它们具有良好的相容性。为了方便研究人员选择相应的改性剂和沥青,表 6-35 列出了常用聚合物的溶解度参数[1]。

常用聚合物的溶解度参数　　　　　　　　表 6-35

聚合物名称	溶解度参数值 $\delta(J/cm^3)^{1/2}$	聚合物名称	溶解度参数值 $\delta(J/cm^3)^{1/2}$
PE	16.1～16.5	SBS	8.4～9.1
PP	16.3～17.3	聚丙烯腈	28.7
PS	17.3～18.6	尼龙 6	27.6
聚丁二烯	16.5～17.3	尼龙 66	27.8
PVC	19.2～19.8	聚氨酯	20.4
据氯丙烯	17.3～18.8	聚甲基丙烯酸甲酯	18.9～19.4
聚异戊二烯	16.3～16.7	聚甲基丙烯酸乙酯	16.2～18.6
聚四氟乙烯	12.7	聚丙烯酸甲酯	19.8～20.5
氯丁橡胶	19.2	聚丙烯酸丁酯	17.8～18.0
聚硫橡胶(PSR)	18.4～19.2	聚醋酸乙烯	19.4～22.4
丁腈橡胶(NBR)	17.8～19.4	聚碳酸酯(PC)	19.4
丁苯橡胶(SBR)	16.5～17.8	环氧树脂(EP)	22.2
乙丙橡胶(乙烯-丙烯共聚物)(EPR)	16.1	酚醛树脂(PF)	23.1

2) 相似极性原则

系统中各部件的极性越接近,它们的相容性越好。

3) 结构相似性原则

如果系统中的组件具有相似的结构,那么它们的相容性就很好。结构相似性是指每个成分的分子链中存在相同或相似的结构单元。

4) 相似结晶性原则

当混合系统为结晶性聚合物时,当多组分的结晶性,即结晶的难度接近最大结晶性时,它们的相容性很好。

5) 表面张力接近原则

表面张力越接近,两相之间的穿透力、接触力和扩散力就越好,界面的结合力也就越好。

6) 黏度相似原则

系统中各组分的黏度相似,有利于组分之间的渗透和扩散,形成稳定的混合区,从而具有良好的相容性。

6.6.1.2 聚合物改性沥青增容技术

试验研究表明,大多数聚合物之间以及聚合物和沥青之间的相容性很差,这往往使混合系统难以达到所需的分散性。即使两种聚合物在混合过程中借助外部条件均匀分散,在使用过程中也会发生分层,导致混合性能不稳定和下降。这个问题可以"相容增加"措施来解决,也就是增容技术。

增容效应有两个含义:首先,它使聚合物和沥青容易相互分散,获得宏观的均匀混合;其次,它改善了聚合物和沥青之间的界面性能,增强了相间的黏附性,使混合后的性能长期稳定和出色[2]。增容的方法包括:增强聚合物分子的膨胀效应、添加相溶剂、添加大分子共溶剂,以及在聚合物成分之间引入氢或离子键,形成相互渗透的网络聚合物。

1) 增强聚合物分子的溶胀效应

聚合物改性剂——石油沥青是一种部分相容的体系。沥青中的饱和组分和芳烃组分等轻质组分可以渗透到分子网络中,使改性剂颗粒膨胀。聚合物段扩散到沥青中可以将一些沥青成分转化为溶剂,增强改性剂颗粒的相系统。在分子力的远程作用下,粒子之间的力会增大。因此,改性剂的膨胀越充分,系统的兼容性和稳定性就越好。均匀性更有利于沥青中溶剂成分渗透到改性剂的聚合物网络中,也更有利于改性剂颗粒的膨胀。

2) 添加相容剂

相容剂是指与两种聚合物成分具有良好相容性的物质,它可以减少两种成分之间的界面张力,提高相容性。它的功能相当于胶体化学中的乳化剂和聚合物中的耦合剂复合材料。相容剂必须有两个化学基团都包含在相容聚合物中,并且与相容聚合物有很高的亲和力和相似的极性,以达到更好的增容效果。

3) 混合过程中化学反应

众所周知,聚合物的大分子链在高速剪切混合器中经历了自由基的开裂和重组。当强烈混合时,也会出现开裂,有时会加入少量的自由基启动剂(如过氧化物)以提高成型效率。在混合过程中,交叉连接混合的成分也是一种有效的增容方法。交叉连接可分为化学交叉连接和物理交叉连接。

反应性聚合物因具有乙烯基结构而被称为反应性乙烯三元共聚物(RET),是一种接枝有反应性基团如甲基丙烯酸缩水甘油酯(GMA)和丙烯酸的聚合物基化合物。引入这些类型的聚合物可以增加聚烯烃(如 PE、PP 和沥青)与沥青之间的共价键。聚合物接枝是一个很好的解决方案,而且通常很容易实现,因为它涉及熔化过程。然而,因为接枝的自由基机制,不饱和聚合物的交联是不受控制和不被希望的,所以,SEBS、PE、PP 等饱和聚合物更适合该工艺[3]。

最近,有研究人员将两种名为 Elvaloy Ⓡ AM 和 Elvaloy Ⓡ 4170(丁酸乙烯基甲基丙烯酸缩水甘油酯)的聚合物与纯沥青混合,以研究混合物的储存稳定性。高温储存后观察到所有样品完全均匀。这说明 RET 的使用基本保证了储存稳定性。低密度聚乙烯用于比较接枝 GMA 前后共混物的储存稳定性。如图 6-41 所示,使用 GMA 接枝低密度聚乙烯比低密度聚乙烯具有更好的稳定效果[6]。

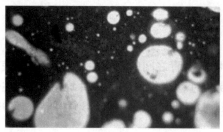
a)LDPE

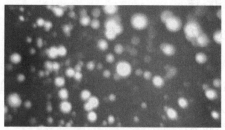
b)GMA-g-LDPE共混物的形貌

图6-41 荧光显微图像显示

4) 引入相互作用基团

兼容性可以通过在聚合物成分中引入离子组或离子偶极子来实现,或者通过使用电子供体和电子受体的复合物来实现。这种网络结构的形成伴随着沥青和聚合物之间的化学反应。沥青和聚合物之间的反应从分子量小的聚合物开始,交联后,分子量增加,形成沥青聚合物结构。

5) 共溶剂法和 IPN 法

共溶剂法是把两种互不相容的聚合物在一种共同的溶剂中进行混合,获得共混的效果。比如由石油成分组成的溶剂对普通橡胶和石油沥青有很好的溶解作用。这些溶剂在改性沥青的制备过程中可以非常稳定,对沥青的低温性没有不利影响。

互穿聚合物网络(IPN)技术是一种提高相容性的新方法,其原理是:将两种聚合物组合成一个稳定的互穿网络,从而实现显著的相容。聚合物/层状硅酸盐纳米复合材料(PLS)已广泛用于聚合物科学研究。层状硅酸盐可以提高聚合物的机械性能和耐热性,降低聚合物透气性和可燃性,提高聚合物生物降解性。制备 PLS 最常用的硅酸盐是锂云母和蒙脱石,它们属于同一个硅酸盐家族。如图 6-42 所示,聚合物与层状硅酸盐的晶体结构由两个四面体配位的硅原子组成,这些硅原子与氢氧化铝或氢氧化镁的八面体片融合,层厚约为 1nm,这些层的横向尺寸从 30nm 到几微米或更大,这取决于具体的层状硅酸盐[6]。

此外,层状硅酸盐和聚合物之间的界面相互作用取决于三种不同的界面强度,如图 6-43 所示[6]。

插层型纳米复合材料:通过将少量聚合物分子层插入层状硅酸盐结构而获得。从晶体学的角度来看,这种插入是有规律的。

絮凝型纳米复合材料:从概念上讲,这与插层纳米复合材料相同。然而,由于硅酸盐层的羟基化边对边相互作用,硅酸盐层有时会发生絮凝。

剥离型纳米复合材料:在这些化合物中,单个黏土层在连续的聚合物基质中被平均距离分开,这取决于黏土负载。

层状硅酸盐改性沥青的微观结构对改性沥青的性能起着重要作用。根据硅酸盐在沥青中的分散特性,改性沥青的微观结构可分为相分离结构、夹层结构和剥落结构。层状硅酸盐改性沥青的结构示意图如图 6-44 所示[6]。大量研究表明,在相分离结构中,层状硅酸盐与改性沥青相容性差,对沥青性能影响不明显。但改性沥青与层间剥离结构的相容性明显提高,改性沥青的性能更佳。此外,沥青剥离结构的性能优于夹层结构。

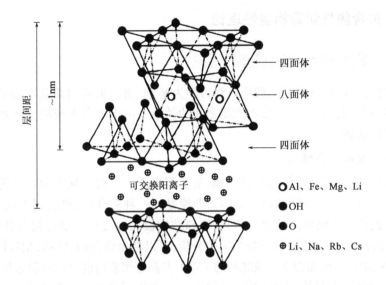

图 6-42　2:1 聚合物/层状硅酸盐的结构[6]

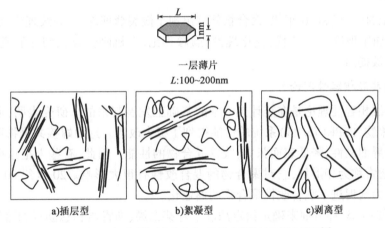

图 6-43　三种不同类型的聚合物/层状硅酸盐纳米复合材料[6]

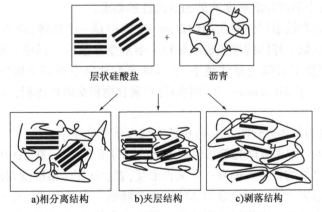

图 6-44　层状硅酸盐改性沥青的结构示意图[6]

6.6.2 聚合物与沥青相容性理论

6.6.2.1 聚合物共混改性的基本理论

目前,聚合物共混改性的基本理论以热力学为基础,研究聚合物共混物的形貌和结构,揭示共混物中各组分的相容性与共混物性能之间的关系。由于混合系统的复杂性,目前大多数理论还只是定性描述。

1) 聚合物合金的形态结构

聚合物合金的形态结构是决定其性能的基本因素之一。由于聚合物合金的多相性质,不同成分的聚合物合金具有不同的形态结构。即使是同一种混合物,也会因不同的加工条件或工艺而具有不同的形态结构。然而,不同形貌和结构极大地改变了聚合物合金的性能。在研究聚合物合金的过程中,通过对其形貌结构的分析,可以看出聚合物之间的相容性,从而找出体系组成、相容性、微观结构和力学性能之间的关系。非晶态聚合物混合物的形态和结构可以分为三种基本类型:单相连续结构、两相交错(也称为交错结构)结构和相互渗透的两相连续结构。

2) 增韧理论

在20世纪50年代和70年代,聚合物领域出现了微裂缝理论、多条纹理论、剪切屈服理论和Mohrs剪切屈服理论。80年代,空化理论、逾渗理论、有机刚性颗粒韧性的概念、无机颗粒的韧化机制等被提出。

3) 聚合物共混相容性理论

聚合物共混相容性理论是在统计热力学的基础上发展起来的。研究表明,通过添加少量的PS嫁接共聚物,PSPE(75/25)系统的性能得到了极大改善。这种嫁接共聚物可以改善两种聚合物之间的界面黏性,降低表面张力,改善混合物的性能。因此,有些人把这种嫁接共聚物称为界面剂,通常称为相溶剂,它对聚合物的混合改性有很大影响。20世纪80年代,相溶剂的不断出现有力地促进了混合改性聚合物的商业化。

Redelius使用48种溶剂来确定给定浓度下麦芽二烯、沥青质和总沥青的溶解度[22],建立了SBS共聚物的溶解体,它代表了PS和PB嵌段完全溶解的空间,结果如图6-45所示。结果表明,聚合物在沥青中的部分溶解度满足SBS改性的要求。

假设沥青和聚合物的溶解体积在3D Hansen空间中是一个球体,球心代表所有分子或链的简单平均溶解度参数。球体的半径表示材料中溶解度参数的多样性。球体越大,溶解度参数分布越宽(可溶于更多溶剂);球体越小,溶解度参数越集中在某个区域(可溶于有限的溶剂)。图6-46a)显示了3D Hansen空间中沥青和聚合物相交溶解体积,表明聚合物在沥青中的部分溶解度。

但是,非常重要的是要区分图6-46a)中所有浓度下的完全溶解度体与有限浓度下的完全可溶性空间[图6-46b)中梯度球壳等其他浓度下的部分溶解性]。在3D Hansen空间中,在全浓度的完全溶解度之外的每一点都有一个临界浓度,表示从完全溶解度到部分溶解度的转变。临界浓度随着该点远离全浓度和全溶解体的表面而降低。当浓度和温度一定时,完全溶解度体会在给定的浓度下寻找具有临界浓度的表面结构。在体外,溶解度随着溶解度参数的增大而减小。

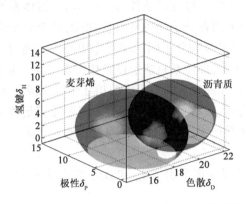
a) 从沥青中分离出麦芽烯和沥青质的Hansen溶解度体

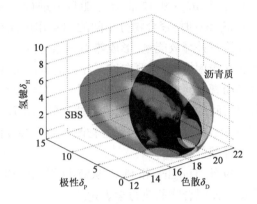
b) SBS和沥青的Hansen溶解度体[22]

图 6-45　Hansen 溶解度体

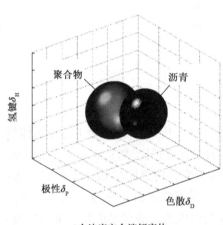
a) 全浓度完全溶解度体

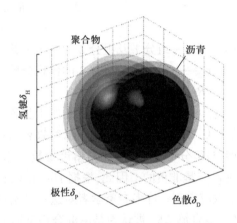
b) 完全溶解度和部分溶解度的全溶解度体

图 6-46　3D Hansen 空间中 PMB 溶解度体[22]

此外,在 PMB 的情况下,溶解度体应具有浓度特性,表明所讨论的 PMB 聚合物含量。溶解度的比较应在浓度特性相匹配的两个对象之间进行,两者之和为 1。因此,如图 6-46 所示,沥青与聚合物溶解度体的交点表示某些聚合物溶解度参数。两个溶解度体的交集程度可以代表聚合物沥青的相容性。

6.6.2.2　聚合物相容性理论的现状

根据热力学第二定律,聚合物与石油沥青等温混合的共混体系在相容过程中,其体积自由能的变化遵循 Gibbs 公式:

$$\Delta G_m = \Delta H_m - T\Delta S_m \tag{6-10}$$

式中:ΔG_m——摩尔混合自由焓;
　　　ΔH_m——摩尔混合热;
　　　ΔS_m——摩尔混合熵;
　　　T——热力学温度。

只有当 $\Delta G_m < 0$ 时,混合才能自发进行。混合系统的稳定条件为 $\Delta G_m = 0$。当体系熵增大,即 $\Delta S_m > 0$ 时,聚合物分子间的相互作用能小于沥青分子间的相互作用能,两个分子能自动相互溶解并释放能量,形成热力学稳定体系。当聚合物分子间的相互作用能大于沥青分子间的相互作用能时,需要向体系注入能量以实现相容,即体系只能通过吸热实现相容。由于聚合物和沥青之间的混合系数非常小,只有当聚合物和沥青之间有很强的相互作用,或者组件本身各段之间的排斥力大于组件各段之间的排斥力时,才有可能完全相容。真正能满足热力学相容条件形成稳定体系的聚合物改性沥青共混体系很少,大多数聚合物与石油沥青热力学不相容或仅部分相容。

1949 年,Huggins 和 Flory 从液-液平衡的格子理论推导出 ΔH_m 和 ΔS_m 的表达式[4],得到聚合物二元混合物的热力学表达式:

$$\Delta G_m = RT(n_1 \ln\phi_1 + n_2 \ln\phi_2 + \chi_{1,2} n_1 \phi_2) \tag{6-11}$$

即

$$\Delta S_m = -R(n_1 \ln\phi_1 + n_2 \ln\phi_2) \tag{6-12}$$

$$\Delta H_m = RT\chi_{1,2} n_1 \phi_2 \tag{6-13}$$

式中:n_1、n_2——组分 1 及组分 2 的摩尔分数;

ϕ_1、ϕ_2——组分 1 及组分 2 的体积分数;

R——气体常数;

$\chi_{1,2}$——Huggins FJory 相互作用参数。

最初认为二元体系的相互作用参数 $\chi_{1,2}$($\chi_{1,2} = \chi_{1,2}/V_1$,其中 V_1 为组分 1 的摩尔体积)是纯粹的熔,与组分 1 及组分 2 的溶解度参数 δ_1 和 δ_2 差的平方成正比,即 $\chi_{1,2} = (\delta_1 - \delta_2)^2/R^7$,因此 $\chi_{1,2}$(或 $\chi_{1,2}$)是非负的。因此,根据 Huggins Flory 理论,聚合物之间的相互不相容只能由混合的门槛效应实现。许多专家学者对这一理论进行了一系列修正和完善,主要有以下几点:

(1)混合熵 ΔS_m 被认为是由混合构型熵和交互熵组成的。前者是由两个聚合物段的增加或聚合物段和溶剂分子之间的排列引起的,后者是由大分子灵活性变化引起的。

(2)引入排斥体积效应并假定 $\chi_{1,2}$ 是熔与熵两种因素的组合。

(3)假定 $\chi_{1,2}$ 是组成 ϕ_2 及温度的函数,提出如下经验公式:

$$\chi_{1,2} = (1 + a_0 \phi_2)\left(\frac{a_1 + a_2}{T}\right) \tag{6-14}$$

式中:a_0、a_1、a_2——调整参数。

这些改进仍然不能完全消除 Huggins Flory 理论的固有缺陷。近年来,状态方程理论将聚合物沥青系统的热力学特性与纯组分状态方程的参数联系起来,通过纯组分状态方程的参数计算聚合物系统的热力学特性,预测并解释聚合物之间的兼容性特征和规律。

根据气体晶格理论,纯液体可以看作随机分布的点和空穴的二元混合物,空穴的浓度可以随压力和温度的变化而变化。因此,二元液体混合物可以被看作一个三元系统,其中一个分子可以占据 m 个位置,每单位接触面积上有相互作用。这一理论表明,聚合物之间的相容性是由以下因素决定的:①各种链段的相互作用表面积;②大分子线圈的大小与温度和成分之间的函数关系;③分子量分布;④自由体积,决定相分离点的类型是最高临界相容温度(UCST)还是最低临界相容温度(LCST)。

强相互作用模型理论主要用于具有强分子间相互作用的系统,它可以解释和阐明系统的相位平衡特性:

$$\chi_{1,2} = \frac{U_2}{k_B T + \ln(l-\lambda) + \ln(l+q^{-3})} \tag{6-15}$$

$$\lambda = \frac{1}{1 + q\exp\left(\dfrac{U_1 - U_2}{k_B T}\right)} \tag{6-16}$$

式中:U_1、U_2——吸引能与排斥能,J;
$\quad\quad q$——简并数;
$\quad\quad k_B$——波尔兹曼常数。

根据 U_1、U_2 相对值,$\partial\chi_{1,2}/\partial T$ 可正可负,因而临界相容温度可为 LCST 或 UCST。

6.6.2.3　聚合物改性沥青的分离

除了聚合物和沥青的性能外,改性沥青的储存稳定性随着聚合物添加量的增加而降低。相分离指数和显微镜得到的微观结构比较表明,聚合物在沥青中的分散性越好,热储过程中相分离的趋势越小。

6.6.3　相容性与沥青组成的关系

在改性沥青的生产和使用中,最重要的是获得一个在沥青和聚合物之间兼容和稳定的系统。例如,在具有高 APP 含量(20%～30%)的改性沥青系统中,沥青胶被精细地分散在膨胀的聚合物中。本系统中使用的基质沥青应包含大量具有高分子量的饱和成分。然而,对于 SBS 沥青系统,由于 SBS 和沥青烯之间的兼容性差,以及与芳香族成分和树脂的良好兼容性,基质沥青应含有较低的沥青烯含量和较高的芳香族成分和树脂含量。沥青组分含量对 EVA 改性沥青系统也有重大影响。一般来说,聚烯烃改性剂与高饱和度沥青有很好的兼容性,而橡胶改性剂(如 SBR 或 SBS 热塑性橡胶改性剂)与高芳香烃含量的沥青有很好的相容性。

一般来说,沥青和聚合物是在热状态下混合的,沥青和聚合物混合时可能会出现以下几种情况:

(1)混合物是一个完全异质的体系,此时沥青与聚合物不相容,组分相互分离,故不稳定,该体系不能起到改性沥青的作用。

(2)混合物在分子水平上是一个完全混溶的均匀系统。在这个系统中,沥青中的油完全溶解了聚合物,破坏了聚合物分子之间的相互作用,混合物是绝对稳定的。除了黏度的增大,系统的其他属性不能被改善,这不是一个理想的结果。尽管该系统是稳定的,但从改性沥青的角度来看,它不能被认为是一个好的兼容系统。

(3)混合物是一个微异质系统,其中沥青或聚合物分别形成连续相。多余的油分散在聚合物相中,或者被聚合物吸收的油在沥青的连续相中膨胀和分散,这使得沥青的性能最大化。可以看出,沥青和聚合物之间是相容系统,聚合物首先被沥青中的油膨胀和分散,形成一个分散系统,聚合物为连续相。

热力学相容性意味着分子水平的均匀性。但实际意义上,它是衡量分散程度的指标,与测试方法密切相关,因此相容性是指在实际测量条件下的均匀性。不同的测试方法往往会得出不同的结论,各种试验方法测得的聚合物间相容性的结论具有一定的相关性。即使混合简单的液体,通常也很难确定混合物是均匀的还是不均匀的。均相和多相只具有热力学统计意义,均相取决于识别标准,即空间尺度和时间尺度。

研究聚合物之间相容性的方法有很多,主要有以下几大类:

(1)热力学方法:根据溶解度参数 δ 及 Huggins Flory 相互作用参数 $\chi_{1,2}$ 判断。

(2)玻璃化转变法:根据共混物的玻璃化转变温度判断。

(3)红外光谱法:通过比较共混物与各组分混合之前的红外吸收光谱判断。

(4)黏度法:利用共混物的溶液黏度判断。

(5)其他方法:利用高倍电子显微镜直接观察共混物形态结构的显微观测法和核磁共振的方法观测其形成结构等。

6.7 聚合物水泥混凝土

6.7.1 聚合物水泥混凝土的基本概念

以有机聚合物或单质有机聚合物与无机结合剂的复合结合剂为基础的材料、制品或构件称为聚合物水泥材料或构件。有机聚合物组分包括聚合物水性分散体(聚醋酸乙烯酯胶乳、天然和合成聚合物胶乳、乳化沥青和有机硅聚合物等)和水溶性环氧树脂、尿素树脂、呋喃树脂、纤维素衍生物等。在某些情况下,也可以使用在无机黏合剂的水合和硬化过程中聚合的可溶性单体或低聚物。聚合物水泥混凝土的特点是在混凝土制备过程中常将聚合物外加剂(或可聚合组分)与水一起加入[4]。聚合物添加剂可以是单一聚合物或不同聚合物的混合物。

无机胶凝材料包括波特兰水泥、铝土矿水泥、镁砂水泥、水玻璃、石膏、石灰或混合胶凝材料,如石膏水泥火山灰胶结材料。根据胶凝材料种类的不同,聚合物水泥可分为以下几种:聚合物水泥(以硅酸盐水泥或铝土矿水泥为原料制成)、聚合物氧化镁、聚合物硅酸盐、聚合物石膏和聚合物石灰。当需要强调或概括所用聚合物的种类时,可分为聚醋酸乙烯水泥、聚醋酸乙烯石膏、乳胶水泥等[2,3]。

对于复合聚合物水泥结合剂,合理地选择聚合物组分和无机结合剂可以使两种组分发挥其优良性能并相互补充,因此,对聚合物助剂的主要要求是:理想情况下,不延迟,但在实践中,无机结合剂的水化硬化应尽可能少地延迟。聚合物水泥的主要标准是聚合物水泥的比例,或广义上的聚合物胶结比,定义为制造聚合物水泥材料、制品或构件时所用聚合物(以干物质计)的质量与水泥(无机胶凝材料)质量之比。在某些情况下,也可以使用体积比,即聚合物体积与水泥体积之比。聚合物与水泥的比值代表有机-无机复合胶凝材料的组成。添加剂的性质和用量取决于对材料性能的其他要求。

胶结比的下限没有统一意见,一般为 0.02~0.04。硬化聚合物水泥中的有机聚合物对硬化材料的结构力学性能有明显影响。

改变聚合物水泥的配比,可以使聚合物水泥的结构发生质的变化(图 6-47)。当胶结比大于 0.04 时,硬化的聚合物水泥(使用水溶性聚合物)中会形成聚合物相,因此从聚合物用量来看,聚合物水泥不同于水泥混凝土(包括添加有机增塑剂的混凝土)。

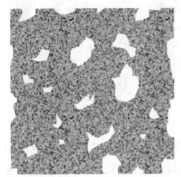 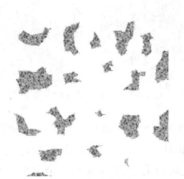 

a)胶结比<0.2,无机物胶结材占优势时,体系的宏观结构　　b)胶结比>0.2,聚合物占优势时,体系的微观结构　　c)胶结比>0.2,聚合物占优势时,体系的另一种宏观结构

图 6-47　硬化的有机聚合物——无机胶结材体系的结构示意图
注:黑暗部分为无机物胶结材,明亮部分为有机聚合物。

当胶结比小于 0.2(采用聚合物水分散体)时,新水泥制品形成晶密结构。通过在缺陷(空腔和裂缝)处聚集聚合物来加强形成的刚性无机空间骨架。由于它们结合在一起并在新产品块之间制浆,它们被固体、弹性和黏性的有机聚合物柔性颗粒、网和薄膜铰接在一起,从而形成具有高强度和高弹性的复合材料[4]。

上述胶结比为 0.20~0.25 的聚合物水泥为第一类聚合物水泥。当聚合物与水泥的比例较大时,聚合物形成连续的空间网络结构,在该结构中发展的新水化产物的局部团块越大,其刚度越大。这是第二种聚合物水泥。当聚合物水泥的结构开始改变时,聚合物水泥比的值取决于水分散体中聚合物水泥颗粒的大小。颗粒越小,比率越低。这种情况已经通过研究由合成胶乳[粒径(0.8±0.1)μm]和聚醋酸乙烯酯分散体(聚合物粒径 2~5μm)制成的聚合物水泥的性能得到证实。对于合成胶乳,最佳胶结比为 0.15±0.01;对于聚醋酸乙烯酯分散液,最佳胶结比为 0.20±0.02。对于给定形式的聚合物外加剂,存在最佳胶结比。当使用水溶性聚合物时,可以以较小的胶结比形成连续的聚合物相。

6.7.2　聚合物对水泥的改性机理

聚合物和水泥之间的化学作用(更确切地说,是新的水泥浆水合产物)是聚合物水泥化学过程中重要的环节。目前,人们普遍认为聚合物不仅在水泥水化过程中具有物理效应,如聚合物颗粒在水泥颗粒表面的吸附,薄膜形成对水化过程的影响,而且具有化学效应。

一般认为,聚合物形成的薄膜分布在砂浆的不同位置,包括基层和砂浆之间的界面,集料和浆液之间的边界面。聚合物颗粒的吸附与原材料的混合和固化条件有关,这可能会减慢水泥的水化速度。聚合物薄膜的均匀分布可以防止或减少水蒸发,改善胶合材料和集料之间的界面黏性;网络结构的相互渗透有利于应力的分散和传播,防止或削弱裂纹的传播。如图 6-48 所示,用扫描电镜观察不同集料配比的水泥砂浆。当集料灰分比为 0.15 时,水泥水合物以结晶形式为主,聚合物膜分布较少。随着聚合物用量的增加,当聚合物灰分比为 0.27 时,聚合物已形成连续的膜状结构[4]。

由于研究中使用的聚合物种类、用量和研究方法不同,得出的结论不同,相应的改性机理也不同。目前,一致认为,聚合物具有降低孔隙率、防止开裂和增韧的作用。

  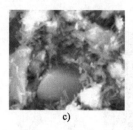 

a)　　　　　　　　　b)　　　　　　　　　c)　　　　　　　　　d)

图 6-48　不同聚合物灰分比砂浆扫描电镜照片

（1）聚合物降低孔隙率的作用。一方面，加入聚合物作为增塑剂可以大大减少水泥净浆实际制备过程中的用水量，因此可以有效减少这些多余水分形成的气孔和孔洞。另一方面，聚合物本身具有良好的可塑性，可以很容易地填充到一些无机基材的空隙中，起到填充和封闭孔隙的作用。

（2）聚合物防止开裂的作用。聚合物可从两方面防止开裂。首先，聚合物堵塞了混凝土中的孔隙，降低了水分蒸发的速度和量；其次，随着聚合物的加入，一部分聚合物必须穿过混凝土的裂缝，以防止裂缝进一步扩展。

（3）聚合物增韧的作用。聚合物在水泥浆体与集料之间形成一层具有高黏附力和韧性的薄膜，能有效改善界面过渡带，使界面由脆性向塑性转变，从而提高界面黏附力，增强其强度韧性。

6.7.2.1　聚合物与集料作用的基本原理

1）胶合的基本理论

聚合物对集料的胶合作用是其基本功能，也是聚合物本身的重要特性之一。目前，关于聚合物对集料的胶合作用主要有静态电力理论、力学理论、吸附理论和扩散理论，后两者被广泛接受。因此，这里简要介绍吸附理论和扩散理论。

（1）吸附理论

吸附理论是一种基于分子间范德瓦尔斯力（方向、诱导和分散力）、氢键和一些化学力的理论。在上述力的作用下，聚合物完全接近附着物，形成一定的结合强度。化学力可以从刘易斯酸碱理论的概念理解。例如，含有官能团的聚合物，如氢基（—OH）、碳基（—COOH）、碳碳双键（C=C）、氨基（—N—）、乙醚（—O—）等，可以被认为是刘易斯基，它在阳离子（Ca^{2+}、Mg^{2+}、Al^{3+}）存在的情况下具有电子捐赠能力。

根据下式，化学相互作用可以通过离子键实现（点代表离子键）。

对于单价离子：

$$R—COO^- + Na^+ \longrightarrow R—COO \cdot Na \tag{6-17}$$

对于两价离子：

$$2R—COO^- + Ca^{2+} \longrightarrow R—COO \cdot Ca \cdot OOC—R \tag{6-18}$$

对于三价离子：

$$3R—COO^- + Al^{3+} \longrightarrow \begin{matrix} RCOO \\ RCOO \end{matrix} \!\!\!>\! Al \cdot OOC—R \tag{6-19}$$

因此,二价离子和三价离子可以在有机聚合物链之间形成特殊的桥键(图6-49),阳离子和阴离子之间的离子键度根据其性质而变化[4]。

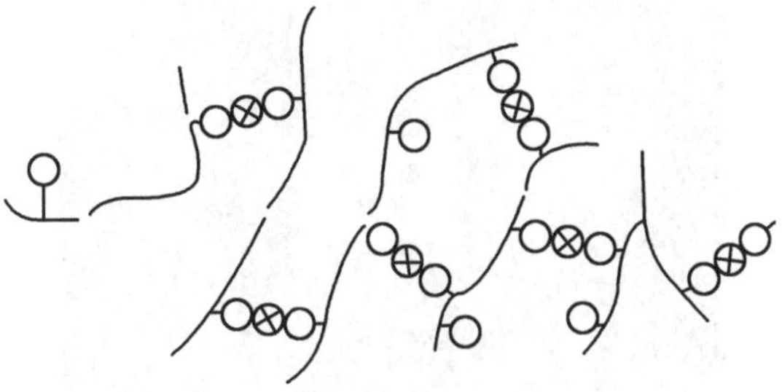

a)交联结构

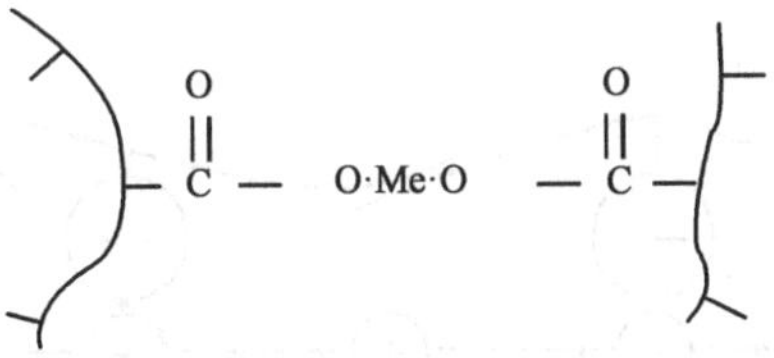

b)羧基之间单键

图6-49 多价阳离子(以Me或⊗表示)使聚阴离子链之间形成桥键的示意图

两原子之间键的离子性(i)和共价性程度(c)之间有简单关系:

$$i = 1 - c \quad (0 < i < 1) \tag{6-20}$$

给定元素的每种原子性质取决于其电负性(x),某些元素的电负性数值见表6-36[4]。

元素的电负性数值　　　　　　　　　表6-36

元素	电负性	元素	电负性	元素	电负性
H	2.1	Ca	1	O	3.5
Li	1	Al	1.5	S	2.5
Na	0.9	Si	1.8	P	2.1
K	0.8	C	2.5	F	4
Mg	1.2	N	3	Cl	3

化合物中给定的两相邻原子间化学键的共价性与其电负性之差($\Delta x = x_1 - x_2$)有关,并可按下式确定:

$$C = \exp(-0.18\Delta x^2) \tag{6-21}$$

据计算,如果阳离子为Ca^{2+}、Mg^{2+}、Al^{3+}和Si^{4+},聚合物链间桥键(图6-50)的共价性分别为37%、43%、52%和65%。获得的数据表明,在聚合物水泥中形成聚合物链是可能的。它们对于无机聚合物非常重要,但在聚合物水泥的硬化和使用条件下不可能形成单质有机聚合物。如图6-50所示,在集料和水泥浆体之间可以发现类似的聚合物"桥梁"[4]。

在无机胶结材-聚合物-水体系中,无机组分及有机组分间化合物构成的形貌也很重要。前面已提到形成相对疏松的交联结构的情况(图6-50)。另外一种情况是无机物颗粒的表面形成化合物(化学吸附)。聚阴离子在某种无机胶结材颗粒表面排列的情况如图6-51所示[4]。

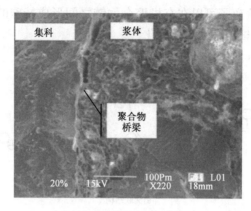

图 6-50 SB-PCM 集料和水泥浆体之间聚合物"桥梁"的 SEM 图像

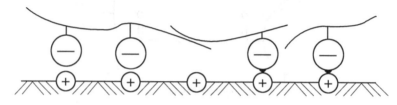

图 6-51 聚阴离子在某种无机胶结材颗粒表面排列的情况

化学吸附服从一定的规律(其中也包括吸附定律),其中最基本的规律如下:从化学吸附的定义可知,它伴以化学反应。若吸附剂为物质 A,吸附质为物质 B,则化学反应可表示为

$$n_1 A + n_2 B = n_3 AB \tag{6-22}$$

物质 A 与 B 间的一种化学反应可以用来描述上述的相互作用。应将化学吸附于 A 颗粒表面的物质 B 与通过溶液反应而形成新的固相物质加以区别。尚无直接的试验方法可以测定表面化合物 AB 和新相的生成量,但可根据一定的试验结果计算出来。为此需知道吸附剂的量并能测出溶液中物质 B 的浓度。

在反应体系(A + B)中,通过相互作用形成 1 份新的固相物质 AB 时,物质 B 在溶液中的分子(聚合物分子、低分子或离子)份数设为 $x(0 < x < 1)$,则与物质 A 处于吸附(化学吸附)平衡物质 B 的分子份数为 $1 - x$。不难了解,随着吸附平衡向溶液中化学反应平衡的移动,相应物质 B 的分子份数(比值)$x/1 - x$ 将逐渐增大。

x 的值为时间的函数(确切地说,此函数是非单调的,但当 $x \to 0$ 时可视为单调函数),它表征了 A 与 B 之间化学反应的动力学。对一级反应,速度为

$$v = \frac{\partial x}{\partial \tau} = 1 - K_1 e^{K_2 \tau} \tag{6-23}$$

式中:K_1——积分常数;

K_2——由假吸附平衡移向化学反应平衡时形成反应产物 AB 的速度常数。

(2)扩散理论

聚合物分子的链状结构是灵活的。通过分子的热运动、电学性质和物理搅拌,分子相互缠绕、扩散,达到胶结的目的。

2)胶结强度的影响

一般来说,胶结强度是通过测量单面重叠的拉伸剪切样品的拉伸剪切强度和黏合强度来

评估的,影响因素一般包括聚合物的分子量、分子官能团的反应性和活性、黏合强度、黏合剂的特性、界面粗糙度和黏合层厚度。

6.7.2.2 聚合物水泥相互作用机理

(1) 聚合物乳液部分或全部代替水,使混合物在低水灰比条件下具有一定的流动性。

(2) 聚合物乳液中的乳胶颗粒在水化(或轻微水化)的水泥和填充物颗粒表面沉积或聚集,形成薄膜,最后形成相互渗透的网络结构。

(3) 当相对湿度下降到100%以下时,水泥会收缩并产生一定的应力,聚合物改性的水泥凝固产物会形成微裂缝以释放这种应力。

(4) 当裂纹发展遇到互穿聚合物网络时,在整个聚合物网络中形成微纤维,从而终止裂纹发展。在正常情况下,这些裂缝依然存在,并且相互交织。

聚合物-水泥的这种相互作用机理又被称为薄膜理论。总结来说,聚合物分子以分散相存在于混凝土空隙中、集料界面,随水泥颗粒水化,混凝土内部孔溶液减少,聚合物通过絮凝形态包覆住水泥颗粒,形成薄膜锥形。同时,聚合物可以起到微裂纹塞的作用。该理论在扫描电镜试验中得到了验证,如图6-52、图6-53所示。

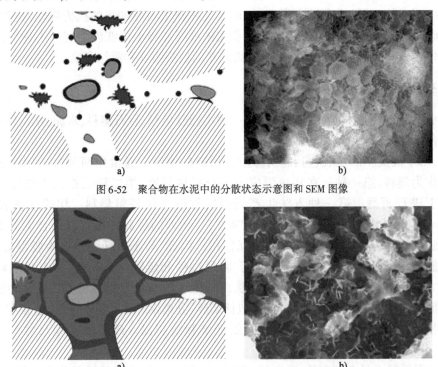

图6-52 聚合物在水泥中的分散状态示意图和SEM图像

图6-53 聚合物在水泥中的成膜状态示意图和SEM图像

6.7.3 合成橡胶水泥混凝土

6.7.3.1 SBR水泥混凝土

SBR作为一种有机修复材料,具有成本低、柔韧性好、低薄膜形成温度和高键合强度的优点。SBR用于改性普通波特兰水泥时,可以降低水泥浆的屈服应力和黏度。此外,SBR的加入使水泥浆体具有良好的触变性和剪切稀释性能;在水化热方面,SBR不仅降低了水泥水化5~20h的放热峰值速率,而且降低了水泥在72h之前的累积水化热。在力学性能方面,随着SBR的增加,水泥浆体的断裂韧性和延性得到显著提高。而且,SBR能促进铝酸钙与石膏的反应,促进钙矾石的形成和稳定。

当SBR用于改性硫铝酸盐水泥(CSA)时不仅对CSA具有明显的减水作用,而且可以有效提高其抗折强度,降低其收缩率,提高其耐久性。同时,SBR改性硫铝酸盐水泥砂浆的收缩与自身减重没有直接关系。SBR用于对硅酸盐水泥和微硅粉复合体系改性,提高了钢筋的弯曲劈裂抗拉强度和抗氯离子腐蚀能力。此外,SBR的使用明显增加了水泥砂浆界面过渡带的厚度,抑制了氢氧化物的生长。

6.7.3.2 CR水泥混凝土

CR是常用的水泥砂浆改性剂之一,国内学者对CR改性水泥基材料进行了一些研究。使用酸性阴离子氯丁胶乳剂作为改性砂浆材料的添加剂,添加适当数量的泡沫剂和稳定剂,结合干固化和湿固化方法,可以使材料的抗弯强度和抗渗性得到改善,降低吸水率、提高抗冲击性、提高材料的耐久性,并可增大结合强度。CR大大提高了水泥砂浆的抗折强度、抗拉强度、黏结强度和耐久性。虽然抗压强度有所下降,但CR水泥混凝土仍能满足实际工程对抗压强度的要求。相关研究发现,适量的CR可以提高砂浆的抗折强度和黏结强度。

6.7.3.3 橡胶水泥混凝土

橡胶水泥混凝土也称为弹性混凝土,是一种由橡胶集料、砂石集料、水泥、水及外加剂组成的多相复合材料。

目前,用于混凝土的橡胶包括碎屑橡胶和切碎的橡胶。通常用两种方法用废轮胎生产橡胶颗粒作为集料:第一种是在环境温度下进行机械研磨,第二种是在低于玻璃化转变温度的温度下进行研磨。第一种方法生产切碎的橡胶来代替粗集料。切碎的橡胶尺寸为13~76 mm,包含纺织纤维和钢纤维[图6-54a)]。切碎的橡胶纤维可以弥合混凝土中的裂缝,并增强橡胶集料与水泥砂浆之间的相互作用。因此,与不带纤维的涂橡胶混凝土相比,含切碎橡胶的混凝土具有更高的抗弯强度、阻尼特性和延展性。此外,纺织纤维对自由水的吸收增大了新鲜橡胶混凝土的吸水率,从而降低了坍落度。第二种方法通常会生产碎屑橡胶来代替细集料。生产碎屑橡胶的步骤包括切碎、分离钢纤维和纺织纤维、造粒和分类。切碎后,分别通过电磁筛和空气分离器去除钢纤维和纺织品。碎胶的典型尺寸为0.075~4.000 mm[图6-54b)][5]。

橡胶水泥混凝土具有密度低、吸音好、耐酸、耐冻融、耐氯化物渗透的优点,增强了阻尼能力、提高弯曲冲击强度和韧性。这些优点使橡胶水泥混凝土在诸如轻质混凝土、隔音板、路面、抗震结构的加强柱和高抗冲橡胶混凝土梁上具备应用优势。

然而,由于橡胶微粒远远小于包括水在内的所有混凝土原料的容重,且具有疏水性,橡胶集料与混凝土材料的相容性差,带来诸如橡胶集料上浮分层,混凝土拌合物和易性下降,以及力学性能显著降低等橡胶水泥混凝土应用时必须解决的问题。许多研究表明,在混凝土中使用橡胶通常会导致混凝土强度明显降低。

 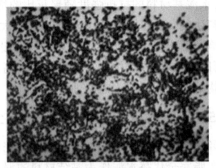

a)切碎的橡胶(废轮胎碎片)　　　　　　　　b)碎屑橡胶

图 6-54　用于混凝土的橡胶

因此,为了减轻掺入橡胶颗粒引起的混凝土机械强度降低,可以使用化学或物理方法对橡胶聚集体进行表面改性。橡胶颗粒的表面处理可以改善橡胶颗粒与水泥基体之间的界面黏合力,并提高它们之间的黏结强度,这有利于增强橡胶水泥混凝土的机械性能和耐久性。

目前对橡胶集料的改性技术,如界面活化改性、低聚物包覆、卤化和磺化改性、接枝反应改性以及物理辐射(主要有微波法和 γ 射线法两种)等均是针对橡胶微粒在有机体系中应用的改性技术。而在水泥基材料等无机体系中,比较常见的橡胶微粒改性以氢氧化钠腐蚀或偶联剂处理为主,改性效果不理想。总的来说,橡胶聚集体的物理和化学处理是改善橡胶性能的两种常用方法。这些方法改善了橡胶胶凝剂和水泥基体之间的界面黏结。

6.7.4　热塑性树脂水泥混凝土

6.7.4.1　EVA 水泥混凝土

EVA 的成膜温度及玻璃化温度低,黏结强度高,储存稳定性好,所以国内外学者研究了 EVA 对不同种类与体系水泥基材料的改性效果。当用 EVA 对普通硅酸盐水泥进行改性时,EVA 的酸基团能与水泥浆体孔隙中的 Ca^{2+} 在碱性环境中反应,生成醋酸钙和聚乙烯醇,降低了水泥浆体中氢氧化钙的含量。EVA 还能通过延缓水泥水化,形成"Hadey"颗粒和钙矾石大棒,并且 EVA 在水泥浆体内部通过失水在水泥颗粒及水化产物表面形成聚合物膜,填充了砂浆内部的孔隙。当用 EVA 对掺石灰石的硅酸盐水泥进行改性时,EVA 对诱导期水泥水化的影响很小,降低了低剪切速率下水泥浆体的屈服应力和黏度。当用 EVA 对硅酸盐水泥混凝土进行改性时,其在混凝土制备过程中的分散效应使混凝土致密化,降低了混凝土内部的孔隙率;在硬化过程中,EVA 膜的形成阻碍了养护过程中水的蒸发,有利于水泥的水化。而且,EVA 膜可以在集料和浆料之间起到桥接作用,改善砂浆的界面过渡区,降低其弹性模量,提高其抗冲击能力。当用 EVA 改性富贝利特水泥时,EVA 的加入除了可以提高富贝利特水泥的抗弯强度和韧性外,还可以降低硅酸三钙的水化反应程度,并且 EVA 颗粒及其形成的聚合物膜通过填充水泥浆体的孔隙,以及它的减水效果,促使改性水泥浆体的孔隙率小于未改性的水泥浆体。

6.7.4.2　SAE 改性水泥混凝土

苯乙烯-丙烯酸酯(SAE)是一种以苯乙烯改性的丙烯酸酯系共聚物。当它用于改性水泥基材料时,水泥基材料的抗折强度随聚灰比的增大而缓慢增大,而抗压强度急剧减小;水泥基材料水化产生的 AFt 也随着 SAE 聚灰比的增大而增大,并且未改性浆体和 SAE 改性水泥浆体中 AFt 的含量都会随着养护龄期的增加而降低。SAE 可以大幅度提升水泥基材料的剪切黏结强度,可以降低水泥基材料的动弹模量,提高其抵抗冲击、抵抗磨损的能力。SAE 的掺入可以阻碍生物酸对水泥混凝土的腐蚀。

6.7.5 环氧混凝土与环氧水泥混凝土

采用环氧树脂固化而成的环氧混凝土可完全或部分代替水泥作为黏结材料,并与集料混合。环氧树脂完全代替水泥作为黏结材料的混凝土称为环氧混凝土(EC),环氧树脂部分代替水泥作为黏结材料的混凝土称为环氧水泥混凝土(ECC)。环氧混凝土结合了环氧树脂和混凝土的优势,具有高黏结强度,优异的耐水性,良好的耐化学性和耐候性。相关人员对环氧水泥混凝土和环氧混凝土体系进行了大量研究。

6.7.5.1 有固化剂

传统的环氧混凝土是由环氧树脂和固化剂在特定的固化温度下制备的,必须加热。用固化剂制备环氧混凝土的工艺过程如图 6-55 所示[8]。实际上,环氧混凝土与固化剂的复合机理与环氧树脂相似,因为除固化剂外,它很少与其他成分发生反应。

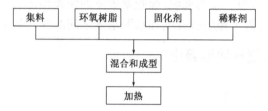

图 6-55 用固化剂制备环氧混凝土的工艺过程

由于混凝土的导热性差以及环氧树脂和混凝土的膨胀系数不同,混凝土中产生的内应力绝对会影响环氧混凝土的性能。对于某些特定的固化剂,固化过程需要高温和较长的固化时间,这会消耗更多的能量。因此,常规的环氧混凝土不适用于现场施工,但适合预制。

即使这样,大体积的常规环氧混凝土也不容易被迅速修复,如道路或桥梁中的人行道或结构元件。一些研究建议使用微波方法用固化剂对环氧混凝土进行快速均匀的固化。与传统的加热方法相比,微波固化技术均匀加热内部和外部混凝土,以尽可能避免内部应力。微波固化技术比传统环氧混凝土固化时间短,机械强度优异,铺装性能提高,固化度高。

环氧混凝土是一种很有前途的路面材料。尽管没有评估环氧混凝土路面性能的标准,但根据沥青混合料或水泥混凝土的标准方法,人们进行了许多研究。结果证明,与常规沥青混合料相比,环氧混凝土在高温和低温性能、耐水性、防滑性和抗化学腐蚀方面表现更好。但是将环氧混凝土暴露于温度高达 150℃ 的环境中,与水泥混凝土相比,它仍表现出明显的机械强度损失。该现象可归因于环氧树脂的热氧化降解。

作为混凝土结构的外部抹灰材料,环氧混凝土的耐化学性至关重要。因此,一些研究使用碱溶液、酸溶液和盐溶液来评估带有固化剂的环氧混凝土的耐化学性。将试样浸入测试溶液中不同时间后试样质量的相对损失和抗压强度,可以表征带有固化剂的环氧混凝土的耐化学性。环氧混凝土对硫酸(H_2SO_4)、氯化钠(NaCl)和氢氧化钠(NaOH)的耐化学性分别如

图 6-56、图 6-57、表 6-37 所示。显然,环氧混凝土具有比中等耐腐蚀性的水泥混凝土(CC)和环氧水泥混凝土更好的耐化学性。如图 6-56 所示,在硫酸溶液中,水泥混凝土和环氧水泥混凝土中的水化产物在酸存在的情况下分解,导致水泥降解。然而,环氧树脂的交联网络可以提供良好的耐化学性。如图 6-57 所示,在氯化钠溶液中,水泥混凝土和环氧水泥混凝土中的铝酸钙水合物可以与 Cl^- 离子发生反应,从而导致材料分解。在氢氧化钠溶液中,其仅影响水泥混凝土和环氧水泥混凝土,而环氧混凝土保持不变,见表 6-37。因此,具有固化剂的环氧混凝土可以作为路面中潜在的外部抹灰材料,是由于其出色的耐化学性[22]。

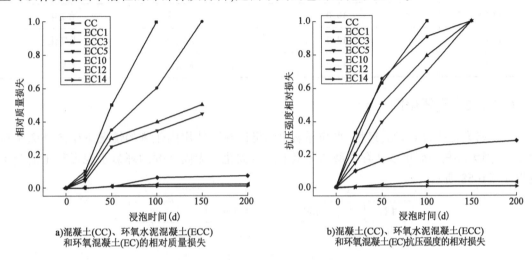

a)混凝土(CC)、环氧水泥混凝土(ECC) 和环氧混凝土(EC)的相对质量损失

b)混凝土(CC)、环氧水泥混凝土(ECC) 和环氧混凝土(EC)抗压强度的相对损失

图 6-56 耐硫酸(10wt% H_2SO_4)化学性能[22]

注:根据砂的质量,ECC1 含有 1.3% 的环氧树脂,ECC3 含有 3.9% 的环氧树脂,ECC5 含有 6.7% 的环氧树脂,EC10 含有 10% 的环氧树脂,EC12 含有 12% 的环氧树脂,EC14 含有 14% 的环氧树脂。

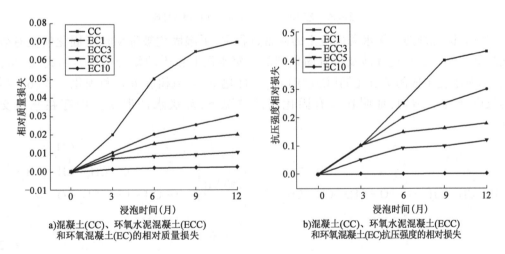

a)混凝土(CC)、环氧水泥混凝土(ECC) 和环氧混凝土(EC)的相对质量损失

b)混凝土(CC)、环氧水泥混凝土(ECC) 和环氧混凝土(EC)抗压强度的相对损失

图 6-57 耐氯化钠(10wt% NaCl)化学性能[22]

注:根据砂的质量,ECC1 含有 1.3% 的环氧树脂,ECC3 含有 3.9% 的环氧树脂,ECC5 含有 6.7% 的环氧树脂,EC10 含有 10% 的环氧树脂。

对氢氧化钠的耐化学性(12% NaOH)[22]　　　　表6-37

混凝土类型	环氧树脂含量(wt%)(以砂的质量计)	相对质量损失	抗压强度相对损失
CC	0.0	0.03	0.30
ECC1	1.3	0.03	0.30
ECC3	3.9	0.02	0.18
ECC5	6.7	0.01	0.12
EC10	10.0	无变化	无变化
EC12	12.0	无变化	无变化
EC14	14.0	无变化	无变化

6.7.5.2 无固化剂

一些研究证明,用水泥、集料、水和环氧树脂可以在不使用固化剂的情况下生产环氧水泥混凝土,因为环氧树脂可以在存在碱的环境下进行固化。无固化剂的环氧水泥混凝土的制备过程如图6-58所示。

图6-58　无固化剂环氧水泥混凝土的制备过程

在没有固化剂的环氧水泥混凝土的制备过程中,干湿固化被证明比干固化能更有效地固化环氧树脂。这个过程涉及没有固化剂的环氧水泥混凝土的复合机理。如式(6-24)所示,在水泥水化生成的氢氧化钙[$Ca(OH)_2$]的催化下,环氧树脂聚合和固化。式(6-24)所示为反应产物的结构,证明在没有固化剂的情况下,环氧水泥混凝土中存在三维交联网络[2]。

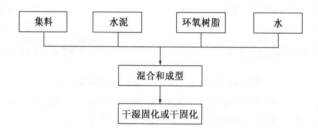

(6-24)

环氧树脂水泥混凝土的复合机理可以通过傅里叶变换红外光谱(FTIR)来揭示。从图6-59可以看出,环氧树脂可以与水泥水合产生的氢氧根离子反应。此外,场发射扫描电子显微镜(FESEM)显示了没有固化剂的环氧水泥混凝土的微观结构,如图6-60所示。环氧树脂与10wt%的环氧树脂水泥混凝土的形貌表征了环氧树脂与羟基离子的结合。通过黏接可形成牢固的黏合力,其中环氧树脂可与羟基离子反应而无需固化剂[23]。

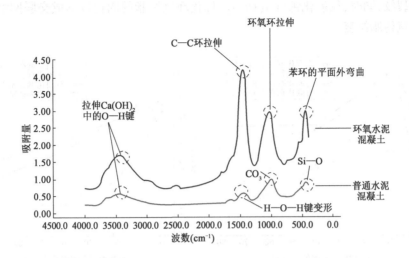

图 6-59　环氧水泥混凝土和普通水泥混凝土的 FTIR 研究[23]

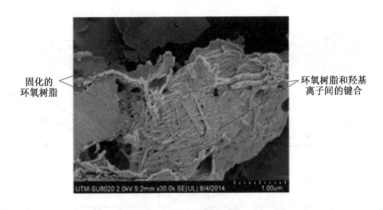

图 6-60　无固化剂环氧水泥混凝土的 FESEM 形貌[23]

尽管环氧树脂和固化剂之间反应形成了牢固的网络结构,但无固化剂的环氧水泥混凝土的性能仍然优于有固化剂的环氧水泥混凝土。如图 6-61 所示,在室内和室外环境下暴露一年后,对有和没有固化剂的环氧水泥混凝土进行抗压强度、吸水率、碳化深度和总孔体积的测试。与具有固化剂的环氧水泥混凝土相比,无固化剂的环氧水泥混凝土具有较小的总孔体积、吸水率和碳化深度,这意味着不含固化剂的环氧水泥混凝土具有致密结构和良好的耐化学性。无固化剂的环氧树脂水泥结构的致密结构可能归因于在存在氢氧根离子的情况下环氧树脂的固化,因为连续的环氧树脂可以填充因水泥砂浆中水分蒸发而留下的孔隙。

另外,当环氧树脂含量不超过 20% 时,无固化剂的环氧水泥混凝土的抗压强度高于有固化剂的环氧水泥混凝土的抗压强度。这种现象可能是在高环氧树脂含量下水泥水化的阻碍所引起的。因此,没有固化剂的环氧树脂几乎不会因缺乏氢氧根离子而固化,而带有固化剂的环氧树脂仍可被固化以提供高强度。

不含固化剂的环氧水泥混凝土的复合机理也可用于路面混凝土的自修复。研究发现,当环氧树脂含量为 20% 时,不使用固化剂的固化度可以高达 50%。如图 6-62 所示,剩余的未硬化环氧树脂最初留在硬化水泥的孔中。一旦出现微裂纹,未固化的环氧树脂就会释放出来并逐渐填充微裂纹,同时,氢氧化钙[Ca(OH)$_2$]催化环氧树脂的固化以形成交联网络。因此,微裂纹可用环氧树脂修复。

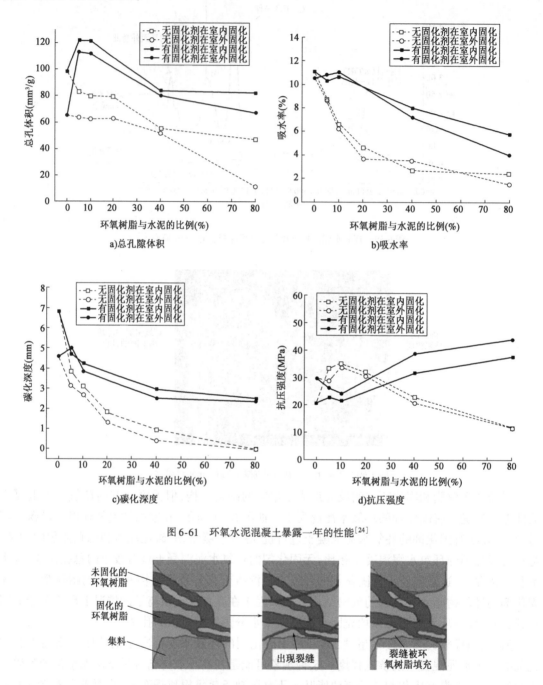

图 6-61 环氧水泥混凝土暴露一年的性能[24]

图 6-62 环氧水泥混凝土自修复工艺[25]

无固化剂的环氧水泥混凝土的自愈性能可以通过声音间隔和抗压强度来表征,这可以通过超声脉冲速度(UPV)试验和抗压试验得出。首先,对试样施加预荷载(最大荷载的50%和80%)以使其产生裂纹。然后,将样品放在室温下干固。

图 6-63 显示了无固化剂(10%环氧树脂)环氧水泥混凝土和水泥混凝土的自愈性,可以看出,环氧水泥混凝土比水泥混凝土具有较小的声音间隔和较高的抗压强度,表明其强大的自愈特性。这是由于在存在氢氧根离子且无固化剂的情况下环氧树脂的固化[26]。

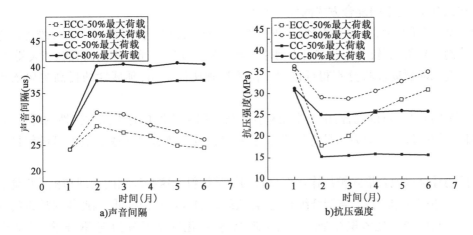

图 6-63 无固化剂(10%环氧树脂)环氧水泥混凝土和水泥混凝土的自愈性[24]

6.7.6 纤维聚合物水泥混凝土

胶凝材料性质脆,抗拉强度和应变能力低,通常使用短且随机分布的纤维来解决与混凝土脆性和裂缝萌生和扩展阻力相关的问题。在水泥基材料中加入纤维可以生产出抗拉强度、延展性、韧性和耐久性都得到改善的混凝土材料。这种改进可以通过防止或控制裂纹的发生、扩展或合并来实现。多种纤维广泛用于混凝土工程,包括金属纤维、聚合物纤维或天然纤维。

纤维聚合物水泥混凝土(FRC)是以聚合物为黏结材料,以无机矿物为集料,加入适量纤维、填料和稀释剂制成的一种纤维增强复合凝胶材料。与普通混凝土相比,该材料具有高强度、高抗渗透性、抗冲击、耐腐蚀、耐磨等优点。

同样,人们通过掺入各种类型的短纤维,为改善水泥基复合材料的延展性和韧性做出了许多努力。所有常规的纤维增强混凝土材料都涉及单纤维类型的使用。单纤维仅在有限的应变和裂缝开度范围内有效。因此,给定类型的纤维只能提高水泥基复合材料的强度或可塑性。

某些高模量和高强度纤维,包括碳纤维、聚乙烯醇纤维、钢纤维、石棉和玻璃纤维,可以有效地提高混凝土的强度,但是,其固有的脆性无法改善塑性。低强度纤维,包括PP、尼龙和丙烯酸纤维,在改善延展性和减少开裂方面更有效。

因此,为了获得既增加了强度又具有延展性的胶结复合材料,必须组合具有不同化学/机械性能的纤维。从 FRC 复合材料的裂纹评估中可以区分裂纹形成的三个阶段:在峰值荷载之前形成微裂纹,然后将细微裂纹合并为一个微裂纹,最后发展成大裂纹。在此评估的基础上,提出将不同类型的纤维作为水泥材料中的增强材料进行组合。

由于水泥基复合材料使用了两种或多种混合纤维,它们在加载的不同阶段对开裂过程的响应不同。所得的纤维增强混凝土包含两种或多种纤维的组合,通常称为混合 FRC。因此,混合 FRC 被指定为包括不同类型纤维的水泥基体,从而导致混合性能超过单个纤维性能的总和。杂化复合材料从每根纤维中受益,并表现出协同反应。

一些研究证明,两种或两种以上不同类型纤维复合产生的水泥复合材料的极限强度、应变能力和应变硬化性能得到改善。不同的复合方法包括结合不同长度、直径、模量和拉伸强度的纤维。在此基础上,不同复合方式的优势如下:

(1)基于纤维尺寸(长度和直径)的混合纤维:由于纤维尺寸不同,较小的纤维可以连接微裂缝以控制其聚集,而较大的纤维可以阻止宏观裂缝的发展。通过控制微裂缝和大裂缝,复合材料的强度和断裂韧性将分别得到改善。由于这种协同机制,延展性的提高主要依赖于长纤维。

(2)基于纤维模量的混合:由于水泥复合材料使用了两种具有不同柔韧性的纤维,较硬的纤维提供了第一层裂纹应力和最终强度,而相对灵活的纤维提高了裂纹后区域的韧性和应变能力。

不同的纤维以混合形式被用作水泥材料的增强材料。这些纤维的物理和机械性能总结见表6-38[11]。值得一提的是,与钢纤维相比,合成纤维的特点是密度低,因此相对质量的纤维会在水泥基材料中产生高体积纤维。根据文献综述,杂化纤维可分为钢-钢纤维、钢-聚合物纤维、聚合物-聚合物纤维、聚合物-天然体系纤维。

纤维的物理/机械性能[27] 表6-38

纤维类型	密度(g/cm^3)	弹性模量(GPa)	抗拉强度(MPa)	断裂伸长率(%)
PP	0.91	1.5~4.2	240~550	50~80
尼龙	1.14	2.50~5.17	750~1000	15~30
聚丙烯腈	1.18	2~3	240~1000	20~45
聚乙烯醇	1.29~1.3	20.0~42.8	1100~1600	6~7
钢纤维	7.84	200	500~2000	0.5~3.5
PE	0.92~0.96	5~100	80~600	4~100
纤维素	1.2	10	300~500	—
黄麻	1.34~1.46	13.0~26.5	400~800	1.8
剑麻(Ss)	1.33	9~22	600~700	2~3

6.8 聚合物水泥混凝土的制备

6.8.1 聚合物水泥的稳定化

提出聚合物水泥稳定的原因是,实际上几乎所有的聚合物水分散体系(除在聚乙烯醇存在下所合成的聚醋酸乙烯分散体之外)和在水中有限溶解的亲水性聚合物,在含有大量多价离子的水化着的无机胶结材料的液相中都是聚结不稳定的。聚合物水分散体的稳定化可分为阴离子型聚合物水分散体(最常见)的稳定化和阳离子型聚合物水分散体的稳定化。聚水物水泥中使用的常见表面活性剂见表6-39[4]。

聚合物水泥中使用的常见表面活性剂[4]　　　　　表6-39

离子分类	亲水基	高分子表面活性剂		
		天然系	半合成系	合成系
阴离子型	羧酸基	海藻酸钠 果胶酸钠 腐植酸钠 梧桐树胶	羧甲基纤维素 羟甲基淀粉 丙烯酸接枝淀粉 解丙烯腈接枝淀粉	丙烯酸共聚物 马来酸共聚物 水解聚丙烯酰胺
	磺酸基		木质素磺酸盐 铁铬木质素磺酸盐	缩合萘磺酸盐 聚苯乙烯磺酸盐
	磺酸酯基			缩合烷基苯醚硫酸酯
阳离子型	氨基	壳聚糖	阳离子淀粉	氨基烷基丙烯酸酯共聚物 聚乙烯苯甲基三甲铵盐
	季铵盐			$-(C_2H_4-N-C_2H_4-N)_n-$ 　　　$\underset{C_{12}H_{25}}{\|}$　　　$\underset{CH_2COOH}{\|}$
两性型	氨基、羧基等	水溶性蛋白质类		
非离子型	多元醇及其他	淀粉	淀粉改性产物 甲基纤维素 乙基纤维素 羧乙基纤维素	聚乙烯醇聚乙烯基醚 环氧乙烷(EO)加成物 聚乙烯吡咯烷酮

6.8.1.1 阴离子分散体的稳定化

为防止聚合物水分散体的凝聚,可采用如下几种稳定剂:非离子型表面活性物质、磺酸衍生物型表面活性物质、硫酸烷酯及二丁基萘磺酸钠等;聚电解质,更确切地说,弱的聚阴离子(聚乙烯醇、甲基纤维素、乙基纤维素)以及两性电解质,如蛋白、动物胶、酪朊、朊族化合物或其一价阳离子的盐类等;电解质,如氢氧化钾和氢氧化钠、碳酸盐和碳酸氢钠、硅酸盐和一价金属的磷酸盐及铵;细分散的粉状物,如黏土粉、上述各种物质的混合物。

胶乳和水泥混合物稳定性的研究表明,其稳定作用可分为两类:

(1)持久稳定作用:直到水泥凝固时为止,不发生聚结作用。

(2)暂时稳定作用:经过一定的时间间隔但在凝固之前即发生聚结作用。以拌和条件下能在聚合物颗粒表面形成牢固壳层的聚电解质为稳定剂时产生持久的稳定作用。采用铵盐、钾盐(在水泥中钠盐会产生盐析)电解质水溶液为稳定剂时产生暂时稳定作用。这种稳定剂含有能与钾离子形成可溶性的络合物(如KOH)的离子。胶乳乳化聚合物时所采用的乳化剂对稳定时间有很大影响。阴离子分散体的稳定化过程如图6-64所示[4]。

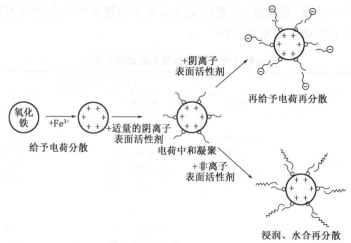

图 6-64　阴离子分散体的稳定化过程

6.8.1.2　阳离子胶乳的稳定化

如果从水泥的主要组分之一——石灰出发,用于胶乳-水泥混合物中的阳离子胶乳可不进行稳定化。这一假说常见于国外文献中,从聚合物化学的观点来考虑聚合物水泥,这一假说需加以检查和验证。

有学者采用阳离子的聚氯丁二烯胶乳(N950),已证明,当此胶乳与波特兰水泥混合几分钟后即发生凝聚,但若向胶乳中加入石灰,则混合物有很好的凝聚稳定性。因此,钙离子是主要凝聚剂的假定未得到证实。在波特兰水泥熟料矿物中的硅酸盐水解过程中所生成的正硅酸及聚硅酸对阳离子胶乳具有凝聚作用,所以可用5%的硅酸钠水溶液作为测定阳离子聚合物水分散体-水泥的外加剂-稳定性的指示剂。可以证明,在硅酸存在的情况下,N950确实发生凝聚作用。

胶乳水泥混凝土应用的实践表明,不仅水化胶结材料液相中的离子组分对聚合物水泥混合物的稳定性有影响,混合物的搅拌条件对其也有很大影响。胶乳必须对胶结材料及集料颗粒的机械作用具有稳定性。为使胶乳与水泥混合物稳定,最好加入聚电解质表面活性剂。

6.8.2　聚合物水泥混凝土的拌和

无机胶结材料和集料、水、聚合物外加剂(水溶液或水分散体)的混合物可通过以下三种方法制备[2,3]:

(1)加入一定量的水后,将聚合物水分散体与无机黏合剂小心混合。在与分散体混合之前,可以将水加到聚合物水分散体或黏结材料中。然后,加入集料并重新混合所有成分。该方法适用于配制含粗集料或纤维的聚合物水泥混凝土,特别是分散稳定性不足以达到机械作用时。

(2)将水泥与集料、颜料和其他粉末或颗粒状添加剂预混合,将得到的干混合物与用水稀释到一定比例的聚合物水分散液混合。此时,最好将干燥的混合物逐渐加入聚合物水分散体中,而不是一下子全部加入。这种方法适用于聚合物水泥材料的集中生产(工厂化生产),特别适用于装饰材料的生产。

(3)混合所有成分,包括与水混合的聚合物混合物。该方法适用于使用稳定性高的水溶性聚合物或聚合物水性分散体的情况。

将聚合物分散体与水泥及集料拌和时,一般使用桨叶式拌和机或回转式拌和机(图6-65)。实践表明,使用回转式拌和机时,制得的混合物流动性好、均匀并有较大的强度。若聚合物外加剂的量不大且不使混凝土混合物增稠,则自由降落式的回转式拌和机更合适。但需注意,聚合物水泥混合物不能黏附拌和机的器壁和桨叶。

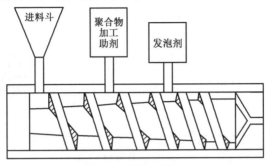

图6-65　回转式拌和机

水泥、集料和聚合物水溶液进行机械混合时,可能会引入大量的空气,甚至形成泡沫。合理操作,包括降低混合器速度、正确选择混合器结构或使用手动操作,可以减少引入的空气(在由于进料而减少引入的空气量情况下)(这里不讨论分散剂和消泡剂)。

空气的引入也取决于聚合物外加剂(包括稳定剂)的用量。采用水溶性聚合物外加剂时,强烈地强制搅拌塑性聚合物水泥混凝土混合物可促进空气的引入,水灰比越大,引入的空气量越多。表6-40是发气剂拌和效果的试验结果[4]。

发气剂拌和效果的试验结果　　表6-40

编号	相容性	掺量(%)(与水泥质量比)	材料分离度(%)	发气效果	膨胀率(%)
1号	拌和效果良好	0.30	0.5	有较大气泡逸出	1.5
2号	破乳	0.30	—	—	—
3号	拌和效果良好	0.09	0.3	未见气泡明显逸出	1.1
4号	出现假凝现象	0.30	0.2	—	—

收缩率在砂浆浇筑后进行测试。未添加塑性膨胀剂砂浆收缩率试验结果如图6-66所示,添加塑性膨胀剂砂浆收缩率试验结果如图6-67所示[28]。

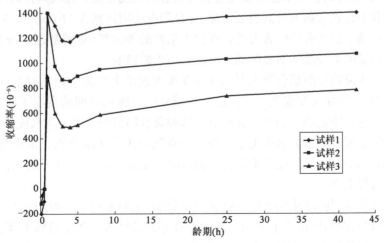

图6-66　未添加塑性膨胀剂砂浆收缩率试验结果

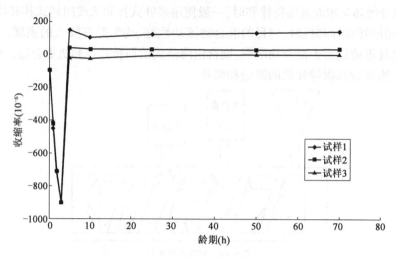

图 6-67 添加塑性膨胀剂砂浆收缩率试验结果

6.8.3 聚合物水泥混凝土的硬化

硬化作用的主要特征是材料的强度随时间的延长而增大。在聚合物水泥硬化过程中,强度的增大还与所用的聚合物外加剂的强度性质有关。聚合物水分散体聚合时所用的乳化剂对硬化过程也有影响。促凝剂(电解质)可大幅度缩短硬化时间。对于聚醋酸乙烯水泥混合物,氯化钙是很好的促凝剂;对于胶乳-水泥混合物(以酪酸铵稳定的),氢氧化钾或碳酸钠可作为促凝剂。

测定聚合物水泥不同尺寸试样的硬化动力性能也是很有趣的。大尺寸的聚合物水泥试样甚至在经过 1~3 个月后强度仍继续增大。加入亲水性较强的聚合物——聚醋酸乙烯(与聚乙烯醇一起),可延长混凝土的硬化期;而疏水性较强的聚合物——橡胶,在这方面所起的作用不大。试样尺寸对硬化动力性能影响的原因主要在于,亲水性聚合物改善了大尺寸混凝土试样保持水分的能力,因此在空气干燥(一般的)的条件下,水泥水化进行得较完全(这里不讨论伴生效应)。

从化学的观点看,聚合物水泥的硬化过程可用放热曲线表征。加入聚合物外加剂时,水泥的水化强烈度及混合物加热的最高温度下降,并且聚合物用量越大,下降得越多。这时放热峰移向较长时间一侧。当聚合物中含有的是低化学活性的外加剂(聚醋酸乙烯分散体)时,这种移动不大。而丙烯酸类分散体对放热动力性能有很大的影响。

采用聚合物水分散体的聚合物水泥的强度在很大程度上取决于硬化时空气的相对湿度。空气的湿度减小时,硬化初期强度提高;反之,在湿介质中硬化初期的强度下降。这一过程是由聚合物的固化过程决定的。加聚合物水分散体的聚合物水泥最好不用水硬化。加入少量水溶性聚合物可保证聚合物水泥混凝土不论在干燥空气中还是在湿介质或水中都能剧烈硬化。此外,和一般水泥混凝土一样,这种聚合物水泥混凝土更适在潮湿条件下硬化,因为这时水泥的水化作用进行得更完全。

温度对聚合物水泥的硬化动力性能也有一定影响,主要是对胶结材料水化硬化过程的影响,继而对聚合物水泥的硬化产生影响。起始温度超过 30℃ 时,强度指标下降,温度低时,胶结材料水化作用显著延滞。

聚合物改性水泥基材料内部结构的形成可分为以下几个阶段：首先，将聚合物乳液混合到水泥浆体中，通过搅拌使聚合物颗粒均匀分布在水泥浆体中。随着水泥净浆的凝结硬化，聚合物附着在水泥表面和水化产物上，阻碍了水泥的水化反应。然后，随着水泥的进一步水化，水泥砂浆中的聚合物颗粒失水形成聚合物膜，同时吸附在水泥颗粒、水化产物和集料表面，填充砂浆中的孔隙。最后，随着水泥的不断水化，聚合物颗粒间的水分被完全消耗，在水泥水化产物、集料和水泥颗粒表面形成一层连续的聚合物膜，将其包裹起来[29]。聚合物水泥硬化模型如图6-68所示。

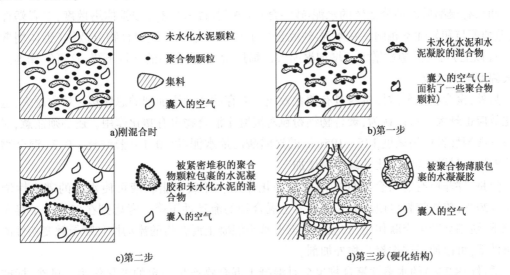

图6-68 聚合物水泥硬化模型

聚合物水泥的硬化作用，特别是在添加聚合物水分散体的情况下，伴随着收缩，这种收缩超过相应组成混凝土的收缩。这是由于聚合物水泥硬化收缩作用的加和。收缩取决于硬化条件，即周围介质的湿度及硬化的聚合物水泥混凝土本身的湿度，随着空气相对湿度的增大，收缩率显著下降，但仍大于无聚合物外加剂时的收缩。因此为了减小收缩率，必须在高湿度环境下使聚合物水泥硬化，其中包括在硬化的第一个昼夜使聚合物水泥混凝土试样增湿。随着聚合物/水泥比增大，收缩率也增大。

和水泥混凝土一样，聚合物水泥混凝土的收缩可延续若干年。如果6个月后收缩的增量不大，可将6个月时的收缩作为最终收缩。如果不考虑前述的聚合物水泥收缩的特点，并近似地认为收缩作用是单调进行的，可用如下的指数关系式表示：

$$S(t) = S(1 - e^{-\sigma \tau}) \tag{6-25}$$

式中：$S(t)$——时间为 t 时的收缩；

S——最终收缩；

σ——以实验方法确定的常数。

应当指出，橡胶水泥混凝土在潮湿条件下硬化时，其极限拉伸率的增大速度要比无聚合物外加剂的混凝土的极限拉伸率增大速度快。添加水溶性聚合物使混凝土伸长率增大的原因显然是水泥石微晶结构的形成，这种微晶结构具有高度的均一性。

6.9 聚合物水泥混凝土的性能评价

6.9.1 施工和易性

聚合物水分散体赋予混凝土混合物新的黏-塑性质。例如,一般的水泥-砂混合物(组成为1:8)和加有聚醋酸乙烯分散体的水泥-砂混合物(水泥/砂=1:8),按锥体坍散度,二者塑性相同,但稠度与和易性不相同。在水泥-砂混合物中加入少量高塑性聚合物分散体(锥体坍散度150mm以上)可使其塑性增大。增加聚醋酸乙烯用量时,混合物的塑性下降,这可解释为其黏度大幅度增大之故。

另外,聚合物水分散体本身具有塑化效应。伴存的各种添加剂的总体塑化效应越大,这种塑化效应也越大。可以认为,聚合物细粉粒对混凝土混合物也有塑化作用。还必须注意,对于制备一般塑性锥体坍散度125~195mm的聚醋酸乙烯水泥-砂(0.1<胶结比<0.3)混合物所必需的用水量随水泥/砂比的减小而增加[4]。

但是,并非所有的聚合物外加剂都有塑化作用。环氧树脂乳液可使水泥的需水性增加10%~20%,羧酸胶乳也使水泥浆及混凝土混合物的流动性下降。考虑到在多价离子存在的情况下,羧基会产生交联作用,在极少数需要减小混凝土混合物的流动性且赋予触变特性的工艺条件下,可以使用这类聚合物外加剂。

适量(达2%)的水溶性聚合物也会对混凝土混合物产生一定的塑化作用。显然,标准稠度的下降主要缘于这些聚电解质外加剂的表面活性性质。如所确认的那样,在水-空气界面上,这些聚合物使水的表面张力下降至很小,这与这些聚合物分子的结构及表面活性的一般概念一致。对于合成聚合物胶乳,水-空气界面的表面张力很小(3.5~4.5Pa),这是因为在合成胶乳中存在高表面活性的聚合乳化剂,并且水-固体界面处具有表面活性,这对塑性产生显著影响。

添加水溶性聚合物也提高了混凝土混合物的均匀性、易铺展性及易加工性,减弱了其在长时间运输中的析水作用。

聚合物的类型和内容物对新鲜混合砂浆的工作性有大的影响。研究发现,不同种类的聚合物乳液的减水率可达到20%及以上,减水效果明显,其中,SBR具有较好的减水效果。由于聚合物乳液的特性不同,即使是同一聚合物,其对改性砂浆的流动性也有不同的影响。一般来说,随着聚合物和水泥比例的增大,砂浆的流动性和可操作性得到改善[2]。聚合物乳液的加入可以提高新砂浆的可操作性,乳液的疏水性和胶体特性使新鲜改性砂浆具有良好的保水性,从而减少了对长期湿润固化的需求。在聚合物改性砂浆中加入纤维素醚和改性无机矿物粉末可以进一步提高新鲜混合砂浆的保水率。聚合物胶粉对砂浆和易性的影响如图6-69、图6-70[4]所示。

从图中可以发现,聚合物胶粉对30 min工作性能的改善效果明显优于对初始工作性能的改善效果。同时,与醋酸乙烯胶粉相比,丙烯酸聚合物胶粉在改善工作性能方面具有更好的效果。由于各种原因,聚合物黏性粉末可以显著提高新鲜混合砂浆的构造性能,其中最重要的是聚合物黏性粉末颗粒引入的空气"球状效应"和表面活性剂对水泥颗粒的分散效应。

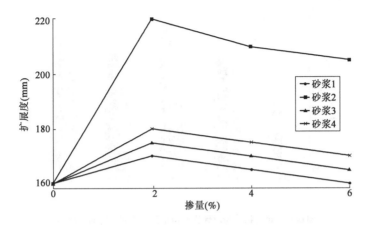

图 6-69　聚合物胶粉对砂浆初始工作性能的影响

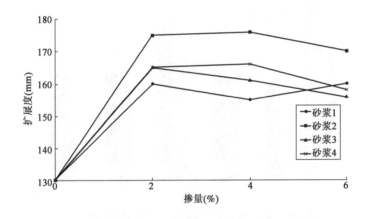

图 6-70　聚合物胶粉对砂浆 30 min 工作性能的影响

6.9.2　凝结时间

　　混凝土和砂浆混合物的工作稠度(流动性)的保持时间,即混凝土混合物的使用期是一项重要的性能指标,它决定着聚合物水泥应用的工艺特性。

　　聚合物水泥混合物的使用期受许多因素影响,其中最普遍的是混合物温度、初始稠度、是否含缓凝剂及缓凝剂用量(增加缓凝剂用量可延长工作稠度的保持时间)。对聚合物水泥而言,聚合物水分散体中稳定剂的性质和用量、水溶性聚合物(作为胶结材料的独立外加剂或作为聚合物水分散体稳定剂的一种组分)的物理化学性质等都会对使用期产生重大影响[3]。

　　用稳定聚合物水分散体制备的聚合物水泥-砂混合料的流动性与聚合物外加剂和稳定剂的种类有关。一般来说,加入聚合物乳液后,水泥浆的设置时间延长,乳液含量的影响更加明显。研究发现,聚合物改性砂浆的设置时间比普通水泥砂浆长,并随着集料与水泥比例的增大而延长。但有些研究结果正好相反。聚合物胶粉对硫铝酸盐水泥浆体凝结时间的影响如图 6-71 和图 6-72[28]所示。

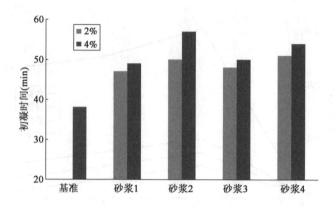

图 6-71　聚合物胶粉对硫铝酸盐水泥浆体初凝时间的影响

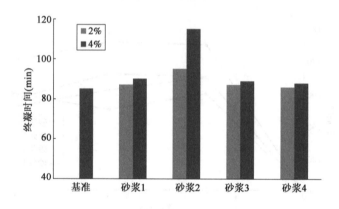

图 6-72　聚合物胶粉对硫铝酸盐水泥浆体终凝时间的影响

硫铝酸盐水泥砂浆中的聚合物胶粉颗粒会经历"失水溶解、凝结成膜"的过程。在这个过程中,胶粉颗粒会形成薄膜状物质,这些薄膜状物质覆盖在水泥颗粒表面,凝结时间随着集料配比的增大而逐渐延长。

6.9.3　体积参数

聚合物水泥材料的平均密度(为简单起见以下都称为密度)受诸多因素影响,其中主要的有集料性质和用量、密实方法、水灰比等。这里仅讨论聚合物用量对聚合物水泥密度的影响。

当聚合物含量增加时,聚合物水泥砂浆(水泥/砂 = 1/3)的密度减小。各种聚合物水分散体外加剂都是这种情况,只不过随着胶结比的增大,密度减小的程度不同,有时差别很大。例如,与未增塑的聚醋酸乙烯相比,增塑的聚醋酸乙烯使密度下降的程度小得多。

有机-无机材料聚合物水泥的密度属于此类,其密度随有机成分的增加而减小是完全有规律的(其密度约为无机成分的1/3),可简单计算。但聚合物水泥浆体,尤其是聚合物水泥混凝土是一种复杂的多相复合材料,其结构的形成还取决于聚合物外加剂的表面活性及其对混凝土的增塑作用。因此,当加入少量聚合物分散体时,聚合物水泥密度的减小首先与进气量的增加明显相关。

添加聚合物混合物会导致材料中孔隙的重新分布。此时,聚合物分散体的加入增大了孔隙率,使聚合物水泥的密度减小,同时孔隙率明显减小,在整个材料中均匀分布。

以前的研究表明,聚合物乳液改性砂浆的空气含量为5%～20%,有些甚至高达30%。控制改性砂浆空气含量的常用方法是在乳液中加入适当量的泡沫剂。研究表明,聚丙烯酸盐改性水泥砂浆的空气含量为43.6%,但加入0.5%的消解剂后,空气含量明显降低到8.0%。考虑到分散剂可能会影响水泥和钢筋之间的黏合,一些文献提供了其他降低空气含量的方法,如在混合前通过恒定温度的水浴提高环氧水洗的温度[28]。

图6-73为聚合物透水水泥混凝土孔隙率K值与各水平之间的关系。从图中可以看出,水灰比对孔隙率影响明显,其曲线变化接近于渗透系数K值与水灰比的影响曲线的变化,可见孔隙率可以反映渗透系数。随着水灰比的增大,渗透系数减小。当水灰比由0.27增大到0.30时,孔隙率下降42.37%。原因可能是水灰比决定了水泥砂浆的流动性。水灰比低时,水泥砂浆的流动性差,集料之间的接触面小,因此混凝土中的孔隙较多,此时孔隙率较大。随着水灰比的增大,聚合物混凝土混合料的流动性增强,黏度下降,部分孔隙被堵塞,导致实测孔隙率减小。

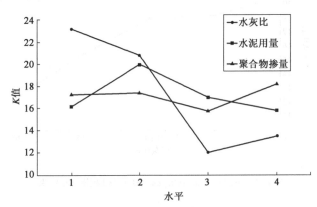

图6-73 聚合物透水水泥混凝土孔隙率的K值与各水平之间的关系

6.9.4 力学强度

当前许多研究者确认,当胶结比为a时聚合物水泥的强度(在压缩、拉伸及弯曲时)达到极大值。再进一步增加聚合物相的含量(一般仅限于胶结比<0.5),聚合物水泥混凝土强度下降。在许多情况下,当胶结比<a时,聚合物水泥混凝土要比一般混凝土的强度低。

强度的极值既取决于聚合物的内聚性质和黏附性质又取决于水灰比。聚合物外加剂塑化能力越充分,固化及干燥聚合物的内聚及黏附性越好,强度提高得就越多(这里不考虑空气吸入的问题)。聚合物水分散体对提高抗拉及抗弯强度特别有效。聚合物水溶液也可提高混凝土的抗压强度。

随着聚合物的弹性增加及强度的下降,聚合物水泥混凝土的强度指标下降。有学者用塑化剂含量(邻苯二酸二丁酯)不同的聚醋酸乙烯分散体作为聚合物外加剂进行试验,结果证明了这一点(表6-41)[4]。

聚合物水泥混凝土力学强度 表6-41

聚合物中邻苯二酸丁酯含量(%)	强度(MPa)		抗压强度/抗弯强度
	抗压	抗弯	
0	32.0	12.7	2.50
5	34.0	11.5	2.95
10	29.9	9.5	3.10
15	26.6	8.1	3.30
20	24.5	6.4	3.80

因此,聚合物水泥的强度随塑化剂用量的增加而成比例下降。同时,表6-41的数据表明,强度指标减小,可改变配比为水泥/砂 = 1/3、胶结比 = 0.2 的混凝土抗压强度与抗弯强度之比。

不同聚灰比(P/C)的混凝土28d抗压强度结果如图6-74所示,28d抗弯强度结果如图6-75所示[4]。

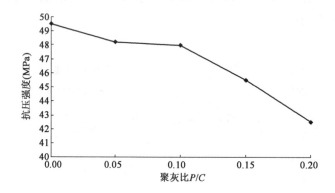

图6-74 不同聚灰比(P/C)的混凝土28d抗压强度结果

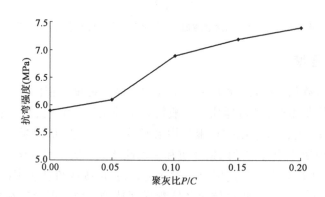

图6-75 不同聚灰比的混凝土28d抗弯强度结果

不同聚灰比的水泥混凝土的弯压比结果如图6-76所示[4]。

聚合物水泥混凝土这种复杂复合材料的强度合成机理是什么？目前,这个问题还不能完全回答。但可以肯定的是,聚合物水泥黏合剂的高黏附性提高了聚合物水泥与集料之间的结合力,对聚合物水泥混凝土的强度提高有重要贡献。

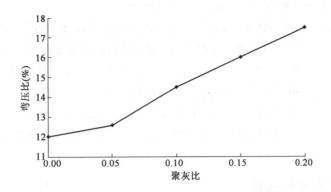

图 6-76 聚合物机制砂水泥混凝土的弯压比

加入包括低分子量 PE 在内的聚合物时,在水泥石和集料的接触区形成聚合物水泥混凝土的特殊结构。在接触区引入具有一定附着性的聚合物弹性夹层可使混凝土中内应力减小。集料上聚合物薄层的厚度一般可达 $0.8\mu m$。重要的是,从试验中确定最大强度值所对应聚合物薄层的最适厚度(根据集料表面积而改变的某一聚合物/水泥比的当量)。当加入某一定量聚合物时出现强度的极大值。

SEM 试验结果(图 6-77)表明,聚合物可以提高磷酸镁水泥砂浆的灵活性,密集的空间结构和良好的物理结合特性使浆液表现出更好的力学性能[29]。

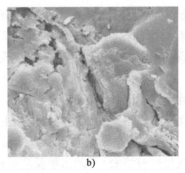

a) b)

图 6-77 磷酸镁水泥砂浆和聚合物改性磷酸镁水泥砂浆 SEM 图

在动荷载作用下,混凝土强度的降低主要是由于动力作用下(二次)应力场的反复变化会大大加速微裂缝的形成。循环荷载引起的粗裂纹在卸荷后不能完全闭合。当重新加载荷载时,由于这种结构缺陷,二次应力场将发生变化。在这种情况下,一方面,与一次性加载相比,破坏(形成连续的宏观裂纹)可以在较低的应力下发生;另一方面,可以合理地假设作为柔性缓冲夹杂物的聚合物外加剂可以抑制或延缓裂纹的发展。

当重复加载应力小于疲劳极限时,其对变形增长的影响与蠕变过程中长期静荷载的影响相同。重复应力的频率越小,聚合物水泥混凝土残余变形的绝对值越大,因为黏性变形的发展很大程度上是由聚合物外加剂引起的,而且随着时间的推移而发展。

一般来说,聚合物的加入可以降低水泥砂浆的抗压强度,提高其抗弯强度。在相同的水灰比下,聚合物改性砂浆的抗压强度低于未改性的普通水泥浆。文献比较了分别与 SBR 和 PAE 乳液混合的改性砂浆的强度,结果显示,两种改性砂浆的抗压强度都低于没加聚合物的水泥浆。聚合物砂浆的混合比是影响砂浆强度的主要因素。

有学者发现,经过蒸气固化和加热固化后,SBR 环氧树脂(无固化剂)改性砂浆的抗压强度和抗弯强度是未改性砂浆的 3 倍。文献研究表明,随着乳液含量的增加,试样湿固化达到一定强度所需的时间逐渐缩短。然而,一些学者认为,聚合物改性砂浆的短期湿固化仍然是必要的。一般来说,早期水固化和后期干固化是理想的维护条件。

一些学者发现,聚合物改性砂浆的抗压强度在冰冻解冻循环后会增大,因为这个过程会损坏聚合物薄膜,在空气和水冰冻循环下,改性砂浆的抗压强度和抗弯强度都会下降,空气冰冻影响更大。

6.9.5 抗冻性和耐久性

耐久性,尤其是抗冻性,是混凝土重要的技术特性之一。但对于聚合物水泥混凝土而言,这两个特性不能等同,因为抗冻性在许多应用中并不重要,如聚醋酸乙烯酯水泥混凝土和其他一些亲水性聚合物水泥混凝土抗冻性差。

聚合物水泥材料、制品和组分在大气中的稳定性主要取决于聚合物的性质和用量。使用对大气稳定的聚合物添加剂可以制造具有良好耐久性的材料。聚合物改性砂浆的耐久性一般包括不渗透性、抗腐蚀性和抗冻性。试验结果表明,加入聚合物乳液后,砂浆的孔径和大孔径明显减小。大而连接的孔隙用聚合物本身填充或用聚合物薄膜密封,导致水的吸收减少,改性砂浆的不渗透性增强。聚合物的加入使砂浆形成更密集的微观结构,提高了其对氯化物离子渗透的抵抗力,从而对氯化物离子渗透有很好的抵抗力。在水泥基维修材料中加入高性能纤维可以有效抑制氯化物离子的穿透,防止钢铁腐蚀。通过改变水泥的类型,改性砂浆可以具有特殊抗盐性。例如,由聚合物液改性的硫铝酸盐水泥修复砂浆具有很好的抗硫酸盐腐蚀性。

具有某些特殊官能团和/或键的聚合物在一定的环境条件下,特别是在与液体接触时,会由于化学反应而降解。不饱和聚酯树脂包括主聚合物链和/或交联链中的酯键,当它受到酸或碱的化学侵蚀时,就会发生断裂水解。未涂覆聚酯树脂在酸性溶液、碱性溶液和强氧化条件(如 H_2O_2 和强氧化性酸溶液)下的水解反应可由以式(6-26)~式(6-28)表示。当发生水解蚀时,树脂中酯键的数量减少,生成羧酸盐作为腐蚀产物[30]。

酸腐蚀:

$$\text{H}-\overset{\text{O}}{\underset{\text{OR}'}{\text{C}}} + \text{H}_2\text{O} \overset{\text{H}^\oplus}{\rightleftharpoons} \text{R}-\overset{\text{O}}{\underset{\text{H}}{\text{C}}} + \text{OR}' \rightleftharpoons \text{R}-\overset{\text{O}}{\underset{\text{OH}}{\overset{\oplus}{\text{C}}}} + \text{R}'\text{OH} \qquad (6\text{-}26)$$

碱腐蚀:

$$\text{H}-\overset{\text{O}}{\underset{\text{OR}'}{\text{C}}} + \text{OH}^\ominus \rightleftharpoons \text{R}-\overset{\text{O}^\ominus}{\underset{\text{OH}}{\text{C}}} + \text{OR}' \longrightarrow \text{H}-\overset{\text{O}}{\underset{\text{OH}}{\text{C}}} + \text{R}'\text{O}^\ominus \qquad (6\text{-}27)$$

氧化腐蚀:

$$\begin{aligned}&-CH_2-\underset{\underset{CH_3}{|}}{C}=CH-CH_2-\longrightarrow R\cdot +O_2\longrightarrow ROO\cdot \longrightarrow ROO\cdot +RH\\&\longrightarrow ROOH+R\cdot \begin{cases}RO\cdot +\cdot OH\\ RO\cdot +ROO\cdot +H_2O\end{cases}\end{aligned} \qquad (6\text{-}28)$$

结果发现,与苯丙烯酸乳液混合的改性砂浆与空白砂浆相比,其抗酸性大大改善。改善的程度与酸的类型和浓度有关,但整体的改善效果仍然很差。这可能是因为水泥水化产物本身不耐酸,所以改性的砂浆不耐酸。一些学者认为,在聚合物改性砂浆中加入硅酸钠可以提高其抗酸性。据报道,聚合物改性砂浆的抗冻性优于普通水泥砂浆,这与加入聚合物时水砂率低、硬化砂浆中聚合物薄膜的存在及其合理的孔隙结构有关。研究发现,加入聚合物乳液可以提高水泥浆的抗冻性能。经过 100 次冻结-解冻循环后,改性后的砂浆强度损失小于 6%,质量损失小于 2%,外观损坏也很小。

有学者通过径向压缩未开裂巴西圆盘(BD)和单边缺口弯曲(SENB)试验,研究了聚酯混凝土(UPC)在冻结-解冻循环作用下的力学性能。聚酯混凝土在冻结-解冻循环作用下的破坏模式为拉-脆性破坏,不同的冻结-解冻循环对聚酯混凝土的破坏类型影响不大(图 6-78)[30]。

图 6-78 在不同热循环下测试的 SENB 试样观察到的典型断裂表面

6.9.6 变形特性

聚合物水分散体及聚合物溶液对混凝土的变形性能有不同的影响,这首先取决于聚合物外加剂的用量。试验数据表明,加入适量的聚合物水分散体使混凝土的弹性模量下降,而水溶性聚合物对混凝土弹性模量的影响要小得多。

水泥混凝土及聚合物水泥混凝土的变形性能与硬化时间及硬化介质的特点有很大关系。聚合物水泥混凝土(采用聚合物水分散体)试样在空气中放置 28d,其杨氏模量迅速提高,此后,在放置一年的过程中,模量的提高要缓慢得多。这可能主要取决于水泥硬化过程的影响,但干燥时的失水(主要在第一个昼夜)以及干燥或聚合或缩聚使聚合物相硬化也对模量有影响。

加入水溶性聚合物对混凝土在荷载的应力状态下有正面影响:提高楼柱体强度使微裂纹形成的界限移向应力较高的区域。重要的是,聚合物水泥混凝土的特性随时间的延长而增强。例如,热湿处理之后 3.5 年,其微裂纹形成的极限应力提高 50%。

总之,加入水溶性聚合物后,混凝土及砂浆的延伸率提高而压缩强度并不下降,结果是结构的抗裂性和耐久性提高。

聚合物改性砂浆的干燥收缩主要受聚合物类型和集-水泥比的影响,并随时间而增大。通常情况下,砂浆的28d干缩随着集料与水泥比的增大而减少。一些研究认为,增加乳液会减慢砂浆的早期水化和热释放的速度,减少砂浆后期固化过程中的水损失,从而产生收缩还原效果。为了进一步减少收缩,通常的方法是使用混合纤维。结果显示,使用1.5%PP纤维的聚合物乳液改性砂浆的收缩率比空白的普通水泥砂浆的收缩率低40.5%,比相同量的乳液改性砂浆的收缩率低28.6%。此外,使用一些改性剂,如具有特殊基团的聚合物单体来改性聚合物乳液,也可以达到减少收缩的效果。

不饱和聚酯树脂在固化过程中会发生一定的体积收缩,不饱和聚酯树脂的大体积收缩率为7%~10%。固化过程通常通过三个不同的区域来描述(图6-79)[6]。在区域Ⅰ中,未固化树脂由相互离散的化学实体组成。区域Ⅱ表示树脂的固化阶段,在此阶段,单体分子通过分支(聚合)形成链并线性增长。然后将得到的分子链交联形成一个大的刚性三维分子网络。区域Ⅲ标志着固化过程结束,没有进一步的聚合收缩。然而,聚合物混凝土的热膨胀系数(CTE)是普通水泥混凝土的3~4倍,聚酯混凝土的收缩将大于普通硅酸盐混凝土,并且大多数收缩应变可能发生于固化开始后的8~24h。其中,聚酯混凝土的收缩比普通混凝土快。固化收缩可能导致树脂与集料界面处过早开裂或分层,过大的收缩应变可能导致覆盖层与基层之间分层,聚酯混凝土的收缩影响其在工程中的应用[30]。

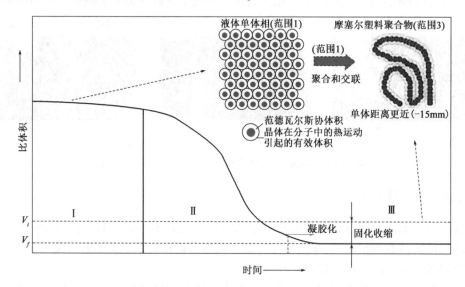

图6-79 固化过程的三个不同区域[30]

注:V_i和V_f分别是凝胶化和100%固化时体系的比体积。

不饱和聚酯树脂混凝土中使用强集料和特殊钢筋的混合物可以获得高强度。同时,应采取特别的预防措施,以防止混凝土在较长时间内承受较大荷载,因为材料的黏弹性可能会导致在早期使用条件下产生过度蠕变变形。当徐变应力比超过约50%时,不饱和聚酯混凝土试件经常发生过度蠕变变形而导致灾难性破坏。

通过限制树脂之间的滑动量和增加树脂分子之间的交联或增大分子量,可以有效地减少蠕变变形。研究表明,不饱和聚酯混凝土长期蠕变预测与试验长期蠕变柔度之间的误差小于4%(图6-80)。与普通混凝土相比,未养护聚酯混凝土的徐变在早期增长较快,前2d表现出

20%以上的徐变,前20d表现出约50%的徐变。这种现象是由黏弹性树脂黏合剂中分子运动引起的聚合物混凝土蠕变[30]。

$$D(t) = D_g^{20} + D_1^{20}(1 - e^{-\frac{t}{24}}) + rD_1^{25}(1 - e^{-\frac{t}{1000}}) + rD_1^{30}(1 - e^{-t/6000}) \tag{6-29}$$

式中: D_g ——玻璃蠕变柔度;

D_1^{20}、D_1^{25}、D_1^{30}——短期蠕变柔度固化温度20℃、25℃、30℃下的系数;

r——用来调整系数以使预测蠕变柔度误差最小化的系数;

t——时间,h。

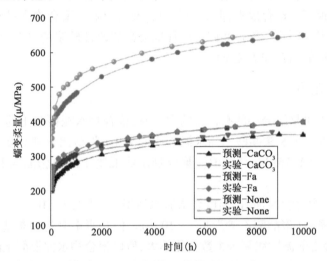

图6-80 蠕变柔度曲线取决于填料类型[30]

6.9.7 黏结性

无机胶结材料中加入有机聚合物外加剂可显著提高其与其他材料的黏合强度,扩大与其形成黏结力的材料范围。"黏附"这一术语用于有机聚合物胶是完全正确的,但用于阐述无机胶结材料则完全不合适,因此对聚合物水泥利用"黏附"这一术语是带有有机的特色。

可以认为,聚合物水泥砂浆和多孔基质之间的黏合强度取决于亲水聚合物和水泥悬浮液对基质孔隙和毛细血管的相对渗透率。这些孔隙和毛细血管充满了新的水化产物,并被聚合物强化,从而确保了黏合材料和基体之间的机械共生,增加了聚合物的黏附性。

表面预处理对黏合强度有很大影响。如果被黏表面预先增湿或用聚合物水悬浮体(或聚合物水溶液)处理,则黏合强度可提高到1.6~1.7Pa。

聚合物水泥的特点在于尽管聚合物及无机胶结材料对材料的黏附性可能都不大,但聚合物水泥可将这些材料令人满意地黏合起来,从许多例子可看出这一点(表6-42)[4]。

聚合物水泥黏结性 表6-42

被黏合材料	R_c(MPa)	被黏合材料	R_c(MPa)
钢-钢	4.90	铝-铝	2.38
混凝土-混凝土	4.00	木材-木材	3.85
玻璃-玻璃	3.80	木材-皮革	2.80

续上表

被黏合材料	R_c(MPa)	被黏合材料	R_c(MPa)
玻璃-混凝土	3.80	陶瓷-陶瓷	4.10
钢-混凝土	4.10	黄铜-黄铜	2.10
钢-玻璃	3.85	砖-砖	5.25

含有少量水溶性聚合物的水泥混凝土对钢筋的黏结作用很大,这是由于聚合物水泥混合土强度高。聚合物改性砂浆在各种基体上的黏合效果优于普通水泥砂浆,因为聚合物与黏合的基体材料之间有很好的黏合效果,但受聚合物类型的影响。聚合物含量和水灰比也对改性砂浆的黏合性能有很大影响。黏合和固化过程也会影响改性砂浆的黏合性能,不同的聚合物改性砂浆有各自合适的黏合和固化系统。

6.9.8 热稳定性

增加导热性较无机物组分小的有机相的含量时,聚合物水泥混凝土的导热性下降。组成为1:3的水泥砂质混凝土及聚醋酸乙烯水泥砂质混凝土(胶结比分别为0.1、0.2),其导热系数分别为2.2、1.78及$1.75kJ/m^2h \cdot ℃$。聚合物水泥混凝土的热膨胀与其中聚合物的含量有关。

一般而言,聚合物含量增加时,温度线膨胀系数增大,从1.2×10^{-5}(砂质混凝土)增至接近聚合物的热膨胀系数(聚醋酸乙烯为8.5×10^{-5})。但是当聚合物用量适当(胶结比<0.2)时,聚合物水泥混凝土的温度线膨胀系数变化不大,所以聚合物水泥混凝土的温度线膨胀系数近似地采用同组成的混凝土温度线膨胀系数。聚合物水泥混凝土温度变形数据表明,与聚合物一起加入塑化剂时,温度线膨胀系数减小。

在更高的温度下(400℃),与单独的水泥石和聚合物相比,聚合物水泥有很多特性。对聚合物水泥混凝土加热前及加热至400℃后、强度及变形性质的研究表明,丁苯胶乳水泥热稳定性最高,聚醋酸乙烯水泥热稳定性最低。这是由于含苯环的聚合物热稳定性较高。研究证明,聚合物水泥混凝土热稳定极限温度为200~300℃。试验表明,聚合物水泥可经受400℃的热冲击[29]。

聚合物水泥混凝土材料热扩散系数及导热系数测试结果(图6-81)说明,聚合物掺杂比例的提高可以改善聚合物水泥混凝土材料的导热性能,降低材料的热老化速率。

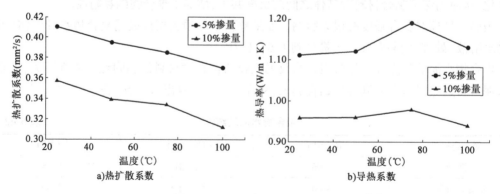

a)热扩散系数   b)导热系数

图6-81 聚合物水泥混凝土材料热扩散系数及导热系数[29]

本章参考文献

［1］杨军,等. 聚合物改性沥青［M］.北京:化学工业出版社,2006.

［2］李立寒,张南鹭,孙大权,等. 道路工程材料［M］.5版,北京:人民交通出版社,2010.

［3］申爱琴. 道路工程材料［M］. 北京:人民交通出版社,2010.

［4］切尔金斯基. 聚合物水泥混凝土（增订第二版）［M］.张留城,夏巨敏,译.北京:中国建筑工业出版社,1987.

［5］LI Y, ZHANG X, WANG R J, et al. Performance enhancement of rubberised concrete via surface modification of rubber: A review［J］. Construction and Building Materials, 2019, 227(10):116691.1-116691.20.

［6］ZHU J Q, BIRGISSON B, KRINGOS. Polymer modification of bitumen: Advances and challenges［J］. European Polymer Journal, 2014,54:18-38.

［7］谭忆秋. 沥青与沥青混合料［M］. 哈尔滨:哈尔滨工业大学出版社,2007.

［8］XIANG Q, XIAO F P. Applications of epoxy materials in pavement engineering［J］. Construction and Building Materials, 2020,235:117529.

［9］WEI J M, ZHANG Y Z. Study on the curing process of epoxy asphalt［J］. Journal of Testing and Evaluation, 2012, 40 (7): 1169-1176.

［10］YU J Y,CONG P L,WU S P, et al. Curing Behavior of Epoxy Asphalt［J］. Journal of Wuhan University of Technology-Mater. Sci. Ed. 2009, 24(3): 462-465.

［11］LIU Y, ZHANG J, CHEN R, et al. Ethylene vinyl acetate copolymer modified epoxy asphalt binders: Phase separation evolution and mechanical properties［J］. Construction & Building Materials, 2017, 137(15): 55-65.

［12］KANG Y, SONG M Y, PU L, et al. Rheological behaviors of epoxy asphalt binder in comparison of base asphalt binder and SBS modified asphalt binder［J］. Construction & Building Materials, 2015, 76(1): 343-350.

［13］ZHOU X X, WU S P, LIU G, et al. Molecular simulations and experimental evaluation on the curing of epoxy bitumen［J］. Materials and Structures, 2016, 49(1-2): 241-247.

［14］LI S H, HUANG K, YANG X J, et al. Design, preparation and characterization of novel toughened epoxy asphalt based on a vegetable oil derivative for bridge deck paving［J］. Rsc Advances, 2014, 4(84): 44741-44749.

［15］CONG P L, TIAN Y, LIU N, et al. Investigation of epoxy-resin-modified asphalt binder［J］. Journal of Applied Polymer Science, 2016.

［16］CUBUK M, GUERUE M, CUBUK M K. Improvement of bitumen performance with epoxy resin［J］. Fuel, 2009, 88(7): 1324-1328.

［17］CONG P L,CHEN S F, YU J Y. Investigation of the properties of epoxy resin-modified asphalt mixtures for application to orthotropic bridge decks［J］. Journal of Applied Polymer Science, 2011, 121(4): 2310-2316.

[18] LI X R, LI J, WANG J Y, et al. Recent applications and developments of Polyurethane materials in pavement engineering [J]. Construction and Building Materials, 2021, 304(18):124639.

[19] XIA L, CAO D W, ZHNAG H Y, et al. Study on the classical and rheological properties of castor oil-polyurethane pre polymer (C-PU) modified asphalt [J]. Construction & Building Materials, 2016, 112(1): 949-955.

[20] CUADRI A A, GARCIA-MORALES M, NAVARRO F J, et al. Processing of bitumens modified by a bio-oil-derived polyurethane [J]. Fuel, 2014, 118: 83-90.

[21] MARTTÍN-ALFONSO M J, PARTAL P, NAVARRO F J, et al. Effect of processing temperature on the bitumen/MDI-PEG reactivity [J]. Fuel Processing Technology, 2009, 90(4): 525-530.

[22] REDELIUS P. Bitumen Solubility Model Using Hansen Solubility Parameter [J]. Energy Fuels, 2004, 18(4): 1087-1092.

[23] ARIFFIN N F, HUSSIN M W, MOHD SAM A R, et al. Strength properties and molecular composition of epoxy-modified Mortars [J]. Construction and Building Materials, 2015, 94: 315-322.

[24] JO Y K. Basic properties of epoxy cement mortars without hardener after outdoor exposure [J]. Construction & Building Materials, 2008, 22(5): 911-920.

[25] UKOWSKI P, ADAMCZEWSKI G′. Self-repairing of polymer-cement concrete [J]. Bulletin of the Polish Academy of Sciences Technical Sciences, 2013, 61(1):195-200.

[26] ARIFFIN N F, HUSSIN M W, MOHD SAM A M, et al. Mechanical properties and self-healing mechanism of epoxy mortar [J]. Jurnal Teknologi, 2015, 77(12).

[27] PAKRAVAN H R, LATIFI M, JAMSHIDI M. Hybrid short Fiber Reinforcement System in Concrete: A Review [J]. Construction and Building Materials, 2017, 142: 280-294.

[28] 张霄. 聚合物改性快速水泥基修补材料及其机理研究 [D]. 西安:西安建筑科技大学, 2018.

[29] 邹希文. 不同养护环境对聚合物改性水泥基修补砂浆性能影响及其机理分析 [D]. 西安:西安建筑科技大学, 2020.

[30] ZHOU M, LU W, SONG J W, et al. Application of Ultra-High Performance Concrete in bridge engineering [J]. Construction and Building Materials, 2018, 186(20): 1256-1267.

第 7 章
铺面材料的发展

铺面是交通运输系统的核心基础设施,包括公路和城市道路的路面、机场场道的道面、港口码头等的堆场铺装以及各类非机动车道和行人道铺面,广义的定义中甚至把轨道也作为铺面的一种类型。铺面是"人-车-路-环境"的重要组成部分。为适应未来交通运输系统的发展,各类不同先进铺面材料应运而生。本章主要从铺面材料的回收利用、功能添加剂的发展、智能铺面材料的发展等角度阐述铺面材料的发展近况,为读者提供一种思维的延伸和扩展。

7.1 铺面回收料的发展

7.1.1 面向智能铺面的固废主动消化技术

7.1.1.1 技术背景

与传统经济"资源-产品-废弃物"所构成的单向物质流动模式不同,循环经济倡导一种"资源-产品-废弃物-再生资源"的循环式物质流动模式。目前固体废弃物处理已经成为一个社会问题,将固体废弃物进行合理有效的利用符合我国社会可持续发展的要求。随着科技的进步,各种新型路面材料、智能铺面技术不断发展创新。道路作为重要的交通基础设施,在承担交通功能的同时还具有主动消化固体废弃物的潜能,能够满足智能铺面通过应用智能材料和技术,实现能量收集、自调节、自愈合、自诊断、信息交互等功能的需求。

对固体废弃物的收集、分类、加工,使固体废弃物经过处理成为道路建造中的原材料,替代原先道路建设中所采购的原材料,变废为宝,这大大降低了工程的施工成本,不仅提高了经济效益,而且解决了固体废弃物处理的问题,同时保护了环境,建设了绿色环保的社会新面貌。

7.1.1.2 技术现状与趋势

目前在智能铺面中合理利用固体废弃物已然成为一种趋势,主要的固体废弃物主动消化技术有以下几类:

(1)分选技术:利用物料的某些方面的差异,将其分离开。

(2)破碎技术:主要有冲击破碎、剪切破碎、挤压破碎、摩擦破碎等,针对不同固体废弃物所用的破碎技术各不相同。

(3)固化处理技术:向固体废弃物中添加固化基材,使有害固体废物固定或包在惰性固化基材中的一种无害化处理技术,经过处理的固化产物应具有足够的抗渗透性、机械性以及抗浸出性、抗干湿、抗冻融特性。

(4)生物处理技术:利用微生物对有机固体废弃物的分解作用使其无害化,使固体废物资源化,该技术可以用来对道路路基等进行加固处理。

(5)微波处理技术:通过微波发生器将微波能辐射到固体废弃物上,利用微波技术的热效应使微波场中的固体废弃物在极短的时间内迅速升温,营造出裂解环境,从而将固体废弃物的高分子碳链断开,形成具有低分子碳链的裂解气、裂解油以及炭黑等具有再利用价值的物质。该技术主要用于废旧橡胶轮胎、废旧塑料、废旧纤维素等固体废弃物的处理[1-3]。

7.1.1.3 技术内容

智能铺面材料应用技术涉及范围很广。智能铺面结构作为新型道路结构,在其开发过程中将对道路材料、结构进行革新。智能铺面材料均可从固体废弃物中筛选提炼而来[4]。

从智能铺面未来发展角度考虑,智能路面所用材料及其结构类型均会有重要革新。现阶段道路工程中固体废弃物的应用方式见表7-1。

表7-1 现阶段道路工程中固体废物的应用方式[5]

固体废弃物种类	加工工艺	应用方式	应用途径
建筑垃圾	回收、除杂、破碎、筛分	水泥稳定碎石	填料、再生集料
煤矸石	包裹聚乙烯醇和石灰	水泥稳定碎石	再生集料
粉煤灰	—	二灰碎石、二灰砂砾、水泥	填料、再生集料
钢渣	—	—	填料、集料
高炉炉渣	—	级配砂石、碎石	填料
铁矿矿尾	回收、除杂、破碎、筛分	水泥稳定碎石、沥青混凝土	填料、再生集料
废弃轮胎	回收、破碎、筛分	橡胶沥青	填料、改性沥青
废塑料	回收、破碎、筛分	改性沥青	填料、改性沥青

续上表

固体废弃物种类	加工工艺	应用方式	应用途径
碎玻璃	回收、除杂、破碎、筛分	水泥稳定碎石、沥青混凝土	填料、再生集料
废沥青	粉碎	再生沥青混凝土	集料

固体废弃物通过上述几种技术处理之后(图7-1),可以作为合适的筑路材料,根据其性能用于道路建设的路堤填筑,或用于基层、路面等部位。将固体废弃物合理应用到新型智能铺面结构当中,能够把资源利用最大化,满足可持续发展的要求。

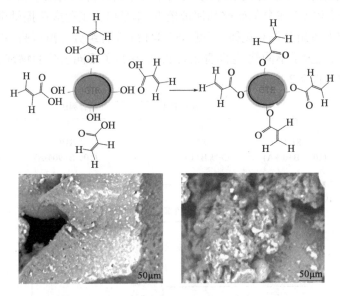

图 7-1 废旧胶粉表面处理后表面官能团变化及表面特征

7.1.2 沥青混合料回收料的精准再生

不同于现有对再生沥青混合料的设计规范与方法,笔者根据多年沥青再生的科研和工程经验及总结前人的研究成果,初步提出了基于老化沥青组分分析、再生集料颗粒分析以及再生沥青混合料精准设计的理论与方法。

7.1.2.1 老化沥青组分分析

沥青的再生技术以组分调和理论和相容性理论为基础,通过添加沥青老化过程中减少的轻组分以达到老化沥青增韧和降脆等目的。因此,沥青组分划分方法直接影响组分调和理论的有效性。现行沥青组分划分方法主要有"三组分法"和"四组分法"。但是这些基于化学沉淀理论的组分划分方法存在诸多不足,主要包括:①分组简单。"四组分法"将石油沥青分为沥青质、胶质、芳香分和饱和分四个部分。由于芳香分和饱和分等轻组分在沥青老化过程中挥发或向重组分转变,老化沥青中轻组分和重组分布极不均匀,轻组分含量过低,重组分跨度过大,采用"四组分法"不能对老化沥青中大分子团进行有效分离与区别,因此无法准确表征沥青老化后的化学构成和胶体结构。②样本量少。采用"四组分法"分离石油沥青,单次实验样品量仅为1g左右,只能对四组分含量进行测定,无法获取足够样本对各组分性质进行分析。

此外,老化沥青中饱和分和芳香分等组分含量的大幅减少也使其测定准确性降低。③耗时过长,可操作性低。按照现行规范,采用"四组分法",仅分离沥青中的沥青质就需要大约 8h。此外,分离过程大量应用甲苯、正庚烷等有毒溶剂,对操作者身体健康和安全构成较大威胁[6]。

另外,目前国内外主要研究热点集中在再生剂扩散机理和提高 RAP 掺量以及再生沥青性能预测模型上,从沥青组分变化的角度对沥青老化机理和再生机理进行剖析的研究较少;此外,沥青再生剂开发主要以轻质油为主,这类再生剂不仅对老化沥青性能恢复效果差,还存在稳定性及抗老化性能不足等缺点。由于沥青组分划分不科学、分离效率低,传统再生剂开发过分依赖相容性理论而忽略了组分调节理论,对再生方案的评价也局限于黏度、针入度、PG 分级等宏观指标,而对再生沥青成分的研究和评价较少,不足以为工程应用提供全面指导。

为了深入研究沥青组分调和规律,根据 ASTM4124 沥青组分分离试验,我们开发了增量版本的沥青分离试验,配置了不同软-老沥青组合测试,获得了不同组分的物理、化学和流变学特性。具体操作步骤如图 7-2 所示。

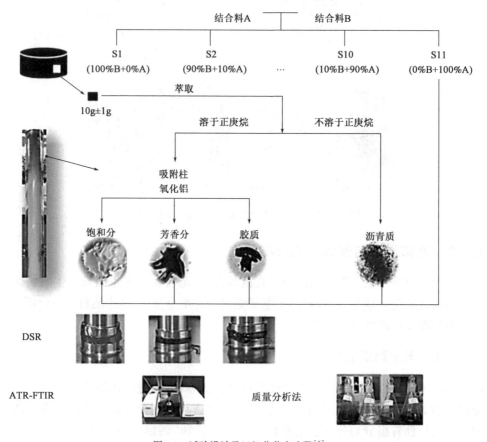

图 7-2　试验设计及四组分分离步骤[6]

首先称量约 10g 沥青放入 500mL 锥形瓶中,并以每克沥青 25mL 的比例添加正庚烷。然后将锥形瓶放在超声波振荡器中振荡 60min 以快速溶解沥青。待锥形瓶内沥青完全溶解,置于暗处静置 2h。将静置后的沥青和正庚烷溶液用定量滤纸过滤至另外已称重的 2 号锥形瓶中。待全部过滤完成后,取出滤纸及残留物,折叠放入索氏提取器中,在索氏提取器中用正庚烷进行回流萃取。为保证滤纸中沥青软组分全部被萃取出来,需要不断观察索氏提取器内溶剂颜色的变化,溶剂变为无色时证明萃取完成。随后在索氏提取器内换上刚开始装沥青溶液的锥形瓶,用200mL甲苯萃取沥青质。持续时间和加热温度根据试验情况而定。待萃取结束后,进行后续旋转蒸发得到沥青质以进行后续相关试验。滤纸内最终剩下沥青中的甲苯不溶物。待滤纸完全干燥后称量质量,获得剩余沥青中甲苯不溶物的质量。随后,将得到的正庚烷溶液浓缩至50mL的体积。然后将该溶液转移到色谱柱上,用500g干燥氧化铝填充柱长80cm,用400mL正庚烷预润湿层析柱,后续相关试验溶剂及步骤按照《公路工程沥青及沥青混合料试验规程》(JTG E20—2011)中T 0618—1993选择,具体如图7-2所示。待饱和分、芳香分、胶质分离液收集完成后,通过旋转蒸发的方式去除溶剂,并将各馏分作为样品进行分析。

对于组分的分析主要采用动态剪切流变试验、FTIR试验和质量分析,相关结果如图7-3～图7-6所示。根据组分含量不同,采用胶体不稳定系数CII表征,具体公式如下:

$$\mathrm{CII} = \frac{(\mathrm{Asphaltenes\ in\ wt\%}) + (\mathrm{Saturates\ in\ wt\%})}{(\mathrm{Resins\ in\ wt\%}) + (\mathrm{Aromatics\ in\ wt\%})} \tag{7-1}$$

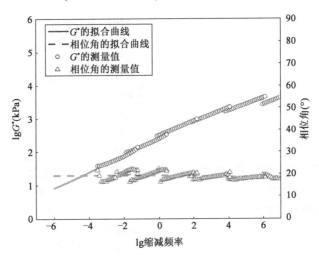

图7-3　饱和分的复数剪切模量和相位角

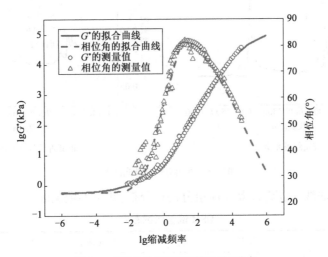

图7-4　芳香分的复数剪切模量和相位角

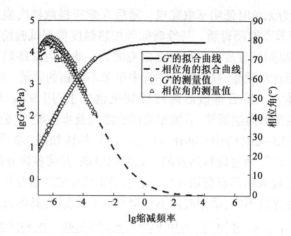

图 7-5 胶质的复数剪切模量和相位角

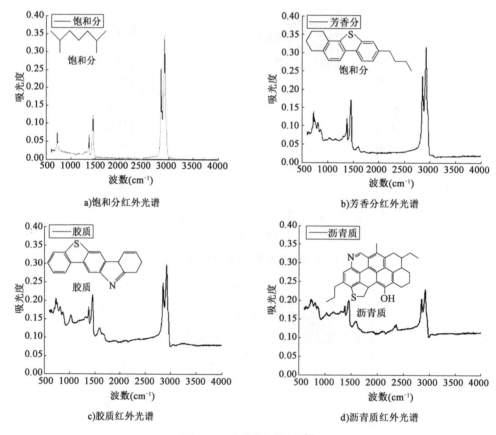

图 7-6 四组分的红外光谱[6]

通过黏弹性主曲线对沥青及其相应组分进行分析,测试参数见表 7-2。

DSR 试验测试参数 表 7-2

材料类型	温度(℃)	频率(Hz)	几何尺寸
结合料(S1~S11)	0,10,20~80@10	0.1~20	$\phi 8mm@1mm(0\sim40℃)$ $\phi 25mm@1mm(50\sim80℃)$

续上表

材料类型	温度(℃)	频率(Hz)	几何尺寸
饱和分	-10,0,10~40 @10	0.1~20	$\phi 8mm@1mm$
芳香分	-10,0,10~40 @10	0.1~20	$\phi 8mm@1mm$
胶质	60,70,80~130 @10	0.1~20	$\phi 8mm@1mm$

主曲线公式为

$$\lg|G^*| = \theta + \frac{\alpha - \theta}{1 + e^{\beta + \gamma \lg f_r}} \tag{7-2}$$

式中：G^*——复数剪切模量，kPa；

θ——平衡模量，MPa；

α——玻璃态模量，MPa；

f_r——频率；

β、γ——形状参数。

采用双对数模型对相位角进行表征：

$$\delta = \delta_P - \delta_P H(f_r - f_P)\left\{1 - e^{-\left[S_R \lg\left(\frac{f_r}{f_P}\right)\right]^2}\right\} + \delta_L H(f_P - f_r)\left\{1 - e^{-\left[S_L \lg\left(\frac{f_P}{f_r}\right)\right]^2}\right\} \tag{7-3}$$

式中：δ——相位角，°；

δ_P——相位角平台值，°；

$\delta_P + \delta_L$——相位角在低频率下的值，°；

f_P——相位角平台值对应的频率，Hz；

S_R、S_L——相位角平台值右侧和左侧的曲线斜率；

$H(u)$——Heaviside 函数。

采用阿伦尼乌斯时温等效公式表征饱和分、芳香分、胶质的时温等效特征：

$$\lg f_r = \lg f + \frac{E_a}{2.303 \times R}\left(\frac{1}{T} - \frac{1}{T_r}\right) \tag{7-4}$$

式中：f——测试频率，Hz；

T_r——参考温度，°K；

T——测试温度，°K；

E_a——活化能，J/mol；

R——通用气体常数，J/(mol·K)。

对于沥青胶结料采用 WLF 公式进行时温等效：

$$\lg f_r = \lg f + \frac{-C_1(T - T_r)}{C_2 + (T - T_r)} \tag{7-5}$$

式中：C_1、C_2——拟合参数。

红外光谱分析主要考虑以下几个官能团(表7-3)。

红外光谱分析主要考虑以下几个官能团　　　　表 7-3

官能团	缩写	峰值中心位置 (cm^{-1})	峰间面积 (cm^{-1})
Asymmetrical stretching—CH$_2$—	$I_{CH_2-(A)}$	2924	2936~2916
Symmetrical stretching of—CH$_2$—	$I_{CH_2-(S)}$	2848	2863~2843
C=C stretch in aromatics	$I_{C=C}$	1605	1642~1547
C—H asymmetric deform in CH$_2$ and CH$_3$	$I_{C-H(A)}$	1458	1490~1430
C—H symmetric deform in CH$_3$	$I_{C-H(S)}$	1376	1385~1365
S=O stretching in sulfoxide types	$I_{S=O}$	1030	1065~1007
=C—H bending vibration of benzene ring	$I_{=C-H}$	860,810	900~800,830~800
C—H stretching in CH$_2$ or CH$_3$	I_{C-H}	720	764~650

随着老组分沥青含量的增加,软沥青中沥青质和饱和分含量增加,而胶质和芳香分含量减少且胶体不稳定系数增大。饱和分具有恒定的相位角,而芳香分和胶质的相位角平台值达到80°,胶质由于较多的芳香分结构在相位角平台值下具有更低的频率(更高的温度)。此外,研究发现,芳香分 $I_{C=C}$ 和 $I_{=C-H}$ 以及胶质的 $I_{=C-H}$ 和 $I_{S=O}$ 与沥青 A 的含量具有显著关系。统计分析表明,C_{resins}、$C_{asphaltens}$、CⅡ,芳香分的 $I_{C=C}$、芳香分的 $I_{=C-H}$,胶质的 $I_{=C-H}$ 和 $I_{S=O}$ 与沥青的流变性能具有多元线性回归关系。

为了实现老化沥青精准分析,进而实现老化沥青精准再生目标,对老化沥青的进一步分离和对其组分的精准分析是提高沥青再生性能的突破点。相关研究借助超临界萃取技术对沥青进行了更为细致的分离,对比研究沥青老化前后各组分变化规律,可以更为直观地揭示沥青老化和再生机理,同时通过对老化沥青进行组分调配,有利于实现高效化、精准化的沥青再生。

7.1.2.2　再生集料颗粒分析

再生集料在沥青混合料中是宝贵的资源,但在其回收和使用过程中存在三个重要的变异问题:首先,再生集料的形貌差异明显,受到车辆荷载和铣刨回收过程的影响,集料磨损、破碎和形状改变。其次,再生集料的级配变异性较大,铣刨回收和破碎过程会使级配分布发生变异。最后,再生集料表面的老化沥青裹附程度存在差异,由于粗细集料的比表面积不同,不同粒径的再生集料表面老化沥青裹附程度不同,部分集料可能裸露在外。这些变异问题会导致再生沥青混合料的性能不均匀,影响其路用性能和寿命(图 7-7)。虽然已经有研究探讨了再生沥青混合料的性能和再生机理,但针对再生集料的具体作用的研究仍然不足。因此,需要更多的定量研究和精确分析,以实现再生沥青混合料的最佳再利用。

通过精细化研究再生集料的形貌特征,数字化处理其表面形貌和级配变异特征,利用数字图像处理技术和离散元仿真技术,可以解决传统试验方法的精度问题,丰富对集料形貌的客观认识。在再生沥青混合料的配合比设计中,应考虑新旧集料在拌和与成型过程中的相互影响,以及再生集料的空间分布规律。机器学习算法和智能神经网络的应用有助于厘清新旧集料之间的相似性。基于颗粒堆积理论和沥青混合料级配结构的导向,建立智能求解新旧集料空间分布的堆积模型,并优化配合比设计,可以充分挖掘再生集料的性能潜力,提高再生沥青混凝土的路用性能,延长其服役寿命。这一研究方法以再生集料的形貌和老化沥青分布为切入点,结合三维离散元仿真模型,为实际应用提供了有价值的工具和方法。

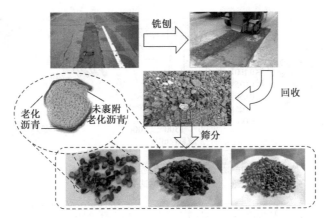

图 7-7　铣刨过程中破碎与未裹附沥青的再生集料

7.1.2.3　再生沥青混合料精准设计

沥青服役过程中存在明显的硬化效应,吸氧老化、轻组分挥发、自然蜡质结晶以及矿料孔隙渗流等都会导致沥青硬化。通过组分分析、红外光谱和凝胶渗透色谱分析,探明沥青老化过程中物质结构组成的变化(图7-8),发现老化硬沥青与未老化软沥青的分子量分布特性[图7-8a)],提出老化沥青调配式再生方法[图7-8b)],实现"软-老"沥青在分子量分布层面的调和,改善老化沥青的组分比例、胶体结构稳定性以及宏观流变学特性。沥青混合料回收料表现出较高的黏度,不容易与新沥青混合,造成再生沥青混凝土质量控制困难,限制了废旧沥青材料掺配率的进一步提高。基于热转换原理,根据物质扩散规律,采用红外光谱老化特征官能团定量表征方法,实现了"软-老"沥青融合程度精确测定,提出了提高集料拌和温度和延长拌和时间的方法,建立了"软-老"沥青融合程度与拌和参数的预测模型[图7-8c)],实现了"软-老"沥青融合程度的精确控制。如[图7-8d)]所示,可以利用拌和时间与拌和温度两个参数,快速检索"软-老"沥青融合程度,为不同沥青混合料回收料掺量下再生沥青混凝土配合比设计和拌和工艺选择提供了指导,解决了再生沥青混凝土制备过程中"软-老"沥青融合困难、高效融合难以实现的问题,通过对"软-老"沥青融合程度测定值与预测值对比分析发现,该预测模型具有较高的精度[图7-8e)]。

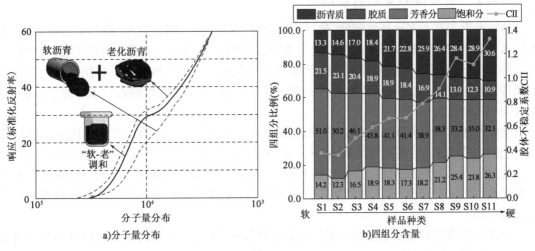

图　7-8

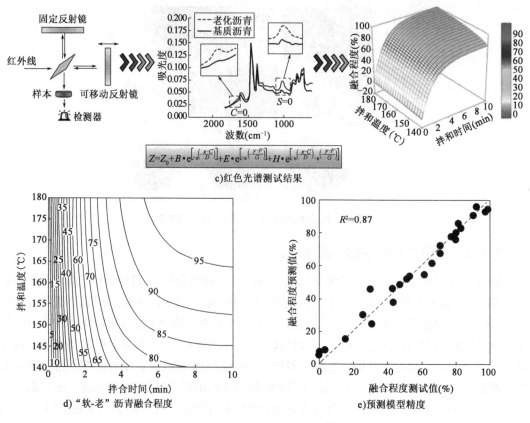

图 7-8 沥青混合料精准再生设计[7]

7.2 功能添加剂的发展

7.2.1 盐化物融雪沥青路面

传统融雪剂存在多种环境问题,包括腐蚀路面、腐蚀管道、腐蚀汽车、破坏生态环境、污染饮用水等。全球各个国家每年花费大量资金用于冬季除冰,其中一部分资金用于购买融雪剂。在某些情况下,大量融雪剂的使用导致严重的水污染问题。盐化物融雪沥青路面采用盐化物替代传统的融雪剂,通过在沥青混合料中掺入氯盐等盐化物,降低道路表面水的冰点,延迟道路表面积雪结冰。

盐化物融雪沥青路面与传统方法相比在减少对环境的危害方面具有明显优势。虽然盐化物仍然包含氯盐,但其用量大幅减少。此外,盐化物融雪沥青路面在融雪效果上也有独特的优势。与传统融雪剂相比,它能够直接作用于需要融雪的地方,减少了反应时间,减少了盐的使用量,但仍能取得良好的融雪效果。图 7-9 体现了这一方法与传统撒布融雪剂融雪原理的差异。

盐化物融雪沥青路面通过减少对环境的不利影响、降低融雪剂的使用量以及提高融雪效果,具有明显的环保优势。

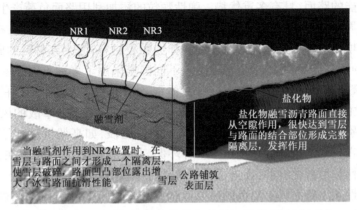

图 7-9 盐化物融雪沥青路面与撒布融雪剂融雪原理的比较[8]

盐化物融雪沥青路面具有多种优点：

（1）适应性广泛：盐化物融雪沥青路面适用于各种类型的沥青路面，不影响沥青混合料的性能，可在现有的机械化施工工艺下进行铺筑。

（2）降低结冰风险：将盐化物添加到沥青混合料中，能够有效防止道路在冰点以下结冰，提高路面的抗冻性、稳定路面性能，增大路面的压实度和摩擦系数。

（3）环保节能：盐化物融雪沥青路面可以减少冬季除冰雪所需的盐类融雪剂的使用，减少环境污染，降低腐蚀性，降低道路维护成本，同时保护桥梁等基础设施。

（4）长期效果显著：盐化物融雪沥青路面能够保持多年路面防结冰效果，大幅减少冬季路面管理和养护成本。

（5）适用于特殊路段：这种路面材料特别适用于那些容易发生突然"溜滑"的特殊路段，如跨越水面或潮湿草场的高架桥、穿越潮湿地带的路段、北部背阳斜坡路段等。

（6）提高交通安全：盐化物融雪沥青路面保证了冰雪天气下道路行驶车辆的畅通，降低了交通事故的发生率。

湖北、河北、河南等地进行了盐化物融雪沥青路面铺筑，抑制结冰效果良好，具体效果如图 7-10 所示。

a)

b)

图 7-10 撒盐化物融雪效果[9]

7.2.2 自应力弹性铺装抑制冻结沥青路面

通过在路面铺装材料中添加弹性颗粒材料（如由废旧轮胎加工而成的橡胶颗粒），可以制造具有自除冰功能的路面,具有多重优势。弹性颗粒的添加利用路面负荷产生的自应力,使路面在冻结条件下局部变形,从而打破积雪和冰层,有效防止路面积雪和结冰,提高道路安全性和通行效率。这项技术利用了废旧橡胶轮胎等弹性颗粒材料,为废弃材料的回收和再利用提供了新途径,有助于环境保护,减少资源浪费。不同国家采用了多种不同技术方案,如橡胶颗粒沥青混合料、聚氨基甲酸乙酯弹性层、弹性体混入散布等,以适应不同的路面和气候条件[10]。弹性颗粒的使用可以提高路面的弹性和抗滑性能,降低交通事故的风险,提高道路安全性。该技术特别适用于容易发生结冰和积雪的特殊路段,如高架桥、山区道路、交叉口等。弹性颗粒改性沥青技术为道路除冰提供了一种环保、高效的解决方案,可以在各种气候条件下提高道路的安全性和可行性,同时促进了废旧材料的再利用。

橡胶颗粒弹性除冰路面具有出色的破冰性能,主要得益于以下几种作用机理:

应力集中作用:添加橡胶颗粒后,路面表面将分布大量橡胶颗粒,导致路面结冰情况不均匀。结冰的强度会因橡胶颗粒的存在而降低,因为橡胶颗粒具有较强的变形能力,而冰的极限变形能力较小。当车辆通过路面时,由于车轮荷载的作用,混合料会受到较大的集中应力,从而容易使冰面破碎。

摩擦融化作用:车辆轮胎在冰面上行驶时,产生的摩擦热可以使冰雪融化。添加橡胶颗粒后,路面的弹性增强,更有利于排出由于摩擦热融化产生的水膜。这降低了水膜对路面附着系数的影响,提高了路面的行车安全性。

冰的脆韧转化作用:冰的力学性质与温度密切相关,低温下冰晶格更加坚固,呈现出较强的脆性。添加橡胶颗粒后,路面具有更大的弹性,这使得路面在受到车辆荷载作用时,能够更好地应对冰的脆性特性。冰结构的变形是不可逆的,外力作用后部分能量会转化为热融解能,有助于提高破冰效果。

因此,橡胶颗粒弹性除冰路面通过上述机理,使路面具有较好的抗冰冻性能,能够更有效地清除冰雪,提高道路行车安全性。但需要注意的是,橡胶颗粒的添加量需要平衡,因为过多的橡胶颗粒可能会降低混合料的抗压强度,需要在性能和破冰效果之间找到合适的平衡点。

7.2.3 阻燃沥青路面

阻燃沥青路面的研究和应用是为了解决公路隧道内的火灾安全问题。隧道作为半封闭空间,在发生火灾时,烟雾和热量难以迅速散去,这会威胁到人员逃生和火灾扑救。传统的沥青路面在高温下容易燃烧,不利于隧道内的火灾控制。阻燃沥青路面的开发旨在提高隧道安全性。

阻燃沥青路面的关键在于阻燃沥青的制备。它是通过向沥青中添加复合型阻燃剂,改变沥青的性能,使其具有难燃的特性。阻燃剂的添加可以有效减少路面在高温下的燃烧风险,降低火灾发生的可能性[11]。

国内外的研究人员在阻燃沥青路面方面进行了多方面的探索和开发,包括使用合成塑料(如 PE 和 PP 等材料)的阻燃技术,以及引入聚合物材料的阻燃剂产品。这些技术有助于改善阻燃沥青的性能,降低成本,提高阻燃效果。其中,无机阻燃剂如氢氧化铝等也被用于阻燃沥青的制备,虽然成本较低,但阻燃性能有限。

随着时间的推移,阻燃沥青路面的研究不断发展。1990 年以后,对阻燃沥青的需求增加,研究有了显著发展。例如,一些技术采用了碳酸氢钠来加速固化,或者使用硼酸盐阻燃剂。还有一些技术采用了膨胀阻燃剂,或者使用铅矾土、水镁石等无机阻燃剂[12]。

阻燃沥青路面的研究和应用是为了提高公路隧道安全性,通过改变沥青的性能,使其具备难燃特性,减少火灾风险。此外,阻燃沥青路面还可以确保路面的安全性,并有助于提高隧道内的火灾应对能力。

7.2.4 协调景观彩色沥青路面

彩色沥青路面(图7-11)采用了一种特殊的路面铺装材料,这种材料由脱色沥青、各种颜色的石料、颜料以及添加剂在特定温度下混合制备而成。这种路面不仅具有一般沥青路面的性能,还具备丰富的色彩,满足不同的交通和环境需求。

图7-11 彩色沥青路面

彩色沥青路面的发展得益于城市经济建设的迅速发展、城市道路网络的扩张以及机动车数量的急剧增加。它有多重功能和特点[13],包括如下:

交通安全管理:不同颜色的彩色沥青路面可以用于不同类型的路段和车道,有助于提高驾驶员的识别效果,引导车流安全行驶,使交通管理更加直观。在事故多发点、停车场等区域铺设彩色沥青路面对驾驶员起到提醒作用,减少交通事故的发生。

环境美化:彩色沥青路面可以用于装饰和美化生活环境区域,如步行街、景观路、广场、庭院、操场、住宅小区道路和园林地坪。它们可以增加环境的美感,突出自然情趣。

环境保护:相比传统的黑色沥青路面,彩色沥青路面更环保,因为它不会产生大量的环境污染,并且减少了热岛效应的发生,这对城市环境有积极的影响。

在国际上(包括英国、法国、荷兰等国),彩色沥青路面已经得到广泛应用,一些典型的案例有伦敦的铁红色林荫大道、巴黎的蓝色公路、荷兰的城市道路等。近年来,我国也开始在许多场合应用彩色沥青路面,如娱乐广场、城市道路以及中重交通特殊地段,以提升交通安全性和城市环境的美观度。

7.2.5 发光路面

发光路面(图7-12)是一种采用了特殊材料的铺装路面,旨在提高夜间行车的可见性,协助景观设计,并增强隧道内外的光线环境[14]。其材料有多种类型,具体如下:

夜光粒状材料。这种粒状材料能够吸收紫外线能量并在夜间发光,提供路面照明。

玻璃晶体材料。这种材料利用其反射特性来增强夜间可见性,它会反射路面上的光线,使路面更容易辨识。

发光二极管(LED)。LED技术通过电流产生光来实现夜间照明,可以发出可调节的光线,以满足不同需求。

发光路面的应用可以增强驾驶员的夜间行车识别效果,降低事故风险,提高行车安全性。在隧道内,发光路面能够照亮整个空间,减少内外光线环境的反差,提供更长的视距,改善驾驶员的行车体验,特别是进入隧道时减少"茫然"感[15]。

图7-12 发光路面[15]

此外,还有太阳能发光路面,它可以吸收太阳能并在夜间释放光能,用于照明。这种技术不仅提高了夜间可见度,还有望降低路面事故的发生,并减少光污染,对可持续发展具有积极作用。

发光路面是一种创新的道路铺装技术,有望提高夜间行车安全性,改善驾驶体验,减少事故发生,并降低光污染的影响。

7.3 节能环保材料技术的发展

7.3.1 发电路面

利用车辆轮胎对路面施加的压应力来发电是一种潜在的绿色能源应用。这一原理基于压电效应,其中某些电介质在受到外力作用时,会产生电荷极化现象。当外力消失时,它们会恢复到无电荷状态,这称为正压电效应。这个原理可以用于路面,即在道路上嵌入压电传感器,通过车轮的压力变形将机械能转换成电能。

英国在进行的研究中开发了一种绿色节能的路面减速装置,它可以在车辆经过时发电。这种减速装置与道路齐平,内部包含类似于感应嵌板的装置。当车辆经过时,路面下的这些嵌板会移动,类似于一个小型发动机,将机械能转化为电能。这种装置可以为路灯、红绿灯和交通标志等提供电力,从而减少对传统电网的依赖。

这种技术的优点是可以将车辆经过时产生的机械能转化为电能,从而实现能源的回收和节能。然而,这种技术的应用中存在一些问题需要解决。例如,如何在不损害道路安全和舒适性的前提下设计减速装置,并确保发电系统的稳定性和效率?将压电效应用于道路上的减速装置,可以实现能源的回收和节能,为道路交通系统提供绿色能源解决方案。

例如,以色列的 Innowattech 公司开发了一项创新技术,利用汽车行驶时对道路施加的压力来发电。他们在普通道路的沥青中嵌入了压电晶体,这些晶体能够将机械能转换为电能。当车辆经过时,道路下的压电设备开始工作,产生电流,可以点亮灯泡或给其他设备供电。这项技术的特点是不仅可以为道路提供能源,还可以降低能源成本,减少环境污染。这种发电路面的潜在好处如下:

节能减排:回收车辆行驶时产生的机械能,可以减少对传统能源的依赖,降低二氧化碳排放量。

无空间占用:与太阳能和风能不同,这种技术不需要占用额外的空间,可以应用于新建道路或对现有道路进行改造。

降低能源成本:随着大规模生产,发电成本可以与其他再生能源相竞争,为用户提供更实惠的能源。

在解决能源转化效率这一问题的前提下,这一技术在减少能源浪费和减少环境影响方面具有潜在的重要性,特别是在全球对环保问题越来越重视的情况下。大规模生产后,其发电成本与其他再生能源相差无几,相信在全球重视环保的未来,发电路面会有良好发展前景。发电路面如图 7-13 所示。

7.3.2 汽车尾气降解路面

7.3.2.1 概述

汽车尾气降解路面是一种具有环保特性的路面,旨在通过吸收和处理汽车尾气中的污染物,减少对环境的负面影响。这项技术已在国际上取得了一定的成果,日本、英国、意大利等国家都在积极研究和测试这种新型路面材料[17]。尾气降解路面主要通过光催化材料来实现对汽车尾气的二次净化,其中光催化剂起着关键作用。

图 7-13 发电路面[16]

光催化剂是一种光半导体材料,它在紫外线光照下能够产生电子-空穴对,具有强大的光催化氧化还原能力。当光催化剂受到光子照射时,电子和空穴被激发,并分别具有还原性和氧化性。这些电子-空穴对可以参与气相中有害气体进行氧化还原反应,将它们转化为无害的物质,如水和二氧化碳。光催化材料自身不会消耗或衰减,因此具有长期稳定的性能,即使在微弱光源下也能工作。

日本是光催化技术的先驱,他们的研究在纳米二氧化钛(TiO_2)材料上取得了重大突破。这种材料能够在光照射下降解水中的有机物和分解汽车尾气中的 CO、NO_x、HC 等有害气体。这项技术被誉为"光洁净的革命",并已在建筑环境和设备工程中得到应用。尾气降解路面有望在改善城市空气质量和减少污染物排放方面发挥重要作用。它可以成为道路建设和交通管理中的一种创新解决方案,为环保和可持续发展作出贡献[18]。

使用光催化材料,将其制成环境净化涂料或薄膜,然后涂覆在路面或道路设施表面,以发挥其净化有害气体的功能是最有潜力的解决方案。日本的研究表明,这种光触媒涂料对氮氧化物的降解效能可达到 90% 及以上,负载型纳米 TiO_2 对氮氧化物的降解作用如图 7-14 所示。然而,将光催化材料应用于路面材料的研究和实践仍然有限。

负载型纳米 TiO_2 光催化剂在水泥混凝土中具有出色的光催化性能,但在沥青混合料中性能较差。此外,尾气降解试验结果显示,纳米 TiO_2 光催化材料能有效将汽车尾气中的 NO 氧化成 HNO_3 和 H_2O,降解率可达 90% 及以上,但对其他有害气体(如 HC 和 CO_2)的降解效果较差[20]。尾气降解路面材料的研究尚处于初步阶段,需要进一步研究和开发统一的试验装置、试验方法以及评价指标,以实现这一环保技术的应用和推广。

7.3.2.2 光催化净化尾气机理

光催化剂是一种具有光催化功能的光半导体材料。目前广泛研究的半导体光催化剂主要包括以下两类:①金属氧化物,如 TiO_2、Fe_2O_3、RuO_2、ZrO_2、WO_2 和 ZnO 等;②硫化物,如 CdS、PdS 等[21]。

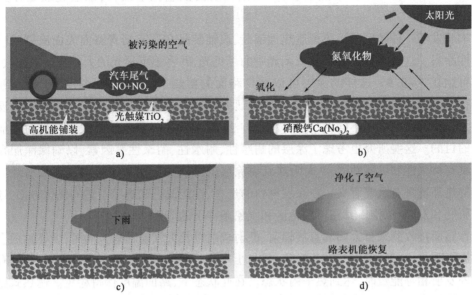

图 7-14　负载型纳米 TiO_2 对氮氧化物的降解作用[19]

半导体材料的能带结构决定了它在光催化过程中的表现。光生载流子会在光照作用下产生、被激发,然后与吸附分子发生相互作用,这些过程与半导体材料的能带结构密切相关。半导体的能带位置和吸附分子的氧化还原电势决定了半导体材料进行光催化氧化还原反应的能力。理想情况下,可行的光催化氧化还原反应要求受体的电势能高于半导体的导带电位(电势正向),而供体的电势能低于半导体的价带电位(电势负向)。

半导体材料的能带间隙越小,越能够充分吸收太阳光的可见光部分。多种半导体材料,如 TiO_2、ZnO、Fe_2O_3、CdS、$CdSe$ 等,都具有合适的能带结构,可以作为光催化剂。然而,有些化合物可能具有毒性,而且某些半导体材料在光照下不稳定,容易发生光腐蚀。目前,TiO_2 是广泛使用的光催化剂,因为它具备多个优点,包括禁带宽度合适、稳定性良好、催化活性高、无毒性、低成本等。

半导体材料的能带结构通常由一个充满电子的低能价带(价带)和一个空的或不满的高能导带(导带)构成。这两个带之间的区域称为禁带,其大小称为禁带宽度或带隙,通常以电子伏特(eV)为单位。当光子的能量大于或等于半导体材料的禁带宽度时,价带中的电子会被激发跃迁到导带,同时在价带上形成相应的空穴,从而产生电子-空穴对。这些电子-空穴对可能受到库仑引力的束缚,但在存在电场或"化学场"的情况下,电子和空穴会分离并迁移到粒子表面的不同位置。电子和空穴的分离有助于它们参与光催化反应,从而促进氧化还原。半导体材料的能带结构是光催化反应的关键因素,它直接影响了半导体材料的光催化性能。

7.3.3　遮热式路面

太阳热反射涂层是一种用于改善沥青路面的材料,通过增大路面的太阳辐射反射率,降低热量的吸收,有效降低路面温度,缓解城市热岛效应。这种涂层的应用已经有较长的历史,其主要目的是减少路面的热吸收,将太阳辐射的能量反射出去,以避免热量在路面的积累[22]。

日本开发了一种新型的涂膜型遮热性铺装,该铺装是在原有沥青路面表面涂刷或喷涂一层遮热性涂料。这种涂料能够吸收太阳光中的可见光,并将不可见光的大部分反射回去,有效反射率可达 0.7~0.9。这样的涂层可以减少路面的蓄热量,降低路面温度,降温达到 10~15℃。在国内,一些学者通过理论分析和试验研究探讨了太阳热反射涂层在降低路面温度方面的潜力。不同研究采用不同的涂层材料和方法,但都旨在改善路面的太阳热反射性能以达到降温的目的。这些研究也考虑了涂层的耐磨性、耐水性、耐碱性等因素,以确保涂层在实际使用中具有持久性和可靠性[23]。太阳热反射涂层的开发和应用对于缓解城市热岛效应和改善道路的热环境具有重要意义。在涂层材料的选择、性能改进和施工工艺的优化方面,还需要进一步研究和发展,以推广其在不同地区和气象条件下的应用。

沥青路面接收到来自太阳的直接辐射、散射辐射以及大气逆辐射。同时,沥青路面会对这些辐射进行吸收、反射、辐射和对流换热,并与土基进行热交换。沥青路面吸收外界所有辐射能并向外发射相等能量时,达到热平衡状态。在此状态下,路面温度保持稳定。遮热式路面通过在表面涂覆太阳热反射涂层,减少路面吸收的太阳辐射,从而达到降低沥青路面温度的目的。这些涂层具有高反射性,特别是在可见光和近红外波段。

普通沥青路面的反射率较低,为 0.05~0.15,因此吸收了大部分太阳辐射。涂刷太阳热反射涂层,反射率可以增加到 0.3~0.5,显著减少路面吸收的太阳辐射能量,从而有效降低路面温度。太阳辐射能量主要分布在可见光和近红外波段。物体常温下的热红外辐射主要在远红外波段。因此,太阳热反射涂层需要在可见光和近红外波段具有高反射性,并在远红外波段具有高发射性,以最大限度地降低路面温度。

7.3.4 导电沥青混凝土

导电沥青混凝土(Electrically Conductive Concrete)即通过在普通沥青混合料中添加导电相材料,使沥青路面具有导电性能。它是一种多相复合材料。导电沥青混凝土通过通电,利用电热效应产生热量,将热量传导到路面表层,从而提高路面温度,融化降雪和冰,实现融雪化冰的目的[25],如图 7-15 所示。这是一种热融化法的应用,其中导电性是路面本身的特性。

导电沥青混凝土不仅具备普通沥青路面的优点,还能安全、简单、快速地除雪化冰,使道路保持畅通。与传统的除雪盐相比,导电沥青混凝土使用电能作为能源,操作简单且环保,避免了盐对环境的消极影响。导电沥青混凝土的应用提高了道路除雪工作的效率,确保了车辆行驶和飞机起降的安全性。通过电热效应,导电沥青混凝土能够在寒冷季节对沥青路面进行加热,提高其温度,从而解决低温开裂问题,延长路面使用寿命。导电沥青混凝土具有机敏特性,可以通过电阻率的变化反映路面内部情况,实现路面结构自我诊断[26]。导电沥青混凝土的应用具有广泛的潜在优势,尤其适用于寒冷地区的道路和机场跑道,可以提高道路的可靠性和安全性,减少雪后结冰问题。

导电沥青混凝土可以根据所使用的胶凝材料进行分类,主要分为以下三类:无机类导电沥青混凝土、有机类导电沥青混凝土和复合类导电沥青混凝土。导电沥青混凝土的导电性能主要取决于导电相材料的类型和掺量。当导电相材料的掺量达到一定水平时,它们之间会形成连通的导电通道,导致混凝土的电阻率显著降低,从而提高导电性能。

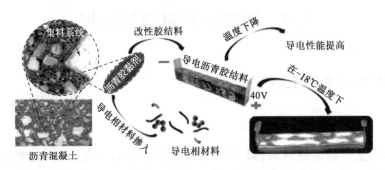

图 7-15　导电沥青混凝土作用原理[26]

导电水泥混凝土是一种含有电导性成分的水泥复合材料,具有稳定的较高的电导率。导电沥青混凝土能够通过电热效应产生热量,用来升高路面温度,从而融雪化冰。1999 年,美国的研究者定义了导电水泥混凝土,并进行了相关试验,证明在较短时间内能够升高温度,从而融化附着在路面上的雪。2003 年,美国内布拉斯加州道路管理局在 RocSpur 桥上铺设了世界上第一条用于融雪化冰的导电水泥混凝土桥面。经过 5 年的使用和跟踪调查,结果显示,初始建造成本低,使用时的能源消耗也相对较低,成本效益显著。

导电水泥混凝土代表了一种可行的、具有潜力的除雪和化冰技术,为改善道路安全性和可靠性提供了一种新途径。一些详细信息见表 7-4。

不同融雪方式成本比较　　　　　　　　　　表 7-4

融雪系统	建设成本	年度维护费用	能源消耗量
自动喷洒系统,2004	6000000 美元	12000 美元	—
电加热电缆,1961	54 美元/m²	4.8 美元/m²	323~430W/m²
流体加热,1993	161 美元/m²	250 美元/m²	473W/m²
空气加热,1996	378 美元/m²	2.1 美元/m²	—
导电水泥混凝土,2003	635 美元/m²	0.8 美元/m²	350W/m²

导电水泥混凝土技术在国内外得到了广泛的研究,而导电沥青混凝土技术相对来说研究较少。

但是美国联邦航空局和超级石墨公司合作研制了含有 25% 石墨的导电沥青混凝土,并进行了试验应用。这些试验段在两个冬季中表现出了良好的融雪效果,但 18 个月后电阻率有所上升,成本相对于其他路面加热方法较具竞争力。

另外研究者发现,添加碳纤维可以显著改善导电沥青混凝土的电阻率,同时可以提高其力学性能。在日本,研究人员在沥青混凝土面层中埋设电热丝,并进行了两个冬季的试验,结果显示单位面积的电能消耗适中。在我国,研究者从 2002 年开始对导电沥青混凝土进行了广泛的研究,包括组成设计、制备、导电机理、机敏特性和自诊断应用等。研究表明,石墨、碳纤维等材料可以改善导电沥青混凝土的电导性能,但同时需要关注其路用性能的稳定性和耐久性[27]。

7.4 智能铺面材料的发展

7.4.1 智能水泥混凝土铺面材料

7.4.1.1 智能水泥混凝土类型

混凝土作为主要的建筑材料,经历了从普通结构材料到复合材料,再到功能材料的漫长的发展过程。随着现代电子信息技术和材料科学的迅猛发展,智能水泥混凝土成为研究的焦点。智能水泥混凝土(图 7-16)包括损伤自诊断混凝土、温度自调节混凝土、仿生命自愈合混凝土等。智能水泥混凝土的研究和开发为混凝土材料的智能化开发奠定了基础[28]。

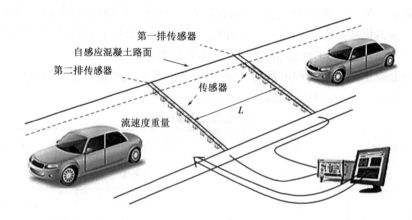

图 7-16 智能水泥混凝土[28]

智能水泥混凝土将传感器、驱动器、微处理器等特殊材料嵌入混凝土,赋予混凝土感知、记忆、自适应和自修复等多种功能特性。这使混凝土能够预测内部损伤,自我安全检测,防止潜在破坏,并在需要时自动修复,提高结构的安全性和耐久性[29]。驱动器材料可以根据环境变化调整其性质,具有自适应功能。传感器网络提供系统状态信息,支持驱动控制和智能处理。

智能水泥混凝土可分为狭义和广义两类。狭义的智能水泥混凝土是指在混凝土制备过程中加入特殊功能材料的混凝土。广义的智能水泥混凝土还包括利用传感元件和形状记忆合金等驱动装置的混凝土结构,具备健康监测和振动控制功能。智能水泥混凝土代表了混凝土材料发展的高级阶段,有望给建筑领域带来革命性的变革。

智能水泥混凝土作为材料学的一个分支,起源于 20 世纪 60 年代的苏联,当时科学家使用碳墨制备了水泥基导电复合材料。在 20 世纪 80 年代末,日本的土木工程研究人员开始探索开发具有感知和控制功能的智能建筑材料。1993 年,美国启动了与土木建筑领域相关的智能材料和智能结构的研究项目,得到美国国家科学基金的资助。因此,智能水泥混凝土材料被定义为具有自我感知、自我调节、自我恢复、自我修复等多种功能的综合材料。具体可分为以下几个方面。

1) 自感应混凝土

混凝土材料本身并不具备自感应功能,但通过在混凝土基材中添加导电组分,可以赋予混凝土自感应功能。常用的导电组分包括聚合物、碳类和金属类,其中碳类和金属类最为常见。碳类导电组分包括石墨、碳纤维和炭黑,而金属类导电组分则包括金属微粉末、金属纤维、金属片和金属网等。碳元素在构成不同结构方面具有独特性,使碳纤维具有高强度、高阻燃性、耐高温性、高拉伸模量、低接触电阻和良好的电磁屏蔽效应等特点,因此在各种工业领域广泛应用。

碳纤维混凝土(CFRC)是一种多功能复合材料,主要由普通混凝土、少量碳纤维和超细添加剂(如分散剂、去泡剂和早强剂)组成。与普通混凝土相比,CFRC 不仅具有良好的力学性能,还具备许多其他优良特性[30]。20 世纪 70 年代,英国率先制作了聚丙烯腈基碳纤维增强水泥基材料的板材,并将其应用于建筑领域,开创了 CFRC 研究和应用的先河。美国的研究者在 20 世纪 80 年代首次发现,通过掺入一定形状、尺寸和掺量的短切碳纤维,可以赋予混凝土自感知内部应力、应变和损伤程度的功能。这意味着通过观测电阻的变化,可以有效监测混凝土材料的内部状态,包括拉伸、弯曲、压缩和受静态或动态荷载作用下的情况。通过在混凝土中添加导电组分,如碳纤维,可以使混凝土具备自感知功能,可以实时监测内部状态的变化,从而在工程实践中提供更好的安全性和性能(图 7-17)。

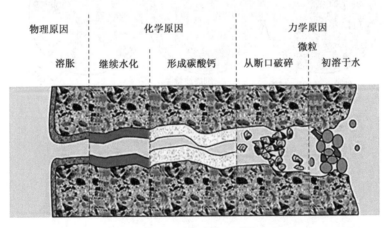

图 7-17 自感应混凝土[30]

在水泥砂浆中添加 0.5% 体积比例的碳纤维时,碳纤维混凝土具有非常高的灵敏度,远远高于一般的电阻应变片。此外,研究还表明,在疲劳试验中,不论是在拉伸还是压缩状态下,碳纤维混凝土材料的体积电导率都会随着疲劳次数的增加而发生不可逆的降低。因此,可以利用这一现象来监测混凝土材料的疲劳损伤。

通过标定这种自感应混凝土材料,研究人员可以确定阻抗和荷载之间的关系,从而可以精确地测量通过混凝土路面车辆的方位、重量和速度等参数。这为交通管理的智能化提供了基础。

在美国,一些高速公路上的载重汽车称重站正在逐渐被智能水泥混凝土路面代替。这种智能水泥混凝土路面能够识别每一辆车通过时施加的重量和时速。当一辆卡车从智能水泥混凝土路面上开过时,路面所承受的压力会增大,电阻也会相应变化。即使在汽车时速高达88km,路面应力达到$10kg/cm^2$的情况下,其测量精度仍可保持在2%以内。此外,碳纤维混凝土还具有温敏性。当碳纤维混凝土试块两端存在温差时,其两端会产生电压,其中一端为负极,另一端为正极,这称为热电效应。另外,当对碳纤维混凝土施加电场时,混凝土中会产生热效应,从而引起电热效应。这两种效应都是由碳纤维混凝土中的空穴性电导体运动引起的。

2) 纳米混凝土

纳米混凝土(图7-18)是在一种普通混凝土中添加纳米材料(通常粒径为1~100nm的材料),以赋予混凝土特殊性能的材料。在水泥基纳米复合材料的研究中,纳米材料的尺寸至关重要,一般粒径为15~40nm,以实现力学改性。主要的纳米材料包括纳米矿粉,如纳米SiO_2、纳米硅粉和纳米碳纤维等。这些材料通过填充水泥空隙,并与水泥浆体中的$Ca(OH)_2$发生反应,改善混凝土的微观结构,提高混凝土的强度、韧性、抗渗性和耐久性能。纳米混凝土被视为一种具有卓越综合性能和特殊功能的智能复合材料[31]。

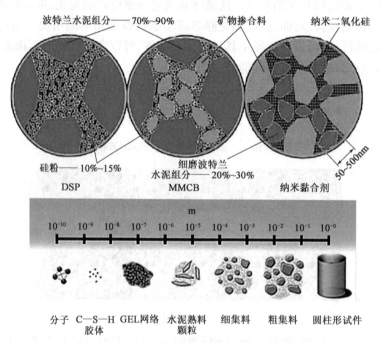

图7-18 纳米混凝土[31]

在制备纳米混凝土时,关键问题之一是确保纳米粒子在混凝土中分散均匀,以发挥其改性作用。以下是制备纳米混凝土的工艺步骤:

(1) 将分散剂和其他外加剂溶解在水中。

(2) 分批次加入纳米材料,进行长时间高速搅拌以确保均匀分散。

(3) 将水泥加入纳米溶液,继续高速搅拌。

(4) 逐步加入细集料和粗集料,继续搅拌。

(5) 将拌合物浇入试模,然后在振动台上振动成型。

纳米粒子的加入可以增强拌合物的保水性,使其不易泌水或离析,因此振动成型时间可以稍长一些,这有助于排出气泡,使成型更加密实。纳米混凝土可以采用稳定的半导体纳米材料和导体纳米材料,如炭黑,这些纳米材料具有稳定的物理和化学性能,以及优异的电学性能。

3) 自增强阻尼混凝土

自增强阻尼混凝土是一种具有高阻尼性能的建筑材料,可以显著提高结构的阻尼,从而增强结构的抗振性能。这种材料通常包含水泥、砂、石子和水等传统混凝土成分,以及高阻尼添加料、高效减水剂和消泡剂等。

研究表明,将乳胶微粒、甲基纤维素、硅粉或改性硅粉掺入水泥浆体,可以显著提高混凝土的振动阻尼能力。改性后的硅粉和乳胶微粒被认为是提高水泥混凝土阻尼性能效果最好的材料,可以使阻尼提高到原始混凝土的4倍及以上。这些有机物的塑弹性贡献了材料的高阻尼性能,而硅粉则提供了较高的刚度和阻尼性能,因为它可以很好地分散于水泥浆体中,使分子间的层间滑动变得困难[32]。

此外,材料的耗能减振特性也受到振动频率的影响。在振动频率高于1.5Hz时,乳胶微粒是推荐的添加物,而在振动频率低于1.5Hz时,甲基纤维素和硅粉是推荐的添加物。掺改性硅粉的混凝土与不掺硅粉的混凝土相比,阻尼性能提高了2个或2个以上数量级,刚度也有显著提高。

自增强阻尼混凝土原材料的掺量在不同情况下有所差异,如乳胶微粒的掺量通常是水泥质量的2000~3000倍,甲基纤维素的掺量为水泥质量的0.4%~0.8%,硅粉或改性硅粉的掺量为水泥质量的15%。自增强阻尼混凝土的研究和开发为提高建筑结构的抗振性能提供了一种有效的方法和材料基础,其配合比见表7-5[33]。

自增强阻尼混凝土的配合比　　　　　　　　表7-5

种类	水灰比	增阻尼材料	增阻尼材料与水泥质量之比	减水剂与水泥之比	消泡剂与掺合料之比	阻尼比	阻尼提高百分比
净水泥混凝土	0.44	—	—	—	—	2.15	—
1.20	0.24	乳胶	20.0	—	0.3	4.05	88.37
1.25	0.24	乳胶	25.0	—	0.3	4.38	103.72
1.30	0.24	乳胶	30.0	—	0.3	5.20	141.86
M0.4	0.42	甲基纤维素	0.4	0.4	2.0	3.68	71.16
M0.6	0.42	甲基纤维素	0.4	0.4	2.0	3.67	71.16
M0.8	0.42	甲基纤维素	0.4	0.4	2.0	3.87	80.00
SF15	0.41	硅粉	1.0	10.0	—	2.68	24.65
SF20	0.41	硅粉	1.2	1.2	—	3.32	54.42
SF25	0.41	硅粉	1.4	1.4	—	3.65	69.77

自增强阻尼混凝土的阻尼增强机理可以总结如下：

硅粉填充效应：硅粉的添加使水泥砂浆中的空隙更加紧密，阻碍了表面之间的滑移，从而提高了阻尼比。硅粉填充于水泥砂浆、填料和基体之间，填补了微小的空隙，增强了材料的致密性，进而提高了阻尼比。

聚合物的贡献：乳胶或甲基纤维素等聚合物的存在对水泥砂浆的阻尼比作出贡献。这一贡献缘于聚合物的弹性相，阻尼来自摩擦阻尼和耗散能量阻尼。摩擦阻尼主要是聚合物分子间和水泥水化后分子间以及它们内表面之间的内摩擦。耗散能量阻尼缘于聚合物分子的松弛过程，其中大分子由链节连接而成，需要一段时间才能响应外力的形变，这个松弛过程将机械能转化为热能并耗散掉。

自增强阻尼混凝土结构在高层建筑和大跨度桥梁等对振动敏感的工程结构中具有广泛的应用前景。与传统振动控制技术不同，它通过改善材料自身的阻尼性能来提高结构的动态特性，而无须改变结构的形式和设计理论。这使得自增强阻尼混凝土更易于被工程技术人员掌握和应用，具有广泛的推广潜力。

4）自修复混凝土

自修复混凝土(图7-19)是一种智能混凝土，它受生物自愈合特性的启发，通过模仿生物组织的再生机制，采用修复剂与混凝土相结合的方式，使混凝土具备了自修复和再生的功能。这种材料的核心原理是在混凝土基体中设置了微小管道，其中充满了可流动的修复剂。当混凝土发生开裂时，这些管道会打开，修复剂流向开裂部位，通过化学作用自动实现裂缝的修复。这可以提高开裂部分的强度和整体结构的性能，包括增强延性、改善阻尼特性、恢复刚度和强度等[34]。

自修复混凝土具有广泛的应用前景，可用于重要土木基础设施的及时修复、减轻台风和地震等自然灾害对建筑物的影响。它对确保建筑物的安全性和耐久性至关重要，并对建筑材料研究、制造、缺陷预防和修复等提出了重要挑战。这种材料不仅可以提高结构的性能，还有助于降低维护成本和延长建筑物的使用寿命[35]。自修复混凝土是混凝土材料领域的一项重要创新，具有巨大的潜力。

7.4.1.2 智能水泥混凝土材料的发展趋势

智能水泥混凝土材料的发展趋势包括以下几个关键方向：

(1)集成化和小型化：将智能组件集成到混凝土中，并追求更小型化的设计。这有助于更好地将智能功能与混凝土基材融合，提高材料的性能和适应性。

(2)开发智能控制材料：智能水泥混凝土需要控制材料来实现实时动态响应、学习和决策功能，以及对环境变化的适应性调控。研究人员需要探索和开发神经中枢网络控制材料的模型，发展新的研究方法和制造工艺。

(3)实现混凝土材料-结构智能一体化：未来的智能水泥混凝土不仅是高性能的建筑结构材料，还具备多种仿生功能，包括提高承载能力、监测和感知能力、调整适应响应、康复能力、学习和决策能力等。这将实现混凝土水泥材料与结构的智能一体化，提高材料和结构的性能，改善其健康状况。

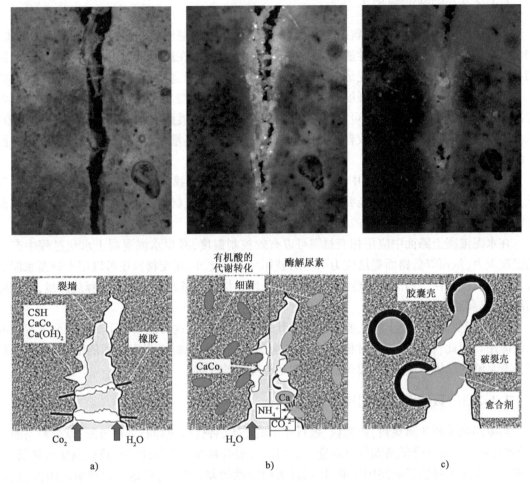

图 7-19 自修复混凝土[35]

这些趋势反映了智能水泥混凝土材料领域在不断追求材料科学和信息科学的融合,以满足建筑工程和基础设施领域的复杂需求。这些创新将推动智能水泥混凝土材料的发展,提高建筑物的安全性、耐久性和性能。

7.4.2 智能沥青混凝土铺面材料

7.4.2.1 自调温路面技术

自调温路面技术主要是指利用材料自身的特性抑制路面升温(降温)来调节道路表面温度。自调温路面技术可通过热量反射、阻隔、吸收储存等方法降低路面温度,进而减轻路面夏季高温所造成的病害,同时有效缓解城市热岛效应;另外,自调温路面还可以用于缓解道路结冰及高原冰冻地区冻土融化等问题。目前对于自调温路面技术的研究主要涉及路面热反射技术、相变调温技术、热阻路面和保水降温路面等方面。

7.4.2.2 相变调温技术

相变调温技术利用相变材料改变其相态,以主动调控道路温度。有机相变材料,如醇类、烷烃和石蜡,因其良好的储热性能、无腐蚀性和无过冷现象,在路面调温中广泛应用。在路面调温中,相变材料通常以封装定形的方式使用,以避免泄漏问题,因为直接掺入可能对调温效果、沥青流变性和水泥混凝土强度产生不利影响[36]。复合相变材料以替代集料的方式加入沥青混合料,研究发现,这种方法可以改善路面高温稳定性,减缓路面升温速率,降低高温峰值,减少高温持续时间。同时,它改善了路面抗冻性,通过释放热量延缓路面降温速率,减少路面上的冰层和积雪。

尽管相变材料在路面调温中表现出良好的效果,但随着掺量的增加,路用性能可能会降低。因此,需要在满足路用性能要求的条件下,合理选择相变材料的掺量,以确保同时实现良好的调温效果和满足路用性能的需求[37]。

在水泥混凝土路面中应用相变材料可以有效控制温度,减少水泥混凝土水化过程中产生的温度应力,从而降低路面温度应力引起的破坏风险。此外,相变材料还可以用于提高水泥混凝土路面的抗冻性。当温度降低至冰点附近时,相变材料通过改变其相态来释放热量,延缓路面结冰,提高路面的冬季性能。

然而,相变储能混凝土的主要限制在于其强度相对较低,这可能限制了其在路面工程中的广泛应用。因此,在使用相变材料时,需要权衡温度控制和混凝土强度之间的平衡,以确保路面具有足够的结构强度,同时实现温度控制和抗冻性的改善。

7.4.2.3 其他路面调温技术

热阻路面采用热阻集料,如陶粒、蛭石和铝矾土等,替代传统碎石进行级配,以减弱路面的导热性,从而有效地降低路面内部温度。热阻沥青混合料能够有效地实现路面温度的降低,尽管在一定程度上可能影响路用性能,特别是水稳定性较差。然而,在适当的掺量范围内,热阻沥青混合料仍然是一种可行的路面降温解决方案。

此外,改变路面结构以增强蓄存水分和促进水分蒸发也可以有效降低路面温度。透水沥青混合料和保水砂浆需要足够的水分来支持长期的蒸发降温。在路面材料的选择和结构设计中,需要平衡调温效果与路面结构的耐久性。

总之,热阻路面和水分管理技术是有效降低路面温度的方法,但需要在路用性能和调温效果之间做出权衡,并根据具体情况选择适当的路面材料和结构设计。

7.4.2.4 自调温路面技术发展前景

自调温路面技术在缓解城市热岛效应和降低路表面温度方面已经取得了一定的成果,但仍然存在一些问题和挑战。未来对自调温路面技术的研究趋势如下:

考虑热反射的影响。在开发太阳光热反射涂层时,需要在综合考虑其降温效果的同时,考虑其对路面周边环境和人体舒适度的影响,特别是在冬季可能导致路面温度下降的情况下,需要注意不对道路使用造成不利影响。

改进相变调温路面。相变调温路面仍然存在相变材料泄漏的问题,因此需要进一步提高相变材料与道路材料的相容性,解决材料老化影响调温效果的问题,并减少相变材料对混合料力学性能的不利影响。

优化热阻路面。热阻路面在吸水性和力学性能方面存在问题,因此需要对热阻集料的表面进行优化处理,以增强其路用性能。

提高透/保水路面调温效果。透水或保水路面调温需要建立有效的水分蒸发模型,系统研究材料属性和气候对蒸发过程的影响,以提高其调温效果并减少对路用性能的影响。

总之,自调温路面技术在改善城市环境和提高道路舒适性方面具有广阔的应用前景,但需要解决耐久性、相变材料、热阻材料和水分管理等相关的问题,以实现可持续和有效的应用。

7.5 铺面智能新材料技术

铺面智能新材料技术按其核心技术主要可分为以下四大类:

第一类,基于传感器技术的铺面新材料。通过将各种智能传感器应用于路面材料的结构层中,实现两个目标:①感应监测交通量和交通流特点,实现交通管理的智能化服务;②监测道路力学特性和路用性能(应力、应变、运动状态、开裂、车辙、温度、湿度、含水量等),记录道路施工养护数据,并实现无线数据传输功能,结合大数据分析力学模型等方法,为道路的安全性、耐久性提供保障[38,39]。

第二类,基于材料科学、技术的铺面新材料。随着材料科学化工产业的不断发展,路面材料也被赋予了新的内涵、新的思路。例如:①具有自修复功能的自愈合材料。通过能量补偿(在沥青混合料中添加石墨、导电纤维等使沥青混凝土具有导电能力,并通过电加热的方式实现能量供给,使沥青恢复黏弹性,愈合微裂缝)、物质补偿(加入掺有修复液的微胶囊或中空纤维,阻止裂缝的发展)等方式,延长材料的使用寿命[40,41]。②具有形状记忆功能的聚合物材料(SMP)。SMP可作为填缝料用于桥面板和水泥混凝土的胀缝,可以有效地保证收缩力和稳定性[42]。③可替代沥青的聚合物改性材料和生物沥青材料。聚氨酯改性材料作为一种性能稳定、受外界环境影响小、力学特性优良的新型高性能黏合材料,可以作为石油沥青的替代品,用于未来铺面道路。尤其是其常温下更方便的施工条件,对实现道路各种智能化的功能更为灵活。基于各种回收生物材料的生物沥青,用于部分或全部替代传统石油沥青,也是开发的另一个趋势[43]。

第三类,着眼于能量采集技术的智能铺面材料。这些研究方向包括:基于压电材料的机械能发电[44],基于高速车流的路侧风能发电[45],以及基于太阳能板和声子晶体材料的热能声能发电等[46]。

第四类,基于材料自我调节技术的智能铺面材料。这些研究方向包括:①热反射技术:路表热反射涂层或掺加改善热反射性能的化学添加剂[39]。②融雪化冰技术;或加入导电纤维、石墨烯等导电材料,通过电热除冰;或通过路面涂层化学添加剂等方式改变道路材料的物理特性,达到融雪化冰的目的[38]。③导电[47]。④减振降噪[48]。⑤自清洁等智能技术[49]。其中一些技术已经比较成熟,并已应用于实体工程。另外,振动式、电容式、光纤式等不同类型的探测结冰传感器也在研究阶段,以实现实时道路表面结冰监测,为建立结冰预报和预警系统、建立结冰预测理论模型提供数据[50]。

对于新型路面材料技术的发展,研究正在不断进行,但大多数仍处于试验室研发阶段。未来的研究趋势将包括跨学科合作、引入生物机制和人工智能思想、开发多尺度的新材料性能评价方法,以开发更安全、更耐久和多功能的道路材料。

在新型路面材料的性能评价方面,需要考虑其在不同气候条件下的性能,包括极冷、极热、强紫外线和多雨等情况,以确保其在各种环境下的可靠性。

此外,智能发电路面未来的研究方向包括高性能换能材料的应用、新型道路结构的研究、换能材料与结构一体化应用研究以及新型能量收集电路的设计,以便更有效地利用道路上的能源资源。

本章参考文献

[1] 彭金辉,刘秉国. 微波煅烧技术及其应用[M]. 北京:科学出版社,2013.

[2] LAM S S,CHASE H A. A review on waste to energy processes using microwave pyrolysis[J]. Energies,2012,5(10):4209-4232.

[3] BARTOLI M,ROSI L,FREDIANI M,et al. Depolymerization of polystyrene at reduced pressure through a microwave assisted pyrolysis[J]. Journal of Analytical and Applied Pyrolysis,2015,113:281-287.

[4] 黄如宝,牛衍亮,赵鸿铎,等. 道路压电能量收集技术途径与研究展望[J]. 中国公路学报,2012,25(6):1-8.

[5] 王涛. 胶粉改性沥青组分变化对低温性能的影响研究[D]. 上海:同济大学,2020.

[6] WANG J Y,WANG T,HOU X D,et al. Modelling of rheological and chemical properties of asphalt binder considering SARA fraction[J]. Fuel,2019,238:320-330.

[7] HOU X,HETTIARACHCHI C,XIAO F P,et al. Blending Efficiency Improvement and Energy Investigation of Recycled Asphalt Mixture Involved Warm Mix Technology[J]. Journal of Cleaner Production,2020,279:123732.

[8] 孙玉齐. 盐化物自融雪沥青路面性能研究[D]. 西安:长安大学,2011.

[9] 张洪伟,韩森,张丽娟,等. 盐化物沥青混凝土抑制结冰与融雪试验[J]. 长安大学学报(自然科学版),2011,31(2):17-20.

[10] 谭忆秋,张驰,徐慧宁,等. 主动除冰雪路面融雪化冰特性及路用性能研究综述[J]. 中国公路学报,2019,32(4):1-17.

[11] 陈辉. 特大断面隧道阻燃沥青路面技术研究[D]. 广州:华南理工大学,2009.

[12] 张厚记. 阻燃沥青路面研究新思路[C]//中国公路学会. 中国公路学会第三届全国公路科技创新高层论坛. 北京:人民交通出版社,2006.

[13] 金康康凌,熊出华. 彩色沥青路面的应用与发展[J]. 西部交通科技,2012(6):9-12.

[14] 徐艺嘉,王火明,李鑫. 浅谈发光路面的现状与发展[J]. 江西建材,2017(2):168,172.

[15] Cao Y, Jia M, Lou B, et al. Design and prospect of new pavement materials for smart road[J]. Chinese Journal, 2020, 65(30):3259-3269.

[16] Shukla A, Ansari S A. Energy harvesting from road pavement: a cleaner and greener alternative[J]. International Research Journal of Engineering and Technology (IRJET), 2018, 5(2).

[17] 李毅, 臧文杰, 陶建强, 等. 新型汽车尾气降解路面涂层材料的制备及最佳用量研究[J]. 价值工程, 2013, 32(15):288-289.

[18] 谢杰光, 匡亚川. 纳米 TiO_2 光催化技术及其在降解汽车尾气中的应用[J]. 材料导报, 2012, 26(15):141-145.

[19] WANG T, SHEN D Y, XU T, et al. Photocatalytic degradation properties of V-doped TiO_2 to automobile exhaust[J]. Science of the Total Environment, 2017, 586:347-54.

[20] DONG X. Pavement performances of composite material with rubber powder loading photocatalyst for pavement automobile exhaust degradation[J]. Journal of Building Materials, 2011, 14(6):781-786.

[21] HU Z H, XU T, LIU P F, et al. Developed photocatalytic asphalt mixture of open graded friction course for degrading vehicle exhaust[J]. Journal of Cleaner Production, 2021, 279:123453.

[22] 汤琨. 遮热式路面太阳热反射涂层研究[D]. 西安:长安大学, 2009.

[23] 路俊杰. 遮热式路面性能评价和施工工艺研究[D]. 西安:长安大学, 2011.

[24] LIENHARD J H. The engines of our ingenuity: An engineer looks at technology and culture[M]. Oxford: Oxford University Press, 2003.

[25] VO H V, PARK D W. Application of conductive materials to asphalt pavement[J]. Advances in Materials Science and Engineering, 2017, 2017:1-7.

[26] PAN P, WU S P, XIAO F P, et al. Conductive asphalt concrete: A review on structure design, performance, and practical applications[J]. Journal of Intelligent Material Systems and Structures, 2015, 26(7):755-769.

[27] 吴少鹏, 磨炼同, 水中和, 等. 导电沥青混凝土的制备研究[J]. 武汉理工大学学报(交通科学与工程版), 2002, 26(5):567-570.

[28] D'ALESSANDRO A, UBERTINI F, LAFLAMME S, et al. Towards smart concrete for smart cities: Recent results and future application of strain-sensing nanocomposites[J]. Journal of Smart cities, 2015, 1(1):3-14.

[29] SUN M Q, LI Z Q, LIU Q P, et al. A study on thermal self-diagnostic and self-adaptive smart concrete structures[J]. Cement Concreate Research 2000, 30(8):1251-1253.

[30] CHEN P W, CHUNG D D L, STRUCTURES. Carbon fiber reinforced concrete for smart structures capable of non-destructive flaw detection[J]. Smart Materials and Structures, 1993, 2(1):22-30.

[31] MUHD NORHASRI M M, HAMIDAH M S, FADZIL A M, et al. Applications of using nano material in concrete: A review[J]. Construction and Building Materials, 2017, 133:91-97.

[32] SUI L L,LIU T J State-of-the-art of multifunctional and smart concrete[J]. Key Engineering Materials,2005,533(302-303):424-431.

[33] 欧进萍,刘铁军,梁超锋.复合纤维增强混凝土阻尼测试装置开发与试验研究[J].实验力学,2006,21(4):403-410.

[34] JONKERS H M. Self healing concrete:a biological approach[J]. Self healing materials,2007:195-204.

[35] VIJAY K,MURMU M,DEO S V,et al. Bacteria based self healing concrete-A review[J]. Construction and Bailding Materials,2017,152:1008-1014.

[36] HAVENITH G. Temperature regulation and technology[J]. Gerontechnology,2001,1(1):41-49.

[37] BENTZ D P,TURPIN R. Potential applications of phase change materials in concrete technology[J]. Cement and Concrete Composites,2007,29(7):527-532.

[38] GOH S W,AKIN M,YOU Z,et al. Effect of deicing solutions on the tensile strength of microor nano-modified asphalt mixture [J]. Construction and Building Materials, 2011, 25 (1): 195-200.

[39] HU J Y,YU X. Experimental study of sustainable asphalt binder:Influence of thermochromic materials[J]. Transportation Research Record,2013,2372(1):108-115.

[40] LITTLE D N,BHASIN A. Exploring mechanism of Healing in asphalt mixtures and quantifying its impact[J]. Self Healing Materials,2007:205-218.

[41] 孙大权,杨文欢,谢祖平,等.沥青微裂缝自愈合胶囊的制备及性能研究[C]//中国公路学会养护与管理分会.全国公路养护新材料应用技术大会论文集.2015.

[42] LI G Q,XU T. Thermomechanical characterization of shape memory polymer-based self-healing syntactic foam sealant for expansion joints[J]. Journal of Transportation Engineering,2011,137(11):805-814.

[43] FINI E H,AL-QADI I L,YOU Z P,et al. Partial replacement of asphalt binder with biobinder:characterisation and modification[J]. International Journal of Pavement Engineering,2012,13(6):515-522.

[44] 赵鸿铎,梁颖慧,凌建明.基于压电效应的路面能量收集技术[J].上海交通大学学报,2011,45(S1):62-66.

[45] 梁嘉麟.利用高速公路上汽车行驶时造成的风力来发电的方法[Z].2012.

[46] HASEBE M,KAMIKAWA Y,MEIARASHI S. Thermoelectric generators using solar thermal energy In heated road pavement;proceedings of the 2006 25th international conference on thermoelectrics,F,2006[C]. IEEE.

[47] 唐祖全,李卓球,侯作富,等.导电混凝土路面材料的性能分析及导电组分选择[J].混凝土,2002(4):28-31.

[48] 曹卫东,葛剑敏,周海生,等.骨架密实型降噪路面的试验研究及应用[J].同济大学学报(自然科学版),2006,34(8):1026-1030.

[49] LIU W, WANG S Y, ZHANG J, et al. Photocatalytic degradation of vehicle exhausts on asphalt pavement by TiO_2/rubber composite structure[J]. Construction and Building Materials, 2015, 81:224-232.

[50] 但汉成,刘扬,凌桂香,等. 光纤式结冰传感器探测沥青路面结冰过程[J]. 公路交通科技, 2014, 31(4):7-15.

第 8 章
材料的测试方法

本章对近年来的铺面材料分析技术进行了介绍。用于材料试验研究的方法和技术比较多,其中包括材料的形态与形貌测试方法、材料的化学组成测试方法,通常被用于铺面工程材料的评价。对这些试验方法和技术的学习,有助于对材料进行更为深入的理解,从而为认识物质、改造物质提供强有力的支持。

8.1 引　　言

材料科学深入探究材料的本质属性,旨在揭示材料的成分、内部组织、制备技术与其功能性能之间的相互联系。这些元素不仅相互联系,而且互为因果,共同构建了一个完整的科学体系。

材料的测试与研究核心焦点集中在材料的结构与性能上,要实现材料性能的提升或创造新型材料,关键在于对微观结构的认知和进一步创新。事实上,一种高性能新材料的诞生往往与它的新结构形态或新制备技术密切相关。

了解材料内部的微观结构与性能后,可以采用特定先进调控技术改变其形成条件,以使其具有预期的结构和功能。材料的微观结构分析涵盖了从化学成分、基本结构,到晶粒形态,再到界面和内部应力等多方面的内容。

随着材料学的发展,分析技术也日益先进。这种进步为研究者提供了更细致的手段,使研究者可以深入挖掘材料的独特属性,对材料物理化学反应和结构有更深层次的认知。因此,在材料研究领域,分析技术起着不可或缺的作用。为了更全面地了解这方面的内容,本章着重介绍一些铺面材料领域的主要测试与分析方法,帮助读者建立一个清晰、直观的材料科学图景,并为铺面材料的未来探索提供启示。

8.2 材料的形态与形貌测试方法

8.2.1 扫描电子显微镜

8.2.1.1 扫描电子显微镜的工作原理

1) 电磁透镜的工作原理

电子显微镜的结构核心在于其电磁透镜。这一概念起源于 J. I. Thomson 等在进行阴极射线管试验时发现的电子在电磁场中的偏转现象[1]。基于此,研究者们进一步探索了如何利用电磁场对电子进行聚焦并放大。

这种通过电磁场对电子束进行聚焦的方式与光学透镜对光波的处理方式有着惊人的相似性,从而促进了电磁透镜的发展。与玻璃透镜聚焦光线的方式相似,对称的静电磁场可以把电子束聚焦到一个特定的点上[2]。这为使用电子束聚焦成像提供了可能。

至于磁场对电子的影响,当电子的运动方向与磁场垂直时,电子将沿圆形路径移动,而这个圆的平面与磁场的方向成直角。圆的半径为

$$R = \frac{mv_0}{eH} \tag{8-1}$$

式中:m——电子的质量,kg;
 e——电子的电荷,C;
 v_0——电子的初速度,m/s;
 H——磁场强度,A/m。

当电子束与磁场不完全垂直时,它的速度可以被解析为两部分:一部分与磁力线平行,另一部分垂直于磁力线。这导致电子沿螺旋路径运动,使得旁轴条件下的电子都能在同一时间和位置聚焦,尽管这样的聚焦不会增大放大倍数。

但是,当电子经过由短线圈产生的非均匀磁场时,由于磁场的不均匀性,施加在电子上的力也会发生变化。在轴对称变化磁场中,电子沿着复杂的空间曲线运动。一旦电子脱离磁场,它的旋转就会停止,并沿着一条直线向轴心方向运动,与轴心交汇于一个点,即焦点。其焦距可以通过式(8-2)来确定:

$$\frac{1}{f} = \frac{0.22}{E} \int_{\text{隙}} H_z^2 \mathrm{d}z \tag{8-2}$$

式中:E——加速电压,V;
 H_z——磁场的轴向分量,A/m。

电磁透镜的焦距与磁场的强度有着明显的反比例关系。调整磁场的强度,不仅能够改变焦距,还能进一步调整放大倍数。需要注意的是,由于磁场对电子的偏转效应,产生的图像会相对于原始电子发射区有一个明显的偏移角度。

在轴对称磁场中,运动的电子总是会被聚焦,这意味着电磁透镜本质上是会聚的。但与此同时,电磁透镜如同光学透镜,也存在所谓的像差,这是透镜的一个固有属性,包括球面像差、色差等,像差直接决定了电子束的尺寸和精度(图8-1)。

具体来说,球面像差是因为透镜边缘的聚焦能力强于中心,导致离轴的电子更早地聚焦。这种效应在电子显微镜中是很明显的缺陷,但可以通过在电磁透镜后安装特殊光栅进行调整以降低这种效应。至于色差,它是电子速度的微小差异导致的波长变化,进而导致的在电磁透镜中的成像位置变化(图8-2)。为了降低这种效应,在电子显微镜中,常常通过保持加速电压和电磁透镜电流的稳定性来减小色差。

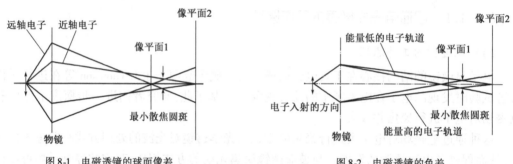

图 8-1　电磁透镜的球面像差　　　　　　图 8-2　电磁透镜的色差

散焦问题缘于电磁透镜磁场的不均匀性导致电子束在两个垂直平面上的焦点位置不同(图8-3)。为了解决这个问题,通常会采用一个散焦补偿器,该补偿器生成与散焦相反的像差进行矫正。在现代电子显微镜中,聚焦透镜和物镜都配备了这样的补偿器。

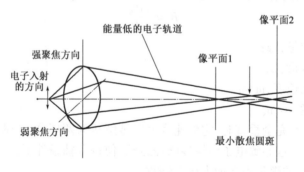

图 8-3　电磁透镜的像散

电子显微镜利用电磁透镜的独特性质,像光线一样将电子束聚焦,进而产生清晰的显微图像。在这一装置中,电磁透镜确保从电子枪发出的电子流经过它时形成一个精细的束流。随后,这束电子被导向样本表面并在其上进行扫描。

样本在被电子束击中时会发射出二次电子,这些电子携带了关于样本表面形态的关键信息。产生的二次电子的数量与电子束打到样品的角度(入射角)有关,而样品表面的微小变化会导致这个角度发生变化。这意味着二次电子的数量能反映样品表面的特征。

采集器捕获这些二次电子,并将其转换为电压信号。当这些信号同步到荧光屏上时,在屏幕上生成一个放大的图像,完美反映了样品的表面细节。

2) 二次电子成像

二次电子产生的区域只比电子束稍宽,远小于背散射电子的区域。因此,采用二次电子所得的图像具有高分辨率。通常,所谓的扫描电子显微镜的分辨率,指的就是二次电子图像的这种分辨率。对这些电子的检测主要依赖于由聚焦极、加速极和光电倍增管等部分组成的检测器。

3) 背散射电子成像

背散射电子在与物质的交互中保持其初始能量,因此即使是来自样品较深部分的电子也可以重新散射出来。与二次电子相比,背散射电子的检测深度更大。然而,只有朝向检测器的背散射电子才会被捕获,所以其图像呈现出明显的对比性。由于背散射电子与原子数关系密切,其图像可反映样品成分。

4) 吸收电子成像

当入射电子被样品表面吸收时,样品表面会获得负电荷。通过测量样品的地面电流,可以获得一个基于吸收电子的图像。

5) 透射电子成像

对于薄样品,入射电子能够穿越其结构。通过测量这些透射电子,可以得到与样品密度和厚度密切相关的透射电子图像。

6) 电子衍射模式

对于单晶材料,晶体取向直接影响背散射和二次电子的数量。当入射电子束与某个晶面形成的角度超过其布拉格角时,背散射电子的数量减少,反之增加。这导致在背散射图像中产生明亮的带状模式,即电子衍射模式。这与样品的晶面、晶间距以及布拉格角都有关。

8.2.1.2 扫描电子显微镜的特点

扫描电子显微镜(SEM)不仅可以揭示样品表面的微观结构,而且可以将样品在微观尺度上的化学元素差异,光学、电学和磁性质差异以图像形式可视化。此外,这些图像可以通过摄影技术进行捕获。

SEM 是一种多功能的分析工具,它支持多种图像观察模式,如元素分析和晶体结构鉴定。这种显微镜在基础科研和实际生产中均有应用,尤其在产品质量检验和材料性能优化方面。

SEM 的优势包括:高分辨率——能够揭示约 6nm 大小的样品细节;广泛的放大范围——通常为 100000~150000 倍。另外,SEM 提供的图像具有较深的景深和鲜明的立体感,允许用户直观地观察到物体表面的粗糙或不规则结构,如金属表面和断口。因此,无论是在材料科学、地质学、生物学、医学领域还是其他科学领域,SEM 都被广泛采用。

在工作原理上,SEM 的成像方式与电视技术有相似之处,其图像是通过逐点扫描方式生成的,并在外部显示器上呈现。SEM 使用高能量(可达 30keV)的电子束,通过专门设计的透镜系统进行收敛并在样品表面上形成一个小而集中的电子束。在适当的控制下,该电子束会在样品表面进行规则扫描,从而收集和呈现样品的微观信息。

8.2.1.3 样品制备

样品的制备需满足以下条件：
(1)表面导电性良好,需能排除电荷。
(2)不能有松动的粉末或碎屑,以避免抽真空时粉末飞扬污染镜柱体。
(3)样品耐热性良好。
(4)不能含液状或胶状物质,以免挥发。
(5)非导体表面需镀金(影像观察)或镀碳(成分分析)。

8.2.1.4 影响电子显微镜影像品质的因素

为了获取高质量的扫描电子显微镜图像,必须仔细管理多个因素,包括确保电子枪、电磁透镜和样品室的清洁,避免尘埃、水蒸气和油蒸气等导致的污染。此外,加速电压、工作电流、真空度及仪器的微调都是关键。环境因素如振动、磁场、噪声和接地也可能影响成像质量。

具体的观察条件取决于样品的性质和研究目的。选择适当的加速电压、工作距离、样品倾斜角度、侦测器和电子束电流都是关键。尽管提高加速电压理论上可以缩短电子束波长,从而获得更高的分辨率,但这也带来了一系列的挑战,如无法解析样品的细微结构、边缘效应、电荷累积和样品损伤的风险增加。

在常规操作中,维持高真空度对于 SEM 的性能至关重要。虽然理论上提高真空度可以提高仪器性能,但这会增加抽真空时间,降低操作效率,并增加成本。为了平衡这些因素,某些仪器采用了分阶段真空设计,将电子枪、电磁透镜和样品室的真空度分阶段调整。此外,为了防止电子枪受到污染,当仪器处于待机状态或更换样品时,会使用真空阀隔离电子枪和样品室,只在实际观察时开启[3]。

8.2.2 原子力显微镜

原子力显微镜(AFM)是一种源于扫描隧道显微镜(Scanning Tunneling Microscopy,STM)的先进表面检测技术,它以简单的样品准备、明亮的图像质量和卓越的分辨率为特点,生物、化学和材料科学等多个领域获得了应用。特别是随着对沥青材料的深入研究,AFM 开始被应用于研究沥青的微观表面特性和微观力学行为。

8.2.2.1 基本原理

原子力显微镜(Atomic Force Microscopy,AFM)是一种具有原子级别高分辨率的新型表面分析仪器,基本原理是以针尖与样品表面原子间的微弱作用力来作为反馈信号,通过维持针尖与样品间作用力恒定,同时针尖在样品表面扫描,从而得知样品表面的高低起伏(图 8-4)。具体来说,AFM 通过检测待测样品表面与微型力敏感元件之间极其微弱的原子间相互作用力来实现相关研究。这种相互作用力会导致微型力敏感元件(如微悬臂)发生形变,进而通过光学或电学方法检测这种形变,并将其转化为图像输出,从而呈现样品表面的形貌结构信息。AFM 的机械构造主要包括三个部分:①力检测部分。主要由微悬臂(cantilever)和针尖组成。微悬臂通常由一个硅片或氮化硅片制成,具有一定的长度、宽度和弹性系数。针尖则安装在微悬臂的末端,用于与样品表面相互作用。针尖的尖锐程度和材料选择对于 AFM 的分辨率和适用范围有重要影响。②位置检测部分。主要包括激光器和光电探测器。激光器发射的激光束经光学系统聚焦在微悬臂背面,再从微悬臂背面反射至光电探测器。当微悬臂因针尖与样品表面的相互作用力而发生形变时,反射光束的位置也会随之改变,光电探测器通过检测这种偏移量来记录微悬臂的形变。③反馈控制系统。根据光电探测器检测到的微悬臂形变信号,反馈控制系统会调整压电陶瓷扫描器的位置,以保持针尖与样品表面之间恒定的作用力或高度。这样,AFM 就能够在扫描过程中不断获取样品表面的形貌信息。

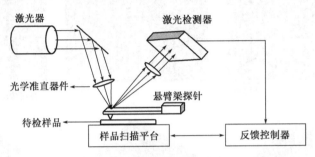

图 8-4 原子力显微镜的基本原理

此外,AFM 还通常配备有压电陶瓷三维扫描器,用于驱动针尖在样品表面进行精确扫描。压电陶瓷是一种性能奇特的材料,当在压电陶瓷对称的两个端面加上电压时,压电陶瓷会按特定的方向伸长或缩短,从而实现纳米级的精确定位。

AFM 的成像模式可以根据悬臂梁探针与样品的接触情况划分为接触模式、非接触模式和轻敲模式。图 8-5 所示为这些模式下悬臂梁针尖-样品距离与相互作用力的关系。如图 8-5 所示,接触模式在引力范围内,而非接触模式处于排斥力范畴,轻敲模式则是二者的中间状态。

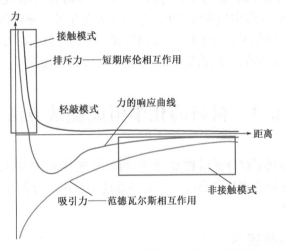

图 8-5 悬臂梁针尖-样品距离与相互作用力的关系

8.2.2.2 表征分析

沥青是一种有机材料,其内部和外观特性长期是研究焦点。借助 AFM 技术,科研人员在微观层面上观察到沥青分子特定的"蜂巢"式结构。如图 8-6 所示,在 2D 视图中,该结构呈现为明暗相交的纹理;而在 3D 视图中,它展示出明显的高低起伏。一些研究者推测,这种"蜂巢"式结构的形成是沥青中的高极性组分与高分子蜡之间的特定结合方式所导致的。然而，也有观点认为这种结构实际上是沥青本身固有的。

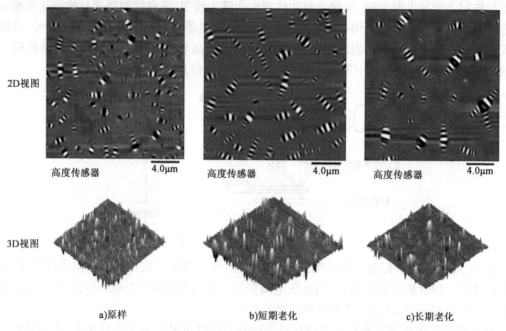

图 8-6 不同老化状态下沥青 AFM 形貌图

图 8-6 呈现了沥青在不同老化阶段下的 AFM 形态对比。很明显，随着老化的发展，沥青的"蜂巢"式结构数量有所下降，但每个结构的面积则逐步增大。3D 视图进一步揭示，白色区域面积随老化而缩小，但高度中的峰值增大。这意味着老化过程导致沥青中的"蜂巢"式结构趋向于聚集和发展。此现象可以通过核-生长相变理论得到解释，其中沥青中的沥青质随老化增加，增加的沥青质作为晶核，不仅数量增加，聚集的可能性也增大了。

8.3 材料的化学组成测试方法

沥青材料的研究得到了红外光谱技术、紫外-可见分光技术、核磁共振及 X 射线光电子能谱法等多种化学分析方法的支持与推进。本节将对这些常用的分析技术进行总结，并结合相关的研究进行深入解读。

8.3.1 FTIR 分析技术

8.3.1.1 原理

FTIR 技术起源于 19 世纪初，当时，William Herschel 在试验中偶然发现了红外光。不久后，Niepce 和 Dagterre 的照相技术进一步证明了某些材料对红外光的敏感性。随着技术的发展，研究者逐步揭示了红外光与分子振动、转动等性质之间的关系，催生了 RTIR 分析技术。

对于沥青这类复杂有机材料，其内部的微观结构和动力特性在红外光谱下得到了详细展现。特别是随着近年来傅里叶变换红外光谱仪的广泛应用,研究者可以更加精确地捕捉到沥青分子的振动和转动特征。

具体来说,傅里叶变换红外光谱仪的工作原理主要基于两个主要优势:多通道和高光通量。在这种技术中,光源发出的光经过特定的光学系统,在分束片上被分为两束,这两束光之间存在干涉现象。干涉的光再经由样品,被检测器所捕获[4]。随后,通过傅里叶变换,可以将捕获的信号转化为光谱图像。

此外,傅里叶变换红外光谱仪的结构包括光源、干涉仪、分束片、检测器和数据处理系统。其中,BRUKER 公司生产的 TENSOR27 型号傅里叶变换红外光谱仪是典型代表(图 8-7)。

FTIR 分析为沥青研究提供了一个宝贵的窗口,使得研究者能够深入探讨沥青的微观结构和性质,为其应用提供了有力的理论支撑。傅里叶变换红外光谱仪的光路图如图 8-8 所示。

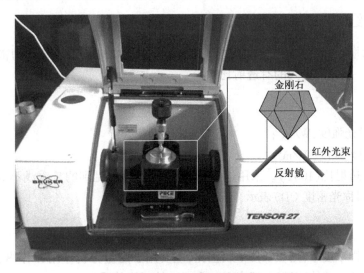

图 8-7　傅里叶变换红外光谱仪

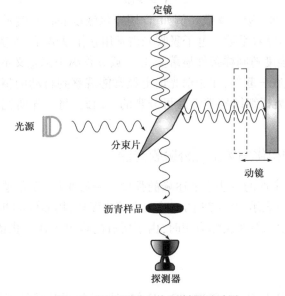

图 8-8　傅里叶变换红外光谱仪的光路图

傅里叶变换红外光谱仪的数据采集主要依赖四种技术,即透射、衰减全反射(ATR)、镜面反射和漫反射。在沥青研究中,常用的是透射法和ATR。

透射法要求红外光束通过样品来获取信息,这就要求沥青样品形成一个细薄膜。制备沥青薄膜的一种方法是使用热刮刀在溴化钾(KBr)窗片上涂抹热沥青,但这种方法由于KBr的吸湿性可能导致误差,且操作烦琐。另一种方法是用挥发性溶剂溶解沥青后在窗片上涂抹。但这可能会受到溶剂吸收峰的影响,且某些溶剂可能会改变沥青性质。

与此相对,ATR法利用红外光的全反射原理:在金刚石和沥青之间发生的全反射会产生驻波,并与沥青中的特定官能团共振,之后,便根据反射红外光的能量损失来测量样品的吸收光谱。这种方法制备简单、吸收效率高,特别适用于沥青材料。但它主要关注样品表面,对不均匀样品的适应性较差。

8.3.1.2 红外光谱的表示方法

红外光谱的横坐标习惯用波数(cm^{-1})表示。分析化学中常用波长作为横坐标。红外光谱的纵坐标不统一,经常见到的有透射比T:

$$T = \frac{I}{I_0} \tag{8-3}$$

式中:I_0——入射光强度,W/m^2;

I——投射光强度,W/m^2。

更常见的是透射比($100T$)。采用这两种纵坐标时,谱上见到的是深浅不等的吸收谷。也有用吸收率A(旧称光密度OD)表示,定义为

$$A = \lg\frac{I_0}{I} = \lg\frac{1}{T} \tag{8-4}$$

这个量和试样浓度C、光程长度l成正比,主要用于定量分析。用A作纵坐标,谱图上呈现为峰。所谓的Beer定律实际上就表示A和C、l的正比关系。

$$A = \varepsilon Cl \tag{8-5}$$

这里的比例常数ε称为吸收常数。例如,C用摩尔浓度mol/L表示,l用cm表示,ε的单位为L/mol·cm,称摩尔吸收系数。电子吸收光谱常用它作纵坐标。实际上,如果不是研究溶液谱,振动光谱的信号强度随制样条件显著变化,A或ε作纵坐标意义不大。由于分子的转动能级和振动能级是重叠在一起的,在振动光谱上经常能观察到转动的精细结构。尤其是在双原子分子的光谱上,这类精细结构常常是可分辨的。因此,将首先研究双原子分子的振动和转动[5]。

8.3.1.3 各类有机化合物的红外吸收光谱

在红外光谱中常用定性的方法来描述峰的强度。一般来说,摩尔消光系数为75~200的峰称为强峰,用s(strong)表示;25~75的峰称为中等强度峰,用m(middle)表示;5~25的峰称为弱峰,用w(weak)表示。但在实际应用时,由于所有的峰出现在一张谱图上,强峰和弱峰是一目了然的。

1)烷烃

烷烃中只含有C—H和C—C单键。C—H伸缩振动位于基团频率区的3000~2800cm^{-1}

(特征的强峰)范围内;C—H 弯曲振动位于 1500~1000cm^{-1} 范围内,分子结构的微小变化容易使 C—H 弯曲振动频率发生较大的变化。C—C 单键的伸缩振动出现在指纹区 1200~800cm^{-1} 范围内,峰较弱,容易受振动耦合的影响。

(1)甲基的红外吸收

甲基(CH$_3$)在理论上有六种简正振动方式,其中四种振动方式的吸收峰对推测化合物结构有参考价值。甲基的不对称伸缩振动 ν_{as} 和对称伸缩振动 ν_s 分别出现在 2960cm^{-1} 和 1380cm^{-1} 附近。

(2)亚甲基的红处吸收

亚甲基[—(CH$_2$)—]理论上有三种振动方式。亚甲基的伸缩振动频率略小于甲基,不对称伸缩振动和对称伸缩振动带分别出现在 2925cm^{-1} 和 2850cm^{-1} 附近(环丙烷中的亚甲基由于环张力的影响,其 C—H 振动频率可达到 3050cm^{-1}),与甲基相应的位置几乎重合。亚甲基的弯曲振动出现在 1460cm^{-1} 附近。

(3)次甲基的红外吸收

次甲基(CH)理论上只有一种简正振动,CH 的伸缩振动出现在 2890cm^{-1} 附近,由于强度较弱,在结构分析中意义不大。需要指出的是,红外谱图的峰可能很多,因此一般只分析较强的峰。

一般地,在烷烃分子中既存在甲基,又存在亚甲基,甚至存在次甲基,所以在红外光谱图中在 3000~2800cm^{-1} 区域应该观察到四个峰,实际上常常只能观察到三个峰;同时在 1465cm^{-1} 和 1380cm^{-1} 附近可以观察到相应的峰。

2)烯烃及其他含双键的化合物

(1)烯烃

烯烃中含有 C=C 和 =C—H 键。与 C—H 键的伸缩振动相比,=C—H 键的伸缩振动频率略高,出现在 3050cm^{-1} 附近,但峰较弱。=C—H 的弯曲振动出现在 650~1000cm^{-1} 区间,不同的烯烃在该区间出现不同特征的吸收带。在乙烯基型(RCH=CH$_2$)烯烃中,在 990cm^{-1} 和 910cm^{-1} 附近出现两个很强的吸收峰。

烯烃 C=C 键的伸缩振动在 1640cm^{-1} 附近出现一个较弱的峰,在结构对称的烯烃中,C=C 双键的吸收峰还会消失,但它们有强的拉曼吸收带。当烯烃中的 C=C 双键与其他不饱和基团共轭时,双键的振动频率降低。共轭多烯烃由于双键之间发生振动,可以观察到两个或多个吸收带。

环状烯烃中双键的伸缩振动频率对环的张力和空间位阻非常敏感。随着环张力的增大,环内双键的振动频率减小。环内双键碳上的氢被取代时,双键的振动频率增加;环外双键与环内双键相反,随着环张力的增大吸收带向高频方向移动。

(2)双键化合物

双键的振动频率一般出现在 1620cm^{-1} 附近,如亚胺(含 C=C 键)、偶氮化合物(含 N=N 键)。

3)炔烃和其他含三键及具有累积双键的化合物

(1)炔烃

炔烃中含有 C≡C 键,末端炔烃含有 ≡C—H 键。末端炔烃的 ≡C—H 振动出现在 3300cm^{-1} 附近,表现为强度中等而尖锐的峰,≡C—H 的弯曲振动出现在 600cm^{-1} 附近。

C≡≡C 键的振动为一较弱的峰,出现在 2200cm^{-1}附近。

(2)其他含三键的化合物

除炔烃,还有很多化合物含有炔键的特征吸收三键。三键的振动频率一般出现在 2100cm^{-1}附近。腈的重氮化合物的 C≡≡C 和 N≡≡N 键分别出现在 2240cm^{-1}和 2100cm^{-1}附近。

(3)丙二烯类化合物

丙二烯类化合物具有累积双键(C=C=C),其振动频率出现在 1950cm^{-1}附近,峰较弱;碳二亚胺(—N=C=N—)、异氰酸酯(—N=C=O)、硫代异氰酸酯(—N=C=S)中也包含累积双键。碳二亚胺的累积双键出现在 2140cm^{-1}附近,异氰酸酯和硫代异氰酸酯的累积双键分别在 2270cm^{-1}和 2140cm^{-1}附近出现强峰。

4)芳烃和杂芳烃

(1)芳烃

芳烃中含有双键,但由于形成了共轭 π 体系,共轭双键之间发生振动耦合。苯环的振动出现三个带(称为苯环骨架振动),位于 1600cm^{-1}、1500cm^{-1}和 1450cm^{-1}附近,其中 1600cm^{-1}附近峰较弱。苯环若与不饱和体系发生 π–π 共轭或与孤对电累计双键的吸收,1966cm^{-1}子的取代基发生 p–π 共轭时,1600cm^{-1}带往往分裂为两个带,且强度有不同程度的增加;有对称中心的苯衍生物,其 1600cm^{-1}峰会变得很弱甚至观察不到。1500cm^{-1}吸收带比 1600cm^{-1}强,受其他基团的影响较小。1450cm^{-1}带与甲基、亚甲基的弯曲振动出现在同一个区域,对结构鉴定的作用不是很大[6]。

芳环的=C—H 振动在 3050cm^{-1}附近出现一个较弱的峰。当分子中含有饱和烃基时,有时只能在饱和 C—H 振动吸收峰的高频一侧出现一个肩峰。芳环的=C—H 的弯曲振动出现在 900~650cm^{-1}范围内,对于推测取代基的类型有帮助。一般情况下,一取代芳烃的=C—H 弯曲振动出现在两个强度相近的峰(700cm^{-1}和 770cm^{-1}附近),二取代芳烃中的邻二取代出现一个峰(750cm^{-1}附近),对二取代出现一个峰(830cm^{-1}附近),间二取代则出现三个峰(880cm^{-1}、780cm^{-1}和 700cm^{-1}附近)。

芳烃的红外光谱中在 1660~2000cm^{-1}范围内会出现若干个弱峰,这是=C—H 振动的倍频和组频吸收。

(2)杂芳烃

符合 4n-2 规律的不饱和杂环化合物都具有芳香性,如吡啶、吡咯、噻吩及其衍生物等。这些杂芳环的骨架振动与苯的衍生物类似,出现在 1600cm^{-1}、1500cm^{-1}和 1450cm^{-1}附近。

5)含羟基的化合物

含羟基(OH)的各类化合物都会在 3200~3600cm^{-1}范围内有很强的吸收。试验中由于空气潮湿,KBr 和样品中的水分都会导致在红外光谱中出现水的羟基峰,因而试验中环境和样品的干燥是非常重要的。

羟基可以形成氢键,所以羟基的红外吸收峰会因情况的不同而变化。在气态或者非常稀的非极性溶剂中,羟基化合物呈单分子游离态,羟基的振动出现在 3590~3650cm^{-1}区域,谱带尖锐,强度中等。但在液态和固态时,羟基生成氢键导致振动降低出现在 3200~3550cm^{-1}区域,带形宽,强度大。

醇和酚是羟基化合物中的典型代表。醇和酚除了羟基吸收峰外,其 C—O 键伸缩振动在

1260～1000cm^{-1}区域出现强吸收,伯醇、叔醇和酚的 C—O 振动分别出现在 1050cm^{-1}、1100cm^{-1}、1150cm^{-1}附近。

6) 醚、环氧和过氧化合物

醚、环氧和过氧化合物中的 C—O 键的伸缩振动频率小于 1300cm^{-1},并且容易发生振动耦合,结构的变化对 C—O 振动的影响很大。这些化合物的结构单靠红外光谱不能加以确认,还要借助其他的方法来确定。

7) 羰基化合物

羰基化合物的种类很多,但 C=O 键的伸缩振动一般出现在 1900～1600cm^{-1}范围内,吸收峰的强度一般都很大。

羰基的振动频率与很多因素都有关系。当羰基与不饱和基团发生共轭时,羰基的振动频率减小。羰基与吸电子基团相连时,振动频率增加;与推电子基团相连时,振动频率降低。另外,在脂肪族环酮中,羰基的振动频率随环张力的增大而增加。

(1) 酸酐和酰卤

酸酐和酰卤都是羧酸的衍生物,它们在有机合成化学中扮演着重要的角色。酸酐是指由羧酸失去一个水分子形成的有机化合物。酰卤是羧酸中的羧基被卤素原子取代后形成的化合物。

酸酐和酰卤都是羧酸的重要衍生物,在有机合成化学中有着广泛的应用。它们各自具有独特的结构和化学性质,使得它们在不同的合成反应中发挥着不可替代的作用。

(2) 酮和酯

酮和酯的羰基峰分别出现在 1710cm^{-1}和 1740cm^{-1}附近。当羰基与其他基团共轭时,振动频率降低。

(3) 醛

醛羰基的振动位于在 1730cm^{-1}附近。醛基中的 C—H 伸缩振动与该 C—H 键的倍频发生费米共振,在 2900cm^{-1}和 2720cm^{-1}附近出现两个窄的中等强度吸收带,其中 2720cm^{-1}峰是鉴定醛羰基的特征峰之一。

(4) 羧酸和羧酸盐

羧酸在固态、液态和浓溶液中生成强的氢键,所以 O—H 的振动频率比醇、酚更低,出现在 3000cm^{-1}附近。只有在极稀的非极性溶剂中羧酸才呈游离状态,其 O—H 的振动频率出现在 3520cm^{-1}附近。羧酸的羰基在缔合状态时由于形成氢键而出现在 1720cm^{-1}附近,游离态的羧酸则出现在 1760cm^{-1}附近。羧酸中的 C—O 振动和 O—H 的弯曲振动频率低于 1500cm^{-1},分别出现在 1390～1440cm^{-1}和 1210～1320cm^{-1}区域。

羧酸盐中的羧酸根离子不同于羰基,羧基阴离子中的 C—O 键发生了部分离域,存在不对称振动和对称伸缩振动两种方式,分别出现在 1600cm^{-1}和 1400cm^{-1}附近。前者为强而宽的吸收峰,后者为弱峰。

8) 胺

伯胺中的 NH$_2$ 存在着不对称和对称两种伸缩振动,位于 3500cm^{-1}和 3400cm^{-1}附近。脂肪族伯胺的吸收峰强度较弱,而芳香族伯胺吸收峰强度较强。伯胺 N—H 键的弯曲振动出现在 1600cm^{-1}附近,峰较弱;而芳香族伯胺的吸收峰则较强,常常与芳环的骨架振动发生振动耦合,导致吸收峰的强度增加和峰的分裂。

9) 酰胺

除了叔酰胺外,酰胺中都存在 N—H 键。在一般情况下,酰胺中存在氢键。缔合态 N—H 键的振动出现在 3100~3400cm^{-1}区域,吸收强度较大;缔合态 N—H 键的弯曲振动出现在 1530~1650cm^{-1}区域。酰胺的羰基伸缩振动比一般的羰基低,出现在 1650cm^{-1}附近。

10) 其他化合物

(1) 硝基和亚硝基化合物

硝基的伸缩振动在 1510~1590cm^{-1}和 1330~1390cm^{-1}区域出现两个吸收带;亚硝基的伸缩振动一般位于 1550cm^{-1}附近。

(2) 含硫化合物

硫醇中 S—H 的伸缩振动在 2500cm^{-1}附近有弱带。砜中存在两个 S=O 基团,在 1330cm^{-1}和 1140cm^{-1}附近观察到两个强峰;亚砜中仅存在一个 S=O 基团,仅在 1050cm^{-1}附近观察到一个强吸收带。硫羰基化合物中的 C=S 吸收峰较弱,一般位于 1100cm^{-1}附近[7]。

8.3.1.4 表征分析

红外光谱数据的解析通常采用峰高法和峰面积法。峰高法对特定波数的频谱振幅进行比较,但试验制备条件差异导致数据波动,因而在实践中使用较少。相比之下,峰面积法分析特定波数间的频谱区域。由于选取的基线和频段范围不同,它不能直接获得绝对含量,但可以通过使用"参考面积"来估计官能团的相对含量。例如,1375~1460cm^{-1}区域面积常被作为参考。

峰面积计算有多种方法,如两点法、无基点法、归一化法和反卷积法。在日常研究中,两点法常被选为划定基线的方法,即通过连接特定波数区域的两个转折点来确定新基线,从而计算其上的面积作为峰面积。如图 8-9 所示,固定的羰基面积位于 1660cm^{-1}~1753cm^{-1}区域,并在老化或聚合改性过程中发生变化。而作为参考的面积区间为 1350~1525cm^{-1},这部分在老化过程中相对稳定。因此,这两个区间的面积比值可以作为评估官能团变化量的指标,进而反映材料变化的程度。

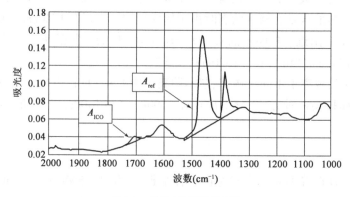

图 8-9 两点法计算羰基指数

沥青的成分复杂性常在其光谱中引起峰的重叠和偏移。使用两点法可能使基线穿越峰部,从而导致不准确的面积计算。与此相反,无基点法能够规避这种峰的重叠和相互干扰。如图 8-10 所示,基线从一个吸收峰的低端拉出一条水平线,并从其高端拉出一条垂直线,二者相交。用这两线所围成面积来代表样品官能团的吸收能力。

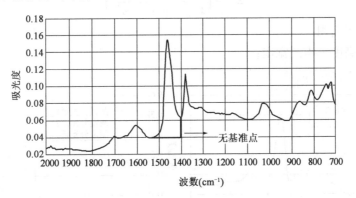

图 8-10　无基点法计算峰面积

归一化方法在吸收光谱中常用于消除由红外光束散射带来的斜率,从而使关键波数范围内($400 \sim 2000 cm^{-1}$)的频谱更加平坦和可分析,如图 8-11 所示。在归一化处理过程中,首先,通过连续试验,确定两个在各个光谱中持续稳定的最低吸收峰。其次,基于这两点建立线性关系,并用其进行光谱校正。校正涉及利用这一线性方程从每个频率的吸收峰中减去对应波数的修正值,使关键波数范围的吸收减少到零。再次,通过获取归一化范围内的最大吸收强度来标准化光谱,从而确定校正因子。最后,将每个波数的吸收强度乘以这一校正因子,得到调整后的光谱。

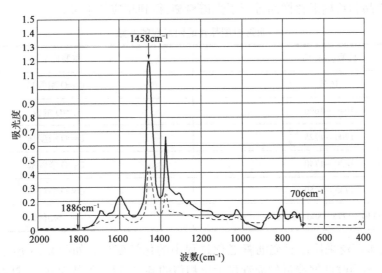

图 8-11　归一化方法校正峰面积

反卷积技术用于分解窄的谱带和叠加的谱带,这使得在描述选定波数的特定峰时具有较好的准确性。这种方法结合了多个洛伦兹函数和一个抛物线函数,如式(8-6)所示。洛伦兹函数的数量由所需描述的峰的数量决定。抛物线则代表光谱的背景曲线。在图 8-12 中,通过最小二乘法确定洛伦兹函数的系数 A、w 以及抛物线的参数,得出拟合结果与实际测得的光谱高度一致。在计算特定比率的参考面积时,使用的方法与其他技术相似,而吸收面积则可以通过洛伦兹函数来计算。

$$y = \frac{2A}{\pi}\left[\frac{w}{4(v-v_c)^2 + w^2}\right] \tag{8-6}$$

式中,A——官能团面积;

w——最大高度一半的宽度;

v_c——峰位置,cm^{-1}。

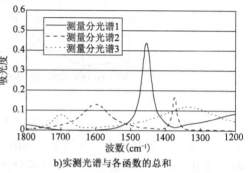

a) 拟合后的官能团　　　　　　b) 实测光谱与各函数的总和

图 8-12　具有 5 个洛伦兹函数和抛物线函数的频率反卷积结果

RTIR 分析技术被广泛采用,以深入探讨沥青的老化特性。这项技术能够识别沥青在老化过程中变化的官能团。随着沥青的老化,其分子结构及化学键会发生变化,尤其是生成红外活性的极性含氧官能团,如羰基。沥青中羰基官能团对应的波数见表 8-1。从这一点来看,羰基含量的增加可以作为沥青老化程度的指标。利用傅里叶红外光谱仪,研究人员对各种沥青样品、短期老化样品和长期老化样品进行了光谱检测,得到相应的结果。

沥青中羰基官能团对应的波数　　　　表 8-1

波数(cm^{-1})	主要化学键
1675	C=O 酮羰基
1640~1690	C=O 酰胺
1700~1725	C=O 酸羰基
1720~1740	C=O 醛羰基
1735~1750	C=O 酯羰基
1740~1775,1800~1830	C=O 酸酐羰基

FTIR 分析被广泛采用以研究沥青老化过程中的化学变化。如图 8-13 所示,在三种不同的老化状态下,不同改性剂掺量的沥青显示出相似的基本走势,但特定化学键的吸收峰表现出明显的变化。

在老化过程中,沥青的羰基 C=O 表示沥青氧化的程度。特定波数 1700cm^{-1} 处的 C=O 吸收峰在短期老化之后与原始沥青几乎无区别,但在长期老化后显著增加。改性剂的含量似乎对这种氧化程度没有固定的趋势[8]。

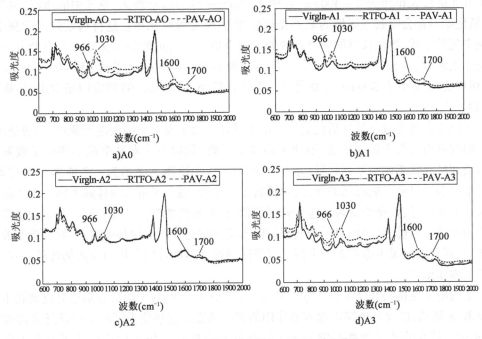

图 8-13 改性沥青在三种老化状态下的红外光谱图

沥青的老化实际上涉及氧与沥青分子中的特定部分结合的氧化反应。随着老化,沥青中的碳氢键和其他结构元素与氧结合,形成新的官能团。特别是,1600cm^{-1} 的 C=C 峰在短期老化后与原始沥青保持相似,但在长期老化后显著增加。这表明沥青的芳香族成分在老化过程中有所增加。

对于波数 1030cm^{-1} 的 S=O 而言,一些样品在短期老化后与原始沥青相比显示出显著增加,证明了硫在沥青老化中的作用。此外,沥青中的新形成的官能团,如羧基和亚砜,增强了分子间的相互作用,导致沥青硬度增加。

最后,966cm^{-1} 的丁二烯 C—H 吸收峰在老化过程中略有上升,表明其参与了老化反应[9]。

FTIR 分析加深了人们对沥青在老化过程中化学和分子结构变化的理解,揭示了其老化机制及与添加剂之间的相互作用。

8.3.2 紫外-可见分光光度法

8.3.2.1 紫外-可见吸收光谱的基本原理

紫外光照射分子时发生电子跃迁,跃迁能量大于分子振动和转动的能量,所以发生电子跃迁时伴随着振动和转动能级的跃迁。类似地,用红外光照射分子可发生振动能级跃迁,同时伴随着转动能级的跃迁。

电子吸收光谱的应用是多方面的,多数应用与分子的电子结构有关。在配合物研究中,电子吸收光谱用于鉴别构型和中心原子的配位环境,也可用于研究溶液中的物质平衡以及研究有关物质的氧化还原性等。但是由于电子吸收谱带较宽、数目较少,电子吸收光谱直接用于对化合物进行指纹鉴定是困难的。

紫外光的波长范围为 4~400nm,其中 4~200nm 称为远紫外区,空气中的水汽、氧气、氮气、二氧化碳等都会吸收该区域的紫外光产生紫外-可见吸收光谱。进行远紫外区的测定时,为避免空气的干扰,要使仪器的测量系统处于真空中,因此,远紫外区又称为真空紫外区。这样的操作很麻烦,所以应用价值不大。常用波段是 200~400nm(紫外)和 400~780nm(可见)。玻璃会吸收小于 300nm 的紫外光,进行波长小于 300nm 的测定时要使用石英器件(图 8-14)[10]。

分子吸收紫外光或可见光后就会发生电子跃迁。很少发生单纯的电子跃迁,一般情况是,从电子振动基态的若干转动状态(取决于能级集居数)同时发生向某个或某些电子激发态的若干振动和转动状态的一系列跃迁(取决于旋律),在光谱图上显示为一个或多个谱带系;每个谱带系代表一对电子能级间的跃迁,包括若干个谱带;每个谱带都由伴随着同一电子跃迁发生的某一振动跃迁;而每个谱带又包含若干条谱线,每条谱线都由伴随着同一电子振动跃迁的某一转动跃迁。目前,对简单分子的气态试样已能分辨谱带系中的各条谱带;对一般的液态和固态试样,则只能记录下谱带系的带型。因而除谱带系结构可以分辨的少数场合外,一般可以把谱带系称作谱带。

分子的电子结构是有规律的。许多简单分子和配位体的分子轨道分别是对成键起重要作用的 σ 和 π 轨道,以及对成键不起重要作用的非键轨道。这些轨道间的电子跃迁常需较高的能量,谱带一般在紫外区和真空紫外区。只有较大的共轭 π 体系的谱带才可能出现在可见区。过渡金属 d 轨道在配位场作用下常有不同的能量,但能级差一般不大,有关的谱带常常在可见区和近红外区(5000~12000cm^{-1}),谱带强度比较弱。还有一种类型的跃迁称为电荷转移跃迁,谱带常在紫外或可见区,一般有较大强度。一般电子吸收光谱用于定性分析,谱带的位置和强度是重要参数[11],如图 8-15 所示。

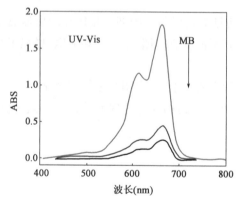

图 8-14 紫外-可见吸收光谱

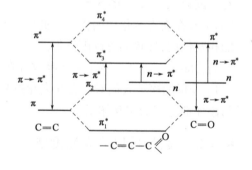

图 8-15 紫外-可见吸收光谱电子激发基本原理

8.3.2.2 紫外可见吸收光谱可获悉的信息

(1)可用于鉴定:将试样光谱和估计的物质光谱做比较,便可鉴定或推测是否存在杂质。

(2)可用于定量分析:吸收强度与物质的浓度有精确的比例关系,因而可进行高精度的定量分析。因此可进行同一溶液几种成分的各自分析,或由此测量反应速度或平衡常数。

(3)可获知电子状态:通常分子表现出其特征的光谱(吸收位置、吸收强度以及光谱形状),由光谱的特征可推测分子的电子状态及立体结构。

8.3.2.3 紫外吸收光谱的应用

利用紫外光谱来推测有机化合物的结构比较困难,但在200nm以上有紫外吸收时可提供如下信息:

(1)紫外吸收光谱中在200nm以上出现强吸收带($\varepsilon = 10000 \sim 20000$),表明至少有两个发色团共轭。

(2)紫外吸收光谱中仅在250~350nm区间出现一个弱的吸收带($\varepsilon = 10 \sim 200$),很可能是孤立羰基等的$n \rightarrow \pi^*$跃迁吸收带。

紫外光谱在定量分析方面有较多应用。例如,某个化合物或配合物的紫外吸收带在一定范围内,如果浓度与吸收带的强度之间存在线性关系,则可以利用紫外光谱来分析该化合物的含量,但是更多的还是应用定性分析,峰的强弱的相对变化、偏移等都是很重要的指标。

以沥青材料为例,采用Agilent Cary 60型紫外-可见分光光度计(图8-16)进行沥青材料测试。

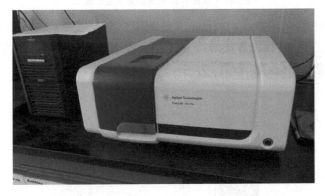

图8-16 Agilent Cary 60型紫外-可见分光光度计

沥青作为一种复杂的有机胶凝材料,其胶体结构可以简化为以沥青质为胶核,胶核表面吸附胶质,并逐渐向外扩散成胶团再分散于芳香分和饱和分中。由于沥青的流变性能与胶体结构,特别是各组分之间的相对含量有密切联系,可以通过表征沥青各组分含量变化,实现对沥青流变性能的预测,从而实现对沥青针入度等级或老化行为的表征。因此,根据沥青各组分在不同溶剂中的溶解性质,构建合适的沥青样本分散系,可以使其满足紫外-可见分光光度计的测试要求,这是实现分光光度法表征沥青材料老化特征的一种可行途径。

如图8-17所示,通过采用甲苯与正庚烷两种溶剂(取0.05g沥青,先加入0.25mL甲苯完全溶解沥青,再加入25mL正庚烷,剧烈振荡),配置沥青甲苯-正庚烷悬浮液分散系。由于沥青质溶于甲苯但不溶于正庚烷,而软沥青质(胶质、芳香分、饱和分)能溶于甲苯和正庚烷,因此在该分散系中,沥青质以固体颗粒形式存在($1 \sim 5\mu m$),而软沥青质以"溶液"形式存在。根据吸光度加和原理,沥青悬浮液分散系的吸光作用为沥青质颗粒吸光作用与软沥青质溶液吸光作用之和[12]。

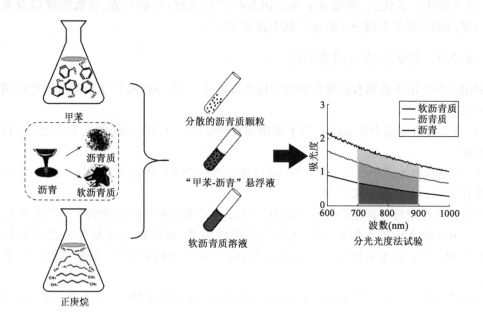

图 8-17 沥青甲苯-正庚烷悬浮液分散系

在分光光度测试时,采用 700~900nm 波长范围。沥青质颗粒与软沥青质溶液各自吸光原理如图 8-18 所示。其中,软沥青质溶液对光的吸收以瑞利散射作用为主,而沥青质颗粒对光的吸收以几何吸光作用(反射、折射)为主。

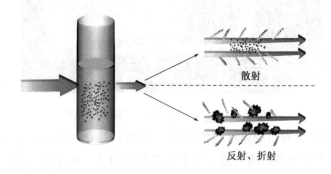

图 8-18 沥青甲苯-正庚烷悬浮液分散系各组分吸光原理

结合沥青老化过程中软沥青质向沥青质的转化规律,选取了多种来源与针入度等级的基质沥青,对不同老化状态下沥青悬浮液、软沥青质溶液、沥青质颗粒分散系分别进行吸光度测定发现:随着老化作用的进行,沥青悬浮液和沥青质颗粒分散系的吸光度都显著上升,而软沥青质溶液吸光度轻微下降(图 8-19)。可以认为,沥青老化过程中吸光度增加的主要原因是沥青质含量上升(单位质量沥青质颗粒比单位质量软沥青溶液吸光能力强,因此老化过程中同等质量的软沥青质转化为沥青质,导致沥青整体吸光度的增加)。结合沥青材料老化机理的理论基础,可以证明,在这种甲苯-正庚烷分散系中,沥青吸光度这一新指标一定程度上能够反映沥青组分变化规律。

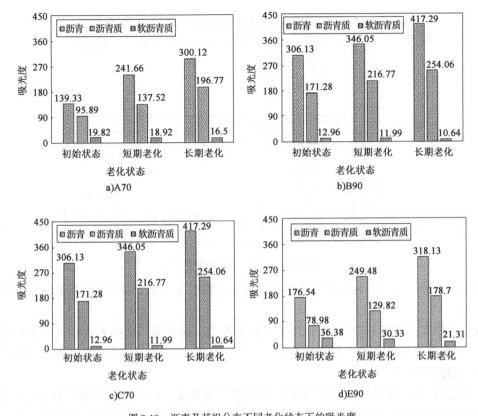

图 8-19 沥青及其组分在不同老化状态下的吸光度

8.3.3 荧光光谱

8.3.3.1 原理

荧光是一种现象,当某些物质被紫外线照射时,会发射出不同颜色和强度的可见光;当紫外线停止照射时,发出的光也迅速消失。

荧光技术的进步与现代科学仪器的演进紧密相连。在 19 世纪之前,荧光只能依赖肉眼观察。1928 年,Jette 和 West 推出了首个光电荧光计,但其灵敏度受限。1939 年,Zworykin 和 Rajchman 引入了光电倍增管,大幅提高了仪器的灵敏度。到了 1943 年,Dutton 和 Bailey 引入了荧光光谱的手动校正方法。1948 年,Studer 进一步推出了自动校正光谱设备。到 1952 年,第一套商用的校正光谱仪器问世。

当物质吸收光子时,光子的能量被传递给物质的分子,使其从一个低能级跃迁到一个高能级。这一跃迁过程非常快,为 10~15s。高能的紫外光和可见光光子可以使分子中的电子跃迁到不同的能级。这些高能状态的分子称为电子激发态分子。

电子激发态的多重态用 2S+1 表示。如果所有的电子都配对,那么分子处于单重态。大部分有机分子的基本状态都是单重态。如果一个分子吸收能量但电子的自旋方向没有变化,那么它处于激发的单重态。如果电子跃迁时自旋方向改变,分子将有两个未配对的电子,此时分子处于激发的三重态。如图 8-20 所示,这些不同的激发状态和基态有明确的表示。

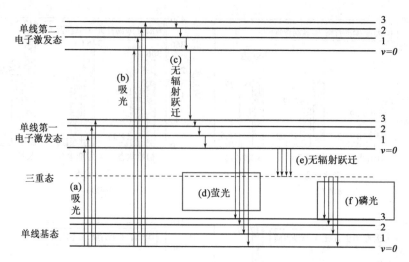

图 8-20　分子内的激发和衰变过程

荧光技术为观察和研究物质分子电子状态变化提供了手段,它在多个领域都有着重要的应用价值。

分子在激发态下并不稳定,它们会通过多种方式回到基态。这些方式既包括发射光子的辐射过程,也包括不伴随光子发射的非辐射过程。而激发态的分子也可能因为与其他分子的相互作用而降低活性。

在辐射衰变中,分子发射光子,表现为荧光或磷光现象。而在非辐射衰变中,如振动弛豫、内转化和系间跃迁等,分子不发射光子,而是将激发能转变为热能,进而传递给周围的介质。

8.3.3.2　光谱解析

在进行荧光分析时,除了可以观察到目标样本的荧光带,还可能观察到其他光谱带。激发光在分光器内会发生散射或反射,尤其是通过衍射光栅形成二次光。当激发光散射到试样的微粒或池壁并进入分光器时,可能在光谱中观察到与激发光波长相同的峰。同时,由于散射或反射的激发光在分光器内产生,可能在激发光波长的两倍处出现光谱峰。

如果采用的溶剂对拉曼效应敏感,强激发光可能会引起拉曼散射。通过改变激发波长并观察拉曼光谱带是否移动,可以确定其来源。常用溶剂的拉曼峰位置见表 8-2。

主要溶剂的拉曼峰位置　　　　　　　　　　表 8-2

激发波长(nm)	水	乙醇	环己烷	三氯甲烷
248	271	267	267	—
313	350	344	344	346
365	416	405	408	410
405	469	459	458	461
436	511	500	499	502

为了确认杂质或溶剂的荧光,可以在相同的条件下测试不含待测样品的空白溶液,或比较不同浓度的样品溶液的荧光光谱。某些分子因为振动导致极化率变化,从而能够吸收或释放

与振动能级对应的光,产生与入射光频率不同的散射光,即拉曼散射。这种特性意味着分子具有拉曼活性。

8.3.4 核磁共振波谱法

核磁共振(NMR)是一种分子吸收光谱技术,与红外和紫外光谱在某些方面类似,但其操作在无线电波的射频范围,特定于兆赫兹(MHz)。尽管红外光谱与分子的振动跃迁有关,而紫外可见吸收光谱与电子能级的跃迁有关,但 NMR 是独特的,因为它关注在强磁场中特定原子核的能级裂分。只有当原子核吸收的辐射能量与其能级差匹配时,才会触发能量的跃迁和共振信号的产生。

NMR 谱上的共振信号可以为揭示分子的细节提供信息,如官能团、分子构象等。同时,信号的强度通常与样品中相关原子核的数量相对应(图 8-21)。

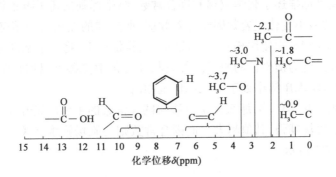

图 8-21 NWR 谱原子激振原理

NWR 谱是一种强大的工具,能够通过对特定原子核使用特定频率的电磁辐射来提供有关材料分子结构的详细信息。在这个过程中,记录下的共振信号展示了原子核在其化学环境中的特性。

8.3.4.1 NMR 的分类

NMR 谱根据探测的目标不同,可以细分为多种类型。其中,^{1}H-NMR(氢谱)和 ^{13}C-NMR(碳谱)使用最为广泛。尽管如此,其他如 19F、31P 和 15N 等也有其专用的 NMR 谱。另外,NMR 也可以根据样品状态进行分类:液态 NMR 用于检测溶解于溶剂中的样品,而固态 NMR 则专门针对固态样品,后者在高分子结构分析中尤为关键。

原子由原子核和电子组成。质子和中子构成了原子核的主体,它们不仅带有质量,而且带有电荷。需要注意的是,某些原子核能够围绕其核心进行自旋。这种自旋有其特定的量子数值,如 0、1/2、1、3/2 等。当 $I = 0$ 时,表示原子核无自旋。每个质子和中子都具有自旋特性,而整个原子核的自旋量子数是这些单独自旋的总和。

具体到各种原子核,当它的原子序数和质量数都是偶数时,它的自旋量子数为零,这意味着这种原子核没有 NMR 信号,如 ^{12}C 和 ^{16}O。但是,当一个原子核的原子序数为奇数或偶数,而质量数为奇数时,其自旋量子数为半整数。相反,当原子序数为奇数,质量数为偶数时,其自旋量子数则为整数。相关原子核的具体例子可以在表 8-3 中找到。

原子核的自旋子数[13]　　　　　　　　　　　表 8-3

原子序	质量数	I	实例
偶	偶	0	$_{6}^{12}C$、$_{8}^{16}O$、$_{16}^{32}S$
奇	偶	整数	$_{1}^{2}D(I=1)$、$_{5}^{10}D(I=3)$
奇、偶	奇	半整数	$_{1}^{1}H$、$_{6}^{13}C$、$_{9}^{19}F$、$_{7}^{15}N$、$_{15}^{31}P(I=1/2)$ $_{8}^{17}O(I=5/2)$、$_{5}^{15}B(I=3/2)$

8.3.4.2　谱图的表示方法

NMR 分析中,化学位移和耦合常数是揭示化合物分子结构的关键参数。NMR 谱展示了各种吸收峰,其中横坐标描述了化学位移和耦合常数,纵坐标则描述了吸收强度。

质子共振频率的微小变化主要归因于屏蔽效应,而这样的变化对于精确分辨是具有挑战性的。为了解决这个问题,常使用相对化学位移。通常情况下,将四甲基硅烷(TMS)作为标准物质,并将其吸收峰设定为横坐标的原点。各吸收峰的化学位移可以用化学参数来表示。而耦合常数 J,通常在 ^{1}H-NMR 谱中处于 1~20Hz 范围内。

若选择以 Hz 表示化学位移,那么化学位移与耦合常数的主要区别在于:化学位移与所使用的磁场强度相关,磁场越强,其值越大。而耦合常数则与磁场强度无关,它仅与化合物的具体结构关联,如图 8-22 所示。

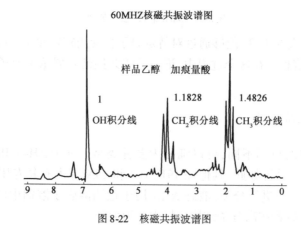

图 8-22　核磁共振波谱图

^{1}H-NMR 谱图可以提供的主要信息如下:

(1)化学位移值:确认氢原子所处的化学环境,即属于何种基团。
(2)耦合常数:推断相邻氢原子的关系与结构。
(3)吸收峰的面积:确定分子中各类氢原子的数量比。
(4)化学位移、耦合常数与分子结构的关系:由于处于同一种基团中的氢原子具有相似的化学位移,图 8-23 中给出了常见基团中质子的化学位移。

只要掌握前三个信息,特别是化学位移值和耦合常数就能解析 NMR 谱图。

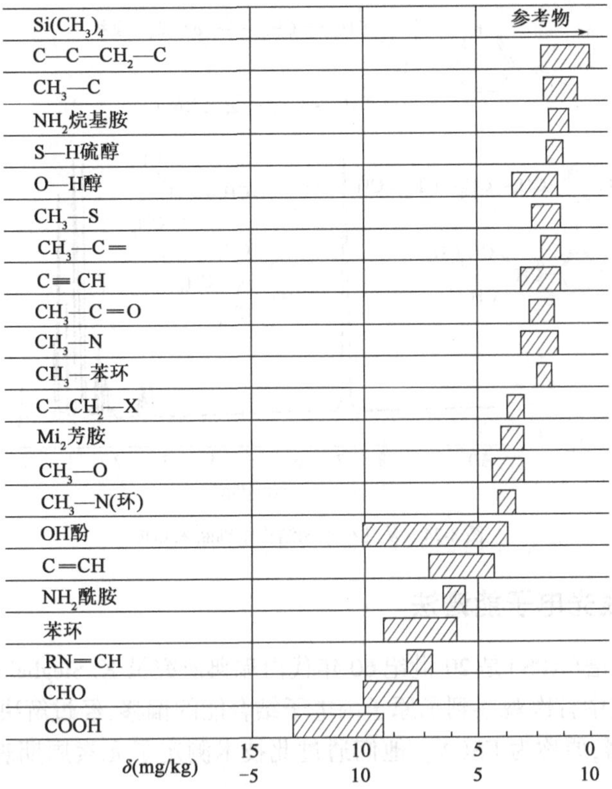

基团				
Si(CH₃)₄				参考物
C—C—CH₂—C				▨
CH₃—C				▨
NH₂烷基胺				▨
S—H硫醇				▨
O—H醇				▨
CH₃—S				▨
CH₃—C=				▨
C=CH				▨
CH₃—C=O				▨
CH₃—N				▨
CH₃—苯环				▨
C—CH₂—X			▨	
Mi₂芳胺			▨	
CH₃—O			▨	
CH₃—N(环)			▨	
OH酚		▨▨▨▨▨		
C=CH		▨▨		
NH₂酰胺		▨		
苯环		▨▨		
RN=CH		▨		
CHO		▨▨		
COOH	▨▨			
δ(mg/kg)	15 10 5 0			
	-5 10 5 10			

图 8-23 常见基团中质子的化学位移

8.3.4.3 谱图解析实例

1) 谱图解析注意事项

(1) 检查得到的谱图是否正确，可通过观察 TMS 基准峰与谱图基线是否正常来判断。

(2) 计算各峰信号的相对面积，求出不同基团间的 H 原子或 C 原子数之比。

(3) 确定化学位移大约代表什么基团，在氢谱中要特别注意孤立的单峰，然后解析偶合峰。

(4) 对于一些较复杂的谱图，仅仅靠核磁共振谱来确定结构会有困难，还需要与其他分析手段相配合。

2) 实例

图 8-24 的 ¹H-NMR 谱图为 a～d 四种化合物中的一种，请判断是哪一种。

图 8-24 中有五组信号，首先排除 c 和 d。依据 $\delta=1.2$mg/kg 处双重峰很大，推测可能为 b，再确认图中各特征。图中积分强度比为 3:3:2:1:5，与 b 的结构相符，各基团化学位移如下：

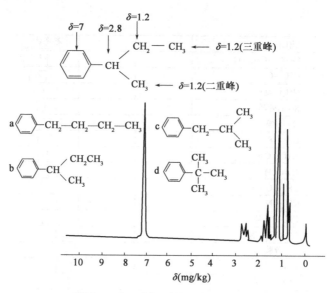

图 8-24 从几种推测结构中判断未知物

8.3.5 X 射线光电子能谱法

X 射线光电子能谱(XPS)是 20 世纪 60 年代由瑞典研究员 K. Siegbahn 及其团队研发的分析手段。他们在研究中首次观察到了原子内电子结合能的偏移,经过解决一系列技术难题,成功地研发了 XPS 仪器,原称为 ESCA。他们通过此技术测定了元素周期表中多数元素的轨道结合能[14]。

作为表面分析的主要技术,XPS 不仅可以确定物质表面的化学组成,还可以鉴别各元素的化学状态,这使得它在化学、材料科学和表面科学领域都得到了广泛的应用。随着科技的进步,XPS 技术也在不断进化,如今的小面积 XPS 技术已大幅提高了其空间分辨率。

8.3.5.1 X 射线光电子谱基本原理

1) 光电效应(photoelectron effect)

根据量子物理理论,原子中的电子处在不同的能级上,当入射光子的能量达到一定程度($h\nu > E_B$)时就可发生光电离(图 8-25)[14]。

$$M + h\nu \rightarrow M^{+*} + e^{-1} \tag{8-7}$$

$$E_K = h\nu - E_B (\text{Einstein 的光电子发射公式}) \tag{8-8}$$

式中:ν——光子的频率,Hz;

E_B——内层电子的轨道结合能,J;

E_K——被入射光子所激发出的光电子的动能,J;

$h\nu$——入射光子(X 射线或 UV)能量,J。

在光电离过程中,光子与物质原子、分子碰撞后将全部能量传给原子中的电子而自身湮没。光电离过程与电子的其他电离过程一样,性质上都是一个电子跃迁过程,但与一般电子的吸收和发射过程不同,光电离是一步过程,不需遵守一定的选择定则,即任何轨道上的电子都可能被光子电离。它是一个共振吸收过程,满足条件 $h\nu = \Delta E$ 在光电离过程中产生的光电子强度与光电离截面有关。图 8-26 为不同元素的光电离截面与原子序数之间的关系。光电离截面与原子轨道的半径和原子序数有关。一般来说，原子半径越小，光电离截面越大，光电离的概率越大；原子序数越大，光电离的概率也越大[2]。

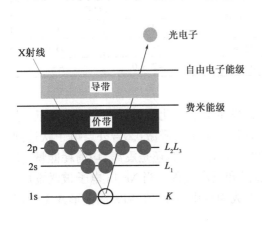

图 8-25　光电效应

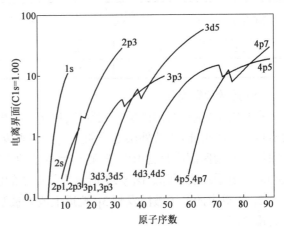

图 8-26　元素光电离截面的计算值(AlKa 辐射，参照 C1s =1.00)

2) 弛豫过程

通常情况下光电离过程中产生的终态离子(M^{+*})是很不稳定的，常常会发生下面两种弛豫过程：

(1) 荧光辐射弛豫过程：原子中的内层电子被激发后产生空穴，其外层电子向该空穴跃迁，释放出的能量以光子形式释放出来，形成荧光辐射。

$$M^{+*} \rightarrow M + h\nu \tag{8-9}$$

(2) 俄歇过程(非辐射弛豫)：处于高能级的电子向光激发产生的内层电子空穴跃迁，产生的能量将较外层电子激发成游离电子。

$$M^{+*} \rightarrow M^{2+} + e^{-} \quad （Auger 效应） \tag{8-10}$$

8.3.5.2　X 射线光电子谱分析方法

X 射线光电子谱线谱由一组谱峰和背底谱线组成，它们包含了被分析物质元素组成和结构方面非常有价值的信息，如化学位移、俄歇电子谱线、电子自旋轨道分裂、价电子结构等。在具体分析中，有全谱扫描(能量扫描范围一般取 0~1200eV)和窄区扫描。

1) 定性分析

(1) 光电子谱线

光电子谱线的特点是一般情况下比较窄而且对称。

(2) X 射线的伴峰

一般情况下，X 射线源并非完全单一引起，同时区别电子峰和射线光电子峰。

(3) Auger 谱线

由于 Auger 电子的动能是固定的，X 射线光电子的结合能也是固定的，因此，可以通过改变激发源(如 Al/Mg 双阳极 X 射线源、Mg 阳极射线源)观察伴峰位置的改变与否。

(4) X射线"鬼峰"

电源的阳极可能不纯或被污染,则产生的X射线也不纯,表8-4为常见的污染辐射。

常见的污染辐射　　　　　　　表8-4

污染辐射	阳极材料		污染辐射	阳极材料	
	Mg	Al		Mg	Al
O(Ka)	728.7	961.7	Mg(Ka)	—	233.0
Cu(La)	323.9	556.9	Al(La)	−233.0	—

(5) 震激和震离线

在光电子发射中,因内层形成空位,原子中心电位发生突然变化将引起外壳电子跃迁,这时有以下两种可能:①若外层电子跃迁到更高能级,则称为电子的震激;②若外层电子跃过到非束缚的连续区而成为自由电子,则称为电子的震离。无论是震激还是震离,均消耗能量,使最初的光电子动能下降。图8-27所示为氖原子的震激和震离过程。当Ne 1s电子被激发后,一个2p轨道上的电子被激发到3p轨道上或者被激发成为自由电子,在XPS图上形成震激峰或者震离峰[15]。

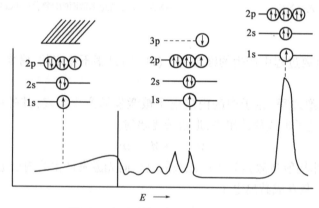

图8-27　氖原子的震激和震离过程示意图

(6) 多重分裂

当原子的价壳层有未成对的自旋电子时,光致电离所形成的内层空位将与之发生耦合,使体系出现不止一个终态,表现在XPS谱图上即谱线分裂。图8-28中,Mn^{2+}在X射线作用下,一个3s轨道电子被激发,可以产生两种孔穴,即3d轨道上的未成对电子与3s轨道上的空位耦合,在XPS谱图上(图8-29)形成多重耦合分裂峰,图中Mn 3s表示Mn的3s电子轨道,^{5}s和^{7}s分别表示Mn的3s轨道电子电离后原子终态的光谱项。

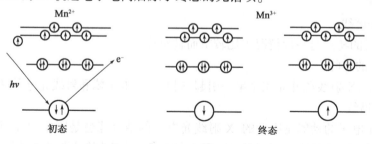

图8-28　Mn^{2+}的3s轨道电离时的两种终态

(7) 能量损失峰

光电子在离开样品表面的过程中有可能与表面的其他电子相互作用而损失一定的能量,从而在 XPS 低动能侧出现一些伴峰,即能量损失峰。如图 8-30 所示,在 Al 2s 峰的左侧出现若干强度明显减弱的峰,即能量损失峰,其中 a 为表面等离子表面激元损失峰,b、c、d 和 e 为等离子激元损失峰。

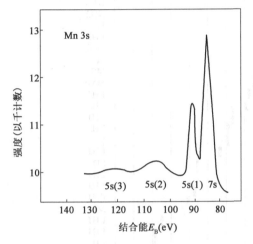

图 8-29　MnF_2 的 Mn 3s 电子的 XPS 谱　　　　图 8-30　Al 2s 峰及相关的能量损失峰

2) 化学态分析

原子结合状态和电子分布状态可以通过内壳层电子能谱的化学位移推知。

(1) 光电子谱线化学位移

电子的结合能会随电子环境的变化发生化学位移,而化学位移的大小又与原子上电荷密度密切相关[元素的电荷密度受原子周围环境(如电荷、元素价态、成键情况等)的影响],因此可以通过测得化学位移,分析元素的状态和结构。谱线能量的精确测定是化学态分析的关键。图 8-31 为硫原子 2p 电子在不同化学环境中的结合能图,在测得 2p 电子结合能的情况下,可以推断硫原子的化学态。同一元素原子不同的轨道电子的结合能,可能因化学环境的不同而不同。如图 8-32 所示,Ti 和 TiO_2 的 $2p_{1/2}$ 和 $2p_{3/2}$ 电子的结合能之差分别为 6.15eV 和 5.7eV。此外,原子化学环境的变化也会引起光电子峰半高峰宽的变化,表 8-5 列出了部分 C 1s 电子在不同化合物中光电子峰的半高峰宽。

表 8-5　C 1s 在不同化学状态下半峰高宽的变化

材料	CF_4	C_6H_6	CO	CH_4
半高峰宽(eV)	0.52	0.57	0.65	0.72

(2) 俄歇谱线化学位移和俄歇参数

最尖锐的俄歇线动能减去最强的 XPS 光电子线能所得到的动能差称为俄歇参数,即

$$\alpha = E_K^A - E_K^P \tag{8-11}$$

它与静电无关,只与化合物本身有关。它可进一步改为

$$\alpha' = \alpha + h\nu = E_K^A + E_B^P \tag{8-12}$$

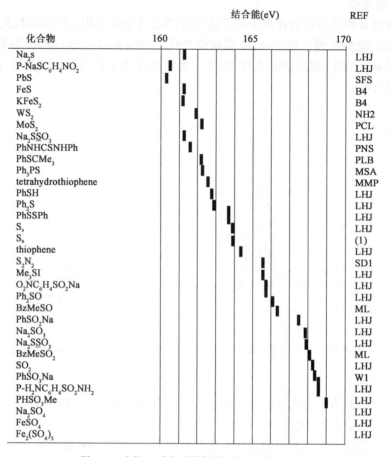

图 8-31 硫的 2p 峰在不同化学状态下的结合能值

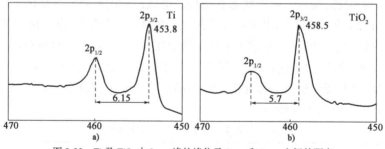

图 8-32 Ti 及 TiO_2 中 $2p_{3/2}$ 峰的峰位及 $2p_{1/2}$ 和 $2p_{3/2}$ 之间的距离

以结合能 E_B^P 为横坐标,以 E_K^A 为纵坐标,以 α' 为对角参数,给出二维化学状态平面图,利用这个图可以方便地识别表面元素的化学状态。

俄歇参数对分析元素状态非常有用。此外,在一般情况下,俄歇谱线所表现的化学位移常比 XPS 光电子谱线表现的化学位移大。

(3) 震激谱线

过渡元素,如稀土元素和锕系元素的顺磁化合物的 XPS 谱中常常出现震激现象,因此常用震激效应存在与否来鉴别顺磁态化合物是否存在。Cu 没有 $2p_{3/2}$ 谱线的震激伴峰,可以以此来区分 Cu 与 CuO 等化合物。

(4) 多重分裂

过渡元素及其化合物的电子能谱中均发生多重裂分,其裂分的距离与元素的化学状态密切相关,因此可以根据谱线是否裂分以及裂分的距离再结合谱线能量的位移和峰形的变化来准确地确定元素的化学状态。

(5) 俄歇线形

KVV、LVV、LMV 等价壳层俄歇线的外形与一定的化学状态有着内在的联系,可以用来分析元素的化学状态。图 8-33 为 Ag 的 XPS 谱,图中在 895.5eV 和 901.5eV 处有俄歇峰。图 8-34 为 Ni 的 XPS 谱,从中也可以看到明显的俄歇峰[16]。

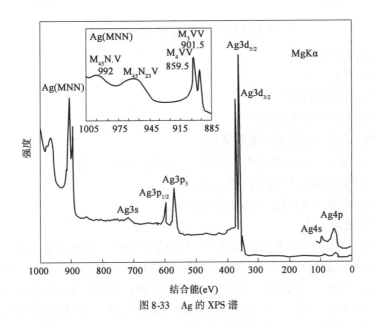

图 8-33　Ag 的 XPS 谱

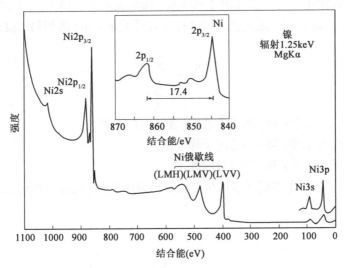

图 8-34　Ni 的 XPS 谱(谱中可见明显的俄歇峰)

3)定量分析

常用的 XPS 定量方法有标样法、元素灵敏度因子法和一级原理模型。标样法需制备一定数量的标准样品作为参考且标样的表面结构和组成难以长期稳定和重复使用,故一般试验研究均不采用。目前 XPS 定量分析多采用元素灵敏度因子法,该方法以特定元素谱线强度为参考标准测得其他元素相对谱线强度求得各元素的相对含量[17]。

(1)一级原理模型

一级原理模型是从光电子发射的"三步模型"出发将所观测到的谱线强度和激发源待测样品的性质以及谱仪的检测条件等统一起来考虑,形成一定的物理模型,依据此模型光电子的能量可用式(8-17)表示。

$$I_{ij} = KT(E)L_{ij}(\gamma)\sigma_{ij}\int n_i(z) e^{\frac{-z}{\lambda(E)\cos\theta}} dz \tag{8-13}$$

式中:I_{ij}——i 元素 j 峰的面积;

K——仪器常数;

$T(E)$——分析器的传输函数;

$L_{ij}(\gamma)$——i 元素 j 轨道的角不对称;

σ_{ij}——表面 i 元素 j 轨道的光电离截面;

$n_i(z)$——表面 i 元素在表面下距离 z 处的原子浓度,atoms/cm³;

$\lambda(E)$——光电子的非弹性平均自由程,nm;

θ——测量的光电子相对于表面法线的夹角,°。

(2)元素灵敏度因子法

元素灵敏度因子法是一种在 XPS 分析中常用的半经验性相对定量方法。这种方法依赖于预先测定的元素灵敏度因子(Sensitivity Factor,S),这些因子反映了不同元素在相同条件下产生光电子的效率差异。灵敏度因子 S_i 和 S_j 是元素 i 和 j 特有的,它们与元素的性质、仪器的检测效率以及实验条件有关。在均匀无限厚固体表面的情况下,如果两个元素 i 和 j 的灵敏度因子已知,并且已经测出了它们的光电子峰强度(通常表示为 I_i 和 I_j,这里假设已经以某种方式归一化或校正过),那么可以通过公式(8-14)来计算元素 i 和 j 的相对浓度或原子比:

$$\frac{n_i}{n_j} = \frac{\frac{I_i}{S_i}}{\frac{I_j}{S_j}} \tag{8-14}$$

式中:n_i、n_j——分别为元素 i 和 j 的原子浓度(或相对原子数);

I_i、I_j——分别为元素 i 和 j 的光电子峰强度;

S_i、S_j——分别为元素 i 和 j 的灵敏度因子。

通过灵敏度因子来校正不同元素产生光电子的效率差异,从而得到元素之间的相对浓度。一般情况下,

$$C_i = \frac{\frac{I_i}{S_i}}{\sum_j \frac{I_j}{S_j}} \tag{8-15}$$

使用原子灵敏度因子法准确度优于15%。

在实际的定量分析中,元素的灵敏度因子可以从专业的 XPS 数据库中查找得到。

8.4 材料的物理构成测试方法

8.4.1 凝胶渗透色谱法

8.4.1.1 基本原理

凝胶渗透色谱分析(Gel-permeation Chromatogram,GPC)是测定分子量分布的技术,是利用聚合物溶液通过特种多孔性填料组成的柱子,在柱子上按照分子大小进行分离的方法。GPC 是液体色谱的一种,可以用来测试分子量分布,如图 8-35 所示。

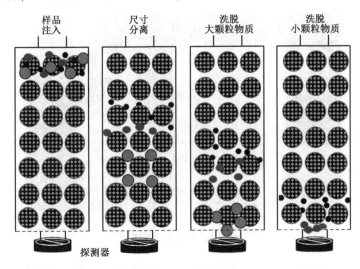

图 8-35　GPC 测试原理

GPC 是一种用溶剂作为流动相,用多孔性填料或凝胶作为分离介质的柱色谱。GPC 的分离作用首先是由大小不同的分子在多孔性填料中所占据的空间体积不同而造成的。色谱柱中所填装的多孔性填料的表面和内部有大小不同的孔洞及通道,填料的孔径在制备时已经加以控制。当聚合物溶液进入柱子后,由于浓度差别,溶质分子都力图向填料内部孔洞渗透。试样中尺寸较小的分子可以进所有的孔;试样中较大的分子能扩散进入填料中那些较大的孔;分子尺寸比填料中所有的孔还要大的分子不能进入孔内,只能在填料颗粒间隙中流动。随着溶剂淋洗过程的进行,经过多次渗透-扩散平衡,试样中最大的分子最先流出柱外,其次是尺寸较小的分子,最小的分子依次被推迟至最后流出,这样就达到了按分子尺寸大小分离试样的目的。试样溶液流经多孔填料时,其中各组分的淋出体积取决于组分的分子尺寸大小和填料孔径分布。试样在色谱柱中被按分子大小分离后,只要在色谱柱的出口处安置一个检测器和自动记录系统,检测经分离后各组分的浓度,就可以得到试样的色谱图。根据分子量-淋出体积校正曲线,可以得到样品分子量分布的色谱图。

沥青的分子量、分子量分布状态是沥青性能表现的内在原因,除聚集状态的差异外,沥青的分子量对也对沥青性能有较大影响。分子量大,分子间作用力就强,分子链段产生相对位移或整个分子的运动较难,黏度大,温度敏感性就小;分子量小时,分子链段较多,链的排列疏松,温度变化有利于链的运动,黏度较小,温度敏感性就大。

8.4.1.2 表征分析

GPC测试系统(图8-36)是一个由计算机控制的液体循环仪器,包括进水器、双头水泵、RI检测器和两根凝胶柱。四氢呋喃被用来溶解样品和作为流动相,流速为1.0mL/min,保持恒温35℃。样本的浓度为0.25%(相对质量)。50uL溶解后的沥青被装入注射器,此时沥青被分散为分子尺度通过一系列的过滤器。每种沥青测试三次GPC,汇总得到每种沥青大分子分子量。典型的分层色谱如图8-37所示。由于改性剂的分子量较大,从图中可以看出在沥青分层色谱图的前方出现了一个小峰值。从图8-37也可以看出,模量更大的沥青有相对更大的LMS(大分子含量)。

图8-36 GPC测试系统

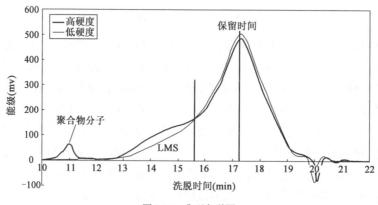

图8-37 典型色谱图

如图8-38所示,对比老化前后LMS值的变化规律可以发现,A0、A1和A2随着短期老化和长期老化的进行,LMS值增大,说明沥青中大分子的组分增大。而A3则出现了相反的情况,随着老化程度的加深,LMS值逐渐减小,这可能是由于高模量剂在老化后逐渐降解为小分子。根据文献，LMS 值对沥青的性能有影响，因此，对原样沥青的 LMS 与其旋转黏度、64℃车辙因子和失败温度进行拟合，如图 8-39 所示。LMS 与沥青旋转黏度、车辙因子和失败温度呈指数相关，并有很好的拟合程度。随着 LMS 的增大，分子间作用力增强，分子链段产生相对位移或整个分子的运动较难，使得沥青的旋转黏度大，车辙因子增大，失败温度升高。由此说明，可以通过微观分子组成的变化来预测宏观性能的变化。

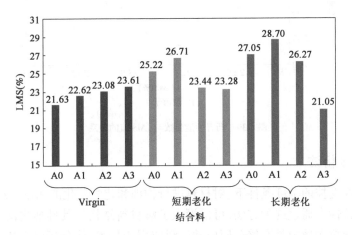

图 8-38　不同老化状态的 LMS 值

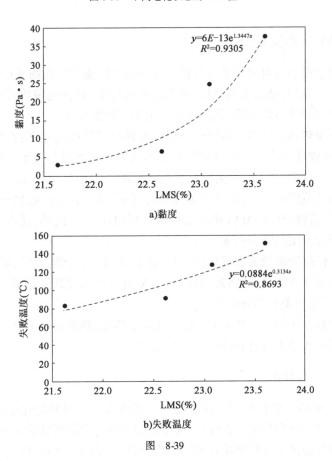

a) 黏度

b) 失败温度

图　8-39

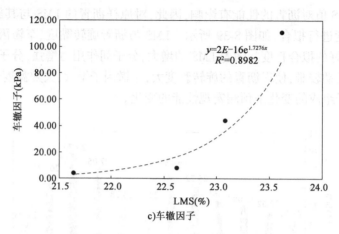

c)车辙因子

图 8-39　沥青性能参数与 LMS 值的关系

8.4.2　热分析法

热分析法是在受控的温度条件下,对材料进行物理和化学变化的测量,以在特定温度下确定材料的组分和特性。通过这种方法,可以深入了解材料结构与其性能之间的联系以及反应模式。作为材料分析领域中具有悠久历史并广泛应用的技术,热分析已经成为主要的材料分析手段之一[18]。

8.4.2.1　热分析定义及分类

热分析技术通过热手段对物质进行分析。这种技术侧重于研究物质在受热或冷却过程中的物理和化学变化。例如,结晶水的释放、化学碎片的挥发、热量的吸收或放出以及材料质量的增减。它涉及物质的热力学性质、物理性质和电学性质的变化。

国际热分析及量热协会(ICTAC)对热分析技术进行了明确的定义:在特定的温度和大气条件下,对物质某种物理属性与温度及时间之间的关系进行测量的技术。这一定义已得到国际纯粹与应用化学联合会(IUAC)和美国材料与试验协会(ASTM)的认同。

热分析技术涵盖范围广泛,包括但不限于热重分析(TG/TGA)、差热分析(DTA)、差示扫描量热法(DSC)、热机械分析(TMA)和动态机械分析(DMA)。此外,还有一些结合上述方法以及与其他技术结合使用的联合技术[19]。

这些方法主要依据所测量的物理属性区分,涵盖了热学、力学、光学、电学、磁学和声学等多种物理属性。需要注意的是,虽然某些技术,如 X 射线衍射或红外光谱,有时也在受热条件下进行,但它们并不被归类为热分析技术。

最常用的热分析方法包括差热分析、差示扫描量热法、热重分析和热-力学分析法。这些方法可帮助人们更深入地了解材料的性质和行为[20]。

8.4.2.2　DTA 与 DSC

DTA 和 DSC 是两种热分析技术。在 DTA 中,监测样品和参照物在受控温度条件下的温度差异。而在 DSC 中,为了维持样品和参照物的温度恒定,需要测量输入的功率差。

这两种方法的核心都是观察物质在不同温度条件下,由于某些物理或化学变化而产生的热效应,包括吸热和放热。例如,吸热过程可能包括熔化、蒸发、升华、化学吸附和脱结晶水等。而放热过程可能涉及气体吸附、结晶、氧化分解等。同时,某些过程,如结晶形态的转变或固态反应,可能会吸收或释放热量。

尽管这些方法可以提供物质在不同温度下的热响应数据,但它们并不直接反映物质是否经历了质量变化,也不能区分物理变化和化学变化。它们主要观察在特定温度下发生的反应或转变的热效应,而不是反应的具体机制或性质[21]。

8.4.2.3 DTA与DSC仪器的组成与原理

1) DTA装置的组成与原理

DTA装置主要包括炉体、温度控制模块、微伏信号放大器和数据处理系统。炉体的核心元件是样品托盘,它由样品和参照物的容器、热电偶及其支架构成。在先进的DTA仪器中,温度控制、信号放大和数据处理通常都由计算机自动化完成。DTA的基础工作模式如图8-40所示。

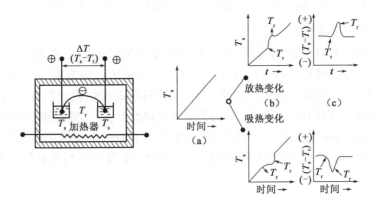

图8-40 DTA的基础工作模式

将试样(s)和参照物(r)分别放在加热炉内相应的杯中(常用铝坩埚,高温时用白金、陶瓷坩埚),当炉子按某一程序升、降温时,测温热电偶测得参照物的温度T_r并输入计算机,由计算机控制升温。差值热电偶测得试样温度(T_s)与参照物的温差$\Delta T(=T_s-T_r)$,经放大后输入计算机,由计算机记录所有数据,并对数据进行必要的处理,标出各种特征值,将数据存储,最后由绘图仪绘出DTA曲线。

目前,已有可在 $-190 \sim 2400$℃和极限压力从1.33×10^{-4}Pa(10^{-6}Torr)到几百个大气压下(1atm = 101325Pa)测定试样DTA曲线的仪器。

2) 差示扫描量热计的组成与原理

普通差示扫描量热计仅能测量温差,其大小虽与吸放热焓的大小有关,但由于差示扫描热量计与试样内的热阻有关,不能定量测量焓变ΔH,而差示扫描热量计可完成这一任务。常用的差示扫描热量计有热流式与功率补偿式两种。

(1) 热流式差示扫描热量计

热流式差示扫描热量计又称定量差示扫描热量计(图8-41),它将感温元件由样品中改放到外面,但紧靠试样和参照物,以消除试样热阻R随温度变化的影响,而仪器热阻的变化在整个要求的温度范围内是可被测定的,导致在试样和感温元件间出现一个热滞后,以R对温度的校正可使被校正的 ΔT 峰变成转变的能。(原 Du Pont 和 Mettler 等公司的产品为该形式[22]。)

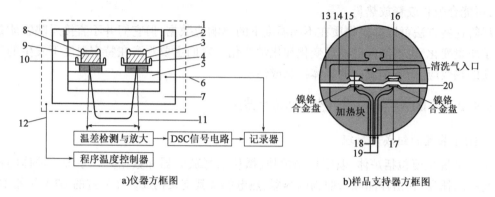

图 8-41 热流式 DSC 方框图

1-电炉;2、8-容器;3-参照物(r);4、10-支持器;5-散热片;6、12-测温热电偶;7-金属均温块;9-试样(s);11-温差热电偶;13-银圈;14-样品室;15-参照皿;16-试样皿;17-热电偶;18-铝镁合金丝;19-镍铬合金丝;20-康铜合金片

(2) 功率补偿式差示扫描热量计

1963 年, Watson 和 O'neill 等在美国匹兹堡的分析化学与应用光谱会议上首次引入了 DSC 法,并成功研发了相关仪器。这种方法采用两个独立的量热容器,在一个恒定的温度下($\Delta T=0$)通过热补偿机制保持两容器的热平衡,实现对样品吸热或放热行为的准确测定。因为这两个容器都处于程序控温环境中,采用了封闭回路设计,所以其能够迅速而精确地测定热容和焓变。Perkin-Elmer 公司基于此技术,后来生产出了 DSC-1 型的商业化仪器。相比 DTA 设备,DSC 设备中增加了一个功率补偿控制模块。图 8-42 展示了功率补偿式 DSC 的框架和工作原理图。

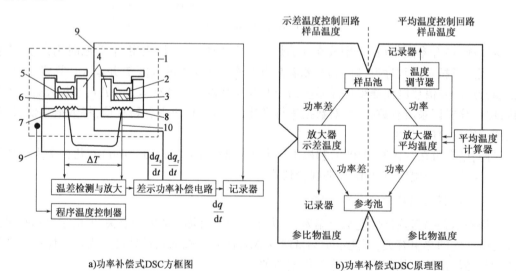

图 8-42 功率补偿式 DSC 的方框图与原理图

1-电炉;2、5-容器;3-参照物(r);4-支持器;6-试样(s);7、8-加热器;9-测温热电偶;10-温差热电偶

为了满足不同的测量需求,现在的商业 DTA 和 DSC 设备有多种型号,如标准型(温度范围从 175℃到 725℃)、高温型(温度范围从室温到 1500℃)以及高灵敏型(主要用于液体样品)。

3) 几个热分析专用术语

(1) 热分析曲线:在程控温度下,用热分析仪扫描出的物理量与温度或时间的关系曲线,指热分析仪器直接给出的原曲线。

(2) 升温速率(dT/dt 或 β):程控温度对时间的变化率。其值可正、可负或为零,且不一定是常数,单位为 K/min 或℃/min。

(3) 差或差示:在程控温度下,两相同物理量之差。

(4) 微商或导数:在程控温度下,物理量对温度或时间的变化率。

8.4.2.4 DTA 与 DSC 峰面积的计算

1) DTA 曲线的特征温度和表示方法

(1) DTA 峰面积的计算

如图 8-43 所示,将试样(s)和参照物(r)同放在温度为 T_w 的保温块中,若忽略试样与参照物温度分布的不均一,则可由热电偶测得各自温度 T_s、T_r。若 T_w 以一定速度 $\Phi = dT_w/dt$ 变化,则参照物在 $t=0$ 时 $T_r = T_w$;当 T_w 开始随时间 t 增加时,因参照物和容器有热容 C_r,将产生一定的滞后,再随 T_w 成比例地上升;样品因具有与参照物不同的热容 C_r,其温度 T_s 随 T_w 的变化滞后的时间将与 T_r 不同而出现明显的差距。图 8-43a) 所示为 DTA 的理想曲线,是 $\Delta T(= T_s - T_r)$ 对时间 t 作图,此时 t 与温度呈线性关系。在图 8-43b) 中,曲线达到 a 点之前试样不发生热变化,ΔT 为定值,曲线为水平,即基线,此时 $\Delta T = \Delta T_a$:

$$\Delta T_a = \frac{C_r - C_r}{K}\Phi \tag{8-16}$$

式中:K——比例系数,与温度无依赖关系;

其他符号定义同前。

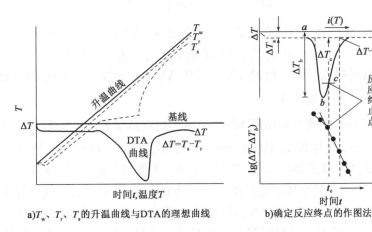

a) T_w、T_r、T_s 的升温曲线与DTA的理想曲线   b) 确定反应终点的作图法

图 8-43 DTA 曲线的分析

在试验中,基线的平直非常重要。若基线不稳会带来假象以致掩盖真正的变化。ΔT 到达点 a 后试样开始吸热。ΔT 不是定值,随时间急剧增大,需环境向试样供热。而环境的供热速度有限,吸热使试样的温升变慢使 ΔT 增大到 b 点时达极大值 ΔT_b,吸热反应开始变缓,到 c 点

时反应停止,试样自然升温。若以 ΔH 表示试样吸(放)的热量,在环境升温速率 Φ 恒定时有

$$C_s = \frac{d\Delta T}{dt} = \frac{d\Delta H}{dt} - K(\Delta T - \Delta T_a) \tag{8-17}$$

在 b 点,ΔT 达极大值 ΔT_b,此时 $d\Delta T/dt = 0$,则有

$$\Delta T_b - \Delta T_a = \frac{1}{K} \cdot \frac{d\Delta H}{dt} \tag{8-18}$$

反应从始点 a 进行到终点 c,整个过程变化的总热量为

$$\Delta H = C_s(\Delta T_c - \Delta T_a) + K\int_a^c (\Delta T - \Delta T_a) dt \tag{8-19}$$

为简化上式,可假定 c 点偏离基线不远,即 $\Delta T \approx \Delta T_a$,则有

$$\Delta H = K\int_a^\infty (\Delta T - \Delta T_a) dt = KA \tag{8-20}$$

式中:A——DTA 峰的面积;

K——传热系数,当仪器与操作条件确定后应为常数,而对 DTA 来说,K 随温度而变化,因而由 DTA 峰面积不能直接求热量。

(2)反应终点的确定

在反应终点 c 时,由于反应热效应结束,$dH/dt = 0$,则式(8-17)可简化为

$$C_s = \frac{d\Delta T}{dt} = -K(\Delta T - \Delta T_a) \tag{8-21}$$

移项积分得

$$\int \frac{d\Delta T}{\Delta T - \Delta T_a} = \int -\frac{K}{C_s} dt \tag{8-22}$$

$$\ln(\Delta T - \Delta T_a) = -\frac{Kt}{C_s} \tag{8-23}$$

$$\Delta T_c - \Delta T_a = \exp\left(-\frac{Kt}{C_s}\right) \tag{8-24}$$

可见,在 c 点后,ΔT_c 基线以指数形式衰减。因此由 DTA 曲线尾部向封顶逆向取点,根据式(8-23)作 $\ln(\Delta T - \Delta T_b) - t$(或 T)图,开始偏离直线的点为反应终点 c 点,纯金属熔融过程的终点在 DTA 曲线的峰点,而 PE 熔融及结晶草酸钙脱水反应终点在顶点距基线约 1/3 处。

2)DSC 与 DTA 峰面积的计算

当有热效应发生时,曲线开始偏离基线的点称为始点温度 T_i。T_i 与仪器灵敏度有关,一般重复性较差。基线延长线与曲线起始边切线交点温度,称为外推始点 T_e;峰值温度为 T_p。T_e 和 T_p 的重复性较好,常以其作为特征温度进行比较。曲线回复到基线的温度 T_f 为终止温度。而实际上反应终止后由于整个体系的热惯性,热量仍有一个散失过程。也有的用双切线法求得外推终点 T_f。对于 DTA 与 DSC 曲线,最重要的参数是其外推始点 T_e、峰温 T_p 和由 $T_i T_p T_f T_i$ 所包围的峰面积 S。无论是计算反应过程的放热量以计算反应程度,还是进行反应动力学处理,都涉及反应峰面积的计算。

求面积最常用的方法是求积仪法、剪纸称重法和数格子法。现在大部分仪器已具有自动积计算功能。在所研究的反应进行期间,试样的热传导、热容等基本性质发生变化,可能使反应前后的基线发生偏移,从而使峰的包围线难以确定,给面积的计算带来困难。当反应前后基

线没有或很少偏移时,连接基线即可求得峰面积。而在有偏移时,可按图 8-44a) ~ 图 8-44f) 所示的方法进行计算[24]。

(1) 分别作峰前后基线的延长线,切点为反应起始与终止温度 T_i 和 T_f,连接 T_i 与 T_f,与峰所包围的面积为 S,如图 8-44a) 所示。

(2) 作起始与终止边基线的延长线和峰温 T_p 的垂线,求得 $T_i T_p O T_i$ 的面积 S_1 和 $O' T_p T_f O'$ 的面积 S_2,两者之和即为峰面积 S,如图 8-44b) 所示。这里反应前部分少计算的面积 S_1 在后部分 S_2 中得到了补偿。前述两种方法是经常采用的方法。

(3) 由峰两侧曲率最大的两点 a、b 间连线所得峰面积,只适于对称峰,如图 8-44c) 所示。

(4) 在图 8-44d) 中,作 C 点切线的垂线交另一边于 D 点,$CBDC$ 所围面积为 S。

(5) 直接作起始边基线的延长线而求得峰面积,如图 8-44e) 所示。

(6) 基线有明显移动的情形,则需画参考线,从有明显移动的基线 BC 连接 AB,此时视 BC 为中间产物的基线而不是第一反应的持续;第二部分面积为 $CDEF$,FD 是从峰顶到基线的垂线[25],如图 8-44f) 所示。

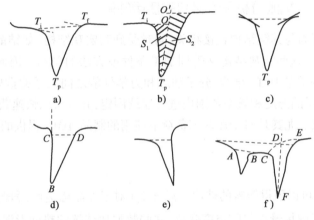

图 8-44 峰面积求法

8.4.2.5 DAT 与 DSC 数据的标定

DTA 与 DSC 对样品结构与性能进行定性与定量分析的依据分别是曲线所指示的温度与峰面积。因此对仪器的温度及热量测量的准确程度要经常进行标定。方法是在与测定样品 DTA 或 DSC 曲线完全相同的条件下,测定已知熔融热物质的升温熔化曲线,以确定曲线峰所指示的温度和单位峰面积所代表的热量值。

1) 温度的标定

为确立热分析试验的共同依据,国际热分析协会在美国国家标准局(NBS)初步工作的基础上,分发了一系列共同试样到世界各国进行 A 测定,确定了供 DTA 和 DSC 用的 ICTANBS 检定参样(Certified Reference Materials,CRM),并已被 ISO、IUPAC 和 ASTM 认定。

2) 热焓的标定

表 8-6 给出了标定物质的热焓值。对仪器应定期进行标定,每次至少用两种不同的标准物,试验温度必须在标定的温度范围之内。如果仪器测得的温度与标准值有差别,可通过调整

仪器使之与标准相符。在计算机控制的仪器中有相应的调整程序。

标定物质的热焓值[26]　　　　　　　　　　　表 8-6

元素或化合物的名称	熔点(℃)	熔化焓(J/g)
联苯	69.26	120.41
萘	80.3	149.0
苯甲酸	122.4	148.0
锡	231.9	60.7
铅	327.5	22.6
锌	419.5	113.0
铝	660.8	396.0
银	690.8	105.0
金	1063.8	62.8

8.4.2.6　动态热机械分析评价材料的使用性能

聚合物的分子行为与其链结构直接相关,同时受到其宏观结构(如结晶、导向、交联、增塑和相态结构)的影响。这些宏观结构又受到加工条件或方法的制约。因此,动态热力学分析(DMA)已成为研究聚合物加工、结构、分子动态和力学性能之间关系的重要工具。DMA 具有样品需求少、可在广泛的温度和频率范围内进行连续测定,并且可以快速获取聚合物的模量和力学损耗数据等优点。尤其是对于在动态负荷下使用的制品,DMA 提供的数据更能反映实际情况。

1) 耐热特性

通过 DMA,不仅可以测得塑料的玻璃化温度 T_g(对于非晶态塑料)和熔融温度 T_m(对于结晶态塑料),还可以了解模量如何随温度变化,这些数据比传统的热变形温度和维卡软化点更具科学意义。此外,DMA 还可以基于特定塑料产品的刚度要求,精确确定其最高使用温度。

对复合材料而言,短时耐热的上限温度应为 T_g,因为 T_g 和 T_m 附近,聚合物的物理和力学性能都会经历显著甚至是不连续的变化。为确保组件的性能稳定,使用温度不应超过这些界限。

除了 T_g 和 T_m 的数据,DMA 还可提供以下关于材料耐热性的信息:在各个温度下的储能模量或模量保持比率,材料在不同温度区间的物理状态,以及在某特定温度附近,材料性能是否稳定。仅当工程设计要求与材料的温度响应结合时,才能准确评估材料的耐热性。研究人员可以根据 DMA 提供的数据来确定材料的最高使用温度或选择合适的材料。总之,DMA 提供了关于聚合物在广泛温度范围内的短时耐热性的全面和定量信息。

2) 耐寒性或低温韧性

塑料由特定的聚合物构成,可以是完全非晶态的"玻璃态",部分结晶的"晶态玻璃态"(硬塑料)或"晶态+橡胶态"(柔韧塑料)。与小分子玻璃不同,塑料的强度来自其链段内的小运动单元在受力时仍能活动,这使得塑料在受力时能产生较大的形变以吸收能量。但当温度降到某一点时,这些运动单元被"冻结",塑料就变得像小分子玻璃那样脆弱。因此,塑料的冷耐性主要取决于在低温下其是否仍有活动的运动单元。

通过 DMA 技术,可以测定聚合物的低温动态特性。明显的低温损耗峰暗示了良好的低温韧性。例如,PE 的 T_g 为 -80℃,是一种典型的低温韧性塑料。另外,缺乏低温损耗峰的聚苯乙烯是韧性较差的塑料,但当与 T_g 远低于室温的顺丁橡胶结合后,其韧性得到了显著提高。

至于橡胶,当温度低于其 T_g 时,它变得非常脆弱,失去其实用性。因此,T_g 是评估橡胶耐寒性的主要指标。柔软的分子链意味着更低的 T_g 和更好的冷耐性。几种常见的橡胶在耐寒性方面的排名为:硅橡胶 > 氟硅橡胶 > 天然橡胶 > 丁腈橡胶、氯醇橡胶。

3) 阻尼特性

阻尼材料因其在减振、吸音、隔音等应用中的特性,在民用、工业、交通和航天等多个领域都有广泛的应用。这些材料的关键特点是具有高内耗,这意味着它们能有效地吸收能量。为了达到最佳的阻尼效果,材料应在其工作温度范围内表现出稳定的高内耗,其 DMA 温度谱中的材料的阻尼能力应尽可能高且变化平缓,同时储能模量和损耗模量之间的总体面积应尽可能大。通过合理选择材料、改性和设计,可以优化材料的阻尼性能,满足工程应用需求。

随着技术进步和应用领域的扩展,工程中对阻尼材料的性能要求日益严格。尤其火箭、导弹、卫星和精密机床等高端应用对材料的需求非常特殊。理想的阻尼材料应该在较大的温度范围内(如 60~80℃)展现出持久的性能。然而,传统的均聚物通常只能在 20~30℃ 的范围内达到这样的效果。因此,科研人员正努力研发具有不同结构和特性的新型聚合物阻尼材料,以满足这些高端应用的需要[31]。

4) 老化性能

聚合物材料在水、光、电、氧等作用下发生老化,性能下降,其原因在于结构发生了变化。这种结构变化往往是大分子发生了交联或致密化或分子断链和产生新的化合物,使体系中各种分子运动单元的运动活性受到抑制或加速。这些变化常常可能在 tanδ-T 谱图的内耗峰上反映出来(表 8-7)。采用 DMA 技术不仅可迅速跟踪材料在老化过程中刚度和冲击韧性的变化,而且可以分析引起性能变化的结构和分子运动变化的原因。DMA 也是一种快速择优选材的方法。

表 8-7 塑料在老化过程中分子运动的变化在 tanδ-T 图谱上的反映[12]

图谱的变化	图谱变化的原因和结果
玻璃化转变峰向高温移动	交联或致密化,分子链柔性降低
玻璃化转变峰向低温移动	分子链断裂,分子链柔性增加
次级转变峰高度增加	相应的分子运动单元活性增加
次级转变峰高度降低	相应的分子运动单元活性降低
新峰的产生	发生化学反应

本章参考文献

[1] GOLDSTEIN J I, NEWBURY D E, MICHAEL J R, et al. Scanning electron microscopy and X-ray microanalysis[M]. Springer, 2017.

[2] 常铁军.材料近代分析测试方法[M].哈尔滨:哈尔滨工业大学出版社,1999.

[3] 王世中,臧鑫士.现代材料研究方法[M].北京:北京航空航天大学出版社,1991.

[4] 邹建平,王璐,曾润生.有机化合物结构分析[M].北京:科学出版社,2005.

[5] HOU X,LV S T,CHEN Z,et al. Applications of fourier transform infrared spectroscopy technologies on asphalt materials[J]. Measurement,2018:304-316.

[6] ADAMSON A W,GAST A P. Physical chemistry of surfaces[M]. New York:Interscience publishers New York,1967.

[7] HARRIS D C,BERTOLUCCI M D. Symmetry and spectroscopy:an introduction to vibrational and electronic spectroscopy[M]. New York:Oxford University Press,1989.

[8] VELKOV T,THOMPSON P E,AZAD M A K,et al. History,chemistry and antibacterial spectrum[J]. Advances in experimental medicine and biology,2019,1145:15-36.

[9] BANWELL C N. Fundamentals of molecular spectroscopy[J]. 1989.

[10] 陈国珍.荧光分析法[M].北京:科学出版社,1990.

[11] LI J,XING X Y,HOU X D,et al. Determination of SARA fractions in asphalts by mid-infrared spectroscopy and multivariate calibration[J]. Measurement,2022(198):198.

[12] 侯向导.基于分光光度法的沥青组分变化及其流变行为研究[D].上海:同济大学,2021.

[13] 宋启泽,陈洁.核磁共振原理及其应用[M].北京:兵器工业出版社,1992.

[14] 左演声,陈文哲,梁伟.材料现代分析方法[M].北京:北京工业大学出版社,2000.

[15] BRIGGS. X射线与紫外光电子能谱[M].北京:北京大学出版社,1984.

[16] WATTS J F,WOLSTENHOLME J. An introduction to surface analysis by XPS and AES[M]. Hoboken:John Wiley & Sons,2019.

[17] 王建祺,吴文辉,冯大明.电子能谱学(XPS/XAES/UPS)引论[M].北京:国防工业出版社,1992.

[18] 陈镜泓,李传儒.热分析及其应用[M].北京:科学出版社,1985.

[19] 于伯龄,姜胶东.实用热分析[M].北京:纺织工业出版社,1990.

[20] 高家武,周福珍,社录玄,等.高分子材料热分析曲线集[M].北京:科学出版社,1990.

[21] 李余增.热分析[M].北京:清华大学出版社,1987.

[22] 谢华清,王锦昌,程曙霞,等.热针法测量材料导热系数研究[J].应用科学学报,2002,2(1):6-9.

[23] OZAWA T J P. Kinetics of non-isothermal crystallization[J]. 1971,12(3):150-8.

[24] JEZIORNY A. Parameters characterizing the kinetics of the non-isothermal crystallization of poly(ethylene terephthalate) determined by DSC[J]. Polymer,1978,19(10):1142-1144.

[25] NAKAMURA K,WATANABE T,KATAYAMA K,et al. Some aspects of nonisothermal crystallization of polymers. I. Relationship between crystallization temperature,crystallinity,and cooling conditions[J]. Journal of Applied Polymer Science,1972,16(5):1077-1091.

[26] ZIABICKI A. Theoretical analysis of oriented and non isothermal crystallization:I. Phenomenological considerations. Isothermal crystallization accompanied by simultaneous orientation or disorientation[J]. Colloid and Polymer Science,1974,252(3):207-221.

[27] ISHIZUKA O,KOYAMA K. Crystallization of running filament in melt spinning of polypropyl-

ene[J]. Polymer,1977,18(9):913-918.

[28] HARNISCH K,MUSCHIK H. Determination of the Avrami exponent of partially crystallized polymers by DSC-(DTA-) analyses[J]. Colloid and Polymer Science,1983,261(11): 908-913.

[29] CHOUPIN T,BRULÉ B,RÉGNIER G,et al. Isothermal crystallization kinetic modeling of poly (etherketoneketone) (PEKK) copolymer[J]. Polymer,2017,111:73-82.

[30] FOXTGJBAPS. Influence of Diluent and of Copolymer Composition on the Glass Temperature of a Poly-mer System[J]. 1956,1:123.

[31] COUCHMAN P R. Compositional variation of glass-transition temperatures. 2. Application of the thermodynamic theory to compatible polymer blends[J]. Macromolecules,1978,11(6): 1156-1161.

[32] FREEMAN E S,CARROLL B. The application of thermoanalytical techniques to reaction kinetics:the thermogravimetric evaluation of the kinetics of the decomposition of calcium oxalate monohydrate[J]. The Journal of Physical Chemistry,1958,62(4):394-397.